Dahn/Schmidt

Anwaltsgebühren im Sozialrecht

AnwaltsGebühren

Anwaltsgebühren im Sozialrecht

4. Auflage 2026

Von
Dipl.-Rpfl. **Julian Dahn**, Leopoldshöhe
und
Dipl.-Rpfl., Dozent FH **Thomas Schmidt**, Wipperfürth

Deutscher**Anwalt**Verlag

Zitiervorschlag:
Dahn/Schmidt, Anwaltsgebühren im Sozialrecht, § 1 Rn 1

Hinweis
Die Ausführungen und Berechnungen in diesem Werk wurden mit Sorgfalt und nach bestem Wissen erstellt. Sie stellen jedoch lediglich Arbeitshilfen und Anregungen für die Lösung typischer Fallgestaltungen dar. Die Eigenverantwortung für die Formulierung von Verträgen, Verfügungen und Schriftsätzen trägt der Benutzer. Autoren und Verlag übernehmen keinerlei Haftung für die Richtigkeit und Vollständigkeit der in diesem Buch enthaltenen Ausführungen und Berechnungen.

Anregungen und Kritik zu diesem Werk senden Sie bitte an
kontakt@anwaltverlag.de
Autoren und Verlag freuen sich auf Ihre Rückmeldung.

Satz: Reemers Publishing Services GmbH, Krefeld
Druck: Hans Soldan Druck GmbH, Essen
Umschlaggestaltung: gentura, Holger Neumann, Bochum
ISBN 978-3-8240-1754-6

Bibliografische Information der Deutschen Nationalbibliothek
Die Deutsche Nationalbibliothek verzeichnet diese Publikation in der Deutschen Nationalbibliografie; detaillierte bibliografische Daten sind im Internet über http://dnb.d-nb.de abrufbar.

Vorwort

Mit Einführung des Gesetzes zur Neuregelung der Vormünder- und Betreuervergütung und zur Entlastung von Betreuungsgerichten und Betreuern sowie zur Änderung des Rechtsanwaltsvergütungsgesetzes und des Justizkostenrechts (**Kosten- und Betreuervergütungsrechtsänderungsgesetz 2025 – KostBRÄG 2025**) zur strukturellen Erhöhung der anwaltlichen Vergütung, Entschädigung und Honorare von Sachverständigen und Dolmetschern sowie der Gerichtskosten bedurfte es einer vollständigen Überarbeitung und Anpassung des Werkes. Alle lang erwarteten Änderungen durch die **RVG-Reform 2025** sind berücksichtigt und **die um 9 % höheren Gebührenbeträge in sozialrechtlichen Angelegenheiten** anhand vieler praktischer Beispielsfälle erläutert.

Auch in der vierten, vollständig überarbeiteten und erweiterten Auflage sollen die Besonderheiten der gebührenrechtlichen Praxis in sozialrechtlichen Verfahren dargestellt und neben kostenrechtlichen Spezialitäten auch das unverzichtbare Grundlagenwissen vermittelt werden. Der Schwerpunkt liegt daher weiter bewusst auf den Betragsrahmengebühren.

Ziel dieses Werkes ist nicht die wissenschaftliche Auseinandersetzung mit der Thematik, sondern die schnelle und erfolgreiche Hilfestellung für den Praktiker. Weiterhin soll dem Neuling der Einstieg in die grundlegend andere Vergütungsberechnung in Sozialsachen erleichtert werden.

Die Rechtsprechungsübersicht ist nochmals erweitert und auf den aktuellsten Stand gebracht worden. Das gesamte Werk wurde umfassend aktualisiert.

Die in diesem Buch enthaltenen Angaben beziehen sich sowohl auf die männliche als auch die weibliche Form. Zur besseren Lesbarkeit wurde auf die zusätzliche Bezeichnung in weiblicher Form verzichtet.

September 2025 *Julian Dahn* und *Thomas Schmidt*

Inhaltsübersicht

Inhaltsverzeichnis

Literaturverzeichnis

Beck'scher Online-Kommentar Sozialrecht, von Rolfs/Giesen/Meßling/Udsching (Hrsg.), 73. Edition Stand 1.6.2024 (zit.: BeckOK SozR/*Bearbeiter*)

BGBl. 2025 I Nr. 109

Fichte/Jüttner, Sozialgerichtsgesetz, Kommentar, 3. Auflage 2020 (zit.: Fichte/Jüttner/*Bearbeiter*)

Gerold/Schmidt, Rechtsanwaltsvergütungsgesetz, Kommentar, 26. Auflage 2023 (zit.: Gerold/Schmidt/*Bearbeiter*)

Gottschalk/Schneider, Prozess- und Verfahrenskostenhilfe, Beratungshilfe, 11. Auflage 2025 (zit.: *Gottschalk/Schneider*, PKH/VKH)

Groß, Beratungshilfe, Prozesskostenhilfe, Verfahrenskostenhilfe, Kommentar, 14. Auflage 2018 (zit.: *Groß*, BerH/PKH/VKH)

Meyer-Ladewig/Keller/Schmidt, Sozialgerichtsgesetz, Kommentar, 14. Auflage 2023 (zit.: Meyer-Ladewig/*Bearbeiter*)

MüKo, Zivilprozessordnung, 6. Auflage 2020 (zit.: MüKo-ZPO/*Bearbeiter*)

Musielak/Voit, Zivilprozessordnung, Kommentar, 22. Auflage 2025 (zit.: Musielak/*Bearbeiter*)

Schlegel/Voelzke, juris-PK-SGB X, 2. Auflage 2017 (zit.: *Bearbeiter*, in: *Schlegel/Voelzke*, juris-PK-SGB X)

Schneider, Fälle und Lösungen zum RVG, 6. Auflage 2023 (zit.: *Schneider*, Fälle und Lösungen zum RVG)

Schneider/Volpert (Hrsg.), AnwaltKommentar RVG, 9. Auflage 2021 (zit.: AnwK-RVG/*Bearbeiter*)

Schütze, SGB X, Kommentar, 9. Auflage 2020 (zit.: Schütze/*Bearbeiter*)

Statistisches Bundesamt, Statistischer Bericht – Sozialgerichte – 2022, 2023 und 2024

§ 1 Einführung

A. Zuständigkeit der Sozialgerichte

Sozialgerichtsbarkeit – Allgemeines 1

Die Sozialgerichte stellen besondere Verwaltungsgerichte nach § 1 SGG dar. Sie sind als Fachgerichte neben den weiteren Gerichtsbarkeiten (ordentliche Gerichtsbarkeit, Verwaltungs-, Finanz- und Arbeitsgerichtsbarkeit) unabhängig und selbstständig und von den Verwaltungsbehörden getrennt.

Sie entscheiden über öffentlich-rechtliche Streitigkeiten nicht verfassungsrechtlicher Art und werden nach § 7 Abs. 1 S. 1 SGG als Landesgerichte errichtet.

Nach § 2 SGG werden in den Ländern Sozialgerichte und Landessozialgerichte, im Bund 2 das Bundessozialgericht errichtet.

Nach § 5 SGG leisten alle Gerichte, Verwaltungsbehörden und Organe der Versiche- 3 rungsträger den Gerichten der Sozialgerichtsbarkeit Rechts- und Amtshilfe.

Sozialgerichtsbarkeit – Rechtsweg 4

In **§ 51 SGG** i.V.m. § 8 SGG wird bestimmt, wann der **Rechtsweg** zu den Gerichten der Sozialgerichtsbarkeit eröffnet ist. § 51 SGG ist mit Wirkung v. 2.1.2002 durch das 6. SGGÄndG v. 17.8.2001[1] neu gefasst worden.

Danach entscheiden die Gerichte der Sozialgerichtsbarkeit über öffentlich-rechtliche Streitigkeiten

- in Angelegenheiten der gesetzlichen Rentenversicherung einschließlich der Alterssicherung der Landwirte,
- in Angelegenheiten der gesetzlichen Krankenversicherung, der sozialen Pflegeversicherung und der privaten Pflegeversicherung (SGB XI), auch soweit durch diese Angelegenheiten Dritte betroffen werden; dies gilt nicht für Streitigkeiten in Angelegenheiten nach § 110 SGB V aufgrund einer Kündigung von Versorgungsverträgen, die für Hochschulkliniken oder Plankrankenhäuser (§ 108 Nr. 1 und 2 SGB V) gelten,
- in Angelegenheiten der gesetzlichen Unfallversicherung mit Ausnahme der Streitigkeiten aufgrund der Überwachung der Maßnahmen zur Prävention durch die Träger der gesetzlichen Unfallversicherung,
- in Angelegenheiten der Arbeitsförderung einschließlich der übrigen Aufgaben der Bundesagentur für Arbeit,
- in Angelegenheiten der Grundsicherung für Arbeitsuchende,
- in sonstigen Angelegenheiten der Sozialversicherung,

1 BGBl I, 2144.

- in Angelegenheiten des sozialen Entschädigungsrechts mit Ausnahme der Streitigkeiten aufgrund der §§ 25 bis 27j des Bundesversorgungsgesetzes (Kriegsopferfürsorge), auch soweit andere Gesetze die entsprechende Anwendung dieser Vorschriften vorsehen,
- in Angelegenheiten der Sozialhilfe und des Asylbewerberleistungsgesetzes,
- bei der Feststellung von Behinderungen und ihrem Grad sowie weiterer gesundheitlicher Merkmale, ferner der Ausstellung, Verlängerung, Berichtigung und Einziehung von Ausweisen nach § 69 SGB IX,
- die aufgrund des Aufwendungsausgleichsgesetzes entstehen,
- für die durch Gesetz der Rechtsweg vor diesen Gerichten eröffnet wird.

Nach § 51 Abs. 2 SGG entscheiden die Gerichte der Sozialgerichtsbarkeit auch über privatrechtliche Streitigkeiten in Angelegenheiten der Zulassung von Trägern und Maßnahmen durch fachkundige Stellen nach dem fünften Kapitel des SGB III und in Angelegenheiten der gesetzlichen Krankenversicherung, auch soweit durch diese Angelegenheiten Dritte betroffen werden. Dies gilt für die soziale Pflegeversicherung und die private Pflegeversicherung (SGB XI) entsprechend.

Von der Zuständigkeit der Gerichte der Sozialgerichtsbarkeit nach § 51 Abs. 1 und 2 SGG ausgenommen sind Streitigkeiten in Verfahren nach dem Gesetz gegen Wettbewerbsbeschränkungen, die Rechtsbeziehungen nach § 69 SGB V betreffen (§ 51 Abs. 3 SGG).

5 **Prorogationen**

Prorogationen haben nach § 59 SGG keine rechtliche Wirkung. Die durch das Sozialgerichtsgesetz getroffenen Zuständigkeiten sind ausschließliche und können nicht abbedungen werden.

6 **Vorverfahren vorgeschrieben**

Vor der Erhebung einer Anfechtungs- oder Verpflichtungsklage ist die Rechtmäßigkeit sowie die Zweckmäßigkeit des Verwaltungsaktes in einem Vorverfahren (Widerspruchsverfahren) gem. § 78 SGG zu prüfen.

7 Es gilt gem. § 103 SGG der Amtsermittlungsgrundsatz.

8 **Übersicht der Rechtsgebiete**

Die Sozialgerichte entscheiden also im Allgemeinen in den folgenden Angelegenheiten:

- Sozialversicherungen (Krankenversicherung, Pflegeversicherung, Rentenversicherung, Unfallversicherung, Arbeitslosenversicherung)
- Grundsicherung für Arbeitslose
- Sozialhilfe

- Asylbewerberleistungsgesetz
- Schwerbehindertenrecht
- soziales Entschädigungsrecht (z.B. Kriegsopferversorgung)
- Bundeserziehungs- bzw. Elterngeldrecht
- Vertragsarztrecht
- Vergütungsstreitigkeiten zwischen Krankenkassen und Krankenhäusern

Zuständigkeiten der Sozialgerichte 9

Bei den **Sozialgerichten** werden verschiedene Kammern gebildet, welche mit je einem Berufsrichter und zwei ehrenamtlichen Richtern besetzt werden, §§ 9 Abs. 1, 10, 12 SGG (zu ehrenamtlichen Richtern im Übrigen §§ 13–23 SGG).

Die **funktionelle Zuständigkeit** der Sozialgerichte ergibt sich aus §§ 29 Abs. 1, 39 Abs. 1 SGG.

Die **sachliche Zuständigkeit** der Sozialgerichte ergibt sich aus §§ 8, 29 Abs. 2–4, 39 Abs. 2 SGG.

Die **örtliche Zuständigkeit** der Sozialgerichte ergibt sich aus §§ 57–58 SGG, den Grundsatz bildet dabei § 57 SGG.

Grundsätzlich wird auf den Wohn- oder Aufenthaltsort des Klägers oder den Sitz der juristischen Person abgestellt. Weitere Sonderregelungen ergeben sich aus §§ 57a und 57b SGG für Angelegenheiten der Krankenversicherung sowie Wahlangelegenheiten zu den Selbstverwaltungsorganen.

Zuständigkeiten der Landessozialgerichte 10

Die **Landessozialgerichte** werden nach § 28 SGG ebenfalls als Landesgerichte errichtet, dabei ist es nach Absatz 2 zulässig, für mehrere Länder ein gemeinsames Landessozialgericht zu errichten (siehe LSG Berlin-Brandenburg und LSG Niedersachsen-Bremen).

Die funktionelle, sachliche und örtliche Zuständigkeit der Landessozialgerichte ist in § 29 SGG geregelt.

Dabei entscheiden diese im zweiten Rechtszug über Berufungen gegen Urteile und Beschwerden gegen andere Entscheidungen der Sozialgerichte.

Des Weiteren entscheiden die Landessozialgerichte nach § 29 Abs. 2 SGG im ersten Rechtszug über

- Klagen gegen Entscheidungen der Landesschiedsämter und gegen Beanstandungen von Entscheidungen der Landesschiedsämter nach dem SGB V, gegen Entscheidungen der Schiedsstellen nach § 120 Abs. 4 SGB V, der Schiedsstelle nach § 76 SGB XI und der Schiedsstellen nach § 80 SGB XII,

- Aufsichtsangelegenheiten gegenüber Trägern der Sozialversicherung und ihren Verbänden, gegenüber den Kassenärztlichen und Kassenzahnärztlichen Vereinigungen sowie der Kassenärztlichen und Kassenzahnärztlichen Bundesvereinigung, bei denen die Aufsicht von einer Landes- oder Bundesbehörde ausgeübt wird,
- Klagen in Angelegenheiten der Erstattung von Aufwendungen nach § 6b SGB II,
- Anträge nach § 55a SGG.

Das LSG Nordrhein-Westfalen entscheidet nach § 29 Abs. 3 SGG im ersten Rechtszug über

- Streitigkeiten zwischen gesetzlichen Krankenkassen oder ihren Verbänden und dem Bundesversicherungsamt betreffend den Risikostrukturausgleich, die Anerkennung von strukturierten Behandlungsprogrammen und die Verwaltung des Gesundheitsfonds,
- Streitigkeiten betreffend den Finanzausgleich der gesetzlichen Pflegeversicherung,
- Streitigkeiten betreffend den Ausgleich unter den gewerblichen Berufsgenossenschaften nach dem SGB VII,
- Streitigkeiten über Entscheidungen des Bundeskartellamts, die die freiwillige Vereinigung von Krankenkassen nach § 172a SGB V betreffen.

Das LSG Berlin-Brandenburg entscheidet nach § 29 Abs. 4 SGG im ersten Rechtszug über:

- Klagen gegen die Entscheidung der gemeinsamen Schiedsämter nach § 89 Abs. 4 SGB V und des Bundesschiedsamtes nach § 89 Abs. 7 SGB V sowie der erweiterten Bewertungsausschüsse nach § 87 Abs. 4 SGB V, soweit die Klagen von den Einrichtungen erhoben werden, die diese Gremien bilden,
- Klagen gegen Entscheidungen des Bundesministeriums für Gesundheit nach § 87 Abs. 6 SGB V gegenüber den Bewertungsausschüssen und den erweiterten Bewertungsausschüssen sowie gegen Beanstandungen des Bundesministeriums für Gesundheit gegenüber den Bundesschiedsämtern,
- Klagen gegen Entscheidungen und Richtlinien des Gemeinsamen Bundesausschusses (§§ 91, 92 des SGB V), Klagen in Aufsichtsangelegenheiten gegenüber dem gemeinsamen Bundesausschuss, Klagen gegen die Festsetzung von Festbeträgen durch die Spitzenverbände der Krankenkassen oder den Spitzenverband Bund der Krankenkassen sowie Klagen gegen Entscheidungen der Schiedsstellen nach den §§ 129 und 130b SGB V.

Bei den Landessozialgerichten werden nach § 31 SGG Fachsenate gebildet und entsprechend § 33 SGG besetzt.

11 **Zuständigkeiten des Bundessozialgerichts**

Das **Bundessozialgericht** mit Sitz in Kassel entscheidet nach § 39 SGG über das Rechtsmittel der Revision.

Weiterhin entscheidet es danach im ersten Rechtszug über Streitigkeiten nicht verfassungsrechtlicher Art zwischen dem Bund und den Ländern sowie zwischen verschiedenen Ländern in Angelegenheiten des § 51 SGG.

Hält das Bundessozialgericht in diesen Fällen eine Streitigkeit für verfassungsrechtlich, so legt es die Sache dem Bundesverfassungsgericht zur Entscheidung vor. Das Bundesverfassungsgericht entscheidet mit bindender Wirkung.

Es gelten die Regelungen der §§ 38 bis 50 SGG.

B. Sozialgerichtsbarkeit in Zahlen

Die nachfolgend angeführten Angaben für die Sozialgerichtsbarkeit wurden vom Statistischen Bundesamt[2] ermittelt und beziehen sich auf das ganze Bundesgebiet. 12

Verfahrensdauer Sozialgerichte – Statistik 13

Durchschnittliche Verfahrensdauer für Klage- und einstweilige Rechtsschutzverfahren vor den **Sozialgerichten**:

Verfahrensdauer für die Jahre 2022 – 2024 in Monaten	**Klageverfahren**			**Einstweilige Rechtsschutzverfahren**		
	2022	*2023*	*2024*	*2022*	*2023*	*2024*
Bundesdurchschnitt	17,9	17,9	17,0	1,2	1,3	1,2
Baden-Württemberg	13,7	13,9	13,2	0,9	0,9	0,9
Bayern	12,6	12,0	10,8	1,1	1,1	1,0
Berlin	19,8	18,8	17,2	1,0	1,0	1,1
Brandenburg	23,1	23,3	20,6	1,4	1,4	1,3
Bremen	17,6	18,8	16,5	1,1	1,0	1,0
Hamburg	21,6	21,0	21,8	1,1	1,1	1,0
Hessen	19,6	20,0	19,9	1,6	1,4	1,5
Mecklenburg-Vorpommern	21,0	20,5	18,7	1,2	1,5	2,9
Niedersachsen	20,8	21,0	20,0	1,1	1,3	1,1
Nordrhein-Westfalen	16,0	16,4	16,1	1,3	1,7	1,5
Rheinland-Pfalz	14,0	14,3	14	1,0	0,9	0,9
Saarland	18,6	18,4	17,5	1,8	1,0	1,1
Sachsen	20,3	19,6	19,2	1,1	1,2	1,2
Sachsen-Anhalt	25,8	27,6	26,7	1,7	1,7	1,6

2 Statistisches Bundesamt, Statistischer Bericht – Sozialgerichte – 2022, 2023 und 2024.

Verfahrensdauer für die Jahre 2022 – 2024 in Monaten	Klageverfahren			Einstweilige Rechtsschutzverfahren		
	2022	*2023*	*2024*	*2022*	*2023*	*2024*
Schleswig-Holstein	23,5	23,6	22,3	1,0	1,2	1,1
Thüringen	16,6	16,3	14,7	1,8	1,7	1,9

14 **Verfahrensdauer Landessozialgerichte – Statistik**

Durchschnittliche Verfahrensdauer für Berufungs- und Beschwerdeverfahre der jeweiligen **Landessozialgerichte**:

Verfahrensdauer für die Jahre 2022 – 2024 in Monaten	Berufungsverfahren			Beschwerdeverfahren		
	2022	*2023*	*2024*	*2022*	*2023*	*2024*
Bundesdurchschnitt	19,0	19,1	19,1	4,5	5,3	5,2
Baden-Württemberg	13,0	12,8	11,8	2,7	3,1	2,0
Bayern	17,3	17,0	16,8	3,0	4,1	3,6
Berlin[3]	23,7	23,6	21,9	2,8	2,4	2,2
Brandenburg[3]	23,7	23,6	21,9	2,8	2,4	2,2
Bremen[4]	18,6	18,8	19,3	3,6	4,3	4,8
Hamburg	15,7	37,6	17,0	2,3	2,2	1,8
Hessen	15,1	18,8	16,2	3,1	4,1	4,9
Mecklenburg-Vorpommern	39,0	17,3	41,1	13,9	14,9	15,3
Niedersachsen[4]	18,6	18,8	19,3	3,6	4,3	4,8
Nordrhein-Westfalen	17,4	17,3	17,6	3,6	3,7	4,8
Rheinland-Pfalz	10,2	12,0	13,0	2,2	2,6	2,4
Saarland	17,9	18,1	13,1	7,8	4,6	3,8
Sachsen	21,3	23,3	25,0	9,8	12,0	9,9
Sachsen-Anhalt	23,9	22,6	25,0	8,1	14,6	21,2
Schleswig-Holstein	25,3	26,4	24,5	4,3	6,3	4,2
Thüringen	24,7	23,1	23,0	8,4	8,4	6,6

3 Gemeinsames LSG Berlin-Brandenburg.
4 Gemeinsames LSG Niedersachsen-Bremen.

§ 2 Übersicht Rechtsanwaltsvergütung

A. Rechtsanwaltsvergütung – Allgemeines

Geltungsbereich des RVG 1

Die anwaltliche Vergütung, die im Rechtsanwaltsvergütungsgesetz (RVG) geregelt ist, teilt sich auf in Gebühren und Auslagen (§ 1 RVG).

RVG gilt für anwaltliche Tätigkeiten der Rechtsanwältinnen und Rechtsanwälte. Es gilt auch für eine Tätigkeit als besonderer Vertreter nach §§ 57 und 58 ZPO, § 118e BRAO, § 103b PAO oder nach § 111c StBerG. Andere Mitglieder einer Rechtsanwaltskammer, Partnerschaftsgesellschaften und sonstige Gesellschaften stehen einem Rechtsanwalt i.S.d. Gesetzes gleich.

RVG gilt ebenso für die Vergütung der Rentenberater über § 13d Rechtsdienstleistungsgesetz (RDG) entsprechend. Ein Rentenberater kann also für ein Rentenverfahren vor dem Sozialgericht entsprechend dem RVG abrechnen.

Die Vergütung in sozialgerichtlichen Verfahren wurde zudem zum 1.8.2013 durch das 2. Kostenrechtsmodernisierungsgesetz (2. KostRMoG) vom 23.7.2013[1] in ganz wesentlichen Punkten neu gefasst. Die Gebühren des RVG sind zuletzt am 1.1.2021 erhöht worden. Entsprechend der gesamtwirtschaftlichen Entwicklung verzeichnen Rechtsanwaltskanzleien wie auch der Justizhaushalt seither einen erheblichen Anstieg der Personal- und Sachkosten.

Zur Sicherung des Zugangs der Bürgerinnen und Bürger zum Recht wurde die Rechtsanwaltsvergütung durch das Gesetz zur Neuregelung der Vormünder- und Betreuervergütung und zur Entlastung von Betreuungsgerichten und Betreuern sowie zur Änderung des Rechtsanwaltsvergütungsgesetzes und des Justizkostenrechts (Kosten- und Betreuervergütungsrechtsänderungsgesetz 2025 vom 7.4.2025 – **KostBRÄG 2025**)[2] unter moderater Anhebung der Wert-/Fest- und Rahmengebühren angepasst.

Abrechnung für Rechtsanwälte 2

Nach dem RVG dürfen Rechtsanwälte abrechnen. Diese dürfen sich vertreten lassen, durch einen Rechtsanwalt, den allgemeinen Vertreter, einen Assessor bei einem Rechtsanwalt oder einen zur Ausbildung zugewiesenen Referendar.

Der Rechtsanwalt darf nur in seiner Funktion als solcher nach dem RVG abrechnen. Wenn er z.B. als Vormund, Betreuer, Pfleger, Verfahrenspfleger, Verfahrensbeistand, Testamentsvollstrecker, Insolvenzverwalter, Sachwalter, Mitglied des Gläubigeraus-

1 BGBl I, 2586.
2 BGBl 2025 I Nr. 109.

schusses, Nachlassverwalter, Zwangsverwalter, Treuhänder oder Schiedsrichter oder für eine ähnliche Tätigkeit auftritt, darf er grundsätzlich nicht nach dem RVG abrechnen.

3 **Erforderlichkeit eines Rechtsanwalts trotz rechtlicher Betreuung**

Ausnahme: Der Rechtsanwalt ist zum Betreuer bestellt. Die Angelegenheit ist so schwierig, dass auch ein nichtanwaltlicher Betreuer einen Rechtsanwalt beauftragt hätte. In diesem Fall tritt der Rechtsanwalt als Rechtsanwalt und nicht als Betreuer auf und kann neben seiner Betreuervergütung auch als Rechtsanwalt nach dem RVG abrechnen.

Der als Betreuer bestellte Rechtsanwalt kann eine Tätigkeit i.R.d. Betreuung gem. § 1835 Abs. 3 i.V.m. § 1908i Abs. 1 S. 1 BGB nach anwaltlichem Gebührenrecht abrechnen, wenn und soweit sich die zu bewältigende Aufgabe als eine für den Beruf des Rechtsanwalts spezifische Tätigkeit darstellt.[3]

Nur wenn die Aufgabe die Hinzuziehung eines Rechtsanwalts erfordert, kann die Tätigkeit des Betreuers nach anwaltlichem Gebührenrecht abgerechnet werden. Dies ist beispielsweise nicht gegeben, bei einem einfachen Erbauseinandersetzungsvertrag ohne sachliche oder juristische Probleme.[4]

Bei einer Klage wegen Aufhebung von Leistungen nach dem SGB II ist dies jedoch offensichtlich gegeben.[5]

4 **Gesetzesaufbau**

Das RVG enthält neben dem Gesetzesteil (§§ 1–62 RVG) das Vergütungsverzeichnis (VV). Im Vergütungsverzeichnis sind sämtliche Gebühren und Auslagen in den Teilen 1–7 geregelt.

Teil 1: Allgemeine Gebühren

Teil 2: Außergerichtliche Tätigkeiten einschließlich der Vertretung im Verwaltungsverfahren

Teil 3: Zivilsachen inkl. Verfahren der öffentlich-rechtlichen Gerichtsbarkeiten (...)

Teil 4: Strafsachen

Teil 5: Bußgeldsachen

Teil 6: Sonstige Verfahren

Teil 7: Auslagen

3 BGH, Beschl. v. 14.12.2022 – XII ZB 342/22.

4 BGH, Beschl. v. 14.5.2014 – XII ZB 683/11, NJW 2014, 3238.

5 LSG Berlin-Brandenburg, Beschl. v. 4.3.2009 – L 5 B 2325/08 AS PKH.

Die Höhe der Gebühren richtet sich regelmäßig nach dem sogenannten Gegenstandswert (§ 13 RVG). Sie wird aus der Gebührentabelle abgelesen, die sich im Anhang des RVG befindet.

Beispiel 1

Eine Verfahrensgebühr Nr. 3100 VV RVG mit einem Gebührensatz von 1,3 über einen Wert von 5.000,00 EUR beträgt 460,85 EUR.

B. Vergütung in sozialrechtlichen Verfahren

Im verwaltungsrechtlichen Verfahren sind die Gebühren aus den Teilen 1, 2 und 3 sowie die Auslagen des Teils 7 von Belang. 5

Kostenrechtliche Angelegenheit 6

Die Angelegenheit stellt die abzurechnende kostenrechtliche Einheit dar. Mit dem RVG wurde dieser Begriff für Sozialsachen in § 17 Nr. 1 RVG vollkommen neugefasst. Dieser umfasst nun alle Gerichtsverfahren und nicht nur die Zivilverfahren vor den ordentlichen Gerichten sowie die diesen ähnlichen Verfahren.

Für die sozialrechtlichen Angelegenheiten gelten bzgl. der anwaltlichen Vergütung grundsätzlich auch die Regelungen, die für Zivilsachen gelten. Zu unterscheiden sind jedoch gerichtskostenfreie (§ 183 SGG) und gerichtskostenpflichtige (§ 197a SGG) Verfahren. Die Verfahrensart ist für die Abrechnung der anwaltlichen Gebühren maßgeblich.

Gerichtskostenfreiheit nach § 183 SGG 7

Nach § 183 SGG (Sozialgerichtsgesetz) ist das Verfahren vor den Gerichten der Sozialgerichtsbarkeit für einen bestimmten privilegierten Personenkreis kostenfrei, sofern diese in Ihrer Eigenschaft als Kläger oder Beklagte beteiligt sind.

Besonderheiten bei gerichtskostenfreien Verfahren ergeben sich jedoch aus der Tatsache, dass regelmäßig kein Streitwert im üblichen Sinne gegeben ist. In diesen Fällen entstehen keine „Wert-" sondern sogenannte „(Betrags-) Rahmengebühren". Die anwaltlichen Gebühren entstehen bei gerichtskostenfreien Verfahren nach § 183 SGG, also nach (Betrags-) Rahmengebühren gem. §§ 3, 14 RVG. Für diese gelten die in nachfolgenden Kapiteln dargestellten Besonderheiten.

Gerichtskostenpflicht nach § 197a SGG 8

In kostenpflichtigen Verfahren gem. § 197a SGG entstehen Gerichtskosten nach dem Gegenstandswert der Wertvorschrift des § 52 GKG. Hier ergeben sich hinsichtlich der anwaltlichen Gebühren nach dem RVG keine Besonderheiten zu zivilrechtlichen Verfahren. Es entstehen wie gewohnt Wertgebühren.

Die Strukturen entsprechen denen der Verwaltungsgerichtsbarkeit (behördliches Verfahren bzw. Antragsverfahren – Widerspruch – Klage).

9 **Kostenregelung für Beigeladene**

Hinsichtlich etwaigen Beigeladenen gelten besondere Regelungen (vgl. § 197a Abs. 2 SGG).

I. Kostenpflichtige Verfahren

10 **Allgemeines**

Gehört weder Kläger noch Beklagter zu dem in § 183 SGG genannten privilegierten Personenkreis (Versicherte, Leistungsempfänger, Hinterbliebenenleistungsempfänger, behinderte Menschen oder deren Sonderrechtsnachfolger nach § 56 SGB I) oder handelt es sich um ein Verfahren wegen überlanger Verfahrensdauer, fallen gem. § 197a SGG i.V.m. § 1 Abs. 2 Nr. 3 GKG Gerichtskosten an; es werden Kosten nach den **Vorschriften des Gerichtskostengesetzes** erhoben (sog. GKG-Verfahren). Pauschgebühren fallen nicht an. Die §§ 184 bis 195 SGG finden keine Anwendung; stattdessen sind die §§ 154 bis 162 VwGO (Verwaltungsgerichtsordnung) entsprechend anzuwenden. Demnach trägt der unterliegende Teil die Kosten des Verfahrens oder der Rechtsmittelführer bei erfolglos eingelegtem Rechtsmittel. Wird die Klage zurückgenommen, findet nach § 197a Abs. 1 S. 2 SGG der § 161 Abs. 2 VwGO keine Anwendung. Die Kostengrundentscheidung, welche aufgrund der Einheitlichkeit der Kostenentscheidung die Gerichtskosten, die außergerichtlichen Kosten sowie die Kosten des Vorverfahrens umfasst, richtet sich hier nicht nach billigem Ermessen. Diese ist von Amts wegen mit der Hauptsacheentscheidung oder durch Beschluss zu treffen.

Zu GKG-Verfahren gehören beispielhaft sozialrechtliche Streitfälle des Vertragsarztrechts, Streitigkeiten zwischen juristischen Personen des öffentlichen Rechts, zwischen Arbeitgebern und juristischen Personen des öffentlichen Rechts sowie zwischen Leistungserbringern und Krankenkassen.

1. Streitwert

11 **Streitwert**

Der **Streitwert** oder Gebührenstreitwert ist in § 3 Abs. 1 GKG als *„Wert des Streitgegenstandes“* legaldefiniert. Es gilt für die Bestimmung des Streitwertes insbesondere § 52 GKG sowie die weiteren allgemeinen Vorschriften der §§ 39 ff. GKG.

Der für die Wertberechnung maßgebende Zeitpunkt ist gem. § 40 GKG der der Antragsstellung, also der Eingang des Antrags, der Klage- oder der Rechtsmittelschrift. Der Streitwert ist sodann für das Verfahren vorläufig (§ 63 Abs. 1 S. 1 GKG) und spätestens nach Abschluss des Verfahrens endgültig festzusetzen (§ 63 Abs. 2 S. 1 GKG). Die Festsetzung ergeht durch Beschluss.

Streitwert – Höhe und Grenze 12

Der Streitwert ist nach billigem Ermessen nach der sich **aus dem Antrag des Klägers für ihn ergebenden Bedeutung** der Sache zu bestimmen (§ 52 Abs. 1 GKG). Dies entspricht in aller Regel dem wirtschaftlichen Interesse des Klägers; bei einer Anfechtungsklage ist das Interesse am Wegfall des Verwaltungsaktes[6] maßgeblich, bei einer Verpflichtungsklage das Interesse am eigentlichen Verwaltungsakt.[7]

Betrifft der Antrag des Klägers eine **bezifferte Geldleistung** oder einen darauf bezogenen Verwaltungsakt, ist deren Höhe maßgebend für den Streitwert (§ 52 Abs. 3 S. 1 GKG).

Bietet der Sach- und Streitgegenstand für eine Bestimmung des Streitwertes keine genügenden Anhaltspunkte, ist **ein Auffang-/Regelstreitwert** von 5.000,00 EUR anzunehmen (§ 52 Abs. 2 GKG). Ein Abschlag oder eine Vervielfältigung von diesem Auffangstreitwert ist nach der gesetzlichen Regelung nicht möglich.

Zu beachten ist, dass der Streitwert eine **Höchstgrenze** von 2,5 Mio. EUR nicht übersteigen darf (§ 52 Abs. 4 Nr. 2 GKG).

Streitwert – wiederkehrende Leistungen 13

Nach § 42 Abs. 1 S. 1 GKG ist bei Ansprüchen auf wiederkehrende Leistungen dem Grunde oder der Höhe nach der dreifache Jahresbetrag der wiederkehrenden Leistung als Gesamtbetrag anzunehmen, es sei denn, der Gesamtbetrag der geforderten Leistung ist geringer. Fällige Beträge werden hinzugerechnet (§ 42 Abs. 3 S. 1 GKG).

Streitwert – Nebenforderungen 14

Werden neben dem Hauptanspruch auch **Nebenforderungen** Früchte, Nutzungen, insbesondere Zinsen oder Kosten geltend gemacht, bleiben diese bei der Wertermittlung unberücksichtigt (§ 43 Abs. 1 GKG).

6 Legaldefinition des Verwaltungsakts gem. § 35 VwVfG (§ 31 SGB X): *„Verwaltungsakt ist jede Verfügung, Entscheidung oder andere hoheitliche Maßnahme, die eine Behörde zur Regelung eines Einzelfalls auf dem Gebiet des öffentlichen Rechts trifft und die auf unmittelbare Rechtswirkung nach außen gerichtet ist.“*

7 Meyer-Ladewig/*B. Schmidt*, § 197 Rn 7e.

Sofern kein Hauptanspruch, sondern nur eine oder mehrere Nebenforderungen betroffen sind, ist der Wert der Nebenforderungen maßgebend, soweit dieser den Wert des Hauptanspruches nicht übersteigt (§ 43 Abs. 2 GKG).

Entsprechendes gilt nach § 43 Abs. 3 GKG für Kosten des Rechtstreits.

15 **Streitwert – einstweiliger Rechtsschutz**

In Verfahren des **einstweiligen Rechtsschutzes** nach § 86b SGG bestimmt sich der Streitwert nach § 52 Abs. 1 und 2 GKG i.V.m. § 53 Abs. 2 Nr. 4 GKG.

16 Der Anwalt kann aus eigenem Recht die Festsetzung beantragen oder Rechtmittel gegen die Festsetzung einlegen (§ 32 Abs. 2 GKG).

17 **Streitwert – Untätigkeitsklage**

Eine Richtlinie zur Bestimmung des Streitwerts auf Grundlage der sozialgerichtlichen Rechtsprechung ist der entwickelte *Streitwertkatalog für die Sozialgerichtsbarkeit*[8] (siehe § 27 Rdn 1 ff.). Dieser stellt allerdings nur eine Empfehlung dar und ist für die Sozialgerichte nicht verbindlich.

Nach dem Streitwertkatalog für die Sozialgerichtsbarkeit ist der Streitwert bei **Untätigkeitsklagen** regelmäßig mit 10–25 % Prozent der Hauptsache anzunehmen.[9]

Diese Ansicht wird allerdings vom OVG Sachsen nicht geteilt. Hiernach gilt:

Die Untätigkeitsklage unterscheidet sich von einer „normalen" Verpflichtungsklage allein dadurch, dass sie schon vor Abschluss des Verwaltungsverfahrens erhoben wird. An der Bedeutung des mit ihr geltend gemachten Anliegens für den Kläger ändert sich dadurch nichts, sodass eine unterschiedliche Streitwertfestsetzung nicht gerechtfertigt ist. Damit sind die Streitwerte der Untätigkeitsklage und der Verpflichtungsklage identisch.[10]

2. Gegenstandswert

18 **Gegenstandswert**

Das Rechtsanwaltsvergütungsgesetz spricht vom **Gegenstandswert** (§ 2 Abs. 1 RVG). Dies ist nach Legaldefinition *der „Wert, den der Gegenstand der anwaltlichen Tätigkeit*

8 Streitwertkatalog für die Sozialgerichtsbarkeit in der überarbeiteten Fassung 2023 des von der Konferenz der Präsidentinnen und Präsidenten der Landessozialgerichte am 16.5.2006 auf Vorschlag des LSG Rheinland-Pfalz beschlossenen Streitwertkatalogs 2006, 6. Aufl. 2023 (siehe § 27 Rdn 1 ff.).

9 Streitwertkatalog für die Sozialgerichtsbarkeit (Stand: Februar 2023); LSG Rheinland-Pfalz, Beschl. v. 11.8.1994 – L 3 Sb 19/94; LSG Bayern, Beschl. v. 9.10.2014 – L 5 R 604/14 B, NZS 2015, 198.

10 OVG Sachsen-Anhalt, Beschl. v. 6.12.2004 – 2 O 666/04.

hat". Der Gegenstandswert – nach welchem die anwaltlichen Gebühren abzurechnen sind – richtet sich nach § 23 Abs. 1 RVG i.V.m. § 52 GKG. Insofern wird auf den Streitwert i.S.d. GKG zurückgegriffen. Dies gilt für gerichtliche Tätigkeiten (§ 23 Abs. 1 S. 1 RVG) sowie auch für außergerichtliche Tätigkeiten des Anwalts (§ 23 Abs. 1 S. 3 RVG).

Die anwaltlichen Gebühren – wie aus der ordentlichen Gerichtsbarkeit bekannt – werden 19
nach **Wertgebühren** gem. **§ 3 Abs. 1 S. 2 RVG** abgerechnet.

Insofern ergeben sich keine Besonderheiten.

Überlange Gerichtsverfahren 20

Für **Vollstreckungsverfahren** nach § 201 Abs. 1 SGG und für Verfahren wegen **überlanger Gerichtsverfahren** (§ 202 S. 2 SGG) gelten ebenfalls Wertgebühren nach § 3 Abs. 1 S. 2 2 Hs, S. 3 RVG.

Eine gerichtliche Wertfestsetzung ist nach § 32 Abs. 1 RVG auch hinsichtlich der An- 21
waltsgebühren bindend. Der gerichtliche Streitwert bestimmt demnach in aller Regel auch den anwaltlichen Gegenstandswert.

In einem kostenpflichtigen Verfahren sind auch die außergerichtlichen Kosten einer 22
Behörde erstattungsfähig. Auch die Behörde könnte sich eines Rechtsanwalts bedienen.

Hinsichtlich etwaigen Beigeladenen gelten besondere Regelungen (vgl. § 197a Abs. 2 SGG).

Die Festsetzung außergerichtlicher Kosten sowie einzelner Auslagen findet erst im Kostenfestsetzungsverfahren durch den Urkundsbeamten der Geschäftsstelle statt.

II. Kostenfreie Verfahren

Allgemeines 23

Bei der Mehrzahl der sozialgerichtlichen Streitverfahren handelt es sich unter den Voraussetzungen des § 183 SGG um gerichtskostenfreie Verfahren. Paradigmatisch für sozialgerichtliche Streitverfahren ist daher eine Klage des Sozialhilfebeziehers gegen die zuständige Behörde auf Gewährung der beantragten Sozialleistung.

Die Gründe der Kostenfreiheit liegen insbesondere in sozialstaatlichen Erwägungen und in der Schutzwürdigkeit des in § 183 SGG zitierten Personenkreises. Diese seien verhältnismäßig schlechter gestellt als andere Parteien. Durch das 6. SGGÄndG v. 17.8.2001 wurde zwar grundsätzlich an der Gebührenfreiheit festgehalten, dadurch wurde aber gleichzeitig die heutige Pauschgebühr sowie die „Neuregelung" des § 197a SGG eingeführt.[11]

11 BGBl I, 2144, 2151.

Sofern also ein

- Versicherter,
- Leistungsempfänger,
- Hinterbliebenenleistungsempfänger,
- behinderter Mensch[12]
- oder deren Sonderrechtsnachfolger nach § 56 Abs. 1 SGB I

in der jeweiligen Eigenschaft als Kläger oder Beklagter beteiligt ist, ist Kostenfreiheit gegeben. Nimmt ein sonstiger Rechtsnachfolger das Verfahren auf, bleibt das Verfahren in dem Rechtszug (in welchem es aufgenommen wurde) kostenfrei. Den zuvor genannten Personen steht gleich, wer im Falle des Obsiegens zu diesen Personen gehören würde. Leistungsempfängern nach § 183 S. 1 SGG stehen Antragsteller nach § 55a Abs. 2 S. 1 SGG 2. Alt. gleich.

24 **Versicherteneigenschaft**

Versicherter i.S.d. § 183 SGG ist jedermann, dessen Versicherteneigenschaft ein Versicherungsträger festgestellt hat bzw. über dessen Status als Versicherter unabhängig vom Ausgang des Verfahrens gestritten wird. Damit ist also derjenige, der im Vorverfahren erfolgreich einen die Versicherungspflicht feststellenden Verwaltungsakt angegriffen hat, im Streit über die Verfahrenskosten nicht als Versicherter i.S.d. § 183 SGG anzusehen.[13]

25 **Ausnahme der Kostenfreiheit**

Der Begriff der Kosten nach § 183 SGG umfasst hier lediglich die **Gerichtskosten** (Gebühren und Auslagen nach § 1 GKG), nicht jedoch auch die außergerichtlichen Kosten. Eine Ausnahme von dem Grundsatz der Kostenfreiheit bildet § 183 S. 5 SGG, wonach Kosten für die Fertigung von Abschriften und Schriftsätzen sowie von Aktenabschriften für Beteiligte, Vorschusskosten eines Gutachtens nach § 109 SGG sowie etwaige Mutwilligkeitskosten nach § 192 SGG dem Kläger auferlegt werden können. Eine weitere Ausnahme von der Kostenfreiheit bildet ein Verfahren wegen eines überlangen Gerichtsverfahrens (§ 183 Abs. 1 S. 6 SGG).

26 Die entstehenden außergerichtlichen Kosten der Rechtsverfolgung (eine anwaltliche Vertretung ist in erster und zweiter Instanz nicht vorgeschrieben) hat auch ein kostenrechtlich privilegierter Beteiligter zu tragen, sofern diese nicht im Wege der Prozesskostenhilfe durch die Landeskasse übernommen werden. Die anwaltlichen Gebühren entstehen bei

12 Ab einem Grad der Behinderung/Grad der Schädigung (GdB/GdS) von 20.

13 BSG, Urt. v. 5.10.2006 – B 10 LW 5/05 R.

gerichtskostenfreien Verfahren in Form von **(Betrags-) Rahmengebühren** gem. **§ 3 Abs. 1 S. 1 RVG**.

Nicht erstattungsfähige Kosten von Beteiligten 27

Nicht erstattungsfähig sind jedoch die Aufwendungen der in § 184 Abs. 1 SGG genannten Gebührenpflichtigen; eine Behörde hat demnach keinen Anspruch auf Erstattung ihrer außergerichtlichen Kosten.

Kostengrundentscheidung 28

Das Gericht hat im Urteil oder auf Antrag zu entscheiden, ob und in welchem Umfang die Beteiligten einander Kosten zu erstatten haben (vgl. § 193 SGG). Die Entscheidung ergeht nach billigem Ermessen. Die Festsetzung außergerichtlicher Kosten sowie einzelner Auslagen findet erst im Kostenfestsetzungsverfahren durch den Urkundsbeamten der Geschäftsstelle statt.

Pauschgebühren 29

Sofern regelmäßig keine Gerichtskosten gem. § 183 SGG anfallen, hat ein Kläger oder Beklagter, welcher nicht zu dem kostenrechtlich privilegierten Personenkreis gehört, gem. § 184 SGG für jede Streitsache unabhängig vom Verfahrensausgang eine Gebühr zu entrichten. Hierbei handelt es sich um eine sogenannte **Pauschgebühr**, welche der Höhe nach für jede Instanz variiert. Diese Pauschgebühr entsteht mit Rechtshängigkeit und ist für jeden Rechtszug gesondert zu entrichten; jedoch erst nach Abschluss der jeweiligen Instanz. Sie ist unabhängig vom Klageausgang zu zahlen (§ 185 SGG). Regelmäßiger Kostenschuldner in sozialrechtlichen Streitigkeiten ist die beklagte Behörde. Keiner Zahlungspflicht unterliegen jedoch der Bund, die Länder und die nach Bundes- oder Landesrecht von der Kostenpflicht befreiten Beteiligten (§ 184 Abs. 3 SGG i.V.m. § 2 GKG und § 64 Abs. 3 SGB X). Die Höhe der Gebühr beträgt für das Verfahren

- vor den Sozialgerichten 150,00 EUR,
- vor den Landessozialgerichten 225,00 EUR,
- vor dem Bundessozialgericht 300,00 EUR.

Die Ermäßigungstatbestände der Pauschgebühr sind abschließend in § 186 SGG geregelt. 30

C. Differenzierung von Wert- und Betragsrahmengebühren

Kostenrechtlich teilen sich die Gebühren im sozialgerichtlichen Verfahren in zwei Gruppen. Zum einen sind dies die Wertgebühren in gerichtskostenpflichtigen Verfahren nach 31

§ 197a SGG und zum anderen die Betragsrahmengebühren in gerichtskostenfreien Verfahren gem. § 183 SGG.

Hierbei handelt es sich um eine sozialgerichtliche Besonderheit.

D. Wertgebühren

32 **Wertgebühren in sozialgerichtlichen Verfahren**

Ist das Verfahren nach § 183 SGG nicht gerichtskostenfrei, richten sich die Gebühren nach dem Gegenstandwert (§ 23 Abs. 1 RVG i.V.m. § 52 GKG), es entstehen Wertgebühren nach § 3 Abs. 1 S. 2 RVG.

Hinsichtlich der Einzelheiten des Streitwertes sowie des Gegenstandswertes wird auf § 2 Rdn 11 ff. verwiesen.

Es handelt sich im Wesentlichen um Verfahren, welche Streitigkeiten der Sozialleistungsträger untereinander, Streitigkeiten zwischen Sozialleistungsträgern, Arbeitgebern und Vertragsarztverfahren zum Gegenstand haben.

33 **Wertgebühren in Entschädigungsverfahren**

Wertgebühren fallen auch in Entschädigungsverfahren nach §§ 198 ff. GVG (17. Titel des GVG) wegen überlanger Gerichtsverfahren an, selbst wenn der Kläger an sich Kostenfreiheit genießen würde. An die Stelle des Oberlandesgerichts tritt das Landessozialgericht, an die Stelle des Bundesgerichtshofs tritt das Bundessozialgericht und an die Stelle der Zivilprozessordnung das Sozialgerichtsgesetz entsprechend.

Zu den Voraussetzungen einer Entschädigungsklage zählen neben der Wartefrist nach § 198 Abs. 5 S. 1 GVG die Klagefrist § 198 Abs. 5 S. 2 GVG sowie die Erhebung einer wirksamen Verzögerungsrüge.

Nach dem BSG[14] gibt es keine konkreten Anforderungen an eine Verzögerungsrüge hinsichtlich Form oder Mindestinhalt. Es müsse aber zumindest zum Ausdruck kommen, dass kein Einverständnis mit der vorliegenden Verfahrensdauer besteht und eine Beschleunigung des Verfahrens gewünscht ist.

Eine wirksame Verzögerungs- oder auch Beschleunigungsrüge i.S.d. § 198 GVG erfordert nach dem BSG jedoch die konkrete Benennung eines Aktenzeichens, für welches die Rüge eingelegt wird, oder sie muss sich zumindest nach dem Inhalt der Erklärung auf ein klar bestimmbares Verfahren des Ausgangsgerichts beziehen.

Bei der Verzögerungsrüge handelt es sich nicht um einen eigenen (präventiven) Rechtsbehelf; die Erklärung ist nicht rechtsgestaltender Natur und daher lediglich „prozess-

14 BSG, Urt. v. 27.3.2020 – B 10 ÜG 4/19 R.

handlungsähnlich." Aufgrund dieser Ähnlichkeit hat jedoch bei Zweifelsfällen eine unter objektiver Würdigung und Berücksichtigung aller erkennbaren und vorhandenen Umstände des Einzelfalles wortlautnahe Auslegung der Erklärung gem. § 133 (§ 157) BGB zu erfolgen.

Hierbei gelten die Auslegungsgrundsätze für Prozesserklärungen entsprechend.

I. Gebührenüberblick

Gebührenüberblick 34

Es entstehen die allgemeinen Gebühren. Diese werden nachfolgend lediglich im Überblick dargestellt, ohne umfassend behandelt zu werden.

Außergerichtliche Tätigkeit 35

Für eine **außergerichtliche Vertretung** erhält der Anwalt Gebühren nach Teil 2 VV RVG. Es können die Gebührentatbestände der Nrn. 2100, 2101, 2300, 2301 VV RVG anfallen.

Erster Rechtszug 36

Im **ersten Rechtszug** können die Gebührentatbestände der Verfahrensgebühr Nrn. 3100, 3101 VV RVG sowie der Terminsgebühr Nrn. 3104, 3105 VV RVG entstehen.

Zweiter Rechtszug 37

Im **zweiten Rechtszug** können die Gebührentatbestände der Verfahrensgebühr Nrn. 3200, 3201 VV RVG sowie der Terminsgebühr Nrn. 3202, 3203 VV RVG entstehen.

Dritter Rechtszug 38

Im **dritten Rechtszug** können die Gebührentatbestände der Verfahrensgebühr Nrn. 3206 bis 3209 VV RVG sowie der Terminsgebühr Nrn. 3210, 3211 VV RVG entstehen.

Einigungs-/Erledigungsgebühr 39

Neben den Verfahrens- und Terminsgebühren kann der Anwalt die **Einigungs- oder Erledigungsgebühr** Nrn. 1000, 1002, 1003, 1004 VV RVG verdienen.

Auslagen 40

Zusätzlich erhält der Anwalt **Auslagen** nach Teil 7 VV RVG erstattet.

41 **Zusatzgebühr**

Weiterhin kann eine Zusatzgebühr nach Nr. 1010 VV RVG für besonders umfangreiche Beweisaufnahmen entstehen. Die Zusatzgebühr soll den anfallenden Mehraufwand des Anwalts für besonders umfangreiche Beweisaufnahmen vergüten.

Die setzt voraus, dass

- sich die übrigen Gebühren nach Teil 3 VV RVG richten und
- mindestens *drei* gerichtliche Termine stattfinden,
- in welchen Sachverständige oder Zeugen vernommen werden.

Diese Voraussetzungen müssen kumulativ vorliegen.

Die Höhe der Gebühr beträgt 0,3.

42 **Prozesskostenhilfe**

Sofern **Prozesskostenhilfe** bewilligt wurde, sind die Gebühren nach § 49 RVG (Wertgebühren aus der Staatskasse) abzurechnen.

Das Prozesskostenhilfeprüfungsverfahren bildet nach § 16 Nr. 2 RVG mit dem nachfolgenden Hauptsacheverfahren, für welche die Prozesskostenhilfe beantragt wurde, eine gebührenrechtliche Angelegenheit und wird nicht extra vergütet.

43 **Besondere Verfahren**

Außerdem gelten die entsprechenden Vorschriften über die Erinnerung, Beschwerde, Nichtzulassungsbeschwerde sowie die entsprechenden Vorschriften für anwaltliche Einzeltätigkeiten.

44 **Eilverfahren**

Die Wertgebühren gelten ebenfalls für Verfahren dieses Personenkreises nach § 86b Abs. 1 SGG auf Aussetzung oder Anordnung der sofortigen Vollziehung und für Verfahren nach § 86b Abs. 2 SGG über einstweiligen Rechtsschutz.

45 **Übergangsrecht**

Für die Fragen bezüglich des Übergangsrechts ist § 60 RVG maßgebend.

1. Mehrere Auftraggeber – Erhöhung

Mehrvertretung 46

Aus dem Wortlaut von Nr. 1008 VV RVG ergibt sich, dass u.a. auch die Geschäftsgebühren Nrn. 2300 ff. VV RVG und die Verfahrensgebühren Nrn. 3100 ff. VV RVG zu den erhöhungsfähigen Gebühren gehören.

Da sich die Geschäftsgebühr Nr. 2300 VV RVG als **Satzrahmengebühr** gem. § 13 RVG nach dem Gegenstandswert der anwaltlichen Tätigkeit berechnet, ist Voraussetzung für die Erhöhung nach Abs. 1 der Anm. zu Nr. 1008 VV RVG, dass der **Gegenstand der anwaltlichen Tätigkeit** für die verschiedenen Auftraggeber **derselbe** ist. Nach Abs. 2 der Anm. zu Nr. 1008 VV RVG wird die Erhöhung nach dem Betrag der gemeinschaftlichen Beteiligung der Personen berechnet.

Sofern eine **Mehrheit von Auftraggebern** in derselben Angelegenheit vorliegt, erhöhen sich die jeweiligen Verfahrens- und Geschäftsgebühren für jede weitere Person (Auftraggeber) nach **Nr. 1008 VV RVG um 0,3**. Dies gilt bei Wertgebühren nur, sofern der Gegenstand der anwaltlichen Tätigkeit derselbe ist. Es handelt sich dabei nicht um eine extra Gebühr, es ist vielmehr die grundlegende Gebühr zu erhöhen. 47

Die Erhöhung gilt selbstverständlich auch für die jeweiligen Gebühren weiterer Angelegenheiten (z.B. solche Widerspruchsverfahren, 1. Instanz, Berufungsinstanz oder des Nichtzulassungsbeschwerdeverfahrens).

Mehrvertretung – Anzahl Erhöhungen 48

Mehrere *Erhöhungen* dürfen einen Gebührensatz von *2,0* nicht übersteigen (Nr. 1008 Abs. 3 VV RVG), das bedeutet, dass ab einer Anzahl von 8 Auftraggebern nur eine maximale Erhöhung von 2,0 geltend gemacht werden kann.

Übersicht Mehrvertretung 49

Anzahl Auftraggeber	Verfahrensgebühr Nr. 3100 VV RVG	Verfahrensgebühr Nr. 3101 VV RVG
1	1,3	0,8
2 (1 *weiterer* Auftraggeber)	1,6	1,1
3 (2 *weitere* Auftraggeber)	1,9	1,4
4 (3 *weitere* Auftraggeber)	2,2	1,7

Anzahl Auftraggeber	Verfahrensgebühr Nr. 3100 VV RVG	Verfahrensgebühr Nr. 3101 VV RVG
5 (4 *weitere* Auftraggeber)	2,5	2,0
6 (5 *weitere* Auftraggeber)	2,8	2,3
7 (6 *weitere* Auftraggeber)	3,1	2,6
8 (7 *weitere* Auftraggeber)	3,3	2,8
9 und mehr (8 und mehr *weitere* Auftraggeber)	3,3	2,8

50 Auch wenn mangels umfangreicher oder schwieriger Tätigkeit die Mittelgebühr einer Geschäftsgebühr (z.B. Nr. 2300 VV RVG: von 1,5 auf 1,3) gekappt wird, also eine Schwellengebühr einschlägig ist, wird die Schwelle nach Nr. 1008 Abs. 4 VV RVG ebenfalls erhöht.

2. Einigungs- und Erledigungsgebühr

51 **Einigung oder Erledigung**

Neben den jeweiligen Verfahrensgebühren kann der Anwalt bei einer Einigung oder Erledigung weitere Gebühren nach Teil 1 VV RVG verdienen.

Im Falle einer ***Einigung*** über gerichtlich anhängige Gegenstände entsteht eine **1,0 Einigungsgebühr** nach **Nrn. 1003, 1000 VV RVG**, bei einer Einigung über nicht gerichtlich anhängige Gegenstände (Mehrvergleich) entsteht eine **1,5 Einigungsgebühr** nach **Nr. 1000 VV RVG**.

Nach der Anm. Abs. 1 Nr. 1 zu Nr. 1000 VV RVG entsteht die Einigungsgebühr für den Abschluss eines Vertrags, durch den der Streit oder die Ungewissheit über ein Rechtsverhältnis beseitigt wird, sofern sich der Vertrag nicht ausschließlich auf ein Anerkenntnis oder einen Verzicht beschränkt.

Weiterhin entsteht nach der Anm. Abs. 1 Nr. 2 zu Nr. 1000 VV RVG die Einigungsgebühr für die Mitwirkung bei Abschluss eines Vertrages, durch den die Erfüllung des Anspruchs bei gleichzeitigem vorläufigen Verzicht auf die gerichtliche Geltendmachung und, wenn bereits ein zur Zwangsvollstreckung geeigneter Titel vorliegt, bei gleichzeitigem vorläufigem Verzicht auf Vollstreckungsmaßnahmen geregelt wird.

Auch entsteht die Einigungsgebühr nach der Anm. Abs. 2 zu Nr. 1000 VV RVG für die Mitwirkung bei Vertragsverhandlungen, es sei denn, dass die Mitwirkung für den Vertrag nicht ursächlich war.

Die Gebühr entsteht für die Mitwirkung bei einem unter einer aufschiebenden Bedingung oder unter dem Vorbehalt des Widerrufs geschlossenen Vertrag erst, wenn die Bedingung eingetreten ist oder der Vertrag nicht mehr wiederrufen werden kann (Anm. Abs. 3 zu Nr. 1000 VV RVG).

Im Falle einer ***Erledigung*** entsteht eine **1,5 Erledigungsgebühr** nach **Nr. 1002 VV RVG**. Diese Gebühr entsteht der Anm. zu Nr. 1002 VV RVG zufolge dann, wenn sich eine Rechtssache ganz oder teilweise nach Aufhebung oder Änderung des mit einem Rechtsbehelf angefochtenen Verwaltungsakts durch die anwaltliche Mitwirkung erledigt. Das Gleiche gilt, wenn sich eine Rechtssache ganz oder teilweise durch den Erlass eines bisher abgelehnten Verwaltungsakts erledigt.

Anhängigkeit mit Einigung oder Erledigung 52

Sofern über den Gegenstand ein Berufungs- oder Revisionsverfahren, ein Beschwerdeverfahren gegen die Nichtzulassung der Berufung oder Revision oder ein Verfahren vor dem Rechtsmittelgericht über die Zulassung des Rechtsmittels anhängig ist, entsteht eine **1,3 Einigungsgebühr Nr. 1004 VV RVG**.

3. Gebühren für außergerichtliche Tätigkeit

Außergerichtliche Tätigkeit 53

Sofern der Anwalt außergerichtlich tätig wird, verdient er eine **Geschäftsgebühr Nr. 2300 VV RVG**. Der Gebührensatz beträgt 0,5 (für einfache anwaltliche Tätigkeiten) bis 2,5 (für außergewöhnlich umfangreiche oder schwierige anwaltliche Tätigkeiten).

Eine Gebühr von mehr als 1,3 kann aber nur gefordert werden, wenn die anwaltliche Tätigkeit umfangreich *oder* schwierig gewesen ist. Diese Tatbestandsvoraussetzungen müssen nicht kumulativ vorliegen; es genügt, wenn eine dieser Tatbestandsvoraussetzungen erfüllt ist.

Sofern der Auftrag sich auf ein Schreiben einfacher Art beschränkt, ist Nr. 2301 VV RVG mit einem Gebührensatz von 0,3 einschlägig.

Die Geschäftsgebühr entsteht nach Vorbem. 2.3 Abs. 3 VV RVG für das Betreiben des Geschäfts einschließlich der Informationen und für die Mitwirkung bei der Gestaltung eines Vertrages.

54 **Angelegenheiten bei außergerichtlicher Tätigkeit**

Die Geschäftsgebühr ist einschlägig im Verwaltungs- und im Vorverfahren (Widerspruchsverfahren, Einspruchsverfahren, Beschwerdeverfahren oder Abhilfeverfahren). Nach **§ 17 Nr. 1a RVG** sind diese und das gerichtliche Verfahren **verschiedene Angelegenheiten**.

55 Ist eine anwaltliche Tätigkeit im Verwaltungsverfahren vorausgegangen und eine Geschäftsgebühr entstanden, wird diese nach Vorbem. 2.3 Abs. 4 VV RVG zur Hälfte, jedoch höchstens mit einem Gebührensatz von 0,75 auf die Geschäftsgebühr für das Vorverfahren angerechnet.

Mit Einführung des KostBRÄG 2025 verbleibt es bei dem Anrechnungshöchstsatz von 0,75.

56 *Beispiel 2: Vorverfahren, weder umfangreiche noch schwierige Tätigkeit*

Der Leistungsträger macht Ansprüche nach § 93 SGB XII (oder nach § 33 SGB II) aus übergeleitetem Recht gegen eine dritte Person geltend. Die Behörde hat einen Anspruch des Leistungsempfängers i.H.v. 3.000,00 EUR auf sich übergeleitet. Für den Dritten legt ein Rechtsanwalt Widerspruch ein. Dieser ist erfolgreich. Die Zuziehung eines Rechtsanwalts war erforderlich. Die Kosten trägt die Behörde. Die Tätigkeit war nicht umfangreich oder schwierig.

Der Dritte ist nach § 3 RVG, § 183 SGG nicht von den Kosten befreit. Der Wert ermittelt sich aus § 52 GKG.[15]

Damit steht dem Rechtsanwalt für das Vorverfahren (Widerspruchsverfahren) folgende Vergütung zu:

Geschäftsgebühr, Nr. 2300 VV RVG (1,3)	306,15 EUR
(Wert: 3.000,00 EUR)	
Postentgeltpauschale, Nr. 7002 VV RVG	20,00 EUR
19 % Umsatzsteuer, Nr. 7008 VV RVG	61,97 EUR
Summe	**388,12 EUR**

57 *Beispiel 3: Vorverfahren mit drei Auftraggebern, weder umfangreiche noch schwierige Tätigkeit*

Der Anwalt vertritt im Vorverfahren drei Auftraggeber. Die anwaltliche Tätigkeit ist weder umfangreich noch schwierig. Der Wert beträgt 800,00 EUR.

15 SG Aachen, Beschl. v. 24.1.2007 – S 11 R 108/06.

Der Anwalt kann also für zwei weitere Auftraggeber je eine Erhöhung von 0,3 geltend machen. Nach Nr. 1008 Abs. 4 VV RVG erhöht sich auch die Schwellengebühr entsprechend.

Damit steht dem Rechtsanwalt folgende Vergütung für das Vorverfahren zu:

Vorverfahren

Geschäftsgebühr, Nrn. 2300, 1008 VV RVG (1,9) *(1,3 + (2 × 0,3))*	176,70 EUR
(Wert: 800,00 EUR)	
Postentgeltpauschale, Nr. 7002 VV RVG	20,00 EUR
19 % Umsatzsteuer, Nr. 7008 VV RVG	37,37 EUR
Summe	**234,07 EUR**

Es können auch Geschäftsgebühren für eine Prüfung der Erfolgsaussichten eines Rechtsmittels entstehen (Nrn. 2100, 2101 VV RVG). 58

4. Gebühren im ersten Rechtszug

Erster Rechtszug – Verfahrensgebühr 59

Im ersten Rechtszug erhält der Anwalt die **1,3 Verfahrensgebühr Nr. 3100 VV RVG**.

Die Verfahrensgebühr entsteht nach der Vorbem. 3 Abs. 2 VV RVG für das Betreiben des Geschäfts, einschließlich der Informationen. Voraussetzung ist die Erteilung des unbedingten Verfahrensauftrags durch den Mandanten.

Vorzeitige Erledigung 60

Im Falle der **vorzeitigen Erledigung** des Auftrages, also bevor der Anwalt

- die Klage- oder Antragsschrift,
- einen Schriftsatz, der Sachanträge, Sachvorträge, die Zurücknahme der Klage oder des Antrags enthält, eingereicht oder
- bevor er einen gerichtlichen Termin wahrgenommen hat,

ermäßigt sich die Verfahrensgebühr auf 0,8 nach Nr. 3101 Nr. 1 VV RVG.

Eine Ermäßigung tritt auch ein, sofern nach Nr. 3101 Nr. 2 VV RVG

- Verhandlungen vor Gericht zur Einigung der Parteien oder der Beteiligten oder mit Dritten über in dem Verfahren nicht rechtshängige Ansprüche geführt werden,
- oder wenn lediglich beantragt ist, eine Einigung über solche (nicht rechtshängigen) Ansprüche zu Protokoll zu nehmen oder eine solche Einigung festzustellen.

61 **Anrechnung der Geschäftsgebühr**

Entsteht wegen desselben Gegenstandes im Vorverfahren eine **Geschäftsgebühr** nach Teil 2, so ist diese zur **Hälfte**, jedoch **höchstens mit einem Gebührensatz von 0,75** auf die Verfahrensgebühr des gerichtlichen Verfahrens nach Vorbem. 3 Abs. 4 VV RVG **anzurechnen**. Sofern mehrere Geschäftsgebühren entstanden sind, ist für die Anrechnung die zuletzt entstandene Gebühr maßgebend.

Mit Einführung des KostBRÄG 2025 verbleibt es hier bei dem Anrechnungshöchstsatz von 0,75.

62 *Beispiel 4: Erstinstanzliches Verfahren mit Vorbefassung im Widerspruchsverfahren*

Ein Rechtsanwalt ist im Widerspruchsverfahren tätig geworden. Er erhebt im eigenen Namen Klage vor dem SG auf Erstattung der Kosten des Widerspruchsverfahrens nach § 63 Abs. 1 SGB X aus abgetretenem Recht. Die Klage endet durch Rücknahme. Der Streitwert und damit der Gegenstandswert beträgt 1.200,00 EUR.

Der Anwalt ist nicht von den Kosten nach § 183 SGG befreit, er genießt keine Kostenfreiheit. Es entstehen daher Wertgebühren.[16]

Da der Anwalt bereits im Vorverfahren tätig gewesen ist, ist eine Geschäftsgebühr Nr. 2300 VV RVG entstanden. Da die Tätigkeit weder schwierig noch umfangreich war, ist von der Schwellengebühr auszugehen.

Damit steht dem Rechtsanwalt folgende Vergütung zu:

I. Vorverfahren	
Geschäftsgebühr, Nr. 2300 VV RVG (1,3)	174,85 EUR
(Wert: 1.200,00 EUR)	
Postentgeltpauschale, Nr. 7002 VV RVG	20,00 EUR
19 % Umsatzsteuer, Nr. 7008 VV RVG	37,02 EUR
Summe	**231,87 EUR**
II. Klageverfahren	
Verfahrensgebühr, Nr. 3100 VV RVG (1,3)	174,85 EUR
(Wert: 1.200,00 EUR)	
Anrechnung gem. Vorbem. 3 Abs. 4 VV RVG mit 0,65	*./. 87,43 EUR*
Postentgeltpauschale, Nr. 7002 VV RVG	20,00 EUR
19 % Umsatzsteuer, Nr. 7008 VV RVG	20,41 EUR
Summe	**127,83 EUR**

16 AnwK-RVG/*Schafhausen*, § 3 Rn 18; SG Dresden, Beschl. v. 5.6.2005 – S 23 AL 1751/03.

Beispiel 5: Erstinstanzliches Verfahren mit Vorbefassung im Widerspruchsverfahren – Mehrere Auftraggeber 63

Der Rechtsanwalt vertritt im obigen Beispiel 4 im Vor- sowie im anschließenden Klageverfahren jeweils 8 Auftraggeber. Der Wert beträgt 2.500,00 EUR.

Die anwaltliche Tätigkeit im Vorverfahren war weder umfangreich noch schwierig. Das Klageverfahren endete durch Klagerücknahme.

Damit steht dem Rechtsanwalt folgende Vergütung zu:

I. Vorverfahren	
Geschäftsgebühr, Nrn. 2300,1008 VV RVG (3,3)	777,15 EUR
(1,3 + (7 × 0,3) = 1,3 + 2,1, jedoch max. 2,0 Erhöhung nach Nr. 1008 Abs. 3 VV RVG, insgesamt 3,3)	
(Wert: 2.500,00 EUR)	
Postentgeltpauschale, Nr. 7002 VV RVG	20,00 EUR
19 % Umsatzsteuer, Nr. 7008 VV RVG	151,46 EUR
Summe	**948,61 EUR**
II. Klageverfahren	
Verfahrensgebühr, Nrn. 3100, 1008 VV RVG (3,3)	777,15 EUR
(1,3 + (7 × 0,3) = 1,3 + 2,1, jedoch max. 2,0 Erhöhung nach Nr. 1008 Abs. 3 VV RVG, insgesamt 3,3)	
(Wert: 2.500,00 EUR)	
Anrechnung gem. Vorbem. 3 Abs. 4 VV RVG mit max. 0,75 (statt 1,65)	*./. 176,63 EUR*
Postentgeltpauschale, Nr. 7002 VV RVG	20,00 EUR
19 % Umsatzsteuer, Nr. 7008 VV RVG	117,90 EUR
Summe	**738,42 EUR**

Teilanrechnung der Geschäftsgebühr 64

Sofern nicht derselbe Gegenstandswert des Vorverfahrens in das Klageverfahren übergeht, sondern nur ein Teil davon, so hat eine Anrechnung nur über den übergegangenen Teil zu erfolgen.

Erster Rechtszug – Terminsgebühr 65

Daneben kann die **1,2 Terminsgebühr Nr. 3104 VV RVG** entstehen. Die Terminsgebühr entsteht

- für die Teilnahme an einem Termin i.S.d. Vorbem. 3 Abs. 3 VV RVG oder
- in solchen Fällen der Anm. Abs. 1 zu Nr. 3104 VV RVG.

Bei Wertgebühren erfasst die Terminsgebühr auch die Verhandlung und die Erörterung über nicht anhängige Streitgegenstände in einem gerichtlichen Termin. Sie fällt nicht an, wenn lediglich beantragt wird, dass eine Einigung der Beteiligten oder mit einem Dritten über nicht rechtsanhängige Ansprüche protokolliert werden soll (vgl. Nr. 3104 Abs. 2 und Abs. 3 VV RVG).

66 *Beispiel 6: Erstinstanzliches Verfahren mit Termin*

In einem Klageverfahren zwischen Krankenhaus und Krankenkasse über die Vergütung von stationärem Aufenthalt des bei der Krankenkasse gesetzlich versicherten Patienten (sog. Abrechnungsstreitigkeit) nimmt der das Krankenhaus vertretende Anwalt einen Termin wahr. Streitig ist ein Betrag von 8.687,64 EUR an angeblich zu viel gezahlter Vergütung.

Dem Rechtsanwalt steht folgende Vergütung zu:

Klageverfahren	
Verfahrensgebühr, Nr. 3100 VV RVG (1,3)	770,25 EUR
(Wert: 8.687,64 EUR)	
Terminsgebühr, Nr. 3104 VV RVG (1,2)	711,00 EUR
Postentgeltpauschale, Nr. 7002 VV RVG	20,00 EUR
19 % Umsatzsteuer, Nr. 7008 VV RVG	285,24 EUR
Summe	**1.786,49 EUR**

67 Ist der Anwalt in einem Termin anwesend, in welchem eine Partei oder ein Beteiligter nicht erschienen oder nicht ordnungsgemäß vertreten ist und lediglich ein Antrag auf Versäumnisurteil, Versäumnisentscheidung oder ein Antrag auf Prozess-, Verfahrens- oder Sachleistung gestellt wird, ermäßigt sich die Verfahrensgebühr auf 0,5, es entsteht eine Terminsgebühr nach Nr. 3105 VV RVG.

Dies gilt auch in den Fällen der Anm. Abs. 1 zu Nr. 3105 VV RVG.

68 Die Gebühren des ersten Rechtszuges gelten auch für Verfahren nach § 86b Abs. 1 und 2 SGG.

5. Gebühren im Berufungsverfahren

69 Im Berufungsverfahren erhält der Anwalt eine **1,6 Verfahrensgebühr Nr. 3200 VV RVG** sowie bei Wahrnehmung eines gerichtlichen Termins i.S.d. Vorbem. 3 Abs. 3 VV RVG eine **1,2 Terminsgebühr Nr. 3202 VV RVG**.

Sofern eine vorzeitige Beendigung des Auftrages i.S.d. Anm. Abs. 1 Nr. 1 zu Nr. 3201 VV RVG vorliegt, verdient der Anwalt eine 1,1 Verfahrensgebühr Nr. 3201 VV RVG.

Für die Terminsgebühr Nr. 3202 VV RVG gilt nach Anm. Abs. 1 die Anm. Abs. 1 Nr. 1 und 3 sowie Abs. 2 und 3 zu Nr. 3104 VV RVG entsprechend.

Auch in der Berufungsinstanz gibt es nach Nr. 3203 VV RVG einen ermäßigten Tatbestand einer 0,5 Terminsgebühr.

Ein Beschwerdeverfahren vor dem Landessozialgericht gegen Entscheidungen des Sozi- 70
algerichts wegen des Hauptgegenstandes in Verfahren des vorläufigen oder einstweiligen Rechtsschutzes wird nunmehr nach den Gebühren für das Berufungsverfahren in der Hauptsache vergütet (vgl. Vorbem. 3.2.1 Nr. 3a) VV RVG).

6. Gebühren im Revisionsverfahren

Im Revisionsverfahren erhält der Anwalt eine **1,6 Verfahrensgebühr Nr. 3206 VV RVG** 71
sowie eine **1,5 Terminsgebühr Nr. 3210 VV RVG.**

Sofern eine vorzeitige Beendigung des Auftrages vorliegt, verdient der Anwalt eine 1,1 Verfahrensgebühr Nr. 3207 VV RVG.

Nach der Anm. zu Nr. 3207 VV RVG gilt die Anm. Abs. 1 und 2 zu Nr. 3201 VV RVG entsprechend.

Für die Terminsgebühr Nr. 3210 VV RVG gelten der Anmerkung nach auch die Anm. Abs. 1 Nr. 1, 3 und die Abs. 2 und 3 zu Nr. 3104 VV RVG entsprechend.

Auch in Revisionsverfahren gibt es nach Nr. 3211 VV RVG einen ermäßigten Tatbestand, die Terminsgebühr beträgt dann 0,8.

7. Gebühren im Nichtzulassungsbeschwerdeverfahren

Nichtzulassungsbeschwerdeverfahren 72

Nichtzulassung der **Berufung**:

Das Sozialgericht kann in bestimmten Fällen nach § 144 SGG die Berufung ausdrücklich zulassen, dementgegen kann es auch eine Berufung nicht zulassen. Die Nichtzulassung der Berufung ist nach § 145 SGG mit der Beschwerde anfechtbar (Nichtzulassungsbeschwerde).

Die Nichtzulassungsbeschwerde ist binnen eines Monats nach Zustellung des Urteils bei dem Landessozialgericht einzulegen; das Landessozialgericht entscheidet durch Beschluss (§ 145 Abs. 1 S. 2, Abs. 4 S. 1 SGG).

73 **Nichtzulassungsbeschwerde – eigene Angelegenheit**

Das Nichtzulassungsbeschwerdeverfahren stellt nach § 17 Nr. 9 RVG eine **eigene Angelegenheit** dar, wonach auch gesonderte Gebühren anfallen.

Es ist also zwischen dem erstinstanzlichen Klageverfahren vor dem Sozialgericht, dem Beschwerdeverfahren über die Nichtzulassung der Berufung sowie dem anschließenden Berufungsverfahren vor dem Landessozialgericht zu unterscheiden.

74 Sofern das Nichtzulassungsbeschwerdeverfahren erfolgreich war, also die Berufung zugelassen wird, wird das Beschwerdeverfahren als Berufungsverfahren fortgesetzt, § 145 Abs. 5 S. 1 SGG.

75 **Nichtzulassungsbeschwerde Berufung**

Der Anwalt verdient eine **1,6 Verfahrensgebühr Nr. 3504 VV RVG**, in Fällen der vorzeitigen Beendigung eine 1,0 Verfahrensgebühr nach Nr. 3505 VV RVG. Die Anm. zu Nr. 3101 VV RVG gilt entsprechend.

Auch kann eine **1,2 Terminsgebühr Nr. 3516 VV RVG** entstehen.

76 Die Verfahrensgebühr des Beschwerdeverfahrens wird auf die Verfahrensgebühr des nachfolgenden Berufungsverfahrens in voller Höhe angerechnet (Anm. zu Nr. 3504 VV RVG).

77 **Nichtzulassungsbeschwerde – Streitwert**

Der Streitwert des Beschwerdeverfahrens über die Nichtzulassung ist gleich dem Wert des beabsichtigten Rechtsmittels (§ 47 Abs. 3 GKG).

78 **Nichtzulassungsbeschwerde Revision**

Nichtzulassung der **Revision**:

In Nichtzulassungsbeschwerdeverfahren über die Revision nach § 160a SGG vor dem Bundessozialgericht verdient der Anwalt eine **1,6 Verfahrensgebühr Nr. 3506 VV RVG** und eine **1,2 Terminsgebühr Nr. 3516 VV RVG**.

79 Der Rechtsanwalt verdient eine 1,1 Verfahrensgebühr Nr. 3507 VV RVG in Fällen der vorzeitigen Beendigung. Die Anm. zu Nr. 3101 VV RVG gilt entsprechend.

80 Die Verfahrensgebühr des Beschwerdeverfahrens wird auf die Verfahrensgebühr des nachfolgenden Revisionsverfahrens in voller Höhe angerechnet (Anm. zu Nr. 3506 VV RVG).

8. Gebühren im Beschwerde- und Erinnerungsverfahren

Erinnerung und Beschwerde 81

In Beschwerde- und Erinnerungsverfahren entsteht eine **0,5 Verfahrensgebühr Nr. 3500 VV RVG** sowie eine **0,5 Terminsgebühr Nr. 3513 VV RVG**.

Beschwerde in Eilverfahren 82

Diese Gebührentatbestände sind für Verfahren über die Beschwerde vor dem Landessozialgericht gegen Entscheidungen der Sozialgerichte in Verfahren nach § 86b Abs. 1 und 2 SGG nicht anwendbar, vgl. Vorbem. 3.2.1 Nr. 3a) VV RVG. Hier gelten die Vergütungstatbestände für das Berufungsverfahren in der Hauptsache.

9. Gebühren im Gehörsrügeverfahren

Gehörsrügeverfahren 83

Nach § 178a SGG kann eine Rüge wegen Verletzung des rechtlichen Gehörs erhoben werden (Anhörungsrüge). Sie kann allerdings nur gegen Endentscheidungen erhoben werden. Hierzu zählen alle Entscheidungen und Beschlüsse, welche ein Verfahren im letzten Rechtszug abschließen.[17]

Nach § 178a Abs. 1 S. 1 SGG darf ein Rechtsmittel oder ein anderer Rechtsbehelf nicht gegeben sein; diese gehen der Gehörsrüge vor.

Rügeverfahren 84

Sofern der Anwalt ausschließlich zur Erhebung einer Rüge wegen Verletzung des rechtlichen Gehörs beauftragt wurde, beispielsweise da sich der Mandant in erster Instanz selbst vertreten hat, erhält der Anwalt eine **Verfahrensgebühr Nr. 3330 VV RVG** sowie bei Vorliegen der entsprechenden Voraussetzungen auch eine **Terminsgebühr Nr. 3331 VV RVG**.

Rügeverfahren begrenzt 85

Die Verfahrensgebühr entsteht i.H.d. Verfahrensgebühr für das Verfahren, für welches die Rüge erhoben wird.

Die Terminsgebühr entsteht ebenfalls i.H.d. Terminsgebühr für das Verfahren, für welches die Rüge erhoben wird.

Zu beachten ist jedoch bei Verfahrens- sowie Terminsgebühr, dass diese auf einen **Höchstgebührensatz von 0,5** begrenzt sind.

17 Meyer-Ladewig/*Leitherer*, § 178a Rn 3.

86 **Rügeverfahren – Anwalt zugleich Prozessbevollmächtigter**

Sofern jedoch der Anwalt **zugleich Prozess-/Verfahrensbevollmächtigter** ist, erhält dieser **keine gesonderte Vergütung** nach den obigen Vergütungstatbeständen. Die Tätigkeit im Verfahren über die Gehörsrüge gehört dann zur Tätigkeit des anhängigen Rechtszuges bzw. Verfahrens nach § 19 Abs. 1 S. 2 Nr. 5b) RVG und wird durch seine **Gebühren in der Hauptsache abgegolten**.

10. Gebühren für Einzeltätigkeiten

87 **Verkehrsanwalt**

Der **Verkehrsanwalt** (Führung des Verkehrs der Partei mit dem Verfahrensbevollmächtigten) erhält nach Nr. 3400 VV RVG eine Verfahrensgebühr i.H.d. dem Verfahrensbevollmächtigten zustehenden Verfahrensgebühr, höchstens jedoch eine 1,0 Verfahrensgebühr.

88 **Terminsanwalt**

Der **Terminsanwalt** (Vertretung in einem Termin i.S.d. Vorbem. 3 Abs. 3) erhält nach Nr. 3401 VV RVG eine Verfahrensgebühr i.H.d. Hälfte der dem Verfahrensbevollmächtigten zustehenden Verfahrensgebühr. Daneben erhält der Terminsanwalt nach Nr. 3402 VV RVG eine Terminsgebühr i.H.d. einem Verfahrensbevollmächtigten zustehenden Terminsgebühr.

89 **Einfache Einzeltätigkeit**

Sofern sich der Auftrag auf ein Schreiben einfacher Art beschränkt, erhält der Anwalt eine 0,3 Verfahrensgebühr Nr. 3404 VV RVG

90 Im Falle einer vorzeitigen Beendigung des Auftrages des Verkehrs- oder Terminsanwalts gilt der ermäßigte Gebührentatbestand (0,5) der Verfahrensgebühr Nr. 3405 VV RVG.

91 Für **sonstige Einzeltätigkeiten** entsteht eine 0,8 Verfahrensgebühr nach Nr. 3403 VV RVG. Nach der Anm. zu Nr. 3403 VV RVG entsteht die Gebühr für sonstige Tätigkeiten in einem gerichtlichen Verfahren, wenn der Rechtsanwalt nicht zum Prozess- oder Verfahrensbevollmächtigten bestellt ist, soweit in diesem Abschnitt nichts anderes bestimmt ist.

11. Gebühren für Vollstreckung gegen Behörden

92 **Behördliche Vollstreckung**

Sofern eine Behörde der ihr auferlegten Verpflichtung aus einem Urteil nicht nachkommt, kann der Behörde auf Antrag des Vollstreckungsgläubigers unter Fristsetzung ein Zwangsgeld angedroht und nach fruchtlosem Fristablauf festgesetzt werden (§ 201 S. 1 SGG).

Zuständig für die Androhung und Festsetzung des Zwangsgeldes ist das Sozialgericht, welches in der Hauptsache entschieden hat. 93

Hinsichtlich der Kosten kann wohl wegen des vollstreckungsrechtlichen Charakters über § 202 S. 1 SGG auf die allgemeine Regelung des § 788 ZPO zurückgegriffen werden.

Vollstreckung – Gegenstandswert 94

Es entsteht eine **Verfahrensgebühr Nr. 3309 VV RVG** mit einem Gebührensatz von **0,3**, auch eine **Terminsgebühr Nr. 3310 VV RVG** kann entstehen.

Hier bemisst sich der **Gegenstandswert nach § 25 Abs. 1 Nr. 3 RVG**. Es ist auf den Wert der zu erwirkenden Handlung, Duldung oder Unterlassung abzustellen. Auf die Höhe des angedrohten oder festgesetzten Zwangsgeldes soll erst nach allgemeiner Ansicht nicht ankommen.

Die Auffassung, dass in Vollstreckungsverfahren nach § 201 S. 1 SGG nur Wertgebühren nach § 3 Abs. 1 S. 2, 2. HS RVG anfallen und dies selbst dann, wenn das zugrundeliegende Verfahren nicht nach Wertgebühren sondern nach Betragsrahmengebühren abzurechnen ist, wird teils nicht mehr vertreten. Die Anwaltsgebühren sollen sich daher je nach Auftraggeber nach § 3 Abs. 1 S. 1 oder S. 2 RVG richten.

12. Gebühren für besondere Tätigkeiten

Erster Rechtszug – Landessozialgerichte 95

Nach § 29 SGG sind die Landessozialgerichte für folgende Verfahren *erstinstanzlich* zuständig:

- Klagen gegen Entscheidungen der Landesschiedsämter und gegen Beanstandungen von Entscheidungen der Landesschiedsämter nach dem Fünften Buch Sozialgesetzbuch, gegen Entscheidungen der Schiedsstellen nach § 120 Abs. 4 SGB V, der Schiedsstelle nach § 76 SGB XI und der Schiedsstellen nach § 80 SGB XII,
- Aufsichtsangelegenheiten gegenüber Trägern der Sozialversicherung und ihren Verbänden, gegenüber den Kassenärztlichen und Kassenzahnärztlichen Vereinigungen sowie der Kassenärztlichen und Kassenzahnärztlichen Bundesvereinigung, bei denen die Aufsicht von einer Landes- oder Bundesbehörde ausgeübt wird,
- Klagen in Angelegenheiten der Erstattung von Aufwendungen nach § 6b SGB II,
- Anträge nach § 55a SGG.

Weiterhin ist das LSG Nordrhein-Westfalen im ersten Rechtszug zuständig für

- Streitigkeiten zwischen gesetzlichen Krankenkassen oder ihren Verbänden und dem Bundesversicherungsamt betreffend den Risikostrukturausgleich, die Anerkennung von strukturierten Behandlungsprogrammen und die Verwaltung des Gesundheitsfonds,

- Streitigkeiten über den Finanzausgleich der gesetzlichen Pflegeversicherung,
- Streitigkeiten über den Ausgleich unter den gewerblichen Berufsgenossenschaften nach dem Siebten Buch Sozialgesetzbuch,
- Streitigkeiten über Entscheidungen des Bundeskartellamts, die die freiwillige Vereinigung von Krankenkassen nach § 172a SGB V betreffen.

Das LSG Berlin-Brandenburg ist im ersten Rechtszug zuständig für:

- Klagen gegen die Entscheidung der gemeinsamen Schiedsämter nach § 89 Abs. 4 SGB V und des Bundesschiedsamtes nach § 89 Abs. 7 SGB V sowie der erweiterten Bewertungsausschüsse nach § 87 Abs. 4 SGB V, soweit die Klagen von den Einrichtungen erhoben werden, die diese Gremien bilden,
- Klagen gegen Entscheidungen des Bundesministeriums für Gesundheit nach § 87 Abs. 6 SGB V gegenüber den Bewertungsausschüssen und den erweiterten Bewertungsausschüssen sowie gegen Beanstandungen des Bundesministeriums für Gesundheit gegenüber den Bundesschiedsämtern,
- Klagen gegen Entscheidungen und Richtlinien des Gemeinsamen Bundesausschusses (§§ 91, 92 SGB V), Klagen in Aufsichtsangelegenheiten gegenüber dem Gemeinsamen Bundesausschuss, Klagen gegen die Festsetzung von Festbeträgen durch die Spitzenverbände der Krankenkassen oder den Spitzenverband Bund der Krankenkassen sowie Klagen gegen Entscheidungen der Schiedsstellen nach den §§ 129 und 130b SGB V.

96 **Erster Rechtszug – Bundessozialgericht**

Auch kann eine erstinstanzliche Zuständigkeit des Bundessozialgerichts bei Streitigkeiten nicht verfassungsrechtlicher Art zwischen Bund und Ländern sowie zwischen Ländern gegeben sein.

97 Hier verdient der Rechtsanwalt eine **1,6 Verfahrensgebühr Nr. 3300 VV RVG**, bei vorzeitiger Beendigung des Auftrags lediglich eine ermäßigte 1,0 Verfahrensgebühr Nr. 3301 VV RVG. Auch kann der Vorbem. 3.3.1 VV RVG nach eine Terminsgebühr nach dem Abschnitt 1 entstehen.

II. Kostenfestsetzung

98 **Kostenfestsetzungsverfahren – Wertgebühren**

Die Kostenfestsetzung erfolgt durch den Urkundsbeamten der Geschäftsstelle des ersten Rechtszuges (§ 197 Abs. 1 S. 1 SGG). Das Kostenfestsetzungsverfahren richtet sich nach §§ 103 ff. ZPO i.V.m. § 202 S. 1 SGG.

Da sich das Kostenfestsetzungsverfahren für Verfahren nach § 197a SGG nicht grundlegend von einem solchen nach § 183 SGG unterscheidet, wird auf das Kapitel der Betragsrahmengebühren *Festsetzung im gerichtlichen Verfahren* (§ 22 Rdn 8 ff.) verwiesen. 99

Unterschiede ergeben sich im Wesentlichen hinsichtlich der Erstattungsfähigkeit, da insoweit bei einem Verfahren, in welchem Wertgebühren entstehen, die Verwaltungsgerichtsordnung Anwendung findet.

Erstattungsfähigkeit 100

Diese unterscheidet sich jedoch von solcher bei gerichtskostenfreien Verfahren nach § 183 SGG. Die Kostenerstattung richtet sich gem. § 197a Abs. 1 S. 1, 2. Hs. SGG nach den **§§ 154 bis 162 VwGO** (Verwaltungsgerichtsordnung). Nach § 162 Abs. 1 S. 1 VwGO sind Kosten die Gerichtskosten (Gebühren und Auslagen) und die zur zweckentsprechenden Rechtsverfolgung/-verteidigung notwendigen Aufwendungen der Beteiligten einschließlich der Kosten des Vorverfahrens. Die Partei hat dabei stets den Grundsatz der kostensparenden Prozessführung zu berücksichtigen.

Die Gebühren und Auslagen des Anwalts im gerichtlichen Verfahren sind stets erstattungsfähig (§ 162 Abs. 2 S. 1 VwGO), solche für das Vorverfahren nur, sofern das Gericht die Hinzuziehung eines Prozessbevollmächtigten für das Vorverfahren für notwendig erklärt hat. Dies erfolgt durch den Urkundsbeamten der Geschäftsstelle im Rahmen des Kostenfestsetzungsverfahrens, sofern das Vorverfahren erfolglos war (vgl. § 63 Abs. 1 SGB X).

Notwendigkeit der Hinzuziehung 101

Maßgeblich ist, ob es einem verständigen Beteiligten nach seinen persönlichen Verhältnissen unter Berücksichtigung der gesamten Umstände zuzumuten war, das Vorverfahren selbst zu führen, oder nicht. Zu berücksichtigen sind dabei stets die etwaige Schwierigkeit sowie die wirtschaftliche Bedeutung der Angelegenheit.

Ebenfalls sind neben dem Bildungs- und Kenntnisstand des Bürgers auch der Bekanntheitsgrad der einschlägigen Rechtsmaterie, die Intensität der Rechtsbeziehung zwischen Bürger und Behörde sowie die Frage, ob der Schwerpunkt eher im rechtlichen oder im tatsächlichen Bereich liegt, zu beachten. Dabei darf die Erkenntnis- und Urteilsfähigkeit des Bürgers nicht überschätzt werden; die Beauftragung eines Rechtsanwalts sowie die gerichtliche Überprüfung der Bescheidung ist das gute Recht eines jeden Bürgers.

In der Regel ist – nicht nur bei schwierigen und umfangreichen Sachverhalten – die Notwendigkeit der Hinzuziehung eines Rechtsanwalts zu bejahen.[18]

18 So auch AnwK-RVG/*N. Schneider*, § 3 Rn 145 m.w.N.

Dies folgt grundsätzlich auch aus dem Grundsatz der Rechtsschutz- oder „Waffengleichheit“ aus Art. 3 Abs. 1 GG i.V.m. Art. 20 Abs. 3 GG.

Dem meist rechtunkundigen Bürger oder Widerspruchsführer stehen regelmäßig rechtkundige und prozesserfahrene Vertreter einer Behörde gegenüber, deswegen könne die Notwendigkeit einer Hinzuziehung eines Rechtsanwalts nur ausnahmsweise verneint werden.[19] Allerdings gelte der Grundsatz der Notwendigkeit der Hinzuziehung eines Rechtsanwalts im Widerspruchsverfahren als Ausfluss des zuvor aufgeführten Grundsatzes nicht ausnahmslos:

So soll die Hinzuziehung eines Rechtsanwalts nicht notwendig sein, wenn es lediglich um die Klärung tatsächlicher Fragen geht oder aus dem angefochtenen Bescheid hervorgeht, dass die Entscheidung auf einem leicht aufzuklärenden Missverständnis beruht.[20]

Sofern die Hinzuziehung als notwendig angesehen wird, gilt das Vorverfahren dabei nach § 17 Nr. 1a RVG als eine eigene Angelegenheit.

102 In gerichtskostenpflichtigen Verfahren nach § 86b SGG kann nicht über die Notwendigkeit der Hinzuziehung eines Prozessbevollmächtigten entschieden werden, da vor einem einstweiligen/vorläufigen Rechtsschutzverfahren die Durchführung eines Widerspruchsverfahrens nicht zwingende Voraussetzung ist, aufgrund dessen es zum gerichtlichen Verfahren gekommen ist.

103 **Erstattungsfähigkeit bei Klagerücknahme**

Für den Fall der Klagerücknahme sieht § 197a Abs. 1 S. 2 SGG eine Sonderregelung vor.

III. Vergütungsfestsetzung

104 **Vergütungsfestsetzung gegenüber Mandant**

Nach § 11 RVG ist es möglich, die Festsetzung der anwaltlichen Vergütung eines gerichtlichen Verfahrens gegen den **eigenen Auftraggeber** zu beantragen. Es muss sich jedoch stets um die Vergütung eines gerichtlichen Verfahrens handeln.

Nach § 11 Abs. 1 S. 1 RVG wird das zuständige Gericht des ersten Rechtszuges auf Antrag tätig.

Zwar ist nach h.M. bei einer Klage über die Höhe der Rechtsanwaltsvergütung gegen den Auftraggeber die Zuständigkeit der ordentlichen Gerichte gegeben, allerdings ist für ein Verfahren nach § 11 RVG die jeweilige Gerichtsbarkeit zuständig.

Der Grundsatz der Gewährung des rechtlichen Gehörs ist auch hier zu wahren.

19 Vgl. BSG, Urt. v. 2.11.2012 – B 4 AS 97/11 R m.w.N.

20 Vgl. BSG, Urt. v. 2.11.2012 – B 4 AS 97/11 R; SG Niedersachsen-Bremen, Beschl. v. 22.4.2013 – L 11 AL 145/12 B, Beschl. v. 10.4.2014 – L 7 AL 94/13 B.

Vorteil des Verfahrens ist, dass der Anwalt schneller, einfacher und kostengünstiger als bei einer Vergütungsklage an seine Vergütung gelangt. Es wird i.d.R. das Rechtsschutzbedürfnis für eine Vergütungsklage fehlen, da es insoweit einen schnelleren, einfacheren und kostengünstigeren Weg gibt, den angestrebten Erfolg mit gleichen Erfolgsaussichten zu erlangen. 105

Forderungssperre 106

Sofern **Prozesskostenhilfe** bewilligt wurde, kommt eine Vergütungsfestsetzung nach § 11 RVG aufgrund der Forderungssperre des Anwalts gegen den eigenen Mandanten (§ 122 Abs. 1 Nr. 3 ZPO i.V.m. § 73a I SGG) nicht in Betracht.

Sofern die Bewilligung der Prozesskostenhilfe jedoch aufgehoben wird, kann wiederrum eine Festsetzung nach § 11 RVG erfolgen, da insoweit keine Forderungssperre mehr vorliegt.

Eine Ausnahme besteht jedoch, wenn nur für einen Teil des streitigen Anspruchs Prozesskostenhilfe bewilligt wurde und daher dem Anwalt gegen seinen Mandanten weitergehende Ansprüche zustehen, welche von der Forderungssperre der Teil-PKH-Bewilligung nicht erfasst werden.

Vergütungsfestsetzung – Antrag Mandant 107

Auch der Auftraggeber kann einen Vergütungsfestsetzungsantrag nach § 11 RVG stellen, sofern dieser eine gerichtliche Überprüfung des Kostenansatzes seines Rechtsanwalts begehrt.

Vergütungsfestsetzung – Einwendungen 108

Sofern gebührenrechtliche Einwendungen erhoben werden, sind diese im Verfahren nach § 11 RVG zu prüfen. Sofern durch den Auftraggeber nicht gebührenrechtliche Einwendungen oder Einreden erhoben werden, ist nach § 11 Abs. 5 S. 1 RVG der Antrag abzulehnen. Eine Prüfung der Begründetheit erfolgt nicht.

Gegen den Vergütungsfestsetzungsbeschluss nach § 11 RVG ist die Erinnerung statthaft (§ 11 Abs. 2 S. 3 RVG i.V.m. § 197 Abs. 2 SGG). 109

E. Betragsrahmengebühren

Betragsrahmengebühren in sozialgerichtlichen Verfahren 110

Betragsrahmengebühren (§§ 3 Abs. 1 S. 1, 14 RVG) entstehen gem. § 3 Abs. 1 S. 1 RVG in Verfahren, in welchen das GKG keine Anwendung findet. Das SGG regelt in den §§ 183, 197a SGG die Verfahren, in welchen § 3 Abs. 1 S. 1 RVG anwendbar ist.

Insoweit wird auf die allgemeinen Ausführungen im Kapitel § 2 Rdn 23 ff. verwiesen.

111 Die anwaltlichen Gebühren sind – wie bereits dargelegt und im Folgenden näher vertieft – nach besonderen Vergütungsverzeichnis-Nummern (VV Nr.) im RVG (Rechtsanwaltsvergütungsgesetz) abzurechnen. Hierbei ist für die Anwendung dieser (Betrags-)Rahmengebühren stets **Voraussetzung**, dass es sich um ein nach § 183 SGG **gerichtskostenfreies Verfahren** handelt.

112 **Betragsrahmengebühren – Abgeltungsbereich**

Die Betragsrahmengebühren gelten die **gesamte Tätigkeit** des Rechtsanwalts vom Auftrag bis zur Erledigung der Angelegenheit ab (§ 15 Abs. 1 RVG).

Der Rechtsanwalt kann die **Gebühren in derselben Angelegenheit nur einmal** fordern (§ 15 Abs. 2 RVG).

Ein Ermäßigungstatbestand dahingehend, dass, wie etwa bei Wertgebühren (z.B. Nr. 3101 VV RVG), die Gebühr wegen vorzeitiger Erledigung der Angelegenheit oder Beendigung des Auftrages – sofern das Gesetz dies nicht ausdrücklich bestimmt (vgl. § 14 Abs. 4 RVG) – ermäßigt wird, kann nicht vorliegen. Der Betragsrahmen der jeweiligen Gebühren ändert sich daher, z.B. durch eine vorzeitige Erledigung, nicht.

> *Hinweis*
>
> Dieser Umstand wäre im Rahmen der Prüfung von § 14 Abs. 1 RVG zu berücksichtigen.

113 **Betragsrahmengebühr – Mittelgebühr**

Die Höhe der anwaltlichen Gebühren ist abhängig von der jeweiligen **Einzelfallprüfung** des Streitfalles. Die Besonderheit der Rahmengebühren ist, dass diese entsprechend nachfolgenden Kriterien des § 14 Abs. 1 RVG herauf- oder herabgesetzt werden können und müssen (beispielhaft die Verfahrensgebühr Nr. 3102 VV RVG bei einem Gebührenrahmen von 60,00 EUR bis 660,00 EUR).

Diese Kriterien gelten für sämtliche Gebühren des RVG in einem sozialgerichtlichen Verfahren und sind auch für jede Gebühr gesondert zu prüfen. Die unterschiedliche Abgeltung der anwaltlichen Tätigkeit mit unterschiedlichen Gebühren verbietet es, die Bewertung einer Rahmengebühr automatisch auf eine andere zu übertragen.[21] Bei einem **Durchschnittsfall** ist regelmäßig die **Mittelgebühr** in Ansatz zu bringen (Ausnahme: Gebühr beinhaltet eine sogenannte „Schwelle" – z.B. Geschäftsgebühr Nr. 2302 VV RVG).

21 LSG Thüringen, Beschl. v. 6.3.2008 – L 6 B 198/07 SF.

Bindung an Ermessen 114

Der Rechtsanwalt hat daher gem. § 14 RVG die jeweilige Rahmengebühr unter **Berücksichtigung aller Umstände** des Einzelfalls, vor allem des Umfangs und der Schwierigkeit der anwaltlichen Tätigkeit, der Bedeutung der Angelegenheit sowie der Einkommens- und Vermögensverhältnisse des Auftraggebers, nach billigem Ermessen zu bestimmen. Auch ein besonderes Haftungsrisiko kann bei der Bemessung der Gebühren herangezogen werden. Dem Anwalt obliegt das sog. Entscheidungsvorrecht bei der Gebührenbestimmung.

Der Anwalt ist im Allgemeinen an sein einmal **ausgeübtes Ermessen gebunden**, welches bei der Bestimmung der angefallenen Gebühr innerhalb des Gebührenrahmens getroffen wurde.

Ausnahmen[22] sind nur zulässig, sofern

- der Anwalt sich eine Erhöhung ausdrücklich und erkennbar vorbehalten hat,
- der Anwalt einen gesetzlichen Gebührentatbestand übersehen hat (Berechnungsirrtum),
- der Auftraggeber den Anwalt über Bemessungskriterien getäuscht hat,
- der Anwalt nach Abrechnung erneut tätig wird und daher die Gebührenhöhe neu bestimmt.

I. Mindestgebühr

Betragsrahmengebühr – Mindestgebühr 115

Die Mindestgebühr kommt lediglich dann in Betracht, wenn alle Kriterien des § 14 Abs. 1 RVG unterdurchschnittlich sind. Dafür dürfe die Sache weder besonders bedeutend, noch besonders umfangreich oder schwierig sein. Auch müssten die Einkommens- und Vermögensverhältnisse unterdurchschnittlich sein. Es müssen folglich alle Bemessungskriterien unterdurchschnittlicher Natur sein.

In Ausnahmefällen könne jedoch bereits ein einziges Kriterium des § 14 Abs. 1 RVG so durchschlagend unterdurchschnittlich sein, dass es den Ansatz der Mindestgebühr rechtfertigen würde.

Beispiele Mindestgebühr 116

Der Ansatz der Mindestgebühr kommt beispielsweise hinsichtlich der Verfahrensgebühr dann in Betracht, wenn sich die Angelegenheit unmittelbar nach Auftragserteilung erledigt und der Anwalt seinerseits noch nichts veranlasst hat.

22 AnwK-RVG/*N. Schneider*, § 14 Rn 97 m.w.N.

Auch könnte durchaus die Mindestgebühr gerechtfertigt sein, wenn der Anwalt Klage gegen die Festsetzung von Mahngebühren i.H.v. 0,70 EUR einreicht und zudem alle Kriterien des § 14 Abs. 1 S. 1 RVG unterdurchschnittlich sind.

Beispielsweise könnte auch ein weniger Tage dauernder PKH-Beiordnungszeitraum für eine geringe Gebühr sprechen.

II. Mittelgebühr

117 **Berechnung Mittelgebühr**

Die Mittelgebühr stellt bei einem Durchschnittsfall die Regelgebühr dar. Diese ist die rechnerische Mitte der Mindest- und Höchstgebühr und berechnet sich nach folgender Formel:

$$\frac{\text{Mindestgebühr} + \text{Höchstgebühr}}{2}$$

118 *Beispiel 7*

Die Mittelgebühr der Verfahrensgebühr Nr. 3102 VV RVG beträgt 392,00 EUR (65,00 EUR + 719,00 EUR = 784,00 EUR : 2 = 392,00 EUR).

119 **Kompensation**

Ein Abweichen von der Mittelgebühr ist bei einem Durchschnittsfall nicht zulässig.[23] Die Mittelgebühr ist auch in Ansatz zu bringen, wenn sich durchschnittliche und unterdurchschnittliche Bemessungskriterien des § 14 Abs. 1 S. 1 RVG gegenseitig kompensieren (siehe dazu *Kompensationstheorie* unter § 3 Rdn 53).

III. Höchstgebühr

120 **Betragsrahmengebühr – Höchstgebühr**

Der Ansatz der Höchstgebühr kann nicht nur dann gerechtfertigt sein, wenn alle Kriterien überdurchschnittlich sind. Bereits ein einziges Kriterium, welches freilich besonders überdurchschnittlich sein muss, kann den Ansatz der Höchstgebühr rechtfertigen, sofern die übrigen Kriterien *mindestens* durchschnittlich sind.[24] Teilweise wird jedoch in der Rechtsprechung vertreten, dass eine Höchstgebühr nur in extremen Ausnahmefällen in Ansatz gebracht werden kann, beispielsweise hinsichtlich der Terminsgebühr, sofern mehrere lange gerichtliche Termine mit einer Beweisaufnahme

23 LSG NRW, Beschl. v. 11.8.2004 – L 4 B 9/04 RJ.

24 LSG NRW, Beschl. v. 26.4.2007 – L 7 B 36/07 AS.

stattgefunden haben, zu denen jeweils angereist werden musste, und bei sonstigen außergewöhnlichen Umständen.[25]

In aller Regel erfordert der Ansatz der Höchstgebühr jedoch, dass mehrere Kriterien überdurchschnittlich sind.[26] 121

Beispielsweise wurde auch vertreten, dass bei einem Streitverfahren über die Gewährung einer Vollrente aus der gesetzlichen Rentenversicherung wegen der meist existentiellen Bedeutung die Höchstgebühr gerechtfertigt sei, wenn durch die Rente das Einkommen in der Hauptsache bestritten wird, es also um eine Dauerrente geht.[27]

Nach der gegenteiligen Rechtsprechung[28] ist die Höchstgebühr jedoch nicht alleine aufgrund der Tatsache gerechtfertigt, dass eine Dauerrente im Streit steht und daher besonders bedeutsam wäre. Danach seien auch Streitigkeiten über Dauerrenten und Rentenangelegenheiten für die Sozialgerichte typisch und nach dem Willen des Gesetzgebers mit der Mittelgebühr zutreffend abgegolten. Dies gelte trotz des Lohnersatzcharakters selbst bei Streitigkeiten über eine Rente wegen Erwerbsminderung. Dies rechtfertige ein Abweichen von der Mittelgebühr nach oben, nicht jedoch den Ansatz der Höchstgebühr allein aufgrund des Streitgegenstandes.

IV. Durchschnittsfall / Definition Normalfall

Durchschnittsfall gleich Mittelgebühr 122

Sofern die Prüfung der Bemessungskriterien ergibt, dass es sich um einen **Durchschnittsfall** handelt, ist regelmäßig die ***Mittelgebühr*** anzusetzen.

Definition Normalmandant 123

Das BSG[29] unterscheidet nicht nach den unterschiedlichen sozialrechtlichen Rechtsgebieten. Von einer durchschnittlichen Schwierigkeit ist dann nicht mehr auszugehen, wenn der zu bearbeitende Fall unter Berücksichtigung des aufgezeigten Maßstabs von einem Normal- bzw. Routinefall, bezogen auf dieses Rechtsgebiet (Sozialrecht), nicht jedoch auf ein Teilrechtsgebiet (Sozialhilferecht), abweicht.

25 LSG Sachsen, Beschl. v. 8.2.2008 – L 6 B 466/07 R-KO.
26 LSG NRW, Beschl. v. 26.4.2007 – L 7 B 36/07 AS und Beschl. v. 24.9.2008 – L 19 B 21/08 AS.
27 LSG Hessen, Beschl. v. 26.1.2004 – L 12 B 90/02 RJ; zur Erwerbsminderungsrente: SG Frankfurt/Main, Beschl. v. 5.6.2015 – S 7 SF 355/14 E m.w.N. = ASR 4/2015, 166 f.
28 SG Schleswig-Holstein, Beschl. v. 16.6.2003 – L 5 B 13/03 SF SK; LSG Bayern, Beschl. v. 15.5.2006 – L 15 B 113/04 RJ KO; LSG NRW, Beschl. v. 28.4.2003 – L 4 B 6/03 RJ und v. 6.2.2007 – L 3 B 20/06 R; LSG Sachsen, Beschl. v. 19.5.2006 – L 6 B 168/05 R-KO.
29 BSG, Urt. v. 1.7.2009 – B 4 AS 21/09 R; LSG NRW, Beschl. v. 5.10.2016 – L 19 AS 1104/16 B, NZS 2016, 290.

Hierdurch wird sichergestellt, dass in Rechtsgebieten, die allgemein als schwierig empfunden werden, überhaupt die Möglichkeit besteht, eine überdurchschnittliche Schwierigkeit anzunehmen.

Den „Normalfall" nimmt das BSG in Leistungs- oder Verpflichtungssachen dann an, wenn der Anspruch auf eine Leistung mittels Subsumtion unter die Tatbestandsvoraussetzungen und Normen ohne umfangreiche Beweiswürdigung und ohne eingehende Auseinandersetzung mit Rechtsprechung und Literatur erfolgt.

In einer Anfechtungssache wäre der „Normalfall" dann anzunehmen, wenn bloß darzulegen wäre, dass die Voraussetzungen der Rechtsgrundlage, auf die sich der Leistungsträger bei der Aufhebung stützt, nicht vorliegen.

124 **Prägende Umstände**

Nur ausnahmsweise sind **einzelne Umstände** derart prägend für die Gesamtsituation, dass sie die übrigen Merkmale in ihrer Bedeutung zurückdrängen. Dies gilt regelmäßig nicht für die **unterdurchschnittliche Einkommens- und Vermögenssituation von Leistungsempfängern**. Für diese wird in der Regel gerade wegen der schlechten Vermögenssituation das Verfahren eine besondere Bedeutung haben, sodass eine Herabsetzung der Regelgebühr allein deshalb nicht gerechtfertigt erscheint.[30]

125 **Mittelgebühr**

Es bleibt festzuhalten, dass die Mittelgebühr in Normalfällen die „billige" Gebühr darstellt.

Ein Durchschnittsfall liegt vor, wenn nach den gem. § 14 Abs. 1 RVG maßgebenden Kriterien die Streitsache als durchschnittlich zu bewerten ist, es sich um eine Streitsache von durchschnittlicher Bedeutung, durchschnittlichem Umfang, durchschnittlicher Schwierigkeit und durchschnittlichen Einkommens- und Vermögensverhältnissen handelt. Ob ein Durchschnittsfall vorliegt, ergibt sich aus dem Vergleich mit den sonstigen bei den Gerichten der Sozialgerichtsbarkeit anhängigen Streitsachen.[31]

Ein Abweichen von der Mittelgebühr ist bei einem Durchschnittsfall nicht zulässig.[32] Der **Toleranzrahmen** von 20 % **gilt nicht** in solchen Fällen, in denen ein **Durchschnittsfall** vorliegt, und daher die Mittelgebühr anzusetzen ist. Nur bei Abweichungen von einem Durchschnittsfall kann der Rechtsanwalt nach § 14 Abs. 1 RVG eine geringere oder höhere Gebühr bis zur Grenze des vorgegebenen Rahmens ansetzen.[33]

30 LSG NRW, Urt. v. 23.4.2007 – L 19 AS 54/06, LSG Thüringen, Beschl. v. 14.3.2017 – L 6 SF 1185/15 B.
31 LSG NRW, Beschl. v. 24.9.2008 – L 19 B 21/08 AS.
32 BSG, Urt. v. 26.2.1992 – 9a RVs 3/90; u.a. LSG NRW, Beschl. v. 11.8.2004 – L 4 B 9/04 RJ.
33 LSG NRW, Beschl. v. 28.5.2013 – L 9 AS 142/13 B m.w.N.

Die Mittelgebühr stellt grundsätzlich bei der Mehrheit der sozialgerichtlichen Streitfälle die „billige" Gebühr dar. Soweit keine besonderen Umstände vorliegen, entspricht allein die Bestimmung des Mittelwerts der gesetzlichen Rahmengebühr durch den Rechtsanwalt billigem Ermessen.

Es entspricht allgemeiner Auffassung in Rechtsprechung und Schrifttum, dass die **Mittelgebühr** ein **angemessenes Äquivalent** für die anwaltliche Tätigkeit in einem in jeder Hinsicht durchschnittlichen Streitverfahren darstellt. Davon ausgehend sind sodann Zuschläge für überdurchschnittliche und Abschläge für unterdurchschnittliche Klageverfahren anhand der Maßstäbe des § 14 Abs. 1 RVG vorzunehmen.

V. Unbilligkeit

Verbindlichkeit der Gebührenbestimmung 126

Grundsätzlich ist die von dem Rechtsanwalt getroffene Gebührenbestimmung verbindlich, wenn diese billigem Ermessen entspricht.

In der Rechtsprechung wird dem Anwalt bei der Bestimmung der „billigen" Gebühr ein Bemessungsspielraum oder Toleranzbereich von bis zu 20 % zugestanden.

Unbilligkeit der Gebührenbestimmung 127

Ist die Gebühr von einem Dritten zu ersetzen, so ist die von dem Rechtanwalt getroffene Bestimmung nicht verbindlich, wenn diese unbillig ist (§ 14 Abs. 1 S. 4 RVG). **Unbilligkeit** liegt vor, wenn der Anwalt die Kriterien des § 14 Abs. 1 S. 1 RVG unter Beachtung des Beurteilungsspielraums objektiv nicht hinreichend beachtet hat.

Unbillig ist die anwaltlich bestimmte Gebühr dann, wenn diese um mehr als 20 % von der angemessenen Gebühr abweicht.[34]

Anhaltspunkt für die Prüfung der Unbilligkeit von Rahmengebühren ist die Mittelgebühr; von dieser ist auszugehen. Die Mittelgebühr ist der nach § 14 RVG angemessene Betrag, wenn als Ergebnis aller nach dieser Vorschrift anzustellenden Erwägungen die Feststellung zu treffen ist, dass es sich um einen Durchschnittsfall handelt.[35]

Neufestsetzung bei Unbilligkeit 128

Sofern jedoch die Unbilligkeit im Festsetzungsverfahren festgestellt wird, verliert die Bestimmung des Rechtanwalts ihre Verbindlichkeit, sie ist gänzlich neu festzusetzen. Diese

34 BSG, Urt. v. 26.2.1992 – 9a RVs 3/90; BSG, Urt. v. 22.3.1984 – B 11 RA 58/83; BGH, Urt. v. 13.11.2013 – X ZR – 186171/12, JurBüro 2014.

35 LSG NRW, Urt. v. 30.4.2003 – L 4 RJ 94/02.

Bestimmung erfolgt nach allgemeiner Meinung i.H.d. „richtigen" Gebühr, auf sie kann nicht die sog. Unbilligkeitsgrenze eingerechnet werden.[36]

129 *Hinweis*

Sind jedoch alle Kriterien des § 14 RVG genau durchschnittlich, ist nach ständiger Rechtsprechung auch eine bereits geringfügig über der Mittelgebühr angesetzte Gebühr unbillig; der Grundsatz des anwaltlichen Gebührenspielraums bzw. des Toleranzrahmens von 20 % ist dann nicht anzuwenden. Bei einem Durchschnittsfall, der keine Tendenz nach oben zeigt, ist auch eine geringfügige Überschreitung der Mittelgebühr unbillig, so das BSG.[37]

130 **Toleranzrahmen**

Der Toleranzrahmen gilt nicht in solchen Fällen, in denen ein Durchschnittsfall vorliegt und daher die Mittelgebühr anzusetzen ist. Nur bei Abweichungen von einem Durchschnittsfall kann der Rechtsanwalt nach § 14 Abs. 1 S. 1 RVG eine geringere oder höhere Gebühr bis zur Grenze des vorgegebenen Rahmens ansetzen.[38]

VI. Pauschale Erhöhung der billigen Gebühr

131 **Toleranzrahmen**

Häufig findet man in der Abrechnungspraxis einen pauschalen Aufschlag i.H.v. bis zu 20 % auf die billige bzw. die Mittelgebühr mit der Begründung, der Aufschlag liege noch im anwaltlichen Bemessungsspielraum bzw. innerhalb des Toleranzrahmens und sei daher (noch) nicht unbillig.

Auch wird teilweise eine selbstständige Gebührenposition „20 %Toleranzrahmen" o.Ä. in Ansatz gebracht.

Es versteht sich von selbst, dass solch eine Abrechnungspraxis im Festsetzungsverfahren regelmäßig zu einem Streitpunkt wird.

Der Rechtsanwalt darf den hinter der angemessenen Gebühr stehenden Betrag aber nicht ohne weitere Begründung mit dem anwaltlichen Ermessensspielraum nach § 14 Abs. 1 S. 1 RVG um bis zu 20 % erhöhen.[39]

Der Toleranzrahmen von 20 % bei der anwaltlichen Bestimmung der billigen Gebühr nach § 14 Abs. 1 RVG hat nicht den Zweck, die im Einzelfall angemessene Gebühr

36 Vgl. LSG NRW, Beschl. v. 17.12.2014 – L 6 AS 1933/14 B.

37 BSG, Urt. v. 26.2.1992 – 9a RVs 3/90.

38 LSG NRW, Beschl. v. 28.5.2013 – L 9 AS 142/13 B m.w.N.

39 BVerwG, Urt. v. 17.8.2005 – 6 C 13/04.

regelhaft um 20 % zu erhöhen. Eine von dem Gericht zu tolerierende Gebührenbestimmung im Rahmen der Toleranzgrenze liegt nämlich nur dann vor, wenn diese aufgrund der umfassend darzulegenden Umstände des Einzelfalls i.V.m. den Bemessungskriterien getroffen worden ist. Die Zuerkennung eines Toleranzbereichs bedeutet nicht, dass jegliche Gebührenbestimmung verbindlich wäre, wenn sie sich noch innerhalb des Rahmens bewegt.[40]

Gerade durch die Maßgeblichkeit der Mittelgebühr wird der anwaltliche Ermessensspielraum im Interesse einer sachgerechten und gleichmäßigen Ermessensausübung begrenzt. Wäre es dem Anwalt gestattet, bei der Gebührenbestimmung auch in durchschnittlichen Fällen immer um bis zu 20 % über den mittleren Gebührensatz hinauszugehen, so würde dieser Gebührensatz in der Rechtspraxis weitgehend durch eine Gebühr in der Nähe der vollen Gebühr abgelöst werden.

Dadurch würde der zur Verfügung stehende Gebührenrahmen nach oben verzerrt und der Zweck der Mittelgebühr, in einem Großteil der Fälle deren zutreffende Einordnung innerhalb dieses Rahmens zu ermöglichen, vereitelt werden.[41]

Sinn und Zweck des Toleranzrahmens 132

Die beiden Grundsätze – Mittelgebühr und Toleranz – sind nicht in der Weise miteinander zu kombinieren, dass in jedem Durchschnittsfall eine um bis zu 20 %ige Überschreitung der Mittelgebühr im Rahmen der Billigkeit bliebe.[42] Die Mittelgebühr hat den Zweck, jedenfalls bei einem großen Teil der Verfahren (Durchschnittsverfahren) einen bestimmten Betrag festlegen zu können. Der Gedanke des anwaltlichen Toleranzrahmens bzw. des Spielraums ist nicht geeignet, das Ergebnis der billigen Mittelgebühr dahingehend nach oben zu „korrigieren", dass in Durchschnittsfällen immer eine um bis zu 20 %ige Erhöhung der Mittelgebühr als noch billig anzusehen wäre. Der Anwalt darf bei seiner Gebührenbestimmung eines Durchschnittsfalles also nicht um bis zu 20 % über die Mittelgebühr hinausgehen.[43]

Dieser Gedanke des Spielraums ist nur für solche Fälle hilfreich, in denen kein fester Betrag mit der „Mittelgebühr-Methode" ermittelt werden kann, also wenn wenige Bemessungskriterien des § 14 Abs. 1 S. 1 RVG dafür sprechen, dass das Verfahren etwas über dem Durchschnitt gelegen hat.

40 LSG NRW, Beschl. v. 25.3.2025 – L 12 AS 422/24 B.
41 BVerwG, Urt. v. 17.8.2005 – 6 C 13/04.
42 LSG NRW, Beschl. v. 28.5.2013 – L 9 AS 142/13 B m.w.N.; SG Berlin, Beschl. v. 1.4.2010 – S 165 SF 2479/09 E.
43 BSG, Urt. v. 26.2.1992 – 9a RVs 3/90; LSG NRW, Beschl. v. 28.5.2013 – L 9 AS 142/13 B m.w.N.

VII. Gutachten des Vorstandes der Rechtsanwaltskammer

133 **Gutachten zur Angemessenheit**

Nach § 14 Abs. 3 S. 1 RVG kann im Rechtsstreit ein Gutachten des Vorstandes der Rechtsanwaltskammer eingeholt werden, sofern die Höhe der Gebühr streitig ist. Entgegen des Wortlauts muss jedoch nicht die „Gebühr“ streitig sein, sondern die Angemessenheit der Bestimmung i.S.d. Absatz 1.[44]

Das Gutachten ist nach § 14 Abs. 3 S. 2 RVG durch die Rechtsanwaltskammer kostenlos zu erstatten.

134 **Anwendungsbereich**

Die Vorschrift gilt jedoch nach allgemeiner Meinung nicht im Kosten- oder Vergütungsfestsetzungsverfahren, also nicht im Verfahren gegenüber dem Gebührenschuldner und dem erstattungspflichtigen Dritten, da insoweit nicht das Rechtsverhältnis zwischen dem Anwalt und dessen Mandanten betroffen ist. Die Regelung ist nur im Rechtsstreit zwischen dem Rechtsanwalt und seinem Mandanten anwendbar, nicht dagegen im Rahmen der Vergütungsfestsetzung eines beigeordneten Anwalts und eines eventuellen Streits hierüber mit der Staatskasse.[45]

Auch spricht dafür der Wortlaut des Gesetzes; es handelt sich im Kosten- oder Vergütungsfestsetzungsverfahren nicht um einen „Rechtsstreit“.

135 Für weitere Einzelheiten wird auf die entsprechende Kommentierung verwiesen, da es sich hierbei um eine allgemein-gebührenrechtliche und nicht um eine sozialrechtliche Problematik handelt.

44 AnwK-RVG/*Onderka/N. Schneider*, § 14 Rn 97, 99.

45 BSG, Urt. v. 1.7.2009 – B 4 AS 21/09 R; LSG NRW, Urt. v. 14.11.2007 – L 10 KA 24/07; LSG NRW, Beschl. v. 28.11.2023 – L 9 SO 47/23 B.

§ 3 Bemessungskriterien des § 14 RVG im Überblick

A. Allgemeines

Kriterien 1

Nach § 14 Abs. 1 S. 1, 2 und 3 RVG sind die folgenden Kriterien maßgebend für die Gebührenbemessung:

- Umfang der anwaltlichen Tätigkeit
- Schwierigkeit der anwaltlichen Tätigkeit
- Bedeutung der Angelegenheit
- Einkommens- und Vermögensverhältnisse des Mandanten
- Haftungsrisiko

Gesetzliche Kriterien nicht abschließend 2

Die Aufzählung der Bemessungskriterien des § 14 Abs. 1 S. 1 RVG ist nach dem Wortlaut der Vorschrift („vor allem") nicht abschließend, sodass weitere, unbenannte Kriterien mit einbezogen werden können. Sämtliche heranzuziehende Kriterien stehen selbstständig und gleichwertig nebeneinander.[1]

Auch kommt es bei der Prüfung der Bemessungskriterien auf den vorliegenden **Einzelfall** an.

Einzelfallprüfung 3

Sämtliche Bemessungskriterien sind bei jeder Rahmengebühr gesondert zu prüfen. Die unterschiedliche Abgeltung der anwaltlichen Tätigkeit mit unterschiedlichen Gebühren verbietet es, die Bewertung einer Rahmengebühr automatisch auf eine andere zu übertragen.[2]

B. Umfang der anwaltlichen Tätigkeit

Aufwand des nichtspezialisierten Anwalts 4

Die Bewertung des Umfangs der anwaltlichen Tätigkeit bestimmt sich nach dem **zeitlichen Aufwand**, den der Rechtsanwalt tatsächlich in der Sache betrieben hat und der objektiv erforderlich gewesen ist.

1 BSG, Urt. v. 1.7.2009 – B 4 AS 21/09 R.
2 LSG Thüringen, Beschl. v. 6.3.2008 – L 6 B 198/07 SF.

Zu berücksichtigen sind nicht nur produktive Zeiträume, sondern vielmehr die tatsächlich erbrachte Zeit.

Maßgebend muss der Zeitaufwand sein, den ein **nicht spezialisierter Anwalt** gehabt hätte.[3]

Der durchschnittliche Umfang einer Tätigkeit orientiert sich am Leitbild der zugehörigen Verfahrensordnung am Ablauf eines Verfahrens, jeweils bezogen auf das in der jeweiligen Gebührenziffer umschriebene Tätigkeitsfeld.

5 **Kriterien für Umfang**

Maßgebend für die Ausprägung des Merkmals Umfang kann insbesondere neben dem tatsächlich erbrachten Aufwand des Rechtsanwalts die zeitliche Dauer des Verfahrens sein. Bestimmende Kriterien sind hier unter anderem

- Einsichtnahme in die Verwaltungsakte,
- Beiziehung anderer/weiterer Gerichtsakten,
- fallbezogene Sichtung und Prüfung von Rechtsprechung und Literatur,
- Besprechungen mit dem Mandanten,
- Anzahl und Umfang der Schriftsätze, Stellungnahmen zu Gutachten pp.,
- Verhandlungen mit dem Gegner,
- Einarbeitung/Aktenstudium,
- Wartezeiten,
- Wahrnehmung von Verhandlungs- oder Erörterungsterminen.

6 **Sprachprobleme/Behinderungen**

Sachliche Gründe für einen höheren Zeitaufwand für Mandantenbesprechungen können beispielsweise Verständigungsprobleme sein wegen

- fehlender Deutschkenntnisse[4] oder
- eingeschränkter Seh- und Hörfähigkeit des Auftraggebers.[5]

7 **Akteneinsicht**

Zeitintensive Tätigkeiten, wie etwa die Vornahme einer Akteneinsicht, das Lesen und Auswerten von medizinischen Gutachten, das Verfassen von Schriftsätzen, die sich mit komplexen tatsächlichen oder rechtlichen Fragen auseinandersetzen, die Sichtung und

3 Vgl. entsprechend BSG, Urt. v. 1.7.2009 – B 4 AS 21/09 R.
4 LSG Hessen, Beschl. v. 26.1.2004 – L 12 B 90/02 RJ.
5 SG Aachen. Beschl. v. 21.6.2005 – S 11 AL 111/04.

Auswertung von Rechtsprechung, lassen den Rückschluss auf einen erheblichen Zeit- und Arbeitsaufwand zu.[6]

Andererseits kann jedoch auch die Überlegung angestellt werden, dass eine Einsichtnahme in die Verwaltungsakten in sozialrechtlichen Angelegenheiten zu den typischen Aufgaben eines jeden Prozessbevollmächtigten zur sachgemäßen Vertretung des Mandanten gehört und damit allenfalls für einen durchschnittlichen Umfang spricht.

Richtigerweise ist hier auf den Einzelfall abzustellen. Sofern die Einsichtnahme das Normalmaß überschreitet, ist sie erhöhend zu berücksichtigen.

Zeitlicher Umfang 8

Auch wenn sich der Umfang am Leitbild der zugehörigen Verfahrensordnung am Ablauf eines durchschnittlichen Verfahrens zu orientieren hat,[7] ist der zeitliche Aufwand ein objektives Merkmal, das eine sinnvolle Orientierungshilfe bietet.[8]

Durchschnittlich umfangreich ist regelmäßig eine anwaltliche Tätigkeit, bei der die Klage erhoben, Akteneinsicht genommen, die Klage begründet und zu den Ermittlungen des Gerichts Stellung genommen wird.[9]

Die Ansichten, welcher zeitliche Umfang noch der Durchschnittlichkeit oder bereits einer Überdurchschnittlichkeit zuzuordnen ist, variieren jedoch erheblich.

Der zeitliche Aufwand kann ab einer Mandatsbearbeitung von mehr als drei Stunden überdurchschnittlich sein.[10]

Nach anderer Ansicht ist eine anwaltliche Tätigkeit nur dann besonders umfangreich, wenn der Zeitbedarf deutlich mehr als zwei oder drei[11] Stunden beträgt.

Reduzierter Umfang 9

So kann zum Beispiel bei einer **Untätigkeitsklage** davon ausgegangen werden, dass der Umfang der anwaltlichen Tätigkeit erheblich unter dem Durchschnitt liegt. Der anfallende anwaltliche Arbeitsaufwand ist grundsätzlich gering. Er beschränkt sich auf die Fristüberwachung, die Fertigung der Klageschrift sowie der Erledigungsanzeige.

6 LSG NRW, Beschl. v. 24.9.2008 – L 19 B 21/08 AS.

7 LSG NRW, Beschl. v. 1.7.2021 – L 19 AS 404/21 B.

8 BSG, Urt. v 12.12.2019 – B 14 AS 48/18 R; LSG Bayern, Urt. v. 13.6.2024 – L 18 SB 35/23; LSG Baden-Württemberg, Beschl. v. 29.11.2023 – L 10 SF 2707/23 E-B.

9 LSG NRW, Beschl. v. 29.4.2024 – L 1 SB 352/23 B; Beschl. v. 2.2.2018 – L 19 AS 1472/17 B; LSG Thüringen, Beschl. v. 9.2.2016 – L 6 SF 25/15 B.

10 AnwK-RVG/*N. Schneider*, § 14 Rn 32; *Otto*, NJW 2006, 1472; AG Berlin-Mitte, Urt. v. 9.10.2023 – 3 C 26/22; im Ergebnis auch: OLG Köln, v. 20.9.2022 – I-4 U 222/21; *Gerold/Schmidt*, § 14 Rn 21, m.w.N.

11 LSG Niedersachsen-Bremen, Urt. v. 30.7.2009 – L 12 AL 229/06; LSG NRW, Urt. v. 5.5.2008 – L 3 R 84/08.

10 **Beispiel für überdurchschnittlichen Umfang**

Ein überdurchschnittlicher Umfang, welcher eine höhere Gebühr als die Durchschnittsgebühr rechtfertigen kann, könnte darin liegen, dass ein Verfahren nach dem Schwerbehindertenrecht, in welchem der Grad der Behinderung streitig ist und eine Vielzahl an medizinischen Gutachten eingeholt wurde, mehr als 3 Jahre angedauert hat.

C. Schwierigkeit der anwaltlichen Tätigkeit

11 **Schwierigkeit für „Normalanwalt"**

Die vom Umfang zu unterscheidende Schwierigkeit der anwaltlichen Tätigkeit meint die **Intensität der Arbeit**. Die Schwierigkeit der anwaltlichen Tätigkeit bestimmt sich nach der objektiv erforderlichen Intensität der Tätigkeit im konkreten Fall. Ausgehend von einem objektiven Maßstab ist auf einen durchschnittlichen Rechtsanwalt abzustellen, welcher sich bei der Wahrnehmung des Mandats darauf beschränken kann, den Fall mit den einschlägigen Rechtsvorschriften, ggf. unter Heranziehung von Rechtsprechung und Literatur, zu bearbeiten. Dies beinhaltet aber auch, dass hierfür spezielle Kenntnisse und Fertigkeiten in eingeschränktem Umfang erforderlich sein können. Damit ist es auf der einen Seite unerheblich, ob der Rechtanwalt wegen geringer Berufserfahrung Schwierigkeiten bei der Bewältigung der Aufgabe hat. Andererseits spielt es keine Rolle, dass der Anwalt z.B. aufgrund vertiefter Fachkenntnisse oder Erfahrungen das Mandat leichter als andere Rechtsanwälte bewältigen kann.[12] Auf individuelle Fähigkeiten des Anwalts kommt es nicht an, ebenso wenig auf etwaige Vorkenntnisse des Anwalts.[13]

Auch ist es bei der Beurteilung der Schwierigkeit ohne Aussagekraft, ob der Rechtanwalt für ein spezielles Rechtsgebiet einen Fachanwaltstitel erwerben könne.[14]

Weiterhin besagt eine sehr dynamische Entwicklung einer Teilrechtsmaterie für sich alleine noch keine überdurchschnittliche rechtliche Schwierigkeit; ebenso wenig wie die Anwendung von neuen Normen in einem „neuen Teilrechtsgebiet" nach deren Inkrafttreten.

12 **Keine Antragsbegründung**

Die anwaltliche Tätigkeit ist **unterdurchschnittlich schwierig**, wenn der Anwalt eine Klage, einen Antrag oder ein Rechtsmittel nicht oder nur sehr oberflächlich begründet.

Beispielhaft kann für eine unterdurchschnittliche Schwierigkeit der Fall der Untätigkeitsklage angeführt werden. Es ist weder die Auseinandersetzung mit schwierigen Rechtsfra-

12 Vgl. Ausführungen in BSG, Urt. v. 1.7.2009 – B 4 AS 21/09 R.

13 LSG NRW, Beschl. v. 24.8.2017 – L 7 BK 6/17 B; Urt. v. 5.5.2008 – L 3 R 84/08.

14 BSG, Urt. v. 1.7.2009 – B 4 AS 21/09 R.

gen noch mit umfangreichen medizinischen und komplexen Unterlagen und Gutachten erforderlich. In aller Regel bedarf es lediglich der Prüfung, ob über den Antrag oder den Widerspruch nicht innerhalb der Frist von sechs bzw. drei Monaten entschieden worden ist und es an einem zureichenden Grund für die Untätigkeit der Behörde fehlt. Es handelt sich also um eine anwaltliche Tätigkeit einfachster Art.

Durchschnittlich schwierig 13

Die anwaltliche Tätigkeit ist **durchschnittlich schwierig**, wenn der Anwalt keine besonderen rechtlichen oder tatsächlichen Probleme bei der Bearbeitung des Mandats gehabt hat und dieses sich als durchschnittlich dargestellt hat.

Vergleichsmaßstab 14

Von einer nur durchschnittlich schwierigen anwaltlichen Tätigkeit ist dann nicht mehr auszugehen, wenn der zu bearbeitende Fall von einem Normal- bzw. Routinefall abweicht; und zwar bezogen auf jedes Rechtsgebiet (z.B. Sozialrecht), nicht aber jedes Teilrechtsgebiet (z.B. Sozialhilferecht).[15] Damit ist gewährleistet, dass in Rechtsgebieten, die gemeinhin nur deshalb als schwierig empfunden werden, weil kein Fall dem anderen gleicht, überwiegend eine überdurchschnittliche Schwierigkeit angenommen werden kann.

Beispiele für Schwierigkeit 15

Die anwaltliche Tätigkeit ist **überdurchschnittlich schwierig**, wenn (erheblich) über dem Durchschnitt liegende tatsächliche oder rechtliche Probleme zu bewältigen waren, beispielsweise wenn

- der Anwalt Mandantengespräche in einer **Fremdsprache** zu führen hatte,
- der Anwalt sich mit einer rechtlich schwierigen Streitfrage auseinandersetzen musste, zu welcher es noch **keine obergerichtliche Rechtsprechung** gibt,
- eine Hinzuziehung eines **Dolmetschers** notwendig war,
- **besondere rechtliche Probleme** vorlagen,
- eine umfangreiche und ausgiebige über dem Üblichen liegende Prüfung von medizinischen Gutachten oder Unterlagen sowie allgemein von **Fachgutachten** vorgenommen wurde,
- der **Mandant** im menschlichen Umgang **schwierig** war,
- **Verständigungsprobleme** vorlagen, da der Mandant der deutschen Sprache nicht hinreichend mächtig war oder schwerwiegend seh- oder hörbehindert war,
- eine **Einarbeitung in weitere Rechtsgebiete** erfolgen musste.

15 BSG, Urt. v. 1.7.2009 – B 4 AS 21/09 R.

16 **Fremdsprachen**

Führt der Rechtsanwalt Mandantengespräche in einer Fremdsprache, welche die Muttersprache des Rechtsanwalts selbst ist, so kann sich die Frage stellen, ob es sich hier um einen Wettbewerbsvorteil handelt, welcher nicht gebührenerhöhend als „besonders schwierig“ zu vergüten ist.

Diese Ansicht widerspricht jedoch dem Grundsatz, dass die Fähigkeiten des Normalanwalts maßgeblich sind. Richtig ist, dass weder eine Fachanwaltschaft, noch andere persönliche Kenntnisse des Rechtsanwalts die Schwierigkeit bestimmen. Diese regelt sich grundsätzlich nach den Kenntnissen des „Normalanwalts“.[16]

Die notwendige Nutzung von Fremdsprachen erhöht grundsätzlich die Schwierigkeit.[17]

Inwieweit eine Differenzierung zur Muttersprachlichkeit sinnvoll ist, erscheint fraglich. Der Aufwand für den Erwerb einer sprachlichen Zusatzqualifikation ist bisher ersichtlich nicht Gegenstand von Entscheidungen gewesen und würde auch nennenswerte Ermittlungen nach sich ziehen. Weder anhand des Namens noch der Nationalität des Mandanten sind sichere Rückschlüsse möglich.

Grundsätzlich sollten „privat“ erworbene Kenntnisse unberücksichtigt bleiben.

Beispiel

Folgend ein realer Fall: Die Rechtsanwältin ist selbst schwerbehindert und hat sich daher privat intensivst mit Fahrhilfen und deren Durchsetzung gegenüber der Krankenkasse beschäftigen müssen.

Daraus resultiert eine Spezialisierung in dieser Frage. Auch hier ist bzgl. Schwierigkeit auf einen Normalanwalt abzustellen.

17 **Auseinandersetzung mit Gutachten**

Entgegen der herrschenden Meinung wird auch vertreten, dass die Auseinandersetzung mit medizinischen Unterlagen und Gutachten in sozialgerichtlichen Verfahren üblich ist, sodass dieser Gesichtspunkt allein keine besondere Erschwernis der anwaltlichen Tätigkeit begründet.[18]

16 BSG, Urt. v. 1.7.2009 – B 4 AS 21/09 R; LSG NRW, Beschl. v. 24.8.2017 – L 7 BK 6/17 B; LSG NRW, Urt. v. 5.5.2008 – L 3 R 84/08.

17 LSG Berlin-Brandenburg, Beschl. v. 3.2.2021 – L 39 SF 154/20 B E; LSG NRW, Beschl. v. 22.8.2011 – L 6 AS 525/11 B; *Gerold/Schmidt*, § 14 Rn 16.

18 BSG, Urt. v. 26.2.1992 – 9a RVs 3/90; LSG NRW, Beschl. v. 6.2.2007 – L 3 B 20/06 R; SG Schleswig-Holstein, Beschl. v. 16.6.2003 – L 5 B 13/03 SF SK.

Wenn man dem folgen will, sollte die zeitintensive Auseinandersetzung mit den Gutachten allerdings bei dem Merkmal „Umfang" Berücksichtigung finden.

Die notwendige Auseinandersetzung mit einer Vielzahl sich im Ergebnis widersprechender medizinischer Gutachten kann jedoch eine Erschwernis begründen.[19]

Es existiert kein gefestigter Rechtsgrundsatz, dass bestimmte Rechtsmaterien, wie z.B. 18
Angelegenheiten des Vertragsarztrechts, regelhaft als schwierig einzustufen sind. Entscheidend ist die Fragestellung im Einzelfall.

Andererseits sind Probleme des Kassenarztrechts und der Sonderbedarfszulassung jedoch als schwierige Rechtsmaterien anerkannt.[20]

Einarbeitung in weitere Rechtsgebiete 19

Die Notwendigkeit der Einarbeitung in weitere Rechtsgebiete, wie z.B. aus dem Ausländerrecht, Steuerrecht, Verfassungsrecht oder Fragen mit Auslandsbezug, kann eine Erhöhung der Gebühr rechtfertigen.[21]

Praxistipp 20

Auch hier empfiehlt sich eine Dokumentierung der anwaltlichen Tätigkeit, sofern diese sich besonders schwer gestaltet hat, beispielsweise durch Vergleich mehrerer divergierender medizinischer Gutachten oder aus einem sonstigen Grund.

D. Bedeutung der Angelegenheit

Bedeutung für Auftraggeber 21

Bei der Bemessung der Bedeutung der Angelegenheit ist auf eine unmittelbare tatsächliche, ideelle, gesellschaftliche, wirtschaftliche oder rechtliche **Bedeutung für den Auftraggeber**, nicht aber für die Allgemeinheit abzustellen. Es handelt sich also um ein subjektives Kriterium.

Maßgeblich ist hierbei abzustellen auf

- das unmittelbare Ziel der anwaltlichen Tätigkeit,
- die Auswirkungen des Verfahrens auf die wirtschaftlichen Verhältnisse des Auftraggebers oder seine Stellung im öffentlichen Leben,
- das Ansehen des Antragstellers,

19 LSG Hessen, Beschl. v. 26.1.2004 – L 12 B 90/02 RJ.
20 LSG Baden-Württemberg, Urt. v. 13.12.2006 – L 5 KA 5567/05.
21 BSG, Beschl. v. 22.1.1993 – 14b/4 REG 12/91.

- die rechtliche und tatsächliche Klärung für andere mit dieser Angelegenheit zusammenhängenden Fälle,
- die Dauer der erstrittenen Leistung.

22 Die Bedeutung der Angelegenheit ist stets unter Berücksichtigung aller Streitverfahren vor den Sozialgerichten zu beurteilen.

23 **SGB-II-Leistungen**

Ein Verfahren in welchem **SGB-II Leistungen** streitig sind, der Mandant also zur Sicherung des soziokulturellen Existenzminimums auf die Sozialleistungen angewiesen ist, wird für diesen eine überdurchschnittliche Bedeutung haben.

Dieser Bedeutung stehen jedoch häufig die unterdurchschnittlichen Einkommens- und Vermögensverhältnisse entgegen. Insoweit findet eine Kompensation statt.[22]

Streitigkeiten über

- vorübergehende Leistungen (z.B. Erziehungsgeld),
- den vorübergehenden Ausschluss von Leistungen (z.B. Eintritt einer Sperrzeit)

haben regelmäßig eine durchschnittliche Bedeutung.

Streitigkeiten über **Grundsicherung für Arbeitssuchende** sind regelmäßig mit der Mittelgebühr zutreffend abgegolten, da es sich insoweit um einen Durchschnittsfall handelt.[23]

24 **Grundsicherung/Bürgergeld/Sozialhilfe**

Auch wird in der Rechtsprechung vertreten, dass Streitigkeiten in Angelegenheiten der **Grundsicherung für Arbeitsuchende** und Angelegenheiten der **Sozialhilfe** nicht stets wegen des existenzsichernden Charakters überdurchschnittlich bedeutsam sind; dies gilt vielmehr nur dann, wenn die Leistungsgewährung insgesamt oder weitestgehend streitig ist.

Zusatzansprüche wie beispielsweise ein Ernährungsmehrbedarf sind nicht von überdurchschnittlicher, sondern eher von unterdurchschnittlicher Bedeutung für den Auftraggeber.[24]

25 **Pflegeversicherung**

Streitigkeiten über **Pflegegrade** einer **Pflegeversicherung** sollen von erheblicher Bedeutung sein.[25]

22 BSG, Urt. v. 1.7.2009 – B 4 AS 21/09 R; LSG NRW, Beschl. v. 1.7.2021 – L 19 AS 404/21 B.
23 LSG NRW, Beschl. v. 30.9.2009 – L 1 B 22/09 AS.
24 LSG Mecklenburg-Vorpommern, Beschl. v. 29.7.2008 – L 6 B 141/07.
25 LSG Thüringen, Beschl. v. 5.4.2005 – L 6 B 8/05 SF.

Grad der Behinderung 26

Verfahren, in welchen der **Grad der Behinderung** (GdB) streitig ist, sind von geringer Bedeutung.[26]

Diese Auswertung von medizinischen/psychiatrischen Gutachten kann aber auch im Schwerbehindertenrecht an einen Anwalt erhebliche und unübliche Anforderungen stellen. Diese betreffen allerdings die Schwierigkeit der Tätigkeit. Die Bedeutung bleibt unterdurchschnittlich.[27]

Schwerbehinderteneigenschaft 27

Ein Verfahren über die **Feststellung der Schwerbehinderteneigenschaft** (bei einem Grad der Behinderung von 50) eines Berufstätigen ist von durchschnittlicher Bedeutung.[28]

Dauerrenten 28

Dauerrenten haben eine erhebliche wirtschaftliche Bedeutung für den Auftraggeber:

Sofern der Bezug von existenzsichernden Leistungen mit Lohnersatzcharakter auf Dauer streitig ist, wie beispielsweise Renten aus der gesetzlichen Renten- oder Unfallversicherung, können diese von überdurchschnittlicher Bedeutung sein, insbesondere wenn die Dauerleistung die wirtschaftliche Existenz des Beteiligten sichert oder es sich um eine zusätzliche und beim Einkommen nicht zu berücksichtigende Dauerleistung handelt.[29]

Befreiung von Rundfunkgebühren 29

Bei einer Klage über die Feststellung der gesundheitlichen Voraussetzungen für die Inanspruchnahme des Nachteilsausgleich „RF" (**Befreiung von der Rundfunkgebührenpflicht**) ist nicht von einer deutlich unterdurchschnittlichen, aber von einer zumindest durchschnittlichen Bedeutung der Angelegenheit für den Kläger auszugehen. Denn die angestrebte Befreiung von der Rundfunkgebührenpflicht ist gemessen an dem regelmäßig geringen Einkommen bedeutend. Hinzu kommt, dass mit einer Befreiung von

26 BSG, Urt. v. 26.2.1992 – 9a RVs 3/90; LSG NRW, Beschl. v. 31.5.2007 – L10 B 6/07 SB.

27 LSG Thüringen, Beschl. v. 27.1.2015 – S 6 SF 1533/14 B.

28 LSG Rheinland-Pfalz, Urt. v. 8.3.2006 – L 4 SB 174/05: Verfahren nach dem Schwerbehindertenrecht sind regelmäßig zutreffend mit der Mittelgebühr abgegolten (Entscheidung bzgl. Widerspruchsverfahren); LSG NRW, Beschl. v. 31.5.2007 – L10 B 6/07 SB.

29 LSG Thüringen, Beschl. v. 5.4.2005 – L 6 B 8/05 SF; SG Frankfurt; Beschl. v. 5.6.2015 – S 7 SF 355/14 E.

der Rundfunkgebührenpflicht häufig eine Teilnahme am allgemeinen und öffentlichen Leben zumindest über Rundfunk und Fernsehen gewährleistet wird.[30]

30 **Berufliche Existenz**

Droht der Verlust der beruflichen Existenz, kann die Höchstgebühr angemessen sein.[31]

31 Es bleibt trotz der beispielhaft zitierten Rechtsprechung anzumerken, dass es auch hier grundsätzlich einer Einzelfallentscheidung bedarf.

E. Einkommens- und Vermögensverhältnisse

32 Auch sind die Einkommens- und Vermögensverhältnisse des Auftraggebers bei der Bemessung der Gebühr zu berücksichtigen. Auszugehen ist dabei von den **Einkommens- und Vermögensverhältnissen der durchschnittlichen Bevölkerung**, welche mit denen des Auftraggebers zu vergleichen sind.

33 Das durchschnittliche Einkommen je Arbeitnehmer hat sich in den letzten Jahren stetig erhöht.

So beträgt das monatliche Durchschnittseinkommen (*Arbeitnehmerentgelte, Löhne und Gehälter monatlich je Arbeitnehmer*) dem Statistischen Bundesamt[32] zufolge

- im Jahr 2020: 3.098,00 EUR brutto,
- im Jahr 2021: 3.201,00 EUR brutto,
- im Jahr 2022: 3.333,00 EUR brutto.

34 **Sowohl Erhöhung als auch Reduzierung**

Schlechte Einkommens- und Vermögensverhältnisse des Auftraggebers können zu einer Ermäßigung, bessere Einkommens- und Vermögensverhältnisse zu einer Erhöhung der Gebühr führen. Allerdings ist jeweils der Einzelfall zu bewerten. Eine Automatik ist nicht gegeben.

30 LSG NRW, Beschl. v. 31.5.2007 – L10 B 6/07 SB; ablehnende Zuständigkeit in AnwK-RVG/*N. Schneider*, § 3 Rn 17: Für Streitigkeiten des allgemeinen Sozialverwaltungsrechts sind die Verwaltungsgerichte zuständig. Eine **Klage** über die **Befreiung von der Rundfunkgebührenpflicht** hat keinerlei Beziehung zum besonderen Sozialrecht. Sofern eine Entscheidung des SG begehrt wird, sind Gerichtskosten zu entrichten, da der Kläger öffentlich-rechtlicher Gebührenschuldner ist.

31 LG Flensburg JurBüro 1984, 1038.

32 Statistisches Bundesamt, Fachserie 18, Reihe 1.4, 2022 (Volkswirtschaftliche Gesamtrechnungen), Tabelle 2.1.8 Arbeitnehmerentgelt, Löhne und Gehälter.

Die schlechten wirtschaftlichen Verhältnisse des Auftragsgebers (z.B. bei Beziehern von Grundsicherungsleistungen) sind allein nicht ausreichend, um den Ansatz einer Mittelgebühr als unbillig zu bewerten.[33] 35

Nach dem BSG sind schlechte wirtschaftliche Verhältnisse durchaus gebührenmindernd zu berücksichtigen.[34]

Kompensation 36

Allerdings begründen die schlechten Vermögens- und Einkommensverhältnisse in sozialrechtlichen Angelegenheiten für den Auftraggeber regelmäßig eine **gesteigerte Bedeutung** der Angelegenheit, sofern es sich nicht um Bagatellangelegenheiten handelt.

Hier stehen sich die gesteigerte Bedeutung und die schlechten Vermögensverhältnisse regelmäßig **kompensierend** gegenüber.[35]

Zeitpunkt der Vermögensbewertung 37

Streitig ist, zu welchem Zeitpunkt auf die wirtschaftlichen Verhältnisse des Mandanten abzustellen ist. So wird vertreten, dass die wirtschaftlichen Verhältnisse zur Zeit der Auftragserteilung bzw. Fälligkeit maßgeblich sind.[36] Nach anderer Ansicht[37] sind die wirtschaftlichen Verhältnisse zum Zeitpunkt der Abrechnung zu berücksichtigen, denn erst zu diesem Zeitpunkt muss der Auftraggeber die Vergütung aus seinem Vermögen begleichen. Sachgerecht dürfte wohl der Zeitpunkt der Besserstellung sein.

Einkommen und Prozesskostenhilfe 38

In sozialgerichtlichen Verfahren ist der Auftraggeber häufig nicht bemittelt, da er zur Sicherung seiner Lebensgrundlage Sozialleistungen bezieht.

Nur weil dem Auftraggeber wegen seiner schlechten Einkommens- und Vermögensverhältnisse **Prozesskostenhilfe** bewilligt worden ist, ist es nicht gerechtfertigt, *allein* wegen dieser Tatsache eine Gebührenreduzierung vorzunehmen.[38]

33 LSG NRW, Urt. v. 23.4.2007 – L 19 AS 54/06.
34 BSG, Urt. v. 1.7.2009 – B 4 AS 21/09 R.
35 BSG, Urt. v. 1.7.2009 – B 4 AS 21/09 R.
36 Gerold/Schmidt/*Mayer*, § 14 Rn 36.
37 AnwK-RVG/*N. Schneider*, § 14 Rn 48.
38 Entsprechend LSG NRW, Beschl. v. 31.5.2007 – L 10 B 6/07 SB.

39 **Verbraucherinsolvenz**

Sofern über das Vermögen des Klägers die Verbraucherinsolvenz eröffnet wurde, so ist dies bei der Bemessung der Rahmengebühren auch mindernd zu berücksichtigen, da insofern die Einkommens- und Vermögensverhältnisse des Klägers beengt sind.[39]

40 **Minderjährige Kinder**

Bei **minderjährigen Kindern** sind die Vermögensverhältnisse der Eltern zu berücksichtigten, da erstere noch keine gesicherte Lebensstellung erreicht haben.

F. Haftungsrisiko

41 Auch ist nach § 14 Abs. 1 S. 3 RVG ein besonderes Haftungsrisiko gebührenrechtlich zu berücksichtigen. Hieraus ergibt sich jedoch keine eigenständige Gebühr im Sinne einer Haftungsgebühr.[40]

Nur das in Einzelfällen höhere Risiko, das unter Zugrundelegung eines objektiven Maßstabs zu ermitteln ist, kann zu einer höheren Gebühr führen. Das generelle Haftungsrisiko hat keinen Einfluss auf die Höhe der Gebühr.[41]

42 **Haftungsrisiko allenfalls erhöhend**

Das Haftungsrisiko ist im Sozialgerichtsprozess allenfalls gebührenerhöhend zu berücksichtigen.[42]

Wegen des strengen Amtsermittlungsgrundsatzes nach § 103 SGG und im Übrigen der verfahrensrechtlichen Möglichkeiten, Sozialleistungen regelmäßig sogar nach abschlägigen gerichtlichen Entscheidungen erneut beanspruchen zu können, ist das Haftungsrisiko für den Prozessbevollmächtigten bei einem Rechtsstreit vor den Sozialgerichten als im Regelfall deutlich unterdurchschnittlich bis kaum vorhanden einzustufen.

Soweit der Gesetzgeber in § 14 Abs. 1 S. 3 RVG vorgesehen hat, dass das Haftungsrisiko bei Rahmengebühren, die sich nicht nach dem Gegenstandswert richten (wie dies im Sozialgerichtsprozess häufig der Fall ist), berücksichtigt werden müsse, so könne dies bei dem sehr geringen Haftungsrisiko nicht so gemeint sein, dass der Gebührenrahmen praktisch nie ausgeschöpft werden könne, weil es am Haftungsrisiko fehlt.[43]

39 LSG Bayern, Beschl. v. 3.12.2008 – L 15 B 964/08 SF KO.
40 BSG, Urt. v. 27.1.2009 – B 7/7a AL 20/07 R.
41 LSG NRW, Urt. v. 5.5.2008 – L 3 R 84/08.
42 BSG, Urt. v. 12.12.2019 – B 14 AS 48/18 R; Urt. v. 1.7.2009 – B 4 AS 21/09 R.
43 LSG Mecklenburg-Vorpommern, Beschl. v. 29.7.2008 – L 6 B 141/07.

Kritisch zum Haftungsrisiko äußerte sich das LSG Sachsen: Ob ein besonderes anwaltliches Haftungsrisiko vorliegt, kann aufgrund des in sozialgerichtlichen Verfahren vorgeschriebenen strengen Amtsermittlungsgrundsatzes gem. § 103 SGG dahinstehen.[44]

G. Weitere Bemessungskriterien

Zusätzliche Merkmale 43

Zudem können neben den ausdrücklich in § 14 Abs. 1 S. 1 RVG genannten Kriterien („vor allem") weitere, unbenannte Bemessungskriterien berücksichtigt werden, welche Einfluss auf die Gebührenhöhe haben.

Gemeint sind solche Umstände, welche die anwaltliche Arbeit erleichtern oder erschweren können und nicht bereits bei den anderen Bemessungskriterien Berücksichtigung gefunden haben.

Beispiele für weitere Merkmale 44

Dies könnten beispielhaft sein

- die Kostenstruktur eines Rechtsanwaltsbüros,
- Erschwernisse in der Person des Auftraggebers, z.B. Kommunikationsprobleme, Schwerhörigkeit oder aber eine besondere Behinderung,
- die anwaltliche Reputation, da sich dieser seinen Ruf durch Fortbildungen und Literatur kostenaufwändig erwerben muss,[45]
- das besondere öffentliche Interesse,
- oder eine Arbeit an Samstagen, Sonntagen, Feiertagen oder gar in der Nacht.

Hinweis 45

In den allermeisten Fällen wird jedoch eine Bewertung mit den durch das Gesetzt genannten Kriterien ausreichend sein, da genügend Möglichkeiten zur Differenzierung bestehen.

H. Synergieeffekte

Synergien/Rationalisierungseffekte 46

Auch sind sogenannte **Synergieeffekte (Rationalisierungseffekte)** zu berücksichtigen.

44 LSG Sachsen, Beschl. v. 18.10.2013 – L 8 AS 1254/123 B.
45 AnwK-RVG/*N. Schneider*, § 14 Rn 57.

Hierbei handelt es sich für den Rechtsanwalt um einen oder mehrere Umstände, wegen derer sich die Arbeit im konkreten Fall (deutlich) erleichtern kann. Es handelt sich insoweit um arbeitserleichternde Umstände.

Sofern derartige Synergien vorliegen, sind diese gebührenmindernd zu berücksichtigen und hinsichtlich der Beurteilung des Umfangs sowie der Schwierigkeit der anwaltlichen Tätigkeit mit einzubeziehen.

47 **Beispiele für Synergie**

Beispielhaft können genannt werden:

- Der Prozessbevollmächtigte ist rechtlicher Betreuer (§ 1902 BGB) des Mandanten,
- Der Prozessbevollmächtigte vertritt den Mandanten in mehreren gleichgelagerten Widerspruchs- oder Klageverfahren, in welchen der zugrundeliegende Lebenssachverhalt identisch ist (streitig sind lediglich unterschiedliche Bescheid-Zeiträume),
- Der Prozessbevollmächtigte vertritt den Mandanten im Widerspruchs- oder Klageverfahren und im parallel anhängigen einstweiligen Rechtsschutzverfahren,
- Nutzung identischer vorgefertigter Textbausteine,
- Das Betreiben von Parallelverfahren mit gleichgelagertem Streitstoff.[46]

48 Durch diese Synergien ist eine grundlegend neue Einarbeitung in die materielle Rechtslage regelmäßig nicht oder zumindest nicht in dem Umfang erforderlich, in welchem sich ein noch nicht mit der Angelegenheit befasster Rechtsanwalt hätte einarbeiten müssen.

Bei mehreren identischen Klageverfahren ist nur eine Einarbeitung erforderlich. Zudem können Schriftsätze für andere Klage-/Widerspruchsverfahren übernommen werden.

Synergieeffekte durch die parallele Bearbeitung mehrerer Klageverfahren mindern den Umfang und die Schwierigkeit der anwaltlichen Tätigkeit erheblich.[47]

49 **Standardisierte Schreiben, Textbausteine**

Betreibt ein Anwalt eine Vielzahl gleichartiger Verfahren und kann er sich deshalb seine Arbeit mit standardisierten Schreiben unter Verwendung von Textbausteinen erleichtern, so kann wegen der einförmigen Massenarbeit ein Abzug von der Mittelgebühr um 50 % angemessen sein.[48]

46 LSG NRW, Beschl. v. 10.9.2024 – L 7 AS 623/24 B.

47 LSG Sachsen-Anhalt, Beschl. v. 5.12.2022 – L 4 AS 142/21 B; LSG Baden-Württemberg, Beschl. v. 27.6.2019 – L 10 SF 4412/18 E-B; LSG Thüringen, Beschl. v. 4.3.2019 – L 1 SF 258/17 B, juris Rn 15; LSG Sachsen-Anhalt, Beschl. v. 4.2.2022 – L 4 AS 498/19 B.

48 SG Gelsenkirchen, Beschl. v. 22.9.2008 – S 12 AY 50/08.

Keine individuelle Prüfung 50

In vorgenanntem Fall profitiert der Erinnerungsführer von den bereits in den Parallelverfahren gefertigten Schriftsätzen. Werden dabei auch keine individuellen Verhältnisse berücksichtigt oder geprüft, sondern ausschließlich abstrakte Verhältnisse rechtlich erörtert ist der Umfang der anwaltlichen Tätigkeit durch die Synergie als unterdurchschnittlich zu bewerten.[49]

Auch das Betreiben von Parallelverfahren mit gleichgelagertem Streitstoff beinhaltet Arbeitserleichterungen, die bei der Bemessung der billigen Gebühr zu berücksichtigen sind.[50]

Synergien sind in den Folgeverfahren zu berücksichtigen 51

Bei mehreren nahezu identischen und parallel betriebenen Klageverfahren desselben Klägers sind Synergieeffekte im arbeitsintensiven Ausgangsverfahren nicht gebührenmindernd zu berücksichtigen.[51] Die (Verfahrens-)Gebühr im Ausgangsverfahren ist so zu bemessen, als ob der Rechtsanwalt nur dieses eine Klageverfahren betrieben hätte.

In den weiteren gleichgelagerte Klageverfahren ist einzelfallbezogen zu prüfen, ob und in welchem Umfang von einer Arbeitserleichterung auszugehen ist.

Vorverfahren ist keine „Synergie" 52

Sofern der Anwalt den Mandanten bereits im vorgerichtlichen Verwaltungsverfahren vertreten hat, ist diese „Synergie" nicht im Rahmen der Gebührenbestimmung nach § 14 Abs. 1 RVG zu berücksichtigen. Der durch die vorangegangene Tätigkeit ersparte Aufwand soll alleine durch eine Anrechnung der hälftigen Geschäfts- bzw. Verfahrensgebühr und nicht nochmals bei der konkreten Bestimmung der Gebühr berücksichtigt werden. Dies hätte sonst eine doppelte Anrechnung zur Folge.

Mit der Einführung des neuen § 14 Abs. 2 RVG ist dies nun endgültig klargestellt.

I. Kompensationstheorie

Nach der Kompensationstheorie[52] kann ein überdurchschnittlich ausgeprägtes Merkmal 53
(Bemessungskriterium) das Vorliegen eines unterdurchschnittlich ausgeprägten Merkmals (Bemessungskriterium) kompensieren, also ausgleichen.

Das Abweichen eines Kriteriums kann demnach von jedem anderen kompensiert werden.

49 SG Köln, Beschl. vom 6.2.2024 – S 41 AY 21/22, n.V.
50 LSG NRW, Beschl. v. 12.9.2024 – L 7 AS 623/24 B.
51 SG Detmold, Beschl. v. 24.5.2016 – S 6 SF 242/15 E, *Dahn*, AGS 2016, 516.
52 Vgl. BSG, Urt. v. 1.7.2009 – B 4 AS 21/09 R.

54 *Beispiel 1*

In einem Klageverfahren, in welchem eine dauerhafte Erwerbsminderungsrente streitig ist, sind die Einkommens- und Vermögensverhältnisse des Auftraggebers deutlich unterdurchschnittlich. Die Bedeutung der Angelegenheit dagegen ist für den Mandanten äußerst wichtig, da die begehrte Erwerbsminderungsrente existentielle Bedeutung hat; diese würde das Haupteinkommen auf Dauer darstellen.

Umfang und Schwierigkeit sind durchschnittlicher Natur.

Insoweit wird das unterdurchschnittliche Kriterium „Einkommens- und Vermögensverhältnisse“ durch das Kriterium „Bedeutung“ kompensiert. Da Umfang und Schwierigkeit durchschnittlich sind, ist die Mittelgebühr gerechtfertigt.

§ 4 Begriff der Angelegenheit

A. Allgemeines

Zeitlicher Rahmen 1

§ 15 Abs. 1 RVG bestimmt den zeitlichen Rahmen der Angelegenheit. Die Angelegenheit beginnt mit der Annahme des Auftrags und endet mit der Erledigung. Nach § 15 Abs. 5 S. 2 RVG liegt nach Ablauf von zwei Kalenderjahren nach Erledigung des Auftrags immer eine neue Angelegenheit mit der Folge vor, dass ein Gebührenanspruch neu entsteht.

Inhaltlicher Rahmen 2

Nach § 15 Abs. 2 RVG erhält der Rechtsanwalt die Gebühr in jeder Angelegenheit nur einmal.

Wann dieselbe Angelegenheit im gebührenrechtlichen Sinne vorliegt, ist im RVG nicht abschließend geregelt. Die Tätigkeitskataloge der §§ 16, 17 RVG benennen hierbei lediglich Regelbeispiele. Der Gesetzgeber hat die abschließende Klärung des Begriffs derselben Angelegenheit i.S.d. § 15 Abs. 2 RVG Rechtsprechung und Schrifttum überlassen.[1] Es handelt sich um einen gebührenrechtlichen Begriff, der sich mit dem prozessrechtlichen Begriff des (Verfahrens-)Gegenstandes decken kann, aber nicht zwingend decken muss. Ob dieselbe Angelegenheit vorliegt, lässt sich nur im jeweiligen Einzelfall unter Berücksichtigung der jeweiligen Umstände beantworten, wobei insbesondere der Inhalt des erteilten Auftrags maßgeblich ist.[2]

Während die Angelegenheit den für den Einzelfall definierten Rahmen der konkreten Interessenvertretung bezeichnet, umschreibt der Begriff des Gegenstandes inhaltlich die Rechtsposition, für deren Wahrnehmung die Angelegenheit den äußeren Rahmen abgibt. Daher kommt es zur Bestimmung, ob dieselbe Angelegenheit vorliegt, auf die Umstände des konkreten Einzelfalls sowie auf den Inhalt des erteilten Auftrags an. Von derselben Angelegenheit i.S.d. § 15 Abs. 2 ist nach den Ausführungen es BSG[3] in der Regel auszugehen, wenn zwischen den weisungsgemäß erbrachten anwaltlichen Leistungen, also den verschiedenen Gegenständen, ein **innerer Zusammenhang** gegeben ist, also ein **einheitlicher Auftrag** und ein **einheitlicher Rahmen** der anwaltlichen Tätigkeit vorliegt. Diese Definition deckt sich mit der auch in den übrigen Rechtsgebieten angewandten Regelung.

1 BSG, Urt. v. 17.10.2007 – B 6 KA 4/07 R.
2 BSG, Urt. v. 2.4.2014 – B 4 AS 27/13 R.
3 BSG, a.a.O.

3 **Mehrere Prüfungsaufgaben**

Der Rechtsprechung[4] nach setzt die Annahme einer Angelegenheit im gebührenrechtlichen Sinne nicht voraus, dass der Anwalt nur eine Prüfungsaufgabe zu erfüllen hat. Von einem einheitlichen Rahmen der anwaltlichen Tätigkeit kann vielmehr grundsätzlich auch dann noch gesprochen werden, wenn der Anwalt zur Wahrnehmung der Rechte des Geschädigten verschiedene, in ihren Voraussetzungen voneinander abweichende Anspruchsgrundlagen zu prüfen bzw. mehrere getrennte Prüfungsaufgaben zu erfüllen hat. Denn unter einer Angelegenheit im gebührenrechtlichen Sinne ist das gesamte Geschäft zu verstehen, das der Rechtsanwalt für den Auftraggeber besorgen soll. Ihr Inhalt bestimmt den Rahmen, innerhalb dessen der Rechtsanwalt tätig wird. Die Angelegenheit ist von dem Gegenstand der anwaltlichen Tätigkeit abzugrenzen, der das konkrete Recht oder Rechtsverhältnis bezeichnet, auf das sich die anwaltliche Tätigkeit bezieht. Eine Angelegenheit kann mehrere Gegenstände umfassen. Für die Annahme eines einheitlichen Rahmens der anwaltlichen Tätigkeit ist es grundsätzlich ausreichend, wenn die verschiedenen Gegenstände in dem Sinne einheitlich vom Anwalt bearbeitet werden können, dass sie verfahrensrechtlich zusammengefasst bzw. in einem einheitlichen Vorgehen geltend gemacht werden können.

Ein innerer Zusammenhang ist zu bejahen, wenn die verschiedenen Gegenstände bei objektiver Betrachtung und unter Berücksichtigung des mit der anwaltlichen Tätigkeit nach dem Inhalt des Auftrags erstrebten Erfolgs zusammengehören. Im gerichtlichen Verfahren wird der für die Bejahung einer Angelegenheit notwendige Zusammenhang grundsätzlich schon dadurch hergestellt, dass das Gericht von einer Trennung der Verfahren wegen ihres Sachzusammenhangs absieht oder bei zwei ursprünglich getrennten Verfahren wegen ihres Sachzusammenhangs eine Verbindung herbeiführt.

4 **Definition**

Die Frage, ob dieselbe Angelegenheit vorliegt, beurteilt sich nach den durch das BSG aufgestellten Grundsätzen nach folgenden Kriterien. Es müssen drei Merkmale erfüllt sein:

1. Es muss ein einheitlicher/gleichzeitiger Auftrag vorliegen.

Dies ist gegeben, wenn der Auftrag in einem einheitlichen Zusammenhang erteilt wird, verschiedene Ansprüche gemeinsam zu behandeln oder geltend zu machen.

Der Auftrag kann zu unterschiedlichen Zeitpunkten erteilt werden. Entscheidend ist der Inhalt des Auftrags. Hieraus muss sich ergeben, ob die Ansprüche gemeinsam oder getrennt geltend zu machen sind.

Beispiel: Eine Klage wegen Grades der Behinderung und Merkzeichen bilden regelmäßig einen einheitlichen Auftrag.

4 Vgl. LSG Berlin-Brandenburg, Beschl. v. 6.6.2019 – L 39 SF 235/15 B E m.w.N.

2. Es muss ein gemeinsamer Rahmen der Tätigkeit / ein gleichartiges Verfahren gegeben sein.

Ein gemeinsamer Rahmen ist gegeben, wenn unterschiedliche Ansprüche verschiedener Personen oder derselben Person in derselben Form geltend gemacht werden.

Beispiel: Mehrere Ansprüche werden im selben Auftrag bzw. Mandat bearbeitet.

3. Es muss ein innerer Zusammenhang der Gegenstände bestehen.

Die Ansprüche müssen demselben Lebensverhältnis bzw. einem einheitlichen Lebensvorgang entstammen.

Beispiel: Eine Klage wegen eines höheren Grades der Behinderung und des Merkzeichens liegt in der schlechteren physischen Konstitution des Klägers begründet.

Die innere Zusammengehörigkeit ist allerdings nur dann gegeben, wenn die verschiedenen Gegenstände im Fall einer gerichtlichen Geltendmachung in derselben Klage verfolgt werden können.

In den Vorschriften der §§ 16–19 RVG wird aufgezählt, was unabhängig hiervon grundsätzlich als die gleiche / als eine verschiedene / eine besondere Angelegenheit gilt.

Sozialrechtliche Angelegenheit 5

Von Bedeutung für das sozialrechtliche Verfahren ist insbesondere **§ 17 Nr. 1a RVG**.

Verschiedene Angelegenheiten sind hiernach jeweils

- das Verwaltungsverfahren,
- das folgende Nachprüfungsfahren (Vorverfahren, Einspruchsverfahren, Beschwerdeverfahren, Abhilfeverfahren),
- das Verwaltungsverfahren auf Aussetzung oder Anordnung der sofortigen Vollziehung sowie über einstweilige Maßnahmen zur Sicherung der Rechte Dritter,
- und ein gerichtliches Verfahren.

Mit der Konsequenz, dass jeder dieser Abschnitte eine eigene Angelegenheit darstellt und damit getrennt abzurechnen ist.

Ausnahme: einstweilige Maßnahme und Abänderung 6

Zu beachten ist hierbei allerdings § 16 Nr. 1 RVG:

Dieselbe Angelegenheit sind das Verwaltungsverfahren auf Aussetzung oder Anordnung der sofortigen Vollziehung sowie über einstweilige Maßnahmen zur Sicherung der Rechte Dritter und jedes Verwaltungsverfahren auf Abänderung oder Aufhebung in den genannten Fällen.

B. Angelegenheit im sozialgerichtlichen Verfahren

I. Geltung

7 **Sozialrechtliche Besonderheiten**

Im sozialrechtlichen Verfahren sind Besonderheiten hinsichtlich des Widerspruchsverfahrens zu beachten. Probleme können sich insbesondere dann ergeben, wenn mehrere Bescheide mit unterschiedlichen Bewilligungszeiträumen an denselben Adressaten zugestellt werden und die Verwaltungsakte nicht in einem einheitlichen Bescheid zusammengeführt wurden.

II. Widerspruchsverfahren und Klageverfahren

8 **Ein Bescheid**

Ein einzelnes behördliches Widerspruchsverfahren ist zweifellos eine eigene Angelegenheit. Ein einheitlicher Auftrag, ein gemeinsamer Rahmen der Geltendmachung und ein innerer Zusammenhang sind gegeben.

Mehrere Bescheide – Bedarfsgemeinschaft

Fraglich ist jedoch, wie vorzugehen ist, wenn mehrere Verwaltungsakte ergehen und gegen diese jeweils gesondert Widerspruch eingelegt wird.

Teilweise wird angenommen, es sei Aufgabe der Behörde, gleichartige Sachverhalte in einem Verfahren und einem Bescheid zusammenzufassen, gegen den dann ein einheitlicher Widerspruch einzulegen ist. Solange dies nicht geschieht, ist von mehreren Angelegenheiten auszugehen.[5] Dies wurde für den vergleichbaren Fall des behördlichen Ordnungsgeldverfahrens entschieden.[6]

Die Sozialgerichte entscheiden hier jedoch regelmäßig anders. Bei gleichgelagertem Sachverhalt wird trotz mehrerer Bescheide nur eine Angelegenheit angenommen.[7]

Nach dem BSG liegt jedenfalls dann dieselbe Angelegenheit vor, wenn die Widerspruchsverfahren auf einem **vollständig einheitlichen Lebenssachverhalt** beruhen. Das BSG spricht insofern von einem **„alleinigen Rechtswidrigkeitsgrund“**.[8]

Im entschiedenen Fall handelte es sich um die zeitgleiche Aufhebung der Bewilligung von Leistungen zur Sicherung des Lebensunterhaltes für sämtliche Mitglieder einer Bedarfsgemeinschaft aus dem alleinigen „Rechtswidrigkeitsgrund“ des Bezugs von Kran-

5 AnwK-RVG/*N. Schneider*, § 15 Rn 84.
6 LG Bonn AGS 2016, 274.
7 LSG Berlin-Brandenburg, Urt. v. 19.11.2014 – L 18 AS 2523/14.
8 BSG, Urt. v. 2.4.2014 – B 4 AS 27/13 R, AGS 2014, 458.

kengeld durch den Kläger (es wurden getrennte Aufträge erteilt, die Widerspruchsschreiben waren im Wesentlichen identisch). Es erfolgten keine weiteren, nur auf die Aufhebung der Bewilligung bei einzelnen Mitgliedern der Bedarfsgemeinschaft bezogenen Prüfungsschritte. Dies kann z.B. bei der Verletzung von Mitteilungspflichten der Fall sein.

Rechtsprechung zur Bedarfsgemeinschaft 9

Dieser Ansicht haben sich mehrere Gerichte angeschlossen:

- LSG Berlin-Brandenburg: Einheitlicher Rechtswidrigkeitsgrund:
  Anrechnung von Kindergeld bei den Klägern ist eine Angelegenheit.[9]
- LSG Berlin-Brandenburg: Einheitlicher Rechtswidrigkeitsgrund:
  Änderung von Leistungsbezug der Bedarfsgemeinschaftsmitglieder nach SGB II wegen Änderung der Einkommensverhältnisse; gesonderte Prüfungsaufgaben bzgl. einzelner Mitglieder ändern nichts. Es liegt eine Angelegenheit vor.[10]
- LSG Bayern argumentiert etwas differenzierter:
  Die Anzahl der Angelegenheiten richtet sich im gerichtlichen Verfahren nach der Anzahl der Verfahren. Etwas anderes gilt nur dann, wenn „objektiv Zusammengehörendes künstlich aufgespaltet wird“.
  Dies ist ausnahmsweise der Fall, wenn wegen der Anrechnung von Einkommen aus selbstständiger Arbeit auf die Leistungen beider Mitglieder der Bedarfsgemeinschaft am selben Tage Klage erhoben wird. Die eingereichten Schriftsätze waren identisch.[11]
- LSG NRW – enge Auslegung:
  Das LSG NRW hat unter enger Auslegung der BSG-Rechtsprechung mehrfach entschieden, dass von derselben Angelegenheit im gebührenrechtlichen Sinne auszugehen ist, wenn sich mehrere Mitglieder einer Bedarfsgemeinschaft individuell gegen denselben Gegenstand betreffende Aufhebungs- und Erstattungsbescheide wenden.[12]
  Auch eine zeitlich abweichende Klageerhebung soll die Annahme einer Angelegenheit nicht ausschließen.[13]
  Gleiches gilt, wenn mehrere Klagen gegen einen gemeinsamen einheitlichen Bescheid aller Mitglieder der Bedarfsgemeinschaft anhängig gemacht werden.[14]

9 LSG Berlin-Brandenburg, Beschl. v. 28.9.2016 – L 18 AS 2247/16 B PKH.
10 LSG Berlin-Brandenburg, Urt. v. 21.1.2016 – L 31 AS 1671/15.
11 LSG Bayern, Beschl. v. 14.10.2016 – L 15 SF 229/14 E, AGS 2017, 75.
12 LSG NRW, Beschl. v. 2.10.2024 – L 6 AS 179/23 B; Beschl. v. 11.7.2022 – L 7 AS 952/22 B; Beschl. v. 1.4.2022 – L 7 AS 379/22 B.
13 LSG NRW, a.a.O.
14 LSG NRW, Beschl. v. 19.5.2022 – L 2 AS 234/22 B.

Sofern den Klagen jedoch kein einheitlicher Lebenssachverhalt zugrunde liegt, da mehrere Bescheide mit unterschiedlichen Bewilligungszeiträumen streitig sind, kann es sich dagegen nicht um dieselbe Angelegenheit handeln.[15]

10 Nach dem BVerwG[16] kann es sich um dieselbe Angelegenheit vor allem in Fällen **paralleler Verwaltungsverfahren** handeln, wenn dieselbe Behörde Verwaltungsakte aus einem gemeinsamen Anlass und Rechtsgrund in einem engen zeitlichen Zusammenhang objektbezogen erlässt, sodass einen Adressaten mehrere Verwaltungsakte erreichen, die auch zusammengefasst in einem einzelnen Bescheid hätten ergehen können.

Erfolgte dann die anwaltliche Beauftragung aus demselben rechtlichen Gesichtspunkt, einheitlich gegen alle Verwaltungsakte vorzugehen, werde der Anwalt, sofern keine inhaltliche oder formale Differenzierung zwischen den Verfahren geboten sei, in „derselben Angelegenheit“ tätig. Unerheblich sei dabei, ob die Widersprüche in einem einzigen, alle Verfahren betreffenden Schreiben oder in mehreren, die jeweiligen Einzelverfahren betreffenden Schreiben, eingelegt und begründet würden.

Anders sei es allerdings, wenn der Rechtsanwalt auftragsgemäß unterschiedliche Einwände gegen die jeweiligen Verwaltungsakte vortrage oder nennenswert unterschiedliche verfahrensrechtliche Besonderheiten zu beachten habe.

Fehle es an einem inneren Zusammenhang zwischen mehreren, an einen Adressaten gerichteten Verwaltungsakten, scheide schon aus diesem Grund die Annahme „derselben Angelegenheit“ aus.

11 **Mehrere Verfahren = mehrere Angelegenheiten**

Die „zivilrechtliche Ansicht“ (mehrere Verfahren = mehrere Angelegenheiten) wird allerdings auch vertreten. Danach ist zu beachten, dass es sich bei Ansprüchen nach dem SGB II um Individualansprüche handelt.[17] Sofern zu Unrecht bewilligte Leistungen von den Mitgliedern einer Bedarfsgemeinschaft zurückgefordert werden, können auch im Rückabwicklungsverhältnis sowohl die Aufhebung eines rechtswidrigen Bewilligungsbescheids als auch die Erstattungsforderung erbrachter SGB II-Leistungen nur gegenüber dem jeweiligen Leistungsempfänger als einzelnem hilfebedürftigen Mitglied einer Bedarfsgemeinschaft i.S.v. § 7 Abs. 3 SGB II erfolgen. Werden hierzu mehrere Bescheide erlassen, die auch mit getrennten Widersprüchen angefochten werden, so liegen auch mehrere Angelegenheiten vor.[18]

15 LSG NRW, Beschl. v. 1.5.2022 – L 2 AS 860/21 B; Beschl. v. 24.3.2022 – L 2 AS 1386/21.
16 BVerwG, Urt. v. 9.5.2000 – 11 C 1/99.
17 BSG, Urt. v. 7.11.2006 – B 7b AS 8/06 R, BSGE 97, 217 = SozR 4–4200 § 22 Nr. 1.
18 LSG Sachsen, Urt. v. 8.11.2012 – L 3 AS 1118/11.

Bedarfsgemeinschaft, mehrere Auftraggeber – Erhöhung 12

Zu beachten ist jedoch, dass im Falle einer einzigen Angelegenheit bei einer Bedarfsgemeinschaft jedes Mitglied der Bedarfsgemeinschaft als eigener Auftraggeber gilt. Es sind daher jeweils die Geschäfts- und die Verfahrensgebühr nach Nr. 1008 VV RVG zu erhöhen.[19] Insoweit tritt eine gewisse Kompensation für den Wegfall von Gebühren durch die Zusammenfassung mehrerer Gegenstände zu einer Angelegenheit ein.

Durch die Klarstellung des Gesetzgebers ist nun eindeutig geklärt, dass sich neben der Unter- und der Obergrenze auch die **Schwellengebühr** um 30 % erhöht. (Näheres zur Schwellengebühr siehe unter § 11 Rdn 13.)

Beispiel: Klageverfahren mit vier Mitgliedern einer Bedarfsgemeinschaft, Mittelgebühr 13

Verfahrensgebühr, Nrn. 3102, 1008 VV RVG	744,80 EUR
(123,50 EUR – 1.366,10 EUR)	
Mindest- und Höchstbetrag werden nach Nr. 1008 VV RVG	
um je 90 % erhöht.	
Postentgeltpauschale, Nr. 7002 VV RVG	20,00 EUR
Gesamtbetrag inkl. Pauschale und Steuer	**910,11 EUR**

Auswirkungen der BSG-Rechtsprechung 14

Problematisch für den Rechtsanwalt wird es immer dann, wenn im Rahmen der Abrechnung mehrerer geführter Klagen diese der BSG-Rechtsprechung folgend nachträglich als eine Angelegenheit beurteilt werden.

Dann beschränkt sich die Vergütung auf eine volle Verfahrensgebühr und für die weiteren Kläger in den Parallelverfahren auf den Mehrvertretungszuschlag Nr. 1008 VV RVG.

Ob eine solche nachträgliche Beschränkung des anwaltlichen Gebührenanspruchs rechtmäßig ist, bleibt zweifelhaft. Denn der Anwalt wurde seit Rechtshängigkeit im Glauben einer Zulässigkeit der Klagen gelassen.

Sofern die beklagte Körperschaft es ihrerseits als sachdienlich erachtet hat, mehrere Widersprüche durch mehrere Bescheide zu behandeln, so kann es nachträglich nicht dem Anwalt angelastet werden, seinerseits zur Trennung der klägerischen Ansprüche dieselbe Verfahrensweise aufzugreifen und die getrennt beschiedenen Widersprüche in getrennten Klagen zu verfolgen.

19 BSG, Urt. v. 2.4.2014 – B 4 AS 27/13 R, AGS 2014, 458.

15 **Dogmatik: Gebühren entstanden – aber nicht erstattungsfähig**

Grundsätzlich entstehen Gebühren mit der Ausführung der entsprechenden Tätigkeit. Die Verfahrensgebühr beispielsweise mit der ersten Tätigkeit nach der Auftragsannahme. Die Rechtsprechung des BSG führt dazu aus, dass diese Gebühr nachträglich wieder wegfallen soll. Diese widerspricht den Grundsätzen der anwaltlichen Vergütung und dem Sinn des § 15 Abs. 4 RVG. Dogmatisch korrekt wäre es zu sagen, die Gebühren sind zwar entstanden, aber nicht zu erstatten, da diese nicht zur zweckentsprechenden Rechtsverfolgung i.S.v. § 193 SGG notwendig waren.

Beispiel: Die Auftraggeber haben eine getrennte Geltendmachung beauftragt. Die Auftraggeber müssen die durch ihren Auftrag entstandenen Gebühren zahlen. Der unterlegene Gegner kann allerdings einwenden, dass die Gebühren nicht notwendig waren. Das Gericht kann die Erstattung auf die notwendige Vergütung beschränken, aber eben nicht bereits entstandene Gebühren nachträglich in Wegfall bringen.

Haben die Auftraggeber keinen entsprechenden Auftrag erteilt und gibt es keinen sinnvollen Grund für eine Auftrennung, so ist der Rechtsanwalt gehalten, den sichersten und preiswertesten Weg für seine Mandanten zu wählen. Das ist hier die gemeinsame Geltendmachung. Auch hier gilt dann: Die Gebühren sind zwar entstanden, aber die Mandanten könnten die Zahlung der nicht notwendigen Kosten ablehnen, da diese weder notwendig noch beauftragt waren.

III. Einzelfälle

16 **Akteneinsicht und Hauptsache**

Bei Klage auf Gewährung von Akteneinsicht im Verwaltungsverfahren und Anfechtungsklage in der Hauptsache handelt es sich nicht um eine Angelegenheit i.S.v. § 15 Abs. 2 RVG.[20]

17 **Widerspruch und Antrag auf Rücknahme (§ 44 SGB X)**

Grundsätzlich kann bei Anrechnung von Einkommen auf die Ansprüche der Mitglieder der Bedarfsgemeinschaft auf Leistungen nach dem SGB II eine einzige Angelegenheit vorliegen.

Ist der Bescheid jedoch hinsichtlich einer Person bestandskräftig geworden und hatte diese einen Antrag auf Rücknahme nach § 44 Abs. 1 SGB X gestellt, den die Behörde auch negativ beschied, so musste die Beklagte auch die mit dem Antrag verbundenen verfahrensrechtlichen Besonderheiten prüfen. Damit lagen verschiedene Angelegenheiten vor.[21]

20 LSG Sachsen-Anhalt, Beschl. v. 5.7.2016 – L 6 KR 176/15 B, ASR 2017, 40.
21 LSG Thüringen, Beschl. v. 12.1.2016 – L 6 SF 1045/15 B.

Einheitlicher Auftrag 18

Nach sieben Monaten liegt kein einheitlicher Auftrag mehr vor.[22]

Änderungsbescheid nach Klage 19

Dieselbe Angelegenheit i.S.d. § 15 Abs. 2 RVG liegt bei Bescheiden, die nach § 96 SGG automatisch Gegenstand eines Klageverfahrens werden, immer vor.[23]

Getrennte Klagen – eine Angelegenheit 20

Die Aufhebungs- und Erstattungsentscheidungen im SGB II, die zeitgleich gegen mehrere Mitglieder einer Bedarfsgemeinschaft ergehen und auf einem **einheitlichen Lebenssachverhalt (hier: Einkommenserzielung im Bewilligungszeitraum)** beruhen, bilden eine Angelegenheit gem. § 15 Abs. 2 S 1 RVG. Dies gilt auch dann, wenn tatsächlich getrennte Klageverfahren betrieben wurden.[24]

Unterschiedliche Prüfungszeiträume – individuelle Prüfung 21

Wird ein Überprüfungsantrag durch das beklagte Jobcenter ausgehend von den vorhergehenden Bewilligungszeiträumen in getrennten Bescheiden abgehandelt, handelt es sich um einzelne Angelegenheiten, die gegen einen einheitlichen Tätigkeitsrahmen sprechen. Auch identische Widerspruchs- und Klagebegründungen führen nicht zwingend zu einem einheitlichen Tätigkeitsrahmen, weil einheitlicher Vortrag in mehreren Verfahren nur das Ergebnis, aber nicht Inhalt und Umfang der anwaltlichen Prüfung dokumentiert. Ein Prozessbevollmächtigter ist aus dem Geschäftsbesorgungsvertrag gehalten, den Fall zur Vorbereitung seiner Begründung unter jedem tatsächlichen und rechtlichen Gesichtspunkt zu prüfen. Dies schließt die Prüfung ein, ob auch individuelle, bescheidbezogene, nur einen bestimmten Leistungszeitraum betreffende Einwände zu berücksichtigen sind. Dies ist nur dann anders zu bewerten, wenn ein entsprechend beschränkter Prüfungsauftrag erteilt wurde.[25]

Widersprüche gegen Mahngebühren 22

Mehrere Widersprüche der Mitglieder der Bedarfsgemeinschaft gegen die Festsetzung der Mahngebühren mit inhaltlich identischer Begründung, zeitgleich und jeweils gerichtet auf die Aufhebung der Mahngebühren, bilden eine Angelegenheit.[26]

22 LSG Thüringen, Beschl. v. 12.1.2016 – L 6 SF 1045/15 B.
23 LSG Thüringen, Beschl. v. 5.3.2015 – L 6 SF 104/15 B, NZS 2015, 440.
24 LSG NRW, Beschl. v. 19.5.2022 – L 2 AS 231/22 B; SG Berlin, Beschl. v. 17.12.2013 – S 180 SF 7504/13 E, JurBüro 2014, 487.
25 LSG Thüringen, Beschl. v. 6.1.2021 – L 1 SF 740/20 B; LSG NRW, Beschl. v. 2.11.2022 – L 9 SO 241/22 B.
26 LSG Schleswig-Holstein, Urt. v. 7.12.2023 – L 6 AL 10/21.

§ 5 Überblick Betragsrahmengebühren

A. Gebührenüberblick nach Verfahrensabschnitten

Betragsrahmengebühren – Gebührenüberblick 1

Der Rechtsanwalt erhält im Verwaltungsverfahren (Antragsverfahren) eine **Geschäftsgebühr**. Dies gilt auch im Vorverfahren (Widerspruchsverfahren).

Im Verfahren vor dem Sozialgericht verdient er eine **Verhandlungs-** und eine **Terminsgebühr**. Kommt es zu einer Einigung bzw. Erledigung, so entsteht auch eine **Einigungsgebühr** bzw. **Erledigungsgebühr**.

Insoweit ist die Struktur mit dem Zivilverfahren der ordentlichen Gerichtsbarkeit identisch.

Besonderheiten ergeben sich aus der Notwendigkeit der Abrechnung nach Betragsrahmengebühren. Aus diesem Grunde finden sich in den einzelnen Abschnitten entsprechende Sonderregelungen.

- **Tätigkeit nur im Gerichtsverfahren:**
  - Verfahrensgebühr Nrn. 3102, 3204, 3212 VV RVG
  - Terminsgebühr Nrn. 3106, 3206, 3213 VV RVG
  - (sowie ggf. die Gebühren Nrn. 3400, 3401, 3405, 3406, 3501, 3511, 3512, 3515, 3517, 3518 VV RVG)
- **Tätigkeit nur im Widerspruchs- und Gerichtsverfahren:**
  Widerspruchsverfahren
  - Geschäftsgebühr, Nr. 2302 VV RVG

  Gerichtsverfahren
  - Verfahrensgebühr Nr. 3102 VV RVG
  - Terminsgebühr Nr. 3106 VV RVG
  - (sowie ggf. die Gebühren Nrn. 3400, 3401, 3405, 3406, 3501, 3511, 3512, 3515, 3517, 3518 VV RVG)
- **Tätigkeit im Antrags-, Widerspruchs- und Gerichtsverfahren:**
  Antragsverfahren
  - Geschäftsgebühr Nr. 2302 VV RVG

  Widerspruchsverfahren
  - Geschäftsgebühr Nr. 2302 VV RVG

  Gerichtsverfahren
  - Verfahrensgebühr Nr. 3102 VV RVG
  - Terminsgebühr Nr. 3106 VV RVG
  - (sowie ggf. die Gebühren Nrn. 3400, 3401, 3405, 3406, 3501, 3511, 3512, 3515, 3517, 3518 VV RVG)

Hinweis

Die Einigungs- bzw. Erledigungsgebühr Nr. 1005 bzw. Nr. 1006 VV RVG kann zusätzlich entstehen.

B. Betragsrahmengebühren

I. Allgemeines

2 Nachfolgend werden die Gebühren kurz aufgelistet; für die eigentlichen Erläuterungen wird auf die entsprechenden nachfolgenden Kapitel verwiesen.

3 **Außergerichtliche Vertretung**

Für eine **außergerichtliche Vertretung** erhält der Anwalt Gebühren nach Teil 2 VV RVG. Es entsteht eine Geschäftsgebühr Nr. 2302 VV RVG.

Auch kann eine Einigungs- oder Erledigungsgebühr Nr. 1005 VV RVG oder eine Gebühr nach Nrn. 2102, 2103 VV RVG (Prüfung der Erfolgsaussicht eines Rechtsmittels) entstehen.

4 **Gerichtliches Verfahren**

Im **ersten Rechtszug** entsteht eine Verfahrensgebühr Nr. 3102 VV RVG sowie eine Terminsgebühr Nr. 3106 VV RVG.

Im **zweiten Rechtszug** entsteht eine Verfahrensgebühr Nr. 3204 VV RVG sowie eine Terminsgebühr Nr. 3205 VV RVG.

Im **dritten Rechtszug** entsteht eine Verfahrensgebühr Nr. 3212 VV RVG sowie eine Terminsgebühr Nr. 3213 VV RVG.

5 **Mehrvertretung**

Vertritt der Anwalt eine Mehrheit von Auftraggebern, entsteht **der Mehrvertretungszuschlag nach Nr. 1008 VV RVG**.

Die Verfahrens- und Geschäftsgebühren erhöhen sich für jede weitere Person (Auftraggeber) **um 30 %**. Es handelt sich dabei nicht um eine zusätzliche Gebühr, die grundlegende Gebühr ist dabei vielmehr zu erhöhen.

6 **Einigung/Erledigung**

Neben den Verfahrens- und Terminsgebühren kann der Anwalt in jeder Instanz die **Einigungs- oder Erledigungsgebühr** Nr. 1006 VV RVG verdienen.

Auslagen 7

Zusätzlich erhält der Anwalt **Auslagen** nach Teil 7 VV RVG.

Zusatzgebühr 8

Weiterhin kann im gerichtlichen Verfahren eine **Zusatzgebühr** nach Nr. 1010 VV RVG für besonders umfangreiche Beweisaufnahmen entstehen. Diese Zusatzgebühr soll den anfallenden Mehraufwand des Anwalts für besonders umfangreiche Beweisaufnahmen vergüten.

Dies setzt voraus, dass

- sich die übrigen Gebühren nach Teil 3 VV RVG richten und
- mindestens *drei* gerichtliche Termine stattfinden,
- in welchen Sachverständige oder Zeugen vernommen werden.

Diese Voraussetzungen müssen kumulativ vorliegen.

Bei Betragsrahmengebühren ist die Nr. 1010 VV RVG nicht als eigene Gebühr gestaltet. Stattdessen erhöhen sich der Mindest- und Höchstbetrag der jeweiligen Terminsgebühr um 30 %.

II. Anrechnungen – Überblick

Anrechnung 9

Das RVG sieht an einigen Stellen eine Anrechnung von Gebühren vor, wenn der Rechtsanwalt wegen desselben Streitgegenstandes bereits mit der Sache befasst war. Dies gilt gleichermaßen für eine vorgerichtliche sowie gerichtliche Tätigkeit.

Anzurechnen sind gem.

- Anm. Abs. 1 zu Nr. 2501 VV RVG die Beratungsgebühr Nr. 2501 VV RVG in voller Höhe mit 42,00 EUR netto auf eine mit der Beratung zusammenhängende gebührenpflichtige Tätigkeit
- Anm. Abs. 2 zu Nr. 2503 VV RVG die Geschäftsgebühr Nr. 2503 VV RVG zur Hälfte mit 51,00 EUR netto auf ein anschließendes gerichtliches oder behördliches Verfahren
- Vorbem. 2.3 Abs. 4 VV RVG die hälftige Geschäftsgebühr Nr. 2302 VV RVG des Vorverfahrens auf eine Geschäftsgebühr Nr. 2302 VV RVG des weiteren Verwaltungsverfahrens
- Vorbem. 3 Abs. 4 VV RVG die hälftige Geschäftsgebühr Nr. 2302 VV RVG des Vorverfahrens (Widerspruchsverfahrens) auf die Verfahrensgebühr Nr. 3102 VV RVG des gerichtlichen Verfahrens.

10 **Mehrere Anrechnungen**

Es kann auch gleichzeitig zu mehreren Anrechnungen, beispielsweise von Beratungshilfe-Geschäftsgebühr und Geschäftsgebühr jeweils auf die Verfahrensgebühr, kommen.

Zu berücksichtigen ist hierbei die Regelung des § 15a Abs. 2 RVG, wonach der Gesamtbetrag aller Anrechnungen nicht mehr als 225,00 EUR betragen darf. Dies entspricht der Regelung des § 15 Abs. 3 RVG in Zivilsachen. Dies gilt seit dem KostBRÄG 2025 auch, sofern mehrere Gebühren **ganz oder teilweise** auf dieselbe Gebühr anzurechnen sind.

11 Eine anwaltliche Vorbefassung wird ausschließlich über die Anrechnung gebührenmindernd berücksichtigt (vgl. § 14 Abs. 2 RVG).

Auf die Ausführungen und Beispiele zur Anrechnung in den Kapiteln § 6 (Anrechnung bei außergerichtlicher Tätigkeit) und § 8 (Anrechnung bei gerichtlicher Tätigkeit) wird verwiesen.

III. Betragsrahmengebühren und Prozesskostenhilfe

12 **Prozesskostenhilfe**

Sofern **Prozesskostenhilfe** bewilligt wurde, erhält der Anwalt die ungekürzten Gebühren nach §§ 45, 3 Abs. 1 S. 1 RVG.

Nach § 48 Abs. 4 RVG erstreckt sich die Beiordnung in Angelegenheiten, in denen nach § 3 Abs. 1 RVG Betragsrahmengebühren entstehen, auf Tätigkeiten ab dem Zeitpunkt der Beantragung der Prozesskostenhilfe, wenn vom Gericht nichts anderes bestimmt ist. Die Beiordnung erstreckt sich ferner auf die gesamte Tätigkeit im Verfahren über die Prozesskostenhilfe einschließlich der vorbereitenden Tätigkeit.

Sofern sich die Beiordnung auf den Abschluss eines Vertrages i.S.d. Nr. 1000 VV RVG erstreckt oder sich die Beiordnung oder Bewilligung der Prozesskostenhilfe hierauf beschränkt, ist durch die Änderung des § 48 Abs. 1 RVG nun klargestellt, dass sich der Anspruch des beigeordneten Anwalts auf alle gesetzlichen Gebühren und Auslagen erstreckt, welche durch die Tätigkeit zur Herbeiführung der Einigung entstehen.

Das Prozesskostenhilfeprüfungsverfahren bildet nach § 16 Nr. 2 RVG mit dem nachfolgenden Hauptsacheverfahren, für welches die Prozesskostenhilfe beantragt wurde, eine gebührenrechtliche Angelegenheit.

13 Außerdem gelten die entsprechenden Vorschriften über die Erinnerung, Beschwerde, Nichtzulassungsbeschwerde sowie die entsprechenden Vorschriften für anwaltliche Einzeltätigkeiten.

IV. Übergangsrecht zum KostBRÄG 2025 – § 60 RVG

1. Übergangsrecht zum KostBRÄG 2025

Übergangsrecht 14

Nach § 60 Abs. 1 S. 1 RVG wird alleine auf den frühestmöglichen Zeitpunkt der Gebührenentstehung, nämlich den **unbedingten Auftrag** abgestellt. Auf eine Unterscheidung von Beiordnung oder Bestellung im Wege der Prozesskostenhilfe kommt es nicht mehr an.

Durch § 60 Abs. 1 S. 2 RVG ist nunmehr klargestellt, dass der Grundsatz des „unbedingten Auftrages" auch für den in der Prozesskostenhilfe beigeordneten und bestellten Rechtsanwalt gilt. Die Unterscheidung für Rechtsmittelverfahren von Rechtsmitteleinlegung und bereits erfolgter Tätigkeit in derselben Angelegenheit fällt ebenfalls weg.

§ 60 Abs. 1 S. 3 RVG regelt Beiordnungs- und Bestellungsfälle ohne erteilten Auftrag. Maßgeblich soll alleine der Zeitpunkt des Wirksamwerdens des zugrundeliegenden Beschlusses sein.

§ 60 Abs. 1 S. 4 RVG regelt den Fall, dass eine Beiordnung oder Bestellung auch für zukünftige weitere Angelegenheiten gilt. Um zu erreichen, dass der beigeordnete oder bestellte Rechtsanwalt weitestgehend einem mandatierten Rechtsanwalt gleichgestellt wird, wird auf die Beauftragung oder das erste Tätigwerden abgestellt. Liegt Beauftragung oder erstes Tätigwerden der neuen von der ursprünglichen Beiordnung oder Bestellung erfassten Angelegenheit zeitlich nach der Gesetzesänderung, ist neues Gebührenrecht anzuwenden.

§ 60 Abs. 1 S. 5 RVG erreicht schließlich einen Gleichlauf der Ansprüche des beigeordneten oder bestellten Rechtsanwalts gegen die Staatskasse einerseits und gegen sonstige Personen andererseits (§§ 52 und 53 RVG).

Praxistipp

Sofern der unbedingte Prozessauftrag also vor in Krafttreten des KostBRÄG 2025 (= 1.6.2025) erteilt worden ist, ist bisheriges Vergütungsrecht (RVG a.F. i.d.F. des KostRÄG 2021) anzuwenden, selbst wenn die Beiordnung oder Bestellung im Zeitpunkt der Geltung des neuen Vergütungsrechts liegt.

Beispiel 1: Vorverfahren nach altem, Klageverfahren nach neuem Recht 15

Der Rechtsanwalt wurde Anfang Dezember 2024 zur Vertretung im Vorverfahren beauftragt und soll insoweit gegen einen Aufhebungs- und Erstattungsbescheid des Jobcenters Widerspruch einlegen. Nach Erlass des Widerspruchsbescheides Ende Juni 2025 erhält der Rechtsanwalt nun unbedingten Klageauftrag des Mandanten.

Die **außergerichtliche Tätigkeit** im Vorverfahren richtet sich **nach altem Recht** (§ 60 Abs. 1 S. 1 RVG). Die **Vergütung des Klageverfahrens** richtet sich dagegen **nach neuem Recht**, da der unbedingte Prozessauftrag erst nach Erlass des Widerspruchsbescheides Ende Juni 2025 erteilt werden konnte.

16 *Beispiel 2: Vorverfahren und Klageverfahren nach altem Recht – ohne Prozessauftrag*

Der Rechtsanwalt hatte Anfang November 2024 unbedingten Auftrag erhalten, gegen den ablehnenden Bescheid über die Bewilligung einer Erwerbsminderungsrente auf Zeit vorzugehen. Der entsprechende Widerspruchsbescheid ist unter dem 15.12.2024 ergangen, ein unbedingter Prozessauftrag ist durch den Mandanten jedoch nicht erteilt worden. Aus anwaltlicher Fürsorge erhebt der Rechtsanwalt sodann noch im Januar fristgemäß Klage vor dem zuständigen Sozialgericht und beantragt die Beiordnung im Wege der Prozesskostenhilfe. Beiordnung und Bewilligung von Prozesskostenhilfe erfolgen zum 13.5.2025.

Die **außergerichtliche Tätigkeit** im Vorverfahren richtet sich **nach altem Recht** (§ 60 Abs. 1 S. 1 RVG). **Für das streitige Verfahren** ist dem Rechtsanwalt zum Zeitpunkt der Beiordnung und Bewilligung von Prozesskostenhilfe kein unbedingter Prozessauftrag erteilt gewesen. Gem. § 60 Abs. 1 S. 3 i.V.m. S. 2 RVG ist **altes Vergütungsrecht** anzuwenden, da die Beiordnung vor in Krafttreten der Gesetzesänderung wirksam geworden ist.

17 *Beispiel 3: Vorverfahren nach altem und Klageverfahren nach neuem Recht – ohne Prozessauftrag*

Wie Beispiel 2, nur erfolgte die Beiordnung und Bewilligung von Prozesskostenhilfe im Klageverfahren zum 4.6.2025.

Die **außergerichtliche Tätigkeit** im Vorverfahren richtet sich **nach altem Recht** (§ 60 Abs. 1 S. 1 RVG). **Für das streitige Verfahren** ist dem Rechtsanwalt zum Zeitpunkt der Beiordnung und Bewilligung von Prozesskostenhilfe kein unbedingter Prozessauftrag erteilt gewesen. Vorliegend ist die Beiordnung nach in Krafttreten der Gesetzesänderung wirksam geworden, sodass für das streitige Verfahren **neues Gebührenrecht** Anwendung findet, § 60 Abs. 1 S. 3 RVG.

2. Anrechnung in Übergangsfällen

18 **Übergangsrecht – Anrechnung**

Problematisch können Anrechnungsfälle bei Mandaten sein, bei welchen sich die Vertretung im Vorverfahren nach altem Recht i.d.F. des KostRÄG 2021 und die Vertretung im streitigen Verfahren nach neuem Recht KostBRÄG 2025 richtet (sog. gespaltenes

Vergütungsrecht). Es kann also dazu kommen, dass nach neuem Recht Gebühren aus dem alten Vergütungsrecht anzurechnen sind.

Die richtige Anwendung der Anrechnungsregelungen hat insbesondere Auswirkungen auf den Anrechnungshöchstbetrag (207,00 oder 225,00 EUR).

a) Grundsatz

Anrechnungsgrundsatz 19

Bei Anrechnungen liegen verschiedene Angelegenheiten i.S.d. § 15 RVG vor, sodass zunächst für jede Angelegenheit einzeln nach geltendem Vergütungsrecht abzurechnen ist (§ 60 RVG).

Für die jeweilige Angelegenheit ist grundsätzlich der unbedingte Prozessauftrag maßgebend (§ 60 Abs. 1 S. 1 RVG). Dies gilt insbesondere für zeitlich aufeinanderfolgende Tätigkeiten wie u.a. Beratung, Beratungshilfe, außergerichtliche und gerichtliche Vertretung oder Prüfung der Erfolgsaussichten.

- Die **Anrechnung selbst** bestimmt sich nach dem Recht der Angelegenheit, in welcher angerechnet wird.
- Die **Anrechnungsbeträge** bestimmen sich dagegen nach dem Recht der Angelegenheit, der sie entspringen. In der neuen Angelegenheit werden daher die Beträge nach altem Recht unter Berücksichtigung der geltenden neuen Anrechnungsregelungen (§ 15a Abs. 2 RVG) angerechnet.

Beispiel 4: Antragsverfahren nach altem, Widerspruchsverfahren nach neuem Recht 20

Der Anwalt stellt im Auftrag seines Mandanten im März 2025 einen Antrag nach § 44 SGB X auf Überprüfung der Höhe seines Leistungsanspruches nach dem SGB II. Der Antrag auf Überprüfung wird abgelehnt, gegen die Entscheidung wird sodann durch den Anwalt im Juli 2025 fristgemäß Widerspruch eingelegt.

Die Gebühren für das Antragsverfahren richten sich nach altem Recht (§ 60 RVG). Die Gebühren für das **Widerspruchsverfahren** richten sich nach **neuem Recht**. Anzurechnen ist ebenfalls nach neuem Recht jedoch unter Berücksichtigung der Beträge der vorhergehenden Angelegenheit nach altem Recht. Der Anrechnungshöchstbetrag beträgt 225,00 EUR.

Ausgehend von der jeweiligen Schwellengebühr kann der Anwalt wie folgt abrechnen:

I. Antragsverfahren (nach altem Recht)	
Geschäftsgebühr, Nr. 2302 VV RVG	359,00 EUR
(60,00 EUR – 768,00 EUR)	
Postentgeltpauschale, Nr. 7002 VV RVG	20,00 EUR
19 % Umsatzsteuer, Nr. 7008 VV RVG	72,01 EUR
Summe	**451,01 EUR**
II. Widerspruchsverfahren (nach neuem Recht)	
Geschäftsgebühr, Nr. 2302 VV RVG	391,00 EUR
(65,00 EUR – 837,00 EUR)	
Anrechnung nach Vorbem. 2.3 Abs. 4 VV RVG	*./. 179,50 EUR*
i.V.m. § 15a Abs. 1 RVG (altes Recht), **max. 225,00 EUR**	
Postentgeltpauschale, Nr. 7002 VV RVG	20,00 EUR
19 % Umsatzsteuer, Nr. 7008 VV RVG	43,99 EUR
Summe	**275,49 EUR**

21 *Beispiel 5: Widerspruchsverfahren nach altem, Klageverfahren nach neuem Recht*

Der Mandant beauftragt den Rechtsanwalt im März 2025, gegen einen Bescheid des Sozialhilfeträgers Widerspruch einzulegen. Nach Erlass des Widerspruchsbescheides im Mai 2025 erhält der Rechtsanwalt Klageauftrag. Die Klage wird fristgemäß im Juni 2025 anhängig gemacht. Das Verfahren endet durch Klagerücknahme.

Die Gebühren für das Widerspruchsverfahrens richten sich nach altem Recht (§ 60 RVG). Die Gebühren für das Klageverfahren richten sich nach neuem Recht. **Anzurechnen** ist ebenfalls **nach neuem Recht**, jedoch **unter Berücksichtigung der Beträge** der vorhergehenden Angelegenheit **nach altem Recht**. Der Anrechnungshöchstbetrag beträgt 225,00 EUR.

Ausgehend von der jeweiligen Schwellen- bzw. Mittelgebühr kann der Anwalt wie folgt abrechnen:

I. Widerspruchsverfahren (nach altem Recht)	
Geschäftsgebühr, Nr. 2302 VV RVG	391,00 EUR
(65,00 EUR – 837,00 EUR)	
Postentgeltpauschale, Nr. 7002 VV RVG	20,00 EUR
19 % Umsatzsteuer, Nr. 7008 VV RVG	78,09 EUR
Summe	**489,09 EUR**

II. Klageverfahren (nach neuem Recht)

Verfahrensgebühr, Nr. 3102 VV RVG (65,00 EUR – 719,00 EUR)	392,00 EUR
Anrechnung Vorbem. 3 Abs. 4 VV RVG i.V.m. § 15a Abs. 1 RVG, **max. 225,00 EUR**	*./. 195,50 EUR*
Postentgeltpauschale, Nr. 7002 VV RVG	20,00 EUR
19 % Umsatzsteuer, Nr. 7008 VV RVG	41,14 EUR
Summe	**257,64 EUR**

b) Anrechnungshöchstbetrag

Da sich die Anrechnung nach dem Recht der Angelegenheit richtet, in welcher angerechnet wird, ist der durch das KostBRÄG 2025 von 207,00 EUR auf **225,00 EUR** geänderte **Anrechnungshöchstbetrag** zu berücksichtigen (vgl. Vorbem. 2.3 Abs. 4 und Vorbem. 3 Abs. 4 VV RVG i.V.m. § 15a Abs. 2 RVG). 22

Beispiel 6: Gespaltenes Vergütungsrecht – Anrechnungshöchstbetrag 23

Der Rechtsanwalt hat im Dezember 2024 Auftrag erhalten, gegen einen Bescheid des Sozialhilfeträgers Widerspruch einzulegen. Die anwaltliche Tätigkeit war schwierig und umfangreich zugleich. Nach Erlass des Widerspruchsbescheides im Juli 2025 erhält der Rechtsanwalt Klageauftrag. Es kommt nach mehreren lang andauernden Terminen zum stattgebenden Urteil.

Die Gebühren für das Widerspruchsverfahrens richten sich nach altem Recht (§ 60 RVG). Die Gebühren für das Klageverfahren richten sich nach neuem Recht. Da die Angelegenheit schwierig und umfangreich zugleich gewesen war, soll von der Höchstgebühr ausgegangen werden. **Anzurechnen** ist **nach neuem Recht**, jedoch **unter Berücksichtigung der Beträge** der vorhergehenden Angelegenheit **nach altem Recht**. Es ist daher ein Betrag i.H.v. 320,00 EUR anzurechnen, jedoch begrenzt auf den neuen **Anrechnungshöchstbetrag von 225,00 EUR**.

I. Widerspruchsverfahren (nach altem Recht)

Geschäftsgebühr, Nr. 2302 VV RVG (65,00 EUR – 837,00 EUR)	837,00 EUR
Postentgeltpauschale, Nr. 7002 VV RVG	20,00 EUR
19 % Umsatzsteuer, Nr. 7008 VV RVG	162,83 EUR
Summe	**1.019,83 EUR**

II. Klageverfahren (nach neuem Recht)	
Verfahrensgebühr, Nr. 3102 VV RVG (65,00 EUR – 719,00 EUR)	719,00 EUR
Anrechnung nach Vorbem. 3 Abs. 4 VV RVG i.V.m. § 15a Abs. 1 RVG	*(./. 418,50 EUR)*
aber begrenzt auf **Anrechnungshöchstbetrag** nach § 15a Abs. 2 S. 3 RVG	*./. 225,00 EUR*
Terminsgebühr, Nr. 3106 VV RVG (65,00 EUR – 665,00 EUR)	665,00 EUR
Postentgeltpauschale, Nr. 7002 VV RVG	20,00 EUR
19 % Umsatzsteuer, Nr. 7008 VV RVG	224,01 EUR
Summe	**1.403,01 EUR**

C. Entstehung und Fälligkeit der Vergütung

I. Allgemeines

24 **Entstehung der Vergütungsforderung**

Eine Tätigkeitsgebühr entsteht, wenn der Rechtsanwalt zum Verfahrens- oder Prozessbevollmächtigten bestellt worden ist und eine den Gebührentatbestand auslösende Tätigkeit ausgeübt hat, beispielsweise hinsichtlich der Verfahrensgebühr mit **Entgegennahme** der ersten **Informationen** (vgl. Vorbem. 3 Abs. 1, 2 VV RVG).

Von der Entstehung abzugrenzen ist die Fälligkeit der Vergütungsforderung nach § 8 RVG gegen den Auftraggeber oder gegen die an dessen Stelle tretende Staats- oder Landeskasse bei bewilligter Prozesskostenhilfe.

Die Fälligkeit bewirkt, dass der Rechtsanwalt die Vergütung endgültig abrechnen und einfordern (§ 10 RVG), ggf. nach § 11 RVG gegen den Auftraggeber festsetzen oder auch einklagen darf. Auch der Auftraggeber kann bei Fälligkeit die Vergütung nach § 11 RVG festsetzten lassen, wenn Streit über die Höhe besteht. Eine vor Fälligkeit ausgestellte Rechnung ist keine Rechnung i.S.d. § 10 RVG, sondern eine Vorschussrechnung.

Die Regelung zum Eintritt der Fälligkeit ist dispositiv, kann also durch Vereinbarung zwischen Rechtsanwalt und Auftraggeber abweichend vereinbart werden.

II. Fälligkeit der Vergütungsforderung

1. Erledigung des Auftrages

Fälligkeit der Vergütung 25

Entsprechend § 8 Abs. 1 RVG wird die Vergütung fällig, wenn der **Auftrag erledigt** oder die Angelegenheit beendet ist. Ist der Rechtsanwalt in einem gerichtlichen Verfahren tätig, wird die Vergütung nach Satz 2 auch fällig, wenn eine Kostenentscheidung ergangen, der Rechtszug beendet ist oder wenn das Verfahren länger als drei Monate ruht.

Erledigung des Auftrages 26

Notwendig ist die Kenntniserlangung der der Erledigung zugrundeliegenden Tatsache durch den Anwalt.

Der Auftrag kann sich erledigen durch vollständige Erfüllung des Auftrages i.S.d. Mandatsvertrages oder auch Unmöglichkeit der Durchführung beispielswiese durch Tod des Anwalts oder Entzug oder Rückgabe der anwaltlichen Zulassung.

2. Beendigung der Angelegenheit

Auch wenn die gebührenrechtliche Angelegenheit beendet ist, wird die Vergütung fällig. 27

Der Begriff der Angelegenheit ist im RVG nicht legal definiert. Die kostenrechtliche Angelegenheit kann, aber muss sich nicht mit dem prozessrechtlichen Begriff des (Verfahrens-) Gegenstandes decken.

Die Angelegenheit definiert den im Einzelfall vorliegenden Rahmen der konkreten Interessenvertretung.

Von derselben kostenrechtlichen Angelegenheit ist dann auszugehen, wenn zwischen den anwaltlich verbrachten Leistungen ein innerer Zusammenhang, also ein einheitlicher Auftrag und einheitlicher Rahmen besteht.[1]

So kann einem einstweiligen Anordnungsverfahren und einem Hauptsacheverfahren ein gemeinsamer einheitlicher Auftrag, die begehrte Sozialleistung möglichst schnell und endgültig erhalten zu wollen, zugrunde liegen und der Zeitpunkt der Beendigung der gebührenrechtlichen Angelegenheiten auseinanderfallen. Denn im einstweiligen Anordnungsverfahren steht nicht der endgültige Leistungsanspruch als solcher im Streit, sondern lediglich eine vorläufige Leistungsbewilligung.

1 Vgl. BGH, Urt. v. 21.6.2011 – VI ZR 73/10, NJW 2011, 3167; BSG, Urt. v. 2.4.2014 – B 4 AS 27/13 R.

Die Angelegenheit ist also beendet, wenn das Rechtsschutzziel, beispielsweise die begehrte Leistungsbewilligung, erreicht worden ist oder sich diese endgültig nicht (mehr) erreichen lässt.

Auch tritt Beendigung ein, wenn der Mandatsvertrag einvernehmlich aufgehoben, das Mandat gekündigt oder niedergelegt wird.

Sofern der Anwalt im Rahmen der Prozesskostenhilfe beigeordnet worden ist (§§ 45, 55 RVG) und die bedürftige Partei das Mandat beispielsweise wegen angeblicher Schlechterfüllung kündigt, endet die Angelegenheit erst mit Aufhebung der gerichtlichen Beiordnung.

3. Kostenentscheidung

28 **Fälligkeit bei Kostenentscheidung**

Ist eine Kosten(grund-)entscheidung im Verfahren ergangen, ist der Rechtszug i.d.R. beendet. Hier kann es sich um jede Entscheidung über die Kostentragungsverpflichtung handeln und zwar unabhängig der Frage, ob über gerichtliche oder außergerichtliche Kosten entschieden worden ist. Kostenrecht ist Folgerecht.

4. Beendigung des Rechtszuges

29 **Fälligkeit bei Beendigung des Rechtszuges**

Hier ist das prozessrechtliche Ende des Rechtszuges und nicht das gebührenrechtliche i.S.d. § 19 RVG gemeint.

Gebührenrechtlich kann ein abgeschlossenes Verfahren weitergehen als der eigentliche prozessuale Rechtszug, nämlich durch ein Annex- bzw. Folgeverfahren wie beispielsweise das Kostenfestsetzungsverfahren, Verfahren über die Einforderung der Vergütung oder ein Berichtigungsverfahren der Entscheidungen über Tenor oder Tatbestand.

Das prozessrechtliche Ende des anhängigen Rechtszugs tritt mit Verkündung des Urteils (nicht der Zustellung, es sei denn, die Zustellung ersetzt die Verkündung), Vergleich (§ 101 Abs. 1 SGG, § 202 S. 1 SGG i.V.m. § 278 Abs. 6 ZPO, § 106 VwGO i.V.m. § 197a SGG), angenommenem Anerkenntnis (i.S.d. § 101 Abs. 2 SGG) oder einer Klagerücknahme (§ 102 Abs. 1 S. 2 SGG) ein, denn nur hier wird die Instanz endgültig beendet. Nachfolgende Abwicklungstätigkeiten wie beispielsweise die Einforderung der gesetzlichen Vergütung sind unerheblich.

5. Ruhen des Verfahrens

Fälligkeit bei Ruhen des Verfahrens 30

Ruht ein Verfahren länger als drei Monate, wird die Vergütung ebenfalls fällig.

Hierbei genügt es, wenn im Verfahren länger als drei Monate tatsächlich nichts veranlasst wird. Gerade das Gericht müsse durch sein Verhalten zu erkennen geben, in der Sache zunächst nichts Weiteres zu veranlassen.

Ein Ruhenstatbestand i.S.v. § 8 Abs. 1 S. 2 RVG, welcher nach Ablauf von 3 Monaten zur Fälligkeit der Anwaltsvergütung führen kann, liegt erst vor, wenn das Gericht zu erkennen gibt, dass es das Verfahren nicht von sich aus, sondern nur auf einen Antrag einer der Parteien weiterbetreiben wird. Einer förmlichen Ruhensanordnung i.S.v. § 251 ZPO bedarf es insoweit nicht.[2]

Auch eine Aussetzung des Verfahrens nach § 114 SGG, die Anordnung des Ruhens des Verfahrens nach § 202 SGG i.V.m. § 251 ZPO und die Unterbrechung nach § 202 SGG i.V.m. §§ 239 ff. ZPO fallen hierrunter.

D. Verjährung der Vergütung

I. Regelmäßige Verjährungsfrist

Verjährung der Vergütungsforderung 31

Die Fälligkeit der Vergütung bewirkt zunächst einmal den Beginn der Verjährung.

Die Verjährungsfrist beträgt regelmäßig drei Jahre und beginnt mit Ablauf des Kalenderjahres, in dem der Anspruch fällig geworden ist (§§ 195, 199 Abs. 1 BGB). Der Vergütungsanspruch verjährt demnach in drei Jahren ab Schluss des Kalenderjahres der Fälligkeit.

Der Lauf der Verjährungsfrist ist nach § 10 Abs. 1 S. 2 RVG nicht von der Mitteilung der Berechnung der Vergütung abhängig. Die Vergütungsforderung kann daher also auch verjähren, wenn keine (ordnungsgemäße) Berechnung nach § 10 RVG erteilt worden ist.

Die Verjährungsfrist wird jedoch gehemmt durch Klageerhebung (§ 204 Abs. 1 Nr. 1 BGB), Zustellung eines Mahnbescheids (§ 204 Abs. 1 Nr. 3 BGB) oder auch die Einreichung eines Vergütungsfestsetzungsantrages nach § 11 RVG gegen den eigenen Auftraggeber, Anmeldung zum Insolvenzverfahren (§ 204 Abs. 1 Nr. 10 BGB) oder auch Aufrechnung im Prozess (§ 204 Abs. 1 Nr. 5 BGB).

Gem. § 8 Abs. 2 S. 1 RVG wird der Lauf der Verjährungsfrist auch gehemmt, solange das Verfahren noch anhängig ist, und endet mit Rechtskraft der Entscheidung oder anderweitigen Beendigung. Häufigster Anwendungsfall wird ein Annexverfahren sein (Antrag auf Kostengrundentscheidung nach § 193 Abs. 1 S. 3 SGG).

2 LSG Thüringen, Beschl. v. 26.9.2023 – L 1 SF 921/22 B.

32 *Beispiel 7: Verjährung der Vergütungsforderung*

Das Klageverfahren endete im Februar 2023 durch Urteil. Die Vergütung ist damit gem. § 8 Abs. 1 S. 1 RVG fällig geworden (Auftrag erledigt oder Angelegenheit beendet).

Die Verjährungsfrist beginnt folglich am 1.1.2024, 0:00 Uhr und endet am 31.12.2026, 24:00 Uhr.

Die Vergütungsforderung ist damit ab dem 1.1.2027, 0:00 Uhr verjährt.

33 *Beispiel 8: Verjährung der Vergütungsforderung mit anhängiger Kostengrundentscheidung*

Das Klageverfahren endete im März 2021 durch einseitige Erledigungserklärung nach Bescheiderlass. Eine Regelung über die Kosten liegt daher nicht vor.

Es soll auf Antrag des Klägerbevollmächtigten durch Beschluss über die Kostenlast entschieden werden (Antrag auf Kostengrundentscheidung nach § 193 Abs. 1 S. 3 SGG). Die begehrte Kostengrundentscheidung durch Beschluss ergeht Anfang Januar 2022.

Es tritt folglich ab dem Zeitpunkt der prozessrechtlichen Beendigung des Verfahrens im März 2021 bis zur Entscheidung im Annexverfahren im Januar 2022 (Verfahren auf Kostengrundentscheidung) eine Hemmung der Verjährung ein. Die Hemmung endet mit rechtskräftiger Entscheidung, vgl. § 8 Abs. 2 RVG.

Die Verjährungsfrist beginnt am 1.1.2023, 0:00 Uhr und endet am 31.12.2025, 24:00 Uhr.

Die Vergütungsforderung ist damit ab dem 1.1.2026, 0:00 Uhr verjährt.

34 *Beispiel 9: Verjährung der Vergütungsforderung mit Zustellmangel*

Das Verfahren endete durch Urteil am 23.11.2020.

Die Beendigung des Rechtszuges tritt im vorliegenden Fall nach den verfahrensrechtlichen Vorschriften mit Verkündung bzw. nach ersetzender Zustellung des Urteils ein.

Das Urteil wurde einer Partei am 15.12.2020 zugestellt, der anderen Partei jedoch erst rechtswirksam am 4.1.2021.

Der beigeordnete Rechtsanwalt stellt nunmehr am **2.12.2024** einen **Vergütungsantrag**.

Die Verjährungsfrist beginnt am 1.1.2022, 0:00 Uhr und endet am 31.12.2024, 24:00 Uhr.

Die Vergütungsforderung ist damit noch rechtzeigt gestellt, die Vergütungsforderung wäre erst ab dem 1.1.2025, 0:00 Uhr verjährt.

Geltendmachung der Einrede 35

Die Verjährung ist als Einrede gestaltet und folglich nur zu berücksichtigen, wenn sie vom Schuldner auch erhoben wird (§ 214 BGB). Es handelt sich um das höchstpersönliche Recht des Vergütungsschuldners, die Einrede zu erheben.

Rechtzeitige Geltendmachung 36

Aufgrund der eindeutigen Rechtslage hinsichtlich der Verjährung anwaltlicher Vergütungsforderungen erstaunt es in der Praxis daher umso häufiger, wenn fällige Vergütungsforderungen durch Teile der Anwaltschaft nicht rechtzeitig gegenüber der Staats- bzw. Landeskasse innerhalb von drei Jahren eingefordert werden.

Der Rechtsanwalt oder zumindest das Sekretariat sollten daher gebetsmäßig nach verfahrensbeendender Prozesserklärung oder gerichtlicher Entscheidung einen entsprechenden Kosten- bzw. Vergütungsantrag stellen.

II. § 8 Abs. 2 S. 1 RVG – anhängige Verfahren

Definition „anhängiges Verfahren“ 37

Ob als „anhängiges Verfahren“ i.S.d. Vorschrift des § 8 Abs. 2 S. 1 RVG auch ein Neben- bzw. Annexverfahren zum Erkenntnisverfahren wie beispielsweise ein Kostenfestsetzungs- oder Streitwertfestsetzungsverfahren zählt, ist dem Gesetzeswortlaut nicht eindeutig zu entnehmen. Nach h.M. sollen anhängige Nebenverfahren für eine Hemmung des Verjährungslaufes ausreichend sein. Hat der Anwalt also einen Kostenantrag nach § 193 Abs. 1 SGG gestellt, über welchen noch nicht entschieden worden ist, ist der Lauf der Verjährungsfrist gehemmt.

Der Sinn und Zweck der Regelung besteht darin, dass der Anwalt, sofern er noch mit Neben- oder Abwicklungstätigkeiten i.S.d. § 19 RVG befasst ist, nicht Gefahr laufen soll, umsonst arbeiten zu müssen.

§ 6 Außergerichtliche Tätigkeit

A. Prüfung der Erfolgsaussicht eines Rechtsmittels – Rechtsmittelprüfgebühr

Rechtsmittelprüfung 1

Der Anwalt kann eine Gebühr für die Prüfung der Erfolgsaussichten eines Rechtsmittels verdienen. Die Gebühr Nr. 2102 VV RVG beträgt 39,00 bis 419,00 EUR.

Dies gilt für sämtliche Rechtsmittelprüfungen, nicht jedoch für eine Prüfung von Rechtsbehelfen wie beispielsweise von Erinnerung oder Gehörsrüge.

Die Gebühr ist auf eine Gebühr für das nachfolgende Rechtmittelverfahren anzurechnen (Anm. zu Nr. 2102 VV RVG).

Schriftliches Gutachten 2

Sofern die Prüfung der Erfolgsaussichten mit der Ausarbeitung eines schriftlichen Gutachtens verbunden ist, beträgt die Gebühr Nr. 2102 VV RVG nach Nr. 2103 VV RVG 65,00 bis 719,00 EUR.

Mehrere Auftraggeber 3

Auch die Gebühr für die Prüfung der Erfolgsaussicht wird bei mehreren Auftraggebern nach Nr. 1008 VV erhöht. Es handelt sich dem Wortlaut nach zwar weder um eine Geschäfts- noch um eine Verfahrensgebühr, allerdings ist diese Gebühr als Betriebsgebühr einer solchen gleichzustellen.[1]

Beispiel 1: Prüfung Erfolgsaussicht, mehrere Auftraggeber 4

Der Anwalt wird von einer Bedarfsgemeinschaft (bestehend aus zwei Personen) beauftragt, die Erfolgsaussicht einer Revision gegen das Urteil des Landessozialgerichts zu prüfen.

Die Mindest- und Höchstgrenze des Gebührenrahmens erhöhen sich nach Nr. 1008 VV RVG um 30 % auf 50,70 EUR bis 544,70 EUR; die Mittelgebühr beträgt 297,70 EUR.

Prüfungsgebühr, Nrn. 2102, 1008 VV RVG		297,70 EUR
Postentgeltpauschale, Nr. 7002 VV RVG		20,00 EUR
Zwischensumme	317,70 EUR	
19 % Umsatzsteuer, Nr. 7008 VV RVG		60,36 EUR
Summe		**378,06 EUR**

1 AnwK-RVG/*N. Schneider*, Nr. 2102 VV Rn 6.

5 **Erfolgsaussichten eines Widerspruchs**

Ob Nr. 2102 VV RVG auf die Prüfung der Erfolgsaussichten eines Widerspruchs Anwendung findet, ist nicht geklärt. In der Kommentierung wird die Anwendung bei Rechtsbehelfen grundsätzlich abgelehnt, allerdings immer in Bezug auf andere Rechtsbehelfe.[2] Die besondere Stellung des Vorverfahrens als eigenständige Angelegenheit im Rechtszug wird nicht gesehen/erkannt.

Trotz des eindeutigen Wortlauts wird diese Frage durch das LSG Schleswig[3] ausdrücklich offengelassen. Falls die Anwendbarkeit verneint wird, entsteht stattdessen eine Beratungsvergütung nach § 34 RVG.

> *Hinweis*
>
> Nach dem LSG Schleswig sind die Kosten für die Prüfung der **Erfolgsaussichten eines Widerspruchs** ggf. als notwendige Kosten des Vorverfahrens festsetzbar.

6 **Rechtsschutzversicherung**

Der Deckungsschutz der Rechtsschutzversicherung umfasst die Kosten für die Prüfung, ob eine Berufung Aussicht auf Erfolg bietet.[4]

B. Außergerichtliche Vertretung – Geschäftsgebühr

I. Allgemeines

7 Vertritt der Rechtsanwalt den Mandanten außergerichtlich, entsteht eine Geschäftsgebühr. Eine Besprechungs- und Beweisaufnahmegebühr ist im RVG nicht mehr vorgesehen.

8 **Entstehung**

Die Geschäftsgebühr entsteht für das Betreiben des Geschäfts einschließlich der Information und für die Mitwirkung bei der Gestaltung eines Vertrages (vgl. Vorbem. 2.3 Abs. 3 VV RVG). Hierzu gehört auch die Teilnahme des Rechtsanwaltes an Besprechungen.

9 Die Geschäftsgebühr Nr. 2302 VV RVG mit einem Betragsrahmen von 65,00 bis 873,00 EUR entsteht in verwaltungsrechtlichen Angelegenheiten, in denen im gerichtlichen Verfahren Betragsrahmengebühren entstehen (§ 3 Abs. 1 S. 1 RVG), also wenn für das gerichtliche Verfahren kein Gegenstandswert vorgesehen ist. Es gilt die Ein-

2 AnwK-RVG/*N. Schneider*, VV 2100 Rn 13.
3 LSG Schleswig, Urt. v. 19.2.2021 – L 3 AL 18/18.
4 AG Saarbrücken, Urt. 10.3.2016 – 121 C 374/15 (13), AGS 2016, 367.

schränkung, dass eine Gebühr von mehr als 391,00 EUR nur gefordert werden kann, wenn die Tätigkeit umfangreich oder schwierig war.

Verwaltungsverfahren 10

Die Geschäftsgebühr kann sowohl für das Verwaltungsverfahren,[5] als auch für das Vorverfahren entstehen.

§ 17 Nr. 1a RVG stellt klar, dass das Verwaltungsverfahren und das einem gerichtlichen Verfahren vorausgehende und der Nachprüfung des erlassenen Verwaltungsakts dienende Widerspruchsverfahren jeweils **verschiedene Angelegenheiten** sind, sodass die Gebühren separat anfallen.

Einstweiliger Rechtsschutz 11

Auch stellen das Verwaltungsverfahren auf **Aussetzung oder Anordnung der sofortigen Vollziehung** nach § 86a Abs. 3 SGG und das der Nachprüfung des Verwaltungsakts dienende Verwaltungsverfahren verschiedene Angelegenheiten dar.

Tätigkeit gegenüber Dritten 12

Aus der Überschrift zu Teil 2 VV RVG ergibt sich, dass die Geschäftsgebühren nur für die außergerichtliche Vertretung des Mandanten durch den Rechtsanwalt anfallen.

Die Geschäftsgebühren können nur entstehen, wenn dem Rechtsanwalt vom Mandanten ein Auftrag zur außergerichtlichen Vertretung erteilt worden ist. Unter Umständen kann die Abgrenzung zur Beratung schwierig sein. Eine Vertretung liegt regelmäßig vor, wenn der Rechtsanwalt nach außen hin – also Dritten gegenüber – tätig geworden ist.

Ausnahmen von dieser Regel sind jedoch denkbar. Beschafft der Rechtsanwalt z.B. nur bei einem Dritten Informationen für die Beratung, so bleibt es bei einer Beratungstätigkeit.

Mitwirkung bei der Gestaltung eines Vertrags 13

Andererseits stellt bereits das Mitwirken bei der Gestaltung eines Vertrags, auch ohne das Auftreten nach außen hin, eine Vertretung dar (s. Wortlaut Vorbem. 2.3 Abs. 3 RVG).

5 Zum Begriff des Verwaltungsverfahrens s. LSG NRW, Beschl. v. 12.11.2008 – L 19 B 171/08 AS: *„Da das RVG und das VV keine Definition des Verwaltungsverfahrens enthalten, ist auf die Regelung des Sozialverwaltungsverfahrens im SGB X zurückzugreifen. (...) Danach ist das Verwaltungsverfahren die nach außen wirkende Tätigkeit der Behörden, die auf die Prüfung der Voraussetzungen, die Vorbereitung und den Erlass eines Verwaltungsaktes oder auf den Abschluss eines öffentlich-rechtlichen Vertrages gerichtet ist; es schließt den Erlass des Verwaltungsaktes oder den Abschluss des öffentlich-rechtlichen Vertrages ein (§ 8 SGB X).“*

14 **Abgeltungsbereich**

Der Abgeltungsbereich der Geschäftsgebühr umfasst daher insbesondere die Beratung und Information des Auftraggebers und mündliche oder schriftliche Auseinandersetzungen bzw. Besprechungen mit dem Auftraggeber, dem Gegner oder mit Dritten.

Hierzu gehören nach dem BSG[6] bei einer außergerichtlichen Tätigkeit im Bereich des Sozialrechts beispielsweise

- der Aufwand für Besprechung und Beratung, mitunter außerhalb der Kanzleiräume,
- das Lesen der Verwaltungsentscheidung,
- das Aktenstudium,
- die Anfertigung von Notizen (allerdings nicht das Erstellen von Ablichtungen => Nr. 7000 VV RVG),
- das Anfordern von Unterlagen beim Mandanten,
- deren Sichtung,
- die Rechtsprechungs- und Literaturrecherche,
- die Auseinandersetzung hiermit,
- das Eingehen auf von der Behörde herangezogene Beweismittel (vgl. § 21 Abs. 1 SGB X),
- der Schriftverkehr mit dem Auftraggeber und der Gegenseite,
- sowie ergänzend alle Tätigkeiten, die mangels entsprechender Gebührenvorschriften nicht durch eine besondere Gebühr vergütet werden.

15 *Praxistipp*

Dokumentation: Hilfreich ist es, wenn der Rechtsanwalt über den zeitlichen Umfang der im Einzelnen entfalteten Tätigkeit Notizen fertigt, die ihm eine spätere Darlegung erleichtern.

16 *Hinweis*

Besprechung: Für die Teilnahme an Besprechungen mit dem Gegner oder mit Dritten entsteht keine besondere Besprechungsgebühr mehr. Alle in einer außergerichtlichen Angelegenheit anfallenden anwaltlichen Vertretungstätigkeiten werden durch die Geschäftsgebühr abgegolten, für die somit ein erweiterter Anwendungsbereich gilt.

17 **Verwaltungsverfahren – Anrechnung**

War der Rechtsanwalt bereits im Verwaltungsverfahren tätig, so hat er bereits eine Geschäftsgebühr Nr. 2302 VV RVG verdient. Das Widerspruchsverfahren stellt eine neue

6 BSG, Urt. v. 1.7.2009 – B 4 AS 21/09 R.

Angelegenheit dar. Es entsteht auch hier die Gebühr Nr. 2302 VV RVG. Es ist eine Anrechnung vorzunehmen.

Dies gilt allerdings nur im Verhältnis zum eigenen Mandanten, § 15 Abs. 1 RVG. Die Behörde kann sich regelmäßig nicht auf die Anrechnung berufen, da sie die Gebühr des Verwaltungsverfahrens nicht zu tragen hat, § 15 Abs. 3 RVG.

Die Widerspruchsbehörde hat dem Antragsteller im isolierten Vorverfahren nur die Geschäftsgebühr des Vorverfahrens zu erstatten.[7] Denn nach § 63 Abs. 1 S. 1 und Abs. 2 SGB X (§ 63 SGB X) muss die Behörde, soweit der Widerspruch erfolgreich war, nur die Kosten des Vor- bzw. Widerspruchsverfahrens erstatten.

Verwaltungsverfahren – nicht erstattungsfähig 18

Dagegen sind die Kosten des Verwaltungsverfahrens, welches dem Vorverfahren vorausgeht, grundsätzlich nicht erstattungsfähig.

Etwas anderes gilt nur dann, wenn spezielle Regelungen eine Erstattungspflicht im Verwaltungsverfahren ausnahmsweise vorsehen (wie beispielsweise § 65a SGB I – Auslagen für das Aufsuchen eines Arztes auf Verlangen der Behörde).

Besprechungs- oder Terminsgebühr 19

Im Verwaltungs- und Vorverfahren kann neben der Geschäftsgebühr keine Terminsgebühr in Ansatz gebracht werden. Die Tätigkeit für die Besprechungen im Verwaltungs- und Vorverfahren wird durch die Geschäftsgebühr vergütet und ist mit den entsprechenden Geschäftsgebühren abschließend geregelt.[8]

II. Höhe/Bemessung der Geschäftsgebühr

1. Grundsatz

Rahmengebühr: Der Rahmen der Geschäftsgebühr Nr. 2302 VV RVG beträgt 65,00 bis 837,00 EUR. Nach der Anm. zu Nr. 2302 VV RVG kann eine höhere Gebühr als 391,00 EUR allerdings nur gefordert werden, wenn die Tätigkeit des Anwalts **umfangreich oder schwierig** war, also über den Durchschnittsfall hinausgeht. 20

Schwellengebühr: Die sogenannte Schwellengebühr von 391,00 EUR stellt abweichend von der Mittelgebühr (hier: 451,00 EUR) die Regelgebühr für den Durchschnittsfall dar. Es handelt sich um eine Kappungsgrenze.[9] 21

7 LSG NRW, Urt. v. 5.5.2009 – L 1 AL 13/08; LSG Rheinland-Pfalz, Urt. v. 19.3.2008 – L 4 SB 51/07.

8 LSG Niedersachsen-Bremen, Beschl. v. 13.9.2007 – L 13 B 7/07 SF.

9 Vgl. BSG, Urt. v. 29.3.2007 – B 9a SB 4/06 R; LSG Rheinland-Pfalz, Urt. v. 8.3.2006 – L 4 SB 174/05; LSG Hessen, Urt. v. 19.3.2008 – L 4 SB 51/07; LSG NRW, Urt. v. 5.5.2008 – L 3 R 84/08; LSG Berlin-Brandenburg, Beschl. v. 29.4.2008 – L 30 B 475/06 AL PKH; LSG NRW, Urt. v. 7.5.2008 – L 12 AL 22/07.

Diese Schwellengebühr ist bei durchschnittlichen Verfahren einschlägig. Ausgehend von der Mittelgebühr wird diese i.H.d. Schwellengebühr gekappt, wenn weder Umfang noch Schwierigkeit der anwaltlichen Tätigkeit über dem Durchschnitt liegen.

Die Anm. zu Nr. 2302 VV RVG soll zum Ausdruck bringen, dass Umfang oder Schwierigkeit der anwaltlichen Tätigkeit über dem Durchschnitt liegen müssen, um im Ergebnis eine höhere Gebühr als die Schwellengebühr erhalten zu können.[10] Es wird insoweit eine „umfangreiche oder schwierige" Tätigkeit verlangt.

Umfang und Schwierigkeit müssen lediglich alternativ, nicht kumulativ vorliegen.

22 **Kappungsgrenze**

Der Höchstsatz der Geschäftsgebühr nach Nr. 2302 VV RVG ist bei durchschnittlich schwierigen und durchschnittlich umfangreichen anwaltlichen Tätigkeiten damit grundsätzlich auf 391,00 EUR begrenzt (Kappungsgrenze). Das bedeutet, dass bei der Geschäftsgebühr nach Nr. 2302 VV RVG nicht die Mittelgebühr von 451,00 EUR, sondern lediglich eine Geschäftsgebühr mit **391,00 EUR zur Regelgebühr** bzw. Schwellengebühr geworden ist.

23 **Bemessung der Gebührenhöhe**

Für die Bestimmung des konkreten Gebührensatzes der Geschäftsgebühr ist zunächst § 14 Abs. 1 S. 1 und 2 RVG heranzuziehen.

Danach sind bei der Bemessung der Gebühr innerhalb des Gebührenrahmens alle Umstände zu berücksichtigen. Hiernach ist folgende Vorgehensweise angezeigt:

1. Wird unter Berücksichtigung aller Umstände eine durchschnittliche Angelegenheit festgestellt, ist eine Mittelgebühr anzusetzen (Nr. 2302 VV RVG: 451,00 EUR).
2. Liegt hierbei Umfang oder Schwierigkeit nach § 14 RVG über dem Durchschnitt, bleibt es bei der Mittelgebühr.
3. Wenn die Tätigkeit nicht umfangreich oder nicht schwierig war, erfolgt die Kappung und es kann lediglich die Regelgebühr 391,00 EUR gefordert werden (auch Kappungs- oder Schwellengebühr).

24 **Durchschnittsfall**

Ob ein Durchschnittsfall vorliegt, ergibt sich aus dem Vergleich mit den sonstigen bei den Gerichten der Sozialgerichtsbarkeit bzw. Behörden anhängigen Streitsachen. Ein Abweichen von der Mittelgebühr ist bei einem durchschnittlichen Fall nicht zulässig.

10 Vgl. BSG, Urt. v. 1.7.2009 – B 4 AS 21/09 R.

Schwellengebühr 25

Eine Überschreitung der Schwellengebühr von 391,00 EUR ist demnach nicht möglich, wenn alle oder einige der in § 14 Abs. 1 S. 1 RVG genannten übrigen Kriterien zwar überdurchschnittlich sind, Umfang und Schwierigkeit der anwaltlichen Tätigkeit aber nur durchschnittlich bzw. unterdurchschnittlich sind.

Für die Überschreitung der Regelgebühr ist somit bei der Geschäftsgebühr nur der Umfang oder die Schwierigkeit der anwaltlichen Tätigkeit zu berücksichtigen.

Damit kann eine **Mittelgebühr** im Fall der Geschäftsgebühr nur angesetzt werden, wenn der Umfang oder die Schwierigkeit der Sache über dem Durchschnitt liegen.[11]

Schaubild: Durchschnittliches Verfahren – Umfang und Schwierigkeit normal 26

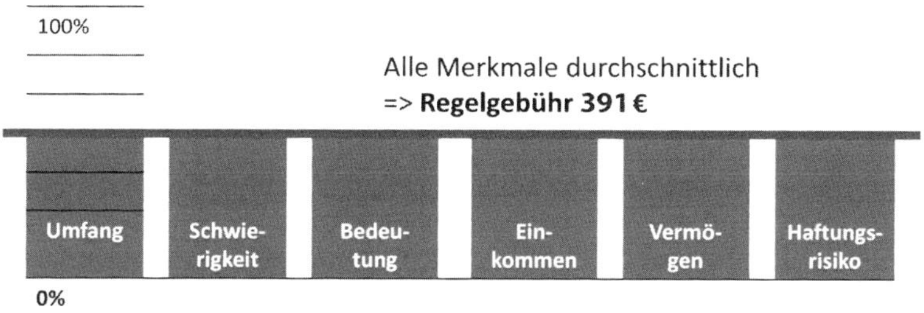

Trotz eines insgesamt durchschnittlichen Verfahrens kann keine Mittelgebühr verlangt werden. Lediglich die Schwellengebühr ist möglich.

Schaubild: Durchschnittliches Verfahren – Bedeutung etwas geringer und Schwierigkeit leicht überdurchschnittlich 27

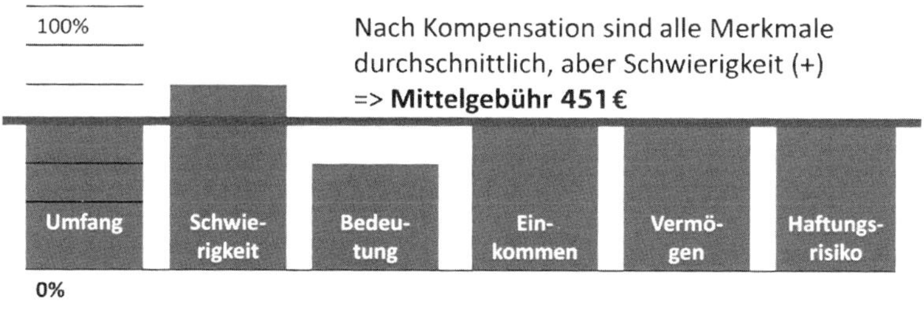

Ein insgesamt durchschnittliches Verfahren rechtfertigt eine Mittelgebühr, wenn die Schwierigkeit zumindest leicht überdurchschnittlich ist.

11 LSG Rheinland-Pfalz, Urt. v. 8.3.2006 – L 4 SB 174/05.

28 *Beispiel 2: Außergerichtliche Vertretung*

Der Anwalt ist beauftragt, den Mandanten in einem sozialrechtlichen Widerspruchsverfahren zu vertreten. Die Tätigkeit ist insgesamt durchschnittlich, aber etwas schwieriger.

Geschäftsgebühr, Nr. 2302 Nr. 1 VV RVG		451,00 EUR
Postentgeltpauschale, Nr. 7002 VV RVG		20,00 EUR
Zwischensumme	471,00 EUR	
19 % Umsatzsteuer, Nr. 7008 VV RVG		89,49 EUR
Summe		**560,49 EUR**

29 **Vergütungsvereinbarung**

Durch eine Vergütungsvereinbarung (vgl. §§ 3a ff. RVG) kann die Anwendung der Anm. zu Nr. 2302 VV RVG (Schwellengebühr) im Verhältnis zum Mandanten ausgeschlossen werden. Dies gilt jedoch nicht gegenüber Dritten.

30 **Einfaches Schreiben**

In Verfahren nach § 3 Abs. 1 S. 1 RVG, in denen Betragsrahmengebühren entstehen, gibt es keinen ermäßigten Vergütungstatbestand bei einer einfachen anwaltlichen Tätigkeit wie bei Wertgebühren (dort Nr. 2301 VV RVG).

Die „Einfachheit" eines Schreibens ist im Rahmen des Gebührenrahmens bei der Prüfung von § 14 Abs. 1 S. 1 RVG zu berücksichtigen.

31 *Beispiel 3: Unterdurchschnittlicher Umfang*

Exemplarische Begründung durch das LSG NRW:[12]

„Der Prozessbevollmächtigte fertigte im Widerspruchsverfahren insgesamt 6 Schriftsätze, davon umfassten vier Schriftsätze nur 1–2 Sätze. Die wiederholte Befassung mit der Streitsache bei der Abfassung weiterer Schriftsätze ist zwar mit Zeitaufwand verbunden. Jedoch ist zu beachten, dass der Prozessbevollmächtigte nach der Abfassung der Widerspruchsschrift sich im wesentlichen nicht mehr inhaltlich mit dem Widerspruchsbegehren bzw. den Gegenargumenten der Beklagten auseinandersetzte. Die Schriftsätze betrafen vielmehr überwiegend Verfahrenshandlungen – Erinnerung an die Bearbeitung des Widerspruchs, Übersendung von Kopien der Monatskarte, zwei Erinnerungen an den Erlass von Entscheidungen nach § 63 Abs. 1 und Abs. 3 SGB X, verbunden mit der teilweisen Rücknahme des Widerspruchs hinsichtlich der Unterkunftskosten –, die keine inhaltliche Einarbeitung erforderten. Die Widerspruchs-

12 LSG NRW, Urt. v. 28.7.2008 – L 19 AS 24/08.

begründung von einer halben Seite beschränkte sich auf die pauschale Rüge der nicht nachvollziehbaren bzw. nicht ausreichend nach § 35 SGB X begründeten Berechnung des angerechneten Einkommens der Ehefrau, der Angabe der angefallenen monatlichen Fahrtkosten in Höhe von 52,60 EUR als weiter zu beachtenden Abzugsposten sowie auf den Hinweis bezüglich der Differenz der bewilligten und tatsächlichen Kosten für Unterkunft und Heizung. Ein erheblicher Arbeitsaufwand zum Verfassen letztgenannten Schriftsatzes ist nicht erkennbar. Eine Einsichtnahme in die Verwaltungsakte oder das Lesen und Auswerten von (medizinischen) Unterlagen, die regelmäßig mit Zeitaufwand verbunden sind, erfolgte nicht. Anhaltspunkte für eine umfangreiche Recherchetätigkeit des Prozessbevollmächtigten sind nicht erkennbar und auch nicht vorgetragen. Der Prozessbevollmächtigte hat die Anforderungen weiterer Unterlagen und Angaben durch die Beklagte dem Kläger zugeleitet und die vom Kläger übersandten Unterlagen und Informationen ohne Auswertung an die Beklagte weitergeleitet. Soweit der Prozessbevollmächtigte geltend macht, dass ein höherer Arbeitsaufwand angefallen sei, da die Beklagte sich im Widerspruchsverfahren nicht, wie sie verpflichtet gewesen wäre, an den Kläger, sondern an ihn wegen der Beibringung weiterer Informationen und Unterlagen gewandt habe, führt zu keiner anderen Beurteilung. Denn die Beibringung angeforderter Beweismittel bzw. die Ergänzung des Sachvortrags begründen nicht schon die Annahme eines durchschnittlichen oder überdurchschnittlichen Arbeitsaufwands.“

Das Gericht hat hier bei ansonsten unterdurchschnittlichem Einkommen, Vermögen und leicht unterdurchschnittlicher Bedeutung eine Geschäftsgebühr von 195,00 EUR (Stand: 2008 – Schwellengebühr damals 240,00 EUR) für angemessen gehalten.

2. Einzelfälle – Sozialrecht

Rationalisierungseffekt/Synergieeffekt 32

Wird ein Anwalt in einer Reihe gleicher oder ähnlicher Fälle tätig, so ist der damit einhergehende Rationalisierungseffekt bei der Bemessung der Gebühren zu berücksichtigen. Allerdings kann dabei nicht ohne Weiteres für ein gleichgelagertes Widerspruchsverfahren lediglich die Mindestgebühr festgelegt werden.

Dieser arbeitserleichternde Umstand ändert nichts an der Schwierigkeit, jedoch an dem Umfang der anwaltlichen Tätigkeit, der gleichermaßen von Bedeutung ist.[13] Nach dem LSG Sachsen-Anhalt wird sowohl Umfang als auch Schwierigkeit erheblich reduziert.[14]

13 LSG Berlin-Brandenburg, Beschl. v. 29.3.2008 – L 26 B 2007/07 AS PKH.

14 LSG Sachsen-Anhalt, Beschl. v. 5.12.2022 – L 4 AS 142/21 B.

33 **Rationalisierungseffekt – mehrere Verfahren**

Diese Rationalisierungseffekte (auch sogenannte Synergieeffekte) sind bei der Gebührenberechnung zu berücksichtigen durch eine gleichmäßige Gebührenreduktion auf alle betroffenen Verfahren.[15] Dies kann nur dann gelten, wenn die Festsetzung gleichzeitig erfolgt.

Wird die Festsetzung in verschiedenen Verfahren zu unterschiedlichen Zeitpunkten betrieben, so können in dem ersten Verfahren mangels Kenntnis nur Gebühren ohne Berücksichtigung der Synergien festgesetzt werden. In den Folgeverfahren ist die Synergie durch angemessene Abschläge zu berücksichtigen.[16]

34 **Umfang/Schwierigkeit in anderem Verfahren**

Sofern der Anwalt auf die Begründung eines anderen (weiteren) Widerspruchsbescheides Bezug nimmt, ist eine umfangreiche oder schwierige Tätigkeit nicht gegeben.[17]

35 **Widerspruch wegen Mahngebühr**

Bei der Bemessung der Rechtsanwaltsgebühren für ein isoliertes Vorverfahren wegen einer Mahngebühr kann die Höhe der der Mahnung zugrunde liegenden Zahlungsaufforderung als gebührenerheblicher Umstand zu berücksichtigen sein.[18] Im Fall ging es um eine Mahngebühr von 7,85 EUR wegen einer Forderung über ca. 1.500,00 EUR. Das Vorgehen gegen die Mahnung und das gegen die Mahngebühr bilden gebührenrechtlich eine Angelegenheit. Bei ansonsten unterschiedlichen Merkmalen und einer hier durchschnittlichen Bedeutung ist eine Geschäftsgebühr in Höhe einer halber Schwellengebühr von damals 120,00 EUR (Stand: 2011 – Schwellengebühr damals 240,00 EUR) angemessen.

III. Einigungs- und Erledigungsgebühr

36 **Einigungsgebühr im Widerspruchsverfahren**

Auch im Widerspruchsverfahren kann ein Vergleich geschlossen werden. Dieser beurteilt sich dann nach §§ 53 ff. SGB X und nicht nach § 101 SGG. Hierfür fällt eine Gebühr nach Nr. 1005 VV RVG an.[19]

15 LSG Schleswig-Holstein, Beschl. v. 18.10.2016 – L 5 SF 24/15 E, NZS 2016, 960.
16 LSG NRW, Beschl. v. 28.8.2020 – L 2 AS 480/20 B.
17 LSG NRW, Urt. v. 14.11.2007 – L 10 KA 24/07 (Entscheidung zur Schwellengebühr bei Wertgebühren).
18 BSG, Urt. v. 9.3.2016 – B 14 AS 5/15 R, BSGE 121, 49 ff., SozR 4–1300 § 63 Nr. 24.
19 SG Cottbus, Gerichtsbescheid v. 4.3.2015 – S 5 R 550/14.

Erledigungsgebühr im Widerspruchsverfahren 37

Eine Erledigungsgebühr Nr. 1005 VV RVG kann im Widerspruchsverfahren entstehen, wenn zum Zweck des Beweises entscheidungserhebliche Tatsachen unaufgefordert beigebracht werden. Ist die Vorlage ausdrücklich auf Aufforderung der Behörde erfolgt, so ist die Erledigungsgebühr nicht angefallen.[20]

Beispiel 4: Außergerichtliche Vertretung mit Erledigung 38

Der Anwalt begehrt im sozialrechtlichen Widerspruchsverfahren die Berücksichtigung eines Mehrbedarfs wegen einer dezentralen Warmwasserversorgung. Der Anwalt legte eine vom ihm eingeholte Bestätigung der Vermieterin vor, wonach die Warmwasserversorgung dezentral erfolgt. Die Behörde hilft dem Bescheid ab. Die Tätigkeit ist insgesamt durchschnittlich, aber umfangreich.

Geschäftsgebühr, Nr. 2302 Nr. 1 VV RVG		451,00 EUR
Erledigungsgebühr, Nrn. 1005, 1002 VV RVG		451,00 EUR
Postentgeltpauschale, Nr. 7002 VV RVG		20,00 EUR
Zwischensumme	922,00 EUR	
19 % Umsatzsteuer, Nr. 7008 VV RVG		175,18 EUR
Summe		**1.097,18 EUR**

IV. Sonstiges

Festsetzung der Vergütung 39

Die Festsetzung erfolgt:

- im erfolgreichen Vorverfahren durch die Behörde nach § 63 SGB X,
- im gerichtlichen Verfahren durch den Urkundsbeamten der Geschäftsstelle im Festsetzungsverfahren nach § 197 SGG,
- durch das Sozialgericht im Erinnerungsverfahren (§ 197 Abs. 2 SGG).

Die jeweilige Festsetzungsstelle ist verpflichtet, die Billigkeit der Gebührenbestimmung durch den Rechtsanwalt zu prüfen.

Bei **Angemessenheit** der angesetzten Gebühr hat der Urkundsbeamte bzw. das Sozialgericht den Kostenansatz zu übernehmen.

Bei **Unbilligkeit** hat der Urkundsbeamte die Höhe der Betragsrahmengebühr festzusetzen.

20 LSG NRW, Beschl. v. 8.3.2017 – L 19 AS 2482/16 NZB.

Hinsichtlich des **Toleranzrahmens** und der Unbilligkeit wird auf das Kapitel § 2 Rdn 126 ff. verwiesen.

40 **Regelgebühr und Toleranz**

Die von der Rechtsprechung eingeräumte **Toleranzgrenze** (bis zu 20 v.H.)[21] darf nicht dazu führen, den Schwellenwert zu übersteigen. Die Kappung ist zwingend; eine Umgehung der grundsätzlichen Entscheidung des Gesetzgebers kommt nicht in Betracht.[22]

41 **Neubescheidung**

Das dem Klageverfahren zeitlich nachfolgende **Neubescheidungsverfahren** ist ein neues Vorverfahren, das wiederum einem (eventuellen) Gerichtsverfahren vorausgeht. Es entsteht damit im Neubescheidungsverfahren eine neue Geschäftsgebühr Nr. 2302 VV RVG für den Rechtsanwalt, der auch bereits im Verwaltungsverfahren und im Widerspruchsverfahren tätig war. Für eine Anrechnung der verschiedenen Angelegenheiten untereinander ist kein Raum.[23]

42 **Mehrere Auftraggeber**

Auch erhöht sich die Geschäftsgebühr durch **Mehrvertretung** nach Nr. 1008 VV RVG.

Der Streit um die Erhöhung der Schwellengebühr oder Kappungsgrenze ist nun durch die Anm. Abs. 4 zu Nr. 1008 VV RVG ausdrücklich beseitigt. Die Schwelle wird mit erhöht.

C. Beratung

43 **Beratung – Grundsatz**

Im Fall einer Beratung gilt auch in sozialrechtlichen Angelegenheiten **§ 34 RVG**.

44 **Gebührenvereinbarung – keine**

Sofern der Anwalt nach § 34 Abs. 1 S. 1 RVG **keine Gebührenvereinbarung**[24] abgeschlossen hat, erhält der Anwalt nach § 34 Abs. 1 S. 2 RVG die übliche Vergütung nach dem BGB (§§ 612 Abs. 2, 632 Abs. 2 BGB).

21 LSG NRW, Beschl. v. 14.12.2016 – L 13 VG 10/16 B.

22 BGH, Urt. v. 11.7.2012 – VIII ZR 323/11, AGS 2012, 373 f. = RVGreport 2012, 375.

23 SG Aachen, Urt. v. 15.12.2005 – S 7 KA 9/05.

24 Mit einer Vergütungsvereinbarung kann ein von den gesetzlichen Gebühren abweichender Betragsrahmen festgelegt werden, vgl. § 3a RVG.

Verbraucher 45

Zu beachten ist hier jedoch – sofern ein **Verbraucher** i.S.d. § 13 BGB beraten wird – die **Begrenzung der Vergütung** auf eine Höchstgrenze von 250,00 EUR nach § 34 Abs. 1 S. 3 1. Hs. RVG.

Für ein erstes Beratungsgespräch ist die Vergütung nach § 34 Abs. 1 S. 3 3 Hs. RVG auf 190,00 EUR begrenzt.

Soweit in Sozialsachen Rahmengebühren entstehen, wird der Mandant regelmäßig Verbraucher i.S.d. § 13 BGB sein, sodass die Grenzen hier gelten.

Die Begrenzung bzgl. des ersten Beratungsgesprächs greift allerdings nicht mehr ein, sofern es

- zu einem weiteren (= zweiten) Beratungstermin oder
- zu einer schriftlichen Beratung kommt.

Dann fallen die Grenzen für die sogenannte Erstberatung weg und der Rechtsanwalt kann die angemessene Vergütung bis zu einem Betrag von 250,00 EUR verlangen. Die 250-EUR-Grenze fällt nur dann weg, wenn mit dem Verbraucher eine Gebühren- oder eine Vergütungsvereinbarung getroffen wird. Dann gelten die Grenzen des § 34 RVG nicht mehr.

Mehrere Auftraggeber 46

Eine Erhöhung auch der Beratungsgebühr nach Nr. 1008 VV RVG für mehrere Auftraggeber ist ab dem 1.1.2021 nicht mehr möglich, da der Gesetzgeber in der Gesetzesbegründung zum RVG 2021 ausdrücklich die Anwendung der Nr. 1008 VV RVG bei der Beratungsvergütung nach § 34 RVG ausgenommen hat.[25]

D. Beratungshilfe

I. Allgemeines

1. Grundlagen

Allgemeines 47

Die Prozesskostenhilfe sichert die klageweise Durchsetzung des Rechts für bedürftige Personen.

Da eine Bewilligung von Prozesskostenhilfe für außergerichtliche Verfahren ausscheidet, wurde durch das Beratungshilfegesetz für den Antragsteller die Möglichkeit geschaffen,

25 Gesetzentwurf KostRÄG 2021, BT-Drucks 19/23484, 82.

sich **außerhalb** eines gerichtlichen Verfahrens durch einen Anwalt beraten oder vertreten zu lassen, ohne ein eigenes Kostenrisiko einzugehen.

Die Beratungshilfe dient der Gewährleistung der Rechtswahrnehmungsgleichheit und ist im Beratungshilfegesetz (BerHG) geregelt.

Das Beratungshilfegesetz stellt sicher, dass weniger gut bemittelte Bürger nicht durch die jeweilige finanzielle Situation daran gehindert werden, sich außerhalb eines gerichtlichen Verfahrens sachkundigen Rechtsrat zu verschaffen. Es wird den verfassungsrechtlichen Anforderungen zur Gewährung der Rechtswahrnehmungsgleichheit genüge getan.[26]

Hierdurch soll der unbemittelte Rechtssuchende einem bemittelten gleichgestellt werden, der bei einer Inanspruchnahme eines Rechtsrats auch die hierfür entstehenden Kosten berücksichtigt und vernünftig abwägt, ob er entsprechende Kosten auslöst.

Von dem Rechtssuchenden kann daher zunächst erwartet werden, dass er auf zumutbare andere Möglichkeiten für eine fachkundige Hilfe bei seiner Rechtswahrnehmung zurückgreift.

Beratungshilfe dient nicht dazu, finanziell bedürftigen Bürgern Schriftwechsel oder persönliche Vorsprachen abzunehmen, welche andere Bürger typischerweise selbst erledigen.[27] Dem Rechtssuchenden kann daher zugemutet werden, sich im Anhörungsverfahren zur Beratung an die Behörde zu wenden, da diese zu diesem Zeitpunkt noch keine belastende Entscheidung getroffen hat.

48 **Zuständigkeit**

Zuständig für die Erteilung des Beratungshilfescheins (Berechtigungsscheins) ist das Amtsgericht, in dessen Bezirk der Rechtssuchende seinen allgemeinen Gerichtsstand hat. Sofern dieser im Inland keinen allgemeinen Gerichtsstand hat, ist das Amtsgericht zuständig, in dessen Bezirk ein Bedürfnis für Beratungshilfe auftritt (vgl. § 4 BerHG).

49 **Beratungshilfegebühren**

Die Abrechnung der Beratungshilfe erfolgt nach Teil 2 Abschnitt 5 VV RVG (Nrn. 2500 bis 2508 VV RVG) mit der Landeskasse. Neben diesen Gebühren kann der Anwalt die sog. Schutzgebühr nach Nr. 2500 VV RVG i.H.v. 15,00 EUR von seinem Mandanten verlangen.

Hier gelten in sozialrechtlichen Angelegenheiten keine Besonderheiten.

26 BVerfG, Beschl. v. 11.5.2009 – BvR 1517/08 Rn 24.
27 AG Hannover, Beschl. v. 20.11.2015 – B 14 II 33/15.

Angelegenheit 50

Zu beachten ist allerdings, dass es sich bei der gleichzeitigen Geltendmachung verschiedener Ansprüche gegen dieselbe Behörde häufig nur um eine gebührenrechtliche Angelegenheit handelt. Insoweit ist auf die §§ 15 ff. RVG zurückzugreifen, da eine eigene Regelung im BerHG nicht vorhanden ist. Danach ist dieselbe Angelegenheit anzunehmen, wenn

- ein einheitlicher Auftrag vorliegt,
- der Anwalt bei der Verfolgung der Ansprüche den gleichen Rahmen einhält und
- zwischen den einzelnen Ansprüchen ein innerer Zusammenhang besteht.[28]

Beispiel 5: Vergütung für Beratung 51

Dem Rechtsuchenden wurde durch das Gericht Beratungshilfe bewilligt. Er sucht einen Rechtsanwalt auf. Dieser berät ihn entsprechend. Die Angelegenheit ist damit beendet.

Der Rechtsuchende schuldet dem Rechtsanwalt die Gebühr Nr. 2500 VV RVG i.H.v. 15,00 EUR brutto. Daneben reicht der Rechtsanwalt die folgende Rechnung bei Gericht ein:

Beratungsgebühr, Nr. 2501 VV RVG	42,00 EUR
Postentgeltpauschale, Nr. 7002 VV RVG	8,40 EUR
19 % Umsatzsteuer, Nr. 7008 VV RVG	9,58 EUR
Summe	**59,98 EUR**

Beispiel 6: Vergütung für Vertretung 52

Dem Rechtsuchenden wurde durch das Gericht Beratungshilfe bewilligt. Er sucht einen Rechtsanwalt auf. Dieser berät ihn entsprechend. Der Rechtsanwalt legt für den Rechtsuchenden bei der Behörde einen begründeten Widerspruch ein. Der Verwaltungsakt wird aufgehoben. Die Angelegenheit ist beendet.

Der Rechtsuchende schuldet dem Rechtsanwalt die Gebühr Nr. 2500 VV RVG i.H.v. 15,00 EUR brutto. Daneben reicht der Rechtsanwalt die folgende Rechnung bei Gericht ein:

Geschäftsgebühr, Nr. 2503 VV RVG	102,00 EUR
Postentgeltpauschale, Nr. 7002 VV RVG	20,00 EUR
19 % Umsatzsteuer, Nr. 7008 VV RVG	23,18 EUR
Summe	**145,18 EUR**

28 LG Osnabrück, Beschl. v. 16.12.2014 – 9 T 567/14.

53 **Ablaufschema**

Schematisierter Verfahrensablauf bei Vorliegen der Beratungshilfevoraussetzungen:

Entweder zuerst beim Amtsgericht	**oder zuerst beim Anwalt**
Rechtsuchender wendet sich direkt an das Amtsgericht	Rechtsuchender wendet sich direkt an den Rechtsanwalt (§ 6 Abs. 2 BerHG)
Bewilligung der Beratungshilfe	Prüfung der Beratungshilfevoraussetzungen durch den RA und Erteilung der Beratungshilfe
Erteilung des Berechtigungsscheins	
RA erteilt Beratungshilfe	
Festsetzungsantrag (Formularzwang – § 11 BerHG) an Amtsgericht	Nach Beendigung der Angelegenheit Stellung des Antrags auf nachträgliche Beratungshilfebewilligung und Festsetzung der Kosten (**Achtung: Antragsfrist!**)
Festsetzung der Kosten gegen die Landeskasse	Festsetzung der Kosten gegen die Landeskasse

54 **Strafbarkeit wegen „normaler" Abrechnung trotz Vorliegens der Beratungshilfevoraussetzungen**

Strafbarkeit/Schadensersatz: Wichtig ist es für den Rechtsanwalt, zu erkennen, ob der Mandant beratungshilfeberechtigt ist, denn ein Rechtsanwalt, der gegenüber seinem Mandanten nach den üblichen Kriterien eine Geschäftsgebühr Nr. 2300 VV RVG abrechnet, obwohl ihm bekannt ist, dass der Mandant einen Anspruch auf die Bewilligung von Beratungshilfe hat, kann sich wegen Gebührenüberhebung gem. § 352 StGB strafbar oder schadensersatzpflichtig machen.[29]

2. Angelegenheit

55 **Angelegenheit – Grundsatz**

Für die Frage der Angelegenheit in Beratungshilfeverfahren gibt es keine gesonderte gesetzliche Regelung. Es gelten daher die für allgemeine Zivilsachen entwickelten Grundsätze. Danach ist dieselbe Angelegenheit anzunehmen, wenn ein einheitlicher Auftrag vorliegt, der Rechtsanwalt bei der Verfolgung der Ansprüche den gleichen Rahmen einhält und zwischen den einzelnen Ansprüchen ein innerer Zusammenhang besteht.[30]

29 OLG Hamm, Urt. v.30.4.2015 – I-28 U 88/14; LG Ellwangen, Urt. v. 5.3.2004 – 4 Ns 21 Js 23042/02, NStZ-RR 2004, 366.

30 *Gottschalk/Schneider*, PKH/VKH, Rn 1275.

Mehrere Verfahren gegen dieselbe Behörde 56

In sozialrechtlichen Fragen ergeben sich jedoch Fragen, wenn der Rechtsanwalt im Verwaltungsverfahren tätig wird. Insbesondere ist Frage der Anzahl der Angelegenheiten umstritten bei

- gleichzeitiger Geltendmachung
- verschiedener Ansprüche
- gegen dieselbe Behörde.

Nach herrschender Meinung ist diese Konstellation regelmäßig als eine Angelegenheit zu behandeln.[31]

Entscheidend ist aber, dass auch in diesen Fällen dieselbe Angelegenheit nur dann vorliegt, wenn die Widerspruchsverfahren auf einem **vollständig einheitlichen Lebenssachverhalt** beruhen. Das BSG spricht insofern von einem **„alleinigen Rechtswidrigkeitsgrund"**.[32]

Dies hat das LG Osnabrück angenommen bei Beratungshilfe-Vertretung wegen

- drei Widersprüchen
- bzgl. desselben Zeitraums
- bzgl. Kürzungen aufgrund mangelnden Mitwirkens.[33]

Individuelle Prüfung: Die individuelle Prüfung für mehrere Kläger bei der Aufhebung eines begünstigenden Verwaltungsaktes führt zum Vorliegen mehrerer Angelegenheiten. Es liegt kein einheitlicher Rahmen der Geltendmachung mehr vor.[34]

Mehrere Bewilligungszeiträume: Bei mehreren Bewilligungszeiträumen und mehreren Bescheiden für verschiedene Zeiträume ist in der Regel nicht vom Vorliegen derselben Angelegenheit auszugehen.[35]

Mehrere Beratungshilfescheine – Vertrauensschutz 57

Hat der Rechtspfleger im Bewilligungsverfahren diverse Beratungsscheine erlassen, so ist der Urkundsbeamte im Festsetzungsverfahren an die **Anzahl der Beratungsscheine** wegen des aus der Erteilung resultierenden Vertrauensschutzes gebunden.

Damit ist die Anzahl der zu vergütenden Angelegenheiten durch die erteilten Berechtigungsscheine vorgegeben. Die Bindungswirkung der Erteilung des Berechtigungsscheins für das nachfolgende Vergütungsfestsetzungsverfahren ergibt sich aus §§ 4–6 BerHG,

31 OLG Brandenburg, Beschl. v. 8.1.2019 – 6 W 135/17; *Gottschalk/Schneider*, PKH/VKH, Rn 1291.
32 BSG, Urt. v. 2.4.2014 – B 4 AS 27/13 R, AGS 2014, 458.
33 LG Osnabrück, Beschl. v. 16.12.2014 – 9 T 567/14, JurBüro 2015, 199.
34 LSG Thüringen, Beschl. v. 30.7.2019 – L 1 SF 155/19 B.
35 LSG Sachsen-Anhalt, Beschl. v. 17.9.2018 – L 4 AS 414/18 B.

der Systematik des BerHG sowie den allgemein gültigen Grundsätzen über die Zulässigkeit des Widerrufs begünstigender Verwaltungsakte.

Die Ausstellung eines Berechtigungsscheins für Beratungshilfe ist ein Verwaltungsakt gem. § 35 VwVfG. Gem. § 48 Abs. 2 S. 1 VwVfG darf ein begünstigender Verwaltungsakt, der eine einmalige oder laufende Geldleistung oder teilbare Sachleistung gewährt oder hierfür Voraussetzung ist, nicht zurückgenommen werden, soweit der Begünstigte auf den Bestand des Verwaltungsaktes vertraut hat und sein Vertrauen unter Abwägung mit dem öffentlichen Interesse an der Rücknahme schutzwürdig ist.

Der Grundsatz des Vertrauensschutzes verbietet es daher, dem Rechtsanwalt diesen Vergütungsanspruch gegen die Landeskasse nachträglich im Festsetzungsverfahren zu versagen, nachdem er seine Tätigkeit ausgeübt hat.[36]

58 **Ein Berechtigungsschein – mehrere Angelegenheiten**

Etwas anderes gilt für die Frage, wenn nur ein Beratungshilfeschein erteilt wurde, aber tatsächlich mehrere gebührenrechtliche Angelegenheiten vorliegen. Dann ist maßgeblich, wie viele Angelegenheiten tatsächlich vorlagen.[37]

II. Bewilligungsvoraussetzungen

1. Hilfe für die Wahrnehmung von Rechten außerhalb eines gerichtlichen Verfahrens (§ 1 Abs. 1 BerHG)

59 **Sichtweise des Rechtsuchenden**

Maßgebend ist die Sichtweise des Rechtsuchenden. Auch die Beratung nur zur Erfolgsaussicht der Rechtsverteidigung oder des Widerspruchs kann Gegenstand der Beratungshilfe sein (anschließend kann ggf. bei Fortsetzung derselben Angelegenheit PKH bewilligt werden).

2. Persönliche und wirtschaftliche Verhältnisse des Rechtsuchenden (§ 1 Abs. 1 Nr. 1 BerHG)

60 **Koppelung an PKH-Voraussetzungen**

Beratungshilfe ist zu bewilligen, wenn der Rechtsuchende Anspruch auf Prozesskostenhilfe ohne Zahlungsbestimmungen hätte (§ 1 Abs. 2 BerHG).

Maßgebend ist allein der Zeitpunkt der Antragstellung.

36 OLG Oldenburg, Beschl. v. 4.1.2010 – 12 W 190/09, VersR 2010, 688.
37 OLG Frankfurt a.M., Beschl. v. 10.5.2016 – 20 W 195/15.

3. Keine anderen Hilfemöglichkeiten

Anderweitige Hilfen 61

Der Rechtsuchende darf keine anderen Möglichkeiten zur Beratung haben (§ 1 Abs. 1 Nr. 2 BerHG). Dies können z.B.

- Rechtsschutzversicherung,
- Beratung durch Sozialverbände o.Ä.,
- Behördenberatung sein.

4. Die Wahrnehmung der Rechte ist nicht mutwillig

Maßstab – verständige Partei 62

Eine Rechtsverfolgung ist dann nicht mutwillig, wenn eine verständige, nicht bedürftige Partei ihr Recht in gleicher Weise verfolgen würde. Mutwilligkeit ist bei z.B. mehrfacher Beantragung von Beratungshilfe zu bejahen.

Für die Mutwilligkeit ist nicht auf die Wahrnehmung der Rechte, sondern **Inanspruchnahme der Beratungshilfe** abzustellen. Diese Klarstellung betrifft Fälle, in denen die Rechtswahrnehmung selbst nicht mutwillig ist, aber die Inanspruchnahme der Beratungshilfe für die Wahrnehmung dieser Rechte mutwillig erscheint.

Beispiel 7 63

Damit liegt Mutwilligkeit vor, wenn ein Anspruch mit anwaltlicher Hilfe durchgesetzt werden soll, obwohl auch eine einfache Rücksprache mit dem Gegner genügen könnte.

Im § 1 Abs. 3 BerHG wird die Mutwilligkeit definiert. Es wird auf den Vergleich zwischen dem bedürftigen Beratungshilfesuchenden und einem verständigen Selbstzahler abgestellt.

Wichtig ist jedoch dabei, dass das Gesetz ausdrücklich verlangt, dass bei dem Vergleich die **individuellen Fähigkeiten** des Beratungshilfesuchenden berücksichtigt werden. Dies wird regelmäßig dazu führen, dass Beratungshilfe zu bewilligen ist, denn der Beratungshilfesuchende wird häufig intellektuell mit dem „verständigen Selbstzahler" nicht vergleichbar sein.

Der Rechtspfleger soll sich nach der Gesetzesbegründung von den individuellen Fähigkeiten des Antragstellers überzeugen:

- durch einen persönlichen Eindruck (bei persönlicher Antragstellung),
- durch sich aus dem Antragsformular ergebende Gesichtspunkte, wie Schulbildung, Beruf und Erwerbstätigkeit.

64 **Beispiele für Mutwilligkeit**

- Wiederholte Anträge in derselben Angelegenheit.
- Vertretung, obwohl bereits die Beratung die Erfolglosigkeit als Ergebnis hatte.
- Beratung wurde bereits von einer anderen Stelle erteilt und Vertretung ist nicht erforderlich.
- Sofortige Auskunft durch den Rechtspfleger.
- Stellung eines Erstantrags bei einer Behörde. Hierbei sind die Beratungsangebote der Behörden in Anspruch zu nehmen (aber hier hat die Versagung bereits nach § 1 Abs. 1 Nr. 2 BerHG – anderweitige Hilfen – zu erfolgen).
- Erstmalige Mahnung einer unstreitigen Forderung.
- Erstmaliger Versuch, eine Stundung einer Forderung zu erreichen.
- Wenn für einen Selbstzahler im Falle seines Erfolges seine Anwaltskosten höher als sein finanzieller Erfolg sind, da in einem solchen Fall eine vernünftige Person, die ihre Anwaltskosten selbst tragen muss, keinen Rechtsanwalt beauftragen würde.[38]
- Bewilligung für neuen Rechtsanwalt bei grundlosem Anwaltswechsel.[39]
- Einholung einer „zweiten Meinung"; auch dann, wenn für die erste Meinung keine Beratungshilfe gewährt wurde.[40]

III. Zumutbarkeit

65 **Behördenauskunft**

In der amtsgerichtlichen Praxis wird durchaus Beratungshilfe mit der Begründung versagt, es sei zumutbar, zuerst eine Behördenauskunft einzuholen. Die zuständige Behörde habe eine umfassende Beratungspflicht.

Der Bürger könne sich auf eigene Initiative vor Inanspruchnahme der Beratungshilfe um die Klärung der Angelegenheit selbst kümmern, sofern es sich beispielsweise um eine erstmalige Antragstellung handle oder die Angelegenheit durch eine bloße Nachfrage bei der Behörde geklärt werden kann.

Allerdings kann die Inanspruchnahme der behördlichen Beratung im Einzelfall gerade dann für den Bürger unzumutbar sein, wenn ein Rat oder eine Auskunft gerade der Behörde in Anspruch zu nehmen wären, deren Entscheidung angegriffen werden soll.[41]

Anders als im Falle des Widerspruchsverfahrens ist es im **Anhörungsverfahren** zumutbar, die Beratung durch die Behörde in Anspruch zu nehmen, insbesondere da

38 AG Halle (Saale), Beschl. v. 22.8.2011 – 103 II 1513/11.
39 LSG NRW, Beschl. v. 2.2.2017 – L 10 SB 417/16 B.
40 AG Winsen, Beschl. v. 3.1.2017 – 18 II 210/16.
41 BVerfG, Beschl. v. 11.5.2009 – BvR 1517/08.

die Behörde – anders als im Widerspruchsverfahren – noch **keine belastende Entscheidung** getroffen hat.[42]

Eine Beratung durch die **Widerspruchsbehörde** stellt in diesem Fall keine zumutbare anderweitige Möglichkeit der Beratung dar.[43]

Der Begriff der Zumutbarkeit wird von den Fachgerichten überdehnt, wenn ein Rechtsuchender für das Widerspruchsverfahren zur Beratung an dieselbe Behörde verwiesen wird, gegen die er sich mit dem Widerspruch richtet. In diesem Fall kann Beratungshilfe bei Vorliegen der übrigen Voraussetzungen gewährt werden.[44]

Einfaches Schreiben 66

Eine anwaltliche Vertretung ist in der Regel dann nicht erforderlich, wenn nur noch ein einfaches Schreiben mit einer Tatsachenmitteilung zu fertigen ist. Dies ist, wenn z.B. ein Widerspruch ohne Begründung oder eine einfache Kündigung zu formulieren ist. Dies gilt auch dann, wenn ein **Widerspruch nur vorsorglich zur Fristwahrung** eingelegt wird.[45]

Stellt der Widerspruch ein einfaches Schreiben dar, so ist für die Einlegung des Widerspruchs die Hinzuziehung eines Rechtsanwaltes nicht notwendig.[46]

Diese Auffassung wird jedoch von *Volpert*[47] abgelehnt. Er weist darauf hin, dass hier unter Missachtung der gesetzlichen Regelungen eine Prüfungsbefugnis des Urkundsbeamten im Festsetzungsverfahren gem. § 55 RVG eröffnet wird. Der Urkundsbeamte darf lediglich prüfen, ob die Vergütung richtig berechnet ist und ob die berechneten Auslagen zur sachgemäßen Durchführung der Angelegenheit erforderlich gewesen waren.[48]

IV. Gegenstand der Beratungshilfe

Abgrenzung Beratung – Vertretung 67

Neuer Prüfungszeitpunkt: Das Gesetz sprach bisher nur von der Notwendigkeit der Vertretung, soweit diese erforderlich ist. Dies wird nun in § 2 Abs. 1 BerHG schärfer eingegrenzt. Demnach ist eine Vertretung nur erforderlich, wenn der Rechtsuchende nach der Beratung angesichts des Umfangs, der Schwierigkeit oder der Bedeutung der Rechtsangelegenheit für ihn seine Rechte nicht selbst wahrnehmen kann.

42 BVerfG, Beschl. v. 30.6.2009 – 1 BvR 470/09.
43 BVerfG, Beschl. v. 7.10.2015 – 1 BvR 1962/11, AGS 2016, 202.
44 BVerfG, Beschl. v. 30.6.2009 – 1 BvR 470/09; BVerfG, Beschl. v. 28.9.2010 – 1 BvR 623/10.
45 AG Eilenburg, Beschl. v. 16.4.2020 – 1 UR II 401/19.
46 OLG Brandenburg, Beschl. v. 8.1.2019 – 6 W 119/17.
47 *Volpert*, AGS 2020, 425.
48 OLG Frankfurt, Beschl. v. 10.5.2016 – 20 W 195/15; OLG Stuttgart, Beschl. v. 22.5.2007 – 8 W 169/07, JurBüro 2007, 434.

Es wird damit ein **neuer Zeitpunkt für die Prüfung** der Erforderlichkeit der Vertretung festgelegt. Dies ist nunmehr der Zeitpunkt nach erfolgter Beratung.

Maßgebende Kriterien für die Notwendigkeit der Vertretung sind neben Umfang, Schwierigkeit und Bedeutung vor allem die individuellen Fähigkeiten des Rechtsuchenden. Hierbei wird besonderes Augenmerk auf den Bildungsgrad des Rechtssuchenden zu legen sein.

Beispiel 8: Notwendigkeit der Vertretung

(Wobei immer auf den Einzelfall abzustellen ist. Auch in den genannten Fällen kann im Einzelfall eine Vertretung notwendig sein.)

Nach erfolgter Beratung eines durchschnittlich gebildeten Beratungshilfeberechtigten ist lediglich noch notwendig:

- Die Fertigung eines einfachen Schreibens mit Tatsachenmitteilung,
- Widerspruch ohne Begründung.

68 *Problem*

Einen auf eine Beratung beschränkten Berechtigungsschein gibt es nicht. Die Frage der Notwendigkeit lässt sich nicht bereits vorab feststellen. Sie steht erst nach erfolgter Beratung fest. Zu dem Zeitpunkt ist das Gericht aber nicht mehr beteiligt. **Der Anwalt entscheidet allein**, ob er eine Vertretung für notwendig hält. Er trägt damit auch das Kostenrisiko, wenn das Gericht später im Festsetzungsverfahren feststellt, dass die Vertretung nicht notwendig war und die entsprechenden Gebühren kürzt. Hierbei sollte das Verhalten des Rechtsanwalts zumindest als Indiz für die Notwendigkeit der Vertretung sprechen.[49]

69 **Akteneinsicht: Regelmäßig Vertretung**

Auftrag entscheidet: In der Regel wird anzunehmen sein, dass die von dem antragstellenden Rechtsanwalt beantragte Einsicht in die Behördenakte nicht ausschließlich der Informationsbeschaffung zur Vorbereitung einer Beratung des Berechtigten dient. Dann liegt hierin ein die Geschäftsgebühr gem. Nr. 2503 VV RVG auslösendes Betreiben eines Geschäfts.[50]

Gebührenrechtlich ist jedoch zu beachten, dass der erteilte Auftrag bestimmt, welche Gebühr entsteht, nicht welche Tätigkeit der Rechtsanwalt ausübt. Auf die obige Argumentation ist daher nur dann zurückzugreifen, wenn der Auftrag nicht eindeutig ist.

49 LG Koblenz JurBüro 2003, 366.

50 OLG Köln, Beschl. v. 15.5.2017 – 17 W 201/16, RVGreport 2017, 341; AG Dortmund, Beschl. v. 7.2.2018 – 458 II 26/16 BerH.

V. Erstattung der Vergütungsansprüche

1. Erstattung durch den Rechtsuchenden (Mandant)

Zahlungspflicht Mandant 70

Von dem Mandanten/Rechtsuchenden kann der Rechtsanwalt gem. § 44 S. 2 RVG lediglich die Beratungshilfegebühr Nr. 2500 VV RVG i.H.v. 15,00 EUR fordern. Die Staatskasse ist insoweit nicht zahlungspflichtig.

Auslagen 71

Auslagen kann der Rechtsanwalt neben der Beratungshilfegebühr nicht fordern, vgl. Anm. S. 1 zu Nr. 2500 VV RVG. Die Umsatzsteuer gehört zu den Auslagen, vgl. Nr. 7008 VV RVG, und kann daher nicht zusätzlich beansprucht werden. Sie ist in dem Betrag von 15,00 EUR enthalten.

Nach S. 2 der Anm. zu Nr. 2500 VV RVG kann die Gebühr **erlassen** werden.

Die Beratungshilfegebühr kann in einem Verfahren nach **§ 11 RVG** nicht festgesetzt werden, da sie nicht zu den Kosten des gerichtlichen Verfahrens gehört.

2. Erstattung durch den Gegner (§ 9 BerHG)

Erstattung Gegner 72

Nach § 9 BerHG gehen Kostenerstattungsansprüche des Rechtsuchenden gegen den Gegner auf den Rechtsanwalt über. Dieser kann sie in eigenem Namen geltend machen. Durch diesen gesetzlichen Forderungsübergang[51] sind etwaige Kostenerstattungsansprüche sowohl einer Aufrechnung durch den Gegner als auch durch einen Dritten entzogen.

Aufrechnung unzulässig 73

Macht der Rechtsanwalt die Forderung direkt beim Grundsicherungsträger geltend, so ist eine Aufrechnung durch den Grundsicherungsträger mit noch bestehenden Forderungen gegenüber dem Leistungsempfänger mangels Gleichartigkeit der Forderungen unzulässig.[52]

51 Vgl. LSG Rheinland-Pfalz, Urt. v. 6.5.2015 – L 6 AS 34/15 m.w.N.: Der Forderungsübergang erfasst auch Kostenerstattungsansprüche nach § 63 SGB X für die Vertretung in einem sozialrechtlichen Widerspruchsverfahren.

52 SG Berlin, Urt. v. 9.3.2016 – S 190 AS 3757/15, ASR 2016, 118.

Dies hat jetzt auch das BSG[53] bestätigt. Danach ergibt sich aus Sinn und Zweck des § 63 SGB X ein Aufrechnungsverbot, das die einseitige Aufrechnung auch im Verhältnis zu Bevollmächtigten (§ 13 SGB X) im Vorverfahren ausschließt.

74 **Gesetzliche Vergütung**

Der Anspruch gegen den Gegner besteht **i.H.d. gesetzlichen Vergütung**, nicht nur der niedrigeren Beratungshilfegebühren.

75 **Berechnung der Ansprüche**

Als Anspruchsgrundlage kommen materiell-rechtliche Kostenerstattungsansprüche in Betracht. Der Rechtsanwalt kann vom Gegner die Wahlanwalts-Vergütung fordern.

Der Übergang kann gem. § 9 S. 3 BerHG nicht zum Nachteil des Rechtsuchenden geltend gemacht werden, sodass z.B. **Teilzahlungen des Gegners** zunächst auf die Zinsen und die Hauptforderung des Mandanten und erst dann auf die Kostenforderung des Rechtsanwalts zu verrechnen sind.

Zahlungen, die der Rechtsanwalt von dem Gegner erhalten hat, sind auf eine ggf. aus der Landeskasse zu zahlende Vergütung anzurechnen, § 58 Abs. 1 RVG.

Soweit die Staatskasse die Ansprüche des Rechtsanwalts befriedigt, geht der Anspruch gegen den erstattungspflichtigen Gegner auf die Landeskasse über, § 59 Abs. 1, 3 RVG. Die Landeskasse erwirbt diesen Anspruch vom Anwalt, auf den er gem. § 9 S. 2 BerHG übergegangen ist.

Der Anspruch auf die Beratungshilfegebühr Nr. 2500 VV RVG i.H.v. 15,00 EUR geht nicht auf die Landeskasse über.

76 **Schutzgebühr – Erstattung**

Die vom Rechtsuchenden gezahlte Beratungshilfegebühr Nr. 2500 VV RVG muss der Rechtsanwalt im Falle der vollständigen Zahlung durch den Gegner an den Rechtsuchenden erstatten.

Ohne Begründung nimmt *Müller/Rabe*[54] an, dass die 15,00 EUR-Schutzgebühr **nicht an den Mandanten zurückzuzahlen** ist, auch wenn er die gesetzliche Vergütung vom Gegner erhalten hat. Damit erhält der BerH-Anwalt im Ergebnis 15,00 EUR mehr als der „Normal"-Anwalt.

53 BSG, Urt. v. 20.2.2020 – B 14 AS 3/19 R.

54 Gerold/Schmidt/*Müller-Rabe*, § 58 Rn 4.

Erstattung durch die Behörde 77

Erstattungspflichtiger Dritter können auch die durch die Arbeitsagenturen und die kommunalen Träger gebildeten gemeinsame Einrichtungen (= Jobcenter) sein. Diese gewähren das Arbeitslosengeld II. Das Jobcenter trifft in seinem Widerspruchsbescheid eine Kostenentscheidung und setzt auf Antrag die notwendigen Kosten fest. Wenn das Widerspruchsverfahren erfolgreich ist, werden die Kosten der Behörde auferlegt.

Wurde dem Rechtsuchenden Beratungshilfe für ein Widerspruchsverfahren gewährt und ist dieser Widerspruch von einem Rechtsanwalt eingelegt und begründet worden, so kann er die Beratungshilfevergütung für eine Vertretung (Nr. 2503 VV RVG) mit der Landeskasse abrechnen. Allerdings müssen eventuelle Zahlungen Dritter – auch nachträglich – angegeben werden, § 9 BerHG, § 58 Abs. 1 RVG. Der Rechtsanwalt muss demnach den Betrag, der ihm von der Widerspruchsbehörde erstattet wurde, bei der Festsetzung der Beratungsvergütung anzeigen.

Beispiel 9: Erstattung durch Jobcenter 78

Dem Mandanten ist Beratungshilfe für den Widerspruch gegen die Ablehnung seiner ALG II-Ansprüche bewilligt worden. Der Mandant zahlt die Beratungshilfegebühr Nr. 2500 VV RVG mit brutto 15,00 EUR. Der Rechtsanwalt legt einen begründeten Widerspruch ein und rechnet mit der Landeskasse ab.

Beratungshilfe

Geschäftsgebühr, Nr. 2503 VV RVG	102,00 EUR

Zwei Monate später hebt die Behörde aufgrund des Widerspruchs den angefochtenen Beschluss auf und übernimmt die Kosten.

Der Rechtsanwalt reicht folgende Kostenrechnung bei dem Jobcenter ein (durchschnittliches Verfahren = Regelgebühr):

Widerspruchsverfahren

Geschäftsgebühr, Nr. 2302 VV RVG	391,00 EUR
(65,00 EUR – 837,00 EUR)	

Das Jobcenter erstattet diesen Betrag nebst Auslagen und Umsatzsteuer. Daraufhin zeigt der Rechtanwalt diese Erstattung bei der Beratungshilfeabteilung des Amtsgerichts an und erstattet die letztendlich zu viel erhaltene Beratungshilfe i.H.v. 102,00 EUR nebst Auslagen an die Landeskasse zurück. Nach Müller-Rabe[55] ist die Schutzgebühr nicht an den Mandanten zurück zu erstatten.

55 A.a.O.

3. Erstattung durch die Landeskasse (Nrn. 2501–2508 VV RVG)

a) Überblick

79 **Betroffene Gebühren**

Entstehen können die Gebühren Nrn. 2501–2508 VV RVG. Im Einzelnen sind es (soweit in sozialrechtlichen Angelegenheiten von Bedeutung):

- Beratungsgebühr Nr. 2501 VV RVG,
- Geschäftsgebühr Nr. 2503 VV RVG,
- Einigungs- oder Erledigungsgebühr Nr. 2508 VV RVG.

b) Nrn. 2501 und 2503 VV RVG

80 **Beratungsgebühr/Geschäftsgebühr**

Die Beratungs- und Geschäftsgebühr können nicht nebeneinander entstehen, vgl. Anm. Abs. 1 zu Nr. 2501 VV RVG. Es gelten dieselben Abgrenzungs- und Entstehungskriterien wie bei der Beratungsvergütung nach § 34 RVG.

Nach § 3 Abs. 1 BerHG wird die Beratungshilfe durch Rechtsanwälte (und Beratungspersonen nach § 3 BerHG – z.B. auch Steuerberater) gewährt, auch in Beratungsstellen, die aufgrund einer Vereinbarung mit der Landesjustizverwaltung eingerichtet sind. Der Rechtsanwalt erhält die Beratungsgebühr Nr. 2501 VV RVG i.H.v. 38,50 EUR gem. § 44 RVG nur dann aus der Landeskasse, wenn nicht für die Tätigkeit in Beratungsstellen nach § 3 Abs. 1 BerHG besondere Vereinbarungen getroffen sind.

Neben der Beratungsgebühr können auch die Auslagen (einschl. Umsatzsteuer) aus der Landeskasse verlangt werden. Die Post- und Telekommunikationspauschale kann hier (wie auch in den anderen Angelegenheiten) nur dann erhoben werden, wenn tatsächlich Auslagen entstanden sind.

c) Nr. 2508 VV RVG

81 **Einigungsgebühr/Erledigungsgebühr**

Für die Einigungs- und Erledigungsgebühr bei Beratungshilfe nach Nr. 2508 VV RVG werden in Abs. 1 der Anmerkung die Anmerkungen zu Nr. 1000 und 1002 VV RVG für anwendbar erklärt. Das bedeutet, dass die Einigungs- und Erledigungsgebühr in der Beratungshilfe nur entsteht, wenn die allgemeinen Voraussetzungen für die Einigungs- und Erledigungsgebühr erfüllt werden.

Für die Entstehung der Einigungsgebühr genügt die Mitwirkung des Rechtsanwalts beim Abschluss eines Vertrages, durch den der Streit oder die Ungewissheit der Parteien über ein Rechtsverhältnis beseitigt wird. Es bedarf weder des Abschlusses eines durch wechselseitiges Nachgeben gekennzeichneten Vergleiches noch einer Protokollierung der Einigung.[56]

Praxistipp 82

Um Schwierigkeiten zu vermeiden, sollten daher im Festsetzungsantrag gem. § 55 Abs. 4 RVG gegen die Staatskasse die Voraussetzungen für die Entstehung der Einigungs- bzw. Erledigungsgebühr glaubhaft gemacht werden (§ 55 Abs. 5 S. 1 RVG). Da die Einigungs- bzw. Erledigungsgebühr eine Erfolgsgebühr ist, sollte auch zum Eintritt des Erfolgs (Einigung, Erledigung) vorgetragen werden, um Rückfragen des Gerichts zu vermeiden.

d) Auslagen nach Teil 7 VV RVG

Auslagen bei Beratungshilfe 83

Zu erstatten sind nach den §§ 44 und 46 RVG Entgelte für Post- und Telekommunikationsdienstleistungen, Umsatzsteuer, Dokumentenpauschale, Gutachterkosten, soweit sie zur sachgemäßen Wahrnehmung der Interessen des Rechtsuchenden erforderlich waren. Auch Dolmetscherkosten können erstattungsfähig sein.[57] Letztendlich muss dies für alle Auslagen nach dem Teil 7 des RVG gelten.

Voraussetzung für die Erstattung der Auslagen aus der Landeskasse ist, dass die Auslagen nicht bereits durch die Partei selbst aufgebracht worden sind.

Die Geltendmachung der Auslagenpauschale setzt voraus, dass in irgendeiner Form Post- oder Telekommunikationsauslagen entstanden sind.

Bei Reisekosten kann die Notwendigkeit vorab vom Gericht auf Antrag gem. § 46 Abs. 2 RVG festgestellt werden.

4. Festsetzung der Vergütung (§ 55 Abs. 4 RVG)

Festsetzung 84

Die Festsetzung der Vergütung gegen die Landeskasse erfolgt nach § 55 Abs. 4 RVG durch den Urkundsbeamten der Geschäftsstelle des in § 4 Abs. 1 BerHG bestimmten Gerichts. Zuständig ist danach das Amtsgericht des allgemeinen Gerichtsstands des Antragstellers. Hat der Rechtsuchende im Inland keinen allgemeinen Gerichtsstand, so ist das Amtsgericht zuständig, in dessen Bezirk ein Bedürfnis für Beratungshilfe auftritt.

56 LG Mönchengladbach, Beschl. v. 21.3.2007 – 5 T 85/07, JurBüro 2007, 306.
57 LG Bochum, Beschl. v. 25.10.2001 – 7a T 317/01, JurBüro 2002, 147.

Da nach § 55 Abs. 5 S. 1 RVG für die Festsetzung § 104 Abs. 2 ZPO entsprechend gilt, sind die Ansätze glaubhaft zu machen. Hinsichtlich der einem Rechtsanwalt erwachsenen Auslagen für Post- und Telekommunikationsdienstleistungen genügt die Versicherung des Rechtsanwalts, dass diese Auslagen entstanden sind. Die Erklärung zur Vorsteuerabzugsberechtigung bei Umsatzsteuerbeträgen nach § 104 Abs. 2 S. 3 ZPO ist nicht abzugeben.[58]

Für die **Beratungsgebühr** der Nr. 2501 VV RVG genügt die Versicherung, Beratung gewährt zu haben.

Eine **Verzinsung** der Vergütung erfolgt nicht, weil § 104 Abs. 1 S. 2 ZPO nicht für entsprechend anwendbar erklärt worden ist.

Der Festsetzungsantrag ist auf dem amtlichen Vordruck zu stellen. Aufgrund der Ermächtigung in § 11 BerHG hat der Bundesjustizminister einen entsprechenden Vordruck eingeführt und dessen Verwendung vorgeschrieben, vgl. Beratungshilfeformularverordnung.[59]

85 **Festsetzung – keine erneute Prüfung**

Im Festsetzungsverfahren findet keine erneute Prüfung durch den Kostenbeamten statt, ob die Beratungshilfe zu Recht gewährt wurde.

Dem Kostenbeamten obliegt allein die Prüfung, ob die Vergütung entstanden ist, richtig berechnet wurde und die geltend gemachten Auslagen erforderlich waren.[60] Dies ist nicht unumstritten. Mehrere Gerichte gehen davon aus, dass die Frage, in wie vielen Angelegenheiten der Beratungshilfeanwalt tätig war, erst bei der Gebührenfestsetzung abschließend zu entscheiden ist, da sie vorab nicht entscheidbar ist.[61]

86 **Anzahl Beratungshilfescheine**

Für die Frage, wie viele gebührenrechtliche Angelegenheiten nach § 15 Abs. 2 RVG vorliegen, ist es ohne Belang, **wie viele Berechtigungsscheine** dem Rechtsuchenden erteilt worden sind.[62]

87 *Praxistipp*

Die Beratungshilfeformulare und zahlreiche weitere Vordrucke sind durch die Justiz NRW zum freien Download unter *www.justiz.nrw.de/BS/formulare* eingestellt worden.

58 LArbG Rheinland-Pfalz, Beschl. v. 27.9.1996 – 4 Ta 173/96, JurBüro 1997, 29.
59 Beratungshilfeformularverordnung (BerHFV) v. 2.1.2014, BGBl I 2014, 2 (Nr. 1); Geltung ab 9.1.2014.
60 OLG Frankfurt, Beschl. v. 10.5.2016 – 20 W 195/15; OLG Stuttgart, Beschl. v. 22.5.2007 – 8 W 169/07, JurBüro 2007, 434.
61 LG Düsseldorf, Beschl. v. 22.10.2018 – 25 T 526/18; AG Pforzheim, Beschl. v. 25.5.2018 – 213 BHG 38/17.
62 OLG Frankfurt, Beschl. v. 10.5.2016 – 20 W 195/15.

VI. Erinnerung und Beschwerde

Erinnerung: Gegen die Festsetzung der Beratungshilfevergütung durch den Urkundsbeamten der Geschäftsstelle (vgl. § 55 Abs. 4 RVG) ist gem. § 56 RVG die **unbefristete Erinnerung** durch den Rechtsanwalt und die Landeskasse gegeben. 88

Über die Erinnerung entscheidet nach § 56 Abs. 1 S. 3 RVG das nach § 4 Abs. 1 BerHG zuständige Gericht. Das ist in der Regel das Amtsgericht des allgemeinen Gerichtsstands des Antragstellers, das auch gem. § 55 Abs. 4 RVG (§ 55 RVG) die Festsetzung der Beratungshilfevergütung vorgenommen hat.

Beschwerde: Gegen die Erinnerungsentscheidung ist nach den §§ 56 Abs. 2 S. 1, 33 Abs. 3 RVG die Beschwerde zulässig. Allerdings wird wegen der geringen Höhe der Beratungsgebühren die erforderliche Beschwerdesumme i.H.v. 200,01 EUR häufig nur dann erreicht werden können, wenn Gegenstand der Beschwerde die aus der Landeskasse zu erstattenden Auslagen sind.

Die Beschwerde ist aber auch dann möglich, wenn sie in der Erinnerungsentscheidung wegen der grundsätzlichen Bedeutung der Sache zugelassen worden ist, vgl. § 56 Abs. 2 S. 1 i.V.m. § 33 Abs. 3 S. 2 RVG.

VII. Vorschuss

Kein Vorschuss 89

Bei Beratungshilfe kann der Rechtsanwalt keinen Vorschuss aus der Landeskasse verlangen. Das ergibt sich aus § 47 Abs. 2 RVG.

VIII. Anrechnung

Anrechnung in der Beratungshilfe 90

Die Anrechnung der Gebühren in der Beratungshilfe ist in Abs. 2 der Anm. zu Nr. 2501 VV RVG und in Abs. 2 der Anm. zu Nr. 2503 VV RVG geregelt. Die Anrechnung gilt auch für die Geschäftsgebühren der Nrn. 2504–2507 VV RVG.

§ 15a RVG regelt die Anrechnung von Gebühren im RVG allgemein. Eine Anrechnung der Beratungshilfegeschäftsgebühr auf die PKH-Vergütung erfolgt unter Beachtung von §§ 55 Abs. 5 und 58 Abs. 2 RVG.[63]

63 KG, Beschl. v. 8.11.2010 – 19 WF 183/10, RVGreport 2011, 60.

Es gelten zudem die folgenden Regelungen:

- **Zahlungen des Gegners** nach § 9 BerHG sind auf die Vergütung aus der Landeskasse anzurechnen, §§ 55 Abs. 5, 58 Abs. 1 RVG. Der Rechtsanwalt muss dieses in seinem Festsetzungsantrag (auch nachträglich) angeben.
- Die **Beratungsgebühr** nach Nr. 2501 VV RVG ist vollständig auf eine Gebühr für eine sonstige Tätigkeit anzurechnen, die mit der Beratung zusammenhängt.
- Die **Geschäftsgebühr** nach Nr. 2503 VV RVG ist nach Abs. 2 der Anm. zu Nr. 2503 VV RVG zur Hälfte, also i.H.v. 46,75 EUR netto auf die Gebühren für ein anschließendes gerichtliches oder behördliches Verfahren anzurechnen.
- Anrechnungsvoraussetzung ist, dass ein gewisser **zeitlicher Zusammenhang** vorliegt (vgl. hierzu § 15 Abs. 5 S. 2 RVG: spätestens zwei Kalenderjahre nach der Erledigung ist eine Anrechnung ausgeschlossen).

91 **Beispielsfälle**

Beispiel 10: Beratung und außergerichtliche Vertretung

M ist Beratungshilfe bewilligt. Der Rechtsanwalt berät M betreffend einen Bescheid in einer SGB II-Angelegenheit. Eine Auslagenpauschale ist bisher nicht entstanden. Er beauftragt den Rechtsanwalt anschließend, ihn im Rahmen der Beratungshilfe zu vertreten und gegenüber der Behörde Widerspruch einzulegen. Der Rechtsanwalt wird entsprechend tätig.

I. Beratungsangelegenheit	
Beratungsgebühr, Nr. 2501 VV RVG	42,00 EUR
19 % Umsatzsteuer, Nr. 7008 VV RVG	7,98 EUR
Summe	**49,98 EUR**
II. Außergerichtliche Vertretung	
Geschäftsgebühr, Nr. 2503 VV RVG	102,00 EUR
Anrechnung gem. Anm. Abs. 2 zu Nr. 2501 VV RVG	*./. 42,00 EUR*
Postentgeltpauschale, Nr. 7002 VV RVG	20,00 EUR
19 % Umsatzsteuer, Nr. 7008 VV RVG	15,20 EUR
Summe	**95,20 EUR**

92 *Anmerkung*

In der Beratungsangelegenheit entstehen regelmäßig, von Ausnahmen abgesehen, keine Post- und Telekommunikationsauslagen. In diesen Fällen kann auch keine entsprechende Pauschale angesetzt werden. Sollten entsprechende Auslagen für Porto oder Telefon entstanden sein, so ist dies regelmäßig ein Anzeichen dafür, dass es sich nicht um eine

Beratungs-, sondern um eine Vertretungsangelegenheit handelt, die demnach nicht nach Nr. 2501 VV RVG, sondern nach Nr. 2503 VV RVG abzurechnen wäre.

Die Beratungsgebühr Nr. 2501 VV RVG ist in voller Höhe auf die folgende Geschäftsgebühr anzurechnen. In aller Regel kann daher auf eine gesonderte Darstellung der Beratungstätigkeit verzichtet werden. In der Praxis werden zudem Beratungs- und Vertretungstätigkeit ineinander übergehen, sodass im Ergebnis nur eine Vertretungsangelegenheit vorliegt.

Beispiel 11: Außergerichtliche Vertretung und gerichtliches Verfahren 93

Beratungshilfe ist bewilligt worden. Im Auftrag des Berechtigten fordert der Rechtsanwalt die Behörde zur Entscheidung über den durch den Rechtsanwalt eingelegten Widerspruch auf. Die Beratungshilfe wird abgerechnet.

Da der Widerspruch durch Widerspruchsbescheid zurückgewiesen wird, erhebt der Rechtsanwalt Klage vor dem Sozialgericht. Das Verfahren endet nach Termin mit Urteil.

I. Außergerichtliche Vertretung	
Geschäftsgebühr, Nr. 2503 VV RVG	102,00 EUR
Postentgeltpauschale, Nr. 7002 VV RVG	20,00 EUR
19 % Umsatzsteuer, Nr. 7008 VV RVG	23,18 EUR
Summe	**145,18 EUR**
II. Gerichtliches Verfahren (Mittelgebühren)	
Verfahrensgebühr, Nr. 3102 VV RVG	392,00 EUR
Anrechnung gem. Anm. Abs. 2 zu Nr. 2503 VV RVG	*./. 51,00 EUR*
Terminsgebühr, Nr. 3106 VV RVG	365,00 EUR
Postentgeltpauschale, Nr. 7002 VV RVG	20,00 EUR
19 % Umsatzsteuer, Nr. 7008 VV RVG	137,94 EUR
Summe	**863,94 EUR**

Anmerkung 94

Nach Nr. 2503 VV RVG ist die Beratungsgeschäftsgebühr lediglich zur Hälfte auf die Gebühr für ein anschließendes gerichtliches oder behördliches Verfahren anzurechnen.

Im Falle der Bewilligung von Prozesskostenhilfe sind sämtliche Vorschüsse und Zahlungen, die der Rechtsanwalt vor oder nach der Beiordnung erhalten hat, direkt auf die PKH-Vergütung anzurechnen. Es ergibt sich insofern jedoch keine Abweichung zu obigem Beispiel 11.

IX. Mehrere Auftraggeber

95 **Beratungsgebühr**

Die Erhöhung der Beratungsgebühren Nrn. 2501 und 2502 VV RVG bei der Beratung mehrerer Auftraggeber ist aufgrund der Klarstellung durch das KostRÄG 2021 abzulehnen, da nach der Gesetzesbegründung die Nr. 1008 VV RVG nicht für die Beratungsvergütung nach § 34 RVG anwendbar sein soll. Dieser Gedanke ist übertragbar auf die Beratungshilfe-Beratungsgebühr Nr. 2501 VV RVG.

Geschäftsgebühr

Die Erhöhung der Geschäftsgebühren Nrn. 2503–2507 VV RVG ist in Nr. 1008 VV RVG ausdrücklich zugelassen und wird allgemein anerkannt.[64]

> *Anmerkung*
>
> Nach Nr. 1008 VV RVG sind die Geschäfts- und die Verfahrensgebühren zu erhöhen, wenn **mehrere Auftraggeber** vorhanden sind. In diesem Fall ist für die Erhöhung nicht Voraussetzung, dass derselbe Gegenstand betroffen ist, da dies nur für Wertgebühren gilt. Bei den Beratungshilfegebühren handelt es sich hingegen um Festgebühren. Diese sind in jedem Fall unabhängig davon, ob die Auftraggeber an demselben Gegenstand beteiligt sind, um jeweils 30 % zu erhöhen.

In sozialrechtlichen Angelegenheiten liegt ggf. ein Fall der Geschäftsführung ohne Auftrag vor. Die Erhöhung der Geschäftsgebühr bei mehreren Auftraggebern ist demzufolge auch dann möglich, wenn ein Rechtsanwalt nur von einem Mitglied der Bedarfsgemeinschaft beauftragt wird.[65]

X. Verfahrensregelungen

96 Die Änderungen bzgl. Mutwilligkeit und Gegenstand sind bereits oben ergänzt worden. Es haben sich jedoch weitere grundlegende Änderungen ergeben, die insbesondere die Aufhebung der Beratungshilfe und die Abrechnung durch die Beratungshilfeperson betreffen.

64 OLG Koblenz, Beschl. v. 23.11.2011 – 4 W 554/11, FamFR 2012, 67; OLG Jena, Beschl. v. 31.8.2011 – 9 W 406/11, JurBüro 2012, 140; OLG Naumburg, Beschl. v. 25.5.2010 – 2 Wx 4/10, RVGreport 2010, 382 = Rpfleger 2010, 603.

65 BSG, Urt. 27.9.2011 – B 4 AS 155/10 R, NJW 2012, 877.

1. Bewilligung der Beratungshilfe

a) § 4 Abs. 3 BerHG

Erklärung zu den Verhältnissen 97

§ 4 Abs. 3 Nr. 1 BerHG verlangt nicht mehr nur die Glaubhaftmachung der persönlichen und wirtschaftlichen Verhältnisse, sondern die Vorlage einer entsprechenden Erklärung mit den notwendigen Belegen.

§ 4 Abs. 3 Nr. 2 BerHG verlangt seit dem 1.1.2014 bereits im Gesetz die prozessuale Versicherung

- zur erstmaligen Antragstellung und
- zur fehlenden Anhängigkeit eines Gerichtsverfahrens.

Dies war bislang nur Inhalt der Antragsformulare nach § 11 BerHG.

b) § 4 Abs. 4 BerHG

Eidesstattliche Versicherung 98

Nach § 4 Abs. 4 BerHG hat das Gericht die Möglichkeit, zum Zweck der Glaubhaftmachung auch eine **eidesstattliche Versicherung** zu verlangen. Im Rahmen der Glaubhaftmachung kann das Gericht die Vorlegung von Urkunden anordnen und Auskünfte einholen und auch den Antragsteller laden, um mit ihm mündlich seine persönlichen und wirtschaftlichen Verhältnisse zu erörtern.

Von diesen weitergehenden Möglichkeiten wird das Gericht nur selten Gebrauch machen, da Aufwand und Nutzen regelmäßig nicht in einem angemessenen Verhältnis zueinanderstehen. Zunächst wird dem Schuldner selbst aufgegeben werden, den fehlenden Nachweis (z.B. Einkommensnachweis) beizubringen. Kommt dieser der Aufforderung nicht nach, so wird das Gericht regelmäßig nicht z.B. den Arbeitgeber befragen, sondern den Antrag „mangels Mitwirkung“ nach § 4 Abs. 5 BerHG zurückweisen.

c) § 4 Abs. 5 BerHG

Mitwirkungspflicht 99

§ 4 Abs. 5 BerHG wird dem § 118 Abs. 2 S. 4 ZPO entsprechend gestaltet. Er sieht die Versagung von Beratungshilfe vor, wenn der Rechtsuchende seinen Mitwirkungspflichten nach Abs. 4 nicht nachkommt. Hierdurch wird eine Beschleunigung des Verfahrens erreicht. Der Rechtspfleger hat die angemessene Fristsetzung zustellen zu lassen.

d) § 4 Abs. 6 BerHG

Nachweis gegenüber Beratungsperson 100

Auch die Beratungsperson kann von dem Bedürftigen die Erklärungen und Belege nach Abs. 4 (pers./wirtsch. Verhältnisse; keine bisherige Beratung, …) verlangen.

Es wird ein in das Ermessen der Beratungsperson gestelltes Recht geschaffen, sich die Angaben des Rechtsuchenden zu dessen persönlichen und wirtschaftlichen Verhältnissen nachweisen zu lassen. Sinn und Zweck der Vorschrift ist es, die **Beratungsperson vor dem Risiko zu schützen**, trotz erbrachter Beratungsleistung **keine Vergütung zu erhalten**.

Nach § 8a Absatz 4 BerHG steht der Beratungsperson auch bei Nichtvorliegen der persönlichen und wirtschaftlichen Voraussetzungen ein Vergütungsanspruch zu. Voraussetzung hierzu ist jedoch, dass die Beratungsperson glaubhaft macht, dass sie weder Kenntnis noch grob fahrlässige Unkenntnis vom Fehlen der Voraussetzungen hatte.

Die Glaubhaftmachung wird der Beratungsperson ohne Weiteres gelingen, wenn sie sich die Tatsachen nach § 4 Abs. 6 BerHG hat belegen lassen. Allerdings wird man umgekehrt auch davon ausgehen müssen, dass eine Beratungsperson, die diese Erklärungen nicht gefordert hat, ggf. grob fahrlässig gehandelt hat.

Problematisch kann diese Gestaltung werden, wenn die Beratungshilfe bei drohendem Fristablauf erteilt werden soll und der Antragsteller die entsprechenden Belege nicht mehr rechtzeitig beibringen kann. In diesem Fall würde ein abhängig machen der Hilfegewährung von der Belegvorlage einer Rechtsverweigerung gleichkommen. Es bleibt abzuwarten, wie die Gerichte diesen Fall entscheiden werden.

101 *Praxistipp*

Es liegt im dringenden eigenen Interesse des Rechtsanwalts, von diesem Auskunfts-/Beleg-Recht Gebrauch zu machen. Die Beratungsperson sollte daher bereits bei der Terminvereinbarung auf die Notwendigkeit dieser Belege hinweisen und die vorherige Beratungshilfeerteilung von der Vorlage abhängig machen.

2. Nachträgliche Beratungshilfebewilligung

102 **Nachträgliche Bewilligung**

Aus dem neuen § 6 Abs. 2 BerHG ergibt sich weiterhin die **Zulässigkeit der nachträglichen Beratungshilfebewilligung** bzw. des sogenannten „Direktzugangs". Der Rechtssuchende kann sich unmittelbar, also vor Bewilligung, an eine Beratungsperson wenden. Diese Möglichkeit ist – entgegen den ersten Entwürfen des Gesetzes – weiterhin uneingeschränkt gegeben.

Wenn die Beratungsperson Zweifel an der Bedürftigkeit hat, kann sie den Hilfesuchenden an das Gericht zur vorherigen Bewilligung verweisen.[66] Diese Vorgehensweise ist jedoch nur dann anzuraten, wenn nicht die Versäumung einer Frist droht, da in diesem Falle eine Haftung in Betracht kommen kann.

66 *Gottschalk/Schneider*, PKH/VKH, Rn 1222; AG Ludwigshafen, Beschl. v. 20.1.2025 – 2 XI 679/24.

Neu eingefügt ist die **Antragsfrist bei nachträglicher Beratungshilfebewilligung**. Der Antrag ist nach § 6 Abs. 2 BerHG spätestens vier Wochen nach Beginn der Beratungshilfetätigkeit zu stellen. Der Anspruch auf Bewilligung der Beratungshilfe erlischt mit Fristablauf. Ein verspäteter Antrag ist als unbegründet zurückzuweisen.

Soweit von einigen Gerichten verlangt wurde, dass das Datum der Antragstellung vor der Gewährung der Beratungshilfe liegen muss, so ist dies wegen des nunmehr eindeutigen Wortlauts seit dem 1.1.2014 hinfällig.

Fristablauf 103

Sehr umstritten ist die Handhabung bei Eingang eines rechtzeitigen, aber unvollständigen nachträglichen Bewilligungsantrags. Maßgebliche Stimmen sehen in der Frist des § 6 Abs. 2 BerHG eine Ausschlussfrist. Hiernach ist ein Antrag, der bei Ablauf der Frist nicht vollständig vorliegt, zurückzuweisen. Dies dient dem Ziel, möglichst schnell Rechtssicherheit zu erlangen.

Die Rechtsprechung geht inzwischen mit dem AG Winsen[67] davon aus, dass ein Antrag genügt, der den wesentlichen Formerfordernissen genügt. Zur Fristwahrung genügt demnach, dass das Formular:

- die wesentlichen Angaben zur Angelegenheit,
- die Angaben zu den persönlichen und wirtschaftlichen Verhältnissen,
- die persönliche Unterschrift und
- die persönlichen Versicherungen des Antragstellers gem. § 4 Abs. 3 Nr. 1 und 2 BerHG enthält.

Die zuerst genannte Ansicht geht an den Bedürfnissen der Praxis vorbei. Gerade auch im 104
Hinblick auf den Personenkreis der zu Beratenden ist es regelmäßig schwierig, die vollständigen Belege rechtzeitig zusammenzustellen. Selbst wenn der Rechtsanwalt glaubt, alles korrekt eingereicht zu haben, so steht es dem Rechtspfleger frei, weitere Belege zu fordern. Es muss daher möglich sein, nach einer gerichtlichen Beanstandung mit Fristsetzung fehlende Dokumente nachreichen zu können. Für diese Ansicht spricht neben den Bedürfnissen der anwaltlichen Praxis vor allem der Wortlaut der Vorschrift, der allein auf das Einreichen des Antrags abstellt.[68]

Im Ergebnis kann dem Rechtsanwalt jedoch in Anbetracht der Unsicherheit nur empfohlen werden, für einen rechtzeitigen und vollständigen Antrag zu sorgen.

67 AG Winsen, Beschl. v. 30.7.2015 – 18 II 293/15, AGS 2015, 537; ebenso: *Gottschalk/Schneider*, PKH/VKH, Rn 1211

68 OLG München, Beschl. v. 11.4.2016 – 34 AR 41/16, RVGreport 2016, 237; AG Königswinter, Beschl. v. 29.12.2014 – 4 II 525/14 BerH, AGS 2015, 238.

Abrechnung wie Wahlanwalt: Zudem sei darauf hingewiesen, dass nach § 8a Abs. 4 BerHG im Falle der Ablehnung der nachträglichen Beratungshilfe die Beratungsperson von den Rechtsuchenden Vergütung nach den allgemeinen Vorschriften verlangen kann, wenn sie diese bei der Mandatsübernahme hierauf hingewiesen hat.

3. Aufhebung der Beratungshilfe

105 **Aufhebung**

§ 6a BerHG wurde neu geschaffen und regelt die Möglichkeit und Folgen einer nachträglichen Aufhebung der Beratungshilfe.

- Abs. 1 regelt die Aufhebung, wenn die Voraussetzungen bei der Bewilligung nicht vorgelegen haben.
- Abs. 2 regelt die Aufhebung auf Antrag der Beratungsperson, wenn die Voraussetzungen nachträglich weggefallen sind.

a) § 6a Abs. 1 BerHG – Aufhebung von Amts wegen

106 **Aufhebung von Amts wegen**

Nach § 6a Abs. 1 BerHG kann das Gericht die Bewilligung von Amts wegen aufheben, wenn

- die Voraussetzungen für die Beratungshilfe zum Zeitpunkt der Bewilligung **nicht** vorgelegen haben und
- seit der Bewilligung nicht mehr als ein Jahr vergangen ist.

107 **Keine Pflicht zur Aufhebung**

Es besteht keine Pflicht zur Aufhebung (im Gegensatz zur PKH: § 124 ZPO – dort heißt es: *„soll … aufheben"* – liegt hier eine Kann-Vorschrift vor). Es handelt sich daher um eine Ermessenentscheidung des Gerichts, das hierbei insbesondere den Aufwand für die Aufhebung und den Grad des Verschuldens berücksichtigen sollte.

Der Rechtssuchende ist vor der Aufhebung anzuhören.[69] Der Aufhebungsbeschluss hat eine **Rechtsmittelbelehrung** zu beinhalten.

Aufhebungsgrund wird regelmäßig das Fehlen der persönlichen/wirtschaftlichen Verhältnisse sein. Es kommen aber auch Mutwilligkeit und alternative Hilfemöglichkeiten in Betracht. **Fehlende Erfolgsaussichten** können kein Aufhebungsgrund sein, da diese nicht Bewilligungsvoraussetzung sind.

Eine **nachträgliche Verbesserung** der Einkommens-/Vermögensverhältnisse führt nicht zu einer Aufhebung nach Abs. 1. Hier ist ggf. eine Aufhebung nach Abs. 2 zu prüfen.

69 *Gottschalk/Schneider*, PKH/VKH, Rn 1234.

Folge ist, dass die Beratungsperson **auch nach der Aufhebung** der Beratungshilfebewilligung, einen **Vergütungsanspruch** gegen die Staatskasse hat.

Dies gilt nicht, wenn die Beratungsperson Kenntnis oder grob fahrlässige Unkenntnis davon hatte, dass die Bewilligungsvoraussetzungen im Zeitpunkt der Beratungshilfeleistung nicht vorlagen – § 8a Abs. 1 Nr. 1 BerHG.

Der Rechtsanwalt sollte zur Vermeidung dieser Probleme bei nachträglicher Beratungshilfebeantragung von seinem Auskunftsrecht nach § 4 Abs. 6 BerHG Gebrauch machen, da anderenfalls grob fahrlässige Unkenntnis vorliegen könnte, wenn keinerlei Angaben/Erklärungen des Mandanten vorliegen. Die Darlegungs- und Beweislast liegt aber insoweit bei der Staatskasse.[70]

Die Beratungsperson kann allerdings alternativ nach § 8a Abs. 2 BerHG von dem Rechtsuchenden die normale Vergütung verlangen, wenn sie keine Vergütung aus der Staatskasse fordert oder einbehält und den Rechtsuchenden bei der Mandatsübernahme auf die Möglichkeit der Aufhebung der Bewilligung, sowie auf die sich für die Vergütung ergebenden Folgen, hingewiesen hat.

Wird die Bewilligung der Beratungshilfe aufgehoben, weil die persönlichen und wirtschaftlichen Voraussetzungen hierfür nicht vorgelegen haben, und nimmt die Beratungsperson die Staatskasse in Anspruch, so kann die Staatskasse vom Rechtsuchenden die Erstattung des von ihr an die Beratungsperson gezahlten Betrags verlangen – § 8a Abs. 3 BerHG. Ob die Staatskasse den Regressanspruch tatsächlich geltend macht, liegt im Ermessen des Gerichts. Aufwand und Ertrag müssen in angemessenem Verhältnis stehen.

Zudem ist zu beachten, aus welchen Gründen fehlerhaft Beratungshilfe bewilligt worden ist: Hat die Bewilligung nicht auf falschen Angaben des Rechtsuchenden, sondern auf Fehlern des Gerichts beruht, ist der Rechtsuchende in seinem Vertrauen auf den Bestand der Entscheidung zu schützen.

Erfolgt die Aufhebung demgegenüber nicht aus Gründen der persönlichen und wirtschaftlichen Verhältnisse, z.B. weil andere Möglichkeiten der Hilfe in Anspruch genommen werden können, so hat die Staatskasse von vornherein keinen Regressanspruch, da der Bedürftige in diesen Fällen in seinem Vertrauen auf die bewilligte Beratungshilfe zu schützen ist.

Praxistipp: Belehrung 108

Will der Rechtsanwalt nach Aufhebung der BerH die Wahlanwaltsvergütung gegen die Partei durchsetzen, so wird vorausgesetzt, dass er die Partei vorher über die Möglichkeit der Aufhebung und der Inanspruchnahme belehrt hat – § 6a Abs. 1, **8a Abs. 2 Nr. 2** BerHG: Es genügt ein **formloser Hinweis**.

70 *Gottschalk/Schneider,* PKH/VKH, Rn 1236.

109 *Beispiel 12: Aufhebung*

Die Beratungsperson erhält Beratungshilfe in einer sozialrechtlichen Angelegenheit. Sie hat jedoch verschwiegen, dass der Ehegatte über eigenes Einkommen verfügt. Der Rechtsanwalt erteilt Beratungshilfe in Form von Vertretung. In einem Parallelverfahren wird dem Gericht das Nichtvorliegen der Voraussetzungen bekannt. Die Beratungshilfe wird von Amts wegen aufgehoben. Der Rechtsanwalt hat seine Vergütung noch nicht aus der Staatskasse erhalten (die Beratungshilfegebühr Nr. 2500 VV RVG i.H.v. 15,00 EUR wurde nicht gezahlt – anderenfalls wäre sie ggf. anzurechnen gem. § 8a Abs. 2 S. 2 BerHG).

Alt. 1: Der Rechtsanwalt hat den Mandaten vorab durch mündlichen Hinweis nach § 8a Abs. 2 BerHG belehrt.

Er kann **alternativ** verlangen

von seinem Mandanten:

Geschäftsgebühr, Nr. 2302 VV RVG	391,00 EUR
Postentgeltpauschale, Nr. 7002 VV RVG	20,00 EUR
19 % Umsatzsteuer, Nr. 7008 VV RVG	78,09 EUR
Summe	**489,09 EUR**

oder aus der Staatskasse:

Geschäftsgebühr, Nr. 2503 VV RVG	102,00 EUR
Postentgeltpauschale, Nr. 7002 VV RVG	20,00 EUR
19 % Umsatzsteuer, Nr. 7008 VV RVG	23,18 EUR
Summe	**145,18 EUR**

Alt. 2: Der Rechtsanwalt hat den Mandaten vorab **NICHT** nach § 8a Abs. 2 BerHG belehrt.

Er kann **nur** verlangen

aus der Staatskasse:

Geschäftsgebühr, Nr. 2503 VV RVG	102,00 EUR
Postentgeltpauschale, Nr. 7002 VV RVG	20,00 EUR
19 % Umsatzsteuer, Nr. 7008 VV RVG	23,18 EUR
Summe	**145,18 EUR**

(Hinweis: Die Staatskasse kann sich bei Inanspruchnahme das Geld von der Beratungshilfepartei zurückholen – § 8a Abs. 3 BerHG.)

Beispiel 13: Aufhebung (Abwandlung) 110

Wie Beispiel 12, die Partei hat jedoch nicht bei der Bewilligung falsche Tatsachen vorgetragen, sondern nach Bewilligung eine erhebliche Erbschaft (20.000,00 EUR) gemacht.

Es erfolgt keine Aufhebung nach § 6a BerHG, da eine nachträgliche Vermögensänderung unbeachtlich ist.

b) § 6a Abs. 2 BerHG – Aufhebung auf Antrag der Beratungsperson

Aufhebung auf Antrag 111

Der Rechtsanwalt kann nach § 6a BerHG die Aufhebung der Bewilligung beantragen, wenn der Rechtsuchende aufgrund der Beratung oder Vertretung, für die ihm Beratungshilfe bewilligt wurde, etwas erlangt hat.

Antragsvoraussetzungen 112

Dieser Antrag ist an folgende Voraussetzungen geknüpft:

1. Der Rechtssuchende hat aufgrund der Beratungshilfe etwas erlangt. Dadurch müssen die Voraussetzungen für die Bewilligung der BerH nachträglich entfallen sein. Als Erlangtes gilt entsprechend § 115 Abs. 4 ZPO jeder verwertbare vermögensrechtliche Vorteil, der durch die Beratung/Vertretung erlangt wurde.[71]
2. Der Rechtsanwalt hat noch **keine Beratungshilfevergütung** nach § 44 S. 1 RVG **beantragt** (maßgeblich: Eingang Vergütungsantrag bei Gericht). Er hat hier einen Gestaltungsspielraum und kann mit dem Festsetzungsantrag warten. Dabei gilt die dreijährige Verjährungsfrist nach § 195 BGB. Vermutet der Anwalt also einen baldigen Vermögensvorteil, so sollte er abwarten.
3. Der Rechtsanwalt hat den Rechtsuchenden bei der Mandatsübernahme auf die **Möglichkeit** der Antragstellung und der **Aufhebung der Bewilligung** sowie auf die sich für die Vergütung nach § 8a Abs. 2 ergebenden Folgen in **Textform hingewiesen**.

Vermögensverbesserung 113

Für den Rechtssuchenden gelten – anders als bei der PKH – **keine Anzeigepflichten** für den Fall der Vermögensverbesserung.

Belehrungspflicht 114

Nach § 8a Abs. 2 BerHG kann die Beratungsperson von dem Rechtsuchenden die normale Vergütung verlangen, wenn sie keine Vergütung aus der Staatskasse fordert oder

71 *Schneider*, NZFam 2016, 977.

einbehält und den Rechtsuchenden bei der Mandatsübernahme auf die Möglichkeit der Aufhebung der Bewilligung sowie auf die sich für die Vergütung ergebenden Folgen hingewiesen hat.

Hat der Rechtsanwalt die Aufhebung beantragt, so ergibt sich aus § 8a Abs. 1 Nr. 2 BerHG klarstellend, dass ein Anspruch gegen die Staatskasse für diesen Rechtsanwalt nicht mehr besteht.

Eine nach Nr. 2500 VV RVG gezahlte Beratungsgebühr ist ggf. auf den Vergütungsanspruch anzurechnen.

115 *Hinweis*

Formerfordernis: Aufhebung auf Antrag – § 6a Abs. 2, 8a Abs. 2 Nr. 2 BerHG: Notwendig zur Geltendmachung der allgemeinen Vergütung ist eine **Belehrung in Textform**.

c) Vergütungsvereinbarung

116 **Zulässigkeit**

Vergütungsvereinbarungen waren gem. § 8 BerHG a.F. nichtig. Diese Vorschrift ist ersatzlos weggefallen. Damit ist nun der Abschluss einer Vergütungsvereinbarung nach den allgemeinen Regelungen möglich. Insbesondere kann auch ein Erfolgshonorar nach § 4a vereinbart werden.

Die Vergütungsvereinbarung darf insbesondere auch noch nach erfolgter Bewilligung getroffen werden.

Es versteht sich jedoch von selbst, dass der aus einer Vergütungsvereinbarung resultierende Anspruch der Beratungsperson gegen den Rechtsuchenden gem. § 8 Abs. 2 BerHG nicht geltend gemacht werden kann, wenn

- Beratungshilfe bewilligt ist oder
- bei nachträglicher Antragstellung das Gericht noch keine Entscheidung über den Antrag getroffen hat.

117 **Kostenrisiko trägt BerH-Berechtigter**

Eine Vergütungsvereinbarung ist jedoch für folgende Fälle besonders sinnvoll:

- die Beratungshilfebewilligung wird wieder aufgehoben (sei es auf Antrag des Rechtsanwalts oder von Amts wegen – § 6a Abs. 1, 2 BerHG)
- das Gericht lehnt im Falle nachträglicher Antragstellung die Bewilligung ab.

Nachweis der Belehrung 118

Durch die neue Regelung wurde das **Kostenrisiko** im Falle der nachträglichen Bewilligung weg vom Rechtsanwalt **zum Rechtsuchenden hin** verlagert.

Sind die obigen Voraussetzungen erfüllt, kann die Beratungsperson den Rechtsuchenden aus der Vergütungsvereinbarung in Anspruch nehmen. Eine vorher geschlossene Vergütungsvereinbarung wird eine ggf. mühsame Auseinandersetzung zwischen Beratungsperson und Rechtsuchendem über die Höhe der Vergütung nach § 34 RVG entbehrlich machen.

Wurde im Falle der nachträglichen Antragstellung keine Vergütungsvereinbarung getroffen und wird die BerH abgelehnt, so hat der Rechtsanwalt einen Anspruch auf die übliche Vergütung (entweder gem. § 34 RVG für Beratung oder nach Nr. 2300 VV RVG für Vertretung) unter den Voraussetzungen des § 8a Abs. 4 BerHG.

Der Bevollmächtigte muss ggf. nachweisen, dass er der Beratungshilfepartei bei Mandatsübernahme einen Hinweis gem. § 8a Abs. 4 S 1 BerHG erteilt hat. Denn nur dann trägt der Mandant das Kostenrisiko.[72]

4. Folgen der Aufhebung

Der neu eingefügte § 8a BerHG ist im Zusammenhang mit § 6a BerHG (Aufhebung der Bewilligung) zu sehen. Er schlägt für Aufhebung eine umfassende Regelung der Vergütungs- und Regressansprüche im Verhältnis zwischen den Beteiligten (Beratungsperson, Staatskasse und Rechtsuchendem) vor. 119

Die neuen Regelungen zu § 8a Abs. 1 und 2 BerHG sind bereits im Zusammenhang mit § 6a BerHG vorgestellt worden – siehe auch die Ausführungen dort.

a) § 8a Abs. 1 BerHG

Anspruch gegen Staatskasse 120

Der Vergütungsanspruch der **Beratungsperson gegen die Staatskasse** soll grundsätzlich auch nach der Aufhebung fortbestehen. Dies gilt nur dann nicht, wenn der Rechtsanwalt nicht schutzwürdig ist:

- Bei Kenntnis oder grobfahrlässiger Unkenntnis vom Fehlen der Voraussetzungen.
- Der Aufhebungsantrag ist von der Beratungsperson selbst gestellt worden – § 6a Abs. 2 BerHG.

Die Beweislast für Kenntnis oder grobe Fahrlässigkeit trägt die Staatskasse.[73] 121

72 BVerfG, Nichtannahmebeschl. v. 12.11.2018 – 1 BvR 1370/18.
73 BT-Drucks 17/11472, 43.

b) § 8a Abs. 2 BerHG

122 **Anspruch gegen Mandant**

Der **Beratungsperson steht gegen den Rechtsuchenden** ein Vergütungsanspruch zu. Dieser Anspruch ist an zwei Voraussetzungen geknüpft:

- Er fordert keine Beratungshilfevergütung aus der Staatskasse oder behält diese nicht ein.
- Er hat den Rechtssuchenden bei der Mandatsübernahme hingewiesen auf
  - die Möglichkeit der Aufhebung und
  - die Konsequenzen für die Vergütung.

c) § 8a Abs. 3 BerHG

123 **Mangelnde Bedürftigkeit**

Wird die Beratungshilfe aufgehoben, weil keine Bedürftigkeit gegeben ist, kann die Staatskasse den Antragsteller in Regress nehmen und die Erstattung der an die Beratungsperson bezahlten Vergütung verlangen.

Hierbei handelt es sich jedoch um eine Ermessensentscheidung. Dies soll in Anbetracht des Verhältnisses von Aufwand und Ertrag entschieden werden. Es ist auch zu berücksichtigen, wieso fehlerhaft Beratungshilfe bewilligt worden ist.

Bei Falschangaben bzgl. persönlicher/wirtschaftlicher Verhältnisse kann

- Regress durchgeführt werden.

Bei Fehlern des Gerichts ist

- der Rechtsuchende in der Regel in seinem Vertrauen auf den Bestand der Entscheidung zu schützen.

Andere Aufhebungs-/Ablehnungsgründe, z.B. andere Möglichkeiten für eine Hilfe nach § 1 Abs. 1 Nr. 2 BerHG führen zu keinem Regressanspruch, da der tatsächlich Bedürftige in seinem Vertrauen auf die bewilligte Beratungshilfe zu schützen ist.

d) § 8a Abs. 4 BerHG

124 **Anspruch gegen Mandant**

Festzustellen bleibt hier noch, dass gem. § 8a Abs. 4 BerHG die Beratungsperson einen Anspruch gegen den Rechtsuchenden hat, wenn die nachträgliche Bewilligung abgelehnt wird. Hierzu ist ein entsprechender Hinweis bei der Mandatsübernahme notwendig.

§ 8a Abs. 4 BerHG gilt auch für den Fall, dass der Rechtsuchende seinen Mitwirkungspflichten nach § 4 Abs. 4 BerHG nicht nachkommt und das Gericht die Bewilligung von Beratungshilfe daher ablehnt.

5. Übersicht zu den Hinweispflichten

Unterschiedliche Formvorgaben 125

Der Gesetzgeber sieht im Beratungshilfegesetz an drei Stellen Hinweispflichten zu der Fragestellung: *Möglichkeit der Aufhebung der Bewilligung und die Auswirkungen auf die Vergütung* vor. Dieser Hinweis ist in unterschiedlicher Form zu führen. Aber auch dann, wenn die Textform nicht vorgeschrieben ist, sollte diese aus Nachweisgründen gewählt werden.

- **Aufhebung von Amts wegen** – §§ 6a Abs. 1, **8a Abs. 2 Nr. 2** BerHG: Es genügt ein **formloser Hinweis** zur Geltendmachung der allgemeinen Vergütung.
- **Aufhebung auf Antrag – §§ 6a Abs. 2**, 8a Abs. 2 Nr. 2 BerHG: Notwendig ist ein **Hinweis in Textform** zur Geltendmachung der allgemeinen Vergütung.
- **Ablehnung der nachträglichen Bewilligung – § 8a Abs. 4** BerHG: Es genügt ein **formloser Hinweis** zur Geltendmachung der allgemeinen Vergütung.

XI. Kostenerstattung und Beratungshilfevergütung

Anrechnung der Erstattung 126

Der Ablauf ist regelmäßig so, dass der Betroffene Beratungshilfe durch das Gericht bewilligt erhält und mit dem Beratungshilfeschein einen Rechtsanwalt mit der Einlegung des Widerspruchs beauftragt. Dieser rechnete anschließend mit dem Gericht die Beratungshilfe ab.

Falls der Widerspruch erfolgreich ist, erstattet die Behörde die vollen Kosten des Rechtsanwalts. Häufig wird hierbei übersehen, dass nach Zahlung durch die Behörde eine Mitteilungspflicht des Rechtsanwalts an das Gericht besteht und von dort die Vergütung zurückzufordern ist.

Diese Verrechnungs- und Anzeigepflicht ergibt sich aus § 9 BerHG, § 55 RVG.

„Dortmunder Modell" 127

Seit einigen Jahren wird bei den Gerichten zunehmend das sog. Dortmunder Modell angewandt. Dies bedeutet, dass eine Zahlung der Beratungsvergütung erst dann erfolgt, wenn ein Widerspruchsbescheid mit vorgelegt wird. In diesem Fall kann das Gericht eventuelle Anrechnungen überprüfen.

In Dortmund wurde diese einfache Lösung im Rahmen eines „runden Tisches" von Jobcenter und Gericht entwickelt. Zudem wurden hierbei zahlreiche andere Probleme im gemeinsamen Tätigkeitsfeld erkannt und gelöst.

Dieses Problem besteht jedoch in einer Fallkonstellation weiterhin:

Wenn die Partei Klage gegen den Widerspruchbescheid einlegt und das Sozialgericht die ablehnende Kostenerstattungsentscheidung der Widerspruchsbehörde im Urteil nachträglich ändert. In diesem Fall erfährt das Gericht nichts mehr von der anderweitigen Erstattung, wenn der Rechtsanwalt seine Anzeigepflicht übersieht.

128 **Aufhebung nach § 44 SGB**

Wird ein **Verwaltungsakt nach § 44 SGB** (Rücknahme eines rechtswidrigen nicht begünstigenden Verwaltungsaktes) **aufgehoben**, so ist festzustellen, dass § 63 SGB X nicht anwendbar ist. Eine Kostenerstattungspflicht der Behörde besteht also nicht. Es kann daher auch nicht zu einer Doppelzahlung von Sozialbehörde und Gericht kommen. In diesem Fall kann die Beratungshilfe ohne Vorlage eines Widerspruchsbescheids ausgezahlt werden.

129 **Widerspruch – unbegründet**

Wird ein **Widerspruch ohne Begründung** durch den Rechtsanwalt eingelegt, so wird dem Rechtsanwalt hierfür regelmäßig lediglich eine Beratungsgebühr Nr. 2501 VV RVG erstattet. Argument hierfür ist, dass dies der Mandant auch nach Beratung allein hätte machen können. Es fehlt damit an der Notwendigkeit der Vertretung durch einen Rechtsanwalt.

Legt der Rechtsanwalt einen begründeten Widerspruch ein, so verdient er die Beratungshilfe-Vertretungsgebühr nach Nr. 2503 VV RVG.

130 *Beispiel 14: Beratungshilfe und Widerspruchsverfahren*

Dem Rechtsuchenden wurde durch das Gericht Beratungshilfe wegen Festsetzung von Leistungen nach dem SGB II bewilligt. Er sucht einen Rechtsanwalt auf. Dieser berät ihn entsprechend. Der Rechtsanwalt legt für den Rechtsuchenden bzw. Mandanten bei der Behörde einen begründeten Widerspruch ein. Der Verwaltungsakt wird aufgehoben. Die Behörde stellt die Notwendigkeit der anwaltlichen Vertretung fest und übernimmt die Kosten des Verfahrens. Die Angelegenheit ist beendet.

Folgende Gebührenansprüche sind entstanden:

gegen den Mandanten:	
Beratungsgebühr, Nr. 2500 VV RVG i.H.v. brutto	15,00 EUR
gegen die Staatskasse (Gericht):	
Geschäftsgebühr, Nr. 2503 VV RVG	102,00 EUR
Postentgeltpauschale, Nr. 7002 VV RVG	20,00 EUR
19 % Umsatzsteuer, Nr. 7008 VV RVG	23,18 EUR
Summe	**145,18 EUR**

gegen die Behörde:

Geschäftsgebühr, Nr. 2302 VV RVG	391,00 EUR
(65,00 EUR – 837,00 EUR)	
Postentgeltpauschale, Nr. 7002 VV RVG	20,00 EUR
19 % Umsatzsteuer, Nr. 7008 VV RVG	78,09 EUR
Summe	**489,09 EUR**

Angenommen, alle Beteiligten haben Ihre Ansprüche gezahlt, so ergeben sich folgende Konsequenzen:

Mandant:

Der Rechtsanwalt hat die Beratungsgebühr über 15,00 EUR an den Mandanten zu erstatten.

Nach anderer Ansicht muss der Rechtsanwalt die Gebühr Nr. 2500 VV RVG nicht rückerstatten.[74]

Staatskasse (Gericht):

Der Rechtsanwalt muss den Erhalt der Vergütung nach §§ 55, 58 Abs. 1 RVG bei der Staatskasse anzeigen. Diese wird die Vergütung nachträglich anrechnen und in diesem Fall die gesamte Beratungshilfevergütung mit 145,18 EUR zurückfordern.

E. Anrechnung

I. Anrechnung Geschäftsgebühr

Seit 2013 werden die gleichen echten Anrechnungsprinzipien wie in „normalen“ Zivilsachen angewandt. Dies führt zu einer Vereinheitlichung und damit Vereinfachung sowie zu einer Anwendung des § 15a RVG, und damit zu einer gerechteren Vergütungserstattung. 131

Hinweis 132

Bei der Bemessung einer weiteren Geschäftsgebühr ist bei der Rahmenbemessung nicht zu berücksichtigen, dass der Umfang der Tätigkeit infolge der vorangegangenen Tätigkeit geringer ist, § 14 Abs. 2 RVG.

74 Gerold/Schmidt/*Müller-Rabe*, § 58 Rn 4.

1. Anrechnung aus Verwaltungsverfahren

133 **Verwaltungsverfahren**

Die Anrechnung der Geschäftsgebühr des Verwaltungsverfahrens auf die Geschäftsgebühr des Vorverfahrens ist in Vorbem. 2.3 Abs. 4 VV RVG geregelt:

> *Soweit wegen desselben Gegenstands eine Geschäftsgebühr für eine Tätigkeit im Verwaltungsverfahren entstanden ist, wird diese Gebühr **zur Hälfte** auf eine Geschäftsgebühr für eine Tätigkeit im weiteren Verwaltungsverfahren, das der Nachprüfung des Verwaltungsakts dient, **angerechnet**. Bei einer Betragsrahmengebühr beträgt der Anrechnungsbetrag **höchstens 225,00 EUR (bis 31.5.2025: 207,00 EUR)**.*
>
> *Bei der Bemessung einer weiteren Geschäftsgebühr innerhalb eines Rahmens ist nicht zu berücksichtigen, dass der Umfang der Tätigkeit infolge der vorangegangenen Tätigkeit geringer ist.*

2. Anrechnung aus Vorverfahren

134 **Widerspruchsverfahren**

Die Anrechnung der **Geschäftsgebühr des Vorverfahrens auf die Verfahrensgebühr** des Klageverfahrens ist in Vorbem. 3 Abs. 4 VV RVG geregelt:

> *Soweit wegen desselben Gegenstands eine Geschäftsgebühr nach Teil 2 entsteht, wird diese Gebühr zur **Hälfte**, bei Betragsrahmengebühren **höchstens** mit **225,00 EUR (bis 31.5.2025: 207,00 EUR)** auf die Verfahrensgebühr des gerichtlichen Verfahrens **angerechnet**. Sind mehrere Gebühren entstanden, ist für die Anrechnung **die zuletzt entstandene Gebühr maßgebend**.*
>
> *Bei einer Betragsrahmengebühr ist nicht zu berücksichtigen, dass der Umfang der Tätigkeit im gerichtlichen Verfahren infolge der vorangegangenen Tätigkeit geringer ist.*

135 **Tatsächliche Zahlung**

Weiterhin ist eine Geschäftsgebühr nur auf die Verfahrensgebühr anzurechnen, sofern diese auch tatsächlich gezahlt bzw. vereinnahmt worden ist. Dies folgt aus § 55 Abs. 5 S. 2–4 RVG. Für die Glaubhaftmachung der Nichtzahlung reicht die anwaltliche Versicherung aus.[75]

Auf § 22 Rdn 124 ff. wird im Übrigen verwiesen.

75 SG Detmold, Beschl. v. 28.4.2015 – S 28 SF 246/14 E, n.V.

Befristete Anrechnung 136

Nach § 15 Abs. 5 S. 2 RVG kommt eine Anrechnung dann nicht mehr in Betracht, wenn zwischen den anwaltlichen Tätigkeiten mehr als zwei Kalenderjahre liegen.

Einstweiliger Rechtsschutz 137

Bei parallelen Widerspruchs- und Eilrechtsschutzverfahren (Anordnung der aufschiebenden Wirkung des Widerspruchs) handelt es sich nicht um denselben Gegenstand i.S.v. Vorbem. 3 Abs. 4 S. 1 VV RVG. Eine Anrechnung erfolgter Zahlungen auf die Geschäftsgebühr für die Tätigkeit eines im Wege der Prozesskostenhilfe beigeordneten Rechtsanwaltes im Widerspruchsverfahren auf die Verfahrensgebühr des Eilrechtsschutzverfahrens gem. Vorbem. 3 Abs. 4 VV RVG, § 15a Abs. 1 RVG findet daher nicht statt.[76]

Klage auf Erstattung der Widerspruchskosten 138

Das Widerspruchsverfahren gegen einen Ablehnungsbescheid und die Klage auf Erstattung der Kosten für das Widerspruchsverfahren betreffen verschiedene Gegenständen. Es handelt es sich nicht um „denselben Gegenstand" nach Vorbem. 3 Abs. 4 S 1 VV RVG. Eine Anrechnung der Geschäftsgebühr erfolgt damit nicht.[77]

3. Anrechnung mehrerer Geschäftsgebühren

Mehrere Geschäftsgebühren 139

Seit dem 1.1.2021 ist durch § 15a Abs. 2 S. 3 RVG auch die Anrechnung mehrerer Betragsrahmengebühren geregelt. Dort heißt es:

> *„Bei Betragsrahmengebühren darf der Gesamtbetrag der Anrechnung den für die Anrechnung bestimmten Höchstbetrag nicht übersteigen."*

Diese Änderung kann sich für den Anwalt sehr positiv bemerkbar machen.

Ausgangslage ist, dass zwei oder mehr Geschäftsgebühren entstanden sind, die auf eine Verfahrensgebühr anzurechnen sind.

76 LSG Bayern, Beschl. v. 17.12.2018 – L 12 SF 224/17; LSG Bayern, Beschl. v. 21.6.2016 – L 15 SF 39/14 E.
77 LSG NRW, Beschl. v. 1.8.2019 – L 2 AS 262/19 B.

4. Anrechnung von Betragsrahmengebühren auf Betragsrahmengebühren

140 **Verbot der „Doppelanrechnung"**

Mit dem neuen § 14 Abs. 2 RVG ab 1.1.2021 hat der Gesetzgeber allgemein klargestellt, wie Betragsrahmengebühren auf Betragsrahmengebühren anzurechnen sind:

> *„Ist eine Rahmengebühr auf eine andere Rahmengebühr anzurechnen, ist die Gebühr, auf die angerechnet wird, so zu bestimmen, als sei der Rechtsanwalt zuvor nicht tätig gewesen."*

Diese Regelung galt bereits für die Anrechnung von Geschäftsgebühr auf Geschäftsgebühr (Vorbem. 2.3 Abs. 4 VV RVG) und von Geschäftsgebühr auf Verfahrensgebühr (Vorbem. 3 Abs. 4 VV RVG). Sie wurde an den genannten Stellen im Vergütungsverzeichnis entfernt und in den Gesetzesteil übernommen. Damit gilt diese Regelung nun für sämtliche Betragsrahmengebühren.

Durch die Änderung soll klargestellt werden, dass keine „Doppelanrechnung" erfolgen soll. Es ist nämlich denkbar, dass

- einerseits die im Gesetz jeweils vorgeschriebene Anrechnung durchgeführt wird und
- andererseits bei der zweiten Befassung die Gebühr reduziert wird (z.B. durch Bezirksrevisor oder Rechtsschutzversicherung) mit der Begründung, dass der Einarbeitungsaufwand wegen der Vorbefassung nur sehr gering gewesen sei.

Dieser grundsätzlich nach § 14 Abs. 1 RVG zulässige Einwand ist nunmehr durch § 14 Abs. 2 RVG ausgeschlossen. Der Anwendungsbereich ist allerdings gering, die entsprechenden Fälle jenseits der Anrechnung von Geschäftsgebühr Nr. 2302 VV RVG auf Verfahrensgebühr Nr. 3102 VV RVG selten sind – und hier galt diese Regelung bereits nach altem Recht.

Es sind Fälle denkbar z.B. im Zusammenhang mit:

- Prüfung der Erfolgsaussicht Nrn. 2102/2103 VV RVG,
- Nichtzulassungsbeschwerde Nrn. 3511/3512 VV RVG,
- Zurückverweisung aus der Rechtsmittelinstanz z.B. Nrn. 3102/3204 VV RVG.

II. Anrechnungsbeispiele

Beispiel 15: Durchschnittliche Tätigkeit im Verwaltungs-, Vor- und gerichtlichen Verfahren 141

Der Rechtsanwalt ist:

- sowohl im Verwaltungsverfahren vor der Behörde,
- als auch im Widerspruchsverfahren,
- als auch im sozialgerichtlichen Verfahren tätig.

Im Gerichtsverfahren ergeht Urteil nach Termin.

I. Verwaltungsverfahren	
Geschäftsgebühr, Nr. 2302 VV RVG	391,00 EUR
(65,00 EUR – 837,00 EUR)	
Postentgeltpauschale, Nr. 7002 VV RVG	20,00 EUR
19 % Umsatzsteuer, Nr. 7008 VV RVG	78,09 EUR
Summe	**489,09 EUR**
II. Vorverfahren	
Geschäftsgebühr, Nr. 2302 VV RVG	391,00 EUR
(65,00 EUR – 837,00 EUR)	
Anrechnung gem. Vorbem. 2.3 Abs. 4 VV RVG	*./. 195,50 EUR*
(½ Geschäftsgebühr Verwaltungsverfahren)	
Postentgeltpauschale, Nr. 7002 VV RVG	20,00 EUR
19 % Umsatzsteuer, Nr. 7008 VV RVG	40,95 EUR
Summe	**256,45 EUR**
III. Klageverfahren	
Verfahrensgebühr, Nr. 3102 VV RVG	392,00 EUR
(65,00 EUR – 719,00 EUR)	
Anrechnung gem. Vorbem. 3 Abs. 4 VV RVG	*./. 195,50 EUR*
(½ Geschäftsgebühr Vorverfahren)	
Terminsgebühr, Nr. 3106 VV RVG	365,00 EUR
(65,00 EUR – 665,00 EUR)	
Postentgeltpauschale, Nr. 7002 VV RVG	20,00 EUR
19 % Umsatzsteuer, Nr. 7008 VV RVG	110,95 EUR
Summe	**691,99 EUR**

142 *Beispiel 16: Überdurchschnittliche Tätigkeit im Verwaltungs-, Vor- und gerichtlichen Verfahren*

Gleicher Fall wie Beispiel 15. Es sind allerdings in allen Verfahren die Höchstgebühren entstanden. *(Zur Veranschaulichung der **Auswirkungen der Begrenzung der Anrechnung**).*

I. Verwaltungsverfahren	
Geschäftsgebühr, Nr. 2302 VV RVG	837,00 EUR
(65,00 EUR – 837,00 EUR)	
Postentgeltpauschale, Nr. 7002 VV RVG	20,00 EUR
19 % Umsatzsteuer, Nr. 7008 VV RVG	162,83 EUR
Summe	**1.019,83 EUR**
II. Vorverfahren	
Geschäftsgebühr, Nr. 2302 VV RVG	837,00 EUR
(65,00 EUR – 837,00 EUR)	
Anrechnung gem. Vorbem. 2.3 Abs. 4 VV RVG	*./. 225,00 EUR*
(Höchstbetrag 225,00 EUR Geschäftsgebühr Verwaltungsverfahren)	
Postentgeltpauschale, Nr. 7002 VV RVG	20,00 EUR
19 % Umsatzsteuer, Nr. 7008 VV RVG	120,08 EUR
Summe	**752,08 EUR**
III. Klageverfahren	
Verfahrensgebühr, Nr. 3102 VV RVG	719,00 EUR
(65,00 EUR –719,00 EUR)	
Anrechnung gem. Vorbem. 3 Abs. 4 VV RVG	*./. 225,00 EUR*
(Höchstbetrag 225,00 EUR Geschäftsgebühr Vorverfahren)	
Terminsgebühr, Nr. 3106 VV RVG	665,00 EUR
(65,00 EUR – 665,00 EUR)	
Postentgeltpauschale, Nr. 7002 VV RVG	20,00 EUR
19 % Umsatzsteuer, Nr. 7008 VV RVG	224,01 EUR
Summe	**1.403,01 EUR**

Beispiel 17: Anrechnung mehrerer Geschäftsgebühren 143

Der Rechtsanwalt ist in zwei Widerspruchsverfahren wegen unterschiedlicher Leistungszeiträume tätig geworden. Nach Ablehnung der Widersprüche werden die Ansprüche in einer gemeinsamen Klage verfolgt.

Klageverfahren		
Verfahrensgebühr, Nr. 3102 VV RVG		392,00 EUR
(65,00 EUR – 719,00 EUR)		
Anrechnung gem. Vorbem. 3 Abs. 4 VV RVG	*./. 195,50 EUR*	
(½ Geschäftsgebühr Vorverfahren)		
Anrechnung gem. Vorbem. 3 Abs. 4 VV RVG	*./. 195,5 EUR*	
(½ Geschäftsgebühr Vorverfahren)		
	= ./. 391,00 EUR	
Aber gem. § 15a Abs. 2 S. 3 RVG i.V.m.		
Vorbem. 3 Abs. 4 VV RVG max.		*./. 225,00 EUR*
Terminsgebühr, Nr. 3106 VV RVG		365,00 EUR
(65,00 EUR – 665,00 EUR)		
Postentgeltpauschale, Nr. 7002 VV RVG		20,00 EUR
19 % Umsatzsteuer, Nr. 7008 VV RVG		104,88 EUR
Summe		656,88 EUR

Bis zum 1.1.2021 hat die h.M. hier den Deckelungsbetrag auf jede Gebühr einzeln angewandt. Dies kann zu erheblichen Mehreinnahmen führen.

III. Anwendbarkeit von § 15a RVG

Zu § 15a RVG wird zunächst auf die Ausführungen in § 22 Rdn 124 ff. verwiesen. 144

Keine Erstattung Verwaltungsverfahren: Für **Gebührenerstattung im Widerspruchsverfahren** ist nunmehr § 15a RVG maßgeblich. Es kommt damit nicht zu einer Anrechnung der Gebühren aus dem Verwaltungsverfahren im Verhältnis zur Verwaltungsbehörde, da keine der Alternativen des § 15a Abs. 2 RVG erfüllt ist. Weder ist die Gebühr für das Verwaltungsverfahren tituliert noch hat die Behörde diese gezahlt.

Im Rahmen der Kostenerstattung für ein Vorverfahren ist die für eine anwaltliche Tätigkeit im Verwaltungsverfahren entstandene Geschäftsgebühr gegenüber der Behörde nicht anzurechnen.[78]

Das gilt auch für die **Rechtsschutzversicherung**: Weil grundsätzlich kein Versicherungsschutz für das Verwaltungsverfahren, sondern nur für das Nachprüfungsverfahren besteht, kann sich die Versicherung im Regelfall wegen § 15a RVG nicht auf die Anrechnung der Geschäftsgebühr des Verwaltungsverfahrens berufen. Das hat zur Folge, dass eine Geschäftsgebühr aus dem vollen Rahmen der Nr. 2302 VV RVG zu erstatten ist.

Beispiel 18: Anwendbarkeit von § 15a RVG: Durchschnittliche Tätigkeit im Verwaltungs-, Vorverfahren

Der Rechtsanwalt ist sowohl im Verwaltungsverfahren vor der Behörde als auch im Vorverfahren tätig. Der Verwaltungsakt wird im Vorverfahren aufgehoben. Die Kosten des Vorverfahrens trägt die Behörde.

Es handelte sich um durchschnittliche Verfahren.

I. Verwaltungsverfahren	
Geschäftsgebühr, Nr. 2302 VV RVG	391,00 EUR
(65,00 EUR – 837,00 EUR)	
Postentgeltpauschale, Nr. 7002 VV RVG	20,00 EUR
19 % Umsatzsteuer, Nr. 7008 VV RVG	78,09 EUR
Summe	**489,09 EUR**
II. Vorverfahren	
Geschäftsgebühr, Nr. 2302 VV RVG	391,00 EUR
(65,00 EUR – 837,00 EUR)	
Anrechnung gem. Vorbem. 2.3 Abs. 4 VV RVG	*./. 195,50 EUR*
(½ Geschäftsgebühr Verwaltungsverfahren)	
Postentgeltpauschale, Nr. 7002 VV RVG	20,00 EUR
19 % Umsatzsteuer, Nr. 7008 VV RVG	40,95 EUR
Summe	**256,45 EUR**
… aber Erstattungsbetrag durch die Behörde Vorverfahren vollständig ohne Anrechnung:	489,09 EUR

78 SG Dresden, Urt. v. 8.12.2015 – S 38 AS 6152/14, AGS 2016, 35.

IV. Anrechnung Beratungsgebühr

Beratungsgebühr 145

Nach § 34 Abs. 2 RVG ist die Gebühr für die Beratung auf eine Gebühr für eine sonstige Tätigkeit, die mit der Beratung zusammenhängt, anzurechnen, soweit nichts anderes vereinbart ist.

Anzurechnen ist neben der vereinbarten Beratungsgebühr nach § 34 Abs. 1 S. 1 RVG auch eine übliche Beratungsgebühr nach § 34 Abs. 1 S. 2 RVG i.V.m. § 612 Abs. 2 BGB sowie eine begrenzte Beratungsgebühr nach § 34 Abs. 1 S. 3 RVG (sog. Erstberatungsgebühr i.H.v. max. 190,00 EUR bzw. begrenzte Beratungsgebühr i.H.v. max 250,00 EUR).[79]

Eine **Anrechnung** erfolgt in **voller Höhe.**

Anrechnung ist befristet 146

Nach § 15 Abs. 5 S. 2 RVG kommt eine Anrechnung dann nicht mehr in Betracht, wenn zwischen den anwaltlichen Tätigkeiten mehr als zwei Kalenderjahre liegen.

V. Anrechnung Beratungshilfegebühr

Beratungshilfegebühr 147

Die dem Rechtsanwalt im Rahmen der Beratungshilfe angefallene **Geschäftsgebühr** nach Nr. 2503 VV RVG für die Tätigkeit in einem sozialrechtlichen Widerspruchsverfahren ist auf die im anschließenden sozialgerichtlichen Verfahren entstandene Verfahrensgebühr nach Nr. 3102 VV RVG **zur Hälfte** anzurechnen,[80] wenn beide Verfahren denselben Gegner und Streitgegenstand betreffen, zwischen beiden Verfahren ein gewisser zeitlicher Zusammenhang besteht und beide Verfahren von demselben Rechtsanwalt betrieben werden.

Eine **Beratungsgebühr** Nr. 2501 VV RVG ist dagegen **in voller Höhe** anzurechnen. Die Anrechnung erfolgt unter Beachtung von §§ 55, 58 RVG.

79 AnwK-RVG/*Thiel/Eder*, § 34 Rn 123

80 Vgl. Anm. Abs. 2 zu Nr. 2503 VV RVG und Vorbem. 3 Abs. 4 VV RVG.

148 *Beispiel 19: Anrechnung der Geschäftsgebühr*

Verfahrensgebühr, Nr. 3102 VV RVG	392,00 EUR
Anrechnung gem. Anm. Abs. 2 zu Nr. 2503 VV RVG n.F.	*./. 51,00 EUR*
Postentgeltpauschale, Nr. 7002 VV RVG	20,00 EUR
19 % Umsatzsteuer, Nr. 7008 VV RVG	68,59 EUR
Summe	**429,59 EUR**

149 Die Staatskasse kann sich auf eine Anrechnung nur dann berufen, wenn der Anwalt eine den Anrechnungsbetrag erfassende **tatsächliche Zahlung erhalten** hat.[81]

81 AnwK-RVG/*Fölsch/Volpert*, VV 2501 Rn 23.

§ 7 Einigungs- und Erledigungsgebühr

A. Allgemeines

Die Einigungs- oder Erledigungsgebühr entsteht neben den in anderen Teilen des RVG bestimmten Gebühren (Vorbem. 1 VV RVG). 1

I. Entstehungsvoraussetzungen

Die Entstehungsvoraussetzungen der Einigungs- und Erledigungsgebühr sind nicht direkt in den sozialgerichtlichen Gebührentatbeständen der Nrn. 1005 und 1006 VV RVG geregelt. 2

Für die tatbestandlichen Anforderungen hinsichtlich einer **Einigung** gelten die allgemeinen Voraussetzungen der Nr. 1000 VV RVG.

Für die tatbestandlichen Anforderungen hinsichtlich einer **Erledigung** gelten die allgemeinen Voraussetzungen der Nr. 1002 VV RVG.

II. Einigung/Erledigung außerhalb von Verfahren

Allgemeines 3

Sofern eine Einigung oder Erledigung **außerhalb eines gerichtlichen Verfahrens** erfolgt, kann eine Gebühr Nr. 1005 i.V.m. Nrn. 1000 oder 1002 VV RVG in Ansatz gebracht werden. Diese entsteht in Höhe der Geschäftsgebühr.

Anrechnung auf Geschäftsgebühr 4

Dabei ist eine etwaige **Anrechnung** auf die der Einigungs- oder Erledigungsgebühr zugrunde liegende Geschäftsgebühr, zum Beispiel durch eine weitere Geschäftsgebühr aus dem Verwaltungsverfahren, unbeachtlich. Es ist auf die im konkreten Fall entstandene Geschäftsgebühr abzustellen, **ohne Berücksichtigung einer Anrechnung**.

Einigung/Erledigung bei Anhängigkeit 5

Sofern über einen Gegenstand der Einigung oder Erledigung ein gerichtliches Verfahren anhängig ist, bestimmt sich die Gebühr nach Nr. 1006 VV RVG (Anm. Abs. 1 S. 2 zu Nr. 1005 VV RVG).

6 **Einigung/Erledigung bei Miterledigung**

Werden bei einer außergerichtlichen Vertretung weitere nicht anhängige Gegenstände mit erledigt oder in die Einigung einbezogen, gilt die höchste Geschäftsgebühr (Anm. Abs. 1 S. 3 zu Nr. 1005 VV RVG).

7 **Mehrvertretungszuschlag**

Eine **Erhöhung** wegen Vertretung mehrerer Auftraggeber nach Nr. 1008 VV RVG ist **nicht zu berücksichtigen** (Anm. Abs. 1 S. 3 zu Nr. 1005 VV RVG).

8 **Teileinigung/Teilerledigung**

Betrifft die Einigung oder Erledigung nur einen Teil der Angelegenheit, ist der auf diesen Teil der Angelegenheit entfallende Anteil an der Geschäftsgebühr unter Berücksichtigung der in § 14 Abs. 1 RVG genannten Umstände zu schätzen (Anm. Abs. 2 zu Nr. 1005 VV RVG). Hier ist also erstmals eine eigene Bemessung vorzunehmen.

III. Einigung/Erledigung im gerichtlichen Verfahren

9 **Allgemeines**

Im **gerichtlichen Verfahren** kann eine Einigungs- oder Erledigungsgebühr Nr. 1006 i.V.m. Nr. 1000 oder 1002 VV RVG entstehen.

Nach Nr. 1006 VV RVG verdient der Anwalt bei einer Einigung oder Erledigung eine Gebühr Nr. 1005 VV RVG in Höhe der Verfahrensgebühr.

10 **Anrechnung auf Verfahrensgebühr**

Dabei ist eine etwaige **Anrechnung** auf die der Einigungs- oder Erledigungsgebühr zugrunde liegende Verfahrensgebühr, zum Beispiel durch eine Geschäftsgebühr aus dem Vorverfahren, unbeachtlich. Es ist auf die im konkreten Fall entstandene Verfahrensgebühr abzustellen, **ohne Berücksichtigung einer Anrechnung**.

11 Sofern in die Einigung auch in dem Verfahren nicht anhängige Ansprüche einbezogen werden, bleibt Nr. 1006 VV RVG einschlägig.

Maßgebend für die Höhe der Gebühr ist die im Einzelfall bestimmte Verfahrensgebühr in der Angelegenheit, in der die Einigung erfolgt (Anm. Abs. 1 S. 1, 2 zu Nr. 1006 VV RVG).

Mehrvertretungszuschlag 12

Eine **Erhöhung** wegen Vertretung mehrerer Auftraggeber nach Nr. 1008 VV RVG ist nach der Anm. Abs. 1 S. 3 zu Nr. 1006 VV RVG **nicht zu berücksichtigen**.

Teileinigung/Teilerledigung 13

Betrifft die Einigung oder Erledigung nur einen Teil der Angelegenheit, ist der auf diesen Teil der Angelegenheit entfallende Anteil an der Verfahrensgebühr unter Berücksichtigung der in § 14 Abs. 1 RVG genannten Umstände zu schätzen (Anm. Abs. 2 zu Nr. 1006 VV RVG).

B. Einigungsgebühr

Entstehung der Einigungsgebühr 14

Eine **Einigungsgebühr** entsteht für die Mitwirkung des Rechtsanwalts beim Abschluss eines gegenseitigen Vertrages, durch den der Streit oder die Ungewissheit der Beteiligten über ein Rechtsverhältnis beseitigt wird.

Das Einverständnis über ein vollständiges Anerkenntnis oder einen vollständigen Verzicht reicht nicht aus, um den Gebührentatbestand der Einigungsgebühr zu begründen. 15

Soweit über den Streitgegenstand vertragliche Verfügungen zulässig sind, kann auch eine Einigungsgebühr nach Anm. Abs. 4 zu Nr. 1000 VV RVG i.V.m. § 101 SGG entstehen. Dies setzt allerdings ein gerichtliches Verfahren voraus.[1] 16

In Verfahren, deren Gegenstand jedoch ein Anspruch aus einem Rechtsverhältnis des öffentlichen Rechts ist, über den die Beteiligten vertraglich nicht verfügen können, ist der Anfall einer Einigungsgebühr ausgeschlossen. 17

C. Erledigungsgebühr

Entstehung der Erledigungsgebühr 18

Eine **Erledigungsgebühr** entsteht, wenn sich eine Rechtssache ganz oder teilweise nach Aufhebung oder Änderung des mit einem Rechtsbehelf angefochtenen Verwaltungsakts durch die anwaltliche Mitwirkung erledigt. Das Gleiche gilt, wenn sich eine Rechtssache ganz oder teilweise durch Erlass eines bisher abgelehnten Verwaltungsakts erledigt.

Die Gebühr entsteht auch dann, wenn sich eine Rechtssache ganz oder teilweise durch Erlass eines bisher abgelehnten Verwaltungsakts erledigt.

1 LSG Schleswig-Holstein, Beschl. v. 8.3.2006 – L 1 B 88/06 SF SK.

19 Bei der Erledigungsgebühr Nrn. 1006, 1002 handelt es sich um eine lex specialis für den Fall der fehlenden Dispositionsbefugnis.

Eine Erledigungsgebühr kann daher nicht über denselben Gegenstand neben einer Einigungsgebühr entstehen. Die Erledigungsgebühr tritt im öffentlichen Recht an die Stelle der Einigungsgebühr, da hier – mangels Dispositionsbefugnis – nicht immer vertraglich über den Streitgegenstand verfügt werden und damit keine Einigungsgebühr entstehen kann. Zweck der Erledigungsgebühr ist es, den Rechtsanwalt im Verwaltungsverfahren, wo eine Einigungsgebühr nicht entstehen kann, für vergleichbare Tätigkeiten nicht schlechter als in anderen Verfahren zu stellen.

20 Die **Erledigung der Rechtssache** kann durch Aufhebung, Änderung des Verwaltungsaktes oder Erlass des bisher abgelehnten Verwaltungsakts erfolgen.

21 **Definition der Erledigung**

Eine **Erledigung** liegt vor, wenn eine abschließende Entscheidung in der Hauptsache ganz oder teilweise nicht mehr notwendig ist. Ein gegenseitiges Nachgeben ist nicht erforderlich.

Eine Erledigung kann auch in dem Erlass des begehrten Verwaltungsakts liegen. Es genügt hierfür, dass die Behörde bereits einen bestimmten für den Antragsteller ungünstigen Standpunkt eingenommen hat – die Äußerung von Bedenken reicht hier nicht aus – und anschließend den begehrten Verwaltungsakt erlässt.

Sobald eine gerichtliche Entscheidung vorliegt, ist das Entstehen der Erledigungsgebühr nicht mehr möglich.

22 **Beispiele für Erledigung**

- Erlass eines ähnlichen Verwaltungsakts, der den Antragsteller zufrieden stellt;
- Teilweise Rücknahme und Änderung des angefochtenen Verwaltungsakts;
- Der Verwaltungsakt ist wegen fehlerhafter Zustellung nicht wirksam geworden und die Behörde erklärt deshalb, nicht aus diesem zu vollstrecken;
- Anfechtung mehrerer Verwaltungsakte, von denen einer zurückgenommen wird.

23 **Beispiele für keine Erledigung**

- Eine dritte Behörde erteilt den Verwaltungsakt;
- Der Antragsteller erfüllt die von der Behörde verlangten Voraussetzungen;
- Hinnahme des angefochtenen Verwaltungsakts durch Klagerücknahme;
- Reine Leistungsklagen, denen kein Verwaltungsakt zugrunde liegt;
- Aufhebung aus formellen Gründen und gleichzeitiger Erlass eines inhaltsähnlichen Bescheids;

- Der Antragsteller begehrt nach Aufhebung des Verwaltungsakts die Feststellung, dass dieser rechtswidrig gewesen sei (Fortsetzungsfeststellungsklage – § 113 Abs. 1 S. 4 VwGO).

Erledigung und Untätigkeitsklage 24

Bei einer **Untätigkeitsklage** kann eine Erledigungsgebühr nicht entstehen, da Streitgegenstand der Untätigkeitsklage nicht ein begehrter oder angefochtener oder abgelehnter Verwaltungsakt ist, sondern nur das Begehren auf bloße Bescheidung eines Antrags oder Widerspruchs ist.[2]

D. Gebührenentstehung bei Beratung

Beratungsgebühr 25

Sofern dem Anwalt nur eine Beratungsgebühr nach § 34 RVG zusteht (er also lediglich einen Auftrag zu Beratung hatte), entsteht die Einigungs- oder Erledigungsgebühr Nr. 1005 VV RVG **in Höhe der Hälfte** des in der **Anm. zu Nr. 2302 VV RVG** genannten Betrages, also i.H.v. 195,50 EUR (Anm. Abs. 1 S. 4 zu Nr. 1005 VV RVG).

Dies ist mit Änderung der Vorbem. 1 VV RVG („*oder einer Gebühr für die Beratung nach § 34 RVG*“) durch das KostRÄG 2021 nun klargestellt worden. Neben den vereinbarten Beratungsgebühren nach § 34 RVG können daher regelmäßig auch die allgemeinen Gebühren des Teils 1 VV RVG (Einigungs-, Aussöhnungs- oder Erledigungsgebühr nach Nrn. 1000 bis 1006 VV RVG) entstehen.

Sofern der Anwalt eine Gebührenvereinbarung nach § 34 Abs. 1 S. 1 RVG abgeschlossen hat, ist diese maßgeblich. 26

Beispiel 1: Erledigung und Beratungsauftrag 27

Der Rechtsanwalt hat den Mandanten im Nachprüfungsverfahren beraten. Es fanden zwei Beratungsgespräche statt. Für die Beratung wurde keine Gebührenvereinbarung abgeschlossen. Die Sache erledigt sich i.S.v. Nrn. 1002, 1005 VV RVG.

Beratungsgebühr, § 34 RVG	250,00 EUR
Erledigungsgebühr, Nrn. 1005, 1002 VV RVG (½ der Regelgebühr nach Nr. 2302 VV RVG)	195,50 EUR

2 LSG NRW, Beschl. v. 5.5.2008 – L 19 B 24/08 AS.

E. Gebührenentstehung im Verwaltungs- oder Vorverfahren

28 **Einigung/Erledigung im Verwaltungsverfahren**

Auch im Verwaltungs- oder Vorverfahren kann eine Erledigungs- oder Einigungsgebühr Nr. 1005 VV RVG anfallen.

Voraussetzung ist das Vorliegen eines Verwaltungsaktes bzw. der Erlass eines Verwaltungsaktes.

Der Begriff des *Verwaltungsaktes* ist in § 35 VwVfG (§ 31 SGB X) legal definiert:

> *„Verwaltungsakt ist jede Verfügung, Entscheidung oder andere hoheitliche Maßnahme, die eine Behörde zur Regelung eines Einzelfalls auf dem Gebiet des öffentlichen Rechts trifft und die auf unmittelbare Rechtswirkung nach außen gerichtet ist."*

Damit findet die Nr. 1002 i.V.m. Nr. 1005 VV RVG jetzt auch Anwendung bei **Nichtigkeitsklagen** (Feststellung der Nichtigkeit / Unwirksamkeit eines Verwaltungsakts) und **Verfahren nach § 80 Abs. 5 und 6 VwGO** (aufschiebende Wirkung / Aussetzung der Vollziehung).

29 **Anwaltliche Mitwirkung**

Diese entsteht dann in der Höhe der konkret einschlägigen Geschäftsgebühr nach Nr. 2302 Nr. 1 VV RVG. Hier ist allerdings der Rechtsprechung zufolge eine **besondere qualifizierte anwaltliche Mitwirkung** Voraussetzung, sodass die bloße Einlegung und Begründung des Widerspruchs nicht ausreichend ist.[3]

30 **Beibringung von Unterlagen**

Weiterhin lässt die **Beibringung von Unterlagen im Vorverfahren** keine Einigungs- oder Erledigungsgebühr Nr. 1005 VV RVG entstehen; es liegt keine besondere qualifizierte anwaltliche Mitwirkung vor, welche ursächlich für eine Erledigung ist.

Eine Gebühr nach Nr. 1005 VV RVG entsteht nur, wenn der Anwalt eine über Einlegung und Begründung des Widerspruches hinausgehende Tätigkeit entfaltet hat.

Ein Anwalt, der nach § 43 Abs. 1 S. 1 Bundesrechtsanwaltsordnung verpflichtet ist, seinen Beruf gewissenhaft auszuüben, hat bei der Begründung des Widerspruchs den Mitwirkungsobliegenheiten seines Mandanten Rechnung zu tragen und daher in der Regel alle ihm bekannten Tatsachen und Beweismittel anzugeben.

Von einem gewissenhaften, sorgfältig und gründlich das Vorverfahren bearbeitenden Anwalt kann erwartet werden, dass er auf bereits vorliegende Beweismittel hinweist.

3 LSG NRW, Beschl. v. 29.9.2005 – L 2 KR 43/05; LSG Thüringen, Beschl. v. 5.4.2005 – L 6 B 8/05 SF; BSG, Urt. v. 7.11.2006 – B 1 KR 13/06 R; BSG.

Der Ansatz einer Gebühr nach Nrn. 1005, 1002 VV RVG ist u.a. dann gerechtfertigt, wenn der Rechtanwalt die **Beweismittel neu beschafft oder beschaffen lässt** und diese dann im Vorverfahren vorlegt oder beigebracht werden.[4]

Fall: 31

Die Rechtsanwälte legen Widerspruch gegen den festgestellten Grad der Behinderung (GdB) von 40 Widerspruch ein. Zur Begründung des Widerspruchs führen die Anwälte aus, der Grad der Behinderung sei zu gering. Dabei legten die Anwälte ein neurologisches Gutachten vor, das im Auftrag einer privaten Versicherungsgesellschaft erstattet wurde. Der Beklagte wertete dieses Gutachten durch seinen ärztlichen Dienst aus. Dieser gelangte zu der Auffassung, hierdurch sei die Schwerbehinderteneigenschaft der Klägerin belegt. In seinem Abhilfebescheid half der Beklagte dem Widerspruch der Klägerin ab und setzte einen GdB von 50 fest. Er erklärte außerdem die Zuziehung eines Bevollmächtigten für notwendig und übernahm die zur zweckentsprechenden Rechtsverfolgung entstandenen notwendigen Kosten der Klägerin.

Das BSG[5] hat hier festgestellt, dass die Tätigkeit der Rechtsanwälte keine Erledigungsgebühr ausgelöst hat, weil der Ansatz einer weiteren gleich hohen Erledigungsgebühr nach Nr. 1005 VV RVG i.V.m. Nr. 1002 VV RVG nach den Ausführungen des BSG u.a. erst dann gerechtfertigt ist, wenn der RA die **Beweismittel neu beschafft bzw. beschaffen lässt** und diese dann im Vorverfahren vorlegt.

Dies war hier jedoch nicht gegeben. Auch der Umstand, dass der Inhalt des vorgelegten Privatgutachtens den Beklagten zu einer Abhilfeentscheidung geführt hat, reicht nach Auffassung des BSG zum Anfall der Erledigungsgebühr nicht aus.

Die Vorlage nicht präsenter Beweismittel trägt auch dann zur Erledigung im Sinne der Rechtsprechung des BSG bei, wenn diese **Beweismittel von der Behörde verlangt werden**. Diese Auffassung passt i.Ü. zur Rechtsprechung des BSG. Hiernach gehört es zu den Mitwirkungspflichten des Klägers, präsente Beweismittel vorzulegen.

Hier kommt die Behörde aber ihrer Amtsermittlungspflicht nicht nach, wenn sie im vorliegenden Fall den Sachverhalt nicht selbst aufklärt, sondern durch den Kläger aufklären lässt.[6]

Beispiel 2: Außergerichtliche Vertretung mit Einigung – Gegenüberstellung altes und neues Gebührenrecht 32

Die Krankenkasse weigert sich im Widerspruchsverfahren, die Kosten für ein teures Hörgerät zu übernehmen. Der Anwalt veranlasst den Arbeitgeber, eine Arbeitsplatz-

4 BSG, Urt. v. 5.5.2009 – B 13 R 137/08 R; BSG, Urt. v. 7.11.2006 – B 1 KR 13/06 R, B 1 KR 22/06 R und B 1 KR 23/06 R.

5 BSG, Urt. v. 2.10.2008 – B 9/9a SB 3/07 R.

6 SG Berlin, Urt. v. 1.9.2009 – S 22 AL L 50/09.

beschreibung des Klägers zu erstellen und reicht diese ein. Der gewünschte Bescheid wird erlassen. Umfang und Schwierigkeit sind durchschnittlich.

Vorverfahren (altes Recht – KostRÄG 2021)

Geschäftsgebühr, Nr. 2302 VV RVG	359,00 EUR
(60,00 EUR – 768,00 EUR)	
Erledigungsgebühr, Nrn. 1005, 1002 VV RVG	359,00 EUR
i.H.d. Geschäftsgebühr	
Postentgeltpauschale, Nr. 7002 VV RVG	20,00 EUR
19 % Umsatzsteuer, Nr. 7008 VV RVG	140,22 EUR
Summe	**878,22 EUR**

Vorverfahren (neues Recht – KostBRÄG 2025)

Geschäftsgebühr, Nr. 2302 VV RVG	391,00 EUR
(65,00 EUR – 837,00 EUR)	
Erledigungsgebühr, Nrn. 1005, 1002 VV RVG	391,00 EUR
i.H.d. Geschäftsgebühr	
Postentgeltpauschale, Nr. 7002 VV RVG	20,00 EUR
19 % Umsatzsteuer, Nr. 7008 VV RVG	152,38 EUR
Summe	**954,38 EUR**

F. Teileinigung/Teilerledigung

33 Betrifft die Einigung oder Erledigung nur einen Teil der Angelegenheit, ist der auf diesen Teil der Angelegenheit entfallende Anteil an der Geschäftsgebühr oder Verfahrensgebühr unter Berücksichtigung der in § 14 Abs. 1 RVG genannten Umstände zu schätzen (Anm. Abs. 2 zu Nr. 1005 VV RVG sowie Anm. Abs. 2 zu Nr. 1006 VV RVG).

34 *Beispiel 3: Gerichtliches Verfahren, Einigung über Teilanspruch*

In dem Verfahren vor dem Sozialgericht wird über die Kostenübernahme von Hilfsmitteln und Medikamenten gestritten. Im Termin wird ein Vergleich über die Kostenübernahme der Hilfsmittel geschlossen. Hierbei handelt es sich um einen Teilanspruch. Die Tätigkeit war durchschnittlich. Den Anteil des Teilanspruchs an der gesamten Angelegenheit schätzt der Anwalt auf 70 %.

Verfahrensgebühr, Nr. 3102 VV RVG	392,00 EUR
(65,00 EUR – 719,00 EUR)	
Terminsgebühr, Nr. 3106 VV RVG	365,00 EUR
(65,00 EUR – 665,00 EUR)	

Einigungsgebühr, Nrn. 1006, 3102 VV RVG (70 %)	274,40 EUR
Postentgeltpauschale, Nr. 7002 VV RVG	20,00 EUR
19 % Umsatzsteuer, Nr. 7008 VV RVG	199,77 EUR
Summe	**1.252,17 EUR**

G. Besondere qualifizierte Mitwirkung

Definition 35

Die Rechtsprechung verlangt von dem Rechtsanwalt, dass seine Mitwirkung über das hinausgehen muss, was von ihm im Allgemeinen im Rahmen einer Bevollmächtigung zu erwarten ist.

Ein Mitwirken liegt nur dann vor, wenn der Rechtsanwalt sich besonders um die Erle- 36
digung des Rechtsstreits bemüht hat. Das Entstehen der Erledigungsgebühr setzt damit eine **aktive Mitwirkung** des Rechtsanwalts an den die Erledigung verursachenden Maßnahmen voraus. Er muss eine besondere, auf die Beilegung der Sache ohne Entscheidung des Gerichts abzielende Leistung erbracht haben, die **über die bereits mit der Verfahrensgebühr abgegoltenen Einlegung und Begründung des Rechtsbehelfs hinausgeht.**

Der Rechtsanwalt muss also durch sein Verhalten etwas zur Erledigung des Rechtsstreits ohne Sachentscheidung beigetragen haben. Dies ist der Fall, wenn seine **Tätigkeit nicht hinweggedacht werden kann**, ohne dass es zu einer streitigen Erledigung des Rechtsstreits gekommen wäre.[7]

Damit sind alle Tätigkeiten, die bereits durch Geschäfts-, Verfahrens- und Terminsgebühr abgegolten werden, nicht geeignet, die Erledigungsgebühr zu rechtfertigen. Dies sind insbesondere[8]

- Prüfung der Schlüssigkeit der Klage oder Rechtsmittels durch den Rechtsanwalt anhand der Rechtsprechung,
- Prüfung der Literatur,
- Die im Zusammenhang mit dem gerichtlichen Verfahren notwendigen Besprechungen des Rechtsanwalts mit
  - Auftraggeber,
  - Dritten,
  - Gericht, Sachverständigen,

7 OVG Rheinland-Pfalz, Beschl. v. 18.12.2007 – 2 E 11030/07; VGH Baden-Württemberg, Beschl. v. 5.2.2008 – 11 S 213/08.

8 BT-Drucks 15/1971, 210.

- Schriftwechsel, der sich auf den Prozessstoff bezieht, mit
  - Auftraggeber,
  - Dritten,
  - Behörden und Gericht,
- Mitwirkung bei der Auswahl und Beschaffung von Beweismitteln,
- Sammlung und Vortrag des aus der Sicht des Rechtsanwalts rechtlich relevanten Prozessstoffs,
- Anbieten von Beweismitteln,
- Bloße Erledigungserklärung.

37 **Bedeutung der Mitwirkung nach Bundessozialgericht**

Das BSG[9] hat entschieden, dass eine Einigung- oder Erledigungsgebühr nur entsteht, wenn ein besonderes Bemühen des Rechtsanwalts, eine qualifizierte Mitwirkung vorliegt. Bereits das Wort „**Mitwirkung**" bedeutet nach dem Sprachgebrauch in diesem Zusammenhang mehr als die bloße „Anwesenheit", „Einschaltung" oder „Hinzuziehung" eines Rechtsanwalts und fordert deshalb **ein auf die Erledigung der Rechtssache gerichtetes Tätigwerden**, das über die reine Widerspruchseinlegung und -begründung hinaus geht.

Als Mitwirkungshandlungen reichen somit weder die Einlegung und die Begründung eines Widerspruchs, einer Klage oder eines Rechtsbehelfs, die Stellungnahme auf eine gerichtliche Anfrage, die gründliche Abfassung von Schriftsätzen, die Vorlage von Belegen und Beweisstücken, die Annahme eines Anerkenntnisses oder die Abgabe der Erledigungserklärung, die Mitwirkung an Ermittlungen noch die bloße Erledigungserklärung aus. Diese auf den Erfolg in der Sache gerichtete Verfahrenshandlung wird durch die Tätigkeitsgebühren abgegolten. Diese Tätigkeiten werden aufgrund der Verpflichtung des Rechtsanwalts, ein Verfahren gewissenhaft, gründlich und sorgfältig zu betreiben, von der jeweiligen Verfahrensgebühr erfasst.[10]

Im Rahmen eines Gerichtsverfahrens gehört zudem zu den vom allgemeinen Gebührentatbestand für das anwaltliche Auftreten im gerichtlichen Verfahren ohne Weiteres erfassten Aufgaben eines Rechtsanwalts, den Standpunkt seiner Partei bestmöglich vorzutragen und seinen Mandanten zu einem verfahrensmäßig angemessenen Vorgehen zu raten.

9 BSG, Urt. v. 7.11.2006 – B 1 KR 13/06 R; BSG, Urt. v. 5.5.2009 – B 13 R 137/08 R.

10 BSG, Urt. v. 1.7.2009 – B 4 AS 21/09 R; BSG, Urt. v. 5.5.2009 – B 13 R 137/08 R; BSG, Urt. v. 2.10.2008 – B 9/9a SB 3/07 R.

Kausalität 38

Ähnlich wurde weiterhin entschieden, dass ein zusätzliches, über die allgemeine Prozessführung hinausgehendes, auf die unstreitige Erledigung gerichtetes und für die Erledigung des Rechtsstreits **kausales Engagement** des Rechtsanwaltes vorliegen muss, welches aus den Akten oder der Sitzungsniederschrift ersichtlich ist. Eine Einlegung und Begründung des Widerspruches stellt keine besondere qualifizierte Mitwirkung dar.[11]

Aktive Mitwirkung 39

Ein **Mitwirken** liegt nur dann vor, wenn der Rechtsanwalt sich besonders um die Erledigung des Rechtsstreits bemüht hat. Das Entstehen der Erledigungsgebühr setzt damit eine **aktive Mitwirkung** des Rechtsanwalts an den die **Erledigung verursachenden Maßnahmen** voraus. Er muss eine besondere, auf die Beilegung der Sache ohne Entscheidung des Gerichts abzielende Leistung erbracht haben, die über die bereits mit der Verfahrensgebühr abgegoltene Einlegung und Begründung des Rechtsbehelfs hinausgeht.

Der Rechtsanwalt muss sich die Erledigungsgebühr „verdienen“.[12]

Vorlage von Unterlagen 40

Weiterhin lässt die **Beibringung von Unterlagen** (im Vorverfahren) keine Einigungs- oder Erledigungsgebühr Nr. 1005 VV RVG entstehen; es liegt keine besondere qualifizierte anwaltliche Mitwirkung vor, der Anwalt ist hierzu von Berufswegen verpflichtet.[13]

Hinweis 41

Etwas anderes kann jedoch bei der **Beibringung von neuen Unterlagen** gelten. Die Erledigungsgebühr wird nach dem Bundessozialgericht ausgelöst, wenn der Anwalt bisher noch nicht bekannte Beweismittel beibringt. In diesem Fall wurde ein nachträglich eingeholter Arbeitgeberbescheid eingereicht, der auch mitursächlich für die Erledigung durch den Abhilfebescheid war.[14]

Umfang und Schwierigkeit bei Einigung/Erledigung 42

Umfang und Schwierigkeit der Handlungen (z.B. umfangreiche Widerspruchsbegründung) stellen keinen Grund für das Entstehen der Erledigungsgebühr dar. Diese Merkmale sind ggf. durch die Erhöhung des Rahmens z.B. der Geschäftsgebühr zu berücksichtigen.

11 LSG NRW, Beschl. v. 29.9.2005 – L 2 KR 43/05; LSG Thüringen, Beschl. v. 5.4.2005 – L 6 B 8/05 SF; BSG, Urt. v. 7.11.2006 – B 1 KR 13/06 R.

12 LSG Rheinland-Pfalz, Beschl. v. 30.8.2010 – L 3 SF 6/09 E.

13 BSG, Urt. v. 5.5.2009 – B 13 R 137/08 R; BSG, Urt. v. 7.11.2006 – B 1 KR 13/06 R, B 1 KR 22/06 R, B 1 KR 23/06 R.

14 BSG, Urt. v. 9.12.2010 – B 13 R 63/09 R, RVGreport 2011, 256.

Allein das Zustandekommen einer unstreitigen Erledigung der Rechtsache unter Mitwirkung des Anwalts genügt nicht. Insbesondere wird das Einlenken der Behörde wegen schriftlicher/mündlicher Ausführungen des Anwalts als nicht hinreichend angesehen.

H. Beispiele für Mitwirkung

43 - Eine Einwirkung auf den Kläger, einen Vergleichsvorschlag anzunehmen.[15]
- Eigene Ermittlungen des Rechtsanwalts, die zu einer Erledigung führen.[16]
- Mitwirkung des Rechtsanwalts an einem außergerichtlichen Vergleich, der zur Erledigung des Verfahrens führt.[17]
- Der Rechtsanwalt veranlasst eine Untersuchung seines Mandanten, aufgrund deren Ergebnisses die Behörde den Bescheid aufhebt.[18]
- Vorlage einer eidesstattlichen Versicherung, sofern diese für eine unstreitige Erledigung die Grundlage bildet.[19]
- Das Beibringen entscheidungserheblicher Informationen über den Ablauf des Strafverfahrens ist vergleichbar mit der Vorlage von Befundberichten oder fachlichen Stellungnahmen. Die Tätigkeit des Bevollmächtigten im Widerspruchsverfahren geht somit über das Maß hinaus, das schon durch den allgemeinen Gebührentatbestand für das anwaltliche Auftreten im Widerspruchsverfahren abgegolten ist.[20]

44 *Praxistipp*

Es empfiehlt sich, wenn der Anwalt seine Tätigkeit (Einwirkung auf den Mandanten; dieser hat nun nach anwaltlicher Mitwirkung/Einwirkung den Vergleich angenommen) im Sitzungsprotokoll ausdrücklich festhält, sodass im Festsetzungsverfahren die besondere anwaltliche Mitwirkung aus der Akte ersichtlich ist.

15 LSG Thüringen, Beschl. v. 19.6.2007 – L 6 B 80/07 SF.

16 FG Baden-Württemberg ZAP EN-Nr. 387/2004.

17 OVG NRW NVwZ-RR 1999, 812.

18 BSG, Urt. v. 2.10.2008 – B 9/9a SB 5/07 R.

19 Ablehnend: SG Berlin, Urt. v. 1.9.2009 – S 22 AL 50/09: Der Kläger hatte bei der Bundesagentur für Arbeit die Gewährung von Berufsausbildungsbeihilfe beantragt, gegen den ablehnenden Bescheid Widerspruch eingelegt und begründet. Auf Aufforderung der Bundesagentur legte der Bevollmächtigte des Klägers im Widerspruchsverfahren nicht nur Kontoauszüge vor, sondern veranlasste diesen auch, eine eidesstattliche Versicherung abzugeben.
Die Abfassung einer eidesstattlichen Versicherung gehe aber über das vom Kläger im Rahmen der Mitwirkung zu Erbringende hinaus. Wenn der Kläger insoweit anwaltlichen Beistand in Anspruch nimmt, obliegen dem Bevollmächtigten besondere Belehrungs- und Beratungspflichten, die aus der besonderen Rechtsnatur einer eidesstattlichen Versicherung resultieren. Für diese über die Begründung des Widerspruchs – auch haftungsrechtlich – hinausgehende Tätigkeit habe der Kläger seinen Bevollmächtigten zu vergüten.

20 BSG, Urt. v. 17.12.2013 – B 11 AL 15/12, RVGreport 2014, 149; vgl. BSG, Urt. v. 9.12.2010 – B 13 R 63/09 R, Rn 28.

I. Beispiele für fehlende Mitwirkung

- Vorlage längerer Schriftsätze und Unterlagen (gründliche Abfassung von Schriftsätzen). 45
- Bloße Abgabe von Prozesserklärungen (beispielsweise Abgabe einer einseitigen Erledigungserklärung, welche als Klagerücknahme zu werten ist).[21]
- Mündlicher Vortrag von Argumenten im Erörterungstermin gegenüber dem Beklagtenvertreter, die diesen zum Nachgeben bewegen.[22]
- Eine mündliche (hier telefonische) Erweiterung der Klagebegründung ist keine qualifizierte anwaltliche Mitwirkung bei der Erledigung der Rechtssache.[23]
- Der Anwalt stellt lediglich einen Antrag auf Ruhen des Verfahrens und das Verfahren erledigt sich anschließend durch ein anderes Musterverfahren.
- Der Widerspruchsführer sieht nach Beratung durch den Rechtsanwalt von der Erhebung der Klage ab, sodass eine gerichtliche Auseinandersetzung vermieden wird.[24]
- Tätigkeit in einem anderen Verfahren, selbst wenn diese hier zur Erledigung geführt hat.
- Übersendung eines arbeitsgerichtlichen Vergleichs.[25]
- Vorlage von Belegen und Beweisstücken.
- Annahme eines Teilanerkenntnisses.[26]
- Abgabe der Erledigungserklärung.[27]
- Mitwirkung an gerichtlichen Ermittlungen.
- „Schlichte Beratung" der Mandantschaft hinsichtlich der Erfolgsaussichten des Verfahrens genügt nicht für den Anfall einer Erledigungsgebühr. Selbst eine dem Sit-

21 LSG NRW, Beschl. v. 24.6.2022 – L 2 AS 543/22 B; LSG Sachsen, Beschl. v. 6.12.2013 – L 8 AS 527/AS; a.A. LSG Schleswig-Holstein, Beschl. v. 12.8.2009 – L 1 B 141/09 SF E, wonach eine Erledigungsgebühr verdient wurde, nachdem der Anwalt den Mandanten von der Aussichtslosigkeit des Widerspruches und der Klage in einem den Termin unterbrechenden Beratungsgespräch überzeugen konnte und anschließend die Klage zurücknahm (str.).

22 FG Düsseldorf, Beschl. v. 15.1.2001 – 14 Ko 7271/00 KF.

23 LSG Thüringen, Beschl. v. 19.6.2007 – L 6 B 80/07 SF.

24 LSG Niedersachsen-Bremen, Urt. v. 30.7.2009 – L 12 AL 229/06.

25 BSG, Urt. v. 5.5.2010 – B 11 AL 14/09 R: Hierin kann keine die Erledigungsgebühr nach Nr. 1005 VV RVG rechtfertigende besondere, über die Begründung des Widerspruchs bzw. die Mitwirkungsobliegenheiten hinausgehende Tätigkeit gesehen werden. Die entsprechende Tätigkeit des Rechtsanwalts ist bereits im arbeitsgerichtlichen Verfahren mit einer dortigen Einigungsgebühr vergütet worden. Eine zusätzliche Erledigungsgebühr würde zu einer unangemessenen Doppelvergütung führen.

26 LSG NRW, Beschl. v. 28.10.2021 – L 7 AS 1404/21 B.

27 LSG Sachsen-Anhalt, Beschl. v. 26.3.2024 – L 4 AS 666/22 B; LSG NRW, Beschl. v. 22.01.2025 – L 12 AS 1635/23 B: Die Unterscheidung zwischen Klagerücknahme und Erledigungserklärung im gerichtskostenfreien sozialgerichtlichen Verfahren nach § 183 SGG hat keine praktische Bedeutung; vgl. auch Meyer-Ladewig/*Keller*, § 125 Rn 10.

zungsprotokoll nach „intensive Beratung und Besprechung“ mit der Klägerin auf dem Gerichtsflur reicht nicht aus.[28]

- Abschluss einer neuen Einigung ohne anwaltliche Mitwirkung nach Widerruf eines unter anwaltlicher Mitwirkung geschlossenen Widerrufsvergleiches.[29]
- Anfertigung einer der folgenden Schriften, da diese zum Umfang der allgemeinen Bevollmächtigung des Rechtsanwalt gehören:[30]
  - Widerspruchsschrift nebst Begründung,
  - Klagebegründung,
  - Rechtsmittelschrift,
  - Allgemeine Stellungnahme auf eine gerichtliche Anfrage,
  - Erledigungserklärung.

J. Sonderfälle

I. Angenommenes Anerkenntnis

46 Der Anfall einer Einigungs-/Erledigungsgebühr im Fall der **Annahme eines Anerkenntnisses** ist in der sozialgerichtlichen Rechtsprechung **nicht unumstritten**.

Nach einer Ansicht kann eine solche Gebühr bei der Annahme eines Anerkenntnisses entstehen.[31] Erst durch die Annahme, welche der Kläger aufgrund der Veranlassung des Anwalts annimmt, wird der Rechtsstreit in der Hauptsache verfahrensrechtlich erledigt – § 101 Abs. 2 SGG. Gleiches kann für die Annahme eines Teilanerkenntnisses gelten.[32]

So sei das angenommene Anerkenntnis nach § 101 Abs. 2 SGG laut LSG Sachsen[33] nicht umsonst in dem Paragraphen geregelt, welcher auch den Vergleich regle, und auch daher sei das Anerkenntnis vertragsähnlich. Ohne eine Annahmeerklärung müsse, trotz des Anerkenntnisses, mündlich verhandelt oder die Sache zumindest durch Gerichtsbescheid entschieden werden.

47 Nach anderer Ansicht kann eine Erledigungsgebühr bei einer Annahme eines Anerkenntnisses nicht entstehen.[34]

28 LSG NRW, Beschl. v. 24.6.2022 – L 2 AS 543/22 B.
29 LSG Baden-Württemberg, Beschl. v. 18.2.2022 – L 10 SF 1848/21 E-B.
30 LSG NRW RVGreport 2006, 427 m.w.N.
31 LSG Sachsen, Beschl. v. 30.7.2008 – L 6 B 337/08; LSG Sachsen, Beschl. v. 12.8.2008 – L 6 B 327/08 AS-KO.
32 LSG Thüringen, Beschl. v. 19.6.2007 – L 6 B 80/07 SF; LSG NRW, Beschl. v. 26.4.2007 – L 7 B 36/07 AS; LSG Thüringen, Beschl. v. 26.11.2008 – L 6 B 130/08 SF.
33 LSG Sachsen, Beschl. v. 12.8.2008 – L 6 B327/08 AS KO, Rn 23.
34 LSG NRW, Beschl. v. 18.9.2008 – L 5 B 43/08 R; LSG NRW, Beschl. v. 5.5.2011 – L 6 B 33/09 SB; LSG Sachsen, Beschl. v. 6.12.2013 – L 8 AS 527/AS; LSG Bayern, Beschl. v. 26.1.2011 – L 15 SF 169/10 B E; LSG NRW, Beschl. v. 23.3.2010 – L 6 SB 64/09; LSG Sachsen, Beschl. v. 5.9.2014 – L 8 SB 78/13 B Ko, RVGreport 2014, 468.

Auch bei einem Anerkenntnis sei für die Entstehung einer Erledigungsgebühr ein „besonderes Bemühen" Voraussetzung.

Die anwaltliche Tätigkeit beschränkt sich auf die Annahme des Anerkenntnisses sowie eine nachfolgende einseitige Erledigungserklärung (bloße Prozesserklärungen). Eine „aktive Förderung" – wie etwa bei Vertragsverhandlungen – oder ein „Mehr" an anwaltlicher Tätigkeit, welches über das normale Maß hinausgeht, ist in einem solchen Fall nicht ersichtlich.

Diese anwaltliche Mitwirkung an der formellen Beendigung des Verfahrens allein genügt nicht zur Erfüllung des Kostentatbestandes der Erledigungsgebühr.

Nach dem LSG NRW[35] lässt auch die konkludente Annahme eines Teilanerkenntnisses bei gleichzeitiger Erledigungserklärung eine Einigungs- oder Erledigungsgebühr nicht entstehen. Solche einseitigen Erklärungen beider Parteien zur Beendigung des Rechtsstreits genügen für die Annahme einer unabdingbaren Vereinbarung nicht. Auch eine erforderliche qualifizierte anwaltliche Mitwirkung sei nicht erkennbar.

Häufig ist den Parteien nicht hundertprozentig klar, ob es sich um einen **Vergleich oder ein Anerkenntnis** handelt. 48

Hinweis 49

Es ist festzuhalten, dass es sich um ein Anerkenntnis handelt, sofern die Klageforderung vollständig anerkannt wird. Ein „Regelungsvorschlag" ist dann als Anerkenntnis zu qualifizieren, wenn sich der streitbefangene Anspruch durch die Annahme des – inhaltlich angesichts des mit der Klage geltend gemachten Anspruches ein Anerkenntnis darstellenden – Regelungsvorschlages erledigt.

Beispiel 4: „Regelungsvorschlag" als Vergleich 50

In einer Angelegenheit nach dem Schwerbehindertenrecht wird auf Zuerkennung eines höheren Grades der Behinderung (GdB) von mindestens 80 geklagt. Zuerkannt wurde bisher ein GdB von 50.

Die beklagte Behörde unterbreitet zur Beilegung des Rechtstreits einen „Regelungsvorschlag", wonach ab sofort von einem GdB von 60 ausgegangen werden soll. Außergerichtliche Kosten werden nicht übernommen.

Hierbei handelt es sich inhaltlich um einen Vergleich, da die Klageforderung insoweit nicht vollständig anerkannt wurde und Kosten nicht übernommen werden. Es liegt ein gegenseitiges Nachgeben vor. Hier dürfte also eine Einigungsgebühr statt einer fiktiven Terminsgebühr in Ansatz zu bringen sein.

35 LSG NRW, Beschl. v. 28.10.2021 – L 7 AS 1404/21 B.

II. Mehrvergleich/Gesamtvergleich

51 Häufig wird bei Erledigung mehrerer Rechtstreitigkeiten nicht zwischen Gesamtvergleich oder Mehrvergleich differenziert. Dies kann kostenrechtliche Auswirkungen auf die anwaltliche Vergütung haben.

Dahn setzt sich im Rechtsprechungsbeitrag[36] zu einem Beschluss des LSG NRW mit den kostenrechtlichen Unterschieden zwischen Mehrvergleich, Gesamtvergleich und bloßer gemeinsamer Protokollierung auseinander.

52 Nach Anm. Abs. 1 S. 1 zu Nr. 1005 VV RVG entsteht die Einigungs- oder Erledigungsgebühr einheitlich i.H.d. Geschäftsgebühr, wenn in die Einigung Ansprüche aus anderen Verwaltungsverfahren mit einbezogen werden.

Selbiges wie beim Mehrvergleich gilt für die Einbeziehung rechtshängiger Ansprüche aus anderen Verfahren (Anm. Abs. 1 zu Nr. 1006 VV RVG. Maßgebend für die Höhe ist dann die im Einzelfall bestimmte Verfahrensgebühr in der Angelegenheit, in der die Einigung erfolgte.

a) Mehrvergleich

53 Bei einem **„Mehrvergleich“** werden in der vorliegenden Sache fremde, **nicht anhängige** Streitgegenstände miteinbezogen und damit miterledigt.

In einem Mehrvergleich treffen die Beteiligten also über den eigentlichen Streitgegenstand hinaus weitere Regelungen.

Die Anwendung der Regelung des § 15 Abs. 3 RVG infolge des „Mitvergleichens“ und der Entstehung der VV Nr. 1003 (1,0) und 1000 (1,5) wie bei Wertgebühren gibt es in der Doktrin der Betragsrahmengebühren nicht.

Ein Mehrvergleich führt nicht zu einer Erhöhung der Einigungsgebühr, da für diese allein die Erledigung des streitgegenständlichen Verfahrens maßgeblich ist.[37]

Nach der Anm. Abs. 1 zu Nr. 1006 VV RVG bestimmt sich die Gebühr einheitlich nach dieser Vorschrift, wenn in die Einigung Ansprüche einbezogen werden, die nicht in diesem Verfahren rechtshängig sind. Maßgebend für die Höhe der Gebühr ist die im Einzelfall bestimmte Verfahrensgebühr in der Angelegenheit, in der die Einigung erfolgt. Die Einigungsgebühr ist demnach immer an die Verfahrensgebühr gekoppelt.

Vielmehr müsste sich hier der Mehraufwand in den Kriterien des § 14 RVG niederschlagen, um so die anwaltliche Tätigkeit in Gestalt der Einigungsgebühr durch Erhöhung der Verfahrensgebühr zu honorieren.

36 *Dahn*, AGS 2022, 65 zu LSG NRW, Beschl. v. 28.10.2021 – L 9 SO 11/21 B.
37 LSG Hessen, Beschl. v. 23.6.2014 – L 2 AS 568/13 B.

b) Gesamtvergleich

Bei einem **„Gesamtvergleich“** handelt es sich um eine einheitliche Einigung, in welcher mehrere in anderen Streitverfahren **anhängige** Gegenstände miterledigt werden. 54

Ob aus Gründen der Übersichtlichkeit oder der Arbeitserleichterung nur eine Vergleichsniederschrift in einem Verfahren gefertigt wird, kann dahingestellt bleiben. Denn der Abschluss eines einzigen einheitlichen gerichtlichen Vergleichs über mehrere Rechtstreitigkeiten bringt den übereinstimmenden Willen der Beteiligten und auch des Gerichts zum Ausdruck, die Angelegenheiten hinsichtlich der Erledigung als miteinander verbunden anzusehen sowie einer einheitlichen gemeinsamen Einigung zuzuführen um somit dem Grundsatz der Kostensparenden Prozessführung gerecht zu werden.

Die Einigungsgebühr entsteht hier aufgrund der Anm. Abs. 1 zu Nr. 1006 VV RVG ebenfalls i.H.d. Verfahrensgebühr des Verfahrens, in welchem die Einigung erzielt worden ist.

Gesamtvergleich lässt einheitliche Einigungsgebühr entstehen 55

Neben der Literatur[38] lässt auch ein Großteil der Rechtsprechung[39] bei einer gemeinsamen Einigung in mehreren Rechtsstreitigkeiten derselben Beteiligten nur eine (einheitliche) Einigungsgebühr entstehen.

Der Abschluss eines einheitlichen Vergleichs bringt den übereinstimmenden Willen der Beteiligten und ihrer Bevollmächtigten wie auch des Gerichts zum Ausdruck, die Sachen für die Einigung als miteinander verbunden zu behandeln. Es sei selbst unerheblich, ob in der Einigung Gegenstände mit geregelt werden, die im Übrigen zu unterschiedlichen (gebührenrechtlichen) Angelegenheiten gehörten.

Folglich entstehe daher nur eine einheitliche Einigungsgebühr für den Gesamtvergleich, welche auf die erledigten Verfahren aufzuteilen ist.

Dies treffe auch dann zu, wenn zuvor keine förmliche Verbindung nach § 113 SGG erfolgt ist bzw. eine solche nicht zulässig war. So entschied seinerzeit auch das LSG NRW selbst.[40]

38 Vgl. Gerold/Schmidt/*Müller-Rabe*, VV 1003 Rn 71 m.w.N.

39 Vgl. OVG NRW, Beschl. v. 1.2.2016 – 8 E 651/15; LSG Berlin-Brandenburg, Beschl. v. 21.2.2019 – L 39 SF 50/15 B E; OLG Düsseldorf, Beschl. v. 4.3.2009 – II-10 WF 36/08, 10 WF 36/08, AGS 2009, 269.

40 LSG NRW, Beschl. v. 6.10.2016 – L 19 AS 646/16 B.

56 **Gesamtvergleich lässt mehrere Einigungsgebühren entstehen**

Einer anderen Auffassung ist allerdings das LSG NRW.[41] Danach entstünden bei einer Einigung in mehreren Verfahren auch mehrere Einigungsgebühren.[42] Die Aufteilung einer nur einmal festgesetzten Einigungsgebühr auf weitere Verfahren nach Bruchteilen sei unzulässig. Diese Auffassung sei weder mit dem Wortlaut der Nr. 1006 VV RVG noch mit Sinn und Zweck vereinbar, so die Begründung.

Nach weiterer Auffassung[43] sei jedoch bei der gebührenrechtlichen Bewertung wiederrum zu berücksichtigen, dass bei Abschluss eines mehrere Verfahren umfassenden Vergleichs Synergieeffekte bei der Einigungsgebühr in den miterledigten Verfahren zu berücksichtigen sind.

Wie eine Berücksichtigung der Synergieeffekte erfolgen solle, bleibt jedoch offen, denn die Einigungsgebühr ist als Erfolgsgebühr an die Höhe der Verfahrensgebühr gekoppelt. Eine Synergie würde sich gebührenrechtlich nur auswirken, wenn die Verfahrensgebühr in unzulässiger Weise gemindert würde.

III. Einigung über Kosten

57 Bei einer ausschließlichen Einigung der Beteiligten hinsichtlich der Regelung der Kosten des Verfahrens (z.B. Übernahme der Kosten des Widerspruchsverfahrens oder Verzicht der Kläger auf Stellung eines Antrags auf gerichtliche Kostenentscheidung nach § 193 Abs. 1 S. 3 SGG) liegt keine Einigung vor, welche die Einigungsgebühr entstehen ließe.[44]

Insofern sei dem LSG NRW[45] nach nicht ersichtlich, welcher „Streit" oder welche „Ungewissheit" i.S.d. Nr. 1000 Nr. 1, Abs. 4 VV RVG zwischen den Beteiligten im Kostenpunkt beseitigt würde. Denn es entspräche der Billigkeit i.S.d. § 193 Abs. 1 SGG, dass der Beklagte bei Beendigung des Verfahrens durch ein volles angenommenes Anerkenntnis i.S.v. § 101 Abs. 2 SGG als Unterlegener die Kosten des Verfahrens, einschließlich der Kosten eines vorangegangenen Widerspruchsverfahrens, zu tragen habe.

41 LSG NRW, Beschl. v. 28.10.2021 – L 9 SO 11/21 B, *Dahn*, AGS 2022, 65.

42 So auch LSG Thüringen, Beschl. v. 22.1.2019 – L 1 SF 1301/17 B; LSG Schleswig-Holstein, Beschl. 11.2.2019 – L 5 SF 114/18 B E; LSG Bayern, Beschl. v. 8.8.2019 – L 12 SF 219/16 E; LSG NRW, Beschl. v. 3.9.2020 – L 9 SO 256/20 B.

43 LSG Thüringen, a.a.O.; LSG Niedersachsen-Bremen, Beschl. v. 7.4.2016 – L 7/14 AS 35/14 B.

44 LSG NRW, Beschl. v. 27.7.2022 – L 19 AS 786/22 B; LSG Baden-Württemberg, Beschl. v. 10.3.2020 – L 10 SF 371/20 E-B.

45 LSG NRW, a.a.O.

IV. Einseitige Erledigungserklärung

Häufig wird ein Verfahren durch Prozesserklärung (sog. Erledigungserklärung) nach Klaglosstellung erledigt. Es stellt sich die Frage, ob das Verfahren durch die „Klaglosstellung", also den Erlass einer (begehrten) Verwaltungsentscheidung der beklagten Gebietskörperschaft in Form einer Bescheidung durch konkludentes außergerichtliches Anerkenntnis oder durch Klagerücknahme in Folge der Klaglosstellung erledigt worden ist. 58

Nach aktueller Rechtsprechung[46] stelle eine einseitige Erledigungserklärung im gerichtskostenfreien Verfahren eine **Klagerücknahme** nach § 102 Abs. 1 SGG dar.

Begründet wird dies wie folgt:

Eine einseitige Erledigungserklärung könne je nach prozessualer Konstellation im gerichtskostenfreien Verfahren eine Klagerücknahme, eine Rücknahme eines Rechtsmittels oder die Annahme eines vom Beklagten abgegebenen Anerkenntnisses sein. Die Abgabe einer derartigen Erklärung führe grundsätzlich zur Erledigung des Rechtsstreits in der Hauptsache.

Um die Annahme eines Anerkenntnisses handle es sich nicht, da in einem solchen Fall die Beklagte kein Anerkenntnis i.S.d. § 101 Abs. 2 SGG abgebe, sondern vielmehr außerhalb eines gerichtlichen Verfahrens abhelfe.

Durch die Erfüllung des streitbefangenen Klageanspruches stelle die Beklagte den Kläger klaglos, was jedoch auf das gerichtliche Verfahren selbst aus prozessualer Sicht noch keinen unmittelbaren Einfluss habe. Die Klaglosstellung sei vielmehr lediglich das Ereignis, durch das die Hauptsache erledigt und damit das Rechtsschutzbedürfnis für eine Weiterverfolgung des Anspruchs entfallen sei.

Wenn die prozessbeendenden Handlungen von einem Beteiligten unabhängig von der Erklärung des anderen Beteiligten vorgenommen werden, fehlt es an einer Einigung.[47]

Die einseitige Erledigungserklärung des Beklagten soll dagegen keine prozessuale Wirkung haben.[48]

46 LSG NRW, Beschl. v. 3.7.2023 – L 19 AS 740/23 B; BSG, Urt. v. 17.9.2020 – B 4 AS 13/20 R: BSG, Beschl. v. 16.1.2019 – B 7 AY 2/17 R und v. 29.12.2005 – B 7a AL 192/05 B; auch: Meyer-Ladewig/*Keller*, § 125 Rn 10.

47 LSG NRW, Beschl. v. 22.1.2025 – L 12 AS 1635/23 B.

48 Meyer-Ladewig/*Keller*, § 125 Rn 10.

§ 8 Verfahrensgebühr

A. Verfahrensgebühr im ersten Rechtszug

I. Allgemeines

Verfahrensgebühr erste Instanz – Höhe 1

Der Anwalt verdient im ersten Rechtszug vor dem Sozialgericht eine **Verfahrensgebühr** Nr. 3102 VV RVG mit einem **Gebührenrahmen** von **65,00 bis 719,00 EUR**, die **Mittelgebühr** beträgt **392,00 EUR**, sofern nach § 3 Abs. 1 S. 1 RVG Betragsrahmengebühren entstehen und nach § 183 SGG das Gerichtskostengesetz keine Anwendung findet.

Eine Vorbefassung (im Vorverfahren) ist nun nicht mehr durch einen ermäßigten Gebührentatbestand zu berücksichtigen, sondern vielmehr durch Anrechnung einer im Vorverfahren entstandenen Geschäftsgebühr. Gleiches gilt auch bei der Gebührenbestimmung i.S.d. § 14 Abs. 1 RVG, welche so zu erfolgen hat, als sei der Rechtsanwalt zuvor nicht tätig gewesen.

Gebührenentstehung 2

Gebühren nach Teil 3 VV RVG erhält der Rechtsanwalt, dem ein unbedingter Auftrag als Prozess- oder Verfahrensbevollmächtigter, als Beistand für einen Zeugen oder Sachverständigen oder für eine sonstige Tätigkeit in einem gerichtlichem Verfahren erteilt worden ist. Der Beistand für einen Zeugen oder Sachverständigen erhält die gleichen Gebühren wie ein Verfahrensbevollmächtigter.

Die Verfahrensgebühr entsteht nach Vorbem. 3 Abs. 2 VV RVG für das **Betreiben des Geschäfts einschließlich der Informationen**.

Der Anspruch auf die Verfahrensgebühr entsteht, sobald der Anwalt von seinem Mandanten als Verfahrens- oder Prozessbevollmächtigter bestellt worden ist und der Anwalt eine Geschäftstätigkeit ausgeübt hat (Entgegennahme der ersten Informationen nach Auftragserteilung).

Bemessungskriterien maßgeblich 3

Die Höhe der Gebühr ist – wie jede sozialrechtliche Rahmengebühr – abhängig von den Bemessungskriterien des § 14 Abs. 1 RVG im vorliegenden Einzelfall. Insoweit wird auf das Kapitel § 3 Rdn 1 ff. verwiesen.

Erledigung vor Anhängigkeit 4

Sofern der Auftrag vor Einreichung der Klage geendet hat, ist dies für den Gebührenrahmen unbeachtlich, vielmehr ist dies im Rahmen des § 14 RVG zu berücksichtigen.

5 **Untätigkeitsklage und Eilverfahren**

Hinsichtlich der Gebührenhöhe bei einer *Untätigkeitsklage oder bei Eilverfahren* wird auf die jeweiligen Kapitel §§ 14 und 15 verwiesen.

6 **Mehrvertretung**

Selbstverständlich erhöht sich im Fall der **Mehrvertretung** nach Nr. 1008 VV RVG der Gebührenrahmen der Verfahrensgebühr.

II. Anrechnung

7 **Anrechnung**

Auf die Verfahrensgebühr des gerichtlichen Verfahrens ist eine im **Vorverfahren entstandene Geschäftsgebühr** nach Teil 2 VV RVG zur Hälfte, höchstens mit einem Betrag von 225,00 EUR **anzurechnen** (vgl. Vorbem. 3 Abs. 3 VV RVG).

Sind mehrere Gebühren entstanden, so ist die zuletzt Entstandene maßgebend.

Bei Betragsrahmengebühren ist nicht zu berücksichtigen, dass der Umfang der Tätigkeit im gerichtlichen Verfahren infolge der vorangegangenen Tätigkeit geringer ist.

Zur Anrechnung einer Gebühr nach § 15a RVG wird auf die Ausführungen in § 22 Rdn 124 ff. verwiesen.

8 **Anrechnungsbetrag**

Eine **Erhöhung des Anrechnungsbetrages** von 225,00 EUR kommt auch dann nicht in Betracht, wenn der Anwalt im Vorverfahren mehrere Auftraggeber i.S.v. Nr. 1008 VV RVG vertreten hat. Hier fehlt es schlicht an einer gesetzlichen Grundlage für die Erhöhung des Maximalbetrags.

9 **Funktionsidentität und Anrechnung**

Keine Anrechnung wird vorgenommen, sofern der Anwalt im Vorverfahren in einer anderen Eigenschaft, beispielsweise als Betreuer, und erst im gerichtlichen Verfahren als Anwalt aufgetreten ist. Dies allein schon deshalb, weil der Betreuer in dieser Rolle keine Vergütung nach dem RVG verdient haben kann.

10 *Beispiel 1: Anrechnung Geschäftsgebühr auf Verfahrensgebühr – Standardfall*

Der Anwalt war im Vorverfahren gegenüber der Behörde tätig. Da diese den von dem Anwalt eingelegten Widerspruch als unbegründet zurückweist, erhebt der Anwalt namens seines Mandanten Klage gegen die Behörde. Die anwaltliche Tätigkeit war weder umfangreich noch schwierig, sodass im Vorverfahren die Schwellengebühr angemessen ist. Das Klageverfahren war durchschnittlich.

Der Anwalt erhält folgende Vergütung:

I. Vorverfahren	
Geschäftsgebühr, Nr. 2302 VV RVG (65,00 EUR – 837,00 EUR)	391,00 EUR
Postentgeltpauschale, Nr. 7002 VV RVG	20,00 EUR
19 % Umsatzsteuer, Nr. 7008 VV RVG	78,09 EUR
Summe	**489,09 EUR**
II. Klageverfahren	
Verfahrensgebühr, Nr. 3102 VV RVG (65,00 EUR – 719,00 EUR)	392,00 EUR
Anrechnung gem. Vorbem. 3 Abs. 4 VV RVG	*./. 195,50 EUR*
Postentgeltpauschale, Nr. 7002 VV RVG	20,00 EUR
19 % Umsatzsteuer, Nr. 7008 VV RVG	41,14 EUR
Summe	**257,64 EUR**

Beispiel 2: Anrechnung Geschäftsgebühr auf Verfahrensgebühr – Einfaches Vorverfahren 11

Fall wie vor. Die anwaltliche Tätigkeit im Vorverfahren war nicht umfangreich oder schwierig, sondern vielmehr sehr einfach. Hier erscheint eine Geschäftsgebühr von 150,00 EUR als angemessen. Das Klageverfahren stellte sich als durchschnittlich dar.

Der Anwalt erhält folgende Vergütung:

I. Vorverfahren	
Geschäftsgebühr, Nr. 2302 VV RVG (65,00 EUR – 837,00 EUR)	150,00 EUR
Postentgeltpauschale, Nr. 7002 VV RVG	20,00 EUR
19 % Umsatzsteuer, Nr. 7008 VV RVG	32,30 EUR
Summe	**202,30 EUR**
II. Klageverfahren	
Verfahrensgebühr, Nr. 3102 VV RVG (65,00 EUR – 719,00 EUR)	392,00 EUR
Anrechnung gem. Vorbem. 3 Abs. 4 VV RVG i.V.m. § 15a Abs. 1 RVG	*./. 75,00 EUR*
Postentgeltpauschale, Nr. 7002 VV RVG	20,00 EUR
19 % Umsatzsteuer, Nr. 7008 VV RVG	64,03 EUR
Summe	**401,03 EUR**

12 *Beispiel 3: Anrechnung Geschäftsgebühr auf Verfahrensgebühr – Mehrere Auftraggeber*

Wie Beispiel 1, nur dass der Anwalt im Vor- sowie im gerichtlichen Verfahren insgesamt jeweils 5 Auftraggeber vertreten hat. Die anwaltliche Tätigkeit war weder umfangreich noch schwierig (Schwellengebühr).

Die Verfahrensgebühr sowie die Schwellengebühr zur Geschäftsgebühr erhöhen sich um 30 % pro weiterem Auftraggeber, mithin um 120 %.

Der Anwalt erhält folgende Vergütung:

I. Vorverfahren	
Geschäftsgebühr, Nrn. 2302, 1008 VV RVG	860,20 EUR
(391,00 EUR + (4 × 117,30 EUR) oder 391,00 EUR × 2,2)	
Postentgeltpauschale, Nr. 7002 VV RVG	20,00 EUR
19 % Umsatzsteuer, Nr. 7008 VV RVG	167,24 EUR
Summe	**1.047,44 EUR**
II. Klageverfahren	
Verfahrensgebühr, Nrn. 3102,1008 VV RVG	862,40 EUR
(392,00 EUR + (4 × 117,60 EUR) oder 392,00 EUR × 2,2)	
Anrechnung gem. Vorbem. 3 Abs. 4 VV RVG i.V.m. § 15a Abs. 1 RVG (½ = 430,10 EUR) – Höchstbetrag nach § 15a Abs. 2 S. 3 RVG	*./. 225,00 EUR*
Postentgeltpauschale, Nr. 7002 VV RVG	20,00 EUR
19 % Umsatzsteuer, Nr. 7008 VV RVG	124,91 EUR
Summe	**782,31 EUR**

Die Anrechnung ist auf den Betrag i.H.v. 225,00 EUR (Anrechnungshöchstbetrag) begrenzt.

Beispiel 4: Anrechnung Geschäftsgebühr auf Verfahrensgebühr – Schwieriges Vorverfahren 13

Der Anwalt vertrat insgesamt 4 Auftraggeber im Vorverfahren sowie im anschließenden Klageverfahren. Die anwaltliche Tätigkeit im Vorverfahren war schwierig und umfangreich.

Im Vorverfahren entsteht daher die Geschäftsgebühr in Höhe der Höchstgebühr zzgl. der Mehrvertretung. Die Schwelle von 391,00 EUR kann überschritten werden.

Im Klageverfahren wird eine erhöhte Verfahrensgebühr von 550,00 EUR zzgl. des Mehrvertretungszuschlages abgerechnet.

Der Anwalt erhält folgende Vergütung:

I. Vorverfahren

Geschäftsgebühr, Nrn. 2302, 1008 VV RVG	1.590,30 EUR
(123,50 EUR – 1.590,30 EUR)	
Postentgeltpauschale, Nr. 7002 VV RVG	20,00 EUR
19 % Umsatzsteuer, Nr. 7008 VV RVG	305,96 EUR
Summe	**1.916,26 EUR**

II. Klageverfahren

Verfahrensgebühr, Nrn. 3102, 1008 VV RVG	1.045,00 EUR
(123,50 EUR – 1.366,10 EUR)	
Anrechnung gem. Vorbem. 3 Abs. 4 VV RVG i.V.m. § 15a Abs. 1 RVG	
(½ von 1.590,30 = 795,15 EUR) – Höchstbetrag nach § 15a Abs. 2 S. 3 RVG	*./. 225,00 EUR*
Postentgeltpauschale, Nr. 7002 VV RVG	20,00 EUR
19 % Umsatzsteuer, Nr. 7008 VV RVG	159,60 EUR
Summe	**999,60 EUR**

Die Anrechnung ist auf den Betrag i.H.v. 225,00 EUR (Anrechnungshöchstbetrag) begrenzt. Der übersteigende Betrag bleibt zugunsten des Anwalts anrechnungsfrei.

14 **Anrechnung und tatsächliche Zahlung**

Hinsichtlich der Anrechnung einer vorgerichtlichen Geschäftsgebühr auf eine Verfahrensgebühr nach Vorbem. 3 Abs. 4 VV RVG ist folgendes zu berücksichtigen:

Eine Anrechnung hat lediglich über die **tatsächlich erhaltene Geschäftsgebühr** und nicht die entstandene Geschäftsgebühr zu erfolgen.[1]

Dies ergibt sich nicht zuletzt gesetzessystematisch aus § 55 Abs. 5 S. 2 bis 4 RVG, denn hiernach muss der Vergütungsfestsetzungsantrag des Anwalts gegen die Landes- oder Staatskasse eine Erklärung enthalten, ob und welche Zahlungen erhalten wurden.

Erhaltene Zahlungen nach der Antragstellung sind unverzüglich anzuzeigen.

In der Gesetzesbegründung komme unmissverständlich zum Ausdruck, dass bei der Vergütungsfestsetzung nur tatsächliche Zahlungen auf anzurechnende Gebühren zu berücksichtigen seien.[2]

Die früher vertretene Auffassung, es sei die entstandene Geschäftsgebühr anzurechnen, wurde weitestgehend aufgegeben.

B. Verfahrensgebühr im Berufungsverfahren

15 **Verfahrensgebühr Berufung – Höhe**

Der Anwalt verdient im Berufungsverfahren eine **Verfahrensgebühr** Nr. 3204 VV RVG mit einem **Gebührenrahmen** von **78,00 bis 889,00 EUR**, die **Mittelgebühr** beträgt **483,50 EUR**.

16 Als **Entstehungsvoraussetzungen** bei der Gebühr gelten die allgemeinen Tatbestandsvoraussetzungen einer Verfahrensgebühr (vgl. Vorbem. 3 Abs. 2 VV RVG).

17 Die Höhe der Gebühr ist abhängig von den Bemessungskriterien des § 14 Abs. 1 S. 1 RVG im vorliegenden Einzelfall.

18 Im Fall der **Mehrvertretung** nach Nr. 1008 VV RVG erhöht sich der Gebührenrahmen der Verfahrensgebühr.

19 Nach **Vorbem. 3.2 Abs. 2 VV RVG** bestimmen sich die Gebühren nach den für die erste Instanz geltenden Vorschriften (Betragsrahmengebühren nach Teil 3 Abschnitt 1 VV RVG) im Verfahren der einstweiligen Anordnung, im Verfahren auf Anordnung oder Wiederherstellung der aufschiebenden Wirkung, auf Aussetzung oder Aufhebung der Vollziehung oder Anordnung der sofortigen Vollziehung eines Verwaltungsakts, sofern das Landessozialgericht als Gericht der Hauptsache anzusehen ist.

1 LSG NRW, Beschl. v. 24.6.2022 – S 15 SF 201/19 E; Beschl. v. 4.5.2020 – L 21 AS 145/19 B.
2 LSG NRW, a.a.O.

Verfahrensgebühr – Beschwerde im einstweiligen Rechtsschutz 20

Die Gebühr (Teil 3, Abschnitt 2, Unterabschnitt 1 VV RVG) entsteht nach **Vorbem. 3.2.1 Nr. 3a) VV RVG** auch in Verfahren über **Beschwerden** gegen Entscheidungen des Sozialgerichts wegen des Hautgegenstandes in **Verfahren des vorläufigen oder einstweiligen Rechtsschutzes** (§ 86b Abs. 1, 2 SGG).

C. Verfahrensgebühr im Revisionsverfahren

Verfahrensgebühr Revision – Höhe 21

Der Anwalt verdient im Revisionsverfahren eine **Verfahrensgebühr** Nr. 3212 VV RVG mit einem **Gebührenrahmen** von **105,00 bis 1.151,00 EUR**, die **Mittelgebühr** beträgt **628,00 EUR**.

Als **Entstehungsvoraussetzungen** bei der Gebühr gelten die allgemeinen Tatbestandsvoraussetzungen einer Verfahrensgebühr (vgl. Vorbem. 3 Abs. 2 VV RVG). 22

Die Höhe der Gebühr ist abhängig von den Bemessungskriterien des § 14 Abs. 1 S. 1 RVG im vorliegenden Einzelfall. 23

Selbstverständlich erhöht sich im Fall der **Mehrvertretung** nach Nr. 1008 VV RVG der Gebührenrahmen der Verfahrensgebühr. 24

§ 9 Terminsgebühr

A. Terminsgebühr im ersten Rechtszug

I. Allgemeines

Terminsgebühr erste Instanz – Höhe 1

Der Anwalt verdient im ersten Rechtszug eine **Terminsgebühr** Nr. 3106 VV RVG mit einem **Gebührenrahmen** von **65,00 bis 665,00 EUR**, die **Mittelgebühr** beträgt **365,00 EUR**.

Gebührenentstehung 2

Grundsätzlich ist festzustellen, dass die **Entstehungsvoraussetzungen der Terminsgebühr**, die sich aus der Vorbem. 3 Abs. 3 VV RVG für das zivilrechtliche Verfahren ergeben, uneingeschränkt für die Terminsgebühren der Sozialgerichtsbarkeit gelten.

Bei den Terminsgebühren handelt es sich um Tätigkeitsgebühren. Sie haben den **Charakter einer Anwesenheitsgebühr**.

Die Terminsgebühr entsteht nach Vorbem. 3 Abs. 3 VV RVG sowohl für die Wahrnehmung von gerichtlichen Terminen als auch für die Wahrnehmung von außergerichtlichen Terminen und Besprechungen, wenn nichts anderes bestimmt ist. Sie entsteht jedoch nicht für die Wahrnehmung eines gerichtlichen Termins nur zur Verkündung einer Entscheidung.

Die Gebühr für außergerichtliche Termine und Besprechungen entsteht für:

1. die Wahrnehmung eines von einem gerichtlich bestellten Sachverständigen anberaumten Termins und
2. die Mitwirkung an Besprechungen, die auf die Vermeidung oder Erledigung des Verfahrens gerichtet sind; dies gilt nicht für Besprechungen mit dem Auftraggeber.

Anwesenheitsgebühr 3

Die Gebühr entsteht im gerichtlichen Verfahren, sofern ein gerichtlicher Termin mit dem Aufruf zur Sache (§ 112 Abs. 1 S. 2 SGG) beginnt und der Rechtsanwalt diesen Termin wahrnimmt. Hierbei genügt vertretungsbereite Anwesenheit. Eine Verhandlung zur Sach- und Rechtslage im Termin ist nicht erforderlich. Die Gebühr entsteht grundsätzlich für jede Terminswahrnehmung erneut. Sie kann in derselben Angelegenheit jedoch von jedem Rechtsanwalt nur einmal verlangt werden (§ 15 Abs. 2 S. 2 RVG).

4 **Vorbereitungs- und Wartezeiten**

Die **Vorbereitung** eines Termins ist nicht bei der Terminsgebühr-, sondern bei der Verfahrensgebühr zu berücksichtigen.[1] Eine vor dem Aufruf der Sache liegende **Wartezeit** kann nicht zur Bemessung der Terminsgebühr herangezogen werden. Die Terminsgebühr entsteht erst mit dem Aufruf der Sache, soweit der Rechtsanwalt zu diesem Zeitpunkt vertretungsbereit anwesend ist.[2]

5 **Bemessungskriterien nach § 14 RVG maßgeblich**

Die **Höhe** der Gebühr ist abhängig von den **Bemessungskriterien des § 14 Abs. 1 S. 1 RVG** im Einzelfall. Insoweit wird auf das Kapitel § 3 Rdn 1 ff. verwiesen.

Dabei orientieren sich die Urkundsbeamten wie auch die Gerichte regelmäßig an der Dauer des Termins. Die aus der Sitzungsniederschrift ersichtliche Dauer des Termins ist in der gerichtlichen Abrechnungspraxis ein nicht unerhebliches Kriterium.

Für einen großen Teil der Rechtsprechung[3] ist bei der Beurteilung des Umfangs der anwaltlichen Tätigkeit im Wesentlichen auf die Dauer des Termins abzustellen, denn damit wird der Aufwand des Rechtsanwalts in zeitlicher Hinsicht unmittelbar erfasst, den er für seine Anwesenheit bei dem Termin hatte.

6 **Weitere Bemessungskriterien**

Nach Auffassung des LSG Nordrhein-Westfalen[4] ist jedoch nicht ausschließlich auf die Dauer des Termins abzustellen. Die Terminsdauer ist eher ein Anhaltspunkt. Um objektiv den tatsächlichen und erforderlichen zeitlichen Aufwand des Anwalts im Rahmen der Umfangsbestimmung zu bewerten, kommt der Dauer des wahrgenommenen Termins eine **indizielle Wirkung** zu.

Vielmehr ist auf die Schwierigkeit des Falles und die Art der entfalteten Tätigkeit abzustellen. Andernfalls würde man einen Anwalt, welcher sich der Rechtsauffassung des Vorsitzenden anschließt und zügige prozessuale Konsequenzen fordert, benachteiligen. Zudem würde man „Begriffsstutzige" oder „Zeitschinder" bevorzugen, sofern

1 LSG Thüringen, Beschl. v. 29.8.2013 – L 6 SF 405/13 B, RVGreport 2014, 70; a.A. AGS 2014, 13.

2 LSG Sachsen, Beschl. v. 8.1.2014 – L 8 AS 585/12 B KO; a.A. SG Detmold, Beschl. v. 20.6.2024 – S 22 SF 139/19 E; SG Kassel, Beschl. v. 26.6.2014 – S 10 SF 50/14 E: Bei der Bestimmung der Terminsgebühr sind auch Wartezeiten zu berücksichtigen, welche dadurch entstehen, dass die Sache später als terminiert verhandelt wird (str.).

3 LSG Baden-Württemberg, Beschl. v. 20.2.2020 – L 10 SF 2680/18 E-B; LSG Hessen, Beschl. v. 28.4.2014 – L 2 AS 708/13 B; LSG Hessen, Beschl. v. 13.1.2011 – L 2 SF 72/10 E; LSG Sachsen, Beschl. v. 19.6.2013 – L 8 AS 45/12 B KO; LSG Baden-Württemberg, Beschl. v. 27.6.2019 – L 10 SF 4412/18 E-B, Beschl. v. 9.4.2020 – L 10 SF 4170/18 E-B, Beschl. v. 20.2.2020 – L 10 SF 2680/18 E-B.

4 LSG NRW, Beschl. v. 29.4.24 – L 1 SB 352/23 B; LSG NRW, Beschl. v. 20.12.2006 – L 12 B 194/06 AS; a.A. LSG Baden-Württemberg, a.a.O.

ausschließlich auf die Dauer des Termins abgestellt wird. Auch kann es nicht im Sinne des Gerichts sein, wenn Termine alleine aus gebührenrechtlichen Gründen in die Länge gezogen werden.

Terminsdauer 7

Die **durchschnittliche Terminsdauer** von sozialgerichtlichen Verfahren wird in der Rechtsprechung recht unterschiedlich gesehen; es gibt eine Vielzahl an antagonistischen Meinungen:

So wird von einer **durchschnittlichen Terminsdauer** in erster Instanz von **30 Minuten**,[5] **30–50 Minuten**,[6] **55 Minuten**[7] oder auch erst von **70 Minuten**[8] ausgegangen.

Mittelgebühr 8

Der Ansatz der **Mittelgebühr** ist jedenfalls bei einer **Verhandlungsdauer von 50 bzw. 55 Minuten** nicht unangemessen. Die **Hälfte der Mittelgebühr** der Nr. 3106 VV RVG wäre demnach rechnerisch **bei ca. 25 Minuten** anzusetzen.[9]

Dagegen wurde vom LSG Bayern entschieden, dass ein Erörterungstermin mit einer Dauer von einer **¾ Stunde bereits überdurchschnittlich** sein soll.[10] 9

Kurztermin 10

Der Ansatz der Mittelgebühr ist bei einer **Terminsdauer von 5 Minuten** unbillig, selbst unter Berücksichtigung einer Vorbereitungszeit des Anwalts. Fahrt und Abwesenheitszeiten werden nicht durch die Terminsgebühr abgegolten sondern anderweitig vergütet (Nrn. 7003, 7005 VV RVG).[11]

Gleiches gilt für eine Terminsdauer von 8,5 und 9,5 Minuten; diese ist unterdurchschnittlich.[12]

5 LSG NRW, Beschl. v. 29.4.2024 – L 1 SB 352–23 B; LSG Hessen, Beschl. v. 28.4.2014 – L 2 AS 708/13 B.

6 LSG NRW, Besch. v. 29.4.2024 – L 1 SB 352/23 B, v. 15.8.2022 – L 19 AS 244/22 B, v. 5.10.2016 – L 19 AS 1104/16 B, v. 16.12.2015 – L 19 AS 1475/15 B; LSG Sachsen, Beschl. v. 19.6.2013 – L 8 AS 45/12 B KO m.w.N.; LSG Schleswig-Holstein, Beschl. v. 17.7.2008 – L 1 B 127/08 SK; LSG Schleswig-Holstein, Beschl. v. 12.9.2006 – L 1 B 320/05 SF SK: Genau 48,47 Minuten nach eigenen statistischen Erhebungen des Senats; a.A. LSG Hessen, Beschl. v. 25.5.2009 – L 2 SF 50/09 E: Eine Durchschnittliche Terminsdauer von 50 Minuten sei zu hoch angesetzt.

7 LSG NRW, Beschl. v. 15.1.2007 – L 19 B 13/06 AL.

8 LSG Thüringen, Beschl. v. 6.3.2008 – L 6 B 198/07 SF – wobei der Umfang der anwaltlichen Tätigkeit durchaus an der oberen Grenze des durchschnittlichen Umfangs liegt.

9 LSG NRW, Beschl. v. 15.1.2007 – L 19 B 13/06 AL; LSG Schleswig-Holstein, Beschl. v. 12.9.2006 – L 1 B 320/05 SF SK.

10 LSG Bayern, Beschl. v. 3.12.2008 – L 15 B 964/08 SF KO.

11 LSG NRW, Beschl. v. 31.5.2007 – L 10 B 6/07 SB.

12 LSG NRW, Beschl. v. 5.2.2009 – L 1 B 27/08 AS; LSG Sachsen, Beschl. v. 19.6.2013 – L 8 AS 45/12 B KO.

11 **Höchstgebühr**

Die Höchstgebühr der Terminsgebühr Nr. 3106 VV RVG gilt in dem Fall, wenn mehrere lang andauernde Termine zur mündlichen Verhandlung stattgefunden haben, sowie bei weiteren außergewöhnlichen Umständen.[13]

12 **Gemeinsamer Termin**

Sofern **in einem Termin mehrere Verfahren** gemeinsam erörtert oder verhandelt werden, ist – ohne konkrete Anhaltspunkte in der Sitzungsniederschrift – die Gesamtdauer des Termins durch die Anzahl der gemeinsam erörterten oder verhandelten Verfahren zu teilen. Sodann ist zu beurteilen, ob die jeweilige Terminsdauer über-, unter- oder vielmehr durchschnittlich ist.[14]

Der gesamte Zeitaufwand für die Erörterung mehrerer Verfahren ist nicht jeweils in jedem der einzelnen Verfahren voll zu berücksichtigen.

Maßgeblich ist vielmehr der jeweils auf das einzelne Verfahren entfallende, insbesondere zeitliche Aufwand. Daher ist die Gesamtdauer des Termins durch die Anzahl der gemeinsam erörterten Verfahren zu teilen. Eine andere Aufteilung ist häufig nicht geboten, da insoweit der Sitzungsniederschrift kein gesonderter und konkreter Zeitaufwand für jedes einzelne Verfahren entnommen werden kann.[15]

13 **Miterörterung**

Auch wenn in einem Termin mit Einverständnis der Beteiligten verschiedene Klagen, welche nicht miteinander verbunden wurden, verhandelt und vergleichsweise miterledigt werden, fällt in dem nicht geladenen Verfahren ebenfalls eine Terminsgebühr nach Vorbem. 3 Abs. 3 VV RVG an.

Fehlende Terminsladungen für die nicht terminierten Rechtsstreitigkeiten sowie fehlende Aktenzeichen im Kopf der Sitzungsniederschrift stehen der Entstehung der Terminsgebühren nicht entgegen.

14 **Untätigkeitsklage und Eilverfahren**

Hinsichtlich der entsprechenden Gebühren bei einer *Untätigkeitsklage oder bei Eilverfahren* wird auf § 14 bzw. § 15 verwiesen.

13 LSG Sachsen, Beschl. v. 8.2.2008 – L 6 B 466/07 R-KO.

14 LSG Hessen, Beschl. v. 28.4.2014 – L 2 AS 708/13 B, ASR 2015, 26 ff.

15 LSG Sachsen, Beschl. v. 19.6.2013 – L 8 AS 45/12 B KO m.w.N; LSG Bayern, Beschl. v. 23.9.2015 – L 15 SF 273/14 E, NZS 2015, 919.

II. Terminsgebühr für außergerichtliche Besprechungen

Außergerichtliche Besprechung 15

Die Vorbem. 3 Abs. 3 VV RVG gilt für alle Terminsgebühren des Teils 3 VV RVG und damit auch für die Gebühren im sozialgerichtlichen Verfahren.

Die Terminsgebühr entsteht demzufolge auch für die (außergerichtliche) auf die Vermeidung/Erledigung des Verfahrens gerichtete Besprechung ohne Beteiligung des Gerichts.[16]

Dies gilt z.B. wenn Einzelheiten des Vergleichsabschlusses telefonisch mit dem zuständigen Sachbearbeiter des Beklagten lösungsorientiert besprochen werden.

Es genügt, dass der Rechtsanwalt

- nach der Erteilung des Prozessauftrags
- eine Besprechung mit dem Gegner durchführt,
- welche auf die Vermeidung eines Rechtsstreits oder nach der Anhängigkeit eines Rechtsstreits auf dessen Erledigung gerichtet ist.

Besprechungsterminsgebühr 16

Eine Besprechungsterminsgebühr nach Vorbem. 3 Abs. 3 VV RVG kann dementgegen jedoch auch in Verfahren des einstweiligen Rechtsschutzes anfallen.

Allerdings löst nicht jede Besprechung eine Terminsgebühr aus, vielmehr muss es sich um eine solche handeln, die auf die Vermeidung oder Erledigung des Verfahrens gerichtet ist. Es genügt das ernsthafte Bemühen des Prozessbevollmächtigten um einen Abschluss des Verfahrens ohne Beteiligung des Gerichts. Das Gespräch muss inhaltlich auf eine (materiell-rechtliche) Verfahrenserledigung ausgerichtet sein, ein allgemeines Gespräch über die grundsätzliche Bereitschaft oder die abstrakte Möglichkeit einer außergerichtlichen Erledigung genügt nicht. Auch Gespräche, die nur auf den Verfahrensablauf oder die Modalitäten der Auseinandersetzung gerichtet sind bzw. allein der Nachfrage nach dem Sachstand oder der Informationsbeschaffung dienen, sind nicht ausreichend.[17]

Gesprächsweigerung 17

Verweigert der Gegner von vornherein ein sachbezogenes Gespräch oder eine gütliche Einigung, so kommt eine Besprechung bereits im Ansatz nicht zustande.

Von einer Besprechung ist auszugehen, wenn sich der Gegner auf das Gespräch einlässt, indem er den ihm unterbreiteten Vorschlag zur Kenntnis nimmt und dessen Prüfung

16 LSG Hessen, Beschl. v. 20.4.2011 – L 2 SF 311/09 E; LSG Schleswig-Holstein, Beschl. v. 11.4.2016 – L 5 SF 272/14 B E, NZS 2016, 717.

17 Vgl. LSG NRW, Beschl. v. 3.2.2016 – L 19 AS 1854/15 B.

zusagt. Es genügt, dass der Gegner die auf eine Erledigung des Verfahrens gerichteten Äußerungen zwecks Prüfung und ggf. Weiterleitung an seinen Auftraggeber zur Kenntnis nimmt.

Das Ergebnis der Besprechung ist für das Entstehen der Terminsgebühr belanglos, es kommt alleine auf die erfolgte Besprechung zur Vermeidung oder Erledigung des Rechtsstreits an.

Die Besprechung kann fernmündlich durchgeführt werden.

Ziel der Erweiterung des Umfangs der Terminsgebühr auf außergerichtliche Besprechungen war die Absicht, in jeder Phase des Verfahrens anwaltliche Tätigkeiten zu fördern und zu honorieren, die zu einer der Sach- und Rechtslage entsprechenden Beendigung des Rechtsstreits beitragen.

Der Rechtsanwalt soll nicht allein aus gebührenrechtlichen Interessen einen gerichtlichen Verhandlungstermin anstreben müssen, um eine Terminsgebühr auszulösen.

18 **Telefonat**

In Einzelfällen[18] sollen bereits Telefonate der Richter mit den Beteiligten, in denen ausweislich der Akten die vergleichsweise Beendigung des Verfahrens besprochen wurde, die Voraussetzungen für das Entstehen der Besprechungsterminsgebühr gem. Vorbem. 3 Abs. 3 S. 2 VV RVG erfüllen, wenn die Bereitschaft beider Gesprächspartner mit der Zielsetzung einer vergleichsweisen Einigung bestanden hat.

Auch soll eine Besprechungsterminsgebühr entstehen, wenn der Richter zur Vorbereitung eines gerichtlichen Vergleichs getrennte Telefonate mit beiden Verfahrensbeteiligten führt.[19] Demnach lägen teleologische Gesichtspunkte und die Entstehungsgeschichte eine weitere Auslegung des Merkmals der außergerichtlichen Besprechung nahe.

Nicht jede noch so kurze Anfrage kann ohne Weiteres Auslöser für einer Terminsgebühr nach Vorbem. 3 Abs. 3 S. 2 VV RVG sein. Voraussetzung ist vielmehr ein inhaltliches Gespräch über eine einvernehmliche Beendigung des Verfahrens. Dies ergibt sich bereits aus dem Wortlaut der Vorschrift, die eine „Besprechung“, also ein wechselseitiges Gespräch zur Erörterung eines Sachverhalts, voraussetzt. Ein Gespräch über die alleinige abstrakte Möglichkeit einer außergerichtlichen Einigung genügt nicht.

Eine solche Besprechung zur Verfahrenserledigung liegt jedoch nicht vor, wenn die Beteiligten in dem mündlichen Gespräch Anfragen zum Sachstand, die bloße Mitteilung einer zwischen den Beteiligten bereits erzielten Einigung oder die Anfrage, ob eine Einigung in Betracht kommt, ohne den Versuch zu unternehmen, den anderen zu einer Einigung zu bewegen oder sich auf konkrete Vorschläge einzulassen, stellen.

18 Vgl. LSG Bayern, Beschl. v. 19.2.2020 – L 12 SF 48/17 E.

19 LSG Schleswig-Holstein, Beschl. v. 13.2.2023 – L 5 SF 30/22 B E.

Umfang und Intensität der Einigungsbemühungen können bei der Bemessung der Gebühr berücksichtigt werden.

III. Fiktive Terminsgebühr

Gebühr ohne Termin 19

Der Rechtsanwalt soll nach seiner Bestellung zum Verfahrens- oder Prozessbevollmächtigten in jeder Phase zu einer möglichst frühen, der Sach- und Rechtslage entsprechenden Beendigung des Verfahrens beitragen. Deshalb fällt die Terminsgebühr in bestimmten Fallkonstellationen auch ohne Durchführung eines Gerichtstermins an.

Fiktive Terminsgebühr 20

Sofern kein realer gerichtlicher Termin stattgefunden hat, kann auch eine sogenannte **fiktive Terminsgebühr** in den Fällen der Nummern 1–3 des Satzes 1 der Anm. zu Nr. 3106 VV RVG entstehen, nämlich dann, wenn

- in einem Verfahren, für das mündliche Verhandlung vorgeschrieben ist, im Einverständnis mit den Parteien ohne mündliche Verhandlung entschieden oder in einem solchen Verfahren mit oder ohne Mitwirkung des Gerichts ein Vertrag i.S.d. Nr. 1000 VV RVG geschlossen wird oder eine Erledigung der Rechtssache i.S.d. Nr. 1002 VV RVG eingetreten ist,
- nach § 105 Abs. 1 S. 1 SGG durch Gerichtsbescheid entschieden wird und eine mündliche Verhandlung beantragt werden kann oder
- das Verfahren, für das mündliche Verhandlung vorgeschrieben ist, nach angenommenem Anerkenntnis ohne mündliche Verhandlung endet.

Die Aufzählung der Verfahren, in denen ohne mündliche Verhandlung entschieden wird und gleichwohl eine Terminsgebühr entsteht, ist abschließend. 21

Gebührenhöhe 22

Die Bestimmung der konkreten Gebühr orientiert sich an der Höhe der Verfahrensgebühr im konkreten Fall.

Die fiktive Terminsgebühr ist in ihrer Höhe an die konkret entstandene Verfahrensgebühr gekoppelt. 23

Dabei ist jedoch zu beachten, dass nach Satz 2 der Anm. zu Nr. 3106 VV RVG in den Fällen des Satzes 1 (nicht Nr. 1) die Gebühr **90 % der** in derselben Angelegenheit dem Rechtsanwalt zustehenden **Verfahrensgebühr** beträgt.

Die fiktive Terminsgebühr beträgt also in jedem Fall 90 % der konkret entstandenen Verfahrensgebühr.

Die Mindestgebühr beträgt folglich 58,50 EUR (90 % von 65,00 EUR), die Höchstgebühr beträgt 647,10 EUR (90 % von 719,00 EUR) und die Mittelgebühr beträgt 352,80 EUR (90 % von 392,00 EUR).

24 *Merke*

Die fiktive Terminsgebühr entsteht in allen Fällen des Satzes 1 der Anm. zu Nr. 3106 VV RVG jeweils i.H.v. 90 % der Verfahrensgebühr.

25 **Mehrvertretung**

Eine **Erhöhung** nach Nr. 1008 VV RVG wird **nicht berücksichtigt**. Diese Erhöhung ist ggf. aus der Verfahrensgebühr herauszurechnen.

26 **Sinn und Zweck**

Bei der fiktiven Terminsgebühr kommt es darauf an, dem Anwalt das gebührenrechtliche Interesse an der Durchführung eines Termins zu nehmen. Die Höhe der zu erwartenden Terminsgebühr wird häufig von Umfang und Schwierigkeit der Angelegenheit abhängen. Daher scheint eine Anknüpfung an die Höhe der Verfahrensgebühr sachgerecht. Da die Höhe der Terminsgebühr grundsätzlich zur Höhe der Verfahrensgebühr in einem Verhältnis von 1,2 zu 1,3 steht, wurde durch den Gesetzgeber ein Betrag von 90 Prozent der Verfahrensgebühr vorgeschlagen bzw. festgesetzt.[20]

27 **Anrechnung auf Grundgebühr**

Bei der Höhe der fiktiven Terminsgebühr ist eine etwaige **Anrechnung** auf die der Gebühr zugrundeliegende Verfahrensgebühr, z.B. durch eine Vorbefassung im Vorverfahren, **unbeachtlich**. Es ist auf die im konkreten Fall **entstandene Verfahrensgebühr** abzustellen, **ohne Berücksichtigung einer Anrechnung** nach Vorbem. 3 Abs. 4 VV RVG i.V.m. § 15a RVG.[21]

28 **Voraussetzung**

Die fiktive Terminsgebühr soll nur in solchen Fällen entstehen, in denen eine **mündliche Verhandlung vorgeschrieben** ist oder zumindest beantragt werden kann.

Der **Grundsatz der mündlichen Verhandlung** ist in **§ 124 SGG** normiert.

20 BT-Drucks 17/11471 (neu), 276.
21 So auch zutreffend: SG Dresden, Beschl. v. 30.6.2015 – S 28 SF 132/15 E.

Nach § 124 Abs. 1 SGG entscheidet das Gericht aufgrund der mündlichen Verhandlung, soweit nichts anderes bestimmt ist. Dies gilt, vorbehaltlich des Absatzes 3, für alle Instanzen für eine Entscheidung durch Urteil oder Beschluss.

In Verfahren des einstweiligen Rechtsschutzes kann eine fiktive Terminsgebühr grundsätzlich nicht anfallen, da in diesen Verfahren eben nicht aufgrund mündlicher Verhandlung, sondern vielmehr aufgrund freigestellter mündlicher Verhandlung entscheiden wird (vgl. § 124 Abs. 3 SGG).

1. Entscheidung ohne mündliche Verhandlung

Entscheidung ohne mündliche Verhandlung 29

Die fiktive Terminsgebühr entsteht nach Anm. S. 1 Nr. 1 zu Nr. 3106 VV RVG auch in einem Verfahren, für das mündliche Verhandlung vorgeschrieben ist, wenn im Einverständnis mit den Parteien ohne mündliche Verhandlung entschieden wird.

Grundsatz – mündliche Verhandlung 30

Grundsätzlich entscheidet das Gericht nach § 124 Abs. 1 SGG aufgrund mündlicher Verhandlung.

Die mündliche Verhandlung unterliegt folgenden Grundsätzen:

- Grundsatz der Mündlichkeit (§ 124 SGG)
- Grundsatz des rechtlichen Gehörs (Art. 103 Abs. 1 GG)
- Grundsatz der Unmittelbarkeit (§ 129 SGG)
- Grundsatz der Öffentlichkeit (§ 61 SGG)
- Grundsatz der Einheitlichkeit.

Nach § 124 Abs. 2 SGG kann das Gericht mit Einverständnis der Beteiligten jedoch ohne mündliche Verhandlung durch Urteil entscheiden.

Dies gilt auch für Entscheidungen des Gerichts durch Beschluss, sofern nichts anderes bestimmt ist, also sofern eine Entscheidung durch Beschluss ohne mündliche Verhandlung gesetzlich möglich ist (vgl. § 124 Abs. 3 SGG).

Eine Entscheidung durch Urteil ohne mündliche Verhandlung ist nur mit vorherigem Einverständnis der Beteiligten oder im Fall des § 126 SGG (Entscheidung nach Aktenlage) zulässig. Hierbei müssen **sämtliche Beteiligte** i.S.d. § 69 SGG (Kläger, Beklagter und Beigeladener) **zustimmen**.

Die **Einverständniserklärung ist Prozesshandlung** und muss daher dem Gericht gegenüber schriftlich, zur Niederschrift des Urkundsbeamten oder in einer mündlichen Verhandlung erklärt werden. Diese ist **ausdrücklich, eindeutig und vorbehaltlos vor der**

Entscheidung zu erklären. Ein Widerruf ist möglich, bis die Erklärungen der übrigen Beteiligten bei Gericht eingegangen sind.

31 **Folge fehlenden Einverständnisses**

Sofern diese Voraussetzungen nicht erfüllt sind bzw. **keine Einverständniserklärungen** vorliegen, kann **keine fiktive Terminsgebühr** nach der Anm. S. 1 Nr. 1 1. Alt. zu Nr. 3106 VV RVG entstehen. Diese kann nur entstehen, sofern **„im Einverständnis"** der Parteien ohne mündliche Verhandlung entschieden wurde.

32 *Beispiel 1: Entscheidung mit Einverständnis*

Im Rechtsstreit wird das Einverständnis der Beteiligten für eine Entscheidung des Gerichts ohne mündliche Verhandlung eingeholt. Alle Parteien erklären sich einverstanden. Das Gericht entscheidet sodann ohne mündliche Verhandlung.

Der Anwalt kann, ausgehend von der Mittelgebühr, folgende Gebühren beanspruchen:

Verfahrensgebühr, Nr. 3102 VV RVG (65,00 EUR – 719,00 EUR)	392,00 EUR
Terminsgebühr (fiktiv), Anm. S. 1 Nr. 1. 1. Alt. zu Nr. 3106 VV RVG	352,80 EUR
Postentgeltpauschale, Nr. 7002 VV RVG	20,00 EUR
19 % Umsatzsteuer, Nr. 7008 VV RVG	145,31 EUR
Summe	**910,11 EUR**

33 *Beispiel 2: Entscheidung mit Einverständnis, Mehrvertretung*

Wie Beispiel 1, jedoch vertritt der Anwalt zwei Auftraggeber.

Der Anwalt kann, ausgehend von der Mittelgebühr, folgende Gebühren beanspruchen:

Verfahrensgebühr, Nrn. 3102, 1008 VV RVG (65,00 EUR – 719,00 EUR)	509,60 EUR
Terminsgebühr (fiktiv), Anm. S. 1 Nr. 1. 1. Alt. zu Nr. 3106 VV RVG	352,80 EUR
Postentgeltpauschale, Nr. 7002 VV RVG	20,00 EUR
19 % Umsatzsteuer, Nr. 7008 VV RVG	167,66 EUR
Summe	**1.050,06 EUR**

Hinsichtlich der fiktiven Terminsgebühr bleibt nach S. 2 der Anm. zu Nr. 3106 VV RVG eine Erhöhung nach Nr. 1008 VV RVG unberücksichtigt.

Beispiel 3: Entscheidung mit teilweisem Einverständnis 34

Im Rechtsstreit beabsichtigt das Gericht, ohne mündliche Verhandlung zu entscheiden. Das Einverständnis des Beklagten liegt vor, der Kläger gibt jedoch kein Einverständnis ab. Es kommt daher zu einem Termin von durchschnittlicher Dauer, in welchem das Gericht nach Erörterung durch Urteil entscheidet.

Der Anwalt kann, ausgehend von der Mittelgebühr, folgende Gebühren beanspruchen:

Verfahrensgebühr, Nr. 3102 VV RVG	392,00 EUR
(65,00 EUR – 719,00 EUR)	
Terminsgebühr, Nr. 3106 VV RVG	365,00 EUR
Postentgeltpauschale, Nr. 7002 VV RVG	20,00 EUR
19 % Umsatzsteuer, Nr. 7008 VV RVG	147,63 EUR
Summe	**924,63 EUR**

Hier fällt mangels aller Einverständniserklärungen keine fiktive Terminsgebühr an. Da es allerdings zu einem gerichtlichen Termin kommt, fällt die originäre Terminsgebühr nach Vorbem. 3 Abs. 3 VV RVG an.

2. Schriftlicher Vergleich

Entscheidung durch Vergleich 35

Eine fiktive Terminsgebühr nach Anm. S. 1 Nr. 1 2. Alt. zu Nr. 3106 VV RVG entsteht für jegliche Art von Vergleichen, seien es gerichtliche oder außergerichtliche Vergleiche.

Die Anmerkung verlangt lediglich, dass **mit oder ohne Mitwirkung des Gerichts ein Vertrag i.S.d. Nr. 1000 VV RVG geschlossen** wird oder eine Erledigung der Rechtssache i.S.d. Nr. 1002 VV RVG eingetreten ist.

Durch die Streichung des Begriffes „Vergleich“ wurde sichergestellt, dass nur eine solche Einigung eine fiktive Terminsgebühr auslöst, die auch den Gebührentatbestand der Nr. 1000 VV RVG erfüllt.

Durch den Verweis auf eine Einigung i.S.d. Nr. 1000 VV RVG ist nach wie vor eindeutig, dass die fiktive Terminsgebühr – wie auch die Einigungsgebühr – nicht entstehen kann, wenn sich der Vertrag **ausschließlich** auf ein **Anerkenntnis oder** einen **Verzicht** beschränkt.

Entwicklung 36

Damit dürfte sich der jahrelange Streit im Sinne einer einheitlichen Rechtsprechung und Kostenpraxis geklärt haben.

Das Ergebnis entspricht der Gesetzesbegründung nach auch dem Gedanken zur Schaffung eines gebührenrechtlichen Anreizes zur Vermeidung von gerichtlichem Aufwand (insb. Terminsdurchführung). Ziel ist in jedem Verfahrensstadium die Förderung der Beilegung von Streitigkeiten möglichst ohne Inanspruchnahme des Gerichts.

37 **Überführung in gerichtlichen Vergleich**

Weiterhin besteht die Möglichkeit, einen gerichtlichen Vergleich nach § 101 Abs. 1 S. 2 SGG dadurch zu schließen, dass die Beteiligten einen in der Form eines Beschlusses ergangenen Vorschlag des Gerichts, des Vorsitzenden oder des Berichterstatters schriftlich oder durch Erklärung zu Protokoll in der mündlichen Verhandlung gegenüber dem Gericht annehmen.

38 *Praxistipp*

Sofern die Gegenseite einen „Vorschlag" oder ein „Regelungsangebot" zur Beilegung des Rechtsstreites unterbreitet, empfiehlt es sich, einen Antrag auf gerichtliche Feststellung des Vergleichs gem. § 278 Abs. 6 S. 2 ZPO i.V.m. § 202 S. 1 SGG zu stellen. Damit wäre die Gebührenentstehung zweifelsfrei erfüllt.

39 *Beispiel 4: Schriftlicher Vergleich auf Vorschlag des Beklagten*

Im Rechtsstreit wird auf Vorschlag des Beklagten ein Vergleichsvorschlag unterbreitet, welcher der Gegenpartei durch das Gericht zur Kenntnis- sowie Stellungnahme übersandt wird. Eine Äußerung des Gerichts zum vorgeschlagenen Vergleich erfolgt nicht. Die Gegenpartei nimmt den vorgeschlagenen außergerichtlichen Vergleich schriftlich an. Der Rechtsstreit hat dadurch seine Erledigung gefunden.

Der Anwalt kann, ausgehend von der Mittelgebühr, folgende Gebühren beanspruchen:

Verfahrensgebühr, Nr. 3102 VV RVG	392,00 EUR
(65,00 EUR – 719,00 EUR)	
Terminsgebühr (fiktiv), Anm. S. 1 Nr. 1. 2. Alt. zu Nr. 3106 VV RVG	352,80 EUR
Einigungsgebühr, Nr. 1006 VV RVG	392,00 EUR
Postentgeltpauschale, Nr. 7002 VV RVG	20,00 EUR
19 % Umsatzsteuer, Nr. 7008 VV RVG	219,79 EUR
Summe	**1.376,59 EUR**

Bei der bloßen Verfügung des Gerichts, den unterbreiteten Einigungsvorschlag an die Gegenpartei zur Stellungnahme zu übersenden, handelt es sich nicht um eine Mitwirkung des Gerichts zur Schließung des geforderten Vertrages, sondern um eine prozessführende Maßnahme. Die Beteiligung des Gerichts ist aber der Anmerkung der Vergütungsziffer nach ohnehin nicht notwendig, sodass eine fiktive Terminsgebühr entstanden ist. Gleichzeitig entsteht die Einigungsgebühr.

Beispiel 5: Schriftlicher Vergleich auf Vorschlag des Rechtsanwalts 40

Im Rechtsstreit unterbreitet der klägerische Rechtsanwalt einen Regelungsvorschlag, wonach der klägerische Anspruch durch die Beklagte vollumfänglich anerkannt wird und das Verfahren damit seine Erledigung finden soll. Die Beklagte nimmt den Regelungsvorschlag an.

Der Anwalt kann, ausgehend von der Mittelgebühr, folgende Gebühren beanspruchen:

Verfahrensgebühr, Nr. 3102 VV RVG	392,00 EUR
(65,00 EUR – 719,00 EUR)	
Einigungsgebühr, Nr. 1006 VV RVG	392,00 EUR
Postentgeltpauschale, Nr. 7002 VV RVG	20,00 EUR
19 % Umsatzsteuer, Nr. 7008 VV RVG	152,76 EUR
Summe	**956,76 EUR**

Hier fällt neben der Einigungsgebühr Nr. 1006 VV RVG keine fiktive Terminsgebühr nach Anm. S. 1 Nr. 1 2. Alt. zu Nr. 3106 VV RVG an, da sich der Vertrag **ausschließlich** auf ein **Anerkenntnis** beschränkt, vgl. Anm. Abs. 1 S. 2 zu Nr. 1000 VV RVG.

Beispiel 6: Festgestellter Vergleich auf Vorschlag des Beklagten vor Termin 41

Im Rechtsstreit wird auf Vorschlag des Beklagten ein Regelungsangebot unterbreitet. Die Klägerin nimmt den vorgeschlagenen Vergleich schriftlich an. Der bereits terminierte Verhandlungstermin wird aufgrund der Einigung aufgehoben. Der Anwalt beantragt eine Feststellung des Zustandekommens des Vergleichs durch Beschluss. Es wird ein entsprechender Beschluss nach § 278 Abs. 6 ZPO i.V.m. § 202 SGG erlassen.

Die anwaltliche Tätigkeit war hinsichtlich Umfang überdurchschnittlich. Es soll eine billige Verfahrensgebühr i.H.v. 480,00 EUR angenommen werden.

Der Anwalt kann folgende Gebühren beanspruchen:

Verfahrensgebühr, Nr. 3102 VV RVG	480,00 EUR
(65,00 EUR – 719,00 EUR)	
Terminsgebühr (fiktiv), Anm. S. 1 Nr. 1 2. Alt zu Nr. 3106 VV RVG	432,00 EUR
Einigungsgebühr, Nr. 1006 VV RVG	480,00 EUR
Postentgeltpauschale, Nr. 7002 VV RVG	20,00 EUR
19 % Umsatzsteuer, Nr. 7008 VV RVG	268,28 EUR
Summe	**1.680,28 EUR**

Hier fällt neben der Einigungsgebühr Nr. 1006 VV RVG auch eine fiktive Terminsgebühr i.H.v. 90 % der Verfahrensgebühr nach S. 2 der Anm. zu Nr. 3106 VV RVG an. Auf den erlassenen Beschluss nach § 278 Abs. 6 ZPO kommt es nicht mehr an. Die fiktive Terminsgebühr wäre auch ohne vorgenannten Beschluss entstanden.

42 *Beispiel 7: Vertretung im Vor- und Gerichtsverfahren, außergerichtliche Einigung*

Der Anwalt vertrat den Kläger bereits im Vorverfahren. Das Vorverfahren war nicht schwierig oder umfangreich. Im Klageverfahren einigten sich die Streitparteien außergerichtlich und teilten dem Gericht lediglich mit, dass eine Einigung erfolgt sei und das Verfahren damit erledigt ist.

Der Anwalt kann, ausgehend von der Schwellen- bzw. Mittelgebühr, folgende Gebühren beanspruchen:

I. Vorverfahren	
Geschäftsgebühr, Nr. 2302 VV RVG	391,00 EUR
(65,00 EUR – 837,00 EUR)	
Postentgeltpauschale, Nr. 7002 VV RVG	20,00 EUR
19 % Umsatzsteuer, Nr. 7008 VV RVG	78,09 EUR
Summe	**489,09 EUR**
II. Klageverfahren	
Verfahrensgebühr, Nr. 3102 VV RVG	392,00 EUR
(65,00 EUR – 719,00 EUR)	
Anrechnung gem. Vorbem. 3 Abs. 4 VV RVG i.V.m. § 15a RVG	*./. 195,50 EUR*
Einigungsgebühr, Nrn. 1006, 1005 VV RVG	392,00 EUR
Terminsgebühr (fiktiv), Anm. S. 1 Nr. 1. 2. Alt. zu Nr. 3106 VV RVG	352,80 EUR
Postentgeltpauschale, Nr. 7002 VV RVG	20,00 EUR
19 % Umsatzsteuer, Nr. 7008 VV RVG	182,65 EUR
Summe	**1.143,95 EUR**

Die Geschäftsgebühr Nr. 2302 VV RVG ist hälftig auf die Verfahrensgebühr Nr. 3102 VV RVG anzurechnen (Vorbem. 3 Abs. 4 VV RVG i.V.m. § 15a RVG).

Einigungs- sowie Terminsgebühr (fiktiv) ist an die konkret entstandene Verfahrensgebühr (hier i.H.v. 392,00 EUR) gekoppelt; eine Anrechnung ist, wie auch eine Erhöhung nach Nr. 1008 VV RVG, bei der Verfahrensgebühr unbeachtlich.

Beispiel 8: Vertretung im schwierigen Vor- und Gerichtsverfahren, Einigung 43

Wie Beispiel 7, nur war die anwaltliche Tätigkeit im Vorverfahren und im gerichtlichen Klageverfahren schwierig.

Die Geschäfts- und Verfahrensgebühr wird jeweils i.H.v. 500,00 EUR als billig erachtet.

Der Anwalt kann folgende Gebühren beanspruchen:

I. Vorverfahren	
Geschäftsgebühr, Nr. 2302 VV RVG	500,00 EUR
(65,00 EUR – 837,00 EUR)	
Postentgeltpauschale, Nr. 7002 VV RVG	20,00 EUR
19 % Umsatzsteuer, Nr. 7008 VV RVG	98,80 EUR
Summe	**618,80 EUR**
II. Klageverfahren	
Verfahrensgebühr, Nr. 3102 VV RVG	500,00 EUR
(65,00 EUR – 719,00 EUR)	
Anrechnung gem. Vorbem. 3 Abs. 4 VV RVG i.V.m. § 15a Abs. 1 RVG	*./. 225,00 EUR*
(§ 15a Abs. 2 S. 3 RVG: Höchsbetrag i.H.v. 225,00 EUR)	
Einigungsgebühr, Nrn. 1006, 1005 VV RVG	500,00 EUR
Terminsgebühr (fiktiv), Anm. S. 1 Nr. 1. 2. Alt. zu Nr. 3106 VV RVG	450,00 EUR
Postentgeltpauschale, Nr. 7002 VV RVG	20,00 EUR
19 % Umsatzsteuer, Nr. 7008 VV RVG	236,55 EUR
Summe	**1.481,55 EUR**

Die Geschäftsgebühr Nr. 2302 VV RVG ist hälftig, jedoch maximal mit einem Betrag i.H.v. 225,00 EUR auf die Verfahrensgebühr Nr. 3102 VV RVG anzurechnen (Vorbem. 3 Abs. 4 VV RVG i.V.m. § 15a RVG).

Die Einigungs- sowie Terminsgebühr (fiktiv) ist an die konkret entstandene und ungekürzte Verfahrensgebühr (hier i.H.v. 500,00 EUR) gekoppelt; eine Anrechnung ist unbeachtlich.

3. Entscheidung durch Gerichtsbescheid

Entscheidung durch Gerichtsbescheid 44

Das Gericht kann abweichend aufgrund mündlicher Verhandlung nach § 124 SGG durch Gerichtsbescheid entscheiden.

Die fiktive Terminsgebühr entsteht nach Anm. S. 1 Nr. 2 zu Nr. 3106 VV auch, wenn nach § 105 Abs. 1 S. 1 SGG durch Gerichtsbescheid entschieden wird und eine mündliche Verhandlung beantragt werden kann. Nach § 105 Abs. 1 S. 1 SGG kann das Gericht ohne mündliche Verhandlung durch Gerichtsbescheid entscheiden, wenn die Sache keine besondere Schwierigkeit tatsächlicher und rechtlicher Art aufweist und der Sachverhalt geklärt ist.

45 **Sinn und Zweck**

Sinn und Zweck der Regelung ist eine schnellere Erledigung der Streitfälle durch die Sozialgerichte.

Eine Entscheidung durch Gerichtsbescheid kommt in aller Regel **nur** im **erstinstanzlichen Verfahren** vor den Sozialgerichten in Frage. Ein Gerichtsbescheid kann nur ergehen, sofern sonst durch Urteil hätte entschieden werden müssen.

Die Beteiligten sind vor Erlass des Gerichtsbescheides zu hören (Grundsatz des rechtlichen Gehörs – § 105 Abs. 1 S. 1 SGG).

46 **Anwendungsfälle**

Die fiktive Terminsgebühr ist bei einer Entscheidung durch Gerichtsbescheide auf die Fälle beschränkt, in denen eine **mündliche Verhandlung beantragt** werden kann.

Eine mündliche Verhandlung kann nach **§ 105 Abs. 2 S. 2 SGG** allerdings nur dann beantragt werden, wenn die **Berufung** gegen den Gerichtsbescheid **nicht gegeben** ist.[22]

Eine fiktive Terminsgebühr nach Anm. S. 1 Nr. 2 zu Nr. 3106 VV RVG fällt nicht an, wenn ein berufungsfähiger Gerichtsbescheid ergangen ist.

47 *Hinweis*

Sofern also im Gerichtsbescheid die ***Berufung nicht zugelassen*** worden ist, entsteht ***eine fiktive Terminsgebühr*** nach Anm. S. 1 Nr. 2 zu Nr. 3106 VV RVG.

48 *Beispiel 9: Entscheidung durch Gerichtsbescheid mit zugelassener Berufung*

Im Rechtsstreit wird ohne mündliche Verhandlung durch Gerichtsbescheid entschieden, da die Angelegenheit keine besondere Schwierigkeit tatsächlicher oder rechtlicher Art aufwies, der Sachverhalt ist geklärt. Die Beteiligten sind angehört worden.

Im Gerichtsbescheid wird die Berufung zugelassen.

22 Vgl. LSG Sachsen, Beschl. v. 14.9.2015 – L 8 AS 417/15 B KO, NZS 2015, 960 = AGS 2016, 67 sowie LSG Bayern, Beschl. v. 28.8.2016 – L 15 SF 113/16 E, NZS 2016, 960; LSG NRW, Beschl. v. 11.6.2025 – L 3 R 107/25 B.

Der Anwalt kann, ausgehend von der Mittelgebühr, folgende Gebühren beanspruchen:

Verfahrensgebühr, Nr. 3102 VV RVG	392,00 EUR
(65,00 EUR – 719,00 EUR)	
Postentgeltpauschale, Nr. 7002 VV RVG	20,00 EUR
19 % Umsatzsteuer, Nr. 7008 VV RVG	78,28 EUR
Summe	**490,28 EUR**

Hier entsteht neben der Verfahrensgebühr keine fiktive Terminsgebühr, da durch das 2. KostRMoG klargestellt wurde, dass dies nur der Fall ist, sofern eine mündliche Verhandlung beantragt werden kann.

Diese kann nur beantragt werden, sofern kein Rechtsmittel gegeben ist (vgl. § 105 Abs. 2 S. 2 SGG).

Beispiel 10: Entscheidung durch Gerichtsbescheid ohne zugelassene Berufung 49

Wie Beispiel 9, allerdings wird im Gerichtsbescheid die Berufung nicht zugelassen.

Der Anwalt kann, ausgehend von der Mittelgebühr, folgende Gebühren beanspruchen:

Verfahrensgebühr, Nr. 3102 VV RVG	392,00 EUR
(65,00 EUR – 719,00 EUR)	
Terminsgebühr (fiktiv), Anm. S. 1 Nr. 2 zu Nr. 3106 VV RVG	352,80 EUR
Postentgeltpauschale, Nr. 7002 VV RVG	20,00 EUR
19 % Umsatzsteuer, Nr. 7008 VV RVG	145,31 EUR
Summe	**910,11 EUR**

Hier entsteht neben der Verfahrensgebühr eine fiktive Terminsgebühr, da aufgrund der Nichtzulassung der Berufung nach § 105 Abs. 2 S. 2 SGG die mündliche Verhandlung beantragt werden kann.

4. Angenommenes Anerkenntnis

Anerkenntnis 50

Die fiktive Terminsgebühr entsteht nach Anm. S. 1 Nr. 3 zu Nr. 3106 VV RVG auch, wenn das Verfahren, für welches mündliche Verhandlung vorgeschrieben ist, nach angenommenem Anerkenntnis ohne mündliche Verhandlung endet.

Ein angenommenes Anerkenntnis erledigt den Rechtsstreit in der Hauptsache (§ 101 Abs. 2 SGG). Das Anerkenntnis ist dabei das im Wege einseitiger Erklärung abgegebene **uneingeschränkte Zugeständnis**, dass der mit der Klage geltend gemachte (prozessuale) Anspruch besteht.[23] Der Beklagte gibt „ohne Wenn und Aber" zu, dass der Anspruch besteht.

23 Meyer-Ladewig/*B. Schmidt*, § 101 Rn 20.

Eine Annahme des Anerkenntnisses ist notwendig, da sonst keine Erledigung des Rechtsstreits eintritt.

51 **Sinn und Zweck**

Sinn der Vorschrift ist es, zu vermeiden, dass der Rechtsanwalt von einer schriftlichen Annahmeerklärung absieht, also ein Anerkenntnis nicht annimmt, damit ein Termin durchgeführt wird.

52 **Erledigungserklärung**

Keine fiktive Terminsgebühr entsteht jedoch nach einer **einseitigen Erledigungserklärung**, da diese nicht mit einem angenommenen Anerkenntnis nach § 101 Abs. 2 RVG gleichzusetzen ist.[24] Sofern jedoch die Erledigungserklärung einem Anerkenntnis inhaltlich gleichzusetzen ist, seien die Voraussetzungen eines Anerkenntnisses gleichwohl erfüllt. Dies könne der Fall sein, sofern die Klageforderung im laufenden Rechtsstreit erfüllt werde und daher der Beklagte der Erledigung zugestimmt hat. Hier sei die Interessenlage mit derjenigen eines angenommenen Anerkenntnisses gleich.[25]

53 *Hinweis*

Zur Erfüllung des Gebührentatbestandes kommt es unabhängig von der Wortwahl darauf an, ob inhaltlich ein angenommenes Anerkenntnis vorliegt oder nicht. Es kann nicht darauf ankommen, dass der Beklagte das Wort „Anerkenntnis“ absichtlich nicht benutzt. Es ist vielmehr unter Beachtung der gewählten Formulierung der objektiv zum Ausdruck kommende Wille des Erklärenden maßgebend. Der Anfall der (fiktiven) Terminsgebühr kann nicht dadurch vermieden werden, dass das Wort „Anerkenntnis“ nicht benutzt wird. Für den Anfall der Terminsgebühr kommt es allein darauf an, ob inhaltlich ein angenommenes Anerkenntnis vorliegt und nicht, ob dieses ausdrücklich ausgesprochen wurde.[26]

54 **Teilanerkenntnis**

Umstritten ist jedoch die Frage, ob die fiktive Terminsgebühr auch bei der Annahme eines **Teilanerkenntnisses** und der damit einhergehenden teilweisen Klagerücknahme oder einer einseitigen Erledigungserklärung entsteht. Nach überwiegender Auffassung der Gerichte falle der Gebührentatbestand der Anm. S. 1 Nr. 3 zu Nr. 3106 VV RVG nicht

24 LSG NRW, Beschl. v. 5.5.2008 – L 19 B 24/08 AS, Rn 36.
25 AnwK-RVG/*Reckin*, VV 3106 Rn 22; vgl. LSG NRW, Beschl. v. 5.5.2008 – L 19 B 24/08 AS.
26 LSG Schleswig-Holstein, Beschl. v. 13.2.2014 – L 5 SF 48/12 E, RVGreport 9/2014, 354 (Entscheidung zu Wertgebühr VV Nr. 3104 Abs. 1 Nr. 3 RVG).

an, da insoweit nur ein volles Anerkenntnis nach § 101 Abs. 2 SGG den Rechtsstreit in der Hauptsache vollständig erledige, welches bei einem Teilanerkenntnis nicht vorliege.[27]

Ein bloßes Teilanerkenntnis ohne teilweise Klagerücknahme ist allerdings nicht ausreichend, da insoweit das Verfahren nicht beendet wird. Auch muss es sich um ein Anerkenntnis in der Hauptsache handeln; ein Kostenanerkenntnis reicht nicht aus.

In diesen Fällen dürfte jedoch eine Erledigungsgebühr entstehen.

Beispiel 11: Fiktive Terminsgebühr 55

Im Klageverfahren vor dem Sozialgericht kommt es zu einem Anerkenntnis, welches der Kläger ohne mündliche Verhandlung annimmt. Die Angelegenheit ist damit erledigt. Das Gericht hält eine Terminsgebühr i.H.v. 100,00 EUR für angemessen.

Verfahrensgebühr, Nr. 3102 VV RVG	392,00 EUR
(65,00 EUR – 719,00 EUR)	
Terminsgebühr (fiktiv), Anm. S. 1 Nr. 3 zu Nr. 3106 VV RVG	352,80 EUR
Postentgeltpauschale, Nr. 7002 VV RVG	20,00 EUR
19 % Umsatzsteuer, Nr. 7008 VV RVG	145,31 EUR
Summe	**910,11 EUR**

Beispiel 12: Teilanerkenntnis mit nachfolgender Erledigungserklärung 56

Ein seitens der Beklagten abgegebenes Teilanerkenntnis wird vom Rechtsanwalt unter Abgabe einer Erledigungserklärung i.Ü. angenommen.

Das angenommene Anerkenntnis des geltend gemachten Anspruchs erledigt den Rechtsstreit in der Hauptsache nicht komplett.

Der Anwalt kann ausgehend von der Mittelgebühr folgende Gebühren beanspruchen:

Verfahrensgebühr, Nr. 3102 VV RVG	392,00 EUR
(65,00 EUR – 719,00 EUR)	
Erledigungsgebühr, Nrn. 1006, 1002 VV RVG	392,00 EUR
Postentgeltpauschale, Nr. 7002 VV RVG	20,00 EUR
19 % Umsatzsteuer, Nr. 7008 VV RVG	152,76 EUR
Summe	**956,76 EUR**

Eine fiktive Terminsgebühr entsteht nicht, gleichwohl aber eine Erledigungsgebühr.

27 LSG NRW, Beschl. v. 2.1.2024 – L 2 AS 369/23 B; LSG Thüringen, Beschl. v. 7.4.2015 – L 6 SF 145/15 B, Rn 17.

Beispiel 13: Anerkenntnis und besondere Schwierigkeit

Die Beklagte gibt im Verfahren ein Anerkenntnis ab, welches von dem Bevollmächtigten des Klägers angenommen wird. Das angenommene Anerkenntnis des geltend gemachten Anspruchs erledigt den Rechtsstreit in der Hauptsache – § 101 Abs. 2 SGG.

Der Rechtsstreit war aufgrund rechtlicher Schwierigkeiten nicht nur durchschnittlich.

Aufgrund der nicht mehr nur durchschnittlichen Schwierigkeit soll von einer billigen Verfahrensgebühr i.H.v. 450,00 EUR ausgegangen werden.

Der Anwalt kann folgende Gebühren beanspruchen:

Verfahrensgebühr, Nr. 3102 VV RVG	450,00 EUR
(65,00 EUR – 719,00 EUR)	
Terminsgebühr (fiktiv), Anm. S. 1 Nr. 3 zu Nr. 3106 VV RVG	405,00 EUR
Postentgeltpauschale, Nr. 7002 VV RVG	20,00 EUR
19 % Umsatzsteuer, Nr. 7008 VV RVG	166,25 EUR
Summe	**1.041,25 EUR**

57 *Beispiel 14: Anerkenntnis, schweres und umfangreiches Verfahren, Mehrvertretung*

Der Anwalt vertritt drei Mandanten, welche eine Bedarfsgemeinschaft bilden. Das Verfahren endet durch angenommene Anerkenntnis ohne mündliche Verhandlung.

Der Rechtsstreit war überdurchschnittlich schwierig und umfangreich. Daher soll von einer billigen Verfahrensgebühr i.H.v. 1.000,00 EUR bei einem nach Nr. 1008 VV RVG erhöhten Betragsrahmen von 104,00 bis 1.150,40 EUR ausgegangen werden.

Der Anwalt kann folgende Gebühren beanspruchen:

Verfahrensgebühr, Nrn. 3102, 1008 VV RVG	1.000,00 EUR
(104,00 EUR – 1.150,40 EUR)	
Terminsgebühr (fiktiv), Anm. S. 1 Nr. 3 zu Nr. 3106 VV RVG	562,50 EUR
(1.000,00 EUR × 90 : 160 = 562,50 EUR oder	
1.000,00 EUR : 1,6 × 0,9 = 562,50 EUR)	
Postentgeltpauschale, Nr. 7002 VV RVG	20,00 EUR
19 % Umsatzsteuer, Nr. 7008 VV RVG	300,68 EUR
Summe	**1.883,18 EUR**

Hier ist aus der nach Nr. 1008 VV RVG erhöhten Verfahrensgebühr die Erhöhung zur Berechnung der fiktiven Terminsgebühr herauszurechnen.

Untätigkeitsklage und Eilverfahren 58

Eine fiktive Terminsgebühr nach Anm. S. 1 Nr. 3 zu Nr. 3106 VV RVG kann in Verfahren des **einstweiligen Rechtsschutzes**[28] nicht anfallen. Der Gebührentatbestand ist nur in Verfahren erfüllbar, für welche eine **mündliche Verhandlung** auch **vorgeschrieben** ist. Dies ist in einstweiligen Rechtsschutzverfahren gerade nicht der Fall. Einstweilige Rechtsschutzverfahren unterliegen gem. § 124 Abs. 3 i.V.m. § 86b Abs. 4 SGG gerade keiner notwendigen mündlichen Verhandlung. Das Gericht entscheidet vielmehr durch Beschluss (§ 86b Abs. 4 SGG) und damit gem. § 124 Abs. 3 SGG aufgrund freigestellter mündlicher Verhandlung.

Hinsichtlich einer **Untätigkeitsklage** ist dies umstritten, jedoch abzulehnen. Nach mittlerweile herrschender Auffassung steht die Erledigungsform des Bescheiderlasses innerhalb der Frist nach § 88 SGG nicht der in Nr. 3106 VV RVG genannten Erledigungsart des angenommenen Anerkenntnis gleich.[29]

IV. Sonderfall: Originäre neben fiktiver Terminsgebühr

Mehrere Terminsgebühren 59

Auch kann es vorkommen, dass neben der originären Terminsgebühr nach Vorbem. 3 Abs. 3 VV RVG für die Wahrnehmung eines gerichtlichen Termins zusätzlich eine fiktive Terminsgebühr entstanden ist. Dies ist immer dann der Fall, wenn im Hauptsacheverfahren ein gerichtlicher Termin stattgefunden hat, in welchem keine Einigung erfolgt und die Streitsache nachträglich im Sinne eines Vergütungstatbestandes der fiktiven Terminsgebühr Nr. 3106 S. 1 Nr. 1 oder 2 VV RVG erledigt worden ist.

Gleichwohl können beide Vergütungstatbestände nicht zusammen anfallen.

Sinn und Zweck der fiktiven Terminsgebühr ist es, dem Anwalt das gebührenrechtliche Interesse an der Durchführung eines Termins zu nehmen und die außergerichtliche unstreitige Einigung zur Entlastung der Gerichte zu fördern und zu honorieren. Die fiktive fällt daher *anstelle* der originären Terminsgebühr an. Aber auch aus systematischen Gründen geht die originäre der fiktiven Terminsgebühr vor, sodass es für die Gebührenbestimmung einzig und allein auf die anwaltliche Tätigkeit im Rahmen der Terminswahrnehmung ankommen kann.

28 LSG Bayern, Beschl. v. 5.10.2016 – L 15 SF 282/15, AGS 2017, 78; LSG NRW Beschl. v. 26.2.2014 – L 2 AS 432/13 B, v. 25.5.2012 – L 19 AS 449/12 B, Beschl. v. 28.5.2013 – L 9 AS 142/13 B; LSG NRW, Beschl. v. 10.3.2020 – L 2 AS 675/19 B.

29 BSG, Urt. v. 10.10.2017 – B 12 KR 3/16 R; LSG Hessen, Beschl. v. 8.8.2019 – L 2 AS 328/18 B; LSG NRW, Beschl. v. 27.5.2015 – L 19 AS 778/15 NZB m.w.N., Beschl. v. 2.2.2015 – L 12 AS 1767/14 B, Beschl. v. 7.1.2015 – L 12 SO 302/14 B; AnwK-RVG/*Reckin*, VV 3106 Rn 25.

Beispiel 15: Entstehung originäre und fiktive Terminsgebühr

Im streitigen Verfahren fand ein 10-minütiger gerichtlicher Termin statt, in welchem eine Einigung nicht erzielt werden konnte. Das Verfahren wurde daher weitergeführt. Das Gericht entschied sodann mit nicht berufungsfähigem Gerichtsbescheid gem. § 105 Abs. 1 S. 1 SGG. Die anwaltliche Tätigkeit war hinsichtlich der Verfahrensgebühr durchschnittlich.

Es kann wie folgt abgerechnet werden:

Klageverfahren	
Verfahrensgebühr, Nr. 3102 VV RVG	392,00 EUR
(65,00 EUR – 719,00 EUR)	
Terminsgebühr, Nr. 3106 VV RVG (originär)	200,00 EUR
Postentgeltpauschale, Nr. 7002 VV RVG	20,00 EUR
Zwischensumme	612,00 EUR
19 % Umsatzsteuer, Nr. 7008 VV RVG	116,28 EUR
Summe	**728,28 EUR**

Vorliegend ist aufgrund des gerichtlichen Termins eine originäre Terminsgebühr entstanden. Zusätzlich liegen jedoch aufgrund der Entscheidung durch Gerichtsbescheid auch die gebührenrechtlichen Voraussetzungen einer fiktiven Terminsgebühr vor.

Da beide Terminsgebühren gem. § 15 Abs. 2 RVG nicht zusammen entstehen und abgerechnet werden können, ist die originäre Terminsgebühr Nr. 3106 VV RVG entstanden; diese geht der fiktiven Terminsgebühr vor. Bei Bemessung der Gebührenhöhe kommt es daher auf die Terminstätigkeit an, sodass die Gebührenhöhe hinter den 90 % der fiktiven Terminsgebühr (= 352,80 EUR) zurückbleiben kann.

B. Terminsgebühr im Berufungsverfahren

I. Allgemeines

60 **Terminsgebühr Berufung – Höhe**

Der Anwalt verdient im Berufungsverfahren bzw. in Verfahren vor dem Landessozialgericht eine **Terminsgebühr** Nr. 3205 VV RVG mit einem **Gebührenrahmen** von **65,00 bis 665,00 EUR**, die **Mittelgebühr** beträgt **365,00 EUR**.

61 **Entstehungsvoraussetzungen**

Hinsichtlich der **Entstehungsvoraussetzungen** gelten die allgemeinen Grundsätze.

Gebührenhöhe 62

Die Höhe der Gebühr ist abhängig von den Bemessungskriterien des § 14 Abs. 1 S. 1 RVG im vorliegenden Einzelfall. Insoweit wird auf das § 3 Rdn 1 ff. verwiesen.

Eilverfahren 63

In Verfahren der einstweiligen Anordnung und in Verfahren auf Anordnung oder Wiederherstellung der aufschiebenden Wirkung, auf Aussetzung unter Aufhebung der Vollziehung oder der Anordnung der sofortigen Vollziehung eines Verwaltungsaktes, die bei dem Rechtsmittelgericht als Gericht der Hauptsache durchgeführt werden, gelten nach Vorbem. 3.2 Abs. 2 S. 2 VV RVG die Gebühren nach den für die erste Instanz geltenden Vorschriften.

Beschwerdeverfahren 64

Die Gebühr (Teil 3, Abschnitt 2, Unterabschnitt 1 VV RVG) entsteht nach Vorbem. 3.2.1 Nr. 3a) VV RVG auch in **Verfahren über Beschwerden gegen Entscheidungen** des Sozialgerichts **wegen des Hautgegenstandes in Verfahren des vorläufigen oder einstweiligen Rechtsschutzes.**

II. Fiktive Terminsgebühr

Anwendungsfälle 65

Nach der Anm. zu Nr. 3205 VV RVG kann auch eine **fiktive Terminsgebühr** nach Anm. S. 1 **Nr. 1** und **3** zu Nr. 3106 VV RVG entstehen (Entscheidung ohne mündliche Verhandlung; schriftlicher Vergleich; angenommenes Anerkenntnis).

Eine Entscheidung durch Gerichtsbescheid kommt in aller Regel nur im erstinstanzlichen Verfahren vor den Sozialgerichten in Frage, daher kann S. 1 Nr. 2 der Anmerkung keine Anwendung finden.

Gebührenhöhe 66

Dann beträgt die **fiktive Terminsgebühr 75 %** der in derselben Angelegenheit dem Rechtsanwalt zustehenden Verfahrensgebühr, **ohne Berücksichtigung** einer Erhöhung nach **Nr. 1008 VV RVG**.

Auch hier sei auf die geschilderten Probleme der fiktiven Terminsgebühr verwiesen. 67

C. Terminsgebühr im Revisionsverfahren

I. Allgemeines

68 **Terminsgebühr Revision – Höhe**

Der Anwalt verdient im Revisionsverfahren bzw. in Verfahren vor dem BSG eine **Terminsgebühr** Nr. 3213 VV RVG mit einem **Gebührenrahmen** von **105,00 bis 1.079,00 EUR**, die **Mittelgebühr** beträgt **592,00 EUR**.

69 **Entstehungsvoraussetzungen**

Hinsichtlich der **Entstehungsvoraussetzungen** gelten die allgemeinen Grundsätze.

Die Höhe der Gebühr ist abhängig von den Bemessungskriterien des § 14 Abs. 1 S. 1 RVG im vorliegenden Einzelfall zu bestimmen.

II. Fiktive Terminsgebühr

70 **Anwendungsfälle**

Nach der Anm. zu Nr. 3213 VV RVG gilt S. 1 Nr. 1 und 3 sowie S. 2 der Anm. zu Nr. 3106 VV RVG entsprechend, es kann also auch eine **fiktive Terminsgebühr** entstehen; dies gilt jedoch nicht bei einer Entscheidung durch Gerichtsbescheid, da eine solche im Revisionsverfahren nicht möglich ist (vgl. § 105 SGG).

71 **Gebührenhöhe**

Die fiktive Terminsgebühr beträgt **90 %** der in derselben Angelegenheit dem Rechtsanwalt zustehenden Verfahrensgebühr, **ohne Berücksichtigung** einer Erhöhung nach **Nr. 1008 VV RVG**.

72 Auch hier sei auf die geschilderten Probleme der fiktiven Terminsgebühr verwiesen.

§ 10 Einzeltätigkeiten

A. Verkehrsanwalt

Aufgabe Verkehrsanwalt/Korrespondenzanwalt 1

Der Verkehrsanwalt ist weder Verfahrensbevollmächtigter noch Vertreter des Verfahrensbevollmächtigten. Vielmehr ist er **selbstständiger Bevollmächtigter** des Mandanten neben dem originären Verfahrensbevollmächtigten. Da er den Mandanten berät und dem originären Verfahrensbevollmächtigten die von dem Mandanten gesammelten wesentlichen und rechtserheblichen Informationen vermittelt bzw. überbringt, hat dieser eher die Stellung eines „Vermittlers". Der Verkehrsanwalt korrespondiert mit dem Verfahrensbevollmächtigten, da dieser im Regelfall keinen unmittelbaren Kontakt mit dem Mandanten bzw. Auftraggeber haben wird.

Vergütung 2

Der Korrespondenz- oder **Verkehrsanwalt** (*Führung des Verkehrs der Partei mit dem Verfahrensbevollmächtigten*) erhält nach Nr. 3400 VV RVG eine **Verfahrensgebühr** i.H.d. dem Verfahrensbevollmächtigten zustehenden Verfahrensgebühr, höchstens jedoch 500,00 EUR.

Dies ist jedoch nicht so gemeint, dass der Verkehrsanwalt die von dem Verfahrensbevollmächtigten konkret bestimmte Gebühr erhält. Gemeint ist, dass eine **Verfahrensgebühr mit demselben Rahmen** anfällt.

Der Gebührenrahmen der Verfahrensgebühr **Nr. 3400 VV RVG** des Verkehrsanwalts beträgt also:

- in erster Instanz nach Nr. 3102 VV RVG 65,00 bis 550,00 EUR,
- im Berufungsverfahren nach Nr. 3204 VV RVG 78,00 bis 550,00 EUR,
- im Revisionsverfahre nach Nr. 3212 VV RVG 105,00 bis 550,00 EUR.

Dabei hat der Verkehrsanwalt innerhalb des Betragsrahmens nach **eigenem Ermessen eine eigene Prüfung** der Bemessungskriterien des § 14 Abs. 1 RVG vorzunehmen. Er darf nicht einfach die Bestimmung des Prozessbevollmächtigten übernehmen, vielmehr ist er **unabhängig** von der Bestimmung des Prozessbevollmächtigten.

Vorzeitiges Ende 3

Sofern die anwaltliche Tätigkeit des Verkehrsanwalts **vorzeitig endet** (bevor der Verfahrensbevollmächtigte beauftragt oder der Rechtsanwalt gegenüber dem Verfahrensbevollmächtigten tätig geworden ist), fällt nur noch eine Gebühr nach Nrn. 3405 Nr. 1, 3400 VV RVG mit einem Höchstsatz von 275,00 EUR an.

4 **Nur für gerichtliches Verfahren**

Die Vorschrift der Nr. 3400 VV RVG gilt nur für Angelegenheiten des Teils 3 VV RVG, nicht jedoch für solche der außergerichtlichen Tätigkeiten, welche in Teil 2 VV RVG geregelt sind.

5 **Prozesskostenhilfe**

Sofern der Partei unter Beiordnung des originären Prozessbevollmächtigten **Prozesskostenhilfe** bewilligt wurde, erstreckt sich diese nicht automatisch auf die Tätigkeit des Verkehrsanwalts, da dieser nicht beigeordnet ist. Nur der durch Beschluss beigeordnete Anwalt hat einen Vergütungsanspruch gegen die Staats- bzw. Landeskasse (§§ 45 Abs. 1, 48 Abs. 1 RVG).

Der Verkehrsanwalt ist insofern gesondert beizuordnen.

6 **Anrechnungen**

Sofern der Verkehrsanwalt mit der Sache bereits vorbefasst war (Verwaltungs- oder Vorverfahren), ist auch hier eine Anrechnung der erhaltenen Geschäftsgebühr entsprechend der Vorbem. 3 Abs. 4 VV RVG vorzunehmen.

Anzurechnen sind weiterhin grundsätzlich alle Gebühren, die auch bei dem Prozessbevollmächtigten anrechenbar wären. Dies gilt für die Gebühr Nr. 3400 VV RVG als auch für die Gebühr Nr. 3405 Nr. 1 VV RVG.

Auch eine nach § 34 Abs. 2 RVG ggf. entstandene Ratsgebühr ist anzurechnen.

7 *Hinweis*

Weitere Gebühren: Der Verkehrsanwalt kann neben der Gebühr Nr. 3400 VV RVG auch **weitere Gebühren** beanspruchen, etwa eine Terminsgebühr als Terminsvertreter nach Nr. 3402 VV RVG (Nr. 3405 Nr. 2) oder aber auch eine Einigungsgebühr Nrn. 1000 ff. VV RVG, vorausgesetzt, der Verkehrsanwalt hat auch für diese Tätigkeiten einen Auftrag erhalten.

8 **Handakte mit gutachterlichen Äußerungen**

Weiterhin kann nach der Anm. zu Nr. 3400 VV RVG eine Verkehrsanwaltsgebühr entstehen, wenn der Anwalt im Einverständnis mit dem Auftraggeber die Übersendung der Akten an den Rechtsanwalt des höheren Rechtszuges mit gutachterlichen Äußerungen verbindet.

Für eine Tätigkeit nach Anm. zu Nr. 3400 VV RVG (*Übersendung der Handakte mit gutachterlicher Äußerung*) kann Prozesskostenhilfe nicht gewährt werden, auch ist diese nicht von der Deckung einer Rechtsschutzversicherung erfasst.[1]

Erstattungsfähigkeit 9

Die Kosten eines Verkehrsanwalts sind nach § 193 SGG grundsätzlich **nicht erstattungsfähig**. Nur ausnahmsweise und dann i.H.d. fiktiven Kosten einer Informationsreise zum Prozessbevollmächtigten können diese erstattungsfähig sein. Dies kann anders sein, wenn die Partei nicht reisefähig ist.

Auslagen 10

Der Verkehrsanwalt erhält die Auslagen nach Teil 7 VV RVG gesondert.

B. Terminsanwalt

Aufgabe Terminsvertreter 11

Der **Terminsanwalt** erhält einen Einzelauftrag für *Vertretung in einem Termin i.S.d. Vorbem. 3 Abs. 3 VV RVG.*

Vergütung

Nach Nr. 3401 VV RVG erhält der Terminsvertreter eine **Verfahrensgebühr** i.H.d. Hälfte der dem Verfahrensbevollmächtigten zustehenden Verfahrensgebühr. Ebenso erhält er eine **Terminsgebühr** Nr. 3402 VV RVG i.H.d. einem Verfahrensbevollmächtigten zustehenden Terminsgebühr.

Verfahrensgebühr – eigenes Ermessen 12

Der Terminsanwalt erhält dabei aber nicht die Hälfte des von dem Prozessbevollmächtigten nach § 14 Abs. 1 RVG konkret bestimmten Betrages, sondern vielmehr **halbiert sich der Rahmen**, welcher dem Prozessbevollmächtigten zu Bestimmung der billigen Gebühr zu Verfügung steht.

Hier hat der Terminsanwalt dann wiederum nach **eigenem Ermessen eine eigene Prüfung** der Bemessungskriterien des § 14 Abs. 1 RVG vorzunehmen. Er ist dabei auch nicht an die Bestimmung des Prozessbevollmächtigten gebunden, sondern ist vielmehr **unabhängig** von dessen Bestimmung.

1 AnwK-RVG/*N. Schneider*, VV 3400 Rn 150.

Der Gebührenrahmen der Verfahrensgebühr **Nr. 3401 VV RVG** des Terminsvertreters beträgt also:

- in erster Instanz nach Nr. 3102 VV RVG 32,50 bis 359,50 EUR,
- im Berufungsverfahren nach Nr. 3204 VV RV 39,00 bis 444,50 EUR,
- im Revisionsverfahren nach Nr. 3212 VV RVG 57,50 bis 575,50 EUR.

13 **Vorzeitiges Ende**

m Falle einer vorzeitigen Beendigung des Auftrages vor Terminsbeginn gilt der ermäßigte Gebührentatbestand der Verfahrensgebühr Nr. 3405 Nr. 2 VV RVG mit einem Gebührenrahmen von höchstens 275,00 EUR.

14 **Anrechnung**

Sofern der Terminsvertreter mit der Sache bereits vorbefasst war (Verwaltungs- oder Vorverfahren), ist auch hier eine **Anrechnung** der Geschäftsgebühr entsprechend der Vorbem. 3 Abs. 4 VV RVG auf die Verfahrensgebühren nach Nrn. 3401 und 3405 Nr. 2 VV RVG vorzunehmen.

Anzurechnen sind weiterhin grundsätzlich alle Gebühren, die auch bei dem Prozessbevollmächtigten anrechenbar wären.

Auch ist nach § 34 Abs. 2 RVG eine ggf. entstandene Ratsgebühr anzurechnen.

15 **Terminsgebühr**

Daneben erhält der Terminsanwalt nach Nr. 3402 VV RVG eine **Terminsgebühr** i.H.d. einem Verfahrensbevollmächtigten zustehenden Terminsgebühr. Gemeint ist auch hier, dass der Terminsanwalt eine eigene, von der des Verfahrensbevollmächtigten unabhängige Bestimmung nach § 14 Abs. 1 RVG vornimmt, wobei der Gebührenrahmen derselbe ist.

16 **Prozesskostenhilfe**

Sofern der Partei unter Beiordnung des originären Prozessbevollmächtigten **Prozesskostenhilfe** bewilligt wurde, erstreckt sich diese **nicht** automatisch auch auf die Tätigkeit des Terminsanwalts, da dieser nicht beigeordnet ist. Nur der durch Beschluss beigeordnete Anwalt hat einen Vergütungsanspruch gegen die Staats- bzw. Landeskasse (§§ 45 Abs. 1, 48 Abs. 1 RVG).

Auch hier ist der Terminsanwalt insofern gesondert beizuordnen.

Hinweis 17

Der Terminsanwalt kann u.U. auch eine weitere Gebühr beanspruchen, etwa eine Einigungs- oder Erledigungsgebühr Nrn. 1000 ff. VV RVG, vorausgesetzt, er hat auch für diese Tätigkeit einen Auftrag erhalten.

Auslagen 18

Der Terminsanwalt erhält die Auslagen nach Teil 7 VV RVG gesondert.

C. Sonstige Einzeltätigkeiten

Tätigkeit 19

Die Gebühr entsteht nach der Anm. zu Nr. 3406 VV RVG i.V.m. Anm. zu Nr. 3403 VV RVG entsprechend für sonstige Tätigkeiten in einem gerichtlichen Verfahren, wenn der Rechtsanwalt nicht zum Prozess- oder Verfahrensbevollmächtigten bestellt ist, soweit in diesem Abschnitt (Teil 3 Abschnitt 4 VV RVG) nichts anderes bestimmt ist, also sofern nicht die Gebührentatbestände der Nrn. 3400 bis 3405 VV RVG Anwendung finden.

Damit handelt es sich bei der Nr. 3406 VV RVG um einen Auffangtatbestand. In Frage kommt z.B. die Fertigung eines einfachen Schreibens wie einer Sachstandsanfrage.

Vergütung 20

Für **sonstige Einzeltätigkeiten** in sozialgerichtlichen Verfahren, in denen Betragsrahmengebühren entstehen (§ 3 RVG), erhält der Anwalt, **ohne zum Prozess- oder Verfahrensbevollmächtigten** bestellt worden zu sein, eine Verfahrensgebühr Nr. 3406 VV RVG mit einem Gebührenrahmen von 39,00 bis 445,00 EUR, soweit in Teil 3 Abschnitt 4 VV RVG nichts anderes bestimmt ist.

Einfaches Schreiben 21

Fertigt der Anwalt ein **Schreiben einfacher Art**, welches weder schwierige rechtliche Ausführungen noch größere sachliche Auseinandersetzungen enthält (vgl. Anm. zu Nr. 3404 VV RVG), wäre der Vergütungstatbestand der Nr. 3404 VV RVG anzuwenden. Da hier jedoch kein Gebührenrahmen, sondern lediglich ein Gebührensatz vorgesehen ist, ist dieser Vergütungstatbestand in einem Verfahren, in welchem nach § 3 Abs. 1 S. 1 RVG Betragsrahmengebühren entstehen, nicht anwendbar.

Stattdessen erhält der Anwalt eine Gebühr nach Nr. 3406 VV RVG.

22 **Anrechnung**

Bei Vorbefassung ist auch hier eine Anrechnung entsprechend der Vorbem. 3 Abs. 4 VV RVG vorzunehmen.

D. Gebühren für Vollstreckung gegen Behörden

23 **Ausgangslage**

Sofern die Behörde in den Fällen des § 131 SGG der ihr im Urteil auferlegten Verpflichtung nicht nachkommt, kann das Gericht des ersten Rechtszuges auf Antrag unter Fristsetzung ein Zwangsgeld bis zu 1.000,00 EUR durch Beschluss androhen und festsetzen (vgl. § 201 SGG).

Es handelt sich hierbei um eine Vollstreckung **nicht vertretbarer Handlungen** entsprechend der Regelung des § 888 ZPO.

Vollstreckungsgläubiger kann eine natürliche Person wie auch eine juristische Person des Privatrechts oder des öffentlichen Rechts sein. Notwendig sind stets die aus der ZPO bekannten Zwangsvollstreckungsvoraussetzungen: Titel, Klausel, Zustellung und Parteiidentität.

Zuständig ist das Sozialgericht, welches im ersten Rechtszug entschieden hat.

Die Beitreibung des Zwangsgeldes erfolgt nach § 201 Abs. 2 SGG i.V.m. § 200 SGG nach den Vorschriften des VwVG (Verwaltungsvollstreckungsgesetzes).

Gegen die Entscheidung zur Festsetzung des Zwangsgeldes ist die Beschwerde statthaft.

Die **Kosten** trägt entsprechend § 788 ZPO der Schuldner.

Die **Anwaltsgebühren** richten sich nach §§ 3 Abs. 1 S. 2, 2 RVG (= Wertgebühren). Gebührenrechtlich handelt es sich um eine **andere Angelegenheit** zum Hauptsacheverfahren, für welche weitere Anwaltsgebühren entstehen.

Der Wert für das Verfahren auf Festsetzung des Zwangsgeldes bemisst sich nach dem Betrag des beantragten Zwangsgeldes.[2] Es wird auch die Meinung vertreten, dass der Wert sich nach der für den Gläubiger zu erwirkenden Handlung, Duldung oder Unterlassung richtet.

Für den Antrag auf Androhung des Zwangsverfahrens beträgt der Wert die Hälfte des Zwangsgeldes.[3] In gerichtskostenfreien Verfahren wird kein Wert festgesetzt. Dies gilt dann auch für das Zwangsgeldverfahren. In diesem Fall ist gemäß § 33 Abs. 1 RVG auf Antrag der Wert des Gegenstands der anwaltlichen Tätigkeit selbstständig festzusetzten.[4]

2 Meyer-Ladewig/*B. Schmidt*, § 201 Rn 4; LSG Berlin-Brandenburg, Beschl. v. 12.12.2006 – L 7 B 124/03 KA; SG Fulda, Beschl. v. 5.9.2012 – S 4 U 8/06, NZS 2013, 80.

3 SG München Beschl. v. 29.6.2020 – S 46 SO 507/19 ER; LSG Berlin-Brandenburg, Beschl. v. 12.12.2006 – L 7 B 124/03 KA.

4 SG München Beschl. v. 29.6.2020 – S 46 SO 507/19 ER; FD-RVG 2020, 431175.

Vollstreckung aus Kostenfestsetzungsbeschluss 24

Davon zu unterscheiden sind Vollstreckungen, welche eine Geldforderung zum Gegenstand haben, wie beispielsweise eine Vollstreckung aus einem Kostenfestsetzungsbeschluss (§ 199 Abs. 1 Nr. 4 SGG).

Für diese Vollstreckungen sind nach § 198 Abs. 1 SGG die Regelungen des Achten Buches der ZPO entsprechend anzuwenden, soweit sich aus dem SGG nichts anderes ergibt. Sonderregelungen sind nicht vorhanden.

Daher ist für die Vollstreckung einer Forderung aus einem vor dem Sozialgericht erwirkten Kostenfestsetzungsbeschluss das Amtsgericht als Vollstreckungsgericht zuständig (§ 828 Abs. 1, 2 ZPO). Es entstehen die üblichen Gebühren der Zwangsvollstreckung. Der Wert ist hier der Wert der zu vollstreckenden Forderung, § 25 RVG.

§ 11 Mehrere Auftraggeber

A. Allgemeines

Sofern der Anwalt mit der Vertretung mehrerer Auftraggeber beauftragt ist, sieht das Rechtsanwaltsvergütungsgesetz in Nr. 1008 VV RVG eine zusätzliche Vergütung für den dadurch entstehenden Mehraufwand vor. 1

Nach Nr. 1008 VV RVG erhöht sich der Gebührenrahmen einer **Geschäfts- oder Verfahrensgebühr** für **jeden *weiteren* Auftraggeber** um 30 %, höchstens jedoch um 200 %.

Eine gemeinschaftliche Beteiligung ist – im Gegensatz zu Wertgebühren – nicht notwendig.

Es handelt sich bei der Erhöhung nach Nr. 1008 VV RVG nicht um eine gesonderte Gebühr, denn der Anwalt erhält nach § 7 Abs. 1 RVG die Gebühren in jeder Angelegenheit nur einmal.

Umfang unerheblich: Der tatsächliche Umfang ist unerheblich. Auf eine konkrete Mehrbelastung des Anwalts kommt es nicht an. Der Mehrvertretungszuschlag Nr. 1008 VV RVG honoriert pauschal, dass typischerweise eine Mehrbelastung anfällt. Ziel des Gesetzgebers ist eine ausgleichende Mischkalkulation. Dieser gesetzgeberische Wille darf nicht durch Anfordern engerer Tatbestände, als die Norm verlangt, ersetzt werden.[1]

Erhöhungsfähige Gebühren sind in sozialrechtlichen Angelegenheiten die Nrn. 2102, 2103, 2302, 2503, 3102, 3204, 3212, 3330, 3400, 3401, 3405, 3501, 3511 und 3512 VV RVG. 2

Die Anwendung der Erhöhung nach Nr. 1008 VV RVG ist in **Asylverfahren** nicht möglich, da das Gesetz jeden Asylanspruch als eigenen Gegenstand definiert.[2] 3

Bei einer **Bedarfsgemeinschaft** ist die Erhöhung anwendbar, da es sich nach dem SGB um einen Individualanspruch handelt. Ein Anspruch der Bedarfsgemeinschaft an sich existiert nicht.[3] 4

> *Beispiel 1: Erhöhung wegen mehrerer Auftraggeber einer Bedarfsgemeinschaft*
>
> Für drei Mitglieder einer Bedarfsgemeinschaft werden wegen fälliger Erstattungsforderungen in getrennten Mahnschreiben jeweils Mahngebühren festgesetzt, gegen die jeweils gesonderter Widerspruch eingelegt wird.
>
> Ergebnis: Es liegt ein einheitlicher Lebenssachverhalt und damit nur eine Angelegenheit vor. Es werden aber zwei Erhöhungen (= 60 %) der Gebühr vorgenommen.[4]

1 SG München, Gerichtsbescheid v. 17.2.2023 – S 13 AS 783/21.
2 AnwK-RVG/*Volpert*, VV 1008 Rn 34.
3 LSG NRW, Beschl. v. 4.1.2010 – L 19 B 316/09 AS.
4 LSG Schleswig-Holstein, Urt. v. 7.9.2023 – L 6 AL 10/21.

Abzustellen ist nur auf die Zahl der Auftraggeber. Dies gilt unabhängig davon, wer gegenüber dem Anwalt auftritt. Minderjährigkeit und entsprechende elterliche Vertretung steht der Anwendung der Nr. 1008 VV RVG nicht entgegen.[5]

B. Rechnerische Durchführung der Erhöhung

5 **Berechnung**

Die rechnerische Durchführung der Erhöhung stellt sich wie folgt dar:

Die jeweilige Mindest- und Höchstgebühr ist um jeweils 30 % zu erhöhen, erst aus dem erhöhten Rahmen ist dann unter Berücksichtigung der Bemessungskriterien des § 14 RVG die konkrete Gebühr im Einzelfall zu bestimmen.

Die **reine Erhöhung darf maximal das Doppelte** der Mindest- oder der Höchstgebühr betragen.[6] Falsch ist es, die Mindest- oder Höchstgebühr selbst auf das Doppelte zu beschränken. Die absolute **Obergrenze** ergibt sich durch Errechnung des **dreifachen Mindest- und Höchstbetrages**.

6 **Unterschiedlicher Aufwand**

Probleme ergeben sich jedoch, sofern die Umstände des § 14 RVG bei mehreren Auftraggebern unterschiedlich sind und eine einheitliche Gebühr gefunden werden muss. Hier ist eine Durchschnittsgebühr zu ermitteln, welche die Unterschiedlichkeit gleichmäßig berücksichtigt und auch angemessen vergütet.

7 **Grenzen**

Mehrere *Erhöhungen* dürfen das Doppelte des Mindest- und Höchstbetrages nicht überschreiten.

Die **Höchstgrenze** der Erhöhungen **beträgt 200 %**.

5 BSG, Urt. v. 21.12.2019 – B 14 AS 83/08 R; SG München, Gerichtsbescheid v. 17.2.2023 – S 13 AS 783/21.
6 Vgl. LSG NRW, Beschl. v. 4.1.2010 – L 19 B 316/09 AS; SG Fulda, Beschl. v. 13.3.2012 – S 4 SF 49/10 E.

Übersichtstabelle 8

Anzahl Auftraggeber	**Erhöhung nach Nr. 1008 VV RVG**
1	
2 (1 *weiterer* Auftraggeber)	**30 %**
3 (2 *weitere* Auftraggeber)	**60 %**
4 (3 *weitere* Auftraggeber)	**90 %**
5 (4 *weitere* Auftraggeber)	**120 %**
6 (5 *weitere* Auftraggeber)	**150 %**
7 (6 *weitere* Auftraggeber)	**180 %**
8 und mehr (7 *weitere* Auftraggeber und mehr)	**Obergrenze erreicht: 200 %** **(210 %)**

Auf die tabellarische Übersicht zur Gebühr Nr. 1008 VV RVG in § 25 Rdn 2 f. wird verwiesen. 9

Beispiel 2: Erhöhung für die Geschäftsgebühr Nr. 2302 VV RVG 10

1 Auftraggeber:

Untere Rahmengrenze: 65,00 EUR / obere Rahmengrenze: 837,00 EUR

2 Auftraggeber (= Erhöhung um 30 %):

Untere Rahmengrenze: 84,50 EUR / obere Rahmengrenze: 1.088,10 EUR

Innerhalb dieses neuen Gebührenrahmens ist eine angemessene Gebühr zu finden.

10 Auftraggeber (= Überschreitung der höchstmöglichen Erhöhung):

Untere Rahmengrenze: 195,00 EUR / obere Rahmengrenze: 2.511,00 EUR

Innerhalb dieses neuen Rahmens ist eine angemessene Gebühr zu finden.

Berechnung 11

Teilweise wird die Ansicht vertreten, dass die angemessene Gebühr pauschal um 30 % je Auftraggeber zu erhöhen ist.[7]

7 LSG NRW, Urt. v. 28.7.2008 – L 19 AS 24/08; LSG Thüringen, Beschl. v. 26.11.2008 – L 6 B 130/08 SF.

Dieser Ansicht ist nicht zu folgen, da sie mit dem Gesetzeswortlaut nicht übereinstimmt und keine tatsächliche Berücksichtigung des Mehraufwands sicherstellt, sondern pauschaliert. Eine pauschale Erhöhung widerspricht dem System der Betragsrahmengebühren. Dieses hat der Gesetzgeber bewusst dadurch gewahrt, indem er für derartige Fälle lediglich die untere und die obere Grenze entsprechend erhöht.[8]

C. Erhöhung bei Übergang ins gerichtliche Verfahren

12 **Geschäfts- und Verfahrensgebühr**

Im Falle des Übergangs der außergerichtlichen Vertretung in die gerichtliche Vertretung fällt die Geschäftsgebühr neben der Verfahrensgebühr nach Teil 3 VV RVG an. Bei einem Anfall beider Gebühren werden im Falle einer Mehrvertretung Geschäfts- und Verfahrensgebühr gleichermaßen erhöht.

D. Kappungsgrenze und Erhöhung

13 **Kappungsgrenze (oder Schwellengebühr)**

Nach der Anm. zu Nr. 2302 VV RVG kann eine höhere Geschäftsgebühr als 391,00 EUR nur gefordert werden, wenn die Tätigkeit des Anwalts umfangreich oder schwierig war. Das bedeutet, dass bei der Geschäftsgebühr nach Nr. 2302 VV RVG nicht die Mittelgebühr mit 451,00 EUR, sondern eine Geschäftsgebühr über 391,00 EUR zur Regelgebühr bzw. Schwellengebühr wird.

14 **Erhöhung der Kappungsgrenze**

Der Gesetzgeber hat auf den bisherigen Streit, ob die Kappungsgrenze mit erhöht wird oder nicht, bereits mit dem 2. KostRMoG 2013 reagiert. Er hat die Nr. 1008 VV RVG wie folgt ergänzt:

> *(4) Im Fall der Anmerkung zu den Gebühren 2300 und 2302 erhöht sich der Gebührensatz oder Betrag dieser Gebühren entsprechend.*

Damit ist klargestellt, dass die in Anm. zu Nr. 2302 VV RVG geregelte Kappung mit 391,00 EUR für die Erhöhung nach Nr. 1008 VV RVG nicht gilt. Die 391,00 EUR Regelgebühr betrifft daher nur die Tätigkeit für einen Auftraggeber.

15 Die **Kappungsgrenze/Schwellengebühr** einer Geschäftsgebühr wird nach Nr. 1008 Abs. 4 VV RVG daher ebenfalls **erhöht**.

8 LSG NRW, Beschl. v. 14.6.2010 – L 19 AS 470/10 B; auch BSG, Urt. v. 21.12.2009 – B 14 AS 83/08 R.

Beispiel 3: Außergerichtliche Vertretung mehrerer Mandanten – Erhöhung der Schwellengebühr

Rechtsanwalt R wird von der Vertreterin einer Bedarfsgemeinschaft, bestehend aus Mutter und 8 Kindern, mit der außergerichtlichen Überprüfung eines Bewilligungsbescheides beauftragt. Nach Prüfung der Sach- und Rechtslage fordert R die Behörde zur Zahlung auf. Die anwaltliche Tätigkeit war von durchschnittlichem Umfang und durchschnittlicher Schwierigkeit.

Lösung

Gerechtfertigt ist hier grundsätzlich der Ansatz der Regelgebühr Nr. 2302 VV RVG mit 391,00 EUR. Wegen des Mehraufwandes für die weiteren zur Bedarfsgemeinschaft gehörenden Kinder ist der Gebührenrahmen für jedes Kind um jeweils 30 % zu erhöhen. Die Maximalerhöhung würde hierbei überschritten. Der Gebührenrahmen beläuft sich damit auf 195,00 bis 2.511,00 EUR.

Es entsteht damit eine Geschäftsgebühr Nr. 2302 VV RVG (Schwellengebühr) mit 1.173,00 EUR (= 1 × 391,00 EUR + maximale Erhöhung = 2 × 391,00 EUR => 3 × 391,00 EUR = 1.173,00 EUR).

Hinweis

Eine Erhöhung bei Vertretung mehrerer Personen als Auftraggeber wird nach zutreffender Ansicht durch die Regelung der Schwellengebühr in der Anm. zu Nr. 2302 VV RVG nicht ausgeschlossen. Hiernach erhöht sich auch die Kappungsgrenze für jeden weiteren Auftraggeber um 30 %.

Beispiel 4: Schwellengebühr, mehrere Auftraggeber 16

Der Anwalt vertrat im Vorverfahren insgesamt 3 Auftraggeber, welche eine Bedarfsgemeinschaft bilden.

Der Anwalt kann, ausgehend von der Schwellengebühr, folgende Gebühren beanspruchen:

Geschäftsgebühr, Nrn. 2302, 1008 VV RVG (104,00 EUR – 1.339,20 EUR)	625,60 EUR
Postentgeltpauschale, Nr. 7002 VV RVG	20,00 EUR
19 % Umsatzsteuer, Nr. 7008 VV RVG	122,66 EUR
Summe	**768,26 EUR**

Auch die Schwellengebühr der Nr. 2302 VV RVG über 391,00 EUR erhöht sich um insgesamt 60 % wegen der zwei weiteren Auftraggeber auf 625,60 EUR (391,00 EUR × 1,6).

Die Mittelgebühr würde bei dem erhöhten Gebührenrahmen 721,60 EUR betragen.

17 *Beispiel 5 – Fortsetzung von Beispiel 4: Anschließendes Klageverfahren*

Der Anwalt erhebt nach erfolglos eingelegtem Widerspruch Klage. Das Gericht entscheidet nach Termin durch Urteil. Der Beklagte hat die Kosten der Kläger zu tragen.

Im Vorverfahren soll die Schwellengebühr zur Anwendung kommen. Das Klageverfahren war durchschnittlich, sodass die Mittelgebühr einschlägig ist.

Der Anwalt kann folgende Gebühren beanspruchen:

I. Vorverfahren	
Geschäftsgebühr, Nrn. 2302, 1008 VV RVG	625,60 EUR
(104,00 EUR – 1.339,20 EUR)	
Postentgeltpauschale, Nr. 7002 VV RVG	20,00 EUR
19 % Umsatzsteuer, Nr. 7008 VV RVG	122,66 EUR
Summe	**768,26 EUR**
II. Klageverfahren	
Verfahrensgebühr, Nrn. 3102, 1008 VV RVG	627,20 EUR
(104,00 EUR – 1.150,40 EUR)	
Anrechnung gem. Vorbem. 3 Abs. 4 VV RVG (Höchstbetrag nach § 15a Abs. 2 S. 3 RVG)	*./. 225,00 EUR*
Terminsgebühr, Nr. 3106 VV RVG	365,00 EUR
(65,00 EUR – 665,00 EUR)	
Postentgeltpauschale, Nr. 7002 VV RVG	20,00 EUR
19 % Umsatzsteuer, Nr. 7008 VV RVG	149,57 EUR
Summe	**936,77 EUR**

Die erhöhte Schwellengebühr der Geschäftsgebühr Nr. 2302 VV RVG ist hälftig, jedoch maximal mit einem Betrag i.H.v. 225,00 EUR auf die Verfahrensgebühr Nr. 3102 VV RVG anzurechnen (Vorbem. 3 Abs. 4 VV RVG i.V.m. § 15a Abs. 1 RVG).

E. Prozesskostenhilfe / Mehrere Auftraggeber

Umfang bei Prozesskostenhilfe 18

Sehr umstritten ist der Umfang der Bewilligung von Prozesskostenhilfe bei mehreren Auftraggebern. Ein besonderes Problem stellt sich, wenn nur einer von mehreren Auftraggebern prozesskostenhilfeberechtigt ist. Fraglich ist dann der Umfang der Bewilligung für den Berechtigten.

Ansicht 1 – Nur Mehrvertretungszuschlag: Nach einer Ansicht soll bei mehreren Auftraggebern, wenn die Voraussetzungen für Prozesskostenhilfe nur bei einem Auftraggeber vorliegen, die Bewilligung für den bedürftigen Streitgenossen auf die Mehrvertretungsvergütung beschränkt sein. Der Anwalt soll hierbei geschützt sein, weil er die restliche Vergütung vom anderen Mandanten erhält. Die PKH-Partei ist vor weiteren Zahlungen an den Rechtsanwalt durch § 7 Abs. 2 RVG geschützt.[9] Damit soll verhindert werden, dass die PKH-Bewilligung letztendlich zum Teil der Nicht-PKH-Partei zugutekommt. 19

Wichtig ist hierbei zu beachten, dass diese Beschränkung nach der zitierten Rechtsprechung nur dann gelten soll, wenn die **Beschränkung bereits in der Bewilligung** enthalten ist.

Soweit der BGH hier allerdings annimmt, dass die PKH-Partei mit der Zahlung von Prozesskosten rechnen muss und dabei auf § 123 ZPO verweist, verkennt er, dass es hier gerade nicht um Kosten i.S.d. § 123 ZPO geht. Es geht hier um die Kosten des eigenen Rechtsanwalts und nicht um die Kosten des Gegners.[10] Vor der Pflicht, die eigenen Rechtsanwaltskosten tragen zu müssen, schützt aber § 122 ZPO.

Ansicht 2 – Kopfteilberechnung: Eine zweite Ansicht nimmt an, dass sich der Vergütungsanspruch des beigeordneten Rechtsanwalts auf den jeweiligen Kopfteil an der gesamten anwaltlichen Vergütung für die Vertretung aller Streitgenossen errechneten Betrag bestimmt. Hiervon ist nur dann abzuweichen, wenn ein anderes Innenverhältnis bekannt ist.[11] 20

Ansicht 3 – Volle Vergütung ohne Mehrvertretungszuschlag: Die dritte Ansicht geht mit Blick auf § 122 Abs. 1 Nr. 3 ZPO davon aus, dass der Vergütungsanspruch des ohne 21

9 BGH, Beschl. v. 3.6.2019 – II ZA 22/19; LSG Sachsen-Anhalt, Beschl. v. 31.5.2023 – L 5 AS 95/22.

10 BGH, Beschl. v. 3.6.2019 – II ZA 22/19, Rn 15.

11 LSG Niedersachsen-Bremen, Beschl. v. 10.1.2023 – L 7 AS 6/22 B; OLG Thüringen, Beschl. v. 15.6.2006 – 9 W 81/06; OLG Köln, Beschl. v. 9.6.2009 – 17 W 108/09; KG, Beschl. v. 27.3.2012 – 5 W 265/11; SG Potsdam, Beschl. v. 9.7.2013 – S 44 SF 316/12 E; SG Berlin, Beschl. v. 4.11.2014 – S 164 SF 4905/14 E; OLG Zweibrücken, Beschl. v. 17.9.2003 – 7 W 80/03; OLG Jena, Beschl. 15.6.2006 – 9 W 81/06; OLG Hamm, Beschl. 25.2.2003 – 23 W 341/02; OLG Celle, Beschl. v. 22.11.2006 – 23 W 13/06; *T. Schmidt*, in: *Herberger/Martinek/Rüßmann/Weth/Würdinger*, jurisPK-BGB, 10. Aufl., Kostenrechtl. Hinw. in Familiensachen (Teil 17), Rn 88.

Einschränkung beigeordneten Rechtsanwalts i.H.d. vollen Vergütung ohne den Mehrvertretungszuschlag zu erstatten ist.[12]

22 **Fazit:** Während die erste Ansicht (nur Mehrvertretungszuschlag) die PKH-Partei benachteiligt, bevorteilt die dritte Ansicht (Festsetzung volle Vergütung) die nicht PKH-berechtigte Partei.

Lediglich die zweite Ansicht (kopfteilige Festsetzung) entspricht dem Sinn der Prozesskostenhilfe, der sich aus § 122 ZPO ergibt: Die PKH-Partei soll von der Zahlung der eigenen Kosten freigestellt werden.

Beispiel 6: Prozesskostenhilfe für Streitgenossen

Kläger 1 erhält keine Prozesskostenhilfe; Kläger 2 erhält Prozesskostenhilfe; das Verfahren endet durch die Klagerücknahme; die Kläger tragen die Kosten.

Verfahrensgebühr, Nr. 3102 VV RVG	392,00 EUR
(65,00 EUR – 719,00 EUR)	
Erhöhung gem. 1008 VV RVG	+ 117,60 EUR
Postentgeltpauschale, Nr. 7002 VV RVG	20,00 EUR
19 % Umsatzsteuer, Nr. 7008 VV RVG	100,62 EUR
Summe	**630,22 EUR**

1. Ansicht: Nur Mehrvertretungszuschlag

Der nichtbedürftige Kläger zahlt an den Anwalt die Vergütung, soweit sie ihn betrifft:

Verfahrensgebühr + Postentgeltpauschale + anteilige Umsatzsteuer =	490,28 EUR
Die Staatskasse erstattet für die PKH-Partei:	
Mehrvertretungszuschlag + Umsatzsteuer	139,94 EUR

Der Anwalt ist damit befriedigt.

Anschließend verlangt Kläger 1 von dem bedürftigen Kläger 2:

Gesamtschuldnerausgleich:

Gezahlt wurden	490,28 EUR
Zahlungspflicht besteht für ½ von 630,22 EUR	315,11 EUR
Die Differenz **zahlt die PKH-Partei selbst** an den Mitkläger	175,17 EUR

2. Ansicht: Kopfteilberechnung

Der nichtbedürftige Kläger zahlt an den Anwalt die Vergütung, soweit sie ihn betrifft:

½ der gesamten Vergütung von 630,22 EUR	315,11 EUR

12 LSG Berlin-Brandenburg, Beschl. v. 31.1.2018 – L 39 SF 186/16 B E.

> Die Staatskasse erstattet für die PKH-Partei:
> ½ der gesamten Vergütung von 630,22 EUR 315,11 EUR
> Der Anwalt ist damit befriedigt.
> Die PKH-Partei **muss selbst nichts bezahlen**.

Begründung: 23

Die anwaltliche Vergütung schulden die mehreren Auftraggeber grundsätzlich – auch bei Prozesskostenhilfe – vollständig und gesamtschuldnerisch gemeinsam. Einzelheiten dazu regelt § 7 RVG.

Erstattet die Landeskasse für die PKH-Partei lediglich den Mehrvertretungszuschlag, so zahlt der Nicht-PKH-Auftraggeber dem Anwalt die restliche Vergütung und erlangt damit einen internen Erstattungsanspruch gegen die PKH-Partei auf Gesamtschuldnerausgleich. Letztendlich zahlt dann die PKH-Partei einen Großteil ihrer Anwaltskosten selbst.

Diese Gefahr kann die Partei einfach ausschließen, indem sie einen eigenen Anwalt beauftragt, dessen Vergütung die Landeskasse uneingeschränkt übernehmen wird. Dieses Verhalten ist aus Sicht der Staatskasse kontraproduktiv. Es ist zulässig und löst deutlich höhere Kosten aus.

Dem Ziel der Prozesskostenhilfe kommt damit die Ansicht zwei (kopfteilige Festsetzung) am nächsten, da hier durch die Zahlungen der Landeskasse letztendlich die tatsächlichen Zahlungspflichten der Beteiligten abgebildet werden und keine internen Ausgleiche unter den Auftraggebern mehr notwendig sind.[13]

> *Hinweis: Beschränkte Bewilligung bereits erfolgt*
> Ist bereits die Bewilligung auf den Mehrvertretungszuschlag beschränkt worden, so wird in der späteren Kostenfestsetzung kaum ein anderes Ergebnis zu erreichen sein. Hier muss bereits die beschränkte Bewilligung angefochten werden.

F. Beratungshilfe / Mehrere Auftraggeber

Beratungshilfegebühr – Erhöhung 24

Ob im Rahmen der Beratungshilfe ein Mehrvertretungszuschlag nach Nr. 1008 VV RVG anfällt, wenn mehrere Personen in einer Angelegenheit Auftraggeber sind, war lange umstritten. Es war nicht zu erkennen, dass der mit dem Mehrvertretungszuschlag pauschal abzugeltende höhere Aufwand bei der Vertretung mehrerer Auftraggeber gebührenrecht-

13 *T. Schmidt*, in: in: *Herberger/Martinek/Rüßmann/Weth/Würdinger*, jurisPK-BGB, Kostenrechtl. Hinw. in Familiensachen (Teil 17), Rn 88.

lich nicht im Rahmen der Beratungshilfe abzugelten sei (zuletzt OLG Oldenburg NJW-RR 2007, 431).

Diese Auffassung dürfte nach in Kraft treten des KostRÄG 2021 nicht mehr haltbar sein, da der Wortlaut der Nr. 1008 VV RVG, wonach sich alleine Verfahrens- und Geschäftsgebühren erhöhen, nicht angepasst worden ist. Bei der Beratungshilfegebühr nach Nr. 2501 VV RVG handelt es sich nicht um eine solche, bei der Beratungshilfegeschäftsgebühr Nr. 2503 VV RVG dagegen schon.

G. Beratung / Mehrere Auftraggeber

25 **Beratung nach § 34 RVG – Erhöhung**

Ebenso umstritten war die Frage, ob die Beratungsgebühr nach § 34 RVG nach Nr. 1008 VV RVG erhöhungsfähig ist. Eine Erhöhung ist hier jedoch folgerichtig abgelehnt worden, da die Beratungsgebühr nicht im Vergütungsverzeichnis (VV RVG) normiert ist und eine Erhöhung nach Nr. 1008 VV RVG dem Wortlaut nach lediglich auf Verfahrens- oder Geschäftsgebühren anwendbar ist.

Mangels Anpassung der Nr. 1008 VV RVG auf Beratungsgebühren nach § 34 RVG und dem eindeutigen Hinweis in der Gesetzesbegründung im KostRÄG 2021,[14] dass es sich bei der Beratungsgebühr nicht um eine Verfahrens- oder Geschäftsgebühr handelt, scheidet ein Mehrvertretungszuschlag aus.

14 RegE zum KostRÄG 2021, Begründung Teil B, S. 96.

§ 12 Beschwerde

A. Allgemeine Beschwerde und Erinnerung

Gebührenhöhe 1

In sozialgerichtlichen Verfahren über die Beschwerde und Erinnerung nach § 18 Abs. 1 Nr. 3 RVG entsteht eine **Verfahrensgebühr Nr. 3501 VV RVG** mit einem Gebührenrahmen von **26,00 bis 275,00 EUR**, die **Mittelgebühr** beträgt **150,50 EUR**. Auch kann der Anwalt eine **Terminsgebühr Nr. 3515 VV RVG** mit einem Gebührenrahmen von **26,00 bis 275,00 EUR** verdienen, die **Mittelgebühr** beträgt **150,50 EUR**.

Es gelten die allgemeinen Entstehungsvoraussetzungen nach Vorbem. 3 VV RVG.

Vorzeitige Beendigung 2

Eine vorzeitige Beendigung des Auftrages ist bei der Bemessung des Gebührenrahmens nach § 14 RVG zu beachten.

Die Gebühren sind nach den Kriterien des § 14 RVG zu bemessen. 3

Beschwerde im Eilverfahren 4

Diese Gebührentatbestände sind für Verfahren über die Beschwerde vor dem Landessozialgericht gegen Entscheidungen der Sozialgerichte in Verfahren nach § 86b Abs. 1 und 2 SGG (vorläufiger oder einstweiliger Rechtsschutz) nicht anwendbar, vgl. Vorbem. 3.2.1 Nr. 3a) VV RVG. Hier gelten die Vergütungstatbestände für das Berufungsverfahren in der Hauptsache.

Nichtzulassungsbeschwerde 5

Der Gesetzgeber hat für Nichtzulassungsbeschwerdeverfahren eigene Vergütungstatbestände geschaffen, vgl. Rdn 10.

I. Beschwerde im einstweiligen Rechtsschutzverfahren

Anwendbarkeit 6

Vorbem. 3.2.1. Nr. 3a) VV RVG regelt nunmehr, dass Beschwerdeverfahren gegen die Entscheidung des Verwaltungs- oder Sozialgerichts wegen des Hauptgegenstands des einstweiligen Rechtsschutzes in der Sache einem Berufungsverfahren entsprechen vergütet werden. Es sind also die Gebühren Nrn. 3204 und 3205 VV RVG abzurechnen.

7 *Beispiel 1: Beschwerde mit Termin*

Gegen die Ablehnung des vorläufigen Rechtsschutzes durch das Gericht wird Beschwerde eingelegt. Das Beschwerdegericht ordnet nach Termin den vorläufigen Rechtsschutz an.

Verfahrensgebühr, Nr. 3204 VV RVG	483,50 EUR
(78,00 EUR – 889,00 EUR)	
Terminsgebühr, Nr. 3205 VV RVG	365,00 EUR
(65,00 EUR – 665,00 EUR)	
Postentgeltpauschale, Nr. 7002 VV RVG	20,00 EUR
19 % Umsatzsteuer, Nr. 7008 VV RVG	165,02 EUR
Summe	**1.033,52 EUR**

II. Beschwerde gegen Kostenentscheidung

8 **Beschwerde gegen die Kostenentscheidung**

Nach Gebührenziffer Nr. 3501 VV RVG fällt für ein Beschwerdeverfahren nach § 3 Abs. 1 S. 1 RVG eine eigene Gebühr (von 26,00 bis 275,00 EUR) an, sofern Beschwerde gegen die Entscheidung des Sozialgerichts eingelegt wird, nach welcher Kosten zu tragen wären.

Da das RVG für das Beschwerdeverfahren eine eigene Gebühr vorsieht, ist für das vorliegende Beschwerdeverfahren eine eigene Kostengrundentscheidung zu treffen.

9 **Erinnerungsverfahren**

Gleiches gilt für die Kosten des Erinnerungsverfahrens nach § 197 SGG, da dieses hinsichtlich des Hauptsacheverfahrens eine gesonderte Angelegenheit i.S.v. § 18 Abs. 1 Nr. 3 RVG darstellt. Gründe für unterschiedliche Kostenerstattungsregelungen hinsichtlich Erinnerungsverfahren gegen die Festsetzungen von Rechtspflegern und Urkundsbeamten sind nicht erkennbar.[1]

1 SG Berlin, Beschl. v. 10.9.2007 – S 48 SB 2223/05.

B. Nichtzulassungsbeschwerde

Eigene Angelegenheit 10

Die Nichtzulassungsbeschwerde ist eine **eigene Angelegenheit** nach § 17 Nr. 9 RVG sowohl im Verhältnis zum

- erstinstanzlichen Verfahren (§ 15 Abs. 2 RVG)
  als auch zum
- Berufungs- und Revisionsverfahren (Rechtsmittel).

Einigung oder Erledigung 11

Kommt es im Nichtzulassungsbeschwerdeverfahren zu einer Einigung oder Erledigung, entsteht eine Einigungs- oder Erledigungsgebühr.

Mehrvertretung 12

Auch kann bei Mehrvertretung die Erhöhungsgebühr Nr. 1008 VV RVG Anwendung finden.

I. Nichtzulassungsbeschwerde Berufung

Allgemeines 13

Das Sozialgericht kann in bestimmten Fällen nach § 144 SGG die Berufung ausdrücklich zulassen, dem entgegen kann es auch eine Berufung nicht zulassen. Die Nichtzulassung der Berufung ist nach § 145 Abs. 1 S. 1 SGG mit der Beschwerde anfechtbar (sog. Nichtzulassungsbeschwerde). Durch die Einlegung des Rechtsmittels wird der Eintritt der Rechtskraft gehemmt.

Die Nichtzulassungsbeschwerde ist binnen eines Monats nach Zustellung des Urteils bei dem Landessozialgericht (und nur dort fristwahrend) einzulegen; das Landessozialgericht entscheidet durch Beschluss (§ 145 Abs. 1 S. 2, Abs. 4 S. 1 SGG).

Mehrere Angelegenheiten 14

Es ist also zwischen dem erstinstanzlichen Klageverfahren vor dem Sozialgericht, dem Beschwerdeverfahren über die Nichtzulassung der Berufung sowie dem sich eventuell anschließenden Berufungsverfahren vor dem Landessozialgericht zu unterscheiden. Insoweit fallen jeweils eigene Gebühren an, vgl. § 17 Nr. 1, 9 RVG.

15 **Prozessuale Folge**

Sofern das Nichtzulassungsbeschwerdeverfahren erfolgreich war, also die Berufung zugelassen wird, wird das Beschwerdeverfahren als Berufungsverfahren fortgesetzt, § 145 Abs. 5 S. 1 SGG.

16 **Verfahrensgebühr**

Der Anwalt verdient eine **Verfahrensgebühr Nr. 3511 VV RVG** mit einem Gebührensatz von **78,00 bis 889,00 EUR**, die **Mittelgebühr** beträgt **483,50 EUR**.

17 **Anrechnung**

Die Verfahrensgebühr wird auf die Verfahrensgebühr eines nachfolgenden Berufungsverfahren in voller Höhe angerechnet (Anm. zu Nr. 3511 VV RVG).

18 **Terminsgebühr**

Auch kann eine **Terminsgebühr Nr. 3517 VV RVG** mit einem Gebührenrahmen **von 65,00 bis 665,00 EUR** anfallen, die **Mittelgebühr** beträgt **365,00 EUR**. In aller Regel wird im Rahmen einer Nichtzulassungsbeschwerde jedoch nicht mündlich verhandelt.

19 **Entstehungsvoraussetzungen**

Es gelten die allgemeinen Entstehungsvoraussetzungen einer Verfahrens- und Terminsgebühr.

20 *Beispiel 2: Erfolgreiches Nichtzulassungsbeschwerdeverfahren mit anschließendem Berufungsverfahren und Terminen (Mittelgebühr)*

Die Klage in erster Instanz wird nach mündlicher Verhandlung als unbegründet abgewiesen und eine Berufung nicht zugelassen. Der Rechtsanwalt legt Nichtzulassungsbeschwerde ein. Nach Durchführung eines Termins wird die Berufung zugelassen. Das anschließende Berufungsverfahren endet nach Termin mit Urteil.

Der Anwalt kann folgende Gebühren beanspruchen:

I. Erste Instanz

Verfahrensgebühr, Nr. 3102 VV RVG (65,00 EUR – 719,00 EUR)	392,00 EUR
Terminsgebühr, Nr. 3106 VV RVG (65,00 EUR – 665,00 EUR)	365,00 EUR
Postentgeltpauschale, Nr. 7002 VV RVG	20,00 EUR
19 % Umsatzsteuer, Nr. 7008 VV RVG	147,63 EUR
Summe	**924,63 EUR**

II. Nichtzulassungsbeschwerdeverfahren

Verfahrensgebühr, Nr. 3511 VV RVG	483,50 EUR
(78,00 EUR – 889,00 EUR)	
Terminsgebühr, Nr. 3517 VV RVG	365,00 EUR
(65,00 EUR – 665,00 EUR)	
Postentgeltpauschale, Nr. 7002 VV RVG	20,00 EUR
19 % Umsatzsteuer, Nr. 7008 VV RVG	165,02 EUR
Summe	**1.033,52 EUR**

III. Berufungsverfahren

Verfahrensgebühr, Nr. 3204 VV RVG	**0,00 EUR***
(78,00 EUR – 889,00 EUR)	
Terminsgebühr, Nr. 3205 VV RVG	365,00 EUR
(65,00 EUR – 665,00 EUR)	
Postentgeltpauschale, Nr. 7002 VV RVG	20,00 EUR
19 % Umsatzsteuer, Nr. 7008 VV RVG	73,15 EUR
Summe	**458,15 EUR**

*Die Gebühr Nr. 3204 VV RVG i.H.v. 483,50 EUR ist durch die Anrechnung der Gebühr Nr. 3511 VV RVG i.H.v. 483,50 EUR erloschen (Anm. zu Nr. 3511 VV RVG). Die Regelung des § 15a Abs. 2 RVG greift nicht, da diese für den Fall einer Anrechnung mehrerer Gebühren ganz oder teilweise auf dieselbe Gebühr gilt.

Beispiel 3: Nichtzulassungsbeschwerdeverfahren (Mittelgebühr) 21

Wie Beispiel 2, allerdings ohne Termin im Nichtzulassungsverfahren. Auch wurde die Nichtzulassungsbeschwerde zurückgewiesen.

Der Anwalt kann folgende Gebühren beanspruchen:

I. Erste Instanz

Verfahrensgebühr, Nr. 3102 VV RVG	392,00 EUR
(65,00 EUR – 719,00 EUR)	
Terminsgebühr, Nr. 3106 VV RVG	365,00 EUR
(65,00 EUR – 665,00 EUR)	
Postentgeltpauschale, Nr. 7002 VV RVG	20,00 EUR
19 % Umsatzsteuer, Nr. 7008 VV RVG	147,63 EUR
Summe	**924,63 EUR**

II. Nichtzulassungsbeschwerdeverfahren	
Verfahrensgebühr, Nr. 3511 VV RVG	483,50 EUR
(78,00 EUR – 889,00 EUR)	
Postentgeltpauschale, Nr. 7002 VV RVG	20,00 EUR
19 % Umsatzsteuer, Nr. 7008 VV RVG	95,67 EUR
Summe	**599,17 EUR**

22 *Beispiel 4: Nichtzulassungsbeschwerdeverfahren, mehrere Auftraggeber (Mittelgebühr)*

Der Anwalt erhebt für insgesamt zwei Auftraggeber Klage; diese wird nach mündlicher Verhandlung als unbegründet abgewiesen und eine Berufung nicht zugelassen. Der Rechtsanwalt legt im Namen seiner Auftraggeber Nichtzulassungsbeschwerde ein. Ein Termin fand hier nicht statt, auch wurde die Nichtzulassungsbeschwerde zurückgewiesen.

Der Anwalt kann folgende Gebühren beanspruchen:

I. Erste Instanz	
Verfahrensgebühr, Nrn. 3102, 1008 VV RVG	509,60 EUR
(84,50 EUR – 934,70 EUR)	
Terminsgebühr, Nr. 3106 VV RVG	365,00 EUR
(65,00 EUR – 665,00 EUR)	
Postentgeltpauschale, Nr. 7002 VV RVG	20,00 EUR
19 % Umsatzsteuer, Nr. 7008 VV RVG	169,97 EUR
Summe	**1.064,57 EUR**
II. Nichtzulassungsbeschwerdeverfahren	
Verfahrensgebühr, Nrn. 3511, 1008 VV RVG	628,55 EUR
(101,40 EUR – 1.155,70 EUR)	
Postentgeltpauschale, Nr. 7002 VV RVG	20,00 EUR
19 % Umsatzsteuer, Nr. 7008 VV RVG	123,22 EUR
Summe	**771,77 EUR**

II. Nichtzulassungsbeschwerde Revision

Allgemeines 23

Nach § 160a Abs. 1 S. 1 SGG kann die Nichtzulassung der Revision (§ 160 Abs. 1 SGG) selbstständig mit der Beschwerde angefochten werden.

Die Nichtzulassungsbeschwerde ist bei dem Bundessozialgericht (und nur dort fristwahrend) innerhalb eines Monats nach Zustellung des Urteils einzulegen und innerhalb einer Frist von zwei Monaten zu begründen.

Die Einlegung des Rechtsmittels hemmt die Rechtskraft.

Erledigt sich der Rechtsstreit in der Hauptsache, so erledigt sich auch das Verfahren der Nichtzulassungsbeschwerde. Statthaft ist die Nichtzulassungsbeschwerde im Allgemeinen gegen Urteile der Landessozialgerichte oder diesen gleichstehenden Beschlüssen.

Verfahrensgebühr 24

Der Anwalt verdient eine **Verfahrensgebühr Nr. 3512 VV RVG** mit einem Gebührensatz von **105,00 bis 1.151,00 EUR**, die **Mittelgebühr** beträgt **628,00 EUR**.

Anrechnung 25

Die Verfahrensgebühr wird auf die Verfahrensgebühr eines nachfolgenden Revisionsverfahren in voller Höhe angerechnet (Anm. zu Nr. 3512 VV RVG).

Terminsgebühr 26

Auch kann eine **Terminsgebühr Nr. 3518 VV RVG** mit einem Gebührenrahmen **von 78,00 bis 863,00 EUR** anfallen, die **Mittelgebühr** beträgt **470,50 EUR**. In aller Regel wird im Rahmen einer Nichtzulassungsbeschwerde jedoch nicht mündlich verhandelt.

Es gelten die allgemeinen Entstehungsvoraussetzungen einer Verfahrens- und Terminsgebühr. 27

Beispiel 5: Erfolgreiches Nichtzulassungsbeschwerdeverfahren mit anschließendem Revisionsverfahren und Terminen (Mittelgebühr) 28

Der Rechtsanwalt legt Nichtzulassungsbeschwerde gegen die Nichtzulassung der Revision des Landessozialgerichts ein. Nach Durchführung eines Termins wird die Revision zugelassen. Das anschließende Revisionsverfahren endet nach Termin mit Urteil.

Der Anwalt kann folgende Gebühren beanspruchen:

I. Nichtzulassungsbeschwerdeverfahren	
Verfahrensgebühr, Nr. 3512 VV RVG (105,00 EUR – 1.151,00 EUR)	628,00 EUR
Terminsgebühr, Nr. 3518 VV RVG (78,00 EUR – 863,00 EUR)	470,50 EUR
Postentgeltpauschale, Nr. 7002 VV RVG	20,00 EUR
19 % Umsatzsteuer, Nr. 7008 VV RVG	212,52 EUR
Summe	**1.331,02 EUR**
II. Revisionsverfahren	
Verfahrensgebühr, Nr. 3212 VV RVG (105,00 EUR – 1.151,00 EUR)	**0,00 EUR***
Terminsgebühr, Nr. 3213 VV RVG (105,00 EUR – 1.079,00 EUR)	592,00 EUR
Postentgeltpauschale, Nr. 7002 VV RVG	20,00 EUR
19 % Umsatzsteuer, Nr. 7008 VV RVG	116,28 EUR
Summe	**728,28 EUR**

*Die Gebühr Nr. 3212 VV RVG i.H.v. 628,00 EUR ist durch Anrechnung der Gebühr Nr. 3512 VV RVG i.H.v. 628,00 EUR erloschen (Anm. zu Nr. 3512 VV RVG). Die Regelung des § 15a Abs. 2 RVG greift nicht, da diese für den Fall einer Anrechnung mehrerer Gebühren ganz oder teilweise auf eine Gebühr gilt.

29 *Beispiel 6: Nichtzulassungsbeschwerdeverfahren (Höchstgebühr)*

Wie Beispiel 5, allerdings hat kein Termin im Nichtzulassungsverfahren stattgefunden. Auch wurde die Nichtzulassungsbeschwerde zurückgewiesen. Die anwaltliche Tätigkeit war sehr umfangreich und schwierig zugleich.

Der Anwalt kann folgende Gebühren beanspruchen:

Nichtzulassungsbeschwerdeverfahren	
Verfahrensgebühr, Nr. 3512 VV RVG (105,00 EUR – 1.151,00 EUR)	1.151,00 EUR
Postentgeltpauschale, Nr. 7002 VV RVG	20,00 EUR
19 % Umsatzsteuer, Nr. 7008 VV RVG	222,49 EUR
Summe	**1.393,49 EUR**

Beispiel 7: Nichtzulassungsbeschwerdeverfahren, mehrere Auftraggeber (Höchstgebühr) 30

Der Rechtsanwalt legt für drei Auftraggeber Nichtzulassungsbeschwerde ein. Ein Termin fand nicht statt, auch wurde die Nichtzulassungsbeschwerde zurückgewiesen. Es kommt zu keinem anschließenden Revisionsverfahren. Die anwaltliche Tätigkeit im Nichtzulassungsbeschwerdeverfahren war sehr umfangreich und schwierig zugleich.

Der Anwalt kann folgende Gebühren beanspruchen:

Nichtzulassungsbeschwerdeverfahren	
Verfahrensgebühr, Nrn. 3512, 1008 VV RVG	1.841,60 EUR
(168,00 EUR – 1.841,60 EUR)	
Postentgeltpauschale, Nr. 7002 VV RVG	20,00 EUR
19 % Umsatzsteuer, Nr. 7008 VV RVG	352,70 EUR
Summe	**2.215,30 EUR**

§ 13 Verfahren über Gehörsrüge

Allgemeines 1

Nach § 178a SGG kann eine Rüge wegen Verletzung des rechtlichen Gehörs erhoben werden (Anhörungsrüge). Sie kann allerdings nur gegen Endentscheidungen erhoben werden. Hierzu zählen alle Entscheidungen und Beschlüsse, die ein Verfahren im letzten Rechtszug abschließen.

Nach § 178a Abs. 1 S. 1 SGG darf ein Rechtsmittel oder ein anderer Rechtsbehelf nicht gegeben sein; diese gehen der Gehörsrüge vor.

Rechtsfolge einer zulässigen und begründeten Anhörungsrüge ist die Zurückversetzung des Verfahrens in die Lage vor Schluss der mündlichen Verhandlung.

Gebühren 2

Sofern der Anwalt ausschließlich zur Erhebung einer Rüge wegen Verletzung des rechtlichen Gehörs beauftragt wurde, beispielsweise da sich der Mandant in erster Instanz selbst vertreten hat, erhält der Anwalt eine **Verfahrensgebühr Nr. 3330 VV RVG** sowie bei Vorliegen der entsprechenden Voraussetzungen auch eine **Terminsgebühr Nr. 3331 VV RVG**.

Gebührenhöhe 3

Die Verfahrensgebühr entsteht i.H.d. Verfahrensgebühr des Verfahrens, für welches die Rüge erhoben wird.

Die Terminsgebühr entsteht i.H.d. Terminsgebühr des Verfahrens, für welches die Rüge erhoben wird.

Zu beachten ist jedoch bei Verfahrens- sowie Terminsgebühr, dass diese auf einen **Höchstbetrag von 280,00 EUR** begrenzt sind. Dies gilt auch für eine Erhebung im Rechtsmittelverfahren.

> *Beispiel: Vertretung im Gehörsrügeverfahren* 4
>
> Der Rechtsanwalt war nicht mit der Hauptsache befasst, sondern erhebt nach abschließender Entscheidung des Gerichts Anhörungsrüge, da das Gericht ohne Berücksichtigung der durch den Kläger selbst neuerlich vorgetragenen Argumente entschieden hat.
>
> Die anwaltliche Tätigkeit im Gehörsrügeverfahren war umfangreich, es kam zu einem kurzen Termin mit einer Dauer von zehn Minuten.

Der Rechtsanwalt kann unter Berücksichtigung von § 14 Abs. 1 RVG wie folgt abrechnen:

Gehörsrügeverfahren	
Verfahrensgebühr, Nr. 3330 VV RVG	280,00 EUR
Terminsgebühr, Nr. 3331 VV RVG	220,00 EUR
Postentgeltpauschale, Nr. 7002 VV RVG	20,00 EUR
19 % Umsatzsteuer, Nr. 7008 VV RVG	98,80 EUR
Summe	**618,80 EUR**

5 *Hinweis*

Sofern der Anwalt **zugleich Prozess-/Verfahrensbevollmächtigter** ist, erhält dieser **keine gesonderte Vergütung** nach den obigen Vergütungstatbeständen. Die Tätigkeit im Verfahren über die Gehörsrüge gehört dann zur Tätigkeit des anhängigen Rechtszuges bzw. Verfahrens nach § 19 Abs. 1 S. 2 Nr. 5b) RVG und wird durch die **Gebühren in der Hauptsache abgegolten**.

§ 14 Untätigkeitsklage

A. Allgemeines

Allgemeines 1

Sofern über einen Antrag auf Erlass eines Verwaltungsaktes (Bescheidung eines Antrags oder eines Widerspruchs) nicht binnen einer angemessenen Frist entschieden wurde, kann auch ohne Vorverfahren und Fristbindung (§ 87 SGG) Untätigkeitsklage nach § 88 SGG erhoben werden.

Ziel ist es, die Behörde zu einer Bescheidung zu zwingen, nicht jedoch zu einer Entscheidung dahingehend, ob der geltend gemachte materiell-rechtliche Anspruch auch tatsächlich besteht. Gegenstand der Untätigkeitsklage ist alleine die Untätigkeit der Behörde.

Angemessene Frist 2

Als „angemessene Frist" sieht § 88 Abs. 1 S. 1 SGG bei einer Entscheidung über einen gestellten **Antrag** einen Zeitraum von **sechs Monaten** bzw. nach Absatz 2 bei einer Entscheidung über einen **Widerspruch** einen Zeitraum von **drei Monaten** vor.

Diese sogenannte Sperrfrist ist jedoch vor Erhebung der Untätigkeitsklage abzuwarten, sodass eine Klageerhebung vorher unzulässig ist, jedoch geheilt werden kann, sofern diese während des Rechtsstreits verstreicht. Sinn ist es, der Behörde eine angemessene Zeit zur Entscheidung einzuräumen und „verfrühte" Klagen vor den Gerichten zu vermeiden.[1]

Zulässigkeitsvoraussetzung 3

Es kommt nicht darauf an, ob ein Widerspruchsverfahren vorgeschrieben oder der Widerspruch zulässig ist. Voraussetzung ist alleine die Tatsache, dass die Behörde eine abschließende Entscheidung nicht getroffen hat. Auch kommt es für die Zulässigkeit der Klage nicht darauf an, ob der Kläger einen Anspruch in der – nicht entschiedenen – Sache selbst hat.

B. Verfahrensgebühr

Auch bei einer Untätigkeitsklage findet grundsätzlich der Gebührenrahmen der Nr. 3102 4
VV RVG mit 65,00 bis 719,00 EUR Anwendung.

1 Meyer-Ladewig/*B. Schmidt*, § 88 Rn 5a.

5 **Bemessungskriterien**

Auch hier ist die billige Gebühr anhand der Bemessungskriterien des § 14 RVG zu bestimmen.

Das RVG sieht eine Pauschalierung von Gebühren nicht vor. Das gesetzlich vorgesehene Instrument des § 14 RVG orientiert sich am Einzelfall. Hierbei muss es bleiben.

Tatsache ist jedoch, dass Gegenstand der Untätigkeitsklage eben „nur" die Bescheidung über den Antrag oder den Widerspruch ist.

Die Untätigkeitsklage ist eine reine Bescheidungsklage und dient der Erzwingung des Fortgangs des Verwaltungs- oder Widerspruchsverfahrens, sodass überhaupt eine Entscheidung getroffen wird. Sie ist ein rein prozessuales Instrument zur Verfahrensbeschleunigung und bildet keinen Weg zur unmittelbaren Erlangung der begehrten Sozialleistung.

Gegenstand des Verfahrens ist allein die Vornahme eines begehrten Verwaltungsakts gleich welchen Inhalts. Auf die materielle Rechtslage kommt es folglich nicht an. Der anwaltliche Arbeitsaufwand beschränkt sich daher auf die vorgerichtliche Überwachung der Frist des § 88 SGG, die Fertigung der Klageschrift und einer Erledigungsanzeige.

Dabei handelt es sich um **anwaltliche Tätigkeiten einfacher Art**.

Die begehrte Sachentscheidung, ob letztendlich ein Anspruch besteht oder nicht, kann mit der Untätigkeitsklage nicht erreicht werden. Dies ist in der vorliegend erforderlichen Beurteilung nicht maßgebend, da dies nicht Gegenstand der Untätigkeitsklage ist.

6 **Bedeutung**

Die Untätigkeitsklage hat für einen Kläger **weniger Bedeutung** als die übrigen Klage- und Antragsverfahren, da es „nur" um die Bescheidung als solche geht und nicht auch um einen Anspruch bzw. ein konkretes materielles Ziel.[2]

Das Interesse des Klägers an einer rechtsmittelfähigen Bescheidung eines Antrages oder Widerspruches kann nicht mit dem rechtlichen und wirtschaftlichen Interesse an der Gewährung der begehrten Leistung gleichgesetzt werden.

Es sei jedoch nicht sachgerecht, bei Untätigkeitsklagen stets und ausnahmslos von einer nur geringen (bzw. geringsten) Bedeutung auszugehen.[3]

2 LSG NRW, Beschl. v. 5.5.2008 – L 19 B 24/08 AS; LSG Thüringen, Beschl. v. 25.10.2010 – L 6 SF 652/10 B.
3 LSG NRW, Beschl. v. 9.3.2011 – L 7 B 255/09 AS.

Umfang und Schwierigkeit 7

Umfang und **Schwierigkeit** bzw. die **anwaltliche Tätigkeit** sind im Regelfall deutlich **unterdurchschnittlich**.[4]

Bei einer Untätigkeitsklage ist daher eine Minderung der Verfahrensgebühr vorzunehmen.

Vergütungsansätze 8

Zur Höhe der Verfahrensgebühr wird bei einer Untätigkeitsklage eine Vielzahl an Ansichten zur billigen Gebühr vertreten; so sei der Ansatz der halben Mittelgebühr[5] oder der **doppelten Mindestgebühr**[6] nicht unbillig und damit angemessen.

In jedem Fall liege die angemessene Gebühr jedoch aufgrund des eingeschränkten Streitgegenstandes unterhalb der Mittelgebühr.[7]

Es entspricht allgemeiner Auffassung in Rechtsprechung und Schrifttum, dass die Mittelgebühr ein angemessenes Äquivalent für die anwaltliche Tätigkeit in einem in jeder Hinsicht durchschnittlichen Streitverfahren darstellt.[8] Da eine Untätigkeitsklage kein durchschnittliches Streitverfahren ist, kann eine Mittelgebühr nicht in Ansatz gebracht werden.

Anrechnung 9

Eine **Anrechnung** nach Vorbem. 3 Abs. 4 VV RVG i.V.m. § 15a Abs. 1 RVG kann nicht erfolgen, da der Gegenstand der anwaltlichen Tätigkeit nicht derselbe ist.

Der Gegenstand der Untätigkeitsklage ist nicht die Rechtmäßigkeit des Verwaltungsaktes, sondern vielmehr die Untätigkeit der Verwaltung. Es handelt sich um eine bloße Bescheidungsklage, welche auf die Bescheidung eines Antrages oder Widerspruches gerichtet ist. Zwar setzt die Untätigkeitsklage die Einleitung eines Verwaltungs- oder Vorverfahrens voraus, nicht aber auch den Erlass der Begehrten Verwaltungsaktes gleich welcher Art.

4 SG Fulda, Beschl. v. 10.2.2010 – S 3 SF 22/09 E, ASR 2010, 87; LSG NRW, Beschl. v. 18.7.2019 – L 5 P 31/19 B.

5 SG Marburg, Beschl. v. 5.5.2023 – S 10 SF 73/22 E; LSG Hessen, Beschl. v. 13.1.2014 – L 2 AS 250/13 B; LSG NRW, Beschl. v. 7.4.2007 – L 12 B 44/07 AS.

6 LSG NRW, Beschl. v. 5.5.2008 – L 19 B 24/08 AS; LSG Berlin-Brandenburg, Beschl. v. 18.6.2007 – L 18 B 732/07 AS; LSG NRW, Beschl. v. 7.1.2015 – L 12 SO 302/14 B; LSG NRW, Beschl. v. 18.7.2019 – L 5 P 31/19 B.

7 LSG NRW, Beschl. v. 7.1.2015 – L 12 SO 302/14 B; LSG NRW, Beschl. v. 9.3.2011 – L 7 B 255/09 AS; LSG NRW, Beschl. v. 5.5.2008 – L 19 B 24/08 AS.

8 SG Potsdam, Beschl. v. 9.11.2012 – S 51 SF 325/12.

C. Terminsgebühr

10 **Fiktive Terminsgebühr**

Eine fiktive Terminsgebühr kann grundsätzlich anfallen.

Ob eine fiktive Terminsgebühr nach **Anm. S. 1 Nr. 3 zu Nr. 3106 VV RVG** anfällt, ist jedoch **streitig.**

Einer Mindermeinung zufolge stellt der Erlass des begehrten Verwaltungsaktes ein Anerkenntnis dar, das von dem Kläger angenommen wird und damit eine fiktive Terminsgebühr auslöst.[9]

Nach der inzwischen h.M. kann eine **fiktive Terminsgebühr** nach Anm. S. 1 Nr. 3 zu Nr. 3106 VV RVG **nicht entstehen.**[10]

Bei einer Untätigkeitsklage nach § 88 SGG wird durch den Erlass des begehrten Verwaltungsaktes und der darauffolgenden (einseitigen) Erledigungserklärung des Klägers nicht der Anfall einer „fiktiven" Terminsgebühr ausgelöst. Der Erlass des begehrten Bescheides und der Abgabe einer Erledigungserklärung nach § 88 Abs. 1 SGG ist nicht als angenommenes Anerkenntnis i.S.v. § 101 Abs. 2 SGG zu werten. Durch die außergerichtliche Handlung eines Beteiligten – den Erlass des begehrten Verwaltungsaktes – wird die Erledigung der Hauptsache bewirkt und damit entfällt das Rechtsschutzbedürfnis der Klage. Die Klage wird nach dem **Wegfall des Rechtsschutzbedürfnisses** durch die (einseitige) Erledigungserklärung des Klägers beendet. Diese Erledigungsart steht einem angenommenen Anerkenntnis nach § 101 SGG nicht gleich, denn ein angenommenes Anerkenntnis i.S.v. § 101 Abs. 2 SGG setzt voraus, dass ein Beteiligter einen prozessualen Anspruch durch Prozesserklärung gegenüber dem Gericht anerkennt und der andere Beteiligte das Anerkenntnis durch Prozesserklärung gegenüber dem Gericht annimmt.

Diesem Verständnis hat sich zwischenzeitlich auch das BSG[11] angeschlossen, wonach es sich bei einer Untätigkeitsklage nach Bescheiderlass nicht um ein angenommenes Anerkenntnis i.S.d. § 101 Abs. 2 SGG handelt.

9 Gerold/Schmidt/*Mayer*, § 3 Rn 5, 59 m.w.N.

10 LSG NRW, Beschl. v. 27.5.2015 – L 19 AS 778/15 NZB m.w.N.; Beschl. v. 2.2.2015 – L 12 AS 1767/14 B; Beschl. v. 7.1.2015 – L 12 SO 302/14 B, Beschl. v. 1.12.2014 – L 19 AS 2043/14 B, Beschl. v. 8.9.2014 – L 20 SO 5/14 B, Beschl. v. 9.3.2011 – L 7 B 255/09 AS, Beschl. v. 18.3.2009 – L 7 B 214/08 sowie Beschl. v. 5.5.2008 – L 19 B 24/08 AS; u.a. auch LSG Sachsen, Beschl. v. 18.10.2013 – L 8 AS 1254/12 B KO; LSG Thüringen, Beschl. v. 25.10.2010 – L 6 SF 652/10 B; SG Marburg, Beschl. v. 8.2.2019 – S 10 SF 74/17 E, AGS 2019, 324; unter Aufgabe der bisherigen Rechtsprechung: LSG Hessen, Beschl. v. 8.8.2019 – L 2 AS 328/18 B.

11 BSG, Urt. v. 10.10.2017 – B 12 KR 3/16 R, BeckRS 2017.

Kostengrundanerkenntnis 11

Auch ein Kostengrundanerkenntnis stelle kein angenommenes Anerkenntnis nach Nr. 3106 S. 1 Nr. 3 VV RVG dar.[12]

D. Einigungs-/Erledigungsgebühr

Einigung/Erledigung 12

Im Falle einer Untätigkeitsklage nach § 88 SGG kann eine Einigungs- oder Erledigungsgebühr grundsätzlich nicht entstehen, da Streitgegenstand der Untätigkeitsklage nicht ein begehrter oder angefochtener oder abgelehnter Verwaltungsakt ist, sondern nur das Begehren auf bloße Bescheidung eines Antrags oder Widerspruchs ist.[13]

Weiterhin erfordert der Anfall einer Erledigungsgebühr ein qualifiziertes Tätigwerden des Rechtsanwalts, welches auf den Erfolg einer Erledigung der Sache ohne förmliche Entscheidung abzielt. Als Mitwirkungshandlung reichen weder die Erhebung noch die Begründung der Untätigkeitsklage oder die bloße Erledigungserklärung aus. Diese Verfahrenshandlungen werden vorliegend durch die Verfahrensgebühr abgegolten.[14]

12 LSG NRW, Beschl. v. 5.5.2008 – L 19 B 24/08 AS.
13 LSG NRW, Beschl. v. 5.5.2008 – L 19 B 24/08 AS.
14 LSG NRW, Beschl. v. 1.12.2014 – L 19 AS 2043/14 B.

§ 15 Eilverfahren

A. Allgemeines

Allgemeines 1

Nach § 86b Abs. 1 SGG kann ein einstweiliges Rechtsschutzverfahren anhängig gemacht werden.

Das Gericht der Hauptsache kann die **sofortige Vollziehung** (§ 86b Abs. 1 S. 1 Nr. 1 SGG), die **aufschiebende Wirkung** (§ 86b Abs. 1 S. 1 Nr. 2 SGG) oder die **Wiederherstellung der sofortigen Vollziehung** (§ 86b Abs. 1 S. 1 Nr. 3 SGG) anordnen.

Auch kann nach § 86b Abs. 1 S. 2 bei einem bereits vollzogenen Verwaltungsakt die **Aufhebung der Vollziehung** angeordnet werden oder nach Abs. 1 S. 4 die vom Gericht der Hauptsache getroffenen **Maßnahmen** jederzeit **geändert** oder **aufgehoben** werden.

Verfahren nach § 86b Abs. 1 SGG 2

Verfahren nach dem einstweiligen Rechtsschutz nach § 86b Abs. 1 SGG haben in der Sozialgerichtsbarkeit im Vergleich zum Rechtsschutz nach § 86b Abs. 2 SGG eine eher geringe Bedeutung.

Ziel eines Antrags nach § 86b Abs. 1 SGG ist grundsätzlich der Schutz vor der Vollziehung eines wirksamen Verwaltungsaktes und der vorläufigen Aufrechterhaltung der bisherigen (günstigeren) Rechtsposition.

§ 86b Abs. 1 S. 1 SGG regelt drei verschiedene Fallkonstellationen:

Die zwei Fälle des § 86b Abs. 1 S. 1 Nr. 1 SGG und § 86b Abs. 1 S. 1 Nr. 3 SGG normieren die Anordnung bzw. Wiederherstellung der sofortigen Vollziehung eines Verwaltungsaktes, welche durch Erhebung eines Widerspruches oder einer Anfechtungsklage (§ 86b Abs. 1 S. 1 Nr. 1 SGG) oder durch eine Aussetzung der sofortigen Vollziehung (§ 86b Abs. 1 S. 1 Nr. 3 SGG) gehemmt ist.

§ 86b Abs. 1 S. 1 Nr. 1 SGG – sofortige Vollziehung 3

Wenn ein Verwaltungsakt den Adressaten begünstigt und einen Dritten benachteiligt, welcher einen Rechtsbehelf mit aufschiebender Wirkung einlegt, kann der Begünstigte einen Antrag auf Anordnung der sofortigen Vollziehung nach § 86b Abs. 1 S. 1 Nr. 1 SGG stellen.

Wenn ein Verwaltungsakt den Adressaten benachteiligt und einen Dritten dementsprechend umgekehrt begünstigt, kann das Gericht zugunsten des begünstigten Dritten auf dessen Antrag die sofortige Vollziehung anordnen, denn der Dritte hat u.U. ein Interesse an einem sofortigen Vollzug des Verwaltungsaktes.[1]

4 **§ 86b Abs. 1 S. 1 Nr. 2 SGG – aufschiebende Wirkung**

Gem. § 86b Abs. 1 S. 1 Nr. 2 SGG kann das Gericht in den Fällen, in denen Widerspruch oder Anfechtungsklage keine aufschiebende Wirkung haben – da diese kraft Gesetzes oder durch Anordnung der sofortigen Vollziehung durch die Behörde entfallen ist – die aufschiebende Wirkung ganz oder teilweise anordnen.

In aller Regel ist es der durch den Verwaltungsakt belastete Adressat, welcher ein Rechtsbehelf einlegt und die Anordnung der aufschiebenden Wirkung beantragt.

Der Antrag auf Anordnung der aufschiebenden Wirkung ist auch einschlägig, sofern die Verwaltung eine aufschiebende Wirkung nicht beachtet, also Maßnahmen zur Vollziehung des Verwaltungsaktes trifft oder fortsetzt, obwohl durch Einlegung eines Rechtsbehelfs die aufschiebende Wirkung eingetreten ist.[2]

5 **§ 86b Abs. 1 S. 1 Nr. 3 SGG – Wiederherstellung**

Der Antrag auf Wiederherstellung der sofortigen Vollziehung nach § 86 Abs. 1 S. 1 Nr. 3 SGG ist darauf gerichtet, dass das Gericht die sofortige Vollziehbarkeit eines Verwaltungsaktes, welche bei Einlegung eines Rechtsbehelfs durch eine Aussetzung der sofortigen Vollziehung durch die Behörde gem. § 86a Abs. 3 S. 1 SGG entfallen ist, wiederherstellt.

Gemeint sind solche Fälle, in denen der Rechtsbehelf keine aufschiebende Wirkung hat, die Verwaltung aber nach § 86a Abs. 3 SGG die Vollstreckung ausgesetzt hat.[3]

6 Praxisrelevant ist überwiegend ein Antrag auf Anordnung der aufschiebenden Wirkung nach **§ 86b Abs. 1 S. 1 Nr. 2 SGG**.

§ 86b Abs. 1 S. 1 Nr. 1 und Abs. 1 S. 1 Nr. 3 SGG kommen nur in Fällen mit **Drittbetroffenheit** in Betracht.

7 **Verfahren nach § 86b Abs. 2 SGG**

Nach § 86b Abs. 2 SGG kann das Gericht eine einstweilige Anordnung erlassen; dies bezieht sich auf Verpflichtungs-, Leistungs-, Unterlassungs- sowie auf Feststellungsklagen, da hier vorläufiger Rechtsschutz nur durch den Erlass einer einstweiligen Anordnung

1 Meyer-Ladewig/*Keller*, § 86b Rn 4.
2 Meyer-Ladewig/*Keller*, § 86b Rn 5, 15.
3 Meyer-Ladewig/*Keller*, § 86b Rn 6.

gewährt werden kann.[4] Sowohl Anordnungsanspruch als auch Anordnungsgrund sind gem. § 920 Abs. 2 ZPO i.V.m. § 86b Abs. 2 S. 4 SGG glaubhaft zu machen.

Einstweilige Anordnungsverfahren nach § 86b Abs. 2 SGG haben eine große Bedeutung in der Sozialgerichtsbarkeit. Hier ist regelmäßig eine teilweise oder gänzliche Versagung von laufenden oder einmaligen Leistungen nach dem SGB II oder SGB XII Streitgegenstand.

Antragsziel ist hier – im Gegensatz zu einem Antrag nach § 86b Abs. 1 SGG – die Erweiterung der bisherigen Rechtsposition.

Nach Abs. 2 S. 1 sind **Sicherungsanordnungen** ebenso zulässig wie nach Abs. 2 S. 2 **Regelungsanordnungen**.

Sicherungsanordnungen dienen der Sicherung bestehender Zustände (Zivilprozess: Sicherungsverfügung nach § 935 ZPO zur Sicherung eines konkreten Individualanspruchs). Regelungsanordnungen sind in Bezug auf ein streitiges Rechtsverhältnis zulässig, wenn diese zur Abwendung wesentlicher Nachteile notwendig sind (Zivilprozess: Leistungsverfügung nach § 940 ZPO analog).

Ohne Hauptsache 8

Gem. § 86b Abs. 3 SGG kann der Antrag auch vor Klageerhebung in der Hauptsache gestellt werden.

Rechtsschutzbedürfnis 9

Ein **Rechtsschutzbedürfnis** besteht in der Regel nur, wenn der Antragsteller sich zuvor an die Verwaltung gewandt und die normale Bearbeitungszeit abgewartet hat.[5]

Bedeutung 10

Der Eilrechtsschutz hat deutlich an Bedeutung gewonnen. Dies resultiert – Art. 19 Abs. 4 GG – letztlich aus der Tatsache, dass Verfahrensgegenstand regelmäßig existenzsichernde Leistungen sind. Häufig ist hier auch festzustellen, dass die den Streit erledigenden Entscheidungen oder Absprachen nicht erst im Hauptsache-, sondern bereits im Eilverfahren getroffen werden.

Während im Klageverfahren die Klage nach Akteneinsicht und Rücksprache mit dem Mandanten, ggf. nach Einholung medizinischen Rats, begründet werden kann, scheidet ein solches Vorgehen in Eilverfahren aus. Die Antragsschrift muss die Begründung enthalten. Medizinische Unterlagen sind beizufügen. Eine Sachverhaltsaufklärung durch das

4 Meyer-Ladewig/*Keller*, § 86b Rn 24.
5 Meyer-Ladewig/*Keller*, § 86b Rn 26b.

Gericht findet regelmäßig nicht oder zumindest nicht umfangreich statt. In Grundsicherungssachen ist wegen der existenziellen Notlage, in der sich die Mandanten regelmäßig befinden, sehr rasch zu arbeiten.

11 **Amtsermittlung**

Der Amtsermittlungsgrundsatz nach § 103 SGG gilt grundsätzlich auch für Verfahren nach § 86b SGG. Ob und inwieweit eine Beweiserhebung erfolgt, entscheidet das Gericht nach pflichtgemäßer Abwägung.

12 **Angelegenheiten**

Nach § 17 Nr. 4 RVG sind das Verfahren in der Hauptsache und ein

- Verfahren über den Erlass einer einstweiligen Anordnung nach § 86b Abs. 2 SGG (§ 17 Nr. 4b RVG),
- Verfahren nach § 86b Abs. 1 SGG auf Anordnung oder Wiederherstellung der aufschiebenden Wirkung (§ 17 Nr. 4c RVG),
- Verfahren auf Aufhebung der Vollziehung oder Anordnung der sofortigen Vollziehung eines Verwaltungsaktes und die Abänderungsverfahren (§ 17 Nr. 4c RVG),
- Verfahren über die Abänderung oder Aufhebung einer in einem der obigen Verfahren ergangenen Entscheidungen (§ 17 Nr. 4d RVG)

jeweils **verschiedene Angelegenheiten**.

13 **Einigung**

Da auch ein Vergleich geschlossen werden kann, kann entsprechend auch eine Einigungsgebühr anfallen.

B. Verfahrensgebühr

14 **Verfahrensgebühr – Höhe**

Die Verfahrensgebühr im Eilverfahren ist nach Nr. 3102 VV RVG zu bemessen.

Die Höhe der Verfahrensgebühr führt jedoch nicht selten zu Meinungsverschiedenheiten.

Für eine pauschaliert reduzierte Verfahrensgebühr gibt es keinen Raum. Das RVG sieht die Bemessung der Gebühr nach § 14 RVG im Einzelfall vor.

Eine Reduzierung kann dann in Frage kommen, wenn lediglich ein begrenzter Zeitraum betroffen ist. Sind jedoch weitergehende Zeiträume oder künftige Fälle betroffen, ist eine Reduzierung nicht angezeigt.

Einzellfallprüfung 15

Nach der Mehrheit der Rechtsprechung und auch nach der Literatur ist eine **pauschale Kürzung** der Gebühr (etwa auf ⅔ der Mittelgebühr) aufgrund der Verfahrensart nicht zulässig.

Allein der Umstand, dass ein Verfahren im einstweiligen Rechtsschutz betrieben wird, rechtfertigt keine Kürzung der Verfahrensgebühr. Der kürzeren Verfahrensdauer stehen die gedrängte Bearbeitung und die Dringlichkeit gegenüber. Bei einem unterdurchschnittlichen Umfang und einer unterdurchschnittlichen Schwierigkeit der anwaltlichen Tätigkeit ist eine Verfahrensgebühr nach Nr. 3102 VV RVG i.H.v. ⅔ der Mittelgebühr angemessen.[6]

Der Umfang der anwaltlichen Tätigkeit in Verfahren nach dem einstweiligen Rechtsschutz ist durchaus durchschnittlicher Natur; es ist **grundsätzlich auch auf die Mittelgebühr** abzustellen; es kommt jedoch immer auf den zu prüfenden **Einzelfall** an.[7]

Eine generelle Minderung des Gebührenrahmens sieht das VV RVG nicht vor. Vielmehr ordnet das VV RVG in der Vorbem. 3.2 Abs. 2 ausdrücklich an, dass in Verfahren der einstweiligen Anordnung und Verfahren auf Anordnung oder Wiederherstellung der aufschiebenden Wirkung vor den Gerichten der Sozialgerichtsbarkeit sich die Gebühren nach Abschnitt 1 VV RVG, also nach den Nrn. 3102, 3106 VV RVG richtet.

Eine **Minderung des Gebührenrahmens**, der zwangsläufig mit dem Ansatz einer ⅔ Mittelgebühr als Gebühr für den Normalfall im Verfahren nach § 86b SGG verbunden ist, ist weder in den maßgeblichen Gebührentatbeständen noch in den Vorbemerkungen zu dem Abschnitt 1 vorgesehen. Die Bemessung der Gebühr hat im konkreten Einzelfall unter Abwägung der Kriterien des § 14 RVG zu erfolgen.[8]

Vorwegnahme der Hauptsache 16

Eine Sachlage, bei der der gerichtlichen Eilentscheidung eine die Hauptsache vorweggenommene Bedeutung zukommt und im Rahmen derer eine vollständig neue Aufklärung des Sachverhalts oder eine abschließende Prüfung der Sach- und Rechtslage durchzuführen ist, liegt i.d.R. nicht vor. Sofern das einstweilige Rechtsschutzverfahren die Hauptsache jedoch vorwegnehmen sollte oder eine abschließende und endgültige Prüfung der geltend gemachten Anspruches erfolgt, dürfte eine höhere Gebühr als die Mittelgebühr gerechtfertigt sein.

6 LSG NRW, Beschl. v. 1.3.2011 – L 7 B 247/09 AS.

7 LSG Mecklenburg-Vorpommern, Beschl. v. 29.7.2008 – L 6 B 141/07: Umfang ist durchschnittlich, jedoch ist die Bedeutung gemindert. Eine Kürzung um ⅓ ist sachdienlich, wenn ein Aspekt unterdurchschnittlich ist.

8 LSG NRW, Beschl. v. 14.9.2011 – L 19 AS 879/10 B.

17 **Bedeutung**

Bei der Bemessung der Gebühr für ein einstweiliges Rechtsschutzverfahren ist zu berücksichtigen, dass Anträge auf Erlass einer einstweiligen Anordnung grundsätzlich auf eine **vorläufige Regelung** für einen begrenzten Zeitraum gerichtet sind und nicht der endgültige Verbleib der Leistung im Streit stehen und daher auch – im Vergleich zur Hauptsache – eine **geminderte Bedeutung** für den Antragsteller haben. Demgegenüber geht es in der Praxis häufig um die generelle Leistungsbewilligung nach vollständiger Aufhebung der Sozialleistungen, was für den Antragsteller eine herausragende Bedeutung zur Sicherstellung seiner Lebenshaltungskosten hat.

Die Tatsache, dass es sich um ein Verfahren nach dem einstweiligen Rechtsschutz gehandelt hat, begründet für sich **alleine noch keine besondere tatsächliche Schwierigkeit**.[9]

Der Umstand, dass das Verfahren eine wichtige Leistung des Versicherten betreffe, erlaube noch keine Bewertung des Verfahrens als überdurchschnittlich.[10]

18 **Durchschnittlichkeit**

Sofern die Antragsschrift jedoch einige Seiten umfasst und neben einer Sachverhaltsdarstellung auch eine rechtliche Auseinandersetzung, ggf. mit der aktuellen Rechtslage beinhaltet, kann sicherlich nicht mehr von einer nur unterdurchschnittlichen anwaltlichen Tätigkeit ausgegangen werden.

19 *Beispiel: Durchschnittliche anwaltliche Tätigkeit im Eilverfahren*

Die Behörde erlässt einen Aufhebungsbescheid, wonach die Leistungen nach SGB II ab sofort eingestellt werden.

Der Prozessbevollmächtigte des Antragstellers stellt einen Antrag nach § 86b Abs. 2 SGG auf Gewährung von Leistungen nach dem SGB II i.H.d. gesetzlichen Vorschriften, vom Eingang des Antrages bei Gericht bis längstens zur Entscheidung in der Hauptsache.

In einer durchschnittlich langen Antragsbegründung führt der Rechtsanwalt aus, der Grund der Einstellung sei falsch und die Aufhebung der Leistungen rechtswidrig. Der Antragsteller könne seine Lebenserhaltungskosten nicht mehr decken.

Nach mehreren Schriftwechseln zwischen Antragstellerbevollmächtigten und Antragsgegner einigen sich die Parteien vergleichsweise mit hälftiger Kostenlast.

9 LSG NRW, Beschl. v. 20.10.2014 – L 19 AS 1312/14 B, Beschl. v. 8.5.2014 – L 19 AS 115/14 B, Beschl. v. 28.12.2010 – L 19 AS 1954/10 B, Beschl. v. 24.9.2008 – L 19 B 21/08 AS, Beschl. v. 9.8.2007 – L 20 B 91/07 AS.

10 LSG Niedersachsen-Bremen, Beschl. v. 24.4.2006 – L 4 B/05 KR SF: Das Gericht entschied über die Übernahme von Fahrtkosten für eine Methadonsubstitution.

Abrechenbar wäre folgende Vergütung:	
Verfahrensgebühr, Nr. 3102 VV RVG	392,00 EUR
(65,00 EUR – 719,00 EUR)	
Einigungsgebühr, Nr. 1006 VV RVG	392,00 EUR
Postentgeltpauschale, Nr. 7002 VV RVG	20,00 EUR
19 % Umsatzsteuer, Nr. 7008 VV RVG	152,76 EUR
Summe	**956,76 EUR**

Ausgehend von den obigen Grundsätzen ist von der Mittelgebühr auszugehen. Eine Minderung findet im vorliegenden Fall nicht statt.

C. Terminsgebühr

Terminsgebühr – Höhe 20

Sofern mündlich verhandelt wird, fällt eine Terminsgebühr an.

Entstehung 21

Eine Terminsgebühr kann sowohl in der Hauptsache als auch im Eilverfahren entstehen.[11]

Ein Verfahren des einstweiligen Rechtsschutzes und das korrespondierende Hauptsacheverfahren sind verschiedene Angelegenheiten i.S.d. Rechtsanwaltsvergütungsrechts (§ 17 Nr. 4 RVG).

Deshalb kann eine eigene Terminsgebühr für das korrespondierende Hauptsacheverfahren auch dann entstehen, wenn nur unter dem Aktenzeichen des Verfahrens des einstweiligen Rechtsschutzes eine Terminsladung ergangen war und neben dem einstweiligen Rechtsschutzverfahren auch über das Hauptsacheverfahren erörtert wurde.

Eine speziell auf die jeweilige Streitsache zugeschnittene, förmliche Ladung ist nicht Entstehungsvoraussetzung.

Das gilt im vorliegenden Fall umso mehr, als die beiden Streitgegenstände – einstweiliger Rechtsschutz und Hauptsache – unter keinen Umständen in einem einheitlichen Verfahren geführt werden könnten, während das bei mehreren Ansprüchen (als objektive Klagehäufung) durchaus möglich ist. Bezüglich des Vorliegens eines eigenen Termins im vergütungsrechtlichen Sinn dürfen keine hohen formalen Anforderungen gestellt werden.

11 LSG Bayern, Beschl. v. 7.1.2011 – L 15 B 939/08 SF KO.

22 **Anwendungsfälle**

Die fiktive Terminsgebühr soll konsequent auf die Fälle beschränkt werden, in denen der Anwalt durch sein Prozessverhalten eine mündliche Verhandlung erzwingen kann. Nur für diesen Fall ist eine Steuerungswirkung sinnvoll und sachgerecht.

Die Terminsgebühr entsteht für ein Anerkenntnis demnach nur noch dann, wenn auch eine mündliche Verhandlung vorgeschrieben ist.

Nach mittlerweile einhelliger Meinung kann in Verfahren des **einstweiligen Rechtsschutzes keine fiktive Terminsgebühr** mehr anfallen, da durch Beschluss (§ 86b Abs. 4 SGG) entschieden wird und dies nach § 124 Abs. 3 SGG eine mündliche Verhandlung nicht voraussetzt.[12]

Der Gebührentatbestand ist nur in Verfahren erfüllbar, für welche eine **mündliche Verhandlung** auch **vorgeschrieben** ist. Dies ist in einstweiligen Rechtsschutzverfahren gerade nicht der Fall. Einstweilige Rechtsschutzverfahren unterliegen gem. § 124 Abs. 3 i.V.m. § 86b Abs. 4 SGG gerade keiner notwendigen mündlichen Verhandlung. Das Gericht entscheidet vielmehr durch Beschluss (§ 86b Abs. 4 SGG) und damit gem. § 124 Abs. 3 SGG aufgrund freigestellter mündlicher Verhandlung.

Da in einem solchen Verfahren die Beteiligten eine Entscheidung ohne mündliche Verhandlung nicht verhindern können, besteht keine Notwendigkeit, eine fiktive Terminsgebühr zu gewähren, um prozessökonomisches Verhalten des Rechtsanwalts nicht zu benachteiligen.

23 **Besprechungsterminsgebühr**

Von nicht unerheblicher Bedeutung gerade für die im Sozialrecht tätigen Rechtsanwälte ist die Klarstellung in Vorbem. 3 Abs. 3 VV RVG, dass die Terminsgebühr für auf die Vermeidung oder Erledigung gerichtlicher Verfahren gerichteten Besprechungen **unabhängig davon entsteht, ob im gerichtlichen Verfahren mündliche Verhandlung vorgeschrieben ist oder nicht**. Damit steht fest, dass die originäre Terminsgebühr nach Vorbem. 3 Abs. 3 VV RVG für die Besprechung auch im Verfahren des einstweiligen Rechtsschutzes dagegen anfallen kann.

12 Nach ständiger Rechtsprechung LSG NRW, Beschl. v. 10.3.2020 – L 2 AS 675/19 B, Beschl. v. 26.2.2014 – L 2 AS 432/13 B, Beschl. v. 25.5.2012 – L 19 AS 449/12 B, Beschl. v. 11.5.2011 – L 6 AS 200/11 B, Beschl. v. 3.1.2011 – L 6 AS 1399/10 B, Beschl. v. 28.5.2010 – L 19 B 286/09 AS; LSG Bayern, Beschl. v. 5.10.2016 – L 15 SF 282/15, AGS 2017; LSG NRW, Beschl. v. 1.3.2011 – L 7 B 247/09 AS unter Aufgabe der bisherigen Rechtsprechung, dass eine fiktive Terminsgebühr anfällt; vgl. auch AnwK-RVG/*Reckin*, VV 3106 Rn 8.

Gesetzeswortlaut Vorbem. 3 Abs. 3 VV RVG:

Die Terminsgebühr entsteht sowohl für die Wahrnehmung von gerichtlichen Terminen als auch für die Wahrnehmung von außergerichtlichen Terminen und Besprechungen, ***wenn nichts anderes bestimmt ist.***

Hinweis 24

Eine vorgeschriebene mündliche Verhandlung ist nach Abs. 1 Nr. 1 der Anm. zu Nr. 3104 VV RVG nur Entstehungsvoraussetzung für die Terminsgebühr im schriftlichen Verfahren, nicht aber für die Besprechungs-Terminsgebühr nach Vorbem. 3 Abs. 3 VV RVG. Beide Bestimmungen haben nichts miteinander zu tun, sie betreffen unterschiedliche Entstehungstatbestände für die Terminsgebühr.

Damit kann auch im einstweiligen Rechtsschutzverfahren nach § 86b SGG oder anderen Beschlussverfahren, in denen die Durchführung einer mündlichen Verhandlung nicht erforderlich ist, eine originäre Terminsgebühr entstehen.

§ 16 Beweissicherungsverfahren

A. Allgemeines

Auch ist im sozialgerichtlichen Prozess ein Beweissicherungsverfahren (ähnlich dem selbstständigen Beweisverfahren aus zivilrechtlichen Verfahren) nach § 76 SGG möglich. 1

Durch § 76 SGG wird auch in der Sozialgerichtsbarkeit das Beweissicherungsverfahren für zulässig erklärt; für das Verfahren gelten nach § 76 Abs. 3 SGG die Verfahrensregeln der §§ 487, 490 bis 494 ZPO entsprechend.

Beweissicherung ist die vorsorgliche Tatsachenfeststellung aufgrund bestimmter Beweismittel, welche durchgeführt werden kann,

- sofern ein Prozess möglich aber noch nicht begonnen ist, oder
- sofern ein Prozess bereits schwebt, eine Beweisaufnahme aber noch nicht angeordnet wurde oder noch möglich ist.[1]

Voraussetzung ist ein Gesuch eines am Rechtsstreit Beteiligten sowie die **Besorgnis**, dass ein Beweismittel verloren geht oder dessen Benutzung erschwert wird, oder wenn ein gegenwärtiger Zustand einer Person oder Sache festgestellt werden soll und der Antragsteller hieran ein berechtigtes Interesse hat.

Ein berechtigtes Interesse setzt u.a. einen ersichtlichen oder behaupteten Anspruch voraus.

Das Gesuch muss auch die die Besorgnis rechtfertigenden Gründe darlegen und glaubhaft machen.

Die Kosten des Beweissicherungsverfahrens gehören zu den Kosten des Rechtsstreits, über welche in der Hauptsache entschieden wird.

B. Gebühren

Gebühren 2

Es entstehen hier die normalen Betragsrahmengebühren des Teils 3 Abschnitt 1 VV RVG (erster Rechtszug, Nrn. 3102, 3106 VV RVG ggf. Einigungs- oder Erledigungsgebühr Nr. 1006 VV RVG).

Beweisverfahren oder Beweissicherungsverfahren und das nachfolgende Hauptsacheverfahren sind **zwei verschiedene Angelegenheiten**. Die Gebühren nach den Nrn. 3102, 3106 VV RVG entstehen hier zusätzlich.

1 Meyer-Ladewig/*B. Schmidt*, § 76 Rn 1.

3 **Anrechnung**

Zu beachten ist jedoch Vorbem. 3 Abs. 5 VV RVG, wonach die Verfahrensgebühr eines selbstständigen Beweisverfahrens auf die Verfahrensgebühr des gerichtlichen Hauptsacheverfahrens angerechnet wird.

Angerechnet werden aber nur die Gebühren, soweit der Gegenstand des Beweissicherungsverfahrens, welcher in das nachfolgende Hauptsacheverfahren übergeht, identisch ist.

4 *Beispiel 1: Isoliertes Beweissicherungsverfahren mit Besprechung und Erledigung*

Im Auftrag des Mandanten führt der Anwalt ein isoliertes Beweissicherungsverfahren durch.

Im Beweissicherungsverfahren kommt es nach Gutachtenerstellung zu einer Besprechung und Erledigung. Das Beweissicherungsverfahren war überdurchschnittlich aufwendig.

Verfahrensgebühr, Nr. 3102 VV RVG	500,00 EUR
(65,00 EUR – 719,00 EUR)	
Terminsgebühr, Nr. 3106 VV RVG	400,00 EUR
(65,00 EUR – 665,00 EUR)	
Erledigungsgebühr, Nrn. 1002, 1005 VV RVG	500,00 EUR
Postentgeltpauschale, Nr. 7002 VV RVG	20,00 EUR
19 % Umsatzsteuer, Nr. 7008 VV RVG	269,80 EUR
Summe	**1.689,80 EUR**

Es gilt Vorbem. 3 Abs. 3 VV RVG. Daher entsteht neben der Verfahrensgebühr auch eine Terminsgebühr.

5 *Beispiel 2: Beweissicherungsverfahren mit anschließendem Rechtsstreit ohne vorausgegangene Tätigkeit im Verwaltungs- und Widerspruchsverfahren*

Der Anwalt hat neben dem Auftrag für das Beweisverfahren auch Prozessauftrag. Das Verfahren war durchschnittlich.

I. Beweissicherungsverfahren

Verfahrensgebühr, Nr. 3102 VV RVG	392,00 EUR
(65,00 EUR – 719,00 EUR)	
Terminsgebühr, Nr. 3106 VV RVG	365,00 EUR
(65,00 EUR – 665,00 EUR)	
Postentgeltpauschale, Nr. 7002 VV RVG	20,00 EUR
19 % Umsatzsteuer, Nr. 7008 VV RVG	147,63 EUR
Summe	**924,63 EUR**

II. Klageverfahren

Verfahrensgebühr, Nr. 3102 VV RVG	392,00 EUR
(65,00 EUR – 719,00 EUR)	
Anrechnung gem. Vorbem. 3 Abs. 5 VV RVG	*./. 392,00 EUR*
Terminsgebühr, Nr. 3106 VV RVG	365,00 EUR
(65,00 EUR – 665,00 EUR)	
Postentgeltpauschale, Nr. 7002 VV RVG	20,00 EUR
19 % Umsatzsteuer, Nr. 7008 VV RVG	73,15 EUR
Summe	**458,15 EUR**

Die Verfahrensgebühr des Beweissicherungsverfahrens ist auf die Verfahrensgebühr der Hauptsacheklage anzurechnen (Vorbem. 3 Abs. 5 VV RVG). Die Begrenzung nach § 15a Abs. 2 RVG greift hier nicht, da nicht mehrere Gebühren ganz oder teilweise anzurechnen sind.

Beispiel 3: Beweissicherungsverfahren und anschließender Rechtsstreit mit vorausgegangener Tätigkeit im Verwaltungs- und Widerspruchsverfahren 6

Der Prozessbevollmächtigte war bereits im Widerspruchsverfahren tätig. Daneben hat er erst Prozessauftrag für das Beweissicherungsverfahren und dann die Hauptsacheklage erhalten. Es ist von durchschnittlichem Aufwand auszugehen.

I. Widerspruchsverfahren

Geschäftsgebühr, Nr. 2302 Nr. 1 VV RVG	391,00 EUR
(65,00 EUR – 837,00 EUR)	
Postentgeltpauschale, Nr. 7002 VV RVG	20,00 EUR
19 % Umsatzsteuer, Nr. 7008 VV RVG	78,09 EUR
Summe	**489,09 EUR**

II. Beweissicherungsverfahren

Verfahrensgebühr, Nr. 3102 VV RVG	392,00 EUR
(65,00 EUR – 719,00 EUR)	
Terminsgebühr, Nr. 3106 VV RVG	365,00 EUR
(65,00 EUR – 665,00 EUR)	
Postentgeltpauschale, Nr. 7002 VV RVG	20,00 EUR
19 % Umsatzsteuer, Nr. 7008 VV RVG	147,63 EUR
Summe	**924,63 EUR**

III. Klageverfahren

Verfahrensgebühr, Nr. 3103 VV RVG	392,00 EUR
(65,00 EUR – 719,00 EUR)	
Anrechnung gem. Vorbem. 3 Abs. 5 VV RVG	*./. 195,50 EUR*
	./. 392,00 EUR
aber begrenzt auf Anrechnungsbetrag	*./. 225,00 EUR*
nach § 15a Abs. 2 RVG	
Terminsgebühr, Nr. 3106 VV RVG	365,00 EUR
(65,00 EUR – 665,00 EUR)	
Postentgeltpauschale, Nr. 7002 VV RVG	20,00 EUR
19 % Umsatzsteuer, Nr. 7008 VV RVG	104,88 EUR
Summe	**656,88 EUR**

Nach Vorbem. 3 Abs. 5 VV RVG wird die Verfahrensgebühr des selbstständigen Beweisverfahrens auf die Verfahrensgebühr des Rechtszugs der Hauptsache angerechnet. Zusätzlich ist gem. Vorbem. 3 Abs. 4 VV RVG die Geschäftsgebühr des Vorverfahrens auf die Verfahrensgebühr der Hauptsache anzurechnen. Vorliegend sind mehrere Gebühren ganz auf eine Gebühr anzurechnen. Dabei überschreitet die Summe der Anrechnungsbeträge die Verfahrensgebühr der Hauptsache. Bei Betragsrahmengebühren darf der Gesamtbetrag der Anrechnung den für die Anrechnung bestimmten Höchstbetrag allerdings gem. § 15a Abs. 2 RVG nicht übersteigen, sodass eine Begrenzung der Anrechnung auf den Höchstbetrag von 225,00 EUR eintritt. Der übersteigende Betrag bleibt somit anrechnungsfrei.

§ 17 Auslagen

A. Allgemeine Geschäftsunkosten

Geschäftsunkosten 1

Durch die Gebühren sind die allgemeinen Geschäftsunkosten abgedeckt. Diese können nicht zusätzlich verlangt werden; sie gehören nicht zu den Auslagen nach dem RVG.

Beispiele für allgemeine Geschäftsunkosten:

- Büromaschinen, Anschaffung und Unterhaltung,
- Fachvereinigungen, Mitgliedsbeiträge,
- Fahrzeug, Anschaffung und Unterhaltung,
- Formulare, Anschaffung,
- Gehälter der Angestellten,
- Juris-Zugang,[1]
- Literaturanschaffung,
- Miete für Büroräume,
- Kreditauskunft, Mitgliedsbeiträge,
- Telefon, Grundgebühr,
- Verpackungsmaterialien (Ausnahme: Im Einzelfall mussten Spezialmaterialien beschafft werden[2]).

B. Auslagentatbestände nach dem RVG

Auslagen nach dem RVG 2

Das RVG zählt im „Teil 7 Auslagen" ausdrücklich die zur Vergütung gehörenden Auslagen auf. Diese Auslagen werden jedenfalls gesondert vergütet. Dies sind:

- Nr. 7000 VV RVG: Dokumentenpauschale,
- Nr. 7001 VV RVG: Post- und Telekommunikationsdienstleistungen in tatsächlicher Höhe,
- Nr. 7002 VV RVG: Post- und Telekommunikationsdienstleistungspauschale,
- Nr. 7003 VV RVG: Fahrkosten – eigener Pkw,
- Nr. 7004 VV RVG: Fahrkosten – andere Verkehrsmittel,
- Nr. 7005 VV RVG: Tage- und Abwesenheitsgelder,
- Nr. 7006 VV RVG: Sonstige Auslagen für Geschäftsreisen,

1 BRAGOreport 2000, 10.
2 Gerold/Schmidt/*v. Eicken*, § 25 BRAGO Rn 2.

- Nr. 7007 VV RVG: Haftpflichtversicherungsprämien,
- Nr. 7008 VV RVG: Umsatzsteuer auf die Vergütung.

Durch die Hinzufügung der öffnenden Formulierung im Abs. 1 S. 2 der Vorbem. zu Teil 7 VV RVG:

> *„Soweit nachfolgend nichts anderes bestimmt ist, kann der Rechtsanwalt Ersatz der entstandenen Aufwendungen (§ 675 i.V.m. § 670 BGB) verlangen".*

wird der Bereich der möglichen Auslagentatbestände erweitert. Insbesondere kommt durch eine vergleichbare Formulierung des § 11 RVG (früher: § 19 BRAGO) die Möglichkeit der Festsetzung dieser weiteren Auslagen gegen den eigenen Mandanten in Betracht, wenn diese Auslagen zum gerichtlichen Verfahren gehören. Demzufolge ist die Aufzählung in den Nrn. 7000 ff. VV RVG nicht mehr abschließend. Weitere Auslagen, die mit zur anwaltlichen Vergütung gehören und damit auch festsetzbar sind, können sein, Kosten für

- Anschriftenermittlung von Zeugen,
- Registerauskünfte,
- Fotos zur Beweissicherung,
- Übersetzungskosten,
- Verauslagte Gerichtsvollzieherkosten,
- Vorschüsse auf Gerichtskosten, die der Anwalt aus eigenen Mitteln gezahlt hat.

Nach § 670 BGB sind dem Rechtsanwalt die notwendigen und nützlichen Auslagen zu erstatten, die er zur Ausführung des Auftrags auf Wunsch oder im Interesse des Auftraggebers gemacht hat.

C. Dokumentenpauschale Nr. 7000 VV RVG

3 **Notwendigkeit**

Voraussetzung für die Anerkennung von Fotokopie-Kosten im Festsetzungsverfahren ist, dass der Beteiligte Tatsachen darlegt, aus denen sich schlüssig die Notwendigkeit der Kosten für eine sachgerechte Prozessführung ergibt. Das **vollständige Kopieren der Akten** ist regelmäßig **nicht notwendig.**[3]

4 **Maßstab – sachgerechte Beurteilung**

Der Rechtsanwalt darf alle Unterlagen ablichten, die er bei **gewissenhafter Betrachtung** zur **sachgerechten Beurteilung** und Begleitung der Rechtssache für erforderlich halten

3 OVG NRW, Beschl. v. 18.10.2006 – 7 E 1339/05; VG Bayreuth, Beschl. v. 20.4.2023 – B 3 M 23.30328.

durfte. Ohne Bedeutung ist es, ob die Dokumente bei der Entscheidung des Gerichts maßgeblich berücksichtigt worden sind.[4]

Glaubhaftmachung 5

Ob eine Fotokopie geboten war, hat ein Rechtsanwalt darzulegen und **glaubhaft** zu machen. Eine Erstattungsfähigkeit scheidet aus, wenn die Unterlagen aus der Sicht eines verständigen und durchschnittlich erfahrenen Prozessbevollmächtigten zum Zeitpunkt der Akteneinsicht von vorneherein irrelevant sind.[5] Wird eine Notwendigkeit der gefertigten Kopien unter verständiger Würdigung des Streitgegenstandes glaubhaft dargelegt und stehen die gefertigten Kopien nicht in einem auffälligen Missverhältnis zum Umfang des Aktenbestandes (Streitakte, Verwaltungsakte, Patientendokumentation), dürften diese erstattungsfähig sein.

Beweislast 6

Entsteht der Verdacht, dass die Zahl der aus den Akten gefertigten Fotokopien nicht zur sachgemäßen Interessenwahrnehmung nötig war, muss der Anwalt die Notwendigkeit darlegen (**Umkehr der Beweislast**).[6]

Praxistipp 7

Gerade in Angelegenheiten nach dem Schwerbehindertenrecht oder auch in Verfahren über eine Erwerbsminderungsrente können durchaus umfangreiche Unterlagen (z.B. Sachverständigengutachten, ärztl. Unterlagen) zu vervielfältigen sein, sodass sich hier bereits bei der Anfertigung eine Dokumentation zur Nachhaltung der Notwendigkeit lohnen kann.

Sofern die gefertigten Kopien also das „Normalmaß“ überschreiten, empfiehlt sich auch hier bereits mit Antragstellung eine Begründung der Notwendigkeit durch die erfolgte Dokumentation.

Elektronische Akte 8

Die elektronische Akte wird zunehmend zum Standard. Es war daher zu erwarten, dass Streit über die Erstattungsfähigkeit von Ausdrucken aus einer elektronischen Akte entstehen wird.

Erstattungsfähig: Soweit Fotokopien und Ausdrucke aus den Akten zu einer sachgerechten Bearbeitung der Rechtssache geboten sind, sind sie zu erstatten. Dies muss

4 VG Oldenburg, Beschl. v. 12.5.2009 – 11 A 48/08.
5 LSG Thüringen, Beschl. v. 23.2.2004 – L 6 B 54/03 SF.
6 SG Schleswig-Holstein, Beschl. v. 16.6.2013 – L 5 B 13/03 SF SK.

jedenfalls solange gelten, wie der Gesetzgeber den entsprechenden Wortlaut der Nr. 7000 VV RVG nicht ändert.[7]

Nicht erstattungsfähig: Der Ausdruck einer als PDF-Datei mit Inhaltsverzeichnis elektronisch überlassenen Verwaltungsakte ist, nachdem die elektronische Aktenbearbeitung zum Standard geworden ist, zur sachgemäßen Bearbeitung der Rechtssache auch unter Berücksichtigung der Kostenminimierungspflicht nicht geboten. Deshalb scheidet eine Entschädigung des Ausdrucks auch nur von Teilen der Verwaltungsakte nach Nr. 7000 Nr. 1a VV RVG aus. Maßgeblich für die Frage, was zur „Bearbeitung" sachgemäß ist, bestimmt sich nicht nach der subjektiven Auffassung des Rechtsanwalts, sondern nach dem objektiven Standpunkt eines vernünftigen, sachkundigen Dritten.[8]

Fazit: Die Ansicht des SG Ulm[9] mag zunehmend der gelebten Praxis entsprechen, dem Gesetz entspricht sie jedoch nicht. Dies berechtigt jedoch nicht dazu, gegen den ausdrücklichen Gesetzeswortlaut zu handeln. Eine Änderung obliegt allein dem Gesetzgeber. Dieser hat auch bei den aktuellen Änderungen nach KostBRÄG 2025 keinen Handlungsbedarf gesehen, obwohl die Frage offensichtlich im Raum steht.

9 **Prozesskostenhilfe – Zeitpunkt**

Die Beiordnung bezieht sich nur auf die Tätigkeiten ab dem im PKH-Beschluss genannten Zeitpunkt. Diese zeitliche Begrenzung gilt auch für den Auslagenersatz. Fertigt der Rechtsanwalt Kopien vor diesem Zeitpunkt, ist der Auslagenersatz nach Nr. 7000 Nr. 1a VV RVG nicht von der PKH-Bewilligung umfasst.[10]

D. Pauschale für Post- und Telekommunikationsauslagen Nr. 7002 VV RVG

10 **Pauschale statt tatsächlicher Aufwendungen**

Die Entgelte für Post- und Telekommunikationsleistungen (Postentgelte) werden nicht durch die allgemeinen Gebühren abgegolten. Sie können zusätzlich zu diesen angesetzt werden.

Sinn der Vorschrift ist die Vereinfachung des Verfahrens zur Abrechnung der Post- und Telekommunikationsauslagen. **Statt der tatsächlich hierfür entstandenen Auslagen**

7 SG Lüneburg, Beschl. v. 29.12.2022 – S 12 SF 33/22 E.
8 SG Ulm, Beschl. v. 12.7.2024 – S 13 SF 2602/23 E; VG Hamburg, Beschl. v.8.1.2024 – 10 KO 5115/23 (kein Ausdruck für kurzsichtigen Rechtsanwalt).
9 SG Ulm, Beschl. v. 12.7.2024 – S 13 SF 2602/23 E.
10 LSG Bayern, Beschl. v. 11.8.2023 – L 12 SF 140/20.

darf der Rechtsanwalt die sogenannte „Postentgeltpauschale“ geltend machen. Sie beträgt 20 % der Gebühren, maximal jedoch 20,00 EUR.

Entstehung 11

Der Rechtsanwalt kann zwischen tatsächlich entstandenen Kosten und der Pauschale frei wählen. Voraussetzung für den Ansatz der Pauschale ist lediglich, dass in dieser Angelegenheit überhaupt Post- oder Telekommunikationsauslagen entstanden sind.[11]

> *Hinweis* 12
>
> Im Einzelfäll kann eine genaue Abrechnung der tatsächlich entstandenen Entgelte nach Nr. 7001 VV RVG günstiger sein.

Privatpartei selbst 13

Eine den Rechtstreit selbst führende Privatpartei hat keinen Anspruch auf Erstattung einer Postentgeltpauschale Nr. 7002 VV RVG.[12] Es scheitert bereits am persönlichen Anwendungsbereich des RVG; eine entsprechende Anwendung auf Privatpersonen sei auch im Rahmen einer richterlichen Rechtsfortbildung nicht geboten.

E. Fahrtkosten Nr. 7003 VV RVG

Fahrtkosten 14

Dem Rechtsanwalt stehen 0,42 EUR für jeden gefahrenen Kilometer bei einer Geschäftsreise zu. Hierdurch sind sämtliche Anschaffungs-, Unterhaltungs- und Betriebskosten sowie die Abnutzung des Kraftfahrzeugs bei Benutzung anlässlich einer Geschäftsreise abgegolten.

Geschäftsreise 15

Nach Vorbem. 7 Abs. 2 VV RVG liegt eine Geschäftsreise vor, wenn das Reiseziel außerhalb der Gemeinde liegt, in der sich die Kanzlei oder die Wohnung des Rechtsanwalts befindet.

Bei Reisen am Wohnort oder dem Ort der Kanzlei handelt es sich also nicht um eine Geschäftsreise. Die Auslagen hierfür gehören damit nicht zur Vergütung.

11 VG München, Beschl. v. 23.7.2018 – M 9 M 18.51283.

12 SG Aachen. Beschl. v. 20.4.2015 – S 11 SFG 11/15 E, NZS 2015, 640.

Dies gilt unabhängig von der Größe des Ortes und der Dauer der Fahrt innerhalb des Ortes. So sind beispielsweise Fahrten innerhalb Berlins keine Geschäftsreise.

16 **Veränderung Ortsgrenzen**

Wird durch eine kommunale Neugliederung die Vereinigung zweier Orte herbeigeführt, so gilt der vereinte Ort als ein Ort i.S.d. Absatzes 2 der Vorbemerkung 7 VV RVG und die Auslagen sind nicht mehr als Auslagen einer Geschäftsreise anzusetzen.

17 Maßgebend für das Vorliegen einer Geschäftsreise ist damit allein die Frage, ob der Rechtsanwalt innerhalb der Grenzen der politischen Gemeinde reist oder nicht. Eine Geschäftsreise ist nur dann gegeben, wenn der Rechtsanwalt über die Grenzen seiner Wohnort- oder seiner Kanzleiortgrenzen hinweg reist.

18 **Eine Geschäftsreise für mehrere Geschäfte**

Die Verteilung der Reisekosten erfolgt nach dem Verhältnis der Kosten, die bei gesonderter Ausführung der einzelnen Geschäfte entstanden wären.

19 Hierbei ist ein dreischrittiges Vorgehen zu wählen:

Schritt 1: Berechnung der Gesamtkosten der Geschäftsreise;

Schritt 2: Fiktive Berechnung der Kosten, die für die einzelnen Geschäftsreisen entstanden wären;

Schritt 3: Verteilung der im 1. Schritt berechneten Kosten auf die einzelnen Reisen im Verhältnis der unter Schritt 2 festgestellten fiktiven Reisekosten.

20 **Videotermin**

Eine Pflicht zur Teilnahme an der Verhandlung per angeordneter Videokonferenz besteht nicht. Das Gesetz spricht von „gestatten“ und daher steht es der Partei frei, dennoch zur mündlichen Verhandlung vor dem Gericht persönlich zu erscheinen.[13]

Damit sind die Fahrtkosten zum Termin trotz möglicher Videoteilnahme erstattungsfähig.[14]

F. Tage- und Abwesenheitsgelder Nr. 7005 VV RVG

21 **Tage- und Abwesenheitsgelder**

Mit dem KostRÄG 2021 sind ebenfalls die Tage- und Abwesenheitsgelder der Nr. 7005 VV RVG an die wirtschaftliche Entwicklung angepasst und maßvoll erhöht worden. Die

13 LG Frankenthal, Beschl. v. 8.9.2023 – 3 O 103/21.

14 LG Aachen, Beschl. v. 20.7.2023 – 8 O 545/21.

Beträge sind deutlich höher als die vergleichbaren Pauschalen des Bundesreisekostengesetzes (vgl.§ 6 BRKG i.V.m. § 9 Abs. 4a EStG) oder der Reisekostengesetze der Länder, da diese letztlich als Ausgleich für die unmögliche Ausübung der anwaltlichen Geschäfte während der Geschäftsreise sein sollen.[15]

Aktuelle Sätze 22

Die Tage- und Abwesenheitsgelder sind von 25,00 EUR auf **30,00 EUR** (Abwesenheit von nicht mehr als 4 Stunden), von 40,00 EUR auf **50,00 EUR** (Abwesenheit von mehr als 4 bis 8 Stunden) und von 70,00 EUR auf **80,00 EUR** (Abwesenheit von mehr als 8 Stunden) angehoben worden.

G. Umsatzsteuer Nr. 7008 VV RVG

Umsatzsteuer 23

Der Rechtsanwalt hat grundsätzlich einen Anspruch auf Erstattung der Umsatzsteuer, die auf seine Vergütung entfällt. Dies gilt nur dann nicht, wenn er selbst keine Umsatzsteuer zahlt (§ 19 Abs. 1 UStG).

Soweit Umsatzsteuer auf die anwaltliche Vergütung zu zahlen ist, kann er sie von Auftraggeber und ggf. Gegner ersetzt verlangen. Sie gehört zur gesetzlichen Vergütung.

Tätigkeit nach dem RVG 24

Wird der Rechtsanwalt als Anwalt i.S.v. § 1 Abs. 1 RVG tätig, so steht ihm ein entsprechender Ersatz der Umsatzsteuer nach dem RVG zu.

Wird er allerdings in der Funktion einer der Personen nach § 1 Abs. 2 RVG (Vormund, Betreuer, Pfleger, Verfahrenspfleger, Testamentsvollstrecker, Insolvenzverwalter, Sachwalter, Mitglied des Gläubigerausschusses, Nachlassverwalter, Zwangsverwalter, Treuhänder, Schiedsrichter oder in ähnlicher Stellung) tätig, so gilt das RVG nicht. Er ist auf die Geltendmachung seiner Auslagen nach den allgemeinen Vorschriften der §§ 670, 675, 1835 Abs. 3 BGB angewiesen.

Die Regelungen für den Rechtsanwalt zur Geltendmachung von Umsatzsteuer folgen 25
dem Steuerrecht. Sich ergebende Problematiken sind unter Beachtung der einschlägigen Steuervorschriften zu lösen.

Bei den diversen Schwierigkeiten ist zunächst einmal auf die Frage der Umsatzsteuer- 26
pflicht abzustellen. Hierbei muss sauber differenziert werden zwischen der Umsatzsteuerverpflichtung / Berechtigung zum Vorsteuerabzug

15 BayObLG MDR 1987, 870.

- des Rechtsanwalts,
- des Auftraggebers und
- des Gegners,

da jede Konstellation ihre eigenen Fallstricke nach sich zieht.

27 Zu beachten ist, dass es sich bei bestimmten Auslagen um sogenannte „**durchlaufende Posten**" handeln kann. Diese hat der Rechtsanwalt regelmäßig für seinen Mandanten verauslagt und diesem später in Rechnung gestellt. Auf „durchlaufende Posten" darf keine Umsatzsteuer erhoben werden.

Dies kann vorliegen bei Auslagen für

- Einwohnermeldeamtsanfragen,
- Einsichtnahme in Register,
- Verauslagte Gerichtskosten,
- Aktenversendungspauschale (Gerichtskosten).

28 **Grundlage für Umsatzsteuer**

Der Anwalt erbringt üblicherweise sonstige Leistungen i.S.d. § 3 Abs. 9 UStG (Dienstvertrag bzw. Geschäftsbesorgungsvertrag mit dienstvertraglichem Charakter).

Hierbei handelt es sich um steuerbare Leistungen i.S.d. Umsatzsteuergesetzes (Beratungstätigkeiten im Inland). Auch für die Rechtsanwaltschaft gelten die Regelungen des Umsatzsteuergesetzes, aus dem sich insbesondere Anforderungen für die zu stellenden Rechnungen, für den Vorsteuerabzug, den Steuersatz und der Umgang mit Reise- und Bewirtungskosten ergeben.

Sofern die Umsatzsteuer nach § 19 Abs. 1 UStG (Kleinunternehmerregelung) nicht unerhoben bleibt, wird Umsatzsteuer geschuldet.

29 **Berechnung bei Fälligkeit**

Die Abrechnung der anwaltlichen Dienstleistung erfolgt nach dem Rechtsanwaltsvergütungsgesetz; bei den dortig aufgeführten Gebühren, Gebührensätzen oder Satzrahmengebühren handelt es sich um eine Netto-Bemessungsgrundlage, auf welche im Zeitpunkt der Leistung (entspricht dem Zeitpunkt der Fälligkeit gem. § 8 RVG) der aktuell gültige Umsatzsteuersatz gem. Nr. 7008 VV RVG aufzuschlagen ist. Die für die jeweilige Leistung geschuldete Umsatzsteuer ist zusätzlich zu dem vorgeschriebenen Entgelt zu berechnen.

Entsprechend § 8 Abs. 1 RVG wird die Vergütung fällig, wenn der Auftrag erledigt oder die Angelegenheit beendet ist. Ist der Rechtsanwalt in einem gerichtlichen Verfahren tätig, wird die Vergütung nach § 8 Abs. 1 S. 2 RVG auch fällig, wenn eine Kostenentscheidung ergangen, der Rechtszug beendet ist oder wenn das Verfahren länger als drei Monate ruht.

Änderung der Umsatzsteuer 30

Sofern eine (befristete) Änderung des Steuersatzes auf einen Umsatzsteuersatz von 16 %, wie etwa für den Zeitraum vom 1.7. bis zum 31.12.2020 durch das Zweite Corona-Steuerhilfegesetz vom 29.6.2020,[16] erfolgt, ist der geminderte Umsatzsteuersatz gem. § 12 Abs. 1 i.V.m. §§ 27 Abs. 1, Abs. 31, 28 Abs. 1 UStG auszuweisen.

Dies gilt ohne Rücksicht auf den Zeitpunkt der vertraglichen Vereinbarung.

Maßgeblich ist der Zeitpunkt der Ausführung (Zuwendung und Vollendung) der sonstigen Leistung.

Wird in Rechnungen über Leistungen, welche nach dem 30.6.2020 und vor dem 1.1.2021 erbracht wurden, eine höhere Umsatzsteuer ausgewiesen, schuldet der Rechtsanwalt die Differenz aufgrund eines unrichtigen Steuerausweises nach § 14c Abs. 1 UStG.

Nachfestsetzung 31

Wurde die Festsetzung der Umsatzsteuer versehentlich nicht beantragt und hat damit das Erstgericht im Kostenfestsetzungsbeschluss nicht über die Umsatzsteuer entschieden, so kann auch später noch Umsatzsteuer verlangt werden, ohne dass die Rechtskraft des früheren Kostenfestsetzungsbeschlusses dem entgegensteht.[17]

16 BGBl 2020 I, 1512.

17 OLG Brandenburg, Beschl. v. 27.4.2023 – 6 W 6/23.

§ 18 Reisekosten des auswärtigen Rechtsanwalts

Erstattungsfähigkeit der Reisekosten 1

Für die ordentliche Gerichtsbarkeit ist durch BGH-Entscheidungen anerkannt, dass die Reisekosten eines am Wohnort der Partei ansässigen Rechtsanwalts erstattungsfähig sind, sofern sie die Kosten eines Verkehrsanwalts nicht wesentlich übersteigen (nicht wesentlich = bis zu 10 %).[1]

Anwendbarkeit von § 91 ZPO 2

Fraglich ist, ob die Grundsätze der Erstattungsfähigkeit nach § 91 ZPO auf das sozialgerichtliche Klagerfahren übertragbar sind.

§ 193 SGG enthält anders als § 91 Abs. 2 S. 1 ZPO **keine Ausnahmeregelung**, wonach eine Erstattungsfähigkeit von **Reisekosten** geprüft bzw. verneint werden könnte oder eine Fiktivberechnung angestellt werden müsste. § 91 ZPO gilt in ordentlichen Klageverfahren, jedoch mangels Anwendbarkeit über § 202 S. 1 SGG nicht in sozialrechtlichen Verfahren.[2]

Eine Prüfung der Erstattungsfähigkeit von Reisekosten ist im Kostenfestsetzungsverfahren gem. § 197 SGG aufgrund von § 193 Abs. 3 SGG nicht notwendig, da nach dieser Vorschrift die gesetzliche Vergütung eines Rechtsanwalts, also seine Gebühren und Auslagen, stets erstattungsfähig ist.

Es kann insoweit die Rechtsprechung der Verwaltungsgerichte zu § 162 VwGO herangezogen werden.[3]

Danach gilt, dass der Gesetzgeber die Beteiligten im Verwaltungsprozess bei der Wahl eines Rechtsanwalts ihres Vertrauens freier stellen wollte.[4]

Die Grenze der Erstattungsfähigkeit ergibt sich danach nur aus dem Grundsatz, im Rahmen des Verständigen die Kosten der Prozessführung nach Möglichkeit niedrig zu halten. Zu den Kosten des Verfahrens zählen somit nur die zur zweckentsprechenden Rechtsverfolgung oder Rechtsverteidigung notwendigen Aufwendungen.[5]

Anwalt nicht am Wohnsitz 3

Grundlos darf jedoch ein nicht am Wohnort der Partei oder am Gerichtsort ansässiger Anwalt nicht beauftragt werden. Eine Erstattungsfähigkeit der Mehrkosten für einen aus-

1 BGH, Beschl. v. 14.9.2004 – VI ZB 37/04.
2 Vgl. Meyer-Ladewig/*B. Schmidt*, § 193 Rn 9b.
3 SG Schwerin, Beschl. v. 17.4.2015 – S 23 SF 42/12 E, ASR 2015, 176; Meyer-Ladewig/Keller/*B. Schmidt*, § 193 Rn 9b.
4 BVerwG, Beschl. v. 11.9.2007 – 9 KSt 5/07, 9A 20/05.
5 SG Schwerin, Beschl. v. 17.4.2015 – S 23 SF 42/12 E, ASR 2015, 176.

wärtigen Rechtsanwalt als notwendige Kosten kommt nur dann in Frage, wenn er über Spezialkenntnisse verfügt oder ein besonderes Vertrauensverhältnis besteht.

Unter Spezialkenntnissen sind insoweit besondere Fachkenntnisse zu verstehen, die regelmäßig auch über eine bloße Fachanwaltschaft hinausgehen. Es muss sich um Kenntnisse handeln, über welche der Rechtsanwalt in einer den konkreten Fall betreffenden rechtlichen Spezialmaterie oder zur Fallbearbeitung auf tatsächlichem Gebiet verfügt. Durch diese Kenntnisse muss sich der Rechtsanwalt von den anderen ortsansässigen Rechtsanwälten abheben.[6]

Ausnahmsweise können auch Reisekosten eines **auswärtigen Rechtsanwalts** notwendig sein. Dies gilt auch für das Vorverfahren und die dortige Festsetzung nach § 63 Abs. 1 S. 1 SGB X. Im entschiedenen Fall des LSG Sachsen-Anhalt[7] betrug die Entfernung 380 km. Die Erstattungsfähigkeit war hier gegeben, da ein Spezialist im Vertragsarztrecht notwendig war. Das Gericht stellt hierbei ausdrücklich klar, dass allein die Fortbildung zum Fachanwalt für Medizin- oder Sozialrecht allein noch keine solche Spezialisierung darstellt.

4 **Spezialisierung des Rechtsanwalts**

Diese Spezialkenntnisse sind gegeben bei einem Rechtsanwalt, der sich auf ein bestimmtes Krankheitsbild und entsprechende chirurgische Maßnahmen (hier: gewichtsreduzierende Eingriffe) spezialisiert hat.[8]

5 **Spezialisierter Anwalt für Sozialrecht nicht vorhanden**

Für die Sozialgerichtsbarkeit kommt weiterhin eine Besonderheit hinzu: Es wird nicht an jedem Ort ein Spezialist für Sozialsachen zu finden sein.

Daher soll der rechtssuchende Bürger die Möglichkeit haben, einen **Spezialisten** für das streitbefangene Rechtsgebiet mit besonderer Reputation oder einen Rechtsanwalt des **Vertrauens** beauftragen zu können.

6 **Fachanwalt für Sozialrecht**

Dem SG Fulda[9] ist daher zu folgen:

> *„Die durch die Beauftragung eines Anwalts/einer Anwältin, der/die vom Wohnsitz des Klägers und vom Sitz des Gerichts entfernt seine/ihre Niederlassung hat, entstandenen Kosten sind jedenfalls dann als notwendige Kosten anzusehen, wenn der Kläger für die*

6 FG Hamburg, Beschl. v. 18.6.2012 – 3 KO 209/11, RVGreport 2012, 426.
7 LSG Sachsen-Anhalt, Urt. v. 12.3.2024 – L 9 KA 1/23.
8 SG Schwerin, Beschl. v. 17.4.2015 – S 23 SF 42/12 E, ASR 2015, 176.
9 SG Fulda, Kostenfestsetzungsbeschl. v. 15.2.2010 – S 8 U 614/02, ASR 2010, 187.

Auswahl seines/r PB vernünftige, einleuchtende Gründe hat und die Entscheidung nicht willkürlich erfolgt. Das ist hier der Fall. Es darf dem Kläger nicht verwehrt werden, einen PB mit seiner Vertretung zu beauftragen, zu dem aufgrund besonderer Kenntnisse als Fachanwalt für Sozialrecht ein besonderes Vertrauensverhältnis besteht.

Das Sozialrecht ist zwischenzeitlich so kompliziert – dazu zählt auch das Gebiet der Berufskrankheitenverordnung (BKV) – dass effektiver Rechtsschutz in schwierigen Fällen nur von anerkannten Spezialisten ausgehen kann. Vorliegend ging es um die Prüfung der Voraussetzungen für die Gewährung von Leistungen nach § 3 BKV, was eine rechtliche und keine medizinische Frage ist. Aufgabe der Medizin ist in diesem Verfahren lediglich, zu prüfen, ob Zusammenhänge zwischen beruflichen Einwirkungen und Erkrankungsbild aus medizinischer Sicht wahrscheinlich gemacht werden können.

Des Weiteren ist es überhaupt schwierig einen Fachanwalt für Sozialrecht in der näheren Umgebung zu finden, da sich weniger als 1 % der Anwaltschaft für Sozialrecht spezialisiert (NJW-Editorial Heft 47/2009).

Die Vertretung durch die PB war zur sachgerechten Wahrnehmung seiner Interessen und zur zweckentsprechenden Rechtsverfolgung erforderlich. Die PB hat sich auf die hier zugrunde liegenden rechtlichen Fragen samt umfangreicher medizinischer Berichte und schwieriger Gutachten intensiv eingearbeitet.

Die Weiterleitung des Mandats an einen Korrespondenzanwalt dürfte wenig Erfolg haben, da kaum ein Anwalt für die hierfür möglichen Rahmengebühren zu finden sein wird, der ca.1500 Blatt Gerichts- und Rentenakte für eine mündliche Verhandlung vorbereitet und intensiv die Interessen des Klägers vertritt, zumal es sich um schwierigen Rechtstreit handelt.“

(Anmerkung: Die Entscheidung betrifft die Auslagen nach der BRAGO, ist jedoch uneingeschränkt auf das RVG anzuwenden.)

Hinweis 7

Demnach ist in Angelegenheiten der Sozialgerichtsbarkeit in begründeten Fällen auch die Beauftragung eines entfernten Rechtsanwalts erstattungsfähig, weil häufig kein entsprechender Rechtsanwalt am Wohnort ansässig ist.

Grundsatz– kostensparende Prozessführung 8

Es ist jedoch darauf hinzuweisen, dass jede Partei grundsätzlich angehalten ist, die Kosten der Prozessführung so niedrig wie möglich zu halten (Grundsatz der kostensparenden Prozessführung).[10]

10 OVG Berlin-Brandenburg, Beschl. v. 24.7.2023 – OVG 3 K 57/22.

§ 19 Verbindung/Trennung und Zurückverweisung

A. Verbindung

Allgemeines 1

Nach § 113 SGG kann das Gericht durch Beschluss mehrere bei demselben Gericht anhängige Streitverfahren zur gemeinsamen Verhandlung und Entscheidung unter Führung eines Aktenzeichens verbinden, wenn die Ansprüche, welche den Gegenstand dieser Rechtsstreitigkeit bilden, in einem Zusammenhang stehen oder von vorneherein in einer Klage hätten geltend gemacht werden können.

Die Verbindung **bewirkt** demnach eine gemeinsame Verhandlung, Beweisaufnahme und Entscheidung; mehrere Beteiligte in derselben Rolle werden kraft Gesetzes zu Streitgenossen.[1]

Sofern zwei oder mehrere Verfahren gem. § 113 Abs. 1 SGG miteinander verbunden werden, bleiben vorher entstandene Gebühren bestehen, da die verbundenen Verfahren auch vorher jeweils rechtlich selbstständig waren. 2

Trotz der erfolgten Verbindung bleibt jedoch **jedes Verfahren prozessrechtlich selbstständig**. Demnach sind für jedes der Verfahren Sachentscheidungsvoraussetzungen auch einzeln zu prüfen.[2]

Gebührenentstehung 3

Die Betragsrahmengebühren, welche in den bis zu ihrer Verbindung selbstständigen Verfahren entstanden sind, bleiben erhalten. Durch die Tätigkeit im verbundenen Verfahren (= führendes Verfahren) entsteht eine bereits entstandene Gebühr jedoch nicht erneut. Es entsteht kein neuer Rechtszug.

Wahlrecht 4

Der Rechtsanwalt kann frei wählen, ob er die Gebühren aus den einzelnen zuvor selbstständigen Verfahren oder (insgesamt) aus dem verbundenen führenden Verfahren verlangt. Unzulässig ist jedoch, Verfahrensgebühren für die ursprünglichen Verfahren und das Verfahren nach Verbindung geltend zu machen.[3]

Macht der Rechtsanwalt lediglich die Gebühren im verbundenen bzw. führenden Verfahren geltend, ist der Gebührenanspruch insbesondere, die Verfahrensgebühr zu erhöhen, da mehrere Ansprüche durch die Verbindung streitgegenständlich geworden sind.

1 Meyer-Ladewig/*Keller*, § 113 Rn 4.
2 Meyer-Ladewig/*Keller*, § 113 Rn 4.
3 LSG Sachsen-Anhalt, Beschl. v. 17.6.2022 – L 4 AS 319/20 B.

Das Wahlrecht folgt aus § 15 Abs. 4 RVG, wonach der Anspruch auf die Abgeltung einer einmal entstandenen Gebühr nicht durch nachträglich hinzutretende Umstände wieder entfallen kann. Der Umstand, dass nach prozessualer Verbindung mehrerer Verfahren nur noch eine Angelegenheit im gebührenrechtlichen Sinne des § 15 Abs. 1 RVG besteht und die Gebühren in einer Angelegenheit nur einmal gefordert werden können (vgl. § 15 Abs. 2 RVG), steht dem nicht entgegen. Durch die Einräumung eines Wahlrechts wird das Spannungsverhältnis zwischen § 15 Abs. 2 und § 15 Abs. 4 RVG aufgelöst.[4]

5 **Prozesskostenhilfe**

Sofern vor Verfahrensverbindung in einem verbundenen Verfahren **Prozesskostenhilfe** bewilligt worden ist, erstreckt sich diese nicht aufgrund der Verbindung auch auf das verbundene Verfahren. Hier ist ein neuer Antrag auf Bewilligung von Prozesskostenhilfe zu stellen.

6 *Beispiel 1: Verbindung vor Termin*

Zwei Verfahren wurden gesondert anhängig gemacht. Das Gericht lädt die Beteiligten zu einem Verhandlungstermin. **Vor** Terminswahrnehmung werden beide Verfahren gem. § 113 SGG zur gemeinsamen Verhandlung und Entscheidung miteinander verbunden.

Vor Verbindung hat der Rechtsanwalt also in beiden Verfahren je eine Verfahrensgebühr Nr. 3102 VV RVG verdient. Eine weitere Verfahrensgebühr wegen der Verbindung fällt nicht an.

Der Rechtsanwalt kann jedoch wählen, ob er zwei Verfahrensgebühren in den ursprünglichen Verfahren oder eine erhöhte Verfahrensgebühr im führenden Verfahren geltend macht.

Nach Verbindung hat der Rechtsanwalt die Terminsgebühr Nr. 3106 VV RVG nur im führenden Verfahren einmal verdient – diese fällt nicht im verbundenen Verfahren an.

7 *Beispiel 2: Verbindung nach Termin*

Zwei Verfahren wurden gesondert anhängig gemacht. Das Gericht lädt die Beteiligten zu einem Erörterungstermin. **Nach** gemeinsamer Terminswahrnehmung beider Verfahren werden die Verfahren gem. § 113 SGG zur gemeinsamen Verhandlung und Entscheidung miteinander verbunden.

Vor Verbindung hat der Rechtsanwalt in beiden Verfahren je eine Verfahrensgebühr Nr. 3102 VV RVG und je eine Terminsgebühr Nr. 3106 VV RVG verdient.

Nach Verbindung fallen keine weiteren Verfahrens- oder Terminsgebühren mehr an.

4 LSG NRW, Beschl. v. 6.5.2024 – L 12 AS 1028/23 B.

Der Rechtsanwalt kann jedoch wählen, ob er je eine Verfahrens- und Terminsgebühr in den ursprünglichen Verfahren oder eine erhöhte Verfahrens- und Terminsgebühr im führenden Verfahren geltend macht.

Sofern jedoch weitere (umfangreiche) gerichtliche Termine stattfinden, ist dieser Umstand bei der Bemessung der Terminsgebühr im führenden Verfahren nach § 14 RVG zu berücksichtigen.

Beispiel 3: Verbindung im Termin mit Vergleich 8

Drei Verfahren (A/B/C) werden getrennt voneinander anhängig gemacht. Alle Verfahren werden auf denselben Erörterungstermin terminiert. Im Termin ergeht der Verbindungsbeschluss nach § 113 SGG der Verfahren A+B+C unter Führung des Verfahrens A. Noch im selben Termin schließen Klägerbevollmächtigter und Beklagter einen entsprechenden Vergleich.

Vor Verbindung hat der Rechtsanwalt in allen Verfahren (A/B/C) je eine Verfahrensgebühr Nr. 3102 VV RVG und je eine Terminsgebühr Nr. 3106 VV RVG verdient, da die Verbindung erst im gerichtlichen Termin erfolgt ist.

Nach Verbindung fallen keine weiteren Verfahrens- oder Terminsgebühren an. Da jedoch nach Verbindung ein Vergleich geschlossen wurde, fällt eine Einigungsgebühr Nr. 1006 VV RVG nur im führenden Verfahren A an. Da in die Einigung aber aufgrund Verbindung mehrere Streitgegenstände einbezogen wurden, ist die Einigungsgebühr zu erhöhen.

Auch hier kann der Rechtsanwalt jedoch frei wählen, ob er die Verfahren einzeln abrechnet oder zusammen im führenden Verfahren.

Hinweis 9

Beschwerde gegen einen Verbindungsbeschluss ist nach § 172 Abs. 2 SGG nicht statthaft, da es sich um eine prozessleitende Verfügung handelt.

B. Trennung

Allgemeines 10

Hinsichtlich der Trennung von Verfahren nach § 113 Abs. 2 SGG verhält es sich genau umgekehrt zur Verbindung. Es gelten insoweit dieselben Grundsätze entsprechend. Bis zur Verfahrenstrennung fällt nur eine Betragsrahmengebühr an. Nach der Trennung bleibt es für das erste Verfahren bei der bereits entstandenen Verfahrensgebühr, für das neue abgetrennte Verfahren entsteht eine weitere Verfahrensgebühr.

11 **Wahlrecht**

Der Rechtsanwalt kann frei wählen, ob er die Gebühren aus den einzelnen zuvor selbstständigen Verfahren aus dem verbundenen Verfahren verlangt. Unzulässig ist jedoch, Verfahrensgebühren für die ursprünglichen Verfahren und das Verfahren nach Verbindung geltend zu machen.[5]

12 **Wirkung**

Die Trennung bewirkt, dass die getrennten Ansprüche selbstständige Klagen werden.

13 **Prozesskostenhilfe**

Sofern **Prozesskostenhilfe** bewilligt wurde, erstreckt sich diese nach der erfolgten Trennung nicht automatisch auch auf das abgetrennte Verfahren. Es ist vielmehr ein neuer Antrag auf Bewilligung von Prozesskostenhilfe im nun abgetrennten selbstständig anhängigen Verfahren zu stellen.

14 Nach *Keller*[6] bleiben die vor der Trennung vorgenommenen Prozesshandlungen aber wirksam, eine Beweisaufnahme muss nicht wiederholt werden.

15 *Beispiel 4: Trennung nach Termin und Prozesskostenhilfe*

Vor Trennung wurde dem Kläger unter Beiordnung des Prozessbevollmächtigten Prozesskostenhilfe bewilligt. Auch fand **vor** Trennung ein Erörterungstermin statt. Es erging dann ein Trennungsbeschluss.

Vor Trennung hat der Rechtsanwalt im Verfahren eine Verfahrensgebühr Nr. 3102 VV RVG und eine Terminsgebühr Nr. 3106 VV RVG verdient, da dieser vertretungsbereit im Termin anwesend war.

Da Prozesskostenhilfe bewilligt wurde, kann der Rechtsanwalt gegenüber der Staats- bzw. Landeskasse abrechnen.

Nach Trennung hat der Rechtsanwalt im abgetrennten Verfahren eine weitere Verfahrensgebühr Nr. 3102 VV RVG verdient, jedoch keine weitere Terminsgebühr Nr. 3106 VV RVG, da ein Termin im abgetrennten Verfahren nach Trennung nicht stattgefunden hat.

Die Bewilligung von Prozesskostenhilfe erstreckt sich nicht auch auf dieses abgetrennte Verfahren; die Voraussetzungen für die Bewilligung von Prozesskostenhilfe sind hier – unabhängig von der erfolgten Bewilligung **vor** Trennung – erneut zu prüfen.

5 LSG Sachsen-Anhalt, Beschl. v. 17.6.2022 – L 4 AS 319/20 B.
6 Vgl. Meyer-Ladewig/*Keller*, § 113 Rn 5b.

Hinweis 16

Beschwerde gegen einen Trennungsbeschluss ist nach § 172 Abs. 2 SGG nicht statthaft, da es sich um eine prozessleitende Verfügung handelt.

C. Zurückverweisung

Allgemeines 17

§ 159 SGG normiert die Zurückverweisung des Rechtsstreites von dem Landessozialgericht an das erstinstanzlich bereits mit der Sache befasste Sozialgericht unter entsprechenden Voraussetzungen.

Das erstinstanzliche Sozialgericht hat die Streitsache neu zu verhandeln; es hat dabei nach Absatz 2 die rechtliche Beurteilung des Landessozialgerichts seiner neuen Entscheidung zugrunde zu legen.

Neue Angelegenheit 18

Das zurückverwiesene Verfahren stellt gem. § 21 Abs. 1 RVG einen **neuen Rechtszug** dar, daher erhält der Rechtsanwalt die Betragsrahmengebühren erneut.

Sofern der Rechtsstreit an ein untergeordnetes Gericht, welches mit der Sache bereits befasst war, zurückverwiesen wird, ist die vor diesem Gericht entstandene Verfahrensgebühr auf die Verfahrensgebühr für das erneute Verfahren anzurechnen, vgl. Vorbem. 3 Abs. 6 VV RVG.

Hinweis 19

Eine erstmals durch das zurückverweisende Gericht erfolgte Bewilligung von **Prozesskostenhilfe** gilt nur für die entsprechende Rechtsmittelinstanz und nicht auch für das Verfahren nach Zurückverweisung.

Sofern in der zurückverwiesenen Instanz bereits einmal Prozesskostenhilfe bewilligt wurde, ist eine erneute Bewilligung nicht notwendig; die für diese Instanz bereits ausgesprochene Bewilligung wirkt nach Zurückverweisung fort.[7]

Verweisung 20

Sofern ein Rechtsstreit von einem **Gericht außerhalb der Sozialgerichtsbarkeit an ein Sozialgericht verwiesen** wird, so ist das Verfahren vor dem verweisenden oder abgeben-

7 Meyer-Ladewig/*B. Schmidt*, § 73a Rn 11b.

den Gericht und das Verfahren vor dem übernehmenden Gericht der Sozialgerichtsbarkeit gem. § 20 S. 1 RVG **ein Rechtszug**.

In dem gesamten Verfahren entstehen Betragsrahmengebühren, auch wenn in dem Verfahren vor dem verweisenden Gericht bereits Wertgebühren entstanden sind. Dies kann im Rahmen der Gebührenbestimmung nach § 14 Abs. 1 RVG berücksichtigt werden.

§ 20 Prozesskostenhilfe

A. Allgemeines

Anwendbarkeit von §§ 114 ZPO ff. 1

Nach § 73a Abs. 1 S. 1 SGG gelten die Vorschriften der ZPO über die Prozesskostenhilfe (§§ 114 ff. ZPO; mit Ausnahme des § 127 Abs. 2 S. 2 ZPO) in den Verfahren vor den Gerichten der Sozialgerichtsbarkeit entsprechend.

Das Institut der Prozesskostenhilfe soll den Zugang zu den Gerichten auch für weniger gut bemittelte Bürger gewährleisten.

Prozesskostenhilfe ist eine besondere staatliche Fürsorgeleistung im Bereich der Rechtspflege. Diese soll dem rechtunkundigen Bürger die Möglichkeit der eigenen Rechtsverfolgung oder Rechtsverteidigung geben, damit diese nicht von den jeweiligen finanziellen Mitteln abhängt. Es soll weiterhin die Chancengleichheit im Rechtsstreit zwischen gut und weniger gut bemittelten Bürgern garantiert werden.

Sofern Prozesskostenhilfe bewilligt wird, sind außergerichtliche Kosten (Vergütung des beigeordneten Anwalts) und ggf. die Gerichtskosten nach den individuellen persönlichen und wirtschaftlichen Verhältnissen des Beteiligten zu zahlen. Es sind entweder keine Zahlungen (sog. „volle PKH") oder monatliche Ratenzahlungen (sog. Raten-PKH) an die Landeskasse zu leisten.

Ausschluss von Prozesskostenhilfe 2

Ein Anspruch auf Prozesskostenhilfe besteht allerdings nicht, wenn (und soweit) eine Rechtsschutzversicherung oder eine andere Stelle (Gewerkschaft oder Sozialverband) die Kosten übernehmen würde.

Sie wird auch dann nicht gewährt, wenn aufgrund einer gesetzlichen Unterhaltspflicht jemand anderes für die Kosten aufkommen muss und auch kann (Prozesskostenvorschusspflicht nach § 1360a Abs. 4 BGB). Das können sein: Ehemann/Ehefrau, eingetragene/r Lebenspartner/-in oder bei einem unverheirateten Kind die Eltern oder ein Elternteil.

PKH-Prüfungsverfahren 3

Der Anwalt erhält für das Prozesskostenhilfeprüfungsverfahren, sofern er nur für dieses beauftragt ist, eine Verfahrensgebühr Nr. 3335 VV RVG. Wird er anschließend für das Hauptsacheverfahren beigeordnet, gilt § 48 Abs. 4 S. 2 RVG und die Beiordnung umfasst auch alle Tätigkeiten im Rahmen des PKH-Prüfungsverfahrens. Die Gebühr entsteht i.H.d. Verfahrensgebühr für das Verfahren, für das die Prozesskostenhilfe beantragt wird, höchstens jedoch i.H.v. 500,00 EUR.

Auch kann theoretisch eine Terminsgebühr nach Vorbem. 3.3.6 VV RVG anfallen.

4 **Beiordnung**

Gem. § 183 SGG ist das Verfahren vor den Gerichten der Sozialgerichtsbarkeit für Versicherte, Leistungsempfänger, Behinderte oder deren Sonderrechtsnachfolger gerichtskostenfrei, soweit sie in dieser Eigenschaft als Kläger oder Beklagte beteiligt sind. Es entstehen also keine Gerichtskosten.

Nach § 73 Abs. 1 SGG besteht vor den Sozial- und Landessozialgerichten kein Anwaltszwang, die Beteiligten können den Rechtsstreit selbst führen.

Sofern die Partei bzw. der Beteiligte von dem Recht, einen Anwalt auszuwählen und zu beauftragen, keinen Gebrauch macht, kann das Gericht selbst auf Antrag der Partei einen Anwalt auswählen und beauftragen (§ 73a Abs. 1 S. 2 SGG).

Neben dem Anwalt kann auch ein Steuer- oder Rentenberater, Steuerbevollmächtigter, Wirtschaftsprüfer oder vereidigter Buchprüfer nach § 73a Abs. 1 S. 3 SGG beigeordnet werden.

Vor dem Bundessozialgericht müssen sich nach § 73 Abs. 4 SGG die Beteiligten von einem Rechtsanwalt vertreten lassen. Dies gilt allerdings nicht im Prozesskostenhilfeprüfungsverfahren.

5 **Vertretung durch Verbände**

Prozesskostenhilfe wird nach § 73a Abs. 2 SGG nicht bewilligt, wenn der Beteiligte durch einen Bevollmächtigten nach § 73 Abs. 2 S. 2 Nr. 5 bis 9 SGG vertreten wird (z.B. Sozialvereine, Gewerkschaften, Vereinigungen oder andere Verbände).

6 **Keine Prozesskostenhilfe für Beigeladene**

Auch für Beigeladene, Insolvenzverwalter oder jur. Personen kann Prozesskostenhilfe bewilligt werden (vgl. § 73a Abs. 1 S. 1 SGG i.V.m. § 116 ZPO).

7 **Vorbereitende Tätigkeiten**

Der **Vergütungsanspruch** bestimmt sich nach dem Bewilligungsbeschluss des Gerichts (§ 48 Abs. 1 RVG).

Die Beiordnung in sozialrechtlichen Angelegenheiten erstreckt sich grundsätzlich nach § 48 Abs. 4 RVG auf sämtliche Tätigkeiten ab dem **Zeitpunkt der Beantragung** der Prozesskostenhilfe, sofern das Gericht im Bewilligungsbeschluss **nichts anderes**

bestimmt. Weiterhin erstreckt sich die Beiordnung auf die gesamte Tätigkeit im Prozesskostenhilfeprüfungsverfahren einschließlich der vorbereitenden Tätigkeit.

Zeitliche Beschränkung 8

Teilweise werden nur Tätigkeiten einbezogen, die nach dem im Bewilligungsbeschluss genannten Zeitpunkt durchgeführt wurden.[1] Auch nach der Einführung von § 48 Abs. 4 RVG mit seinem heutigen Inhalt durch das 2. KostRMoG im Jahr 2013 kann bei der Bemessung der anwaltlichen Vergütungsforderung des beigeordneten Rechtsanwalts nur der Teil des Verfahrens zur Ausfüllung der Kriterien aus § 14 Abs. 1 RVG herangezogen werden, für den (Prozesskostenhilfe bewilligt und) der betroffene Anwalt beigeordnet war. Ist der Beiordnungsbeschluss mit einer konkreten zeitlichen Begrenzung versehen, so hat es für das Vergütungsfestsetzungsverfahren bei dieser Begrenzung zu verbleiben. Es gilt dann nicht das Datum der Antragstellung.[2]

Nach a.A. ist die zeitliche Beschränkung des Bewilligungszeitraums unerheblich, da § 48 Abs. 4 S. 2 RVG diesen vorgibt.[3] Grundsätzlich ist der gesamte Arbeits- und Zeitaufwand des Rechtsanwalts im Verfahren (über die Beantragung der Prozesskostenhilfe) – auch vor dem Zeitpunkt des Wirksamwerdens der Beiordnung – in die Beurteilung einzubeziehen.

Für Verfahren mit Betragsrahmengebühren sind für die Höhe der zu zahlenden Verfahrensgebühr nur die Tätigkeiten maßgebend, die der Rechtsanwalt von der Vorbereitung des PKH-Antrags bis zur Verfahrensbeendigung erbracht hat.[4]

Regelmäßig reicht der Anwalt zusammen mit dem PKH-Antrag auch schon einen Entwurf der Klageschrift ein, damit die Erfolgsaussicht beurteilt werden kann. Diese Problematik ist nur bei Rahmengebühren von Interesse, da bei Wertgebühren die Verfahrensgebühr nach der Bewilligung erneut entsteht und damit bei Wertgebühren keine Nachteile für die Beteiligten entstehen. Dies war der Anlass für die Änderung des § 48 Abs. 4 RVG im Rahmen des 2. KostRMoG.[5]

1 LSG Sachsen-Anhalt, Beschl. v. 17.6.2020 – L 5 AS 465/19 B.

2 LSG NRW, Beschl. v. 20.2.2024 – L 6 AS 1561/23 B; LSG Thüringen, Beschl. v. 27.10.2020 – L 1 SF 285/19 B; LSG Hessen, Beschl. v. 10.7.2015 – L 2 SF 11/15 E, AGS 2016, 197.

3 LSG Mecklenburg-Vorpommern, Beschl. v. 22.10.2020 – L 14 AS 300/20 B PKH.

4 LSG Schleswig, Beschl. v. 27.5.2024 – L 5 SF 42/24 B E.

5 Vgl. BT-Drucks 17/11471, 270; LSG Thüringen, Beschl. v. 19.11.2019 – L 1 SF 1122/18 B; AnwK RVG/*Fölsch/N. Schneider/Volpert*, § 48 Rn 63 ff.

9 **Auslagen vor Beiordnung**

Die Auslagen für Akteneinsicht und entsprechende Kopien (Dokumentenpauschale Nr. 7000 VV RVG) vor dem im PKH-Beiordnungsbeschluss genannten Zeitpunkt sind nicht von der PKH-Bewilligung umfasst und daher nicht zu vergüten.[6]

10 *Praxistipp*

Da im Regelfall die Beiordnung des Rechtsanwalts im Bewilligungsbeschluss von dem Grundsatz in § 48 Abs. 4 RVG abweichend ab dem Zeitpunkt des Vorliegens des vollständigen Antrages (nebst Unterlagen) erfolgt, empfiehlt sich eine bewilligungsreife Antragstellung.

Insoweit sollte an den Mandanten appelliert werden, dass dieser die notwendigen Angaben pflichtbewusst und gewissenhaft tätigt und die erforderlichen Unterlagen auch vollständig übergibt.

11 **Umfang der Prozesskostenhilfe – nur gerichtliches Verfahren**

Dem beigeordneten Anwalt steht ein Vergütungsanspruch gegen die Staats- bzw. Landeskasse zu. Eine Geltendmachung des Anspruchs auf Vergütung gegen den Mandanten scheidet aufgrund der Forderungssperre des § 122 Abs. 1 Nr. 3 ZPO aus.

Die Prozesskostenhilfe erstreckt sich nicht auf das vorgerichtliche Vorverfahren. Hier ist der Mandant auf Beratungshilfe angewiesen.

12 **Beiordnung wie ortsansässiger Anwalt**

Die Beiordnung zu den Bedingungen eines ortsansässigen Rechtsanwalts ist unzulässig, vielmehr hat diese bei einem auswärtigen Rechtsanwalt zu den Bedingungen eines im Bezirk des Prozessgerichts niedergelassenen Rechtsanwalts zu erfolgen (vgl. § 121 Abs. 3 ZPO).[7]

13 **Tod der Partei**

Die bewilligte Prozesskostenhilfe erlischt mit dem Tod des Berechtigten und kann auch nach dessen Tod nicht mehr bewilligt werden.

Hinweis

Sofern ein Rechtsnachfolger das Verfahren weiterführt, hat dieser Prozesskostenhilfe neu zu beantragen.

6 LSG Bayern, Beschl. v. 11.8.2023 – L 12 SF 140/20.
7 LSG NRW, Beschl. v. 22.11.2021 – L 7 AS 1116/21 B.

Rechtsschutzversicherung – Selbstbeteiligung 14

Zu oft vernachlässigt werden die dem Rechtsanwalt entstehende Selbstbeteiligung, Fahrtkosten und Auslagen im Falle des Vorhandenseins einer Rechtsschutzversicherung.

Die Prozesskostenhilfe ist dann auf den Betrag der entsprechenden Selbstbeteiligung betragsmäßig zu beschränken.[8]

Reisekosten/Fahrtkosten 15

Nach den Allgemeinen Bedingungen für die Rechtsschutzversicherung werden die Kosten für die Beauftragung eines Rechtsanwalts nur bis zur Höhe der Vergütung eines am Ort des zuständigen Gerichtes ansässigen Rechtsanwalts übernommen.[9]

Fahrtkosten und das Abwesenheitsgeld des Rechtsanwalts sind demnach von der Rechtsschutzversicherung des Klägers nicht gedeckt. Etwas anderes gilt nur, wenn der Wohnort des Klägers mehr als 100 km Luftlinie von Gerichtsort entfernt liegt. Bei vorliegender Rechtsschutzversicherung umfasst die PKH-Bewilligung daher auch diese Reisekosten.[10]

Prozesskostenhilfe nur für Deckungslücke 16

Bei der PKH-Bewilligung kann das Prozessgericht nicht nur „konkret" bewilligen („PKH beschränkt auf die Selbstbeteiligung i.H.v. 150 EUR") sondern auch „abstrakt" („PKH beschränkt auf den von der Rechtsschutzversicherung nicht gedeckten Teil").

In diesem Fall ist das Gericht bei der Festsetzung an die Berechnung der Gebühren gegenüber der Rechtsschutzversicherung gebunden und kann nicht nachträglich die Gebühren, die sie nicht tragen muss, nach eigenem Ermessen reduzieren, um die Deckungslücke zu reduzieren.

> *Beispiel:*
>
> Der Rechtsanwalt rechnet mit der Rechtsschutzversicherung u.a. Verfahrensgebühr über 392,00 EUR ab und verlangt aus der Staatskasse die Selbstbeteiligung i.H.v. 150,00 EUR.
>
> Das Gericht hält nur 300,00 EUR für angemessen und sieht damit nur eine um 92,00 EUR niedrigere Deckungslücke, also 58,00 EUR (= 150,00 – 92,00).[11] Das Gericht kann den „Selbstbeteiligungsbeitrag" nicht selbst anpassen.

8 BSG, Beschl. v. 14.6.2006 – B 7b AS 22/06 B; OLG Dresden, Beschl. v. 27.11.2009 – 4 W 1188/09.
9 So z.B. Nr. 2.3.1.2 ARB 2021 – Musterbedingungen des Gesamtverbandes der Versicherer.
10 LAG Berlin-Brandenburg, Beschl. v. 25.4.2014 – 21 Ta 811/14.
11 LSG Thüringen, Beschl. v. 23.5.2019 – L 1 SF 1527/17 B; LSG Bayern, Beschl. v. 8.5.2013 – L 15 SF 104/12 B.

Praxistipp

Es empfiehlt sich in einem solchen Fall darauf zu achten, dass auch Fahrtkosten und Abwesenheitsgeld von der Bewilligung der Prozesskostenhilfe erfasst werden.

Prozesskostenhilfe ist daher über den Betrag der Selbstbeteiligung sowie der voraussichtlich entstehenden Fahrtkosten und Abwesenheitsgelder zu beantragen.

B. Prüfungsverfahren

17 **Anwendbarkeit der ZPO-Vorschriften**

Nach § 73a Abs. 1 SGG finden die Vorschriften der ZPO in allen wesentlichen Punkten Anwendung.

Zuständig ist für die Prüfung der persönlichen und wirtschaftlichen Verhältnisse nach §§ 114 bis 116 ZPO, einschließlich der in § 118 Abs. 2 ZPO bezeichneten Maßnahmen und der Beurkundung von Vergleichen nach § 118 Abs. 1 S. 3 ZPO, der Urkundsbeamte der Geschäftsstelle (UdG) des jeweiligen Rechtszuges, wenn ihm das Verfahren insoweit übertragen ist (§ 73a Abs. 4 S. 1 SGG). Dies gilt auch für die Entscheidung über die Ablehnung der Prozesskostenhilfe nach § 118 Abs. 2 ZPO; der Urkundsbeamte ist nun zur Entlastung des Richters befugt, die ablehnende Entscheidung selbst zu erlassen (§ 73a Abs. 4 S. 2 SGG).[12]

18 **Zuständigkeit des Urkundsbeamten**

Nach § 73a Abs. 5 SGG obliegt dem Urkundsbeamten auch das Verfahren sowie die Entscheidung über eine Einstellung oder Wiederaufnahme von Zahlungen des Beteiligten an die Landeskasse. Weiterhin obliegt ihm die Bestimmung über eine Änderung oder Aufhebung der Bewilligung der Prozesskostenhilfe nach den §§ 120a, 124 Abs. 1 Nr. 2–5 ZPO.

19 **Rechtspfleger als Urkundsbeamter**

Es gelten die §§ 5 Abs. 1 Nr. 1, 6, 7, 8 Abs. 1 bis 4 und § 9 RPflG nach § 73a Abs. 6 S. 2 SGG mit der Maßgabe, dass an die Stelle des Rechtspflegers der Urkundsbeamte der Geschäftsstelle tritt. Der Urkundsbeamte entscheidet daher sachlich unabhängig und ist dabei nur an Recht und Gesetz gebunden.

12 Meyer-Ladewig/*B. Schmidt*, § 73a Rn 6j.

Rechtsmittel – Erinnerung 20

Gegen die Entscheidung des Urkundsbeamten nach § 73a Abs. 4 und 5 SGG kann binnen einer Monatsfrist nach Bekanntgabe das Gericht angerufen werden, das endgültig entscheidet (§ 73a Abs. 8 SGG). In diesem Fall ist die Erinnerung der statthafte Rechtsbehelf.

Unanfechtbar ist jedoch die Entscheidung des angerufenen Gerichts über die Erinnerung gegen die Entscheidung des Urkundsbeamten.[13]

Beschwerde wegen wirtschaftlicher Verhältnisse 21

Eine **Beschwerde** gegen eine Ablehnung von Prozesskostenhilfe durch das Sozialgericht ist in den Fällen des § 172 Abs. 3 Nr. 2 SGG ausgeschlossen, wenn das Gericht die persönlichen oder wirtschaftlichen Voraussetzungen verneint.

Dies gilt auch, wenn die angeforderten Nachweise zu den persönlichen und wirtschaftlichen Verhältnissen nicht innerhalb einer vom Gericht gesetzten Frist erbracht werden (§ 73a Abs. 1 S. 1 SGG i.V.m. § 118 Abs. 2 S. 4 ZPO) oder der erforderliche Vordruck (Erklärung über die persönlichen und wirtschaftlichen Verhältnisse) nicht vorgelegt wird.[14]

Beschwerde wegen Mutwilligkeit 22

Dagegen ist eine Beschwerde gegen die Ablehnung von Prozesskostenhilfe aus Gründen der Mutwilligkeit statthaft.

Nachträgliche Bewilligung 23

Eine Bewilligung nach **Abschluss der Instanz** ist grundsätzlich nicht mehr möglich.

Nach § 73a SGG i.V.m. §§ 114, 117 ZPO kann Prozesskostenhilfe erst ab dem Zeitpunkt bewilligt werden, ab dem ein vollständiger Antrag auf Prozesskostenhilfe vorliegt. Der vollständige Antrag muss vor Abschluss der Instanz, für welche die Prozesskostenhilfe begehrt wird, vorliegen.

Sofern die erforderlichen Unterlagen nicht eingereicht werden, kann das Gericht den Antrag auf Bewilligung von Prozesskostenhilfe insoweit nach § 73a Abs. 1 S. 1 SGG i.V.m. § 118 Abs. 2 S. 4 ZPO ablehnen. 24

Nachprüfungsverfahren 25

Nach § 124a Abs. 1 S. 1 ZPO kann die Entscheidung über die zu leistenden Zahlungen geändert werden, wenn sich die wirtschaftlichen Verhältnisse wesentlich gebessert haben (Nachprüfungsverfahren).

13 Meyer-Ladewig/*B. Schmidt*, § 73a Rn 12b.
14 AnwK-RVG/*N. Schneider*, § 3 Rn 166.

Verbessern sich die wirtschaftlichen Verhältnisse wesentlich, können auch nachträglich Zahlungen angeordnet werden. Verschlechtern sich die wirtschaftlichen Verhältnisse dagegen, ist auch eine Verringerung von festgesetzten Raten möglich.

Eine Änderung zum Nachteil des Beteiligten ist dabei ausgeschlossen, wenn seit der rechtskräftigen Entscheidung oder sonstigen Verfahrensbeendigung vier Jahre vergangen sind.

26 Nach § 120a Abs. 3 ZPO kann eine wesentliche Verbesserung der wirtschaftlichen Verhältnisse insbesondere dann eintreten, wenn der Beteiligte etwas durch den Rechtsstreit erlangt. Das Gericht hat daher zu prüfen, ob eine Änderung der Bewilligung mit Rücksicht auf das durch den Rechtsstreit Erlangte geboten ist.

27 Auch im Nachprüfungsverfahren ist die Benutzung des amtlichen Formulars gem. § 120a Abs. 4 ZPO vorgeschrieben. Auch gelten nach § 120a Abs. 4 ZPO neben den Ermittlungsmöglichkeiten des Gerichts auch die Mitwirkungspflichten entsprechend § 118 Abs. 2 ZPO.

C. Voraussetzungen

I. Antrag

28 Voraussetzung der Bewilligung ist nach § 73a Abs. 1 S. 1 SGG i.V.m. §§ 114 Abs. 1 S. 1, 117 Abs. 1 ZPO ein Antrag auf Bewilligung von Prozesskostenhilfe. Insoweit ergeben sich keine Unterschiede zum zivilrechtlichen Bereich.

II. Erklärung über die persönlichen und wirtschaftlichen Verhältnisse

29 **Formularzwang**

Dem Antrag ist eine Erklärung der Partei bzw. des Beteiligten über die persönlichen und wirtschaftlichen Verhältnisse nach § 73a Abs. 1 S. 1 SGG i.V.m. § 117 Abs. 2 ZPO mit entsprechenden Belegen beizufügen.

Hierfür ist das nach § 73a Abs. 1 S. 1 SGG i.V.m. § 117 Abs. 3 und 4 ZPO vorgesehene amtliche Formular bzw. der Vordruck zu verwenden.

Das Formular ist aufgrund der Prozesskostenhilfeformularverordnung vom 6.1.2014 zwingend zu benutzen, es besteht **Formularzwang**. Auch enthält dies in der aktuellen Fassung eine überarbeitete Versicherung hinsichtlich der Angaben in der Erklärung.

30 Die Darlegung der persönlichen und wirtschaftlichen Verhältnisse hat im amtlichen Formular zu erfolgen, wobei die gemachten Angaben zu belegen sind. Dies bedeutet, dass das Formular nicht nur sorgfältig und verständlich ausgefüllt werden, sondern auch aus sich heraus verständlich sein muss.

Die Einführung von Formularen verfolgt den Zweck der Verfahrensbeschleunigung. Dies soll dadurch erreicht werden, dass sich das Gericht durch einen ersten Blick in das Formular einen grundsätzlichen Überblick über die persönliche und wirtschaftliche Situation des Klägers oder Antragstellers verschaffen kann. Der Zweck wird jedoch vereitelt, wenn das amtliche Formular nicht ordnungsgemäß ausgefüllt wird.

Die Erklärung über die wirtschaftlichen und persönlichen Verhältnisse ist zwingend 31
zu unterzeichnen, da nur so nachgewiesen ist, dass der Unterzeichner die volle Verantwortung für den Inhalt der Erklärung übernimmt und die Erklärung auch von diesem stammt.

Auch geht nur so hervor, dass es sich nicht nur um einen bloßen Entwurf handelt.

Des Weiteren ist nur so nachgewiesen, dass der Unterzeichnende die Folgen einer unvollständig oder unrichtig ausgefüllten Erklärung über die persönlichen und wirtschaftlichen Verhältnisse zur Kenntnis genommen hat.

Sozialrechtliche Besonderheiten 32

Auch Sozialhilfe- oder Grundsicherungsempfänger haben das Formular auszufüllen und die vorgesehenen Angaben zu machen. Die bloße Einreichung des Leistungsbescheides ist regelmäßig allein nicht ausreichend.

Gleiches gilt für die Einreichungen von Unterlagen über eine Verbraucherinsolvenz.[15]

> *Hinweis* 33
>
> Die Abschnitte E bis J der Erklärung brauchen nicht ausgefüllt zu werden, wenn der Beteiligte Lebensunterhalt nach dem SGB XII (Zwölftes Buch Sozialgesetzbuch) bezieht (vgl. Wortlaut). Daher sind diese Abschnitte auch auszufüllen, sofern Leistungen nach dem SGB II (Zweites Buch Sozialgesetzbuch) bezogen werden.

Unterschiedliche Freibeträge 34

Hier ist insbesondere die Angabe über Vermögen erforderlich, da die Freibeträge nach § 12 SGB II (Bürgergeld) höher sind als solche nach § 90 SGB XII (Sozialhilfe), auf die § 115 Abs. 3 ZPO verweist.

15 Vgl. Meyer-Ladewig/*B. Schmidt*, § 73a Rn 5b.

III. Bedürftigkeit

35 **Bedürftigkeit**

Weiterhin ist es Voraussetzung, dass der Beteiligte nach seinen persönlichen und wirtschaftlichen Voraussetzungen die Kosten der Prozessführung nicht, nur zum Teil oder nur in Raten aufbringen kann (vgl. § 114 Abs. 1 S. 1 ZPO).

Die Bedürftigkeit des Beteiligten ist glaubhaft zu machen.

36 Nach § 73a Abs. 1 S. 1 SGG i.V.m. § 115 ZPO hat die Partei ihr Einkommen und Vermögen zur Prozessführung einzusetzen.

37 **Sozialrechtliche Besonderheiten**

Sofern der Bezug von Sozialhilfe oder Grundsicherungsleistungen beispielsweise durch den Bewilligungsbescheid nachgewiesen wurde, ist von einer Bedürftigkeit auszugehen. Dies ersetzt aber dennoch nicht eine Erklärung über die persönlichen und wirtschaftlichen Verhältnisse.

Die Voraussetzungen der Bedürftigkeit der §§ 114, 115 ZPO lassen sich durch eine Übersendung eines ALG II- oder Sozialhilfebescheides allein noch nicht hinreichend darlegen, da sich der durch § 115 ZPO vorgeschriebene Prüfungsumfang nicht vollständig mit den Voraussetzungen dieser Leistungen deckt.

IV. Hinreichende Erfolgsaussichten

38 **Erfolgsaussichten**

Daneben müssen hinreichende Erfolgsaussichten bestehen (vgl. § 114 Abs. 1 S. 1 ZPO). Hier sind alle Umstände zu berücksichtigen; eine gewisse Erfolgswahrscheinlichkeit genügt.

Eine hinreichende Erfolgsaussicht liegt vor, wenn das Gericht den Rechtsstandpunkt des Prozesskostenhilfe Begehrenden aufgrund der vorgetragenen Sachverhaltsschilderung sowie der vorhandenen Unterlagen für zutreffend oder vertretbar hält und von einer Möglichkeit der Beweisführung in tatsächlicher Hinsicht ausgeht.[16]

Grundsätzlich ist auch im sozialgerichtlichen Verfahren das Streitverhältnis darzustellen (§ 73a Abs. 1 S. 1 SGG i.V.m § 117 Abs. 1 S. 2 ZPO), um die Mutwilligkeit zu überprüfen. Allerdings können sich im Einzelfall auch ohne Vorliegen einer Klagebegründung hinreichende Erfolgsaussichten einer Klage i.S.v. § 114 Abs. 1 S. 1 ZPO bereits aus

16 BVerfG, Beschl. v. 13.3.1990 – 2 BvR 94/88; LSG Sachsen-Anhalt, Beschl. v. 24.5.2022 – L 2 AS 117/22 B; Meyer-Ladewig/*B. Schmidt*, § 73a Rn 7, 7a.

den mit der Klageschrift vorgelegten angegriffenen Bescheiden ergeben (hier: Erfolgsaussicht wegen möglichem Vertrauensschutz nach § 45 Abs. 2 SGB X).[17]

Zur Glaubhaftmachung der Erfolgsaussichten genügt hierbei nicht bereits, wenn pauschal und unsubstantiiert eine angebliche Verfassungswidrigkeit angeführt wird.

V. Keine Mutwilligkeit

Mutwilligkeit 39

Der Begriff der Mutwilligkeit ist in § 114 Abs. 2 ZPO durch den Gesetzgeber konkretisiert worden.

Mutwilligkeit liegt demnach vor, wenn eine Partei, die keine Prozesskostenhilfe beansprucht und ihre eigenen Kosten der Rechtsverfolgung oder Rechtsverteidigung selbst tragen müsste, bei verständlicher Würdigung aller Umstände von einer Rechtsverfolgung oder Rechtsverteidigung absehen würde, obwohl eine hinreichende Aussicht auf Erfolg besteht.

Unbegründeter Widerspruch 40

Mutwilligkeit kann vorliegen, wenn die gezielte rechtliche Überprüfung des Verwaltungsaktes im Widerspruchsverfahren nicht ernsthaft genutzt wurde, weil der Widerspruch unbegründet eingelegt wurde (im entschiedenen Fall des LSG Niedersachsen-Bremen wurden Leistungen für vier Monate bewilligt; es hätte ein Hinweis auf die gesetzliche Bewilligungsdauer von einem Jahr genügt).[18]

Untätigkeitsklage 41

Die Erhebung einer Untätigkeitsklage ist mutwillig, wenn der Fristablauf aus einer nicht rechtzeitigen Leerung des Anwaltspostfaches durch den Rechtsanwalt resultiert. Die Bewilligung von Prozesskostenhilfe ist wegen Mutwilligkeit abzulehnen.[19]

Parallelverfahren 42

Die Bewilligung von Prozesskostenhilfe für ein Überprüfungsverfahren nach § 44 SGB X scheidet regelmäßig wegen Mutwilligkeit der Rechtsverteidigung aus, wenn bereits ein weiteres Verfahren mit identischen Rechtsfragen geführt wird. Wenn ein Verfahren sinnvollerweise zurückzustellen ist, ist eine anwaltliche Vertretung nicht notwendig.[20]

17 LSG Sachsen-Anhalt, Beschl. v. 26.5.2025 – L 2 AS 362/24 B.
18 LSG Niedersachsen-Bremen, Beschl. v. 25.2.2020 – L 11 AS 859/18 B.
19 LSG NRW, Beschl. v. 18.12.2017 – L 9 SO 428/17 B.
20 LSG Baden-Württemberg, Beschl. v. 1.9.2014 – L 13 AS 3078/14.

43 **Andere Hilfe**

Andere Möglichkeiten der Prozessführung stehen der PKH-Bewilligung entgegen. So kann Prozesskostenhilfe für ein Mitglied des VdK nur dann bewilligt werden, wenn der Verband tatsächlich keinen Rechtsschutz gewährt oder wenn im Einzelfall die Inanspruchnahme des Verbandsrechtsschutzes unzumutbar ist.[21]

44 **Bescheid bereits erledigt**

Es fehlt das Rechtsschutzinteresse für die Anfechtung eines Bescheids, wenn sich die angeordnete Maßnahme bereits erledigt hat (hier: Antritt einer Arbeitsmaßnahme). Ein entsprechendes Verfahren ist mutwillig.[22]

21 LSG NRW, Beschl. v. 4.9.2024 – L 13 VG 19/24 B.
22 LSG Sachsen-Anhalt, Beschl. v. 16.11.2023 – L 2 AS 131/23 B.

§ 21 Kostenfestsetzung im Vorverfahren

A. Rechtliche Grundlagen

I. Allgemeines

Vorverfahren 1

Vor Erhebung der Anfechtungsklage sind Rechtmäßigkeit und Zweckmäßigkeit des Verwaltungsakts in einem dem Klageverfahren vorgeschalteten Verfahren nachzuprüfen. In sozialrechtlichen Verfahren geschieht dies regelmäßig im **Vorverfahren** (Widerspruchsverfahren, Einspruchsverfahren, Beschwerdeverfahren oder Abhilfeverfahren). Ohne die Durchführung des Vorverfahrens ist nach § 78 SGG die Klage unzulässig.

Für das Vorverfahren vor der Behörde entstehen keine behördlichen Gebühren und Auslagen – § 64 SGB X.

Kostenfestsetzung 2

Die Behörde, die mit der Bescheidung des Widerspruchs auch die Kostenentscheidung getroffen hat, setzt **auf Antrag** den Betrag der zu erstattenden Aufwendungen fest – § 63 Abs. 2 SGB X.

Die Behörde muss jedoch von Amts wegen eine Kostenentscheidung treffen.[1]

Rechtsanwaltsvergütung 3

Zu den erstattungsfähigen Kosten des Verfahrens gehören auch die Kosten eines Prozessbevollmächtigten, wenn die Zuziehung eines Bevollmächtigten notwendig war. Die entsprechende Feststellung wird durch die Behörde getroffen – § 63 Abs. 3 SGB X.

Erfolg 4

Soweit der **Widerspruch erfolgreich** ist, hat der Rechtsträger, dessen Behörde den angefochtenen Verwaltungsakt erlassen hat, demjenigen, der Widerspruch erhoben hat, die zur zweckentsprechenden Rechtsverfolgung oder Rechtsverteidigung notwendigen Aufwendungen zu erstatten. Die entsprechende Vorschrift hierzu ist § 63 SGB X.

Keine Kostentragungspflicht 5

Ebenso wie im Sozialgerichtsverfahren nach § 183 SGG zieht die Rechtsverfolgung im Widerspruchsverfahren grundsätzlich keine Kostentragungspflicht für den Widerspruchsführer im Fall des Unterliegens nach sich.

1 SG Darmstadt, Beschl. v. 13.8.2024 – S 8 KR 400/23.

6 **Vorherige Berechnung**

Grundlage der Kostenfestsetzung der anwaltlichen Vergütung ist eine Vergütungsrechnung nach § 10 RVG.

Zur Erstattung von Kosten des Widerspruchsverfahrens durch die Behörde ist die Berechnung der Gebühren und Auslagen des Rechtsanwalts gegenüber seinem Mandanten allerdings keine zwingende Voraussetzung. Es genügt, dass die Berechnung des Rechtsanwalts nicht dem Auftraggeber, sondern einem Dritten, hier der Behörde, mitgeteilt wird.[2] Dies wird teilweise strenger gesehen. Nach dieser Auffassung muss die Rechnung zunächst dem Auftraggeber mitgeteilt worden sein. Ohne die Berechnung entsteht keine Zahlungspflicht des Auftraggebers.[3]

7 **Freistellungsanspruch**

Neben der Fälligkeit und Rechnungsstellung – zumindest gegenüber der Behörde, s.o. – ist der Kostenerstattungsanspruch nach § 63 SGB X **nicht von einer tatsächlich geleisteten Zahlung** der Rechtsanwaltsvergütung durch den Widerspruchsführer abhängig. Es ist ausreichend, wenn der Widerspruchsführer der Vergütungsforderung ausgesetzt ist. Bereits in diesem Fall kann er von der Behörde verlangen, von der Vergütungsforderung freigestellt zu werden.[4]

8 **Nachliquidation**

Auch nach Abschluss des Festsetzungsverfahrens gem. § 63 SGB X können versehentlich nicht geltend gemachte Posten nachliquidiert werden. Im vom BGH entschiedenen Fall wurde die Erledigungsgebühr übersehen.[5]

II. Verwaltungsakt

9 **Verwaltungsakt notwendig**

Die Kostenfestsetzung kann nur auf der Grundlage eines Verwaltungsaktes erfolgen. Deshalb kann eine rein widerholende Verfügung, der kein eigenständiger Regelungsgehalt zukommt, keinen Erstattungsanspruch nach § 63 Abs. 1 SGB X auslösen.[6]

2 BSG Urt. v. 2.12.2014 – B 14 AS 60/13 R, SozR 4–1300 § 63 Nr. 22, ASR 2015, 144.
3 LSG Baden-Württemberg, Urt. v. 30.6.2020 – L 11 KR 4539/18; LSG NRW, Urt. v. 21.11.2012 – L 19 AS 1878/12 B.
4 BSG, Urt. v. 2.12.2014 – B 14 AS 60/13 R, SozR 4–1300 § 63 Nr. 22, AGS 2015, 356.
5 BGH, Beschl. v. 1.6.2011 – XII ZB 363/10; LSG Baden-Württemberg, Urt. v. 30.6.2020 – L 11 KR 4539/18.
6 SG Augsburg, Urt. v. 8.5.2017 – S 8 AS 416/17.

Reine Mitteilung – kein Verwaltungsakt 10

Eine Mitteilung, mit der die Zahlung einer laufenden Leistung nach § 331 SGB III vorläufig eingestellt wird, stellt beispielsweise keinen Verwaltungsakt dar. Es handelt sich dabei um einen Realakt.[7]

Hinweis auf Modalitäten – kein Verwaltungsakt 11

Bei den Hinweisen auf die Auszahlungsmodalitäten, den Leistungsinhalt und den Rückforderungsvorbehalt bei nicht zweckentsprechender Verwendung von Leistungen handelt es sich um keine Regelung (§ 31 SGB X), deren Aufhebung zu einem Erfolg i.S.d. § 63 SGB X führen könnte.[8]

Verwaltungsakt ohne Bekanntgabe 12

Ein Verwaltungsakt ist nur dann widerspruchsfähig, wenn er bekannt gegeben wurde (§§ 37, 39 SGB X). Ist der Verwaltungsakt nicht wirksam bekannt gegeben worden, so läuft auch die Widerspruchsfrist nicht.[9] Nach anderer Ansicht ist auch dann, wenn es fehlerhaft unterblieben ist, einen Verwaltungsakt bekannt zu geben, ein Kostenerstattungsanspruch gegeben. Der Fehler der Behörde kann nicht zu Lasten des Widerspruchsführers gehen. Damit kann ein Kostenerstattungsanspruch nach § 63 Abs. 1 SGB X entstehen.[10]

Aufklärungsschreiben – kein Verwaltungsakt 13

Bei einem Schreiben mit Aufklärungs- und Warnfunktion, das über die Unangemessenheit von Kosten der Unterkunft (§ 22 SGB II) informiert, handelt es sich nicht um einen mit einem Widerspruch anfechtbaren Verwaltungsakt. Es kann daher keinen Kostenerstattungsanspruch auslösen, auch nicht unter dem Gesichtspunkt eines formellen Verwaltungsaktes.[11]

Zugunstenbescheid – kein Verwaltungsakt 14

Ein sogenannter „Zugunstenbescheid" nach § 44 SGB X löst eine Kostenerstattungspflicht nach § 63 SGB X nicht aus, weil es sich bei dem Zugunstenverfahren nicht um ein Vorverfahren i.S.d. SGG handelt.[12]

7 LSG Thüringen, Urt. v. 16.8.2012 – L 9 AS 1380/11.
8 LSG NRW, Beschl. v. 7.5.2013 – L 6 AS 226/13 B.
9 LSG Bayern, Beschl. v. 16.9.2013 – L 2 P 10/13 NZB.
10 SG Dresden, Urt. v. 24.10.2018 – S 40 AS 865/18; BFH, Urt. v. 6.12.1995 – I R 111/94.
11 LSG Thüringen, Urt. v. 16.8.2012 – L 9 AS 1380/11 – PKH.
12 LSG NRW, Beschl. v. 8.7.2013 – L 6 AS 323/13 B; BSG, Urt. v. 21.7.1992 – 4 RA 20/91.

15 **Private Pflegeversicherung – vorgerichtliches Einwendungsverfahren**

Die Krankenversorgung der Bundesbahnbeamten ist keine Behörde. In Angelegenheiten der privaten Pflegeversicherung erlässt sie daher keine Verwaltungsakte. Dennoch ist auch das Überprüfungsverfahren § 63 SGB X anzuwenden.[13]

III. Notwendige Kosten der Rechtsverfolgung

16 **Notwendige Kosten**

Gegenstand der Kostenfestsetzung sind die zur **zweckentsprechenden Rechtsverfolgung oder Rechtsverteidigung notwendigen Aufwendungen**.

Die Definition der zur zweckentsprechenden Rechtsverfolgung oder Rechtsverteidigung notwendigen Aufwendungen entspricht der Definition in § 91 Abs. 1 ZPO, § 193 Abs. 2 SGG, § 162 Abs. 1 VwGO. Es kommen nur solche Aufwendungen in Betracht, die sich unmittelbar auf dieses Verfahren beziehen. Nur die notwendigen Kosten der Rechtsverfolgung sind erstattungsfähig. Es gilt auch hier der Grundsatz, dass jeder Verfahrensbeteiligte die Pflicht hat, die Kosten im Rahmen des Verständigen nach Möglichkeit niedrig zu halten.

17 **Notwendige Kosten – Beispiele**

Notwendige Kosten sind etwa

- Reisekosten zum Termin oder zur Ortsbesichtigung, soweit eine mündliche Erörterung mit dem Widerspruchsführer von der Widerspruchsstelle angeregt worden ist oder notwendig erschien,
- Kosten für eine Informationsreise des Widerspruchsführers zum Prozessbevollmächtigten,
- Ein Verdienstausfall[14] (Verdienstausfall ist nur dann erstattungsfähig, wenn der Widerspruchsführer in der Widerspruchssitzung gehört werden soll und insoweit von der Widerspruchsstelle vorgeladen wird),
- Kosten zur Vorbereitung des Widerspruchs, wie Urkundenbeschaffung, ärztliche Atteste, Einholung von Beschäftigungsnachweisen,
- Postgebühren, Abschriften, Fotokopien, soweit im Einzelfall notwendig.

18 **Verschulden**

Nicht erstattungsfähig sind Aufwendungen, wenn sie durch das **Verschulden** des Erstattungsberechtigten oder seines Vertreters entstanden sind.

13 BSG, Urt. v. 22.2.2024 – B 3 P 8/22 R.
14 VGH München BayVBl 1973, 163; 1974, 595.

Aufwendungen sind dann durch Verschulden des Widerspruchsführers entstanden, wenn die Behörde wegen seiner ungenügenden Mitwirkung keinen anderen Ausgangsbescheid erlassen konnte.

Ein Verschulden liegt allerdings nicht darin, dass er den Widerspruch einlegt, obwohl er auch einen Antrag nach §§ 44 oder 48 SGG hätte stellen können.

IV. Notwendigkeit der Reisekosten eines auswärtigen Rechtsanwalts

Reisekosten für Geschäftsreise 19

Reisekosten des Bevollmächtigten im Vorverfahren zu einem Termin oder zu einer Ortsbesichtigung sind notwendige und damit erstattungsfähige Kosten, wenn eine mündliche Erörterung mit dem Widerspruchsführer seitens der Widerspruchsstelle angeregt worden ist oder aus einem sonstigen Grund notwendig erscheint.[15]

Ausnahmsweise können auch Reisekosten eines **auswärtigen Rechtsanwalts** notwendig sein i.S.d. § 63 Abs. 1 S. 1 SGB X. Im entschiedenen Fall betrug die Entfernung 380 km. Die Erstattungsfähigkeit war hier gegeben, da ein Spezialist im Vertragsarztrecht notwendig war.[16] Das Gericht stellt hierbei ausdrücklich klar, dass allein die Fortbildung zum Fachanwalt für Medizin- oder Sozialrecht allein noch keine solche Spezialisierung darstellt.

Da die Definition der zweckentsprechenden notwendigen Aufwendungen der Rechtsver- 20
folgung oder Rechtsverteidigung in § 63 SGB X der in § 91 Abs. 1 ZPO, § 193 Abs. 2 SGG und § 162 Abs. 1 VwGO entspricht, sollen diese im Verwaltungsverfahren sinnentsprechend anwendbar sein.[17]

V. Notwendigkeit sonstiger Auslagen

Auslagen des Widerspruchsführers 21

Zu den notwendigen Kosten gehören auch die Auslagen des Widerspruchsführers für beispielsweise Fotokopien, Porto, Telefonate, Telefaxe sowie Fahrtkosten zur Besprechung mit dem Bevollmächtigten.

Privatgutachten 22

Die Kosten für ein Privatgutachten, das im Widerspruchsverfahren eingeholt wird, sind regelmäßig nicht erstattungsfähig. § 63 SGB X enthält keine dem § 109 SGG entspre-

15 Schütze/*Roos/Blüggel*, § 63 SGB X Rn 17.
16 LSG Sachsen-Anhalt, Urt. v. 12.3.2024 – L 9 KA 1/23.
17 Schütze/*Roos/Blüggel*, § 63 SGB X Rn 15.

chende Regelung. Wegen des Amtsermittlungsprinzips reicht grundsätzlich ein substantiierter Vortrag, um die Behörde zu eigenen, weiteren Ermittlungen zu veranlassen. Damit ist eine Festsetzung der Kosten eines Privatgutachtens nur in seltenen Ausnahmefällen möglich.[18]

VI. Kostenfestsetzung und Aufrechnung bei Beratungshilfe

23 **Aufrechnungsverbot**

Wurde dem Mandanten Beratungshilfe bewilligt, so tritt im Falle des Erfolgs ein Forderungsübergang nach § 9 Abs. 2 BerHG ein. Der Rechtsanwalt wird damit Gläubiger des Anspruchs.

Will die Behörde mit anderen Leistungen gegen diesen Anspruch aufrechnen, so ist nicht der Widerspruchsführer, sondern der Rechtsanwalt Gläubiger des Erstattungsanspruchs ist. Laut BSG liegt ein Aufrechnungsverbot vor.[19] Eine Aufrechnung gegenüber dem Rechtsanwalt ist damit nicht möglich.

VII. Verjährung

24 **Einrede der Verjährung**

Der Kostenerstattungsanspruch gegen die Behörde unterliegt der kurzen Verjährungsfrist des § 45 Abs. 1 SGB I. Das BSG[20] hat diese Streitfrage nunmehr geklärt. Die Frist beginnt mit Ablauf des Kalenderjahres, in dem die Kostengrundentscheidung getroffen wurde. Sie beträgt vier Jahre. Damit tritt die Fälligkeit der Vergütung nach § 8 Abs. 1 RVG ein.

Ist die Verjährungsfrist abgelaufen, so kann die Behörde einem Kostenfreistellungsanspruch eines Prozessbevollmächtigten nicht entgegenhalten, dass der Mandant ihm gegenüber die Einrede der Verjährung hätte erheben müssen. Die Verjährung tritt damit nicht ein. Der Mandant selbst hat insoweit die Dispositionsfreiheit, die nicht durch die Behörde ausgeübt werden kann.[21]

Diese Ansicht war zumindest bis zur Entscheidung des BSG umstritten. Häufig wurde auf die Kostenminderungspflicht des Rechtsanwalts verwiesen, sodass nach der Geltendma-

18 LSG Berlin-Brandenburg, Urt. v. 13.3.2012 – L 13 SB 92/11.

19 BSG, Urt. v. 20.2.2020 – B 14 AS 3/19 R.

20 BSG, Urt. v. 12.12.2019 – B 14 AS 45/18 R.

21 BSG, Urt. v. 2.12.2019 – B 14 AS 46/18 R, AGS 2020, 247; LSG Berlin-Brandenburg, Urt. 7.6.2018 – L 10 AS 360/16, SG Neubrandenburg, Urt. v. 12.4.2018 – S 12 AS 1010/17.

chung der Verjährungseinrede keine notwendigen Aufwendungen mehr vorlägen.[22] Diese Ansicht ist nunmehr überholt.

Ankündigung von Gebührenverzicht 25

Hat der Rechtsanwalt für den Fall der Erfolglosigkeit angekündigt, keine Gebühren zu verlangen, sondern Beratungshilfe zu beantragen, so zieht diese Ankündigung keinen Verlust des anwaltlichen Gebührenanspruchs im Erfolgsfall nach sich.[23]

B. Voraussetzungen der Erstattungsfähigkeit

I. Widerspruchs- oder Abhilfebescheid

Zur Anwendbarkeit der Grundsätze der Erstattungsfähigkeit nach § 91 Abs. 1 ZPO im isolierten Vorverfahren siehe Rdn 20. 26

Voraussetzung – Widerspruchsbescheid 27

Das Vorverfahren muss mit einem Widerspruchs- oder einem Abhilfebescheid beendet worden sein. Ohne eine derartige Entscheidung fehlt es an einer Grundlage für den Erstattungsanspruch des Antragstellers und damit an der Grundlage für die Kostenfestsetzung selbst.

Nicht-förmliche Beschwerdeverfahren 28

Im nicht-förmlichen Beschwerdeverfahren (z.B. Dienstaufsichtsbeschwerden oder Gegenvorstellungen) ist die Erstattung von Kosten nicht vorgesehen.

Lediglich Verfahrenshandlung 29

Dies gilt in gleicher Weise, wenn sich der Antragsteller lediglich gegen eine **Verfahrenshandlung** gewandt hat (z.B. vorbereitende Einholung eines Gutachtens).

Vergleich/Erledigung ist kein Widerspruchsbescheid 30

Erledigt sich das Verfahren durch **Vergleich oder Erledigung**, so liegt ebenfalls kein Widerspruchs- oder Abhilfebescheid vor. Auch in diesen Fällen kann eine Kostenfestsetzung nicht stattfinden.

22 SG Nordhausen, Urt. v. 26.10.2015 – S 31 AS 818/14; *Feddern*, in: *Schlegel/Voelzke*, jurisPK-SGB X, § 63 SGB X, Rn 95.
23 BSG, Urt. v. 12.12.2019 – B 14 AS 46/18 R, AGS 2020, 247.

31 **Rücknahme/Widerruf Verwaltungsakt ist ggf. Formenmissbrauch**

Rücknahme oder Widerruf eines Verwaltungsaktes stellen formal keine Abhilfeentscheidung dar. Jedoch wird der Bürger hiermit „klaglos" gestellt.

Hier kommt ein Formenmissbrauch in Frage, wenn die Behörde, um die Kosten des Widerspruchsführers nicht tragen zu müssen, trotz Übernahme der Argumente aus dem Widerspruch einen Verwaltungsakt zurücknimmt oder aufhebt.

Dies gilt nicht, wenn die Rücknahme oder Widerruf auf **widerspruchsfremden Argumenten** beruhen. In diesem Fall ist die Festsetzung gem. § 63 SGB X korrekterweise ausgeschlossen.

32 **Einheitliche Entscheidung des Gerichts**

Folgt dem Widerspruchsverfahren ein **gerichtliches Verfahren** nach, so hat das Gericht über die Erstattung der Kosten des Vorverfahrens zu entscheiden, soweit darüber nicht schon durch unanfechtbaren Verwaltungsakt entschieden worden ist (Grundsatz der Einheitlichkeit der Kostenentscheidung: Kosten des Vorverfahrens gelten als Kosten des Klageverfahrens).

33 **Erstattungsberechtigter/-verpflichteter**

Erstattungsberechtigt und damit antragsberechtigt ist derjenige, der den Widerspruch erhoben hat. Nach seinem Tod ggf. seine Erben (§§ 1922 ff. BGB).

Erstattungsverpflichtet ist der Hoheitsträger, dessen Rechte und Pflichten die Behörde wahrgenommen hat. Die Behörde, die dem Widerspruch abhilft, hat dem Rechtsträger der Ausgangsbehörde, die nicht miteinander identisch sein müssen, die Kosten aufzuerlegen.

II. Keine Erstattung der Geschäftsgebühr für das Verwaltungsverfahren

34 **Verwaltungsverfahren – Erstattung**

Die für das Antragsverfahren vor der Verwaltungsbehörde fällige Gebühr nach Nr. 2302 VV RVG trägt der Kläger grundsätzlich selbst. Diese Kosten sind nicht nach § 63 SGB X erstattungsfähig. Die Solidargemeinschaft soll nicht mit den Kosten des reinen Antragsverfahrens belastet werden. Daher scheidet eine Erstattungsfähigkeit der Verwaltungsverfahrens-Geschäftsgebühr aus, soweit nicht spezielle Regelungen dies vorsehen.[24]

24 BSG, Beschl. v. 21.8.2008 – B 12 KR 33/07 B; LSG Hessen, Urt. v. 19.3.2008 – L 4 SB 51/07; VGH Baden-Württemberg, Beschl. v. 7.2.2008 – 13 S 2939/07; SG Hessen, Beschl. v. 19.3.2008 – L 4 SB 51/07; LSG Berlin-Brandenburg, Beschl. v. 29.4.2008 – L 30 B 475/06 AL PKH.

Es besteht kein allgemeiner Rechtsgrundsatz, wonach eine Kostenerstattung zugunsten des Obsiegenden zu erfolgen hätte oder der Staat zwingend die Kosten des Anwalts zu tragen hätte, wenn der Bürger mit seinem Begehren nicht durchdringt.[25]

C. Erfolg des Widerspruchs

I. Allgemeines

Erfolg des Widerspruchs 35

Erfolgreich ist der Widerspruch, auf den hin der Verwaltungsakt völlig oder teilweise aufgehoben wird. Dabei kommt es im Ergebnis einzig auf das Stattgeben an.[26]

Der Erfolg kann also auch durch ein äußeres Ereignis herbeigeführt werden.

Damit hat der Widerspruch beispielsweise Erfolg, wenn die Voraussetzungen für den streitigen Anspruch während des Vorverfahrens durch ein äußeres Ereignis (hier: Aufhebung der räumlichen Nähe der Kinder zum Vater durch einen Brand) geschaffen werden. Die Kosten nach § 63 Abs. 1 S. 1 SGB X sind zu erstatten, weil der Erfolg des Rechtsbehelfs am tatsächlichen Ergebnis des Widerspruchsverfahrens zu messen ist.[27]

Etwas anderes gilt, wenn der Widerspruchsführer seinen **Mitwirkungspflichten** (§§ 60 ff. SGB I) erst im Widerspruchsverfahren nachkommt und darauf der „Erfolg" beruht.[28]

Beispiel 36

Antragsteller weist Aufnahme einer Arbeit erst während des Widerspruchsverfahrens nach. Dadurch wird der Widerspruch im Ergebnis erfolgreich, weil Leistungen nicht mehr nach § 7 Abs. 1 Nr. 2 SGB II ausgeschlossen sind. Damit ist der Widerspruch nicht erfolgreich i.S.d. Kostenfolge des § 63 Abs. 1 S. 1 SGB X. Eine Kostenerstattung findet nicht statt.[29]

25 VGH Baden-Württemberg, Beschl. v. 7.2.2008 – 13 S 2939/07.

26 BSG, Urt. v. 2.11.2012 – B 4 AS 97/11 R; BSG, Urt. v. 21.7.1992 – 4 RA 20/91, SozR 3–1300 § 63 Nr. 3; LSG NRW, Beschl. v. 10.7.2013 – L 19 AS 960/13 B; LSG Berlin-Brandenburg, Urt. v. 18.9.2013 – L 18 AS 565/12, Rn 17.

27 LSG Berlin-Brandenburg, Urt. v. 18.9.2013 – L 18 AS 565/12.

28 LSG Berlin-Potsdam, Urt. v. 2.3.2018 – L 29 AS 528/17; BSG, Urt. v. 18.12.2001 – B 12 KR 42/00 R; SG Freiburg, Beschl. v. 3.7.2008 – S 6 AS 1903/08 m.w.N.

29 LSG Hessen, Urt. v. 23.9.2016 – L 7 AS 1035/15.

37 **Äußerer Erfolg ist maßgeblich**

Letztendlich trägt die Behörde die Kosten des Widerspruchsführers. Der Grund für den Erfolg oder Misserfolg des Widerspruchs ist kostenrechtlich unerheblich. § 63 SGB X stellt allein auf den äußeren Erfolg des Widerspruchs ab.

> *Beispiel*
>
> Dem Widerspruch gegen die Reduzierung der Leistungen wird stattgegeben.
>
> Der „Erfolg" führt aber nicht zu einer Erhöhung der Leistung, da gleichzeitig wegen Erwerbstätigkeit höhere Einnahmen zu berücksichtigen sind.
>
> Damit ist der Widerspruch nicht erfolgreich. Es erfolgt keine Kostenerstattung.[30]

38 **Teilweiser Erfolg**

Die Kostenerstattung findet nur statt, **„soweit" der Widerspruch erfolgreich** ist. Nicht geregelt ist die Aufwendungserstattung bei teilweise erfolgreichem Widerspruch. Entsprechend der Grundregel des § 92 Abs. 1 ZPO muss in diesem Fall eine teilweise Aufwendungserstattung ausgesprochen werden. Dabei ist eine Verteilungsquote zu bilden. Das Obsiegen und das Unterliegen werden gegeneinander in ein Verhältnis gesetzt. In diesem Verhältnis werden die erstattungsfähigen Aufwendungen des Widerspruchsführers zwischen den Beteiligten aufgeteilt.

39 **Abhilfe**

Unter „**Abhilfe**" ist jeder Verwaltungsakt zu verstehen, der dem Widerspruchsführer ein weiteres oder erweitertes „Recht" zugesteht.

II. Beispiele Erfolg/Misserfolg

40 **Unzweckmäßigkeit als Erfolg**

So reicht es beispielsweise aus, wenn sich ein **Verwaltungsakt** während des Widerspruchsverfahrens zwar als rechtmäßig, jedoch auch als **unzweckmäßig** herausstellt. Wird er deshalb aufgehoben, so fallen die Kosten dem Rechtsträger zur Last.

41 **Änderung der Rechtslage als Erfolg**

Dies gilt ebenso, wenn **eine Änderung der Rechtslage** während des Vorverfahrens zugunsten des Widerspruchsführers erfolgt.

30 LSG Sachsen-Anhalt, Urt. v. 22.6.2023 – L 4 AS 334/21.

Zuvorkommen der Behörde 42

Erfolg ist ebenfalls gegeben, wenn die **Behörde** einer dem Widerspruchsführer günstigen Entscheidung über den Widerspruch durch Rücknahme bzw. entsprechende Verpflichtung zur Neubescheidung **zuvorkommt**.

Anderweitige Erledigung ist kein Erfolg 43

Eine **anderweitige Erledigung** des Widerspruches ist dagegen regelmäßig **kein Erfolg**.[31]

Erfolg 44

Erfolgreich ist ein Widerspruch dann, wenn auf ihn hin der angefochtene Verwaltungsakt völlig oder teilweise aufgehoben wird.[32] Dies ist nicht der Fall, wenn durch den Widerspruchsbescheid dem Kläger kein weiteres oder erweitertes Recht zugestanden wird.

> *Beispiel*
>
> Der Kläger hat auf die Weiterverfolgung seines Anspruchs auf Sozialhilfe verzichtet, da er die Auffassung vertreten hat, dass durch die nachträgliche Gewährung von Arbeitslosenhilfe sein Sozialhilfeanspruch nachträglich entfallen sei. Insoweit hat er auf eine Entscheidung über seinen Widerspruch verzichtet, sodass eine Erledigung auf andere Weise vorliegt. Für die Fallgestaltung, dass der Hoheitsträger dem Widerspruch weder abhilft noch stattgibt, ergibt sich aus § 63 SGB X keine Kostenerstattungspflicht des Hoheitsträgers.[33]

Kosten des isolierten (Widerspruchs-)Vorverfahrens sind demnach nur zu übernehmen, wenn der Widerspruch erfolgreich war.

Rücknahme 45

Ein zurückgenommener Widerspruch ist nicht erfolgreich, sodass in keinem Fall ein Anspruch auf Erstattung nach § 63 Abs. 1 SGB X besteht.[34]

31 SG Duisburg, Urt. v. 22.2.2019 – S 49 AS 2475/18.
32 Vgl. Schütze/Roos/*Blüggel*, SGB X, § 63 Anm. 21.
33 VG München, Urt. v. 17.10.2001 – M 18 K 01.30.
34 VG München, Urt. v. 25.9.2013 – M 18 K 12.1364.

46 **Mahngebühren**

Bei Festsetzung von Mahngebühren handelt es sich um einen Verwaltungsakt, der mit Widerspruch und Klage angefochten werden kann, da eine für den betroffenen Schuldner verbindliche Einzelfallregelung vorliegt.[35]

Der erfolgreiche Widerspruch gegen ein Behördenschreiben, mit dem Mahngebühren gefordert werden, löst demzufolge einen Anspruch auf Aufwendungsersatz nach § 63 Abs. 1 S. 1 SGB X aus. Etwas anderes gilt für eine bloße Zahlungsaufforderung durch die Behörde. Dies ist kein Verwaltungsakt.

III. Formell rechtswidriger Verwaltungsakt – Heilung

47 **Heilung**

Eine Kostenerstattungspflicht besteht auch für alle Fälle des § 41 SGB X, wenn der Widerspruch im Ergebnis nur deshalb erfolglos geblieben ist, weil eine Heilung eingetreten ist.

Eine Verletzung von Verfahrens- oder Formvorschriften, die den Verwaltungsakt nach § 40 SGB X nicht nichtig macht, ist nach § 41 Abs. 1 SGB X unbeachtlich, wenn

- der erforderliche Antrag nachträglich gestellt wird,
- die erforderliche Begründung nachgereicht wird,[36]
- eine erforderliche Anhörung nachgeholt wird,
- ein notwendiger Ausschuss-Beschluss nachträglich gefasst wird,
- die erforderliche Mitwirkung einer anderen Behörde nachgeholt wird,
- die erforderliche Hinzuziehung eines Beteiligten nachgeholt wird.

Durch die Nachholung der jeweiligen Verfahrenshandlung wird der Mangel geheilt, sodass sich der Verwaltungsakt als formell rechtmäßig erweist.

Die Behörde hat es in der Hand, den Fehler nachträglich zu korrigieren und dem Widerspruch die Grundlage zu entziehen. Damit verliert der Widerspruchsführer zwar in der Sache, erhält aber einen Kostenerstattungsanspruch gegen die Behörde.

48 **Verfahrens- oder Formverletzung**

Sinn der Regelung ist, dass dem Widerspruchsführer nicht angelastet werden kann, wenn der Widerspruch durch Verfahrens- oder Formverletzung herausgefordert wurde, der Mangel unter Umständen aber auch auf andere Weise als durch einen Widerspruch hätte geheilt werden können.

35 BSG, Urt. v. 2.11.2012 – B 4 AS 97/11 R

36 LSG Baden-Württemberg, Urt. 19.12.2024 – L 10 R 309/24.

Voraussetzung ist allerdings, dass der Widerspruch „**nur**" deshalb keinen Erfolg hatte, weil die Heilung eingetreten ist.

Dies gilt auch dann, wenn im Widerspruchsverfahren ausschließlich die mangelnde Begründung, also lediglich die Verletzung der formellen Vorgaben, geltend gemacht wird.

Auch in diesem Fall löst die Heilung des Formfehlers im Widerspruchsbescheid die Kostenfolge des § 63 Abs. 1 S. 2 SGB X aus.[37]

IV. Grundlage der Kostenentscheidung ist nicht nur der Erfolg

Berücksichtigung aller Umstände 49

Die Behörde bzw. das Gericht muss alle Umstände des Einzelfalls berücksichtigen. Es darf also nicht nur auf das Ergebnis des Rechtsstreits abgestellt werden. Auch dem obsiegenden Beteiligten können nach dem Veranlassungsprinzip die Kosten auferlegt werden. Hierbei kann der Anlass für die Klageerhebung/Widerspruchseinlegung berücksichtigt werden – z.B. wenn die Behörde durch unrichtige Beratung oder falsche Rechtsmittelbelehrung diese veranlasst hat.

Falsche Bekanntmachung 50

Auch die Missachtung des § 13 Abs. 3 SGB X (Bekanntmachung nur an Bevollmächtigten) rechtfertigt es, der Behörde die Kosten aufzuerlegen.[38]

D. Notwendigkeit der Zuziehung eines Bevollmächtigten

I. Allgemeines

Jeweiliger Antragsteller 51

Die Notwendigkeit der Zuziehung eines Bevollmächtigten beurteilt sich nach den Verhältnissen des Einzelfalls. Sie ist nicht nur bei schwierigen und umfangreichen Sachverhalten zu bejahen.

Maßgeblich sind die **individuellen Fähigkeiten und Möglichkeiten des Antragstellers**. Die Beurteilung hat nicht aus der Sicht einer rechtskundigen Partei zu erfolgen.

37 SG Aachen, Urt. v. 9.3.2020 – S 7 R 608/19; SG Dresden, Urt. v. 23.1.2020 – S 35 R 536/19; SG Chemnitz, Urt. v. 11.11.2016 – S 33 AS 1347/16, SR 2017, 38; a.A. LSG Baden-Württemberg, Urt. v. 9.5.2011 – L 7 AS 109/11.

38 LSG Berlin-Brandenburg, Beschl. v. 5.11.2007 – L 32 B 1758/07 AS.

Entscheidend ist der Standpunkt einer vernünftigen Person ohne spezifische Rechtskenntnisse für diesen Fall.[39]

Bei der Beurteilung ist eine weite Auslegung geboten, weil der Gesetzgeber davon ausgeht, dass das Sozialrecht eine Spezialmaterie ist, die nicht nur der rechtsunkundigen Partei, sondern selbst ausgebildeten Juristen Schwierigkeiten bereitet.[40]

52 **Umstände des Einzelfalls**

Abzustellen ist darauf, ob es einem verständigen Beteiligten nach seinen persönlichen Verhältnissen unter Berücksichtigung der gesamten Umstände zuzumuten war, das Vorverfahren selbst zu führen oder nicht. Zu berücksichtigen sind dabei stets die etwaige Schwierigkeit sowie die wirtschaftliche Bedeutung der Angelegenheit.

Ebenfalls sind neben dem Bildungs- und Kenntnisstand des Bürgers auch der Bekanntheitsgrad der einschlägigen Rechtsmaterie, die Intensität der Rechtsbeziehung zwischen Bürger und Behörde zu beachten sowie die Frage, ob der Schwerpunkt eher im rechtlichen oder im tatsächlichen Bereich liegt. Dabei darf die Erkenntnis und Urteilsfähigkeit des Bürgers nicht überschätzt werden; die Beauftragung eines Rechtsanwalts sowie die gerichtliche Überprüfung der Bescheidung ist das gute Recht eines Bürgers.

Dies folgt grundsätzlich auch aus dem Grundsatz der Rechtsschutz- oder auch „Waffengleichheit“ aus Art. 3 Abs. 1 GG i.V.m. Art. 20 Abs. 3 GG.

Dem meist rechtsunkundigen Bürger/Widerspruchsführer stehen regelmäßig rechtskundige und prozesserfahrene Vertreter einer Behörde gegenüber, deswegen kann die Notwendigkeit einer Hinzuziehung eines Rechtsanwalts nur ausnahmsweise verneint werden.[41] Allerdings gilt der Grundsatz der Notwendigkeit der Hinzuziehung eines Rechtsanwalts im Widerspruchsverfahren als Ausfluss des zuvor aufgeführten Grundsatzes nicht ausnahmslos.[42]

53 **Notwendigkeit Grundsatz**

Die Notwendigkeit der Zuziehung liegt vor, wenn:

- das Widerspruchsverfahren rechtlich oder tatsächlich nicht einfach ist oder
- auch bei einfachen Fällen der Widerspruchsführer ohne den Bevollmächtigten hilflos wäre.

39 BSG, Urt. v. 18.12.2001 – B 12 KR 42/00 R; BVerwG NVwZ-RR 2004, 5 ff.

40 *Feddern*, in: *Schlegel/Voelzke*, jurisPK-SGB X, § 63 Rn 65.

41 BSG, Urt. v. 2.11.2012 – B 4 AS 97/11 R m.w.N.

42 BSG, Urt. v. 2.11.2012 – B 4 AS 97/11 R m.w.N.; LSG Niedersachsen-Bremen, Beschl. v. 22.4.2013 – L 11 AL 145/12 B; Beschl. v. 10.4.2014 – L 7 AL 94/13 B.

Bürger regelmäßig überfordert 54

Die Notwendigkeit ist in der Regel zu bejahen, da der Bürger nur in Ausnahmefällen in der Lage sein wird, seine Rechte gegenüber der Verwaltungsbehörde ausreichend zu wahren. Dies gilt insbesondere für die Gruppe der Leistungsempfänger nach SGB II und SGB XII.

Diese Ansicht unterstützt auch das Bundesverfassungsgericht.[43]

Hiernach gilt:

Wenn die Notwendigkeit der Zuziehung des Bevollmächtigten abgelehnt werden soll, so kann wegen der immanenten Interessenkollision nicht auf § 14 SGB I (Beratungspflicht) hingewiesen werden. Ziel ist die Chancengleichheit in der Verwirklichung des Rechtsschutzes für alle Bürger.

Identität Ausgangs- und Widerspruchsbehörde 55

Die Versagung von Beratungshilfe für einen Widerspruch gegen die Kürzung von Leistungen nach SGB II stellt eine Verletzung der Rechtswahrnehmungsgleichheit dar, wenn bezüglich der Erforderlichkeit einer Vertretung davon ausgegangen wird, dass ein vernünftiger Rechtsuchender in denjenigen Fällen, in denen **Ausgangs- und Widerspruchsbehörde identisch sind**, keine anwaltliche Hilfe für das Widerspruchsverfahren in Anspruch genommen hätte.[44]

Vertretung entbehrlich 56

Nur dann, wenn es um die Klärung tatsächlicher Fragen geht, die einzig durch den Widersprechenden erfolgen kann, oder aus dem angegriffenen Bescheid ersichtlich ist, dass die Entscheidung auf einem leicht aufzuklärenden Missverständnis beruht, ist die Beauftragung eines Anwalts im Widerspruchsverfahren entbehrlich.[45]

Eigene Angelegenheit 57

Das Vorverfahren ist für die Kostenfestsetzung nach **§ 17 Nr. 1a RVG** eine eigene Angelegenheit.

Widerspruch gegen Ablehnung des Rechtsanwalts 58

Bei einem Widerspruchsverfahren allein gegen die Ablehnung der Zuziehung eines Rechtanwaltes handelt es sich um einen weit unterdurchschnittlichen Fall, für den das Dreifache der Mindestgebühr nicht zu niedrig ist.[46]

43 BVerfG, Beschl. v. 11.5.2009 – 1 BvR 1517/08, NJW 2009, 3417.
44 BVerfG, Beschl. v. 11.5.2009 – 1 BvR 1517/08, AGS 2009, 374.
45 OVG Berlin, Urt. v. 6.8.2020 – OVG 6 M 35/20; LSG Berlin-Brandenburg, Urt. v. 18.9.2013 – L 18 AS 565/12.
46 LSG NRW, Beschl. v. 15.5.2014 – L 19 AS 1994/13 B.

II. Kosten mehrerer Rechtsanwälte

59 **Grundsätzlich nur ein Bevollmächtigter**

Die Beauftragung mehrerer Bevollmächtigter ist grundsätzlich nicht notwendig.

Es kann daher grundsätzlich nur die Erstattung der Kosten eines Bevollmächtigten erfolgen.

Die Hinzuziehung mehrerer oder auswärtiger Rechtsanwälte kann dann ausnahmsweise Notwendig i.S.d. § 63 SGB X sein, wenn sich dies aus den besonderen **Umständen des Einzelfalls** ergibt (Spezialkenntnisse oder ein besonderer Umfang des Verfahrens).[47]

60 *Praxistipp*

Sofern mehrere Bevollmächtigte beauftragt wurden, empfiehlt sich eine Begründung der Notwendigkeit, beispielsweise aufgrund eines besonderen Vertrauensverhältnisses, Spezialwissens oder eines sonstigen triftigen Grundes.

61 **Verkehrsanwalt**

Die Hinzuziehung eines Verkehrsanwaltes kann erstattungsfähig sein, wenn die Reisekosten des Bevollmächtigten am Wohnort der Partei zu einem Termin höher als die Kosten der Einschaltung des weiteren Rechtsanwalts wären. Ist dies der Fall, sind die Reisekosten erstattungsfähig.

III. Zuziehung wird nachträglich unnötig

62 Es ist unbeachtlich, ob sich die Notwendigkeit einer Bevollmächtigung nachträglich als unnötig herausstellt. Die Erstattungsfähigkeit der Kosten für die Zuziehung eines Bevollmächtigten für das Vorverfahren hängt nicht von dessen Effektivität im Vorverfahren und von der weiteren Entwicklung desselben nach der Zuziehung eines Bevollmächtigten ab.[48]

IV. Verwaltungsakt wegen fehlender Unterlagen

63 **Fehlende Unterlagen / Mitwirkung**

Die Hinzuziehung eines Bevollmächtigten ist dann nicht notwendig, wenn der Bürger aus den Gründen des ablehnenden Bescheides entnehmen kann, dass sein Antrag nur deshalb abgelehnt worden ist, weil er es versäumt hat, bestimmte Unterlagen vorzulegen. In einem

47 Schütze/Roos/*Blüggel*, § 63 SGB X Rn 32.
48 OVG NRW, Beschl. v. 18.7.2006 – 13 E 705/06.

solchen Falle weiß der Bürger auch ohne Hinzuziehung eines Bevollmächtigten, wie er dem Widerspruch zum Erfolg verhelfen kann.[49]

V. Widerspruch bleibt unbegründet

Für den Fall, dass ein **Widerspruch ohne nähere Begründung** eingelegt wird und die Behörde aufgrund eigener nochmaliger Überprüfung dem Rechtsbehelf abhilft, besteht keine Notwendigkeit für die Zuziehung eines Rechtsanwalts. Der formale Akt bloßer Widerspruchserhebung ist auch ohne anwaltliche Unterstützung zumutbar. 64

Wenn aber der Widerspruch nach Ablauf der für das Abhilfeverfahren in der Prüfvereinbarung vorgesehenen Frist von zwei Monaten mit anwaltlicher Hilfe begründet wird und darin über medizinische Fachfragen hinaus auch Fragen der zutreffenden Sachverhaltsermittlung oder Rechtsfragen detailliert erörtert werden, muss im Falle des Erfolgs des Rechtsbehelfs die Zuziehung des Bevollmächtigten i.S.v. § 63 Abs. 2 SGB X als notwendig festgestellt werden.[50]

VI. Offensichtlicher Irrtum

Die Hinzuziehung eines Rechtsanwaltes im sozialhilferechtlichen Vorverfahren ist zur zweckentsprechenden Rechtsverfolgung nicht notwendig, wenn es dem Betroffenen zumutbar war, das Widerspruchsverfahren selbst zu betreiben. 65

Das ist der Fall, wenn es zur Begründung des Widerspruchs ausreicht, die Behörde auf den **tatsächlichen Irrtum** hinzuweisen, der zur Ablehnung des Sozialhilfeantrages führte.[51]

VII. Unzulässiger Widerspruch gegen fehlerhaften Änderungsbescheid

Änderungsbescheid fehlerhaft 66

Ausgangslage

Ein Widerspruchsverfahren ist anhängig. Die Behörde erlässt einen Änderungsbescheid mit einer falschen Rechtsbehelfsbelehrung. Der Änderungsbescheid ist

49 VG Frankfurt am Main, Urt. v. 16.8.2005 – 1 E 1350/05.
50 BSG, Urt. v. 31.5.2006 – B 6 KA 78/04 R.
51 VG Minden, Urt. v. 11.3.2002 – 6 K 1145/01.

gem. § 86 SGG Bestandteil des Widerspruchsverfahrens. Der Leistungsempfänger legt einen unzulässigen Widerspruch ein.

Fraglich ist, welche Kosten durch den weiteren unzulässigen Widerspruch ausgelöst werden.

67 **Veranlasserprinzip**

Ansicht 1: Kosten sind notwendig und gesondert erstattungsfähig.

Argument: Der Leistungsträger hat den Widerspruch veranlasst und muss daher die Kosten tragen.

Legt ein Betroffener Widerspruch gegen einen Bescheid ein, der nach § 86 SGG oder § 96 SGG in ein laufendes Verfahren einbezogen ist, aber fehlerhafterweise in seiner Rechtsbehelfsbelehrung auf den Widerspruch verwies, und nimmt der Betroffene den Widerspruch dann zurück, nachdem seine Unzulässigkeit erkannt wurde, so trägt die erlassende Behörde die Kosten des Vorverfahrens. Dies folgt aus einer erweiternden Auslegung des § 63 Abs. 1 S. 2 SGB X gem. dem sozialrechtlichen Herstellungsanspruch (der **sozialrechtliche Herstellungsanspruch** ist in der Rechtsprechung des BSG dort anerkannt worden, wo der Beteiligte durch ein Verhalten der Verwaltung entweder von einer rechtzeitigen Wahrnehmung ihm zustehender Rechte abgehalten oder veranlasst wurde, eine für ihn ungünstige Erklärung abzugeben).

Die Kostenerstattungspflicht ist zu bejahen, wenn der Widerspruch zwar keinen Erfolg hatte, die Einlegung des unzulässigen Widerspruchs jedoch durch das Verhalten der Behörde verursacht wurde. Dies ist der Fall, wenn die Behörde einen unzulässigen Widerspruch mit einer fehlerhaften Rechtsbehelfsbelehrung provoziert hat. Dies folgt aus dem **Veranlasserprinzip**, das zu einer Kostentragungspflicht eines Beteiligten führt, auch wenn das Verfahren letztlich zu seinen Gunsten ausgeht.[52]

Die Prüfung der Voraussetzungen des § 86 SGG und § 96 SGG kann nicht dem Kläger auferlegt werden. Schon aus haftungsrechtlichen Gründen ist ein Bevollmächtigter gehalten, entsprechend einer Rechtsbehelfsbelehrung zu verfahren, auch wenn letztere unzutreffend ist.

68 **Kein Erfolg – keine Erstattung**

Ansicht 2: Bei beiden Widersprüchen handelt es sich um ein und dasselbe Verfahren. Eine gesonderte Festsetzung ist nicht möglich.[53]

Argument: Fehlender Erfolg.

52 LSG Baden-Württemberg, Urt. v. 12.2.2010 – L 4 R 803/09.
53 BSG, Urt. v. 20.10.2010 – B 13 R 15/10 R, SozR 4–1500 § 193 Nr. 6.

Für die Übernahme der Kosten des Vorverfahrens nach § 63 Abs. 1 SGB X ist der Erfolg des Widerspruchs maßgeblich.

Dass eine Kostenerstattung in einem isoliert gebliebenen Vorverfahren nur möglich ist, soweit der Widerspruch erfolgreich ist oder er nur deshalb keinen Erfolg hat, weil die Verletzung einer Verfahrens- oder Formvorschrift nach § 41 SGB X unbeachtlich ist, ergibt sich eindeutig aus § 63 Abs. 1 S. 1 und 2 SGB X. Beide Alternativen sind nicht erfüllt.

Besondere Bestimmungen über die Kostentragung bei einer falschen Rechtsbehelfsbelehrung enthält die gesetzliche Regelung nicht.

Argument: Veranlassungsgesichtspunkte spielen im Verfahren nach § 63 SGB X keine Rolle.

Dass Veranlassungsgesichtspunkte im Rahmen einer Kostenentscheidung nach § 193 SGG Berücksichtigung finden können,[54] kann eine entsprechende Auslegung des § 63 Abs. 1 S. 1 SGB X nicht begründen, denn die Bestimmungen § 63 SGB X und § 193 SGG unterscheiden sich grundlegend.

Die Entscheidung nach § 193 SGG steht im pflichtgemäßen Ermessen und erfordert damit die Einbeziehung aller wertungsrelevanten Gesichtspunkte, während in § 63 Abs. 1 S. 1 und 2 SGB X der Erstattungsfall begrifflich bestimmt und damit auf die genannte Konstellation begrenzt wird.[55]

Einer Kostenerstattung in dem „zulässigen" Widerspruchsverfahren steht nicht die Bestandskraft einer Ablehnung in dem „unzulässigen" Widerspruchsverfahren entgegen. Die Ablehnung der Kosten für das „unzulässige" Widerspruchsverfahren bezieht sich nur und ausschließlich auf dieses Verfahren. Gleichwohl ist in dem „zulässigen" Widerspruchsverfahren zu beachten, dass die Beklagte durch die unzutreffende Rechtsbehelfsbelehrung einen vermehrten Aufwand bei den Klägern verursacht hat, der unter Umständen zu entschädigen ist; zumindest muss dort darüber entschieden werden. Hier kommt eine Erhöhung der Geschäftsgebühr für den Zusatzaufwand in Betracht.

In diesem Fall können zusätzliche Aufwendungen des Widerspruchsführers allenfalls in 69
dem Verfahren über den zulässigen Widerspruch berücksichtigt werden.[56]

Beispiel 1: Unzulässiger Widerspruch wegen falscher Rechtsmittelbelehrung 70

Der Antragsteller erhält Leistungen vom Leistungsträger. Ein Widerspruchsverfahren ist anhängig. Mit Änderungsbescheid vom 21. Juli bewilligte die Beklagte Leistungen zur Sicherung des Lebensunterhaltes nach dem SGB II. Der Änderungsbescheid war mit einer falschen Rechtsbehelfsbelehrung (der Widerspruch sei zulässig) versehen.

54 BSG, Urt. v. 18.12.2001 – B 12 KR 42/00 R: Falscher Hinweis auf Widerspruch, tatsächlich war der Widerspruch unzulässig.

55 LSG Berlin-Brandenburg, Beschl. v. 3.8.2009 – L 10 AS 391/09 NZB.

56 LSG Thüringen, Urt. v. 13.1.2010 – L 7 AS 1042/07; ebenso *Rieker*, JurisPR-SozR 7/2010 Anm. 6.

Den dagegen eingelegten Widerspruch weist der Leistungsträger mit Widerspruchsbescheid vom 21. Dezember als unzulässig zurück, weil für den gleichen Zeitraum bereits ein Widerspruchsverfahren anhängig ist.

Der Rechtsanwalt beantragt die Festsetzung der Vergütung für jeden Widerspruch gesondert.

Richtig wäre es gewesen, einen Vergütungsantrag für den „zulässigen" Widerspruch zu beantragen, der auch den Umfang (pp.) für den „unzulässigen" Widerspruch berücksichtigt.

Wenn es sich bei dem „zulässigen" Widerspruchsverfahren um ein insgesamt durchschnittliches Verfahren handelt, welches die Regelgebühr rechtfertigt, so ist es gerechtfertigt, den Umfang wegen des zweiten, „unzulässigen" Widerspruchs als leicht überdurchschnittlich zu betrachten. Die Geschäftsgebühr könnte daher z.B. im Umfang einer Mindestgebühr erhöht werden (391,00 EUR + 60,00 EUR).

Danach ist die folgende Vergütung gerechtfertigt:

Vergütung

Geschäftsgebühr, Nr. 2302 VV RVG (65,00 EUR – 837,00 EUR)	451,00 EUR

E. Inhalt der Kostenentscheidung

71 Nach § 63 SGB X setzt die von den Klägern begehrte Erstattung von Gebühren und Auslagen eines im Widerspruchsverfahren zugezogenen Rechtsanwaltes die in Form eines Verwaltungsaktes zu treffende und erforderlichenfalls im Wege der Verpflichtungsklage zu erstreitende Entscheidung der hierfür zuständigen Verwaltungsbehörde voraus, nämlich[57]

- eine Kostenentscheidung zugunsten des Widerspruchsführers nach den §§ 72, 73 VwGO,
- einen in dieser Kostenentscheidung enthaltenen Ausspruch, dass die Zuziehung eines Rechtsanwaltes im Vorverfahren notwendig war (§ 63 Abs. 3, Abs. 2 SGB X), und schließlich
- die Feststellung der zu erstattenden Aufwendungen gem. § 63 Abs. 3 SGB X.

57 VG Oldenburg, Urt. v. 15.2.2005 – 13 A 1706/04.

I. Unbilligkeit muss festgestellt werden

Unbillige Ermessensausübung 72

Wird Erstattung einer Rahmengebühr verlangt (§ 3 RVG), ist gesetzliche Gebühr die vom Rechtsanwalt nach § 14 RVG im Einzelfall unter Berücksichtigung aller Umstände nach billigem Ermessen bestimmte Gebühr.

Es ist zu prüfen, ob die Bestimmung unbillig und deswegen nicht verbindlich ist (§ 14 Abs. 1 S. 4 RVG).

Unbilligkeit muss festgestellt werden; ist das nicht möglich, werden keine Abstriche vorgenommen und die Gebühren sind antragsgemäß festzusetzen.

Weicht die angemessene Gebühr mehr als nur geringfügig (Toleranzgrenze 20 % s. dazu: § 2 Rdn 126 ff.) von der Gebühr ab, die der Rechtsanwalt bestimmt hat, so ist dessen Gebührenbestimmung unbillig.

Soweit die Abweichung nur kleinere Beträge betrifft, rechtfertigt sie keine Abstriche. Es wird auf die Ausführungen hinsichtlich des anwaltlichen Beurteilungsspielraums hingewiesen.

II. Nachträgliche Kostenquotelung

Keine nachträgliche Kostenquotelung 73

Wenn die Beklagte in dem Bescheid die Übernahme der notwendigen Aufwendungen des Widerspruchsverfahrens dem Grunde nach nicht beschränkt, d.h. keine Kostenquotelung entsprechend dem Ausgang des Widerspruchsverfahrens vorgenommen hat, ist sie verpflichtet, die gesamten Kosten des Widerspruchsverfahrens zu übernehmen.

An den Umfang der übernommenen Aufwendungen in der Kostengrundentscheidung ist die Beklagte im Kostenfestsetzungsverfahren nach § 63 Abs. 3 S. 1 SGB X gebunden, sodass bei der Festsetzung der Höhe der erstattungsfähigen Aufwendungen ggf. nicht zu berücksichtigen ist, dass der Kläger im Widerspruchsverfahren nur zum Teil obsiegt hat.[58]

III. Anwaltswechsel

Bei einem Anwaltswechsel ist die Kostenerstattung nur möglich, wenn den Beteiligten 74
kein Verschulden trifft und Wechsel notwendig war. Auch darf den ersten Rechtsanwalt kein Verschulden treffen, weil er sonst keinen Gebührenanspruch hat.[59]

58 LSG NRW, Urt. v. 28.7.2008 – L 19 AS 24/08.

59 Vgl. OLG Düsseldorf MDR 1973, 59; OLG Hamburg MDR 1973, 324; OVG NRW Rpfleger 1973, 145.

IV. Bevollmächtigte als Betreuer des Antragstellers

75 **Betreuer als Rechtsanwalt**

Steht der Widerspruchsführer unter Betreuung und ist als dessen Betreuer ein Rechtsanwalt bestellt worden, so übernimmt dieser regelmäßig die Vertretung in einem Vorverfahren. Fraglich ist in diesen Fällen die Erstattungsfähigkeit der Rechtsanwaltsvergütung bzw. ob diese Vergütung nicht bereits durch die Betreuervergütung abgedeckt ist.

Gem. § 1 Abs. 2 RVG ist klargestellt, dass der Rechtsanwalt für anwaltliche Dienstleistungen, die er im Zusammenhang mit der Betreuung erbringt, von dem Betreuten Aufwendungsersatz verlangen kann. Dies ergibt sich aus § 1835 Abs. 3 BGB, der gem. § 1 Abs. 2 S. 2 RVG unabhängig von dem Ausschluss nach § 1 Abs. 1 RVG ist.

76 **Notwendigkeit des Rechtsanwalts**

Ein derartiger Fall liegt nach der h.M. dann vor, wenn eine Person, die selbst kein Anwalt ist, einen Rechtsanwalt mit der Wahrnehmung der jeweiligen Leistung beauftragt hätte.

Im Verwaltungsverfahren hat dies zur Konsequenz, dass in den Fällen, in denen die Behörde gem. § 63 SGB X die Beauftragung eines Rechtsanwalts als notwendig akzeptiert, dieser auch als solcher abrechnen kann. Seine Kosten gehören damit zu den erstattungsfähigen und festsetzbaren Kosten des Vorverfahrens.

77 **Maßstab – nichtanwaltlicher Betreuer**

Da ein Betreuter regelmäßig selbst nicht in der Lage ist, sich zu vertreten, wäre hiernach in aller Regel die Beauftragung eines Rechtsanwalts notwendig.

Fraglich ist allerdings, ob auf die Person des Betreuten oder auf dessen Vertreter, den Betreuer, abzustellen ist. Das letztere scheint angebracht zu sein, da das Gericht den Betreuer bestellt hat, damit dieser den Betreuten bei den Angelegenheiten vertritt, die er selbst nicht wahrnehmen kann.

Der Rechtsanwalt ist also dann notwendig, **wenn ein nichtanwaltlicher Betreuer für das Widerspruchsverfahren einen Rechtsanwalt beauftragt hätte.**

Wird die Tätigkeit eines Rechtsanwalts nicht für notwendig gehalten, so sind die tatsächlichen Kosten, die dem Rechtsanwalt für die Betreuungstätigkeit entstehen, zu erstatten.

78 **Auslagen eines Betreuers**

Seit dem 1.7.2005 werden die Betreuungen pauschaliert abgerechnet. Damit entsteht für das Verwaltungsverfahren keine besondere Betreuungsvergütung. Lediglich die entstandenen Auslagen können durch den Betreuer erstattet verlangt werden.

Keine Anrechnung bei Betreuertätigkeit 79

Voraussetzung der Anrechnung ist eine anwaltliche Tätigkeit i.S.d. § 1 Abs. 1 RVG im Vorverfahren. Diese liegt nicht vor, wenn der Rechtsanwalt im Verwaltungsverfahren als Betreuer tätig wurde.

Nach § 1 Abs. 2 S. 2 RVG gilt das RVG u.a. nicht für eine Tätigkeit als Betreuer. Damit führt die erstmalige Tätigkeit als Rechtsanwalt im Vorverfahren nicht zu einer hälftigen Kürzung der Geschäftsgebühr, wenn dieser ausschließlich als gesetzlicher Betreuer im Verwaltungsausgangsverfahren tätig gewesen ist.[60]

V. Anwalt in eigener Sache

Rechtsanwalt in eigener Sache 80

In Frage kommt auch die Vertretung eines Rechtsanwalts durch sich selbst.[61] Allerdings gilt auch hier die Frage, ob ein Rechtsanwalt notwendig gewesen wäre.

Gebühren und Auslagen eines im Vorverfahren sich selbst vertretenden Rechtsanwalts sind erstattungsfähig, wenn die Beiziehung eines Rechtsanwalts an sich notwendig i.S.d. § 63 SGB X war.[62] Maßgeblich sind hierbei die Rechtskenntnisse eines normalen Bürgers.

Der Rechtsanwalt kann dann Gebühren und Auslagen entsprechend § 91 Abs. 2 S. 3 ZPO i.V.m. § 202 S. 1 SGG erstattet verlangen.

Umsatzsteuer 81

Zu beachten ist bei der Geltendmachung der Umsatzsteuer die Frage, ob der Rechtsanwalt in einer rein privaten Angelegenheit oder einer Angelegenheit, die mit seiner beruflichen Tätigkeit zusammenhängt, tätig wurde.

Auf die Vergütung für private, nicht betriebsbezogene Angelegenheiten ist Umsatzsteuer zu erheben. Es handelt sich um ein sogenanntes Außengeschäft aus Anlass einer reinen Privattätigkeit.[63]

Bei betriebsbezogenen Angelegenheiten fehlt es an einem steuerbaren Umsatz. Es liegt ein sogenannter Eigenverbrauch vor. Die Tätigkeit des Rechtsanwalts ist dann nicht umsatzsteuerpflichtig.[64]

60 LSG NRW, Beschl. v. 23.3.2017 – L 9 SO 424/16.

61 LSG Halle, Urt. v. 26.7.2012 – L 2 AL 40/11.

62 BSG, Urt. v. 18.12.2001 – B 12 KR 42/00 R; BVerwG, Urt. v. 16.10.1980 – 8 C 10/80.

63 OLG Hamm, Beschl. v. 29.10.2001 – 23 W 442/00.

64 So auch zur Klage auf Unterlassung von berufswidriger Werbung gegen einen anderen Rechtsanwalt: BGH, Beschl. v. 25.11.2004 – I ZB 16/04 (KG), NJW-RR 2005, 363 = BeckRS 2004, 12661.

VI. Verzinsung

82 Der Anspruch auf Erstattung der Aufwendungen für eine Rechtsverfolgung oder -verteidigung im isolierten Vorverfahren ist nicht zu verzinsen. Es handelt sich nicht um eine planwidrige Lücke. Daher scheidet eine analoge Anwendung von § 104 ZPO aus.[65]

Nach der Rechtsprechung des BSG begründen Ersatzansprüche gegenüber öffentlich-rechtlichen Leistungsträgern regelmäßig keinen Anspruch auf Prozess- oder Verzugszinsen, es sei denn, dieses ist ausdrücklich abweichend gesetzlich geregelt. Eine allgemeine Pflicht zur Verzinsung von (rückständigen) Geldleistungen existiert im Bereich des Sozialrechts nicht. Der Gesetzgeber hat die Verzinsungsregelungen dort vielmehr jeweils auf einzelne Ansprüche beschränkt, sodass – mangels Regelungslücke – auch die entsprechende Heranziehung bürgerlich-rechtlicher Vorschriften über Verzugs- und Prozesszinsen ausscheidet.[66]

VII. Streitgenossen

83 Haben mehrere Streitgenossen gemeinsam einen Rechtsanwalt beauftragt, so kann jeder Streitgenosse bei Vorliegen der weiteren Voraussetzungen Erstattung bis zu der Vergütung verlangen, die entstanden wäre, wenn der Rechtsanwalt für ihn allein tätig geworden wäre.[67] Insgesamt dürfen allerdings maximal die tatsächlich entstandenen Kosten festgesetzt werden.

VIII. Nachträgliche Korrektur der Kostenfestsetzung

84 **Nachträgliche Korrektur zulässig**

Auch wenn die Kosten im bestandskräftigen Bescheid nach § 63 SGB X festgesetzt worden sind, ist die nachträgliche Korrektur nicht ausgeschlossen. Im zugrundeliegenden Fall hat der Rechtsanwalt das Entstehen einer Erledigungsgebühr erst nachträglich festgestellt.

Ein versehentlich nicht geltend gemachter Posten ist auch im Verfahren nach § 63 SGB X einer Nachliquidation zugänglich.[68]

65 BSG, Urt. v. 25.6.1986 – 9a RVs 22/84, SozR 1300 § 63 Nr. 9; LSG NRW, Urt. v. 23.3.2017 – L 9 SO 424/16.
66 LSG NRW, Urt. v. 5.5.2008 – L 3 R 84/08; BSG, Urt. v. 18.12.2001 – B 12 KR 42/00 R.
67 OVG Hamburg, Beschl. v. 5.3.2007 – 3 So 5/06.
68 LSG Baden-Württemberg, Urt. v. 30.6.2020 – L 11 KR 4539/18; BGH, Beschl. v. 1.6.2011 – XII ZB 363/10.

Etwas anderes gilt für die Höhe der Geschäftsgebühr. Hier hat der Rechtsanwalt sein Ermessen ausgeübt und ist hieran gebunden. Eine nachträgliche Änderung ist nicht mehr möglich. Eine nachträgliche Tätigkeit, die eine Erhöhung rechtfertigen würde, kann nicht mehr anfallen, da das Verfahren und damit die Angelegenheit abgeschlossen ist.

F. Kostenquotelung

Kostenquotelung 85

Der Wortlaut des § 63 Abs. 1 S. 1 SGB X lässt jede Kostenquote zu. Eine analoge Anwendung des § 155 Abs. 1 S. 2 VwGO oder einer ähnlichen prozessualen Kostenvorschrift kommt nicht in Betracht.[69]

Kostenquote bei Teilerfolg 86

Die Kostenfestsetzung ist unproblematisch, soweit der Antragsteller vollständig obsiegt hat und die Behörde die Notwendigkeit der Zuziehung eines Bevollmächtigten festgestellt hat.

Für die Festsetzung im Falle eines teilweisen Obsiegens fehlt es hingegen an einer klaren Regelung.

Richtig erscheint es, die Kostenfestsetzung in gleicher Weise durchzuführen, wie sie auch in einem möglichen gerichtlichen Verfahren erfolgen würde, da ansonsten unterschiedliche Festsetzungsmethoden bzgl. eines Streitgegenstands Anwendung finden würden. Dies wiederum kann zu Problemen in der gerichtlichen Festsetzung führen.

An einer entsprechenden Vorschrift für das Nachprüfungsverfahren fehlt es.

Damit gilt für die Kostenfestsetzung im Widerspruchsverfahren bei teilweisem Erfolg:

Gibt die Widerspruchsbehörde dem Widerspruch nur teilweise statt und weist sie ihn im Übrigen zurück, so sind die Kosten des Vorverfahrens verhältnismäßig zu teilen.[70]

Beispiel 2: Kostenfestsetzung nach Quoten 87

Dem SGB-II-Leistungsbezieher geht ein Aufhebungs- und Erstattungsbescheid über 5.000,00 EUR zu. Der Rechtsanwalt wird daraufhin beauftragt, Widerspruch einzulegen.

Dem Widerspruch wird durch einen Bescheid über einen Teilbetrag von 2.000,00 EUR abgeholfen und im Übrigen (3.000,00 EUR) wird er zurückgewiesen. Die Notwendig-

69 LSG Rheinland-Pfalz, Beschl. v. 18.4.1994 – L 2 J 94/93.

70 BSG, Urt. v. 12.6.2013 – B 14 AS 68/12 R; LSG Berlin-Brandenburg, Urt. v. 29.11.2017 – L 7 KA 64/14; BVerwG, Urt. v. 25.9.1992 – 8 C 16/90.

keit der anwaltlichen Vertretung wird festgestellt. Die Angelegenheit war hinsichtlich Umfang und Schwierigkeit normal.

Folgende Kosten sind entstanden:

Geschäftsgebühr, Nr. 2302 VV RVG	391,00 EUR
(65,00 EUR – 837,00 EUR)	
Postentgeltpauschale, Nr. 7002 VV RVG	20,00 EUR
19 % Umsatzsteuer, Nr. 7008 VV RVG	78,09 EUR
Summe	**489,09 EUR**

Festsetzung nach Quoten:

Für den Widerspruchsführer sind 2/5 der Rechtsanwaltskosten i.H.v. 195,64 EUR festzusetzen.

88 **Berechnung der Erfolgsquote**

Bei einer teilweisen Kostenerstattung nach § 63 SGB X erscheint im Allgemeinen allein die Quotelung der Verfahrenskosten als gangbarer Weg. Die Behörde hat danach festzustellen, in welchem Umfang der Widerspruch erfolgreich ist, und hat in der Kostenentscheidung den Bruchteil der jeweiligen Kostenlast entsprechend dem notfalls geschätzten Verhältnis des Erfolgs zum gesamten Verfahrensgegenstand festzulegen.[71]

Zur Beurteilung der Erfolgsquote ist allein auf den konkreten Erfolg des Widerspruchs abzustellen.[72] Bereits bewilligte, unstreitige Leistungen bleiben unberücksichtigt.[73]

89 **Widerspruch unbegründet – Erfolg**

Ist der Widerspruch nicht begründet, ist das Widerspruchsbegehren vor dem Hintergrund des gesamten Verfahrens auszulegen.[74]

90 **Bagatellerfolg**

Wird ein pauschaler Widerspruch ohne beziffertes Leistungsbegehren eingelegt und besteht der Erfolg lediglich in einer Rundungsdifferenz von 0,02 EUR im Monat, so kann keine Erfolgsquote festgestellt werden. Eine Kostenerstattung ist abzulehnen.[75]

71 LSG Hessen, Urt. v. 12.12.1985 – L-5/Vsb-329/85.
72 LSG Sachsen-Anhalt, Urt. v. 22.11.2012 – L 5 AS 123/11.
73 BSG, Urt. v. 12.6.2013 – B 14 AS 68/12 R, SozR 4–1300 § 63 Nr. 20.
74 BSG, Urt. v. 12.6.2013 – B 14 AS 68/12 R, SozR 4–1300 § 63 Nr. 20.
75 LSG Thüringen, Urt. v. 25.2.2015 – L 4 AS 405/14, NZS 2015, 479.

Widerspruch unbeziffert 91

Wenn eine Bezifferung des geltend gemachten Anspruches fehlt, lässt sich die Erfolgsquote nicht direkt ermitteln. In diesem Fall ist die Erfolgsquote durch einen Vergleich der Anspruchshöhe vor und nach dem Widerspruch zu berechnen.

Damit sind auch bei geringfügigem Obsiegen des Widerspruchsführers Kosten nach § 63 SGB X zu erstatten. Diese Vorschrift geht der Regelung des § 92 Abs. 2 Nr. 1 ZPO vor.[76]

Befristete Rente 92

Hat der Antragsteller Erwerbsminderungsrente (ohne Angaben zur Befristung) mittels Formblatt beantragt und wird ihm im Widerspruchsverfahren Rente wegen voller Erwerbsminderung auf Zeit bewilligt, so hat er i.S.d. § 63 SGB X voll obsiegt, mit der Folge, dass ihm die Kosten des Widerspruchsverfahrens in vollem Umfang zu erstatten sind.[77]

G. Rechtsmittel gegen die Kostenfestsetzung

I. Allgemeines

Kostengrundentscheidung 93

Regelmäßig erfolgt die Kostengrundentscheidung im Widerspruchsbescheid. Sie ist ohne ein entsprechendes Vorverfahren mit Klage anfechtbar. Die Klage richtet sich gegen den Widerspruchsbescheid; der Klagegegenstand kann auf die Kostenentscheidung beschränkt werden.

Festsetzung durch Verwaltungsakt 94

Wird über die Kosten in einem gesonderten Verwaltungsakt entschieden, so handelt es sich bei der Kostenfestsetzungsentscheidung gem. § 63 SGB X um einen eigenständigen Verwaltungsakt, der wiederum mit dem Widerspruch angefochten werden kann.

Die Entscheidung muss als Verwaltungsakt entsprechend bekannt gemacht werden. Hierzu gehört auch die notwendige Rechtsmittelbelehrung.

Anfechtungsberechtigt ist neben dem Widerspruchsführer auch die Behörde, die die Kosten zu tragen hat.

76 BSG, Urt. v. 12.6.2013 – B 14 AS 68/12 R, SozR 4–1300 § 63 Nr. 20.
77 LSG NRW, Urt. v. 28.10.2016 – L 14 R 1037/15.

95 **Fehlende Kostenfestsetzung – Untätigkeitsklage möglich**

Die Behörde muss von Amts wegen eine Kostenentscheidung treffen. Wird keine Kostenentscheidung getroffen, ist eine Untätigkeitsklage möglich. Es gilt nicht die dreimonatige Frist des § 88 Abs. 2 SGG. Die sechsmonatige Frist des § 88 Abs. 1 SGG (analog) beginnt mit der Widerspruchseinlegung zu laufen.[78]

96 **Widerspruch gegen Festsetzung**

Wird erfolgreich Widerspruch gegen die Festsetzung der Kosten eingelegt, so sind dem obsiegenden Widerspruchsführer die Rechtsanwaltsgebühren für dieses Kostenwiderspruchsverfahren neben den Rechtsanwaltsgebühren für das Widerspruchsverfahren in der Sache zu erstatten.[79]

II. Kostenentscheidung des Gerichts umfasst auch Vorverfahren

97 **Vorherige Kostengrundentscheidung gegenstandslos**

Die Kostenentscheidung des Gerichts im Klageverfahren umfasst auch die Kosten des Vorverfahrens. Zuvor ergangene Kostengrundentscheidungen nach § 63 SGB X werden hierdurch gegenstandslos.[80]

Es entspricht der obergerichtlichen Rechtsprechung, dass eine gerichtliche Kostenentscheidung nach § 193 SGG die Kostenentscheidung des Widerspruchsbescheides unmittelbar ersetzt bzw. verdrängt. Hat sich an das Vorverfahren ein gerichtliches Hauptsacheverfahren angeschlossen, so wird eine im Widerspruchsverfahren getroffene Kostengrundentscheidung hinfällig.

98 **Teilerfolg und Klage**

Wird nach teilweiser Abhilfe im Widerspruchsbescheid mit entsprechender Kostengrundentscheidung Klage erhoben, so besteht kein Anspruch auf Kostenfestsetzung, weil § 63 SGB X nur die Kostenentscheidung im Vorverfahren regelt, wenn sich kein Klageverfahren anschließt. Die gerichtliche Entscheidung nach § 193 SGG umfasst auch die Kosten des Vorverfahrens.

Die im Widerspruchsbescheid getroffene Kostengrundentscheidung, wonach der Beklagte dem Kläger einen Teil der im Widerspruchsverfahren entstandenen notwendigen

78 SG Darmstadt, Beschl. v. 13.8.2024 – S 8 KR 400/23.

79 SG Fulda, Beschl. v. 10.7.2012 – S 4 SF 37/11 E.

80 LSG Sachsen-Anhalt, Urt. v. 21.11.2017 – L 5 AS 628/16; BSG, Beschl. v. 7.9.1998 – B 2 U 10/98 R; LSG Rheinland-Pfalz, Urt. v. 7.6.1995 – L 4 Vs 91/94.

Aufwendungen auf Antrag zu erstatten hat, hat sich aufgrund der Klageerhebung gegen den Widerspruchsbescheid auf sonstige Weise gem. § 39 Abs. 2 SGB X erledigt.[81]

Der Anwalt ist gehalten, bei Gericht darauf hinzuwirken, dass die Kostenentscheidung die gesamten Kosten des Vorverfahrens erfasst.

Erledigung ohne gerichtliche Entscheidung 99

Endet das Klageverfahren nach Widerspruch ohne Abänderung der Widerspruchsentscheidung und ohne gerichtliche Kostenentscheidung, so bleibt die von der Widerspruchsbehörde getroffene Kostenentscheidung wirksam.[82]

81 BSG, Urt. v. 19.10.2016 – B 14 AS 50/15 R, RVGreport 2017, 264.
82 SG Nordhausen, Urt. v. 7.3.2016 – S 31 AS 823/15.

§ 22 Festsetzung im gerichtlichen Verfahren

A. Allgemeines

Notwendigkeit der Kostengrundentscheidung 1

Auch im sozialgerichtlichen Verfahren kann neben der Kostengrundentscheidung, welche im Urteil im Gerichtsbescheid oder auf Antrag mit Beschluss zu treffen ist (§ 193 Abs. 1 S. 1 SGG), eine Kostenfestsetzung notwendig werden.

Verständigung 2

Ein Kostenfestsetzungsbeschluss wird dann überflüssig, wenn der Prozessgegner auf den Kostenfestsetzungsantrag im beantragten Umfang Zahlungen erbracht hat oder wenn man sich in einem Vergleich nicht nur auf die ggf. quotale Kostentragungspflicht, sondern auch auf die Höhe der außergerichtlichen Kosten verständigt.

Festsetzungsregime 3

Das Kostenfestsetzungsverfahren richtet sich dabei nach den Bestimmungen des SGG, wenn die außergerichtlichen Kosten gegenüber Prozessbeteiligten festgesetzt werden, und nach §§ 55 ff. RVG, wenn die Vergütungsfestsetzung von dem Anwalt beantragt wird, der im Wege der Prozesskostenhilfe beigeordnet worden ist.

Hierbei ist jedoch zwingend zwischen der **Kostenfestsetzung** gem. **§ 197 SGG** und der 4
Vergütungsfestsetzung gem. **§§ 55 ff. RVG** oder **§ 11 RVG** zu unterscheiden.

Im Festsetzungsverfahren nach § 197 SGG geht es um die Titulierung des Erstattungsanspruches gegen die unterliegende Partei. Es handelt sich insoweit um grundlegend andere Festsetzungsverfahren. Dies zeigt sich bereits an der Tatsache, dass im Kostenfestsetzungsverfahren gegen den (teilweise) unterliegenden Gegner diesem rechtliches Gehör gem. Art. 103 Abs. 1 GG gewährt werden muss; der Landeskasse hingegen im Vergütungsfestsetzungsverfahren nicht.

Es ergibt sich bereits allein aufgrund des Gesetzeswortlauts von § 197 SGG, das die zu „erstattenden Kosten“ im Kostenfestsetzungsverfahren festzusetzen sind, nicht die zu erstattende Vergütung. Lediglich § 55 RVG spricht von der aus „der Staatskasse zu zahlenden Vergütung“, welche im Wege der Prozesskostenhilfe gegen die Landeskasse festgesetzt wird.

Antragsbenennung 5

Dies wird häufig bei der Beantragung einer Festsetzung verkannt. So werden teilweise Anträge bei Gericht eingereicht, bei denen es letztlich dem Urkundsbeamten überlassen wird, das Festsetzungsverfahren „auszuwählen“, da nicht erkennbar ist, für welche Art des Festsetzungsverfahrens sich der Anwalt entschieden hat.

Dass aufgrund von Vielzahl der Streitfälle, in welchen dem Kläger Prozesskostenhilfe bewilligt wurde und der Beklagte die Kosten trägt, ein solcher Antrag wenig zielführend ist und regelmäßig zu weiteren Nachfragen führen kann, versteht sich von selbst.

6 *Praxistipp*

Es empfiehlt sich daher, die verschiedenen Antragsarten korrekt nach Möglichkeit unter Benennung entsprechender Paragraphen deutlich sichtbar (z.B. durch Fettdruck) zu bezeichnen.

7 **Zurückweisung**

Sofern ein Kosten- oder Vergütungsfestsetzungsgesuch teilweise oder vollständig zurückgewiesen wird, ist eine Begründung erforderlich.

B. Festsetzung gegen den Gegner

8 Nach § 197 SGG setzt der Urkundsbeamte des gehobenen Dienstes – nicht Kostenbeamte – des Gerichts des ersten Rechtszugs **auf Antrag** den Betrag der zu erstattenden Kosten fest. Dies gilt auch, sofern das Verfahren vor dem LSG oder dem BSG rechtshängig war. Es handelt sich insoweit um einen Annex zum erstinstanzlichen Verfahren.

Das Verfahren ist gebühren- und auslagenfrei.

9 **Voraussetzung**

Voraussetzung ist das Vorliegen einer **Kostengrundentscheidung**, die einem anderen Prozessbeteiligten Kosten des Rechtsstreits auferlegt.

10 **Prüfungsumfang**

Werden Kosten des bevollmächtigten Rechtsanwalts zur Erstattung angemeldet, überprüft der Urkundsbeamte die Entstehung und Erstattungsfähigkeit der Kosten sowie die Gültigkeit der von dem Bevollmächtigten getroffenen Entscheidung über die Angemessenheit der geltend gemachten Gebühren. Maßstab ist hierbei stets § 14 Abs. 1 RVG.

11 **Verzinsung**

Sofern beantragt, sind die festgesetzten Kosten ab Eingang des Kostenfestsetzungsantrags bei Gericht gem. § 197 Abs. 1 S. 2 SGG i.V.m. § 104 Abs. 1 S. 2 ZPO mit fünf Prozentpunkten über dem Basiszinssatz nach § 247 BGB zu **verzinsen**.

Auch Kosten des Vorverfahrens bei einem anschließenden gerichtlichen Verfahren sind zu verzinsen (Einheitlichkeit der Kostenentscheidung).

Vollstreckbare Ausfertigung 12

Regelmäßig nicht notwendig ist eine Beantragung einer vollstreckbaren Ausfertigung nach Erlass eines Kostenfestsetzungsbeschlusses, wenn (wie in aller Regel) gegen eine Behörde bzw. Körperschaft des öffentlichen Rechts oder eine sonstige jur. Person des öffentlichen Rechts die Kosten festgesetzt werden. Sofern dieser beispielsweise durch Kostengrundentscheidung die Kosten auferlegt wurden oder diese sich durch Kostenanerkenntnis zur Übernahme der Kosten verpflichtet hat, werden die Kosten gezahlt, sofern diese der Höhe nach unstreitig sind.

Berichtigung des Kostenfestsetzungsbeschlusses 13

Eine **Berichtigung** des Kostenfestsetzungsbeschlusses, beispielsweise aufgrund von Rechenfehlern, ist nach § 138 SGG möglich.

Haftung 14

Sofern **mehrere Beteiligte** kostenpflichtig sind, gilt über § 194 SGG die Vorschrift des § 100 ZPO ausdrücklich. Diese haften, sofern nichts anderes bestimmt ist, nach Kopfteilen, unabhängig von der jeweiligen Beteiligung im Rechtsstreit.

Vergleich ohne Kostenreglung 15

Sofern im gerichtskostenfreien Verfahren ein **Vergleich ohne Kostenregelung** geschlossen wurde, gilt § 195 SGG, wonach jeder Beteiligte seine Kosten selbst trägt.

Geltung SGG 16

Grundsätzlich bildet das Sozialgerichtsgesetz eine in sich abschließende vorrangige Verfahrensordnung. Das SGG verweist jedoch über § 202 S. 1 SGG auf die Zivilprozessordnung, soweit es selbst keine Bestimmungen enthält: Die ZPO ist daher nur subsidiär anwendbar. Sofern das SGG abschließende Regelungen enthalte, sind andere Verfahrensordnungen nicht anwendbar.

Die ZPO kann nicht herangezogen werden, sofern es grundsätzliche Unterschiede der Verfahrensordnungen gibt.

Grundsätzlich gelten die §§ 91–107 der ZPO nicht, gleichwohl werden jedoch in der Rechtsprechung immer wieder verschiedene Grundsätze der ZPO herangezogen. Eine entsprechende Anwendung kommt in Betracht für nachfolgende Vorschriften, da das SGG entsprechend korrespondierende Regelungen enthält:

§ 91a ZPO (vgl. § 193 SGG), §§ 103, 104 Abs. 1 S. 2, Abs. 2 ZPO und § 105 Abs. 1 ZPO (vgl. § 197 SGG).

17 **Verfahrensgrundsätze**

Die Vorschriften hinsichtlich der Kostenfestsetzung im SGG sind jedoch nicht besonders umfangreich ausgestaltet. Zudem richtet sich das sozialrechtliche Kostenfestsetzungsverfahren selbstverständlich nach denselben *Verfahrensgrundsätzen* wie das der ordentlichen Gerichtsbarkeit nach der ZPO. Daher muss es möglich sein, die entsprechenden Rechtsgedanken auch hinsichtlich des Verfahrensablaufs zu übernehmen.

18 **Antragsprinzip**

Da dem Antragsteller nicht mehr zugesprochen werden darf, als dieser beantragt hat, muss insoweit auch § 308 ZPO gelten.

I. Rechtliches Gehör

19 Auch im Kostenfestsetzungsverfahren gilt das **Gebot des rechtlichen Gehörs** (Art. 103 Abs. 1 GG). Dies dient zum einen der Verfahrensökonomie, da sich der Urkundsbeamte bereits mit den Argumenten des erstattungspflichtigen Gegners auseinandersetzen kann (und nicht erst später im Erinnerungsverfahren); auch entspricht es der prozessualen Fairness (Art. 2 Abs. 1, Art. 20 Abs. 3 GG). Dem wird dadurch Rechnung getragen, dass der Kostenfestsetzungsantrag der Gegenseite zur Stellungnahme binnen einer Frist vor Erlass des Kostenfestsetzungsbeschlusses zugeleitet wird. Dies gilt grundsätzlich auch in einfach gelagerten Fällen. Einer etwaigen Verzögerung des Verfahrens kann durch entsprechend kurz bemessene Anhörungsfristen entgegengewirkt werden.

20 Dies gilt hinsichtlich des Antragstellers auch, wenn die Zurückweisung des Kostenfestsetzungsantrages beabsichtigt ist, zum Beispiel wenn keine Kostengrundentscheidung vorliegt. In aller Regel wird dann Gelegenheit zur Antragsrücknahme gegeben.

II. Prüfungsumfang/Erstattungsfähigkeit

21 **Prüfungsumfang**

Zu prüfen ist die Entstehung der Gebühren sowie ihre Erstattungsfähigkeit.

Es dürfen nur solche Gebühren und Kosten festgesetzt werden, die unzweifelhaft **entstanden** sind.

Der Urkundsbeamte muss prüfen, ob die vom Rechtsanwalt getroffene Bestimmung **unbillig** und deswegen nicht verbindlich ist.

Dies ist stets unter Berücksichtigung der **Kriterien des § 14 RVG** zu prüfen.

Erstattungsfähige Kosten 22

Nach § 193 Abs. 2 SGG sind Kosten die zur zweckentsprechenden Rechtsverfolgung oder Rechtsverteidigung notwendigen Aufwendungen der Beteiligten. Kosten sind alle Aufwendungen, welche die Beteiligte (also grundsätzlich alle Beteiligten) aufwenden mussten, um den Rechtsstreit zu führen.

Da Gerichtskosten in Verfahren nach § 183 SGG nicht anfallen und nur die in § 184 SGG genannten Beteiligten pauschgebührenpflichtig sind (diese ihre Aufwendungen aber nach § 193 Abs. 4 SGG nicht ersetzt verlangen können), sind Kosten nach § 193 SGG grundsätzlich nur die **außergerichtlichen Kosten**, insbesondere die Gebühren und Auslagen eines Rechtsanwalts oder Rechtsbeistandes.

Erstattungsfähigkeit 23

Die **Erstattungsfähigkeit** ist in § 193 Abs. 3 SGG geregelt, wonach die gesetzliche **Vergütung eines Rechtsanwalts** oder Rechtsbeistandes **stets erstattungsfähig ist**, sodass es einer Prüfung wie in zivilrechtlichen Verfahren gem. § 91 ZPO grundsätzlich nicht bedarf.

Reisekosten 24

§ 193 SGG enthält anders als § 91 Abs. 2 S. 1 ZPO keine Ausnahmeregelung, wonach eine Erstattungsfähigkeit von **Reisekosten** geprüft bzw. verneint werden könnte oder eine Fiktivberechnung angestellt werden könnte oder müsste. Eine Prüfung der Erstattungsfähigkeit von Reisekosten ist im Kostenfestsetzungsverfahren gem. § 197 SGG aufgrund von § 193 Abs. 3 SGG nicht notwendig. Dies gilt auch für Verfahren nach § 183 SGG. Grundlos darf jedoch ein nicht am Wohnort der Partei oder am Gerichtsort ansässiger Anwalt nicht beauftragt werden.

Der rechtssuchende Bürger soll die Möglichkeit haben, einen **Spezialisten** für das streitbefangene Rechtsgebiet mit besonderer Reputation oder einen Rechtsanwalt des **Vertrauens** beauftragen zu können.

Kostenminderungspflicht 25

Es können sich jedoch Einzelfälle unter Berücksichtigung des Grundsatzes der kostensparenden Prozessführung (Kostenminderungspflicht) ergeben, wonach Probleme auftauchen könnten:

Beispiel 1

Ein Kläger aus dem Kreis Warendorf klagt vor dem SG Münster. Der Prozessbevollmächtigte ist mit seiner Kanzlei im Gerichtsbezirk des SG Münster, also in Münster selbst oder in den Kreisen Borken, Coesfeld oder Warendorf niedergelassen.

Es ergeben sich keine Probleme hinsichtlich der Erstattungsfähigkeit nach § 193 Abs. 3 SGG.

26 *Beispiel 2*

Wie Beispiel 1, nur ist der Prozessbevollmächtigte im Gerichtsbezirk des SG Düsseldorf niedergelassen. Der beauftrage Anwalt hat auf dem streitgegenständlichen Gebiet Spezialkenntnisse und eine sehr gute Reputation.

Hier könnte man auf den Gedanken kommen, dass nur die außergerichtlichen Kosten eines im Gerichtsbezirk niedergelassenen Rechtsanwalts erstattungsfähig wären, entsprechend der Regelung das § 91 ZPO.

§ 193 Abs. 3 SGG sagt jedoch ausdrücklich, dass die gesetzliche Vergütung eines Rechtsanwalts stets erstattungsfähig ist, und trifft dabei keine Einschränkungen. Dies gilt ebenfalls für Reisekosten.

Besondere Gründe sind hier ersichtlich (Spezialkenntnisse sowie Reputation).

27 *Beispiel 3*

Ein Kläger wird vor dem SG Münster von einem Rechtsanwalt aus München vertreten. Besondere Gründe für eine Mandatierung eines Anwalts in München sind nicht vorgetragen.

Hierbei handelt es sich um einen extremen Beispielsfall, wonach ein offensichtlicher Verstoß gegen die Kostenminderungspflicht in Betracht käme.

III. Einzelfälle

1. Gutachterkosten

28 **Gutachterkosten**

Gutachterkosten sind **nicht** im Rahmen der Kostenfestsetzung nach § 197 SGG **erstattungsfähig** und festsetzbar, weder solche nach § 106 oder § 109 SGG.

Hierzu zählen auch Kosten für ein **privat in Auftrag** gegebenes Gutachten.

Voraussetzung für Erstattung 29

Bei prozessbegleitenden Privatgutachten werden regelmäßig sehr strenge Anforderungen gestellt, nicht zuletzt aber und vor allem aufgrund des in sozialgerichtlichen Streitverfahren vorgeschriebenen Amtsermittlungsgrundsatzes gem. § 103 SGG. Daher ist die Einholung von Privatgutachten regelmäßig nicht notwendig.

Ein Beteiligter müsse vor der Einholung eines Privatgutachtens in aller Regel sämtliche prozessuale Möglichkeiten ausgeschöpft haben, welche das Gericht zu einer Gutachteneinholung bewegen könnten. Die Einholung dieser Gutachten kann vorab gem. § 109 SGG regelmäßig beantragt werden.

Die Prozesssituation muss also die Erstellung eines Privatgutachtens herausfordern.[1]

Die Gutachterkosten für Privatgutachten stellen demnach keine notwendigen und erstattungsfähigen Kosten i.S.d. § 193 SGG dar.

2. Kosten des Verwaltungsverfahrens

Die Kosten des **Verwaltungsverfahrens** sind **nicht** nach § 193 SGG **erstattungsfähig**, 30
da diese nicht auf den Rechtsstreit bezogen sind. Insoweit sind die Vorschriften des Verwaltungsverfahrensrechts maßgebend.

Nach den Regelungen des § 63 Abs. 1 S. 1 und Abs. 2 SGB X sind durch den Beklagten lediglich die Kosten des *Vorverfahrens* zu erstatten. Entstehen dem Betroffenen schon bei Durchführung des dem Vorverfahren vorausgehenden Verwaltungsverfahrens Kosten, so sind diese nicht zu erstatten, soweit nicht spezielle Regelungen dies vorsehen.[2]

3. Kosten des Vorverfahrens

Kosten des Vorverfahrens 31

Die Kosten des **Vorverfahrens** (Widerspruchsverfahrens) sind nach § 193 SGG **erstattungsfähig**, sofern sich ein gerichtliches Verfahren an dieses anschließt. Dies ergibt sich aus dem sog. Grundsatz der **Einheitlichkeit der Kostenentscheidung**.

Notwendigkeit der Hinzuziehung 32

Die Hinzuziehung eines Prozessbevollmächtigten ist im Vorverfahren nach § 162 Abs. 2 S. 2 VwGO notwendig, wenn dies durch das Gericht für notwendig erachtet wird.

1 Meyer-Ladewig/*B. Schmidt*, § 193 Rn 7a.

2 U.a. LSG NRW, Beschl. v. 12.11.2008 – L 19 B 171/08 AS; SG Hessen, Urt. v. 19.3.2008 – L 4 SB 51/07; LSG Berlin-Brandenburg, Beschl. v. 29.4.2008 – L 30 B 475/06 AL PKH; BSG, Urt. v. 20.4.1983 – 5a RKn 1/82, BSGE 55, 92; BSG, Urt. v.12.12.1990 – 9a/9 RVs 13/89; VGH Baden-Württemberg, Beschl. v. 7.2.2008 – 13 S 2939/07.

Über die Notwendigkeit ist im Verfahren nach § 197 SGG mangels einer § 162 Abs. 2 S. 2 VwGO entsprechenden Regelung durch den Urkundsbeamten zu entscheiden.

Maßgeblich ist, ob es einem verständigen Beteiligten nach seinen persönlichen Verhältnissen unter Berücksichtigung der gesamten Umstände zuzumuten war, das Vorverfahren selbst zu führen oder nicht. Zu berücksichtigen ist dabei stets die Schwierigkeit sowie die wirtschaftliche Bedeutung der Angelegenheit.

Ebenfalls sind neben dem Bildungs- und Kenntnisstand des Bürgers auch der Bekanntheitsgrad der einschlägigen Rechtsmaterie, die Intensität der Rechtsbeziehung zwischen Bürger und Behörde zu beachten sowie die Frage, ob der Schwerpunkt eher im rechtlichen oder im tatsächlichen Bereich liegt. Dabei darf die Erkenntnis- und Urteilsfähigkeit des Bürgers nicht überschätzt werden; die Beauftragung eines Rechtsanwalts sowie die gerichtliche Überprüfung der Bescheidung ist das gute Recht eines Bürgers.

In der Regel ist – nicht nur bei schwierigen und umfangreichen Sachverhalten – die Notwendigkeit der Hinzuziehung eines Rechtsanwalts nach ganz herrschender Auffassung zu bejahen.

Selbiges gilt für die Erforderlichkeit eines Rechtsanwalts im Vorverfahren.

Dies folgt grundsätzlich auch aus dem Grundsatz der Rechtsschutz- oder auch „Waffengleichheit“ aus Art. 3 Abs. 1 GG i.V.m. Art. 20 Abs. 3 GG.

Dem meist rechtsunkundigen Bürger stehen als Widerspruchsführer regelmäßig rechtskundige und prozesserfahrene Vertreter einer Behörde gegenüber, deswegen kann die Notwendigkeit einer Hinzuziehung eines Rechtsanwalts nur ausnahmsweise verneint werden. Allerdings gilt der Grundsatz der Notwendigkeit der Hinzuziehung eines Rechtsanwalts im Widerspruchsverfahren als Ausfluss des zuvor aufgeführten Grundsatzes nicht ausnahmslos.[3]

Sofern die Hinzuziehung als notwendig angesehen wird, gilt das Vorverfahren dabei nach § 17 Nr. 1a RVG als eine eigene Angelegenheit, sodass der Anwalt dies gesondert abrechnen kann.

4. Kosten des Mahnverfahrens

33 Auch zu den erstattungsfähigen Kosten nach § 193 SGG zählen die Gerichtskosten eines vorausgegangenen Mahnverfahrens vor den zentralen Mahngerichten,[4] welches ein Un-

3 Vgl. BSG, Urt. v. 2.11.2012 – B 4 AS 97/11 R m.w.N; LSG Niedersachsen-Bremen, Beschl. v. 22.4.2013 – L 11 AL 145/12 B; Beschl. v. 10.4.2014 – L 7 AL 94/13 B.

4 Zentrale Mahngerichte (ZEMA): Baden-Württemberg AG Stuttgart; Bayern AG Coburg; Berlin, Brandenburg AG Wedding; Bremen AG Bremen; Hamburg, Mecklenburg-Vorpommern AG Hamburg-Altona; Hessen AG Hünfeld; Niedersachsen AG Uelzen; Nordrhein-Westfalen AG Hagen/AG Euskirchen (OLG-Bez. Köln); Rheinland-Pfalz, Saarland AG Meyen; Sachsen, Sachsen-Anhalt und Thüringen AG Aschersleben; Schleswig-Holstein AG Schleswig.

ternehmen der privaten Pflegeversicherung nach § 182a SGG aufgrund von Beitragsansprüchen betrieben hat.

Nach § 182a SGG hat nach Widerspruch gegen den Mahnbescheid und Antrag auf Durchführung des streitigen Verfahrens oder nach Einspruch gegen den Vollstreckungsbescheid das Sozialgericht nach den Vorschriften des SGG zu entscheiden.

Etwaig entstandene Anwaltskosten des privaten Versicherungsunternehmens für das Klageverfahren sind jedoch aufgrund von § 193 Abs. 4 SGG nicht erstattungsfähig. Gleiches gilt für Anwaltskosten des Mahnverfahrens allein, ohne spätere Abgabe an ein Sozialgericht.[5]

5. Kosten des einstweiligen Anordnungsverfahrens

Nicht zu den Kosten nach § 193 SGG gehören solche für ein vorausgegangenes einstweiliges Anordnungsverfahren nach § 86b SGG. Hierbei handelt es sich um ein selbstständiges Verfahren und **verschiedene Angelegenheiten** nach § 17 Nr. 4b RVG, sodass dieses Verfahren gesondert abzurechnen ist. 34

6. Kosten für Rechtsgutachten

Solche Kosten sind bei Vertretung eines Prozessbevollmächtigten grundsätzlich nicht erstattungsfähig, da von einer Fachkundigkeit des Bevollmächtigten regelmäßig ausgegangen werden kann. Ausnahmen könnten eventuell bei Rechtsgutachten gelten, welche in Zusammenhang mit ausländischem Recht stehen, da auch das Internationale Privatrecht nicht unbedingt zu den „normalen" Rechtsgebieten gehört, in welchen sich der Prozessbevollmächtigte auskennen wird. 35

7. Versicherung über Auslagen nach Nrn. 7001, 7002 VV RVG

Hinsichtlich der dem Rechtsanwalt erwachsenen Auslagen für Post- und Telekommunikationsdienstleistungen nach Nrn. 7001, 7002 VV RGG genügt nach § 104 Abs. 2 S. 2 ZPO die anwaltliche Versicherung, dass solche entstanden sind. 36

8. Angabe der Vorsteuerabzugsberechtigung

Nach § 104 Abs. 2 S. 3 ZPO ist zur Berücksichtigung der Umsatzsteuer anzugeben, ob die Mandantschaft vorsteuerabzugsberechtigt ist. 37

5 Meyer-Ladewig/*B. Schmidt*, § 193 Rn 5c.

9. Mehrere Prozessbevollmächtigte

38 **Anwaltswechsel**

Grundsätzlich sind nur Kosten eines Prozessbevollmächtigten nach § 193 Abs. 2, 3 SGG erstattungsfähig.

Bei Streitgenossen kann dagegen jeder Auftraggeber einen eigenen Prozessbevollmächtigten mandatieren.

Bei einem **Anwaltswechsel** ist eine Kostenerstattung nur möglich, wenn ein Wechsel in der Person unverschuldet notwendig war.

10. Verbandspauschale

39 Streitig war lange Zeit auch die Frage, ob die Kosten von Verbandsvertretern bzw. von Vereinigungen oder Organisationen, welche nicht auf der Grundlage einer gesetzlichen Gebührenordnung abrechnen, festsetzungsfähig sind.

Nach der Rechtsprechung des BSG[6] gehören zu den Aufwendungen, die zur zweckentsprechenden Rechtsverfolgung oder -verteidigung gem. § 63 Abs. 1 S. 1 SGB X notwendig sind, auch die Kosten einer sogenannten Verbandsvertretung, wenn sie in einer wirksamen Verbandssatzung wurzeln, die satzungsmäßige Verbandsvertretung rechtmäßig ist und den Erstattungsberechtigten eine rechtswirksame und endgültige Kostentragungspflicht trifft.

40 *Praxistipp*

Sofern ein Anwaltswechsel eingetreten ist, empfiehlt sich eine Begründung der Erforderlichkeit bzw. Notwendigkeit bereits mit Antragstellung (beispielsweise aufgrund eines Verlustes des Vertrauensverhältnisses oder eines sonstigen triftigen Grundes).

IV. Entscheidung und Rechtsbehelf

41 **Entscheidung**

Die Entscheidung des Urkundsbeamten ergeht durch Kostenfestsetzungsbeschluss gem. § 197 SGG unabhängig davon, ob es sich um ein gerichtskostenfreies Verfahren nach § 183 SGG oder um ein Verfahren nach § 197a SGG handelt, in welchem das GKG anwendbar ist. Der zu erstattende Betrag ist zahlenmäßig zu bezeichnen; eine genaue Aufstellung von Gebührenpositionen ist allerdings nicht notwendig.

6 BSG, Urt. v. 17.3.2015 – B 11 AL 8/14 R; v. 18.9.2014 – B 14 AS 5/14 m.w.N., NZS 2015, 155; v. 29.3.2007 – B 9a SB 3/05 R m.w.N.

Bei der Entscheidung des Urkundsbeamten ist dieser keinerlei Weisungen unterworfen; er hat als selbstständiges Organ der Rechtspflege unabhängig zu entscheiden.

Verfahren 42

Der Kostenfestsetzungsbeschluss ist **bekannt zu geben**.

Der Kostenfestsetzungsbeschluss ist dem **Antragsgegner** bei (teilweiser oder vollständiger) Stattgabe in Ausfertigung oder beglaubigter Abschrift förmlich zu übersenden, da der Antragsgegner insoweit beschwert ist. Bei antragsgemäßer Entscheidung ist dem **Antragsteller** der Beschluss formlos zu übersenden.

Formalien 43

Der Beschluss ist bei ganzer oder teilweiser Zurückweisung zu begründen und ist mit einer **Rechtsmittelbelehrung** (*richtigerweise Rechtsbehelfsbelehrung wegen des fehlenden Devolutiveffektes*) zu versehen.

Nach § 232 ZPO – eingeführt durch das Gesetz zur Einführung einer Rechtsbehelfsbelehrung im Zivilprozess und zur Änderung anderer Vorschriften[7] – hat jede gerichtlich anfechtbare Entscheidung eine Belehrung über den statthaften Rechtsbehelf zu enthalten.

Ob § 232 ZPO für das sozialgerichtliche Verfahren aufgrund der Verweisung in § 202 S. 1 SGG gilt, ist problematisch und wird zumindest zutreffend für § 232 S. 2 ZPO abgelehnt.[8] Da jedoch die zentrale Kostenvorschrift des § 197 SGG eine entsprechende – auch sprachlich verklausulierte – Bestimmung nicht enthält, könnte die Rechtsbehelfsbelehrung über § 202 S. 1 SGG, wenn auch subsidiär, Anwendung finden.

Dabei sei angemerkt, dass es sich im Fall einer vollumfänglichen Stattgabe eines Kostenfestsetzungsantrages ebenfalls um eine gerichtlich anfechtbare Entscheidung handelt; die Frage der Begründetheit spielt dabei erst einmal keine Rolle.

Die Vorschrift des § 66 SGG schreibt indes auch keine ausdrückliche Regelung für eine Rechtsbehelfsbelehrung vor; diese regelt nur, welche Konsequenzen sich für den Fristbeginn ergeben, wenn ein Beteiligter über den gegebenen Rechtsbehelf nicht belehrt worden ist.[9] Auch folgt aus § 66 SGG, dass die Frist für ein Rechtsbehelf oder ein Rechtsmittel erst zu laufen beginnt, wenn eine Belehrung hierüber erfolgt ist. Da jedoch die Entscheidung des Urkundsbeamten durch Beschluss ergeht, muss dieser gem. § 66 SGG i.V.m. § 142 Abs. 1, 2 SGG analog mit einer Rechtsbehelfsbelehrung versehen werden, da nach § 197 Abs. 2 SGG ein Rechtsbehelf unzweifelhaft gegeben ist.

7 BGBl I, 2418.

8 Meyer-Ladewig/*Keller*, § 66 Rn 1.

9 Meyer-Ladewig/*Keller*, § 66 Rn 1.

44 **Rechtsbehelf**

Gegen den Kostenfestsetzungsbeschluss ist nach § 197 Abs. 2 SGG binnen eines Monats nach Bekanntgabe durch das Gericht die **Erinnerung** (Sonderfall des § 178 SGG) möglich. Auf die Erinnerung entscheidet das Gericht durch Beschluss. Die **Entscheidung** des Gerichts **ist endgültig**. Eine Beschwerdemöglichkeit besteht nicht.

45 **Anschlusserinnerung**

Legen Kläger und Beklagter Erinnerung ein und hilft der Urkundsbeamte einer ab, muss gegen den neuen Kostenfestsetzungsbeschluss neue Erinnerung eingelegt werden; die alte ist hinfällig.

46 **Verschlechterungsverbot**

Im Erinnerungsverfahren ist eine Verschlechterung grundsätzlich nicht möglich (reformatio in peius), da eine Partei nicht von der Möglichkeit der Einlegung eines Rechtsbehelfs aufgrund einer etwaigen Abänderung zu dessen Nachteil abgehalten werden soll.

47 Für Verfahren nach § 197a SGG siehe § 2 Rdn 98 ff.

C. Festsetzung gegen die Staatskasse bzw. Landeskasse

48 **PKH-Anspruch**

Dem Rechtsanwalt steht aufgrund der gegen seinen Mandanten bestehenden Forderungssperre (§ 73a Abs. 1 S. 1 SGG i.V.m. § 122 Abs. 1 Nr. 3 ZPO) nach §§ 45 ff. RVG allein aufgrund der Beiordnung ein Anspruch auf Zahlung seiner PKH-Vergütung gegen die Staats- bzw. Landeskasse zu.

49 **Funktionelle Zuständigkeit**

Die aus der Staats- bzw. Landeskasse zu zahlende PKH-Vergütung wird nach § 55 Abs. 1 S. 1 RVG ebenfalls von dem Urkundsbeamten der Geschäftsstelle festgesetzt.

50 Als Urkundsbeamter für die Vergütungsfestsetzung (wie auch für die Kostenfestsetzung) bei den Sozialgerichten ist dabei der Beamte des gehobenen Dienstes zuständig. Hier ist die Festsetzung der PKH-Vergütung, anders als in der ordentlichen Gerichtsbarkeit, nicht dem Urkundsbeamten des mittleren Dienstes übertragen.

Der Urkundsbeamte ist bei Festsetzung der Vergütung des beigeordneten Rechtsanwalts nicht Vertreter der Staats- bzw. Landeskasse, sondern vielmehr unabhängig und daher – ähnlich dem Rechtspfleger gem. § 9 RPflG – keinerlei Weisungen unterworfen; er ist ein unabhängiges Organ der Rechtspflege.

Entscheidung 51

Die Entscheidung des Urkundsbeamten ergeht ebenfalls durch Beschluss, allerdings durch sogenannten **Vergütungsfestsetzungsbeschluss** gem. §§ 49, 55 RVG.

Verfahren 52

Häufig wird dem Rechtsanwalt vor der Entscheidung mehrfach Gelegenheit zur Stellungnahme oder Antragskorrektur gegeben, da dies den Vorteil hat, dass bei entsprechender Korrektur bzw. Abänderung des Festsetzungsantrages der Urkundsbeamte ohne die Erstellung eines (umfangreichen) Absetzungstextes dem Festsetzungsantrag vollumfänglich nachkommen kann und so auch der Einlegung des Rechtsbehelfes der Erinnerung gem. § 56 RVG entgegen gewirkt werden kann. Dieses Verfahren hat für den Anwalt den **Vorteil**, dass dieser auf von ihm bei Rechnungserstellung übersehene Punkte aufmerksam gemacht wird, da der Urkundsbeamte nicht mehr als beantragt festsetzen darf (§ 308 ZPO). Er ist an den Antrag gebunden (ne ultra petita).

Parteienbetroffenheit 53

Die Festsetzung betrifft nur das Verhältnis zwischen dem beigeordneten Rechtsanwalt und der Staats- bzw. Landeskasse. In einem Erinnerungsverfahren nach § 56 RVG ist der ggf. erstattungspflichtige Prozessgegner nach § 59 RVG nicht zu beteiligen.

Örtliche Zuständigkeit 54

Zuständig ist grundsätzlich das Gericht der I. Instanz (vgl. § 55 Abs. 1 S. 1, Abs. 2 RVG). Eine Ausnahme bildet hier die Festsetzung von Vorschusszahlungen gem. § 47 RVG.

I. Frist und Form

Antragsfrist 55

Eine **Frist** für die Antragstellung ist nicht vorgesehen; der Antrag kann jederzeit nach Fälligkeit der Vergütung gestellt werden.

Verjährung 56

Zu beachten ist aber die zeitliche Begrenzung, die sich alleine aus der regelmäßigen **Verjährungs**frist von 3 Jahren gem. § 195 BGB ergibt. Diese beginnt mit Ablauf des Kalenderjahres, in welchem der Anspruch auf die Vergütung fällig geworden ist (§ 199 Abs. 1 BGB).

Der Urkundsbeamte darf sich nicht selbst auf die Einrede der Verjährung berufen, da er nicht Vertreter der Staats- bzw. Landeskasse ist; er muss vielmehr die Akte dem zuständigen Bezirksrevisor vorlegen, welcher seinerseits die Einrede der Verjährung erheben muss.

57 **Antragsform**

Einer besonderen Form bedarf der Antrag auf Vergütungsfestsetzung nicht.

Die Benutzung des amtlichen Formulars *„Festsetzung der Vergütung der/des im Wege der Prozesskostenhilfe und Verfahrenskostenhilfe oder nach § 625 ZPO beigeordneten Rechtsanwältin/Rechtsanwalts“ (HKR 120 a)*[10] ist nicht vorgeschrieben; ein Formular- oder Vordruckzwang besteht nicht.

58 *Praxistipp*

Dieser und zahlreiche weitere Vordrucke sind durch die Justiz NRW zum freien Download unter *www.justiz.nrw.de/BS/formulare* eingestellt worden.

59 **Versicherungen**

Sofern dieser Vordruck allerdings nicht benutzt wird, sind die notwendigen **Versicherungen** zwingend zu erklären.

60 **Mindesterfordernisse**

Gleichwohl gibt es gewisse „Mindestanforderungen“, welche im formlosen Antrag enthalten sein müssen. Dieser **notwendige Antragsinhalt** umfasst im Wesentlichen folgende Punkte:

1. Angabe der Antragsart

61 **Bezeichnung des Antrags**

Der Antrag ist eindeutig zu bezeichnen, sodass keine Zweifel entstehen können. Dies besonders vor dem Hintergrund, wenn der Rechtsanwalt verschiedene Möglichkeiten zur Wahl des Festsetzungsverfahrens hat (§ 55 RVG oder aber § 197 SGG).

Auch kann der Rechtsanwalt jeweils einen Vergütungsfestsetzungsantrag gem. § 55 RVG gegen die Landeskasse einreichen (für den auf die Landeskasse entfallenen Anteil) und zusätzlich einen weiteren Kostenfestsetzungsantrag gem. § 197 SGG gegen den teilweise erstattungspflichtigen Gegner, sodass hier eine besondere Sorgfalt zu wahren ist.

Es muss zweifelsfrei ersichtlich sein, welchen Antrag der Anwalt stellen möchte, da es nicht Aufgabe des Gerichts oder des Festsetzungsbeamten ist, sich eine Antragsart auszusuchen.

10 Beispielsweise erhältlich unter: *https://www.justiz.nrw.de/BS/formulare/prozesskostenhilfe/index.php* (Abruf: 16.9.2025).

Praxistipp 62

Es empfiehlt sich daher, den einzureichenden Antrag eindeutig zu bezeichnen, etwa durch die Angabe *„Antrag auf Festsetzung der Vergütung des beigeordneten Rechtsanwalts“* oder *„Antrag gemäß § 55 RVG“*.

Dies gilt entsprechend für einen Antrag auf Vorschusszahlung gem. § 47 RVG.

2. Angabe von Zahlungen bis Antragstellung

Angabe von Zahlungen 63

Im dem Antrag hat der Rechtsanwalt die **notwendigen Versicherungen** gem. §§ 55 Abs. 5 S. 2, 3 RVG zu erklären, dass er Zahlungen nicht erhalten hat.

Es ist daher im Einzelnen anzuzeigen, ob

- Vorschüsse aus der Staatskasse nach § 47 RVG,
- sonstige Vorschüsse und Zahlungen nach § 58 RVG,
- Gebühren für Beratungshilfe nach § 44 RVG,
- oder Gebühren für eine außergerichtliche Vertretung

erhalten wurden, da ggf. eine Anrechnung auf die zu zahlende Vergütung aus der Landeskasse zu erfolgen hat.

Diese Mitteilungspflicht nach § 55 Abs. 5 S. 2 RVG umfasst dabei **alle Zahlungen**, die mit der Vergütung des Rechtsanwalts in Verbindung stehen könnten. Auch solche, die nach Auffassung des Rechtsanwalts unwichtig sind, beispielsweise freiwillige Zahlungen des Mandanten oder eines Dritten, da diese anzurechnen sind.

Trotz der Forderungssperre des § 122 Abs. 1 Nr. 3 ZPO darf der beigeordnete Rechtsanwalt freiwillige Zahlungen seines Auftraggebers oder eines Dritten annehmen. Hinsichtlich dieser – womöglich in Unkenntnis der Forderungssperre – erhaltenen Zahlungen gilt die Anzeigepflicht selbstverständlich auch, denn im Umfang einer unbedingten Zahlung des Auftraggebers oder Dritten ist der Vergütungsanspruch durch Erfüllung erloschen und durch Rückzahlung lebt dieser nicht wieder auf. Eine Leistungspflicht der Staatskasse kann in einem solchen Fall nicht erneut entstehen.

Der Urkundsbeamte muss eventuelle Anrechnungsvorschriften prüfen können; dies kann er nur, wenn ihm alle erhaltenen Zahlungen angezeigt werden.

Anzeigepflicht 64

Die Anzeigepflicht wird leider zu häufig in der Praxis vergessen oder außer Acht gelassen.

Der Rechtsanwalt ist berufsrechtlich **verpflichtet**, sämtliche erhaltenen Zahlungen und Vorschüsse anzuzeigen. Er ist nach § 43 BRAO zur gewissenhaften Ausübung seines

Berufes verpflichtet. Sofern bekannt wird, dass Zahlungen oder Vorschüsse nicht angezeigt wurden, kann ein Verstoß gegen die berufsständischen Pflichten[11] sowie eine Mitteilung zur zuständigen Rechtsanwaltskammer in Betracht kommen.

3. Angabe von Zahlungen nach Antragstellung

65 **Zahlungen**

Der Rechtsanwalt ist auch gesetzlich verpflichtet, nach Antragstellung erhaltene Zahlungen gem. § 55 Abs. 5 S. 4 RVG unverzüglich anzuzeigen.

4. Glaubhaftmachung von Auslagen

66 **Auslagen**

Etwaig entstandene Auslagen (z.B. Kopien der Handakte) sind von dem Rechtsanwalt glaubhaft zu machen. Hierbei kann er sich aller präsenten Beweismittel gem. § 55 Abs. 5 S. 1 RVG, §§ 104 Abs. 2, S. 1, 294 ZPO bedienen.

5. Versicherung über Auslagen nach Nrn. 7001, 7002 VV RVG

67 **Anwaltliche Versicherung**

Hinsichtlich der dem Rechtsanwalt erwachsenen Auslagen für Post- und Telekommunikationsdienstleistungen nach Nrn. 7001, 7002 VV RGG genügt gem. § 55 Abs. 5 S. 1 RVG i.V.m. § 104 Abs. 2 S. 2 ZPO in aller Regel die **anwaltliche Versicherung**, dass solche entstanden sind.

6. Angabe der Vorsteuerabzugsberechtigung

68 Im Verhältnis zur Staats- bzw. Landeskasse in einem Vergütungsfestsetzungsverfahren kommt es nicht mehr auf eine Erklärung zur Vorsteuerabzugsberechtigung des beigeordneten oder bestellen Rechtsanwalts an.

II. Prüfungsumfang/Erstattungsfähigkeit

69 **Prüfungsumfang**

Zu prüfen sind Entstehung und Erstattungsfähigkeit von Gebühren.

11 Vgl. AnwK-RVG/*Volpert*, § 55 Rn 79.

Es dürfen nur solche Gebühren und Kosten festgesetzt werden, die unzweifelhaft entstanden sind. Dies ist stets unter Berücksichtigung der Kriterien des § 14 RVG zu prüfen, d.h. es ist zu prüfen, ob die geltend gemachten Gebühren billig sind. Insoweit wird auf die Ausführungen in § 3 Rdn 1 ff. „Bemessungskriterien des § 14 RVG" verwiesen.

§ 14 Abs. 1 S. 4 RVG ist im Verhältnis zur Staats- bzw. Landeskasse nicht anzuwenden, da diese nicht „Dritter", sondern Vergütungsschuldner ist.[12] Dies ist mittlerweile anerkannt. Allerdings erfolgt dann eine Billigkeitskontrolle gem. § 315 Abs. 3 S. 1 BGB, was jedoch zum selben Ergebnis führt, nämlich dazu, dass die vom Anwalt getroffene Bestimmung auf Billigkeit überprüft wird.

Beiordnungsumfang 70

Der Umfang der Beiordnung und somit der Vergütungsanspruch des Rechtsanwalts bestimmt sich grundsätzlich gem. § 48 Abs. 1 RVG nach den Bewilligungsbeschlüssen (§§ 45, 48 Abs. 1 RVG), durch die Prozesskostenhilfe bewilligt und der Rechtsanwalt beigeordnet oder bestellt worden ist.

Enthält die Bewilligungs- und Beiordnungsentscheidung keine ausdrückliche Bestimmung zum Umfang der Beiordnung, wirkt sie auf den Zeitpunkt der Antragstellung zurück.

Nach der Einführung von § 48 Abs. 4 RVG mit seinem heutigen Inhalt durch das 2. KostRMoG kann bei der Bemessung der anwaltlichen Vergütungsforderung des beigeordneten Rechtsanwalts nur der Teil des Verfahrens zur Ausfüllung der Kriterien aus § 14 Abs. 1 RVG herangezogen werden, für den (Prozesskostenhilfe bewilligt und) der betroffene Anwalt beigeordnet war. Versieht daher der für die Beiordnung zuständige Spruchkörper den Beiordnungsbeschluss mit einer zeitlichen Begrenzung, so hat es für das Vergütungsfestsetzungsverfahren bei dieser zu verbleiben, ohne dass der für die Festsetzung zuständige Spruchkörper die inhaltliche Berechtigung dieser Begrenzung zu prüfen hätte.[13] Gibt es durch den Antragsteller für eine zeitliche Beschränkung der PKH-Beiordnung abweichend von § 48 Abs. 4 S. 1 RVG einen sachlichen Grund (z.B. verspätete Einreichung der PKH-Unterlagen), so erweist sich ein derartiger Beschluss nicht als rechtfehlerhaft.

Erst die ab Wirksamwerden der Beiordnung erbrachte anwaltliche Tätigkeit ist der Gebührenbestimmung zugrunde zu legen.[14] Diese zeitliche Begrenzung gilt auch für den Auslagenersatz.

12 Auch LSG Hessen, Beschl. v. 3.2.2015 – L 2 AS 605/14 B, AGS 2015, 206; Gerold/Schmidt/*Müller-Rabe*, § 55 Rn 32.

13 LSG Hessen, Beschl. v. 10.7.2015 – L 2 SF 11/15 E, AGS 2016,197.

14 LSG Thüringen, Beschl. v. 27.10.2020 – L 1 SF 285/19 B, s. hierzu Anm. von *Dahn*, in: AGS 2021, 130.

Dagegen erstreckt sich die Beiordnung ferner auf die gesamte Tätigkeit im Verfahren über die Prozesskostenhilfe einschließlich der vorbereitenden Tätigkeiten (§ 48 Abs. 4 S. 2 RVG). Bei der Bemessung der Betragsrahmengebühr soll auch die Tätigkeit erfasst werden, welche bereits vor dem Antrag auf Bewilligung von Prozesskostenhilfe geleistet worden ist. Nach den Motiven des 2. KostRMoG dient die Fertigung der Klageschrift auch der Begründung des PKH-Antrages, sofern der Antrag auf Bewilligung von Prozesskostenhilfe gleichzeitig mit der Einreichung der Klageschrift gestellt wurde.

Denn die zeitliche Begrenzung durch die Bestimmung eines abweichenden Beiordnungszeitpunktes in § 48 Abs. 4 Satz 1 RVG bezieht sich nur auf die bei der Gebührenfestsetzung zu berücksichtigenden Tätigkeit im Klageverfahren. Seine nach 48 Abs. 4 S. 2 RVG in die Gebührenbemessung einfließende Tätigkeit im PKH-Verfahren unterliegt der Begrenzung durch den abweichenden Beiordnungszeitpunkt demgegenüber nicht.[15]

Eine Prüfung der Vorschrift des § 91 ZPO betrifft lediglich das Rechtsverhältnis der Parteien untereinander und ist für den Anspruch des beigeordneten Anwalts gegen die Staats- bzw. Landeskasse nicht maßgeblich.

71 Eine umfassende Begründung, warum gerade die in Ansatz gebrachten Gebühren billig i.S.d. § 14 RVG sein sollen, ist regelmäßig sinnvoll, da so ohne weitere Nachfrage direkt die in Ansatz gebrachten Gebühren auf Billigkeit überprüft werden können.

72 *Praxistipp*

Sofern höhere Gebühren als die Durchschnittsgebühr oder bei Untätigkeitsklagen bzw. beim einstweiligen Rechtsschutzverfahren die Mittelgebühr in Ansatz gebracht werden, ist dies sinnvollerweise zu begründen. In Zweifelsfällen empfiehlt sich auch bereits die Begründung der Mittelgebühr. Sofern eine Begründung nicht erst nachgefordert werden muss, erfolgt in aller Regel auch eine zügige Festsetzung und Anweisung.

Es ist offensichtlich, dass sich der oft als lästige Mehrarbeit angesehene Aufwand zur handfesten Begründung regelmäßig „bezahlt“ macht.

73 **Bindung an Antrag**

Der Urkundsbeamte der Geschäftsstelle ist bei der Festsetzung der Vergütung nicht befugt, über den vom Rechtsanwalt gestellten Betrag hinauszugehen (§ 308 Abs. 1 ZPO). Er darf jedoch *innerhalb des* zur Festsetzung und Auszahlung beantragten *Gesamtbetrages* anstelle einer geltend gemachten, nicht entstandenen Position eine nicht geforderte zweifelsfrei entstandene Position berücksichtigen, sofern der Gesamtbetrag nicht über-

15 LSG NRW, Beschl. v. 20.2.2024 – L 6 AS 1561/23 B; LSG Bayern, Beschl. v. 11.8.2023 – L 12 SF 140/20 m.w.N.

schritten wird.[16] Auch darf er nach Ermessen einen Hinweis nach § 139 ZPO erteilen, um den Anwalt auf offensichtlich übersehene Positionen hinzuweisen, um damit einer weiteren unnötigen Geschäftsbelastung durch spätere Nachliquidationen vorzubeugen (Verwaltungsökonomie).

III. Einzelfälle

1. Gutachterkosten

Keine Prozesskostenhilfe kann für Kosten nach § 109 SGG bewilligt werden, denn § 109 SGG verpflichtet das Gericht, eben jenen benannten Arzt anzuhören, auch wenn es dies für nicht erforderlich hält.[17] 74

Wenn Kosten von der Staatskasse übernommen werden, so jedenfalls nicht im Wege der Prozesskostenhilfe.

2. Kosten des Vorverfahrens

Die außergerichtlichen Kosten für ein Vorverfahren bzw. Widerspruchsverfahren können nicht gegen die Staats- bzw. Landeskasse im Wege der PKH-Vergütung geltend gemacht werden, da die Bewilligung sich nicht auf das vorgerichtliche Verfahren erstreckt. Diese Kosten sind im Verfahren nach § 197 SGG geltend zu machen. 75

3. Kosten des Verwaltungsverfahrens

Auch die Kosten für das Verwaltungsverfahren können nicht gegen die Staats-/Landeskasse geltend gemacht werden. 76

4. Verzinsung

Ein **Verzinsungsanspruch** der Vergütung gegen die Landes- bzw. Staatskasse kommt mangels gesetzlicher Grundlage nicht in Betracht. Eine entsprechende Anwendung des § 104 Abs. 1 S. 2 ZPO scheidet mangels Verweis von § 55 Abs. 5 S. 1 RVG aus. § 104 Abs. 1 S. 2 ZPO regelt lediglich die Verzinsung bei der Kostenfestsetzung nach § 197 SGG *gegen die unterliegende Partei* und ist bei der Festsetzung der Vergütung des beigeordneten Rechtsanwalts gem. § 55 RVG nicht anwendbar.[18] 77

16 SG Berlin, Beschl. v. 26.2.2009 – S 165 SF 127/09 E; auch Gerold/Schmidt/*Müller-Rabe*, § 55 Rn 27.
17 Zu § 109 SGG vgl. Meyer-Ladewig/*B. Schmidt*, § 73a Rn 3.
18 Siehe auch BVerwG, Beschl. v. 13.7.1981 – 7 C 55/79; LSG NRW, Beschl. v. 13.2.2009 – L 12 B 159/08.

IV. Entscheidung und Rechtsbehelf

78 **Entscheidung**

Sofern dem Vergütungsfestsetzungsantrag teilweise oder vollumfänglich nicht stattgegeben, er also zurückgewiesen wird, ist der zu begründende Vergütungsfestsetzungsbeschluss dem Antragsteller mitzuteilen. Sofern dem Antrag vollumfänglich stattgegeben wurde, ist eine Mitteilung regelmäßig nicht notwendig; der beigeordnete Rechtsanwalt sieht spätestens durch eine Gutschrift des angemeldeten Betrages, dass seinem Antrag vollumfänglich stattgegebenen wurde.

79 Der Staatskasse ist der Vergütungsfestsetzungsbeschluss zur Vermeidung von unnötigem Verwaltungsaufwand generell nicht bekannt zu geben.

80 **Formalien**

Der Beschluss ist dem Gesetzeswortlaut des § 12c RVG nach, welcher durch das Gesetz zur Einführung einer Rechtsbehelfsbelehrung im Zivilprozess und zur Änderung anderer Vorschriften vom 5.12.2012[19] eingeführt wurde, mit einer **Rechtsbehelfsbelehrung** zu versehen, welche von der Unterschrift gedeckt sein muss. Dies gilt ab dem 1.1.2014.

Die Belehrungspflicht gilt uneingeschränkt und generell für jede anfechtbare Entscheidung im RVG-Verfahren, unabhängig davon, ob Anwaltszwang besteht oder nicht.[20]

Der Vergütungsfestsetzungsbeschluss nach § 55 RVG oder § 47 RVG stellt eine gerichtlich anfechtbare Entscheidung i.S.d. § 12c RVG i.V.m. § 1 Abs. 3 RVG dar, gegen die ein Rechtsbehelf statthaft ist. Die Frage der Begründetheit oder der Beschwer hat hiermit zunächst nichts zu tun. Daher hat eine Festsetzung eine Rechtsbehelfsbelehrung zu enthalten.

81 Ein Unterlassen der Rechtsbehelfsbelehrung ist jedoch unschädlich, da die Erinnerung nach § 56 RVG nicht fristgebunden ist.

82 **Bekanntgabe**

Eine **Zustellung** des Vergütungsfestsetzungsbeschlusses wäre nicht notwendig, da bei der Erinnerung nach § 56 RVG keine Frist zu laufen beginnt. Gleichwohl wird die Festsetzung in der gerichtlichen Praxis teils per Empfangsbekenntnis übersandt, da so der zeitliche Schwebezustand, in welchem Rechtsbehelf eingelegt werden könnte, absehbarer erscheint. Die Einlegung des Rechtsbehelfs erfolgt in aller Regel in einem zeitlichen Zusammenhang mit der Übersendung der Festsetzung und wird nicht Monate später eingelegt. Dieser Zeitpunkt kann bei einer formlosen Übersendung nicht abgesehen werden, da

19 BGBl I, 2418.
20 AnwK-RVG/*Fölsch/Volpert*, § 12c Rn 3, 4.

es keinen Nachweis des Zugangs der Festsetzung gibt. Weiterhin kann es im Einzelfall durchaus auf den Zeitpunkt einer eventuellen Verwirkung ankommen.

Rechtsbehelf 83

Gegen die Entscheidung des Urkundsbeamten besteht die Möglichkeit der unbefristeten **Erinnerung** gem. § 56 Abs. 1 S. 1 RVG. Erinnerungsbefugt ist lediglich die Staatskasse oder der beigeordnete Rechtsanwalt, nicht aber die Partei oder der erstattungspflichtige Gegner. Nur in Ausnahmefällen kann die Verwirkung angenommen werden. Der Urkundsbeamte hat zunächst zu prüfen, ob der Erinnerung abzuhelfen ist. Hilft er nicht ab, ist die Sache dem Gericht vorzulegen. Das Gericht entscheidet durch Beschluss, der zu begründen und förmlich zuzustellen ist, wenn die befristete Beschwerde möglich ist.

Verschlechterungsverbot 84

Im Erinnerungsverfahren ist eine Verschlechterung grundsätzlich nicht möglich (Verbot der reformatio in peius), da eine Partei nicht von der Möglichkeit der Einlegung eines Rechtsbehelfs aufgrund einer etwaigen Abänderung zu deren Nachteil abgehalten werden soll.

Verwirkung der Erinnerung 85

Weiterhin kann im Einzelfall auch eine **Verwirkung** des unbefristeten Erinnerungsrechts in Betracht kommen, sofern die Kostenberechnung längst abgewickelt ist und sich alle Beteiligten darauf eingestellt haben, dass sich die Kostenangelegenheit erledigt hat.[21]

Eine Verwirkung des Erinnerungsrechts ist nach der Rechtsprechung des BSG[22] als Ausprägung des Grundsatzes von Treu und Glauben gem. § 242 BGB unter der Voraussetzung anerkannt, dass der Berechtigte die Ausübung seines Rechts über einen längeren Zeitraum unterlassen hat und weitere besondere Umstände hinzutreten, welche die verspätete Rechtsausübung nunmehr als untreu erscheinen lassen. Erforderlich ist hierbei neben dem bloßen Zeitmoment auch das sog. Umstandsmoment, wonach aufgrund des Verhaltens darauf vertraut werden durfte, dass das Recht nicht mehr geltend gemacht werde.

Fußt das Umstandsmoment allein auf der Festsetzungsentscheidung des Urkundsbeamten bzw. der Auszahlung der festgesetzten Vergütung, scheidet eine Verwirkung innerhalb eines Jahres seit der Festsetzungsentscheidung regelhaft aus.[23]

21 Gerold/Schmidt/*Müller-Rabe*, § 55 Rn 43; u.A. SG Berlin, Beschl. v. 10.1.2010 – S 165 SF 657/09 E.
22 BSG, Urt. v. 23.6.2015 – B 1 KR 26/14 R.
23 LSG Schleswig-Holstein, Beschl. v. 15.3.2024 – L 5 SF 20/24 B E.

Für die Staatskasse wird analog § 20 GKG im Allgemeinen eine Verwirkung angenommen, wenn die Erinnerung nach Ablauf des auf die Festsetzung nachfolgenden Kalenderjahres eingelegt wird.[24]

86 **Beschwerdemöglichkeit**

Ob im PKH-Kostenfestsetzungsverfahren die **Beschwerde** möglich ist, war zwischen den Landessozialgerichten lange umstritten.

Unter der Voraussetzung, dass der Beschwerdewert des § 33 Abs. 3 S. 1 i.V.m. § 56 Abs. 2 S. 1 RVG i.H.v. 200,00 EUR erreicht ist, besteht eine Beschwerdemöglichkeit.

Die Vergütungsfestsetzung im PKH-Verfahren wird durch das RVG geregelt, welches den geltenden Verfahrensvorschriften des zugrunde liegenden Verfahrens vorgeht.[25] Dies ist durch § 1 Abs. 3 RVG nun eindeutig klargestellt.

Das RVG trifft für den Vergütungsanspruch des beigeordneten Rechtsanwalts und dessen Durchsetzung **spezielle und abschließende Sonderregelungen**, welche die allgemeinen prozessualen Bestimmungen des SGG verdrängen.[26]

87 Die Gegenmeinung[27] geht davon aus, dass § 178 S. 1 SGG auch im Rahmen der PKH-Vergütungsfestsetzung zu berücksichtigen ist, so dass eine Entscheidung des Gerichts auf eine Erinnerung gegen eine Entscheidung des Urkundsbeamten endgültig ist, eine Beschwerde an das Landessozialgericht nicht möglich sein soll.

Die zuletzt dargelegte Auffassung überzeugt nicht, zumal durch das SGGArbGÄndG nur Beschwerdeverfahren nach § 172 Abs. 2, 3 SGG eingeschränkt worden sind.

88 Aber auch aus rechtlicher Sicht überzeugen die Einwände der Gegner der Statthaftigkeit der Beschwerde in der PKH-Festsetzung nicht. Die allgemeine Vorschrift des § 178 S. 1 SGG kann den speziellen Regelungen des RVG nicht vorgehen. Eines Verweises des SGG auf das RVG bedarf es ebenso wenig wie der Annahme, dass das Rechtsbehelfssystem des RVG nur nach Maßgabe der jeweiligen Verfahrensordnungen anzuwenden wäre.

24 U.A. SG Detmold, Beschl. v. 26.11.2013 – S 2 SF 271/13 E; SG Berlin, Beschl. v. 1.11.2010 – S 127 SF 407/10 E; LSG NRW, Beschl. v. 5.5.2011 – L 7 AS 712/10 B; LSG Bayern, Beschl. v. 4.10.2012 – L 15 SF 131/11 B E; SG Kassel, Beschl. v. 7.3.2013 – S 10 SF 22/13 E.

25 LSG Bayern, Beschl. v. 18.1.2007 – L 15 B 224/06; LSG Mecklenburg-Vorpommern, Beschl. v. 17.7.2008 – L 6 B 93/07; LSG NRW, Beschl. v. 28.5.2008 – L 20 B 7/08, ASR 2008, 164; LSG Sachsen, Beschl. v. 8.2.2008 – L 6 B 466/07 R; LSG Schleswig-Holstein, Beschl. v. 17.7.2008 – L 1 B 127/08 SK; LSG Thüringen, Beschl. v. 29.4.2008 – L 6 B 32/08 SF; LSG NRW, Beschl. v. 29.1.2008 – L 1 B 35/07 AS; LSG NRW, Beschl. v. 24.9.2008 – L 19 B 21/08 AS; LSG Mecklenburg-Vorpommern, Beschl. v. 29.7.2008 – L 6 B 141/07.

26 AnwK-RVG/*Volpert*, § 56 Rn 40.

27 Vgl. LSG Niedersachsen-Bremen, Beschl. v. 5.9.2007 – L 13 B 2/06 AS SF; LSG Berlin-Brandenburg, Beschl. v. 20.6.2008 – L 1 B 60/08 SF AL und Beschl. v. 23.7.2008 – L 18 B 76/08 SF; LSG Saarland, Beschl. v. 29.1.2009 – L 1 B 16/08 R; vgl. auch AnwK-RVG/*Volpert*, § 56 Rn 38; aufgegeben von LSG Sachsen Anhalt, Beschl. v. 6.11.2015 – L 4 AS 427/15, NZS 2/2016, 80.

Anders als etwa in § 11 Abs. 3 S. 2 RVG (und § 17a Abs. 4 S. 2 GVG) sehen die Vergütungsfestsetzungsregeln des RVG gerade vor, dass die jeweiligen Verfahrensordnungen nicht anzuwenden sind.

Mit Änderung des § 1 Abs. 3 RVG hat der Gesetzgeber nun klargestellt, dass die Vorschriften des RVG über die Erinnerung und die Beschwerde den Regelungen der für das entsprechende zugrundeliegende Verfahren geltenden Verfahrensvorschriften vorgehen. Demnach gelten die Vorschriften des RVG als **lex specialis** gegenüber denen des SGG. Daraus folgt, dass das RVG und damit insbesondere die dort geregelten Beschwerdemöglichkeiten innerhalb des SGG für die Vergütung im Rahmen der Prozesskostenhilfe anwendbar sind.

Gegenstand des Beschwerdeverfahrens nach § 56 Abs. 2 RVG ist die gesamte Kostenfestsetzung, nicht nur die einzelne Gebühr, gegen deren Versagung bzw. Bemessung sich die Beschwerde richtet Die Überprüfung wird allerdings durch den Antrag des Rechtsanwalts bzw. Beschwerdeführer und das Verbot der „reformatio in peius" begrenzt.

Frist 89

Zu beachten ist jedoch eine kurze Frist von 14 Tagen ab Zustellung (§ 56 Abs. 2 S. 1 i.V.m. § 33 Abs. 3 S. 3 RVG). Erreicht der Beschwerdewert die Grenze von 200,00 EUR nicht, kann das erstinstanzliche Gericht etwa bei grundsätzlicher Bedeutung die Beschwerde zulassen (§ 33 Abs. 3 S. 2 RVG). Auch bei fehlerhafter Rechtsbehelfsbelehrung ist als Beschwerdefrist nicht die Jahresfrist des § 66 Abs. 2 SGG, sondern allein die allgemeine Zwei-Wochen-Frist nach §§ 1 Abs. 3, 56 Abs. 2, 33 Abs. 3 S. 3 RVG einschlägig, sofern der Rechtsbehelfsführer im einschlägigen Verfahrensrecht über Sach- und Rechtskenntnisse verfügt, welche bei und aufgrund anwaltlicher Vertretung regelmäßig vorausgesetzt werden können.[28]

Die weitere Beschwerde ist im sozialrechtlichen Verfahren nicht möglich.

V. Besonderheiten

1. Vergütung nach § 50 RVG

Weitere Vergütung 90

Eine weitere Vergütung oder Differenzvergütung gem. § 50 RVG ist in gerichtskostenfreien Verfahren in der Sozialgerichtsbarkeit aufgrund des Systems der Betragsrahmengebühren nicht existent.

28 LSG NRW, Beschl. v. 3.8.2020 – L 19 AS 879/20 B n.v., s. hierzu Anm. von *Dahn*, in: AGS 2020, 525.

2. Rechtshängigkeit vor dem Landessozialgericht

91 Sofern ein Rechtsstreit vor dem Landessozialgericht anhängig ist, setzt der dortige Urkundsbeamte lediglich einen beantragten Vorschuss gem. § 47 RVG fest und bringt diesen zur Anweisung.

Die endgültige Abrechnung der Vergütung des beigeordneten Rechtsanwalts hat wiederum durch den Urkundsbeamten des Gerichts des ersten Rechtszuges zu erfolgen (§ 55 Abs. 1 S. 2 RVG).

3. Rechtshängigkeit vor dem Bundessozialgericht

92 **Bundesmittel**

Sofern ein Rechtsstreit vor dem BSG anhängig ist, setzt der Urkundsbeamte des ersten Rechtszuges die endgültige Vergütung des beigeordneten Rechtsanwalts fest. Die Festsetzung ist an das Bundessozialgericht zu übersenden. Eine Auszahlung (Auszahlungsanordnung) hat jedoch durch den Urkundsbeamten des Bundessozialgerichts mit Mitteln der Bundeskasse zu erfolgen (vgl. § 45 Abs. 1 RVG).

4. Vorschuss

93 **Vorschuss**

Der Rechtsanwalt kann ab dem Zeitpunkt seiner Beiordnung gem. § 47 RVG einen **angemessenen Vorschuss** gegen die Staats- bzw. Landeskasse geltend machen. Dies nur für bereits entstandene Gebühren und voraussichtlich entstehende oder bereits entstandene Auslagen, diese aber in voller Höhe. Einen Vorschuss für zukünftig entstehende Gebühren kann der Rechtsanwalt nicht geltend machen. Der Antrag auf Vorschussfestsetzung ist bei dem Gericht anzubringen, bei dem die Streitsache aktuell rechtshängig ist, sofern das Verfahren nicht durch rechtskräftige Entscheidung oder auf sonstige Weise beendet ist (vgl. § 55 Abs. 2 RVG).

Sofern der Rechtsanwalt erst einen kurzen Zeitraum beigeordnet ist, kann durchaus eine Kürzung des geforderten Vorschusses unter Berücksichtigung der Kriterien des § 14 RVG erfolgen, da nur ein *angemessener Vorschuss* verlangt werden kann.

Das Gericht ist bei der endgültigen Festsetzung der aus der Staatskasse aufzubringenden Vergütung nicht an die Höhe eines auf der Grundlage von § 47 Abs. 1 RVG gewährten Vorschusses gebunden; der endgültig festgesetzte Betrag kann vielmehr auch hinter dem Vorschuss zurückbleiben.[29] Die endgültige und abschließende Vergütungsfestsetzung bleibt stillschweigend gem. § 8 RVG vorbehalten.

29 LSG Hessen, Beschl. v. 16.6.2015 – L 2 AS 625/14 B, NZS 2015, 760.

Beispiel 4 94

Das Verfahren ist in der Berufungsinstanz am LSG rechtshängig. Prozesskostenhilfe wurde für das Berufungsverfahren bewilligt. Die bisherige anwaltliche Tätigkeit beschränkt sich auf die Einlegung der Berufung nebst Fertigung einer umfassenden Berufungsbegründung.

Der Anwalt kann den Vorschuss, ausgehend von der Mittelgebühr, wie folgt abrechnen:

Verfahrensgebühr, Nr. 3204 VV RVG (78,00 EUR – 889,00 EUR)	483,50 EUR
Postentgeltpauschale, Nr. 7002 VV RVG	20,00 EUR
19 % Umsatzsteuer, Nr. 7008 VV RVG	95,67 EUR
Summe	**599,17 EUR**

Hier ist der Vergütungsvorschuss durch den Urkundsbeamten des Landessozialgerichts festzusetzen und auszuzahlen.

Die endgültige Abrechnung nach Beendigung des Rechtsstreits erfolgt wiederum in der Zuständigkeit des erstinstanzlichen Gerichts (vgl. § 55 Abs. 1 S. 1 RVG).

Beispiel 5 95

Der im Verfahren beigeordnete Rechtsanwalt macht vor dem SG einen Vorschuss geltend. Ein Termin hat noch nicht stattgefunden.

Der Anwalt kann den Vorschuss, ausgehend von der Mittelgebühr, wie folgt abrechnen:

Verfahrensgebühr, Nr. 3102 VV RVG (65,00 EUR – 719,00 EUR)	392,00 EUR
Postentgeltpauschale, Nr. 7002 VV RVG	20,00 EUR
19 % Umsatzsteuer, Nr. 7008 VV RVG	78,28 EUR
Summe	**490,28 EUR**

Eine Terminsgebühr Nr. 3106 VV RVG kann noch nicht abgerechnet werden, da diese Gebühr mangels Termins noch nicht entstanden ist.

Der Betrag entspricht auch dem regelmäßigen Vorschuss vor der I. Instanz.

Beispiel 6 96

Der im Verfahren *seit einer Woche* beigeordnete Rechtsanwalt macht vor dem SG einen Vorschuss geltend. Seit dem Zeitpunkt der Beiordnung vor einer Woche ist kein Schriftsatz des Anwalts zur gerichtlichen Akte gelangt.

Hier kann aufgrund des geringen Zeitraums der Beiordnung und des – bisher – geringen Umfangs der anwaltlichen Tätigkeit eine Kürzung des geforderten Vorschussbetrages unter Berücksichtigung von § 14 RVG erfolgen, da nur ein *angemessener Vorschuss* beantragt werden kann. Hierbei kann eine Kürzung in Betracht kommen.

Der Anwalt kann den Vorschuss, unter Hinweis auf den kurzen Beiordnungszeitraum, wie folgt abrechnen:

Verfahrensgebühr, Nr. 3102 VV RVG	240,00 EUR
(65,00 EUR – 719,00 EUR)	
Postentgeltpauschale, Nr. 7002 VV RVG	20,00 EUR
19 % Umsatzsteuer, Nr. 7008 VV RVG	49,40 EUR
Summe	**309,40 EUR**

97 *Beispiel 7*

Vor erster Instanz ist den zwei als Bedarfsgemeinschaft klagenden Klägern Prozesskostenhilfe bewilligt worden. Ein Erörterungstermin mit einer Dauer von 20 Minuten hat bereits stattgefunden. Kanzlei und Prozessgericht sind 31 km entfernt. Aufgrund der nicht mehr durchschnittlichen anwaltlichen Tätigkeit soll von einer Verfahrensgrundgebühr (Nrn. 3102, 1008 VV RVG) über 598,00 EUR sowie einer Terminsgebühr Nr. 3106 VV RVG über 400,00 EUR ausgegangen werden.

Der Anwalt kann den Vorschuss wie folgt abrechnen:

Verfahrensgebühr, Nrn. 3102, 1008 VV RVG	598,00 EUR
(84,50 EUR – 934,70 EUR, Mittelgebühr von 509,60 EUR)	
Terminsgebühr, Nr. 3106 VV RVG	400,00 EUR
(65,00 EUR – 665,00 EUR)	
Postentgeltpauschale, Nr. 7002 VV RVG	20,00 EUR
Tage- und Abwesenheitsgeld, Nr. 7005 Nr. 1 VV RVG	30,00 EUR
Fahrtkosten, Nr. 7003 VV RVG (62 km)	26,04 EUR
19 % Umsatzsteuer, Nr. 7008 VV RVG	204,07 EUR
Zwischensumme	1.278,11 EUR
Sonstige Auslagen Nr. 7006 VV RVG (Parkschein)	3,00 EUR
Summe	**1.281,11 EUR**

Praxistipp 98

Da ein angemessener Vergütungsvorschuss stets auch ein Mehr an Liquidität bedeutet, ist dem Rechtsanwalt in voraussichtlich länger anhängigen Verfahren die Einreichung eines Antrags nach § 47 RVG zu empfehlen.

Auch hier empfiehlt es sich, den Antrag eindeutig als „Antrag auf Vorschussfestsetzung gem. § 47 RVG" zu kennzeichnen.

Die Festsetzung und Anweisung eines Vorschusses erfolgt durch den Urkundsbeamten 99 unter dem **Vorbehalt der endgültigen Festsetzung** gem. § 55 i.V.m. § 8 RVG, auch wenn dies nicht ausdrücklich erklärt wird. Es besteht durchaus die Möglichkeit einer Überzahlung der Landeskasse, wenn sich nachträglich herausstellen sollte, dass unter Berücksichtigung der Bemessungskriterien des § 14 RVG die festgesetzten Gebühren unbillig sind, da beispielsweise die bevorschusste Mittelgebühr nicht entstanden ist. So kann der Urkundsbeamte bei der endgültigen Festsetzung eine Rückforderung zugunsten der Staats- bzw. Landeskasse geltend machen.

Sofern der beigeordnete Rechtsanwalt das Vorliegen einer Überzahlung erkennt, hat dieser bei der Abrechnung den Urkundsbeamten von sich aus darauf hinzuweisen. Dies ergibt sich aus dem besonderen Rechtsverhältnis von Beiordnung und Bestellung; es ist insoweit eine daraus resultierende **Nebenpflicht des Anwalts**.[30]

5. Abtretung des Vergütungsanspruches

Abtretung 100

Eine **Abtretung** des Anspruches auf Vergütung gegen die Staats- bzw. Landeskasse (Vergütungsforderungen) oder die Übertragung ihrer Einziehung **an Rechtsanwälte** oder Berufsausübungsgemeinschaften (§ 59a BRAO) ist nach § 49b Ab. 4 S. 1 BRAO ausdrücklich **zulässig**. Eine Einwilligung des Mandanten ist hierfür nicht erforderlich.

Im Übrigen ist eine **Abtretung** oder Übertragung **an Dritte** (z.B. externe Abrechnungsgesellschaften; sog. Factoring) nur zulässig, wenn eine ausdrückliche, schriftliche **Einwilligung** des Mandanten (nicht der Staatskasse) vorliegt oder die Forderung rechtskräftig festgestellt ist. Vor der Einwilligung ist der Mandant über die Informationspflicht des Rechtsanwalts gegenüber dem neuen Gläubiger oder Einziehungsermächtigten aufzuklären. Der neue Gläubiger oder Einziehungsermächtigte ist in gleicher Weise zur Verschwiegenheit verpflichtet wie der beauftragte Rechtsanwalt.

In jedem Fall ist die Rechtsnachfolge durch Vorlage der **Abtretungsurkunde** nachzuweisen. Die Landeskasse ist dem Zessionar gegenüber nur zur Leistung verpflichtet,

30 AnwK-RVG/*Fölsch/Volpert*, § 47 Rn 22.

wenn dieser ihr die Abtretung schriftlich anzeigt oder eine vom Zedenten ausgestellte Abtretungsurkunde vorgelegt wird.

Aus der Abtretungserklärung muss sich ergeben, dass der gegen die Staatskasse gerichtete Vergütungsanspruch durch den beigeordneten oder bestellten Rechtsanwalt abgetreten worden ist. Es reicht nicht aus, dass nur die Forderungen gegen den Mandanten abgetreten worden sind.[31]

101 **Nachweis**

Die Staats- bzw. Landeskasse kann verlangen, dass ihr die **Abtretungsunterlagen** im **Original** vorgelegt werden, da der Urkundsbeweis bei einer Privaturkunde ausschließlich durch Vorlegung der Originalurkunde gem. § 420 ZPO geführt werden kann. Die Vorlage einer Kopie ist zwar zur Glaubhaftmachung geeignet, jedoch wiederum nicht zum Nachweis der Gläubigerstellung, sondern genügt allein zur Berücksichtigung der geltend gemachten Gebühren und Auslagen (§ 104 Abs. 2 ZPO, § 55 Abs. 5 S. 1 RVG).[32]

102 **Einwilligungserklärung**

Der Landeskasse ist zur Festsetzung in jedem Einzelfall bei Abtretung an einen Nicht-Rechtsanwalt neben der Abtretungsurkunde auch die **schriftliche Einwilligung des Mandanten** vorzulegen, da die Staats- bzw. Landeskasse eine schuldbefreiende Leistung sicherstellen muss. Streitig ist, ob eine einfache Kopie, eine beglaubigte Kopie oder das Original der Abtretungsurkunde vorgelegt werden muss.[33]

103 **Prozessführungsbefugnis**

Im Falle einer wirksamen Abtretung der Vergütungsforderung gegenüber der Staats-/Landeskasse des beigeordneten Rechtsanwalts an einen Dritten (häufig eine Abrechnungsgesellschaft bzw. private Verrechnungsstelle) fehlt dem Rechtsanwalt die Prozessführungsbefugnis und damit die Erinnerungs- und Beschwerdebefugnis, sodass ein Rechtsbehelf des Rechtsanwalts gegen eine Vergütungsfestsetzung unzulässig ist.[34]

31 AnwK-RVG/*Volpert*, § 55 Rn 31.

32 AnwK-RVG/*Volpert*, § 55 Rn 29; KG Berlin, Beschl. v. 17.2.2009 – 19 WF 6/09.

33 Gerold/Schmidt/*Müller-Rabe*, § 45 Rn 120 m.w.N.

34 LSG NRW, Beschl. v. 3.3.2016 – L 9 SO 462/14 B n.V.; s. hierzu Anmerkung von *Dahn*, in: AGS 2016, 351.

6. Rückfestsetzung nach § 91 Abs. 4 ZPO

Rückfestsetzung 104

Erwirkt der Kostengläubiger einen Kostenfestsetzungsbeschluss, auf den der Kostenschuldner zahlt, stellt sich die Frage, wie letzterer im Falle einer späteren Aufhebung oder Abänderung der der Festsetzung zugrundeliegenden Kostengrundentscheidung nebst vollständigem oder teilweisem Wegfall des zugehörigen Kostenfestsetzungsbeschlusses seinen Rückzahlungsanspruch durchsetzen kann.

Ein Rückzahlungsanspruch überzahlter Prozesskosten kann mit der sogenannten Rückfestsetzung nach § 91 Abs. 4 ZPO durchgesetzt werden. Hierbei handelt es sich um ein „besonderes Kostenfestsetzungsverfahren", da eine Kostengrundentscheidung nicht notwendig ist, denn diese ist abgeändert oder ganz weggefallen.

Grundlage 105

Da das SGG zu einer Rückfestsetzung keine besondere Regelung enthält, ist § 91 Abs. 4 ZPO über § 202 S. 1 SGG anwendbar.

Auch sprechen keine grundsätzlichen Unterschiede der beiden Verfahrensarten gegen einen Ausschluss. Im Gegenteil: Eine grundsätzliche Unanwendbarkeit würde zu gravierenden Unterschieden der Festsetzungspraxis in den verschiedenen Verfahrensordnungen führen; die Partei wäre stets auf eine langwierige und umständliche Rückzahlungsklage zu verweisen.

Diese Rechtsauffassung wird vom VG Hannover[35] gestützt, wonach § 91 Abs. 4 ZPO im verwaltungsgerichtlichen Verfahren gilt, wenn auch ergänzend. Die dort geregelte Problematik trete in allen Gerichtsbarkeiten auf und es sei nichts dafür ersichtlich, dass der Gesetzgeber diese Problematik nur für den Zivilprozess habe regeln wollen. Dies gehe auch nicht aus der Gesetzesbegründung hervor. Weiterhin sei eine nach Gerichtsbarkeiten differenzierende Regelung verfassungsrechtlich unter Gleichbehandlungsgesichtspunkten unzulässig.

Einer Rückzahlungsklage fehlt dagegen durch § 91 Abs. 4 ZPO das Rechtsschutzbedürfnis. Die Regelung dient demnach der Verfahrensökonomie.

Sinn und Zweck 106

Der Rückzahlungsanspruch ist nunmehr festsetzungsfähig und zwar unabhängig davon, wann das Verfahren abgeschlossen wird und auf welche Art und Weise die ursprüngliche Kostengrundentscheidung wegfällt oder geändert wird.

35 VG Hannover, Urt. v. 2.3.2012 – 3 A 383/10.

Damit hat der Gesetzgeber darauf reagiert, dass für eine Rückfestsetzung eine Kostengrundentscheidung fehlt, die erst eine Titulierung in einem Kostenfestsetzungsverfahren möglich macht.

Mit der Rückfestsetzung können Über- und Doppelzahlungen geltend gemacht werden, sofern diese unstreitig sind. Ob diese Zahlungen auf einen Kostenfestsetzungsbeschluss erfolgt, ob sie vorbehaltlos oder nur zur Abwehr einer Zwangsvollstreckung geleistet worden sind, spielt dabei keine Rolle. Die Zulässigkeit von Einwendungen richtet sich nach den allgemeinen gebührenrechtlichen Grundsätzen.

107 **Teleologische Reduktion**

Dem Wortlaut des § 91 Abs. 4 ZPO nach gilt das Rückfestsetzungsverfahren nur für die obsiegende Partei, welche Kosten an die unterliegende Partei geleistet hat.

Die Vorschrift ist aber ihrem Sinn und Zweck nach auch auf Überzahlungen durch die unterliegende Partei sinngemäß anzuwenden. Ebenso ist § 91 Abs. 4 ZPO analog anwendbar, wenn die Kosten an den Bevollmächtigten des Prozessgegners auf dessen Beitreibungsrecht im eigenen Namen nach § 126 ZPO gezahlt wurden.

VI. Übergangsanspruch nach § 59 RVG

108 **Übergangsanspruch**

Soweit dem im Wege der Prozesskostenhilfe beigeordneten Rechtsanwalt wegen seiner Vergütung ein Anspruch gegen die Partei oder einen ersatzpflichtigen Gegner zusteht, geht dieser Anspruch mit der Befriedigung des Rechtsanwalts durch die Staats- bzw. Landeskasse auf diese über.

Sofern der für den Kläger beigeordnete Rechtsanwalt seine Vergütung von der Landeskasse erhalten hat und die gegnerische Partei rechtskräftig zur Erstattung der außergerichtlichen Kosten des Klägers verurteilt oder sich sonst zur Erstattung verpflichtet hat – der Kläger also einen Kostenerstattungsanspruch gegen den Prozessgegner hat – geht dieser auf die Staats- bzw. Landeskasse über.

109 **Rechtsbehelf**

Sofern der Anspruch auf die Bundeskasse übergegangen ist, ist dieser durch den Urkundsbeamten des Bundesgerichtes geltend zu machen, vgl. § 59 Abs., 2 S. 3 RVG.

Hinsichtlich des Erinnerungsverfahrens nach § 59 Abs. 2 S. 1 RVG sind die Sozialgerichte zur streng formalen Betrachtung der Rechtsbeziehungen angehalten. Es ist formalistische sowie prozessrechtliche Sorgfalt erforderlich, eine Vermengung der Verfahrensweisen über die Festsetzung der Vergütung des beigeordneten Rechtsanwalts und der Geltendmachung des Übergangsanspruchs ist nicht zulässig.[36]

Uneinheitlich werden in der Rechtsprechung auch die statthaften Rechtsbehelfe gegen den geltend gemachten Übergangsanspruch beurteilt: 110

Vereinzelt trifft man auf die Rechtsauffassung, dass der Rechtsbehelf der befristeten Erinnerung nach § 59 Abs. 2 S. 1 RVG i.V.m. § 197 Abs. 2 SGG statthaft ist, über welche das Sozialgericht endgültig entscheide,[37] denn das GKG sei in gerichtskostenfreien Verfahren nicht anwendbar. Daher sei auf die Regelungen des SGG zurückzugreifen. Die Vorschrift des § 197 SGG findet aber auf das Verfahren zur Festsetzung des übergegangenen Kostenerstattungsanspruchs nach § 59 RVG keine Anwendung, denn § 197 SGG regelt das Verfahren zur Festsetzung des Kostenerstattungsanspruchs zwischen den Beteiligten bzw. zur Festsetzung des Anspruchs des beigeordneten Rechtsanwalts aus § 126 ZPO im eigenen Namen gegenüber den Verfahrensgegnern.

Diese Auffassung ist folglich abzulehnen. Die Höhe des auf die Staats-/Landeskasse übergegangenen Kostenerstattungsanspruchs wird nicht durch Beschluss, sondern durch Kostenrechnung festgesetzt.

Nach § 59 Abs. 2 S. 1 RVG gelten für die Erinnerung und die Beschwerde die Vorschriften über die Kosten des gerichtlichen Verfahrens entsprechend, also im Allgemeinen die des GKG, FamGKG, GNotKG. Demzufolge kann sich der Kostenschuldner zweistufig zunächst mit der Erinnerung nach § 59 Abs. 2 S. 1 RVG i.V.m. § 66 Abs. 1 GKG und im Weiteren mit der Beschwerde nach § 59 Abs. 2 S. 1 RVG i.V.m. § 66 Abs. 2 GKG – sofern der Beschwerdewert erreicht ist – gegen den Übergangsanspruch wehren.[38]

Verfahrensgegenstand 111

Dieses Verfahren betrifft nur das Verhältnis zwischen der Staats- bzw. Landeskasse und dem erstattungspflichtigen Gegner.

So wird die Festsetzung der Vergütung des beigeordneten Rechtsanwalts **nicht Gegenstand des Erinnerungsverfahrens**, da auch nach § 56 Abs. 1 S. 1 RVG nur die Staatskasse oder der beigeordnete Rechtsanwalt hinsichtlich der ursprünglichen Festsetzung nach § 55 RVG erinnerungsbefugt sind. Folglich ist im Erinnerungsverfahren gegen den Übergangsanspruch nach § 59 RVG der beigeordnete Rechtsanwalt nicht zu beteiligen.

36 *Schütz*, jurisPR-SozR 17/2014 Anm. 6.

37 LSG NRW, Beschl. v. 9.2.2015 – L 9 AL 321/14 B, RVGreport 2015, 219 m. abl. Anm. *H. Hansens*; auch Thüringer LSG, Beschl. v. 18.2.2008 – L 6 B 3/08 SF; LSG Saarland, Beschl. v. 29.1.2009 – L 1 B 16/08 R.

38 LSG NRW, Beschl. v. 3.2.2017 – L 19 AS 1723/16 B; BSG, Beschl. v. 29.9.2017 – B 13 SF 8/17 S; a.A. selbst LSG NRW, Beschl. v. 9.2.2015 – L 9 AL 321/14 B.

112 **Beschwerde**

Eine Beschwerde gegen eine Entscheidung des Gerichts im Erinnerungsverfahren nach § 197 Abs. 2 SGG i.V.m. § 59 Abs. 2 RVG ist ausgeschlossen.

So steht auch der Staats- bzw. Landeskasse, vertreten durch den Bezirksrevisor, das Rechtsmittel der Beschwerde bei Geltendmachung des Übergangsanspruches nach § 59 RVG nicht zu, da diese nach § 59 Abs. 2 S. 1 RVG i.V.m. § 197 Abs. 2 SGG (in der Fassung seit Geltung des 2. KostRMoG) ausgeschlossen ist.[39]

113 **Übertragung Ergebnis auf Festsetzung**

Die Entscheidung hat zunächst keinen Einfluss auf den Vergütungsanspruch des beigeordneten Rechtsanwalts gegen die Staatskasse. Die ursprüngliche Vergütungsfestsetzung bleibt völlig unberührt, da der Übergang nicht zum Nachteil des Rechtsanwalts geltend gemacht werden kann, vgl. § 59 Abs. 2 S. 1 RVG. Sofern die Staatskasse das Ergebnis des Erinnerungsverfahrens über den Forderungsübergang nach § 59 RVG auf das Verhältnis zum beigeordneten Rechtsanwalt übertragen will, müsste diese nun ihrerseits selbst Erinnerung gem. § 56 RVG gegen die Festsetzung nach § 55 RVG einlegen.

D. Vergütungsfestsetzung nach § 11 RVG

114 **Vergütungsfestsetzung**

Nach § 11 RVG ist es möglich, die Festsetzung der anwaltlichen Vergütung eines gerichtlichen Verfahrens gegen den **eigenen Auftraggeber** ohne einen Rechtsstreit festsetzen zu können. Es muss sich jedoch stets um die Vergütung eines gerichtlichen Verfahrens handeln.

Nach § 11 Abs. 1 S. 1 RVG wird das zuständige Gericht des ersten Rechtszuges auf Antrag tätig.

Zwar ist nach h.M. bei einer Klage über die Höhe der Rechtsanwaltsvergütung die Zuständigkeit der ordentlichen Gerichte gegeben, allerdings ist für ein Verfahren nach § 11 RVG die jeweilige Gerichtsbarkeit zuständig.

Der Grundsatz der Gewährung des rechtlichen Gehörs ist auch hier zu wahren.

115 **Verfahrensvorteil**

Vorteil des Verfahrens ist, dass der Anwalt schneller, einfacher und kostengünstiger als bei einer Vergütungsklage an seine Vergütung gelangt, welcher i.d.R. auch das Rechtsschutzbedürfnis fehlen wird, da es insoweit einen schnelleren, einfacheren und kostengünstigeren Weg gibt, den angestrebten Erfolg mit gleichen Erfolgsaussichten zu erlangen.

39 LSG NRW, Beschl. v. 9.2.2015 – L 9 AL 321/14 B; a.A. BSG, Beschl. v. 29.9.2017 – B 13 SF 8/17 S.

Forderungssperre 116

Sofern **Prozesskostenhilfe** bewilligt wurde, kommt eine Vergütungsfestsetzung nach § 11 RVG aufgrund der Forderungssperre des Anwalts gegen den eigenen Mandanten (§ 122 Abs. 1 Nr. 3 ZPO i.V.m. § 73a Abs. 1 SGG) nicht in Betracht.

Sofern die Bewilligung der Prozesskostenhilfe jedoch aufgehoben wird, kann wiederum eine Festsetzung nach § 11 RVG erfolgen, da insoweit keine Forderungssperre mehr vorliegt.

Eine Ausnahme besteht jedoch, wenn nur für einen Teil des streitigen Anspruchs Prozesskostenhilfe bewilligt wurde und daher dem Anwalt gegen seinen Mandanten weitergehende Ansprüche zustehen, welche von der Forderungssperre aufgrund der Teil-PKH-Bewilligung nicht erfasst werden, oder wenn nach einem Anwaltswechsel eingeschränkte Prozesskostenhilfe in der Gestalt bewilligt wird, dass die durch den Anwaltswechsel entstehenden Mehrkosten nicht aus der Staats- bzw. Landeskasse gezahlt werden.[40]

Das Recht der Antragstellung nach § 11 RVG obliegt ebenfalls auch dem Auftraggeber, 117
sofern dieser eine gerichtliche Überprüfung des Kostenansatzes seines Rechtsanwalts wünscht.

Mindestgebühr 118

Eine Festsetzung der Vergütung gegen den Auftraggeber nach § 11 RVG ist nach Abs. 8 bei Rahmengebühren nur zulässig, sofern die **Mindestgebühren geltend gemacht** werden oder der Auftraggeber der **Höhe der Vergütung** ausdrücklich und schriftlich **zugestimmt** hat.

Nachweise 119

Nach § 11 Abs. 8 S. 2 RVG ist der Antrag auf Vergütungsfestsetzung abzulehnen, wenn der Anwalt die schriftliche Zustimmungserklärung des Auftraggebers nicht mit dem Antrag vorlegt. Daher *hat* dem Antrag die Zustimmungserklärung beizuliegen; eine Nachreichung ist nach dem Gesetzeswortlaut nicht zulässig, wird jedoch vertreten, gerade weil der Anwalt den Antrag gem. § 11 RVG erneut stellen kann. Alles andere wäre Formalismus. Fehlt die Zustimmungserklärung jedoch, ist der Antrag unzulässig und zurückzuweisen.

Zeitpunkt der Zustimmung 120

Problematisch ist vor allem der Zeitpunkt der Zustimmungserklärung.

40 AnwK-RVG/*N. Schneider*, § 11 Rn 84.

Die Zustimmung muss nach Fälligkeit der Gebühren abgegeben worden sein. Die Fälligkeit tritt gem. § 8 Abs. 1 RVG mit Erledigung des Auftrages oder Beendigung der Angelegenheit ein.

Andernfalls liegt damit keine Zustimmungserklärung i.S.d. § 11 Abs. 8 S. 1 RVG vor, auf dessen Grundlage eine Festsetzung über die Mindestgebühren hinaus erfolgen kann. Denn vor Fälligkeit ist die Ausübung des anwaltlichen Bestimmungsrechts zur Höhe der Betragsrahmengebühren noch nicht möglich und so steht die Höhe des anwaltlichen Anspruchs noch gar nicht fest. Daher kann der Auftraggeber vor Fälligkeit auch nicht zu einer höheren Gebühr als der Mindestgebühr zustimmen.

Bei Fälligkeit, also nach Beendigung der Angelegenheit erscheint es fraglich, ob der Mandant die Zustimmungserklärung zum eigenen Nachteil noch abgibt.

Es erscheint daher praxisnah, hinsichtlich des Zeitpunktes einer beigebrachten Zustimmungserklärung keine allzu großen Maßstäbe anzusetzen.

121 **Gebührenrahmen**

Eine Festsetzung von Rahmengebühren, welche den gesetzlich vorgegebenen Gebührenrahmen überschreiten, ist unzulässig, selbst dann, wenn der Anwalt eine Zustimmungserklärung des Auftraggebers vorlegt.

122 **Prüfung von Einwendungen**

Sofern gebührenrechtliche Einwendungen erhoben werden, sind diese im Verfahren nach § 11 RVG zu prüfen. Sofern durch den Auftraggeber nicht gebührenrechtliche Einwendungen oder Einreden erhoben werden, ist nach § 11 Abs. 5 S. 1 RVG der Antrag abzulehnen. Eine Prüfung der Begründetheit erfolgt nicht.

123 **Rechtsbehelf**

Gegen die Entscheidung ist die Erinnerung statthaft (§ 11 Abs. 2 S. 3 RVG i.V.m. § 197 Abs. 2 SGG).

E. Anrechnung einer Gebühr – § 15a RVG

I. Allgemeines

124 **Anrechnung – Allgemeines**

Dem Rechtsanwalt steht grundsätzlich eine Wahlfreiheit hinsichtlich der Geltendmachung der Gebühren zu, § 15a Abs. 1 RVG (Entscheidungsvorrecht des Rechtsanwalts).

So kann dieser wählen, welche Gebühren er in welcher Höhe bei seinem Auftraggeber und welche bei einem erstattungspflichtigen Dritten oder auch der Staatskasse geltend macht.

Nach Vorbem. 2.3 Abs. 4 bzw. 3 Abs. 4 VV RVG ist grundsätzlich eine Geschäftsgebühr für die außergerichtliche Vertretung auf eine weitere Geschäftsgebühr bzw. Verfahrensgebühr eines nachfolgenden Rechtstreits zur Hälfte, jedoch höchstens mit 225,00 EUR anzurechnen, sodass sich der Anspruch des Anwalts mindert.

Arbeitserleichternde Umstände (Synergieeffekte), welche aufgrund einer Vorbefassung mit der Angelegenheit vorliegen, sollen nach § 14 Abs. 2 RVG alleine durch die vorgeschriebene Anrechnung berücksichtigt werden.

Ist demnach eine Rahmengebühr ganz oder teilweise auf eine andere anzurechnen, ist die Gebühr, auf welche angerechnet wird, so zu bestimmen, als ob der Rechtsanwalt zuvor nicht tätig gewesen war.

Die Regelung des § 14 Abs. 2 RVG betrifft zukünftig sämtliche Anrechnungen und dient der Klarstellung. Im überwiegenden Teil der Praxis erfolgte die Gebührenbestimmung bereits unter vorgenanntem Maßstab.

Historie 125

§ 15a RVG ist durch Art. 7 des Gesetzes zur Modernisierung von Verfahren im anwaltlichen und notariellen Berufsrecht, zur Errichtung einer Schlichtungsstelle der Rechtsanwaltschaft sowie zur Änderung sonstiger Vorschriften vom 30.7.2009[41] in das RVG als gesetzgeberische Reaktion auf die Rechtsprechung des BGH eingeführt worden.

Der Bundesgerichtshof hatte mehrfach entschieden, dass eine Gebühr von vornherein nur in gekürzter Höhe entstehe, wenn auf sie eine andere Gebühr angerechnet wird. Der unterlegene Prozessgegner habe sie deshalb auch nur in entsprechend verminderter Höhe zu erstatten. Dies war jedoch nicht die gesetzgeberische Intention. Dieses Verständnis der Anrechnung führt nach der Gesetzesbegründung zum 2. KostRMoG zu unbefriedigenden Ergebnissen, weil es den Auftraggeber benachteiligt.

II. § 15a Abs. 1 RVG

Anrechnung im Innenverhältnis 126

So sieht nun § 15a Abs. 1 RVG – welcher die **Anrechnung im Innenverhältnis** zwischen dem Rechtsanwalt und dem Auftraggeber regelt – vor, dass der Rechtsanwalt

41 BGBl I, 2449.

für den Fall einer Anrechnung einer Gebühr auf eine andere, beide Gebühren fordern kann, jedoch nicht mehr als den um den Anrechnungsbetrag verminderten Gesamtbetrag beider Gebühren.

Beide Gebührenansprüche bleiben grundsätzlich unangetastet erhalten. Der Rechtsanwalt kann also beide Gebühren jeweils in voller Höhe geltend machen. Er hat insbesondere die Wahl, welche Gebühr er fordert und – falls die Gebühren von verschiedenen Personen geschuldet werden – welchen Schuldner er in Anspruch nimmt. Ihm ist lediglich verwehrt, insgesamt mehr als den Betrag zu verlangen, der sich aus der Summe der beiden Gebühren nach Abzug des anzurechnenden Betrages ergibt. Soweit seine Forderung jenen Betrag überschreitet, kann ihm der Auftraggeber die Anrechnung entgegenhalten.

III. § 15a Abs. 2 RVG

127 **Anrechnung mehrerer Gebühren**

Der mit dem KostRÄG 2021 neu eingeführte und durch das KostBRÄG 2025 angepasste § 15a Abs. 2 RVG betrifft weiterhin das **Innenverhältnis** zwischen Auftraggeber und Rechtsanwalt.

In der Rechtsprechung war teilweise umstritten, wie die Anrechnung mehrerer Gebühren auf eine weitere Gebühr zu erfolgen hat. Dies war insbesondere dann der Fall, wenn eine anwaltliche Tätigkeit in verschiedenen Angelegenheiten erfolgte und dadurch Geschäftsgebühren verdient worden sind und die Angelegenheiten in einem einheitlichen gerichtlichen Verfahren geendet sind, in welchem lediglich eine einzige Tätigkeitsgebühr entstanden ist. Nach der Auffassung des BGH[42] sind sämtliche entstandenen Geschäftsgebühren einzeln in tatsächlicher Höhe auf die Verfahrensgebühr des gerichtlichen Verfahrens anzurechnen.

Hierdurch erreicht oder übersteigt die Summe der Anrechnungsbeträge nahezu regelmäßig die Verfahrensgebühr der Höhe nach, sodass für die Tätigkeit im gerichtlichen Verfahren wirtschaftlich keine Tätigkeitgebühr mehr verdient wird („Anrechnung auf 0"). Dieses Ergebnis trat auch bei Anrechnung nach Betragsrahmengebühren ein. Zur Vermeidung haben sich Teile der gerichtlichen Praxis bisweilen nach § 13 Abs. 2 RVG analog auf die sog. Restverfahrensmindestgebühr berufen, sodass zumindest eine Verfahrensmindestgebühr i.H.d. Mindestgebühr verblieb. Es handelte sich bisweilen um eine offensichtliche planwidrige Regelungslücke.

42 BGH, Beschl. v. 28.2.2017 – I ZB 55/16.

Regelung bei Wertgebühren – Vorbild 128

Nach anderer (zutreffender) Ansicht[43] ist der Anrechnungsbetrag begrenzt auf den Gebührenbetrag, welcher sich aus einer Addition der Einzelwerte und dem höchsten der bei den einzelnen Anrechnungen anzuwendenden Gebührensätze ergibt.

Neufassung der Anrechnungsregelung 129

Mit der geltenden Fassung des § 15a Abs. 2 RVG soll die Streitfrage entgegen der Rechtsauffassung des BGH zugunsten der h.M. entsprechend der Regelung des § 15 Abs. 3 RVG entschieden und sichergestellt werden, sodass auch nach Anrechnung mehrerer Gebühren auf eine weitere Tätigkeitsgebühr zumindest ein Teil der Verfahrensgebühr im gerichtlichen Verfahren anrechnungsfrei bleibt und diese Tätigkeit nicht wirtschaftlich „umsonst" erfolgt.

Mit Anpassung des § 15a Abs. 2 RVG durch das KostBRÄG 2025 ist nunmehr auch klargestellt, dass es bei einer Deckelung des Anrechnungsbetrages verbleibt, sofern mehrere Gebühren ganz oder teilweise auf eine Gebühr angerechnet werden.

Hinweis

Sind demnach mehrere Gebühren ganz oder teilweise auf dieselbe Gebühr anzurechnen, so ist der anzurechnende Betrag für jede anzurechnende Gebühr gesondert zu ermitteln. Bei Betragsrahmengebühren darf der Gesamtbetrag der Anrechnung den für die Anrechnung bestimmten Höchstbetrag nicht übersteigen.

Beispiel 8: Anrechnung Beratungshilfe und außergerichtliche Vertretung 130

Der Anwalt war bereits in der Beratungshilfe mit der Angelegenheit befasst. Es ist eine Beratungshilfe-Geschäftsgebühr Nr. 2503 VV RVG entstanden. Der Anwalt war weiterhin im vorgerichtlichen Widerspruchsverfahren tätig. Im gerichtlichen Verfahren erfolgte eine Klagerücknahme im Termin, auch hier war derselbe Anwalt tätig.

Es soll vom Durchschnittsfall ausgegangen werden.

I. Beratungshilfe

Geschäftsgebühr, Nr. 2503 VV RVG	102,00 EUR
Postentgeltpauschale, Nr. 7002 VV RVG	20,00 EUR
19 % Umsatzsteuer, Nr. 7008 VV RVG	23,18 EUR
Summe	**145,18 EUR**

43 Wertgebühren: OLG Koblenz, Beschl. v. 24.9.2008 – 14 W 590/08; OVG NRW, Beschl. v. 17.7.2017 – 19 E 614/16.

II. Widerspruchsverfahren		
Geschäftsgebühr, Nr. 2302 VV RVG		391,00 EUR
(65,00 EUR – 837,00 EUR)		
Postentgeltpauschale, Nr. 7002 VV RVG		20,00 EUR
19 % Umsatzsteuer, Nr. 7008 VV RVG		78,09 EUR
Summe		**489,09 EUR**
III. Klageverfahren		
Verfahrensgebühr, Nr. 3102 VV RVG		392,00 EUR
(65,00 EUR – 719,00 EUR)		
Anrechnung gem. Anm. Abs. 2 zu Nr. 2503 VV RVG	*./. 51,00 EUR*	
(½ Geschäftsgebühr Beratungshilfe)		
Anrechnung gem. Vorbem 3 Abs. 4 VV RVG i.V.m. § 15a RVG	*./. 195,50 EUR*	
(½ Geschäftsgebühr Widerspruchsverfahren)		
	= ./. 246,50 EUR	
Aber gem. § 15 Abs. 2 S. 3 RVG i.V.m. Vorbem. 3 Abs. 4 VV RVG max.		*./.* ***225,00 EUR***
Terminsgebühr, Nr. 3106 VV RVG		365,00 EUR
(65,00 EUR – 665,00 EUR)		
Postentgeltpauschale, Nr. 7002 VV RVG		20,00 EUR
19 % Umsatzsteuer, Nr. 7008 VV RVG		104,88 EUR
Summe		**656,88 EUR**

Im obigen Beispiel wird nunmehr deutlich, dass bei Anrechnung mehrerer Gebühren ganz oder teilweise der Anrechnungshöchsbetrag von 225,00 EUR nicht überschritten werden darf.

IV. § 15a Abs. 3 RVG

131 **Anrechnung im Außenverhältnis**

Aus systematischen Gründen wurde der bisherige § 15a Abs. 2 RVG i.d.F. des 2. KostRMoG zu § 15a Abs. 3 RVG nach KostRÄG 2021.

§ 15a Abs. 3 RVG betrifft die Wirkung der **Anrechnung im Verhältnis zu Dritten** (die nicht am Mandatsverhältnis beteiligt sind), welche entstandene Gebühren nach prozessrechtlichen Vorschriften zu erstatten haben. Da die Anrechnung den Bestand der einzelnen Gebührenansprüche bereits im Innenverhältnis zwischen dem Rechtsanwalt und dem Auftraggeber unberührt lässt, wirkt sie sich insoweit auch im Verhältnis zu Dritten nicht aus. In der Kostenfestsetzung muss also etwa eine Verfahrensgebühr auch dann in voller Höhe festgesetzt werden, wenn eine Geschäftsgebühr entstanden ist, die auf sie angerechnet wird. Sichergestellt werden soll jedoch, dass ein Dritter nicht über den Betrag hinaus auf Ersatz oder Erstattung in Anspruch genommen wird, den der Rechtsanwalt von seinem Auftraggeber verlangen kann. Insbesondere ist zu verhindern, dass insgesamt mehr als dieser Betrag gegen den Dritten tituliert wird.

Berufung auf Anrechnung 132

Der Erstattungspflichtige kann also vor allem nicht mehr einwenden, es sei auf Seiten des Erstattungsberechtigten zuvor eine Geschäftsgebühr entstanden, daher seien die Kosten des Rechtsstreits um den anzurechnenden Betrag vermindert.[44]

Dies freilich nur dann, sofern § 15a Abs. 3 RVG einschlägig ist:

So kann sich der Dritte nur gem. § 15a Abs. 3 RVG auf diese Anrechnung nach Vorbem. 3 Abs. 4 VV RVG berufen,

- soweit er den Anspruch auf eine der beiden Gebühren erfüllt hat **(1)**,
- wegen eines dieser Ansprüche gegen ihn ein Vollstreckungstitel besteht **(2)** oder
- beide Gebühren in demselben Verfahren gegen ihn geltend gemacht werden **(3)**.

Im Einzelnen:

(1) Der Dritte kann sich nur auf die Anrechnung berufen, soweit er den Anspruch auf eine der beiden Gebühren ganz oder teilweise erfüllt hat (§ 15a Abs. 3 Alt. 1 RVG).
Sofern der Anwalt die entstandene Geschäftsgebühr gegenüber seinem Mandanten und nicht (bereits) gegenüber dem unterliegenden Beklagten geltend gemacht hat, ist durch den Dritten insoweit keine Erfüllung eingetreten.
Im Regelfall ist eine Erfüllung der beiden Gebühren (Geschäfts- und Verfahrensgebühr) noch nicht eingetreten, da diese gleichzeitig im gerichtlichen Kostenfestsetzungsverfahren zusammen geltend gemacht werden (Einheitlichkeit der Kostenentscheidung).

(2) Der Dritte kann sich auch auf die Anrechnung berufen, wenn wegen einer von der Anrechnung betroffenen Gebühren ein Vollstreckungstitel gegen ihn vorliegt (§ 15a Abs. 3 Alt. 2 RVG).
Hierbei genügen alle Vollstreckungstitel, welche nach § 103 Abs. 1 ZPO für einen Kostenfestsetzungsbeschluss ausreichen, solange es sich um einen zuerkennenden Titel handelt.
Regelmäßig ist weder die Geschäftsgebühr noch die Verfahrensgebühr tituliert.

44 AnwK-RVG/*N. Schneider*, § 15a Rn 88.

(3) Der Dritte kann sich auch auf die Anrechnung berufen, wenn beide Gebühren im selben (Kostenfestsetzungs-)Verfahren gegen ihn geltend gemacht werden (§ 15a Abs. 3 Alt. 3 RVG).
In der Regel werden Geschäfts- und Verfahrensgebühr einheitlich im gerichtlichen Kostenfestsetzungsverfahren geltend gemacht, sodass diese Alternative zutrifft.
Sofern jedoch die Geschäftsgebühr nicht im Kostenfestsetzungsverfahren gegen den Dritten, sondern bereits bei dem Auftraggeber geltend gemacht wurde, scheidet diese Alternative aus.

Der Ditte hat die Gebühr aus dem vollen und ungekürzten Betrag zu erstatten, sofern ein Ausnahmetatbestand des § 15a Abs. 3 RVG nicht vorliegt.

133 **Kostentragung im Vorverfahren**

Dies bedeutet, sofern die beklagte Behörde oder Körperschaft des öffentlichen Rechts die Kosten des gerichtlichen Verfahrens als auch die Kosten des vorausgegangenen Widerspruchsverfahrens zu tragen hat, kann diese sich erfolgreich nach § 15a Abs. 3 RVG auf die Anrechnung nach § 15a Abs. 1 RVG berufen.

Hat die beklagte Behörde oder Körperschaft des öffentlichen Rechts dagegen lediglich die Kosten des gerichtlichen Verfahrens zu tragen und war die Partei auch vorgerichtlich anwaltlich vertreten, so ist die Verfahrensgebühr aus der vollen Gebühr zu erstatten. Sie kann sich nicht auf die Anrechnung nach § 15a Abs. 3 RVG berufen.

134 *Beispiel 9: Kostenerstattung Klageverfahren, nachträgliche Anrechnung*

Der Rechtsanwalt ist für seinen Mandanten im Vor- und Klageverfahren tätig gewesen. Im gerichtlichen Termin wurde ein Vergleich geschlossen, nach welchem die außergerichtlichen Kosten des streitigen Verfahrens in voller Höhe durch die Beklagte erstatten werden.

Es wird von der Mittelgebühr ausgegangen.

Der Rechtsanwalt stellt seinem Mandanten folgende Gebühren in Rechnung:

I. Vor-/Widerspruchsverfahren

Geschäftsgebühr, Nr. 2302 VV RVG	391,00 EUR
(65,00 EUR – 837,00 EUR)	
Postentgeltpauschale, Nr. 7002 VV RVG	20,00 EUR
19 % Umsatzsteuer, Nr. 7008 VV RVG	78,09 EUR
Summe	**489,09 EUR**

Der Rechtsanwalt stellt – unter dem Hinweis, keine Zahlungen für das Vorverfahren erhalten zu haben – der Beklagten **gleichzeitig** folgende Gebühren in Rechnung:

II. Klageverfahren

Verfahrensgebühr, Nr. 3102 VV RVG	392,00 EUR
(65,00 EUR – 719,00 EUR)	
Terminsgebühr, Nr. 3106 VV RVG	365,00 EUR
(65,00 EUR – 665,00 EUR)	
Einigungsgebühr, Nr. 1006 VV RVG	392,00 EUR
Postentgeltpauschale, Nr. 7002 VV RVG	20,00 EUR
19 % Umsatzsteuer, Nr. 7008 VV RVG	222,11 EUR
Summe	**1.391,11 EUR**

Da der Rechtsanwalt bei gleichzeitiger Rechnungserstellung noch keine Zahlungen erhalten hat, ist zu diesem Zeitpunkt eine Anrechnung nicht vorzunehmen.

Die Beklagte hat daher die Kosten in voller Höhe ungeachtet einer Anrechnung zu erstatten, diese kann sich bislang nicht auf § 15a Abs. 3 VV RVG i.V.m. § 58 Abs. 2 S. 2 RVG berufen. Eine Zahlung auf die anzurechnende Gebühr ist bisweilen noch nicht erfolgt.

Bei Zahlung auf eine der Tätigkeitsgebühren hat der Rechtsanwalt jedoch die weitere (noch nicht beglichene) Rechnung wegen der Anrechnung im Nachhinein zu kürzen.

Dies ist Ausfluss des anwaltlichen Wahlrechts (s.o.), denn es kann gewählt werden, wo die Anrechnung geltend gemacht und von wem die Vergütung in voller Höhe fordert wird.

Grundsätzlich hat eine Anrechnung der Geschäftsgebühr jedoch immer auf die Verfahrensgebühr zu erfolgen, vgl. Wortlaut der Vorbem. 3 Abs. 4 VV RVG.

Beispiel 10: Kostenerstattung sämtlicher Verfahrenskosten; teilweise unterlassene 135
Geltendmachung

Der Rechtsanwalt ist für seinen Mandanten im Vor- und Klageverfahren tätig gewesen. Das Verfahren ist durch stattgebendes Urteil beendet worden. Laut Kostengrundentscheidung hat die Beklagte dem Kläger die „notwendigen außergerichtlichen Kosten des Verfahrens" zu erstatten.

Die Angelegenheit im streitigen Verfahren war überdurchschnittlich.

Im Büro des Rechtsanwalts wird bei der Abrechnung übersehen, dass die Kostenerstattung auch das Vorverfahren einschließt. Der Rechtsanwalt macht daher gegenüber der erstattungsverpflichteten Beklagten lediglich die außergerichtlichen Kosten des streitigen Verfahrens geltend; eine Geltendmachung der außergerichtlichen Kosten für das vorgerichtliche Widerspruchsverfahren erfolgt nicht.

Die Beklagte hat daher – trotz anwaltlicher Vertretung im Vorverfahren – eine Kostenerstattung aus dem vollen Gebührenrahmen ohne Anrechnung gem. Vorbem. 3 Abs. 4 VV RVG i.V.m. § 15a Abs. 3 RVG vorzunehmen.

Klageverfahren	
Verfahrensgebühr, Nr. 3102 VV RVG	500,00 EUR
(65,00 EUR – 719,00 EUR)	
Postentgeltpauschale, Nr. 7002 VV RVG	20,00 EUR
19 % Umsatzsteuer, Nr. 7008 VV RVG	98,80 EUR
Summe	**618,80 EUR**

Bei Nachliquidation der Vorverfahrenskosten gegenüber der Beklagten ist aufgrund vorzunehmender Anrechnung der Rechnungsbetrag jedoch entsprechend kürzen.

V. Anrechnung im Verhältnis zur Staats-/Landeskasse

136 **Anrechnung – Landeskasse**

Geklärt ist nun auch die Frage, ob § 15a Abs. 3 RVG im Verhältnis gegenüber der Staats- bzw. Landeskasse Anwendung finden soll.

Die Staats-/Landeskasse ist **kein Dritter** i.S.d. Vorschrift, da diese nach § 45 Abs. 1 S. 1 RVG an die Stelle des zahlungspflichtigen Mandanten tritt und Gebührenschuldner des Rechtsanwalts wird.[45] Durch die Bewilligung von Prozesskostenhilfe wird die Staats-/ Landeskasse verpflichtet, für die Entlohnung des beigeordneten Anwalts einzutreten und die gesetzliche Vergütung sicherzustellen. Aufgrund der Ausgestaltung des Prozesskostenhilferechtsverhältniseses Partei – beigeordneter Rechtsanwalt – Landeskasse handelt es sich um eine eigene Verbindlichkeit der Landeskasse, welche neben die vertraglich vereinbarte Hauptschuld der Partei tritt, die der PKH-Anwalt aufgrund der Forderungssperre des § 122 Abs. 1 Nr. 3 ZPO i.V.m. § 73a Abs. 1 S. 1 SGG nicht geltend machen kann.

Da § 15a Abs. 3 RVG insofern nicht einschlägig ist, ist zwingend Abs. 1 zu beachten.

Die Anrechnungsvorschrift des § 15a Abs. 1 RVG gilt daher auch dann, wenn der Anwalt im Wege der Prozesskostenhilfe beigeordnet worden ist.

Allerdings muss die Staats-/Landeskasse dementgegen auch das Wahlrecht des Rechtsanwalts gegen sich gelten lassen.

45 LSG Bayern, Beschl. v. 2.12.2015 – L 15 SF 133/15 m.w.N.; SG Aachen, Beschl. v. 20.11.2015 – S 11 SF 82/15 E.

VI. Anrechnung nur bei Zahlung

Tatsächliche Zahlung 137

Dem Wortlaut der Vorbem. 3 Abs. 4 VV RVG nach ist zunächst eine Anrechnung vorzunehmen, soweit eine Geschäftsgebühr „entsteht", also unabhängig von einer tatsächlichen Zahlung.

Diese Art der Auslegung scheint jedoch dem Regelungszweck des § 15a RVG und dem damit einhergehenden Wahlrecht des Rechtsanwalts zuwider zu laufen.

Eine Anrechnung gem. § 15a RVG ist jedoch nur vorzunehmen, sofern der Rechtsanwalt eine die Gebühr umfassende Zahlung auch **tatsächlich erhalten** hat, also die Geschäftsgebühr gezahlt und vereinnahmt worden ist.[46]

Dies ergibt sich eindeutig aus § 55 Abs. 5 S. 2–4 RVG[47] sowie aus § 58 Abs. 2 S. 2 RVG, welcher durch das KostRÄG 2021 eingeführt worden ist.

Es reicht insbesondere aus Gründen der Rechtssicherheit nicht aus, wenn der Rechtsanwalt die Gebühr bisher (nur) in Rechnung gestellt, aber noch keine Zahlung erhalten hat.

Damit wird dem Rechtsanwalt entsprechend der gesetzgeberischen Intention die Wahlfreiheit belassen, welche Gebühr er in voller Höhe und welche Gebühr infolge der Anrechnung vermindert verlangt. Dieses Wahlrecht ist auch bei tatsächlich erfolgten Zahlungen erst dann beschränkt, wenn der Anrechnungshöchstbetrag mit 225,00 EUR erreicht ist.

Als Nachweis der „Nichtzahlung" ist die anwaltliche Versicherung ausreichend.

Nicht vertretbar hinsichtlich der Systematik des RVG erscheint auch die Auffassung, Vorbem. 3 Abs. 4 VV RVG gehe als Spezialregelung § 15a RVG vor.

Beispiel 11: Keine Kostenerstattung; Abrechnung gegenüber der Landeskasse 138

Der Rechtsanwalt ist für seinen Mandanten im Vor- und Klageverfahren tätig gewesen. Das Verfahren ist durch ablehnendes Urteil beendet worden. Eine Kostenerstattung hat nicht zu erfolgen.

Aufgrund bewilligter Prozesskostenhilfe und Beiordnung des Rechtsanwalts hat dieser einen Erstattungsanspruch der Kosten des streitigen Verfahrens gegenüber die Landes- bzw. Staatskasse. Eine Erstattung der anwaltlichen Vergütung hinsichtlich des Widerspruchsverfahrens kommt regelmäßig nicht in Betracht, da sich die Prozesskostenhilfe lediglich auf das gerichtliche Verfahren bezieht.

46 LSG NRW, Beschl. v. 24.6.2022 – L 2 AS 543/22 B; LSG NRW, Beschl. v. 26.3.2020 – L 6 AS 789/19 B; LSG NRW, Beschl. v. 4.5.2020 – L 21 AS 145/19 B.

47 SG Detmold, Beschl. v. 28.4.2015 – S 28 SF 246/14 E; LSG Bayern, Beschl. v. 2.12.2015 – L 15 SF 133/15 m.w.N.; LSG a.a.O.

Die Angelegenheit im streitigen Verfahren war überdurchschnittlich, es soll von einer Verfahrensgebühr i.H.v. 520,00 EUR ausgegangen werden.

Aufgrund der Bedürftigkeit des Auftraggebers macht der Rechtsanwalt keine Gebühren für das vorgerichtliche Widerspruchsverfahren gegen seinen Mandanten geltend und teilt dies im Vergütungsantrag auch mit.

Der Rechtsanwalt kann folgende Gebühren aus der Staatskasse verlangen:

Klageverfahren	
Verfahrensgebühr, Nr. 3102 VV RVG	520,00 EUR
(65,00 EUR – 719,00 EUR)	
Postentgeltpauschale, Nr. 7002 VV RVG	20,00 EUR
Zwischensumme	540,00 EUR
19 % Umsatzsteuer, Nr. 7008 VV RVG	102,60 EUR
Summe	**642,60 EUR**

Vorliegend hat der Rechtsanwalt die Kosten des Verwaltungsverfahrens nicht geltend gemacht; daher hat auch die Landeskasse aus dem vollen Gebührenrahmen zu erstatten.

139 *Beispiel 12: Quotale Anrechnung bei PKH-Vergütung*

Der Rechtsanwalt ist für seinen Mandanten im Vor- und Klageverfahren tätig gewesen. Prozesskostenhilfe wurde für das gerichtliche Verfahren bewilligt. Im gerichtlichen Termin wurde ein Vergleich geschlossen, nach welchem die außergerichtlichen Kosten des Vorverfahrens zu ½ **Anteil** durch die Beklagte erstatten werden. Im Übrigen sind die Kosten gegeneinander aufgehoben. Die anwaltliche Tätigkeit war umfangreich.

I. Vor-/Widerspruchsverfahren	
Geschäftsgebühr, Nr. 2302 VV RVG	600,00 EUR
(65,00 EUR – 837,00 EUR)	
Postentgeltpauschale, Nr. 7002 VV RVG	20,00 EUR
19 % Umsatzsteuer, Nr. 7008 VV RVG	117,80 EUR
Summe	**737,80 EUR**
Davon ½ Anteil Beklagte	**368,90 EUR**
II. Klageverfahren (PKH)	
Verfahrensgebühr, Nr. 3102 VV RVG	510,00 EUR
(65,00 EUR – 719,00 EUR)	
Anrechnung gem. Vorbem. 3 Abs. 4 VV RVG	*./. 150,00 EUR*

Terminsgebühr, Nr. 3106 VV RVG	365,00 EUR
(65,00 EUR – 665,00 EUR)	
Einigungsgebühr, Nr. 1006 VV RVG	510,00 EUR
Postentgeltpauschale, Nr. 7002 VV RVG	20,00 EUR
19 % Umsatzsteuer, Nr. 7008 VV RVG	238,45 EUR
Summe	**1.493,45 EUR**

Die Hälfte der Geschäftsgebühr ist nach Vorbem. 3 Abs. 4 VV RVG i.V.m. § 15a RVG anzurechnen. Da die Beklagte entsprechend des Vergleichs aber nur ½-Anteil der außergerichtlichen Kosten des Vorverfahrens erstattet, darf insoweit nur ein Betrag von 150,00 EUR angerechnet werden (½ von 300,00 EUR = 150,00 EUR), da der Rechtsanwalt tatsächlich nur eine Geschäftsgebühr i.H.v. 300,00 EUR und nicht 600,00 EUR erhalten hat.

Der Mandant ist üblicherweise nicht zu einer Zahlung im Stande.

§ 23 Vergütungsvereinbarung

Die Vergütungsvereinbarung wird nachfolgend lediglich im Überblick dargestellt, zu Einzelheiten und im Übrigen wird auf die einschlägige Kommentierung z.B. des Anwalt-Kommentars zum RVG von *Schneider/Volpert* verwiesen. 1

Vergütungsvereinbarung – Grundlagen 2

Auch im Sozialrecht sind Vergütungsvereinbarungen möglich und auch sinnvoll.

Zentrale Vorschrift ist § 3a RVG. Hier ist normiert, dass eine Vereinbarung über die Vergütung der **Textform nach § 126b BGB** bedarf. Weiterhin werden formelle Erfordernisse dargelegt, wie etwa die Bezeichnung als Vergütungsvereinbarungen oder in ähnlich deutlicher Weise.

Die Vergütungsvereinbarung darf nicht in der Vollmacht enthalten sein; sie muss von dieser deutlich abgegrenzt sein.

Der Anwalt ist angehalten, die in § 3a RVG normierten **formellen Vorgaben** einzuhalten, da ihm ansonsten nur die gesetzliche Vergütung zusteht. Insoweit wäre dann § 4b RVG einschlägig. Gleiches gilt für das Erfolgshonorar nach § 4a RVG, nicht jedoch für eine Gebührenvereinbarung nach § 34 RVG (Beratung).

Belehrung 3

Weiterhin hat der Anwalt seiner **Hinweispflicht** nachzukommen, wonach er entsprechend § 3a Abs. 1 S. 3 RVG einen Hinweis in die Vergütungsvereinbarung aufnehmen muss, dass die gegnerische Partei, ein Verfahrensbeteiligter oder die Staatskasse im Falle der Kostenerstattung regelmäßig nicht mehr als die gesetzliche Vergütung erstatten müssen.

Beratungshilfe/Prozesskostenhilfe 4

Sofern der Anwalt nicht im Wege der Prozesskostenhilfe beigeordnet wurde oder zum Zweck der Beratungshilfe mandatiert wurde, kann er die Übernahme des Mandats von dem Abschluss einer Vergütungsvereinbarung abhängig machen.

Eine Vergütungsvereinbarung, nach der der im Wege der Prozesskostenhilfe beigeordnete Anwalt eine höhere als die gesetzliche Vergütung für solche Tätigkeiten erhalten soll, welche von der Beiordnung erfasst sind, ist nichtig (vgl. § 3a Abs. 3 RVG).

Vergütungsvereinbarung – Inhalt 5

Hinsichtlich des **Inhalts** einer Vergütungsvereinbarung ist dem Anwalt grundsätzlich aufgrund der Privatautonomie freie Hand gelassen, sofern dieser Inhalt nicht sittenwidrig i.S.d. § 138 BGB ist (auffälliges Missverhältnis von Leistung und Gegenleistung unter Ausnutzung der Zwangslage oder Notsituation des Mandanten). Dann wäre die Vergütungsvereinbarung nichtig.

Weiterhin ist zu beachten, dass nach § 3a Abs. 2 RVG eine unangemessen hohe vereinbarte Vergütung im Rechtsstreit bis zur Höhe der gesetzlichen Vergütung herabgesetzt werden kann.

Der Anwalt kann

- eine Zeitvergütung,
- eine Pauschalvergütung,
- im Einzelfall ein Erfolgshonorar (§ 4a RVG) oder
- eine Mischform

vereinbaren.

6 **Rechnung – Inhalt**

Auch für eine Vergütungsvereinbarung gilt § 10 RVG, welcher die notwendigen Angaben für eine Berechnung regelt.

Weiterhin ist die Umsatzsteuer immer gesondert auszuweisen. Die Abrechnung muss unterzeichnet sein sowie die Angabe über Vorschüsse und Zahlungen Dritter enthalten.[1]

7 Im Falle einer Beratung sieht der Gesetzgeber statt einer Vergütungsvereinbarung den Abschluss einer **Gebührenvereinbarung** nach § 34 Abs. 1 RVG vor. Es gelten die folgenden Unterschiede:

- die Gebührenvereinbarung kann **nur für die Beratung** geschlossen werden;
- die Gebührenvereinbarung kann **formlos** geschlossen werden, § 3a Abs. 1 S. 4 RVG;
- in der Gebührenvereinbarung werden **nur die Gebühren** und nicht die Auslagen geregelt – es gelten daher die gesetzlichen Auslagen nach Teil 7 des VV RVG;
- die vereinbarte Gebühr wird auf eine Gebühr für eine sonstige Tätigkeit, die mit der Beratung zusammenhängt, **angerechnet**, § 34 Abs. 2 RVG.

8 **Abtretungsklausel in Vergütungsvereinbarung**

Häufig wird in Vergütungsvereinbarungen neben der Vergütung selbst auch die Abtretung eines eventuellen Erstattungsanspruchs gegen die Behörde geregelt. Die entsprechende Zulässigkeit ist grundsätzlich geklärt.[2] Sie kann jedoch unter Umständen problematisch sein.

1 *Schneider*, Fälle und Lösungen zum RVG, § 2 Rn 55, 57.
2 BSG, Urt. v. 20.2.2020 – B 14 AS 4/19 R.

Die Abtretungserklärung kann als überraschende Klausel gelten, wenn für einen Mandanten bei einem Blick auf die Vollmachtsurkunde nicht zu erkennen ist, dass auch eventuelle spätere Ansprüche gegenüber dem Leistungsträger an den Kläger abgetreten werden sollen. Im entschiedenen Fall des LSG Niedersachsen-Bremen[3] war die Abtretung **weder aus der Überschrift** der Vollmachtsurkunde ersichtlich **noch an anderer Stelle gesondert hervorgehoben**.

Nach der Entscheidung[4] musste der Mandant nicht damit rechnen, dass er neben der Erteilung einer Vollmacht i.S.v. § 167 Abs. 1 BGB auch noch eine weitere Willenserklärung, hier die Annahmeerklärung des Abtretungsvertrages, abgibt. Damit ist die Abtretungsklausel überraschend i.S.v. § 305c Abs. 1 BGB und nicht Vertragsbestandteil geworden.

3 LSG Niedersachsen-Bremen, Urt. v. 13.3.2024 – L 13 AS 233/23 (nicht rechtskräftig); SG Hannover, Urt. v. 26.11.2024 – S 63 P 181/23; LSG Berlin-Brandenburg, Urt. v. 30.4.2019 – L 20 AS 554/18.

4 LSG Niedersachsen-Bremen, Urt. v. 13.3.2024 – L 13 AS 233/23 (nicht rechtskräftig); SG Hannover, Urt. v. 26.11.2024 – S 63 P 181/23; LSG Berlin-Brandenburg, Urt. v. 30.4.2019 – L 20 AS 554/18.

§ 24 Güterichterverfahren

Allgemeines 1

Durch den Verweis[1] von § 202 S. 1 SGG auf § 278 Abs. 5 und § 278a ZPO besteht nun auch für die Sozialgerichtsbarkeit die Möglichkeit, die Beteiligten für Güteverhandlungen sowie für weitere Güteversuche vor einen Güterichter zu verweisen bzw. den Beteiligten die Mediation als Konfliktbeilegung vorzuschlagen.

Ziel des Gesetzes zur Förderung der Mediation und anderer Verfahren der außergerichtlichen Konfliktbeilegung[2] ist die Stärkung dieser Instrumente. So waren von den beim Sozialgericht Hannover durchgeführten Mediationen durch Güterichter ca. 94 % erfolgreich.[3]

Das Gericht hat neben dem herkömmlichen Streitverfahren, welches typischerweise auf eine richterliche Streitentscheidung oder einen gerichtlichen Vergleich abzielt, auch die Möglichkeit eines unstreitigen Güterichterverfahrens.

Hierbei handelt es sich um ein freiwilliges, von dem eigentlichen Streitverfahren losgelöstes Verfahren, in welchem die Beteiligten eigenständig und selbstverantwortlich eine individuelle Lösung unter Unterstützung eines Richters in der Rolle des objektiven Vermittlers erarbeiten sollen. Es erfolgt dabei keine „Verweisung" im eigentlichen Sinne, vielmehr wird ein Verfahrensabschnitt mit dem Ziel der Konfliktbeilegung einem Güterichter übertragen.

Die Verweisung an den Güterichter kommt nach Ermessen nur dann in Betracht, wenn sich der Fall zu einer einvernehmlichen Konfliktbeilegung eignet.

Die Verweisung an den zuständigen Güterichter hat durch den im Rechtstreit entscheidungsbefugten Richter bzw. Spruchkörper durch Beschluss zu erfolgen.

Führt das Mediationsverfahren zum Erfolg, kann das gerichtliche Verfahren beendet werden.

Sofern das Güteverfahren scheitert, können die Beteiligten den Rechtstreit in dem Stadium fortsetzen, in dem er sich vor Beginn des Güteverfahrens befunden hatte.

Verfahren 2

Da lediglich ein Verfahrensabschnitt „verlagert" wird, fallen keine besonderen Gerichtskosten an. Verfahren nach § 183 SGG sind ohnehin gerichtskostenfrei.

1 Eingefügt durch das Gesetz zur Förderung der Mediation und anderer Verfahren der außergerichtlichen Konfliktbeilegung v. 21.7.2012 (BGBl I, 1577).

2 Vgl. Gesetzesentwurf BT-Drucks 17/5335.

3 *Https://sozialgericht-hannover.niedersachsen.de/mediation/das-sozialgericht-hannover-bietet-auch-die-moeglichkeit-der-mediation-102356.html* (Abruf: 16.9.2025).

Der anwaltliche Aufwand im Güterichterverfahren und die dadurch verdienten Gebühren werden mit den Gebühren des Hauptsacheverfahrens abgegolten.

Durch § 202 S. 1 i.V.m. § 278 Abs. 5 ZPO wird ein bestimmter Verfahrensabschnitt einem anderen Richter in das Güterichterverfahren übertragen.

Fraglich ist, ob es sich bei dem Güterichterverfahren und dem streitigen Verfahren um dieselbe oder um verschiedene Angelegenheiten handelt.

Nach § 19 Abs. 1 S. 2 Nr. 4 RVG in unmittelbarer oder entsprechender Anwendung ist das Verfahren vor dem Güterichter keine eigene Angelegenheit. I.Ü. ergibt sich dies aus dem Umkehrschluss aus § 17 Nr. 7 RVG, wonach (nur) das dem gerichtlichen Verfahren vorausgehende Güteverfahren in den dort abschließend aufgeführten Fällen eine andere Angelegenheit ist.

Da der Anwalt die Gebühren in derselben Angelegenheit nur einmal verdienen kann (§ 15 Abs. 2 RVG), erhält dieser für die Tätigkeit im Güterichterverfahren demnach keine eigenständige Verfahrensgebühr, wenn der Rechtsanwalt seinen Mandanten im streitigen Verfahren sowie im Güterichteverfahren vertritt.

Der mit dem Güterichterverfahren verbundene Aufwand ist in Verfahren nach § 183 SGG bei der Bestimmung der Rahmengebühren nach § 14 Abs. 1 RVG – freilich gebührenerhöhend – zu berücksichtigen.[4]

Sofern im Verfahren vor dem Güterichter ein Termin stattgefunden hat oder dort ein Vergleich geschlossen wurde, so entsteht hierfür eine Termins- und/oder Einigungsgebühr, welche im Rahmen der Kostenfestsetzung des regulären Verfahrens geltend gemacht werden kann.

3 *Beispiel: Güteverfahren*

In einem sozialgerichtlichen Verfahren bzgl. Übernahme von Unterbringungskosten in einem Altenheim wird das Güteverfahren von dem Richter angeregt. In dem einstündigen Termin vor dem Güterichter kann keine Einigung erzielt werden. Das Verfahren wird an den gesetzlichen Richter zurückgegeben und von diesem fortgeführt. Es kommt zu einem Termin mit Urteil.

Die zusätzliche Tätigkeit für das Güterichterverfahren beschränkte sich auf die Terminswahrnehmung. Gemessen an der durchschnittlichen Terminsdauer von 30–50 Minuten ist hier der Umfang für beide Termine zusammen weit überdurchschnittlich. Es soll damit als Terminsgebühr eine um 50 % erhöhte Mittelgebühr angemessen sein.

Die weiteren Kriterien sollen durchschnittlich sein.

4 LSG Hessen, Beschl. v. 16.10.2015 – L 2 SO 95/15 B, NZS 2015, 920.

Folgende Kosten sind entstanden:

Verfahrensgebühr, Nr. 3102 VV RVG (65,00 EUR – 719,00 EUR)	392,00 EUR
Terminsgebühr, Nr. 3106 VV RVG (65,00 EUR – 665,00 EUR)	547,50 EUR
Postentgeltpauschale, Nr. 7002 VV RVG	20,00 EUR
19 % Umsatzsteuer, Nr. 7008 VV RVG	182,31 EUR
Summe	**1.141,81 EUR**

Prozesskostenhilfe 4

Eine Bewilligung von Prozesskostenhilfe für das Güterichterverfahren kommt nicht in Betracht, da es sich schon nicht um eine selbstständige Angelegenheit handelt.

Entschädigung nach JVEG 5

Eine Entschädigung nach dem JVEG ist bei einem Güterichterverfahren möglich.

Mit dem Gesetz zur Förderung der Mediation und anderer Verfahren der außergerichtlichen Konfliktbeilegung ist das Güterichterverfahren hingegen Teil des sozialgerichtlichen Verfahrens geworden, mit der Konsequenz, dass § 191 SGG und das JVEG anwendbar sind.[5]

5 LSG Bayern, Beschl. v. 8.4.2015 – L 15 SF 387/13.

§ 25 Hilfsmittel und Übersichten

A. Tabellarische Übersicht Mindest-/Höchst-/Mittelgebühr

Gebührentabelle 1

Im Folgenden soll die tabellarische Übersicht über die wichtigsten Gebührentatbestände auf einen Blick informieren und für die tägliche Praxis ein Hilfsmittel sein.

Gebührentatbestand Nr. VV RVG	Mindest-gebühr EUR	Höchst-gebühr EUR	Mittel-gebühr EUR	Bemerkung
Teil 1 VV RVG: Allgemeine Gebühren				
Einigungs-/ Erledigungsgebühr Nr. 1005	in Höhe der Geschäftsgebühr (ohne Berücksichtigung einer Anrechnung und Erhöhung)			
Einigungs-/ Erledigungsgebühr Nr. 1006	in Höhe der Verfahrensgebühr (ohne Berücksichtigung einer Anrechnung und Erhöhung)			Die Gebühr entsteht in gerichtlichen Verfahren gleich welcher Art
Teil 2 VV RVG: Außergerichtliche Tätigkeiten einschließlich der Vertretung im Verwaltungsverfahren				
Rechtsmittelprüfungsgebühr Nr. 2102	39,00	419,00	229,00	Anrechnung auf Verfahrensgebühr des Rechtsmittelverfahrens
Rechtsmittelprüfungsgebühr mit schriftl. Gutachten Nr. 2103	65,00	719,00	392,00	Anrechnung auf Verfahrensgebühr des Rechtsmittelverfahrens
Geschäftsgebühr Nr. 2302	65,00	837,00	451,00	Anrechnung auf Verfahrensgebühr des Klageverfahrens o. Vorverfahrens
Schwellengebühr i.H.v. 391,00 – sofern anwaltliche Tätigkeit weder umfangreich noch schwierig ist –				

Gebührentatbestand Nr. VV RVG	Mindest-gebühr EUR	Höchst-gebühr EUR	Mittel-gebühr EUR	Bemerkung
Teil 3 VV RVG: Zivilverfahren, Verfahren der öffentlich-rechtlichen Gerichtsbarkeiten (…) und ähnliche Verfahren				
I. Instanz				
Verfahrensgebühr Nr. 3102	65,00	719,00	392,00	Anrechnung einer Geschäftsgebühr nach Teil 2 mit max. 225,00 EUR
Terminsgebühr Nr. 3106	65,00	665,00	365,00	
– Die fiktive Terminsgebühr nach der Anm. S. 2 zu Nr. 3106 VV RVG beträgt 90 % der konkreten Verfahrensgebühr, ohne Anrechnung und Erhöhung nach Nr. 1008 VV RVG –				
II. Instanz – Berufungsverfahren, Beschwerdeverfahren einstweiliger Rechtsschutz/ einstweilige Anordnung				
Verfahrensgebühr Nr. 3204	78,00	889,00	483,50	
Terminsgebühr Nr. 3205	65,00	665,00	365,00	
– Die fiktive Terminsgebühr nach der Anm. S. 2 zu Nr. 3205 VV RVG beträgt 75 % der konkreten Verfahrensgebühr, ohne Anrechnung und Erhöhung nach Nr. 1008 VV RVG –				
III. Instanz – Revisionsverfahren				
Verfahrensgebühr Nr. 3212	105,00	1.151,00	628,00	
Terminsgebühr Nr. 3213	105,00	1.079,00	592,00	
– Die fiktive Terminsgebühr nach der Anm. zu Nr. 3213 VV RVG beträgt 90 % der konkreten Verfahrensgebühr, ohne Anrechnung und Erhöhung nach Nr. 1008 VV RVG –				
Verfahren wegen Verletzung des rechtlichen Gehörs				
Verfahrensgebühr Nr. 3330	in Höhe der Verfahrensgebühr für das Verfahren, in dem die Rüge erhoben wird, höchstens jedoch 280,00			

Gebührentatbestand Nr. VV RVG	Mindest-gebühr EUR	Höchst-gebühr EUR	Mittel-gebühr EUR	Bemerkung
Terminsgebühr Nr. 3331	in Höhe der Terminsgebühr für das Verfahren, in dem die Rüge erhoben wird, höchstens jedoch 280,00			
Beschwerde und Erinnerung				
Verfahrensgebühr Nr. 3501	26,00	275,00	150,50	Beachte Vorbem. 3.5
Terminsgebühr Nr. 3515	26,00	275,00	150,50	
Nichtzulassungsbeschwerdeverfahren (Berufung)				
Verfahrensgebühr Nr. 3511	78,00	889,00	483,50	Anrechnung auf Verfahrensgebühr des nachfolgenden Berufungsverfahrens
Terminsgebühr Nr. 3517	65,00	665,00	365,00	
Nichtzulassungsbeschwerdeverfahren (Revision)				
Verfahrensgebühr Nr. 3512	105,00	1.151,00	628,00	Anrechnung auf Verfahrensgebühr des nachfolgenden Revisionsverfahrens
Terminsgebühr Nr. 3518	78,00	863,00	470,50	

B. Tabellarische Übersicht Mehrvertretung

Mehrvertretungszuschlag 2

Eine Erhöhung gilt nicht für eine Begrenzung eines Anrechnungsbetrages (z.B. Vorbem. 3 Abs. 4 VV RVG), da es insofern an einer ausdrücklichen gesetzlichen Regelung fehlt. Es verbleibt daher immer bei einer Anrechnung von dem gesetzlich festgelegten Höchstbetrag.

Gebührentabelle – Mehrvertretungszuschlag 3

Mehrere *Erhöhungen* dürfen das Doppelte der Mindest- und Höchstgebühr nicht überschreiten; die **Höchstgrenze** der Erhöhungen **beträgt 200 %**.

Die **Obergrenze** ist der **dreifache Betrag der Mindest- und Höchstgebühr**.

Gebühr Nr. VV RVG	**Anzahl Auftraggeber**	**Mindestgebühr EUR**	**Höchstgebühr EUR**	**Mittelgebühr EUR**
Verfahrensgebühren				
Nr. 3102	1	65,00	719,00	392,00
Erhöhung	***pro weiterem Auftraggeber***	***+ 19,50***	***+ 215,70***	***+ 117,60***
	2 *(1 weiterer Auftraggeber)*	84,50	934,70	509,60
	3 *(2 weitere Auftraggeber)*	104,00	1.150,40	627,20
	4 *(3 weitere Auftraggeber)*	123,50	1.366,10	744,80
	5 *(4 weitere Auftraggeber)*	143,00	1.581,80	862,40
	6 *(5 weitere Auftraggeber)*	162,50	1.797,50	980,00
	7 *(6 weitere Auftraggeber)*	182,00	2.013,20	1.097,60
	8 und mehr *(7 weitere Auftraggeber)*	**195,00** (201,50)	**2.157,00** (2.228,90)	**1.176,00** (1.215,20)

Gebühr Nr. VV RVG	Anzahl Auftraggeber	Mindestgebühr EUR	Höchstgebühr EUR	Mittelgebühr EUR
Nr. 3204	1	78,00	889,00	483,50
Erhöhung	*pro weiterem Auftraggeber*	*+ 23,40*	*+ 266,70*	*+ 145,05*
	2 *(1 weiterer Auftraggeber)*	101,40	1.155,70	628,55
	3 *(2 weitere Auftraggeber)*	124,80	1.422,40	773,60
	4 *(3 weitere Auftraggeber)*	148,20	1.689,10	918,65
	5 *(4 weitere Auftraggeber)*	171,60	1.955,80	1.063,70
	6 *(5 weitere Auftraggeber)*	195,00	2.222,50	1.208,75
	7 *(6 weitere Auftraggeber)*	218,40	2.489,20	1.353,80
	8 und mehr *(7 weitere Auftraggeber)*	**234,00** (241,80)	**2.667,00** (2.755,90)	**1.450,50** (1.498,85)
Nr. 3212	1	105,00	1.151,00	628,00
Erhöhung	*pro weiterem Auftraggeber*	*+ 31,50*	*+ 345,30*	*+ 188,40*
Nr. 3511	1	78,00	889,00	483,50
Erhöhung	*pro weiterem Auftraggeber*	*+ 23,40*	*+ 266,70*	*+ 145,05*
Nr. 3512	1	105,00	1.151,00	628,00
Erhöhung	*pro weiterem Auftraggeber*	*+ 31,50*	*+345,30*	*+ 188,40*

Gebühr Nr. VV RVG	Anzahl Auftraggeber	Mindestgebühr EUR	Höchstgebühr EUR	Mittelgebühr EUR
Geschäftsgebühren				
Nr. 2102	1	39,00	419,00	229,00
Erhöhung	*pro weiterem Auftraggeber*	*+ 11,70*	*+ 125.70*	*+ 68,70*
Nr. 2103	1	65,00	719,00	392,00
Erhöhung	*pro weiterem Auftraggeber*	*+ 19,50*	*+ 215,70*	*+ 117,60*
Nr. 2302	1	65,00	837,00	451,00
Erhöhung	*pro weiterem Auftraggeber*	*+ 19,50*	*+ 251,10*	*+ 135,30*
	2 *(1 weiterer Auftraggeber)*	84,50	1.088,10	586,30
	3 *(2 weitere Auftraggeber)*	104,00	1.339,20	721,60
	4 *(3 weitere Auftraggeber)*	123,50	1.590,30	856,90
	5 *(4 weitere Auftraggeber)*	143,00	1.841,40	992,20
	6 *(5 weitere Auftraggeber)*	162,50	2.092,50	1.127,50
	7 *(6 weitere Auftraggeber)*	182,00	2.343,60	1.262,80
	8 und mehr *(7 weitere Auftraggeber)*	**195,00** (201,50)	**2.511,00** (2.594,70)	**1.353,00** (1.398,10)
	– Die **Schwellengebühr** i.H.v. 391,00 EUR erhöht sich ebenfalls um 30 % (117,30 EUR) –			

C. Tabellarische Übersicht Anrechnungen

Anrechnungstabelle 4

Die nachfolgende Tabelle soll einen Überblick über die im Sozialrecht in Betracht kommenden Anrechnungen geben:

Gebühr Nr. VV RVG/ Gebührengegenstand	**Anrechnungsvorschrift Nr. VV RVG**	**Anrechnungsziel Gebührengegenstand**	**Anrechnungsziel Nr. VV RVG**	**Höhe der Anrechnung**
§ 34 Abs. 1 S. 1, 2 RVG Geschäftsgebühr Beratung (Rat oder Auskunft, Gutachten …)	§ 34 Abs. 2 RVG	Gebühr für sonstige mit Beratung zusammenhängende Tätigkeit	Alle Verfahrens- und Geschäftsgebühren für nachfolgende Tätigkeit	Volle Höhe (abdingbar durch Gebührenvereinbarung, auch Anrechnungsausschluss möglich)
Nrn. 2102/2103 Erfolgsaussicht – Prüfgebühr Rechtsmittel	Anm. zu Nr. 2102	Verfahrensgebühr Rechtmittelverfahren	Nrn. 3204, 3212, 3501, 3511, 3512, 3400, 3401, 3405, 3406	Volle Höhe
Nr. 2302 Nr. 1 Außergerichtliche Vertretung Antragsverfahren: Geschäftsgebühr	Vorbem. 2.3 Abs. 4	Geschäftsgebühr Widerspruchsverfahren	Nr. 2302 Nr. 1	Hälfte, max. 225,00 EUR (Keine Erhöhung der Anrechnungsgrenze durch Mehrvertretung)
Nr. 2302 Nr. 1 Außergerichtliche Vertretung Widerspruchsverfahren: Geschäftsgebühr	Vorbem. 3 Abs. 4	Verfahrensgebühr gerichtliches Verfahren	Nrn. 3102, 3204, 3212, 3501, 3511, 3512, 3400, 3401, 3405, 3406	Hälfte, max. 225,00 EUR (Keine Erhöhung der Anrechnungsgrenze durch Mehrvertretung, beachte § 15a Abs. 3 RVG)

Gebühr Nr. VV RVG/ Gebühren-gegenstand	**Anrechnungs-vorschrift Nr. VV RVG**	**Anrechnungsziel Gebühren-gegenstand**	**Anrechnungsziel Nr. VV RVG**	**Höhe der Anrechnung**
Nr. 2501 Beratungshilfe: Beratungs-gebühr	Anm. Abs. 2 zu Nr. 2501	Gebühr für sonstige mit Beratung zusammenhängende Tätigkeit	Nrn. 2302, 2502, alle Verfahrens- und Geschäfts-gebühren für nachfolgende Tätigkeit	Volle Höhe, 42,00 EUR netto
Nr. 2503 Beratungshilfe: Geschäfts-gebühr	Anm. Abs. 2 zu Nr. 2503	Anschließendes gerichtliches oder behördliches Verfahren	Nr. 2302, alle Verfahrens- und Geschäftsgebühren für nachfolgende Tätigkeit	Hälfte, 51,00 EUR netto
Nrn. 3102/3204 Selbst. Beweis-verfahren: Verfahrensgebühr	Vorbem. 3 Abs. 5	Verfahrensgebühr Rechtszug	Nrn. 3102/3204 nachfolgendes Hauptsacheverfahren	Volle Höhe
Nr. 3102 1. Instanz: Verfahrensgebühr	Vorbem. 3 Abs. 5	Verfahrensgebühr im nachfolgenden selbst. Beweis-verfahren	Nr. 3102 im selbst. Beweis-verfahren	Volle Höhe
Nrn. 3102/3204 Zurückverweisung: Verfahrensgebühr Grundverfahren	Vorbem. 3 Abs. 6	Verfahrensgebühr Rechtszug nach Zurück-verweisung	Nrn. 3102/3204 im Verfahren nach Zurückverweisung	Volle Höhe
Nr. 3511 Nichtzulassungs-beschwerde Berufung: Verfahrens-gebühr	Anm. zu Nr. 3511	Verfahrensgebühr nachfolgendes Berufungs-verfahren	Nrn. 3204, 3400, 3401, 3405, 3406	Volle Höhe

Gebühr Nr. VV RVG/ Gebühren-gegenstand	**Anrechnungs-vorschrift Nr. VV RVG**	**Anrechnungsziel Gebühren-gegenstand**	**Anrechnungsziel Nr. VV RVG**	**Höhe der Anrechnung**
Nr. 3512 Nichtzulassungs-beschwerde Revision: Verfahrens-gebühr	Anm. zu Nr. 3512	Verfahrensgebühr nachfolgendes Revisions-verfahren	Nrn. 3212, 3400, 3401, 3405, 3406	Volle Höhe
Terminsvertreter				
Nr. 3401, soweit Ver-fahrensgebühr des Haupt-bevollmäch-tigten anzu-rechnen ist Verfahrens-gebühr	Nr. 3401 i.V.m. Anrechnungs-vorschrift des Hauptbevoll-mächtigten	Nr. 3401 oder Verfahrensgebühr, wenn Vertretung im nachfolgenden Verfahren übertragen		
Verkehrsanwalt				
Nr. 3400, soweit Ver-fahrensgebühr des Haupt-bevollmäch-tigten anzu-rechnen ist Verfahrens-gebühr	Nr. 3400 i.V.m. Anrechnungs-vorschrift des Hauptbevoll-mächtigten	Nr. 3400 oder Verfahrensgebühr, wenn Vertretung im nachfolgenden Verfahren übertragen		

D. Muster Festsetzungsantrag (§ 55 RVG)

5 ▼

Muster: Abrechnungsmuster für einen Vergütungsfestsetzungsantrag gem. § 55 RVG gegen die Staats- bzw. Landeskasse

Der beigeordnete Rechtsanwalt beantragt nach rechtskräftiger Verfahrensbeendigung die Festsetzung der gesetzlichen Vergütung für das Klageverfahren:

An

Sozialgericht

Antrag auf Festsetzung der Vergütung des beigeordneten Rechtsanwalts gem. § 55 RVG gegen die Staats- bzw. Landeskasse

Geschäftszeichen: Datum:
Rechnungsnummer:

Leistungszeitraum: *(Beiordnung bis Verfahrensbeendigung)*

In dem Rechtstreit/Verfahren

(Name) ./. (Name)

– *(gerichtliches Aktenzeichen)* –

beantrage ich nachfolgend in Ansatz gebrachte Gebühren und Auslagen festzusetzen.

Dabei erkläre ich:

- Vorschüsse aus der Staats- bzw. Landeskasse (§ 47 RVG) habe ich nicht/i.H.v. *(Betrag EUR)* erhalten.
- Vorschüsse und sonstige Zahlungen (§ 58 RVG) habe ich nicht/i.H.v. *(Betrag EUR)* erhalten.
- Gebühren für Beratungshilfe (§ 44 RVG, Nrn. 2501, 2503 VV RVG) habe ich nicht/i.H.v. *(Betrag EUR)* zum Aktenzeichen *(Az. BerH)* erhalten.
- Gebühren für eine außergerichtliche Vertretung (Nr. 2302 VV RVG) habe ich nicht/i.H.v. *(Betrag EUR)* erhalten.
- Bei Einzelberechnung nach Nr. 7001 VV RVG versichere ich, dass diese Auslagen während meiner Beiordnung entstanden sind.
- Später erhaltene Zahlungen werde ich unverzüglich anzeigen (§ 55 Abs. 5 S. 4 RVG).
- Das Entstehen der Auslagen wird anwaltlich versichert.

Gebühr	Nr. VV RVG	Vergütung nach §§ 3, 14 RVG	Festzusetzen auf EUR
Verfahrensgebühr	Nr. 3102	392,00 EUR	
Ggf. Anrechnung		*./. (Betrag netto)*	
Terminsgebühr	Nr. 3106	365,00 EUR	
Einigungs-/Erledigungsgebühr	Nrn. 1006, 1005	392,00 EUR	
Postentgeltpauschale	Nr. 7002	20,00 EUR	
		1.169,00 EUR	
19 % Umsatzsteuer	Nr. 7008	222,11 EUR	
Summe		**1.391,11 EUR**	
Abzüglich Vorschuss o. sonstige Zahlungen/-Anrechnungen (brutto)		*./. (Betrag) EUR*	
Zu zahlende Vergütung:		**1.391,11 EUR**	

Bemerkungen/Begründung zur Gebührenhöhe:

Sofern über die Mittelgebühr hinausgegangen wird, ist eine Begründung stets empfohlen.

(Unterschrift)

Steuernummer und Bankverbindung (IBAN) sind im Briefkopf anzugeben.

▲

§ 26 Rechtsprechungsübersicht

Rechtsprechungsübersicht 1

Stand: September 2025.

Anmerkung: Im Folgenden werden einige wichtige Entscheidungen in stark abgekürzter Form wiedergegeben. Aufgrund der Vielzahl differierender Rechtsprechungen ist es nicht möglich, eine abschließende Übersicht zu erstellen.

Die Rechtsprechungsübersicht gliedert sich nach den folgenden Stichpunkten.

- Allgemeines/§ 14 RVG
- Angelegenheit
- Verfahrensgebühr
- Terminsgebühr/fiktive Terminsgebühr
- Bemessung Terminsgebühr – durchschnittliche Terminsdauer
- Einigungs-/Erledigungsgebühr
- Untätigkeitsklage
- Einstweiliger Rechtsschutz
- Beschwerde
- Verfahren über Erstattung der Kosten des Widerspruchsverfahrens
- Verwaltungs-/Vorverfahren
- Auslagen
- Prozesskostenhilfe
- Beratungshilfe
- Anrechnung
- Sonstiges

Thema	Entscheidung	Wesentlicher Inhalt/Leitsatz
Allgemeines/§ 14 RVG		
Aufrechnung – Verfahren nach § 59 RVG	OLG Brandenburg, Beschl. v. 8.4.2008 – 6 W 53/08	Eine Aufrechnung der Beklagten im Verfahren nach § 59 RVG ist unzulässig, da es sich um einen übergegangenen Anspruch des beigeordneten Rechtsanwalts und nicht der Prozesskotenhilfepartei handelt. Es mangelt an der notwendigen Gegenseitigkeit der Forderung.
Bedeutung – Dauerrente	LSG Thüringen, Beschl. v. 5.4.2005 – L 6 B 8/05 SF	Streitigkeiten um den Bezug von existenzsichernden Leistungen mit Lohnersatzcharakter auf Dauer, wie z.B. Renten aus der gesetzlichen Rentenversicherung oder Unfallversicherung, können

Thema	Entscheidung	Wesentlicher Inhalt/Leitsatz
		von überdurchschnittlicher Bedeutung sein, insbesondere wenn die Dauerleistung die wirtschaftliche Existenz des Beteiligten sichert oder es sich um eine zusätzliche und beim Einkommen nicht zu berücksichtigende Dauerleistung wie z.B. Leistungen aus der Pflegeversicherung handelt.
Bedeutung – Pflegestufe (jetzt: Pflegegrad)	LSG Thüringen, Beschl. v. 5.4.2005 – L 6 B 8/05 SF	Die Kriterien des § 14 RVG sind bei der Beurteilung der Frage, ob ein Durchschnittsfall vorliegt, als gleichwertig anzusetzen, es sei denn, dass einzelne Umstände derart prägend für die Gesamtsituation sind, dass sie die übrigen in ihrer Bedeutung gleichsam zurückdrängen. Die Bedeutung bei Streitigkeiten über Pflegestufen bei der Pflegeversicherung ist erheblich.
Bedeutung – SB-Verfahren (GdB)	BSG, Urt. v. 26.2.1992 – 9a RVs 3/90	Ein Verfahren, das auf die Feststellung der Schwerbehinderteneigenschaft eines Berufstätigen gerichtet ist, ist von durchschnittlicher Bedeutung. Die Bedeutung eines Verfahrens, in dem die Höhe des Grades der Behinderung streitig ist, ist gering.
Bemessungskriterien § 14 Abs. 1 RVG – gesonderte Prüfung je Gebühr	LSG Thüringen, Beschl. v. 6.3.2008 – L 6 B 198/07 SF	Grundsätzlich sind bei jeder Rahmengebühr die Kriterien des § 14 Abs. 1 RVG gesondert zu prüfen. Die unterschiedliche Abgeltung der anwaltlichen Tätigkeit mit unterschiedlichen Gebühren verbietet es, die Bewertung einer Rahmengebühr automatisch auf eine andere zu übertragen.
Bemessungskriterien § 14 Abs. 1 RVG – Grundsicherung	LSG NRW, Beschl. v. 30.9.2009 – L 1 B 22/09 AS	Verfahren über Grundsicherung für Arbeitssuche sind regelmäßig mit der Mittelgebühr zutreffend abgegolten, da es sich um einen Durchschnittsfall handelt.

Thema	Entscheidung	Wesentlicher Inhalt/Leitsatz
Bemessungskriterien § 14 Abs. 1 RVG – Umfang und Schwierigkeit	BSG, Urt. v. 1.7.2009 – B 4 AS 21/09 R	Bei der Beurteilung des Umfangs einer Tätigkeit ist der zeitliche Aufwand zu berücksichtigen, den der Rechtsanwalt tatsächlich in der Sache betrieben hat und den er davon objektiv auch auf die Sache verwenden musste. Bezugspunkt der anwaltlichen Tätigkeit ist das in der jeweiligen Gebührenziffer umschriebene Tätigkeitsfeld. Hilfreich ist es, wenn der Rechtsanwalt über den zeitlichen Umfang der im Einzelnen entfalteten Tätigkeit Notizen fertigt, welche ihm eine spätere Darlegung erleichtern können. Auch ein objektiv überflüssiger Aufwand ist beachtlich, wenn und soweit er auf dem Wunsch des Auftraggebers beruht. Der durchschnittliche Umfang lässt sich nicht exakt in Zeitstunden ausdrücken; solche können hierfür allenfalls eine Orientierungshilfe bieten. Vielmehr hat sich der durchschnittliche Umfang am Leitbild der zugehörigen Verfahrensordnung am Ablauf des sozialgerichtlichen Verwaltungsverfahrens zu orientieren. Die vom Umfang zu unterscheidende Schwierigkeit der anwaltlichen Tätigkeit meint die Intensität der Arbeit. Ausgehend von einem objektiven Maßstab ist auf einen Rechtsanwalt abzustellen, der sich bei der Wahrnehmung des Mandats darauf beschränken kann und darf, den Fall mit den einschlägigen Rechtsvorschriften, ggf. unter Heranziehung von Rechtsprechung und Kommentarliteratur, zu bearbeiten. Dies beinhaltet aber auch, dass hierfür spezielle Kenntnisse und Fertigkeiten in eingeschränktem Umfang erforderlich sein können. Damit ist auf der einen Seite unerheblich, ob der Rechtsanwalt wegen geringer Berufserfahrung Schwierigkeiten bei der

Thema	Entscheidung	Wesentlicher Inhalt/Leitsatz
		Bewältigung der Aufgabe hat. Andererseits spielt es keine Rolle, dass der Anwalt z.B. aufgrund vertiefter Fachkenntnisse oder Erfahrung das Mandat leichter als andere Rechtsanwälte bewältigen kann. Überdurchschnittlich schwierig ist die Tätigkeit etwa dann, wenn erhebliche, sich üblicherweise nicht stellende Probleme auftreten; diese können sowohl im tatsächlichen als auch im juristischen Bereich liegen. Beispielhaft lassen sich für überdurchschnittliche tatsächliche Schwierigkeiten nennen: Der Umgang mit einem problematischen Mandanten, sprachliche oder akustische Verständigungsprobleme, die eingehende Auseinandersetzung mit medizinischen oder anderen Fachgutachten oder eine umfangreiche Beweiswürdigung. Von einer nur durchschnittlich schwierigen anwaltlichen Tätigkeit ist dann nicht mehr auszugehen, wenn der zu bearbeitende Fall unter Berücksichtigung des aufgezeigten Maßstabs von einem Normal- bzw. Routinefall abweicht; und zwar bezogen auf jedes Rechtsgebiet (z.B. Sozialrecht), nicht aber jedes Teilrechtsgebiet (z.B. Sozialhilferecht). Damit ist gewährleistet, dass in Rechtsgebieten, die gemeinhin nur deshalb als schwierig empfunden werden, weil kein Fall dem anderen gleicht, überwiegend eine überdurchschnittliche Schwierigkeit angenommen werden kann. Der Routinefall auf dem Gebiet des Sozialrechts ist danach etwa die Darlegung eines Anspruchs auf Leistungen mittels Subsumtion unter die Tatbestandsmerkmale der einschlägigen Rechtsvorschriften, aber ohne umfangreichere Beweiswürdigung und eingehende Auseinandersetzung mit Recht-

Thema	Entscheidung	Wesentlicher Inhalt/Leitsatz
		sprechung und Literatur. In einer Anfechtungssituation wäre dies die vergleichbare Begründung, warum die Voraussetzungen der Rechtsgrundlage, auf die sich der Leistungsträger stützt, nicht vorliegen. Dass eine Teilrechtsmaterie einer sehr dynamischen Entwicklung unterliegt, besagt dann für sich aber noch nicht, dass die rechtliche Schwierigkeit überdurchschnittlich ist.
Bemessungskriterien § 14 Abs. 1 RVG – Umfang und Schwierigkeit	LSG Hessen, Beschl. v. 26.1.2004 – L 12 B 90/02 RJ	Bei der Beurteilung des angefallenen Zeitaufwandes sind die Verfahrensdauer, die Zahl und Dauer der gerichtlichen Termine sowie ein etwaiger höherer Zeitaufwand für die Besprechung mit dem Auftraggeber aus sachlichem Grund mit einzubeziehen. Tatsächliche Gründe für eine erhöhte Schwierigkeit können Verständigungsprobleme wegen fehlender Deutschkenntnisse sein.
Bemessungskriterien § 14 Abs. 1 RVG – Zeit- und Arbeitsaufwand	LSG NRW, Beschl. v. 24.9.2008 – L 19 B 21/08 AS	Zeitintensive Tätigkeiten, wie etwa die Vornahme einer Akteneinsicht, das Lesen und Auswerten von medizinischen Gutachten, das Verfassen von Schriftsätzen, die sich mit komplexen tatsächlichen oder rechtlichen Fragen auseinandersetzen, die Sichtung und Auswertung von Rechtsprechung, lassen den Rückschluss auf einen erheblichen Zeit- und Arbeitsaufwand zu.
Betreuer – Abrechnung als Rechtsanwalt	LSG Berlin-Brandenburg, Beschl. v. 4.3.2009 – L 5 B 2325/08 AS PKH	Nur wenn die Aufgabe die Hinzuziehung eines Rechtsanwalts erfordert, kann die Tätigkeit des Betreuers nach anwaltlichem Gebührenrecht abgerechnet werden. Bei einer Klage wegen Aufhebung von Leistungen nach dem SGB II ist dies jedoch offensichtlich gegeben.
Durchschnittsfall – Definition	LSG NRW, Beschl. v. 24.9.2008 – L 19 B 21/08 AS	Ein Durchschnittsfall liegt vor, wenn die Streitsache nach den gem. § 14 RVG maßgebenden Kriterien als durchschnitt-

Thema	Entscheidung	Wesentlicher Inhalt/Leitsatz
		lich zu bewerten ist, es sich um eine Streitsache mit durchschnittlichem Aufwand, durchschnittlicher Schwierigkeit, durchschnittlicher Bedeutung für den Auftraggeber, durchschnittlichen Einkommens- und Vermögensverhältnissen des Auftraggebers und durchschnittlichem Haftungsrisiko handelt. Ob ein Durchschnittsfall vorliegt, ergibt sich aus dem Vergleich mit den sonstigen bei den Gerichten der Sozialgerichtsbarkeit anhängigen Streitsachen. Ein Abweichen von der Mittelgebühr ist bei einem Durchschnittsfall nicht zulässig.
Durchschnittsfall – Gleichwertigkeit der Bemessungskriterien	LSG Thüringen, Beschl. v. 5.4.2005 – L 6 B 8/05 SF	Die Kriterien des § 14 RVG sind bei der Beurteilung der Frage, ob ein Durchschnittsfall vorliegt, als gleichwertig anzusetzen, es sei denn, dass einzelne Umstände derart prägend für die Gesamtsituation sind, dass sie die übrigen in ihrer Bedeutung gleichsam zurückdrängen. Die Bedeutung bei Streitigkeiten über Pflegestufen bei der Pflegeversicherung ist erheblich.
Haftungsrisiko – Streitigkeiten nach dem SGB II/XII	LSG Mecklenburg-Vorpommern, Beschl. v. 29.7.2008 – L 6 B 141/07	Streitigkeiten in Angelegenheiten der Grundsicherung für Arbeitsuchende und Angelegenheiten der Sozialhilfe (sofern es um Grundsicherung geht) sind nicht stets wegen des existenzsichernden Charakters überdurchschnittlich bedeutsam. Existenziell und damit überdurchschnittlich bedeutsam sind Verfahren in diesen Rechtsgebieten dann, wenn Leistungen überhaupt nicht gewährt werden oder aber im Verhältnis zur geltend gemachten Leistungshöhe nur in sehr reduzierter Form. Auch Zusatzansprüche wie z.B. für erhöhten Ernährungsmehrbedarf sind nicht von überdurchschnittlicher Bedeutung.

Thema	Entscheidung	Wesentlicher Inhalt/Leitsatz
		Das anwaltliche Haftungsrisiko ist aufgrund des Amtsermittlungsgrundsatzes nach § 103 SGG und da Sozialleistungen auch nach abschlägigen Gerichtsentscheidungen regelmäßig erneut beansprucht werden können, als eher unterdurchschnittlich zu qualifizieren. Das Haftungsrisiko kann nur gebührenerhöhend berücksichtigt werden.
Höchstgebühr – bei überdurchschnittlichem Kriterium	LSG NRW, Beschl. v. 26.4.2007 – L 7 B 36/07 AS	Ein außergewöhnliches Merkmal kann den Ansatz der Höchstgebühr rechtfertigen, auch wenn die übrigen Umstände nur durchschnittlich sind. In der Regel erfordert die Annahme der Höchstgebühr, dass mehrere Umstände überdurchschnittlich sind. Der Ansatz einer Höchstgebühr allein wegen der besonderen wirtschaftlichen Bedeutung eines einstweiligen Rechtsschutzverfahrens im Bereich der Grundsicherung für Arbeitssuchende für den Auftraggeber ist nicht gerechtfertigt, da diese Verfahren sich überwiegend dadurch auszeichnen, dass die Antragssteller wegen einer prekären finanziellen Situation einstweiligen Rechtsschutz begehren.
Höchstgebühr – Dauerrente – Lebensunterhalt in der Hauptsache	LSG Hessen, Beschl. v. 26.1.2004 – L 12 B 90/02 RJ	Bei Streitigkeiten über die Gewährung einer Dauerrente aus der gesetzlichen Rentenversicherung ist i.d.R. die Höchstgebühr anzusetzen, wenn durch die Rente der Lebensunterhalt in der Hauptsache bestritten wird. Bei einem Streit über eine Vollrente aus der gesetzlichen Rentenversicherung ist wegen der meist existentiellen Bedeutung die Höchstgebühr gerechtfertigt, wenn durch sie das Einkommen in der Hauptsache bestritten wird.

Thema	Entscheidung	Wesentlicher Inhalt/Leitsatz
Höchstgebühr – Dauerrente – Streitgegenstand allein genügt nicht	– SG Schleswig-Holstein, Beschl. v. 16.6.2003 – L 5 B 13/03 SF SK – LSG Bayern, Beschl. v. 15.5.2006 – L 15 B 113/04 RJ KO	Alle: Bei Streitigkeiten über die Gewährung einer Dauerrente aus der gesetzlichen Rentenversicherung ist nicht allein aufgrund des Streitgegenstandes i.d.R. die Höchstgebühr anzusetzen. SG Schleswig-Holstein, Beschl. v. 16.6.2003 – L 5 B 13/03 SF SK: Keine Höchstgebühr, wenn Streitigkeiten über Dauerrente; dies ist für SG auch typisch und zutreffend nach dem Willen des Gesetzgebers mit der Mittelgebühr abgegolten. Keine besondere Schwierigkeit wenn Auseinandersetzung mit Sachverständigen-Gutachten; dies ist für sozialgerichtliche Verfahren typisch.
Höchstgebühr (keine) – Erwerbsminderungsrente (Ablehnung)	– LSG NRW, Beschl. v. 28.4.2003 – L 4 B 6/03 RJ – LSG NRW, Beschl. v. 6.2.2007 – L 3 B 20/06 R	LSG NRW, Beschl. v. 28.4.2003 – L 4 B 6/03 RJ: Streitigkeiten über Erwerbsunfähigkeitsrente trotz Lohnersatzcharakter rechtfertigt nicht allein den Ansatz der Höchstgebühr. LSG NRW, Beschl. v. 6.2.2007 – L 3 B 20/06 R: Streitigkeiten über Erwerbsunfähigkeitsrente rechtfertigen ein Abweichen von der Mittelgebühr nach oben, nicht jedoch die Höchstgebühr. Die Auseinandersetzung mit medizinischen Gutachten rechtfertigt keine besondere Schwierigkeit.
Höchstgebühr (keine) – Rentenverfahren (Ablehnung)	LSG Sachsen, Beschl. v. 19.5.2006 – L 6 B 168/05 R-KO	Bei einem typischen, durchschnittlichen, existenzsichernden Rentenfall ist eine um 20 % erhöhte Mittelgebühr angemessen. Die Höchstgebühr ist dann gerechtfertigt, wenn eine besonders umfangreiche und schwierige Sache vorgelegen hat. In Verfahren vor den SG löst eine Rentenangelegenheit regelmäßig nicht die Höchstgebühr aus. Grundsätzlich ist eine um 20 % erhöhte Mittelgebühr anzusetzen. Rentenverfahren sind für SG typisch.

Thema	Entscheidung	Wesentlicher Inhalt/Leitsatz
Kostenfreiheit – Versicherteneigenschaft	BSG, Urt. v. 5.10.2006 – B 10 LW 5/05 R	Versicherter in diesem Sinne ist jedermann, dessen Versicherteneigenschaft ein Versicherungsträger festgestellt hat; damit also auch derjenige, der gegen seine Versicherteneigenschaft erfolgreich vorgeht.
Mittelgebühr/Toleranzrahmen	– LSG NRW, Beschl. v. 28.5.2013 – L 9 AS 142/13 B m.w.N. – SG Detmold, Beschl. v. 27.6.2013 – S 18 SF 190/12 E	Die beiden Grundsätze der Mittelgebühr und des Toleranzrahmens sind nicht in der Weise miteinander zu kombinieren, dass in jedem Durchschnittsfall eine bis zu 20 %ige Überschreitung der Mittelgebühr im Rahmen der Billigkeit bliebe (SG Berlin, Beschl. v. 1.4.2010 – S 165 SF 2479/09 E). Der Toleranzrahmen von 20 % gilt nicht in solchen Fällen, in denen ein Durchschnittsfall vorliegt und daher die Mittelgebühr anzusetzen ist. Nur bei Abweichungen von einem Durchschnittsfall kann der Rechtsanwalt nach § 14 Abs. 1 S. 1 RVG eine geringere oder höhere Gebühr bis zur Grenze des vorgegebenen Rahmens ansetzen.
Mittelgebühr/Toleranzrahmen	– BSG, Urt. v. 26.2.1992 – 9a RVs 3/90 Auch: – LSG NRW, Beschl. v. 28.5.2013 – L 9 AS 142/13 B m.w.N. – SG Berlin, Beschl. v. 1.4.2010 – S 165 SF 2479/09 E – SG Detmold, Beschl. v. 27.6.2013 – S 18 SF 190/12 E	Ein Abweichen von der Mittelgebühr ist bei einem Durchschnittsfall nicht zulässig. Die beiden Anhaltspunkte – Mittelgebühr und Toleranzrahmen – sind nicht in der Weise miteinander zu kombinieren, dass in jedem Durchschnittsfall eine bis zu 20 %ige Überschreitung der Mittelgebühr im Rahmen der Billigkeit bliebe. Die Einführung des Gesichtspunktes der Mittelgebühr hat den Zweck, jedenfalls in einem großen Teil der Verfahren, den Durchschnittsverfahren, einen bestimmten Betrag festlegen zu können. Zu entscheiden ist im Einzelfall nur, ob es sich um einen Durchschnittsfall handelt. Der Betrag steht dann fest. Der Gedanke des

Thema	Entscheidung	Wesentlicher Inhalt/Leitsatz
		Spielraums ist nicht geeignet, dieses Ergebnis in dem Sinn zu korrigieren, dass die Rechtsanwälte in Durchschnittsfällen immer bis 20 v.H. über die Mittelgebühr hinausgehen dürfen. Der Gedanke des Spielraums ist nur für die Fälle hilfreich, in denen mit der Mittelgebühr-Methode kein fester Betrag ermittelt werden kann. Das kann dann der Fall sein, wenn wenige Gesichtspunkte dafür sprechen, dass das Verfahren etwas über dem Durchschnitt liegt.
Schwierigkeit –/Kassenarztrecht	LSG Baden-Württemberg, Urt. v. 13.12.2006 – L 5 KA 5567/05	Die Beurteilung der Schwierigkeit einer anwaltlichen Tätigkeit stellt auf die qualitativen Anforderungen der Tätigkeit im konkreten Fall ab. Dabei kommt es insbesondere nicht auf die individuellen Vorkenntnisse des Rechtsanwalts an, vielmehr ist auf eine objektive Betrachtungsweise abzustellen; d.h. auf die Schwierigkeiten, die typischerweise mit der Rechtsmaterie verbunden sind. Fragestellungen aus Rechtsgebieten, die eine lange Einarbeitungszeit und eine Auseinandersetzung mit komplexen, vom Gesetzgeber in verschiedenen Rechtsvorschriften geregelten Materien verlangen, können gebührenerhöhend berücksichtigt werden. Probleme des Kassenarztrechts und der Sonderbedarfszulassung sind schwierige Rechtsmaterien.
Schwierigkeit – Normalanwalt maßgeblich	LSG NRW, Beschl. v. 24.8.2017 – L 7 BK 6/17 B	Abzustellen ist auf den fiktiven Normalanwalt. Die konkrete Qualifikation des Anwalts ist unerheblich.
Synergie – erneute anwaltliche Vertretung	– LSG Schleswig-Holstein, Beschl. v. 14.4.2021 – L 5 SF 1/18 B E	Allein der Umstand, dass der Rechtsanwalt denselben Mandanten schon einmal vertreten hat, kann zu einer Arbeitserleichterung führen. Der Rechtsanwalt kennt bei Übernahme eines neuen Man-

Thema	Entscheidung	Wesentlicher Inhalt/Leitsatz
	Bejahend: – LSG NRW, Beschl. v. 17.2.2025 – L 19 AS 1447/24 B	dats bereits sämtliche Rahmendaten des Mandanten, seine Lebensumstände, seine Persönlichkeit und Befindlichkeiten und muss sich diese nicht erst aneignen.
Synergie – gleichmäßige Reduktion	LSG Schleswig-Holstein, Beschl. v. 18.10.2016 – L 5 SF 24/15 E, NZS 2016, 960	Diese Rationalisierungseffekte (auch sogenannte Synergieeffekte) sind bei der Gebührenberechnung durch eine gleichmäßige Gebührenreduktion auf alle betroffenen Verfahren zu berücksichtigen. A.A.: SG Detmold, Beschl. v. 24.5.2016 – S 6 SF 242/15 E
Synergie – keine Gebührenkürzung im Ausgangsverfahren bei mehreren parallel geführten Klageverfahren	– SG Detmold, Beschl. v. 24.5.2016 – S 6 SF 242/15 E = *Dahn*, AGS 2016, 516 – LSG NRW, Beschl. v. 28.8.2020 – L 2 AS 480/20 B	Bei mehreren nahezu identischen und parallel betriebenen Klageverfahren desselben Klägers sind Synergieeffekte im arbeitsintensiveren Ausgangsverfahren nicht gebührenmindernd zu berücksichtigen. Die (Verfahrens-)Gebühr im Ausgangsverfahren ist stets so zu bemessen, als ob der Rechtsanwalt nur dieses eine Klageverfahren betrieben hätte.
Synergie – Nutzung standardisierter Textbausteine	SG Köln, Beschl. v. 6.2.2024 – S 41 AY 21/22	Werden bei einer Vielzahl an Klagen gleiche Textbausteine verwendet, liegen Synergieeffekte vor. Dies erst Recht, wenn die Klage weitestgehend aus Textbausteinen besteht, wobei lediglich individuelle Abweichungen hinsichtlich personenbezogenen Daten vorliegen.
Synergie – parallele Bearbeitung mehrerer Klagen	– LSG Sachsen-Anhalt, Beschl. v. 5.12.2022 – L 4 AS 142/21 B – LSG NRW, Beschl. v. 10.9.2024 – L 7 AS 623/24 B	Synergieeffekte durch die parallele Bearbeitung mehrerer Klageverfahren mindern den Umfang und die Schwierigkeit der anwaltlichen Tätigkeit erheblich.
Umfang – mehrere Auftraggeber – der tatsächliche Umfang ist unerheblich	SG München, Gerichtsbescheid v. 17.2.2023 – S 13 AS 783/21	Der tatsächliche Umfang ist unerheblich. Auf eine konkrete Mehrbelastung des Anwalts kommt es nicht an. Der Mehrvertretungszuschlag Nr. 1008 VV RVG

Thema	Entscheidung	Wesentlicher Inhalt/Leitsatz
		honoriert pauschal, dass typischerweise eine Mehrbelastung anfällt. Ziel des Gesetzgebers ist eine ausgleichende Mischkalkulation. Dieser gesetzgeberische Wille darf nicht durch Anfordern engerer Tatbestände, als die Norm verlangt, ersetzt werden.
Umfang – objektiver Umfang zählt	SG Köln, Urt. v. 8.10.2018 – S 4 AS 3978/16	Für die Bemessung des Rahmens der Geschäftsgebühr ist der objektiv erforderliche Arbeits- und Zeitaufwand maßgeblich.
Umfang und Schwierigkeit – schwierige Persönlichkeit als Mandant	LSG Bayern, Beschl. v. 24.3.2020 – L 12 SF 271/16 E	Eine „Schwierige Persönlichkeit" erhöht Umfang und Schwierigkeit.
Angelegenheit		
Angelegenheit – Akteneinsicht und Hauptsache	LSG Sachsen-Anhalt, Beschl. v. 5.7.2016 – L 6 KR 176/15 B, ASR 2017, 40	Akteneinsicht und Hauptsache: Bei Klage auf Gewährung von Akteneinsicht im Verwaltungsverfahren und Anfechtungsklage in der Hauptsache handelt es sich nicht um eine Angelegenheit i.S.v. § 15 Abs. 2 RVG.
Angelegenheit – Änderungsbescheide	LSG Thüringen, Beschl. v. 5.3.2015 – L 6 SF 104/15 B, NZS 2015, 440	Änderungsbescheid nach Klage: Dieselbe Angelegenheit i.S.d. § 15 Abs. 2 RVG liegt bei Bescheiden, die nach § 96 SGG automatisch Gegenstand eines Klageverfahrens werden, immer vor.
Angelegenheit – Bedarfsgemeinschaft – identische Klagen und einheitlicher Rechtsgrund	LSG Bayern, Beschl. v. 21.6.2016 – L 15 SF 39/14, AGS 2017, 75	Die Anzahl der Angelegenheiten richtet sich im gerichtlichen Verfahren nach der Anzahl der Verfahren. Etwas anderes gilt nur dann, wenn „objektiv Zusammengehörendes künstlich aufgespaltet wird". Dies ist ausnahmsweise der Fall, wenn wegen der Anrechnung von Einkommen aus selbstständiger Arbeit auf die Leistungen beider Mitglieder der Bedarfsgemeinschaft am selben Tage Klage erhoben wird. Die eingereichten Schriftsätze waren identisch.

Thema	Entscheidung	Wesentlicher Inhalt/Leitsatz
Angelegenheit – Bedarfsgemeinschaft – mehrere Widersprüche gegen Mahngebühren	LSG Schleswig, Urt. v. 7.12.2023 – L 6 AL 10/21 (nicht rechtskräftig)	Widersprüche gegen die Festsetzung der Mahngebühren mit inhaltlich identischer Begründung, zeitgleich und jeweils gerichtet auf die Aufhebung der Mahngebühren, bilden eine Angelegenheit.
Angelegenheit – Beratungshilfe – Anzahl der Scheine	OLG Frankfurt a.M., Beschl. v. 10.5.2016 – 20 W 195/15	Wenn nur ein Beratungshilfeschein erteilt wurde, aber tatsächlich mehrere gebührenrechtliche Angelegenheiten vorliegen, ist maßgeblich, wie viele Angelegenheiten tatsächlich vorlagen.
Angelegenheit – Beratungshilfe – mangelnde Mitwirkung	LG Osnabrück, Beschl. v. 16.12.2014 – 9 T 567/14, JurBüro 2015, 199	Dieselbe Angelegenheit liegt vor bei Beratungshilfe-Vertretung wegen ■ drei Widersprüchen ■ bzgl. desselben Zeitraums bzgl. Kürzungen aufgrund mangelnden Mitwirkens.
Angelegenheit – Definition, Grundsätze	– BSG, Urt. v. 17.10.2007 – B 6 KA 4/07 R – BSG, Urt. v. 2.4.2014 – B 4 AS 27/13 R	Es handelt sich um einen gebührenrechtlichen Begriff, der sich mit dem prozessrechtlichen Begriff des (Verfahrens-) Gegenstandes decken kann, aber nicht zwingend decken muss. Während die Angelegenheit den für den Einzelfall definierten Rahmen der konkreten Interessenvertretung bezeichnet, umschreibt der Begriff des Gegenstandes inhaltlich die Rechtsposition, für deren Wahrnehmung die Angelegenheit den äußeren Rahmen abgibt. Daher kommt es zur Bestimmung, ob dieselbe Angelegenheit vorliegt, auf die Umstände des konkreten Einzelfalls sowie auf den Inhalt des erteilten Auftrags an. Von derselben Angelegenheit i.S.v. § 15 Abs. 2 ist in der Regel auszugehen, wenn zwischen den weisungsgemäß erbrachten anwaltlichen Leistungen, also den verschiedenen Gegenständen, ein innerer Zusammenhang gegeben ist, also ein einheitlicher Auftrag und ein einheitlicher Rahmen der anwaltlichen Tätigkeit vorliegt.

Thema	Entscheidung	Wesentlicher Inhalt/Leitsatz
Angelegenheit – individuelle Prüfung führt zu mehreren Angelegenheiten	LSG Thüringen, Beschl. v. 30.7.2019 – L 1 SF 155/19 B	Die individuelle Prüfung für mehrere Kläger bei der Aufhebung eines begünstigenden Verwaltungsaktes führt zum Vorliegen mehrerer Angelegenheiten. Es liegt kein einheitlicher Rahmen der Geltendmachung mehr vor.
Angelegenheit – Individualansprüche nach dem SGB II, mehrere Auftraggeber	BSG, Urt. v. 2.4.2014 – B 4 AS 27/13 R	Von derselben Angelegenheit wird regelmäßig dann ausgegangen, wenn zwischen den weisungsgemäß erbrachten anwaltlichen Leistungen ein innerer Zusammenhang gegeben ist, also ein einheitlicher Auftrag und ein einheitlicher Rahmen der anwaltlichen Tätigkeit vorliegt. Bei Streitigkeiten, welche als dieselbe Angelegenheit zu qualifizieren sind, entsteht eine einheitliche Verfahrensgebühr Nr. 3102 VV RVG nebst mehreren Mehrvertretungszuschlägen nach Nr. 1008 VV RVG. Dies gilt auch für Individualansprüche nach dem SGB II.
Angelegenheit – innerer Sachzusammenhang	LSG Berlin-Brandenburg (39. Senat), Beschl. v. 6.6.2019 – L 39 SF 235/15 B E	Bei weisungsgemäß erbrachten anwaltlichen Leistungen besteht in der Regel dieselbe Angelegenheit, wenn zwischen ihnen ein innerer Zusammenhang besteht und sie sowohl inhaltlich als auch in der Zielsetzung so weitgehend übereinstimmen, dass von einem einheitlichen Rahmen der anwaltlichen Tätigkeit gesprochen werden kann. Im gerichtlichen Verfahren wird der für die Bejahung einer Angelegenheit notwendige Zusammenhang grundsätzlich dadurch hergestellt, dass das Gericht von einer Trennung der Verfahren wegen ihres Sachzusammenhangs absieht oder bei zwei ursprünglich getrennten Verfahren wegen ihres Sachzusammenhangs eine Verbindung herbeiführt.

Thema	Entscheidung	Wesentlicher Inhalt/Leitsatz
Angelegenheit – kein einheitlicher Auftrag nach sieben Monaten	LSG Thüringen, Beschl. v. 12.1.2016 – L 6 SF 1045/15 B	Einheitlicher Auftrag: Nach sieben Monaten liegt kein einheitlicher Auftrag mehr vor.
Angelegenheit – verschiedene Bewilligungszeiträume, verschiedene Bescheide	LSG Sachsen-Anhalt, Beschl. v. 17.9.2018 – L 4 AS 414/18 B	Bei mehreren Bewilligungszeiträume und mehreren Bescheiden für verschiedene Zeiträume ist in der Regel nicht vom Vorliegen derselben Angelegenheit auszugehen
Angelegenheit – Widerspruch und Antrag auf Rücknahme (§ 44 SGB X)	LSG Thüringen, Beschl. v. 12.1.2016 – L 6 SF 1045/15 B	Widerspruch und Antrag auf Rücknahme (§ 44 SGB X): Grundsätzlich kann bei Anrechnung von Einkommen auf die Ansprüche der Mitglieder der Bedarfsgemeinschaft auf Leistungen nach dem SGB II eine einzige Angelegenheit vorliegen. Ist der Bescheid jedoch hinsichtlich einer Person bestandskräftig geworden und hatte diese einen Antrag auf Rücknahme nach § 44 Abs. 1 SGB X gestellt, den die Behörde auch negativ beschied, so musste die Beklagte auch die mit dem Antrag verbundenen verfahrensrechtlichen Besonderheiten prüfen. Damit lagen verschiedene Angelegenheiten vor.
Angelegenheit, dieselbe – Bedarfsgemeinschaft	SG Berlin, Beschl. v. 17.12.2013 – S 180 SF 7504/13 E, JurBüro 2014, 487	Aufhebungs- und Erstattungsentscheidungen im SGB II gegen mehrere Mitglieder einer Bedarfsgemeinschaft, die zeitgleich ergehen, und auf einem einheitlichen Lebenssachverhalt (hier: Einkommenserzielung im Bewilligungszeitraum) beruhen, bilden eine Angelegenheit gem. § 15 Abs. 2 S. 1 RVG, auch wenn tatsächlich getrennte Klageverfahren betrieben wurden.
Angelegenheit, dieselbe – Bedarfsgemeinschaft	LSG Bayern, Beschl. v. 21.6.2016 – L 15 SF 39/14, AGS 2017, 75	Die Anzahl der Angelegenheiten richtet sich im gerichtlichen Verfahren nach der Anzahl der Verfahren. Etwas anderes gilt nur dann, wenn „objektiv Zusammengehörendes künstlich aufgespaltet wird". Dies ist ausnahmsweise der Fall, wenn

Thema	Entscheidung	Wesentlicher Inhalt/Leitsatz
		wegen der Anrechnung von Einkommen aus selbstständiger Arbeit auf die Leistungen beider Mitglieder der Bedarfsgemeinschaft am selben Tage Klage erhoben wird. Die eingereichten Schriftsätze waren identisch.
Angelegenheit, dieselbe – einheitlicher Lebenssachverhalt und fehlende verfahrensrechtliche Besonderheiten	LSG NRW, Beschl. v. 19.5.2022 – L 2 AS 231/22 B	Von derselben Angelegenheit i.S.d. § 15 Abs. 2 RVG ist auszugehen bei gesonderten Aufhebungsbescheiden gem. § 48 Abs. 1 SGB X gegen verschiedene Mitglieder der Bedarfsgemeinschaft, sofern der Lebenssachverhalt vollständig übereinstimmt und es an verfahrensrechtlichen Besonderheiten mangelt.
Angelegenheit, dieselbe – gesonderte Bescheide nach vorläufiger Bewilligung	LSG NRW, Beschl. v. 29.10.2021 – L 2 AS 819/21	Von derselben Angelegenheit i.S.d. § 15 Abs. 2 RVG ist auszugehen bei gesonderten Bescheiden zur endgültigen Festsetzung nach zuvor erfolgter vorläufiger Bewilligung und Erstattung.
Angelegenheit, dieselbe – Individualansprüche nach dem SGB II	– BSG, Urt. v. 2.4.2014 – B 4 AS 27/13 R – LSG NRW, Beschl. v. 11.7.2022 – L 7 AS 952/22 B	Von derselben Angelegenheit wird regelmäßig dann ausgegangen, wenn zwischen den weisungsgemäß erbrachten anwaltlichen Leistungen ein innerer Zusammenhang gegeben ist, also ein einheitlicher Auftrag und ein einheitlicher Rahmen der anwaltlichen Tätigkeit vorliegt. Bei Streitigkeiten, welche als dieselbe Angelegenheit zu qualifizieren sind, entsteht eine einheitliche Verfahrensgebühr Nr. 3102 VV RVG nebst mehreren Mehrvertretungszuschlägen nach Nr. 1008 VV RVG. Dies gilt auch für Individualansprüche nach dem SGB II.
Angelegenheit, dieselbe – Individualklagen gegen denselben Bescheid	LSG NRW, Beschl. v. 2.12.2024 – L 6 AS 179/23 B	Wenden sich mehrere Mitglieder einer Bedarfsgemeinschaft individuell gegen denselben Gegenstand betreffende Aufhebungs- und Erstattungsbescheide in gerichtlichen Verfahren, ist deshalb

Thema	Entscheidung	Wesentlicher Inhalt/Leitsatz
		von derselben Angelegenheit im gebührenrechtlichen Sinne auszugehen. Die Tatsache, dass die Klageerhebungen zu einem anderen Zeitpunkt erfolgt ist, schließt die Annahme einer Angelegenheit nicht aus.
Angelegenheit, dieselbe – mehrere Klagen einzelner Mitglieder der Bedarfsgemeinschaft gegen Gesamtbescheid	LSG NRW, Beschl. v. 19.5.2022 – L 2 AS 234/22 B	Es handelt sich gebührenrechtlich um „dieselbe Angelegenheit" i.S.v. § 15 Abs. 2 RVG, wenn mehrere Klagen gegen den an die Mitglieder der Bedarfsgemeinschaft gerichteten Bescheid über die endgültige Leistungsfestsetzung einerseits und gegen die deshalb an die einzelnen Mitglieder der Bedarfsgemeinschaft gerichteten Bescheide über die Erstattung von zunächst vorläufig zu hoch bewilligten Leistungen für denselben Zeitraum andererseits erhoben werden.
Angelegenheit, dieselbe – neue Klage gegen neuen Bescheid	LSG Baden-Württemberg, Beschl. v. 27.6.2019 – L 10 SF 4412/18 E-B	Mehrere gebührenrechtliche Angelegenheiten liegen vor, wenn mehrere prozessuale Verfahren nebeneinander geführt werden, welche nicht miteinander (förmlich) verbunden sind. Im SGB-II-Bezug liegt nicht „dieselbe Angelegenheit" vor, wenn einzelne Verfahren gegen neue weitere, für sich einzeln stehende Bewilligungsbescheide über einen neuen Bewilligungszeitraum geführt werden.
Angelegenheit, dieselbe – Widerspruch Bedarfsgemeinschaft	– LSG Berlin-Brandenburg, Beschl. v. 28.9.2016 – L 18 AS 2247/16 B PKH – LSG Berlin-Brandenburg, Urt. v. 21.1.2016 – L 31 AS 1671/15 – LSG Thüringen, Beschl. v. 14.3.2017 – L 6 SF 1185/15 B	LSG Berlin-Brandenburg, Beschl. v. 28.9.2016 – L 18 AS 2247/16 B PKH: Einheitlicher Rechtswidrigkeitsgrund Anrechnung von Kindergeld bei den Klägern ist eine Angelegenheit. LSG Berlin-Brandenburg, Urt. v. 21.1.2016 – L 31 AS 1671/15: Einheitlicher Rechtsgrund Änderung von Leistungsbezug der Bedarfsgemeinschaftsmitglieder nach SGB II wegen Änderung der Einkommensverhältnisse; gesonderte

<table>
<tr><th>Thema</th><th>Entscheidung</th><th>Wesentlicher Inhalt/Leitsatz</th></tr>
<tr><td></td><td>– LSG Berlin-Brandenburg, Urt. v. 19.7.17 – L 25 AS 1337/17</td><td>Prüfungsaufgaben bzgl. einzelner Mitglieder ändern nichts. Es liegt eine Angelegenheit vor.
Das LSG Thüringen bezieht sich auf einen Definitionsversuch des BVerwG (Urt. v. 9.5.2000 – 11 C 1/99, AGS 2001, 246). Hiernach komme „dieselbe Angelegenheit“ vor allem in Fällen paralleler Verwaltungsverfahren in Betracht, wenn
■ dieselbe Behörde Verwaltungsakte aus einem gemeinsamen Anlass und Rechtsgrund
■ in engem zeitlichem Zusammenhang objektbezogen erlässt,
■ sodass einen Adressaten mehrere Verwaltungsakte erreichen,
■ die auch zusammengefasst in einem einzigen Bescheid hätten ergehen können.
Beauftrage dann der Adressat einen Rechtsanwalt damit, aus demselben rechtlichen Gesichtspunkt einheitlich gegen alle Verwaltungsakte vorzugehen, werde dieser, sofern keine inhaltliche oder formale Differenzierung zwischen den Verfahren geboten sei, in „derselben Angelegenheit“ tätig.</td></tr>
<tr><td>Angelegenheiten, verschiedene – Klagen gegen gesonderte Bescheide mit unterschiedlichen Bewilligungszeiträumen</td><td>– LSG NRW, Beschl. v. 1.6.2022 – L 2 AS 860/21 B
– LSG NRW, Beschl. v. 24.3.2022 – L 2 AS 1386/21 B</td><td>Von derselben Angelegenheit i.S.d. § 15 Abs. 2 RVG ist nicht auszugehen, sofern es bei 4 Klagen gegen gesonderte Bewilligungsbescheide über verschiedene Bewilligungsabschnitte an einem einheitlichen Lebenssachverhalt fehlt.</td></tr>
<tr><td colspan="3">Verfahrensgebühr</td></tr>
<tr><td>Anrechnung Geschäftsgebühr – hälftig, bei tatsächlicher Zahlung nach Quotelung</td><td>LSG NRW, Beschl. v. 4.5.2020 – L 21 AS 145/19 B</td><td>Eine Anrechnung nach Vorbem. 3 Abs. 4 VV RVG hat nur i.H.v. ½ der tatsächlich gezahlten Geschäftsgebühr auch bei Quotelung zu erfolgen. Die Gebühr Nr. 1008 VV RVG stellt keine isolierte eigenständige Gebühr dar.</td></tr>
</table>

Thema	Entscheidung	Wesentlicher Inhalt/Leitsatz
Billige Gebühr bei Verfahren über Mahngebühr	LSG Bayern, Urt. v. 29.1.2015 – L 7 AS 833/14, ASR 2015, 125	Die doppelte Mindestgebühr ist bei einem Verfahren gegen eine Mahngebühr i.H.v. 7,85 EUR angemessen. Die nicht unerhebliche Höhe der Mahngebühr rechtfertigt die Verdopplung der Mindestgebühr.
Umfang – durchschnittlicher Umfang	LSG NRW, Beschl. v. 1.2.2017 – L 19 AS 1408/16 B	Durchschnittlich umfangreich ist eine anwaltliche Tätigkeit, bei der die Klage erhoben, Akteneinsicht genommen, die Klage begründet und zu den Ermittlungen des Gerichts Stellung genommen wird.
Unterdurchschnittlichkeit – Ermessen	LSG Thüringen, Beschl. v. 9.2.2017 – L 6 SF 1578/15 B	Verfahrensgebühr Nr. 3102 VV RVG: ⅔ der Mittelgebühr sind anzusetzen bei ▪ unterdurchschnittlichem Umfang der anwaltlichen Tätigkeit, ▪ einer leicht unterdurchschnittlichen Schwierigkeit der Streitsache, ▪ einer überdurchschnittlichen Bedeutung der Sache und ▪ unterdurchschnittlichen Einkommens- und Vermögensverhältnissen.
Unterdurchschnittlichkeit – Ermessen	LSG NRW, Beschl. v. 1.2.2017 – L 19 AS 1408/16 B	Verfahrensgebühr Nr. 3102 VV RVG für Verfahren über Leistungen der Grundsicherung ist mit 175,00 EUR festzusetzen, wenn ▪ der Umfang der anwaltlichen Tätigkeit unterdurchschnittlich, ▪ die Bedeutung der Angelegenheit leicht überdurchschnittlich, ▪ die Einkommensverhältnisse erheblich unterdurchschnittlich sind.
Wartezeiten – keine Berücksichtigung	LSG Sachsen, Beschl. v. 8.1.2014 – L 8 AS 585/12 B KO	An- und Abreisezeiten bleiben ebenso wie Wartezeiten vor der mündlichen Verhandlung bei der Bemessung der Verfahrensgebühr nach Nrn. 3102 bzw. 3103 VV RVG außer Betracht. Sie verlängern lediglich die Abwesenheit des Anwalts vom Kanzleisitz und finden bei der Vergütungsbemessung deshalb über das Tage- und Abwesenheitsgeld nach Nr. 7005 VV RVG Berücksichtigung.

Thema	**Entscheidung**	**Wesentlicher Inhalt/Leitsatz**
Terminsgebühr/fiktive Terminsgebühr		
Besprechung – telefonisch	LSG Schleswig-Holstein, Beschl. v. 11.4.2016 – L 5 SF 272/14 B E, NZS 2016, 717	Telefonate können ebenfalls „Besprechungen" i.S.d. Vorbem. 3 Abs. 3 VV RVG sein. Eine solche Auslegung entspricht sowohl dem Wortlaut der Vorbemerkung als auch ihrem Sinn und Zweck. Die Terminsgebühr ersetzt nach dem Willen des Gesetzgebers sowohl die frühere Verhandlungs- als auch die frühere Erörterungsgebühr. Dazu heißt es in der Gesetzesbegründung, dass im Vergleich zu diesen Gebühren der Anwendungsbereich der Terminsgebühr erweitert worden ist. Im Interesse der Vereinfachung und insbesondere zur Beseitigung früherer Streitfragen sind durch die Fassung des Gebührentatbestandes die Unterschiede zwischen einer streitigen oder nichtstreitigen Verhandlung, ein- oder zweiseitiger Erörterung sowie zwischen Verhandlungen zur Sache oder zur Prozess- und Sachleitung entfallen. Das Gespräch muss jedoch „auf die Vermeidung oder Erledigung des Verfahrens gerichtet" sein.
Besprechung – telefonisch mit Richter	LSG Bayern, Beschl. v. 19.2.2020 – L 12 SF 48/17 E	Telefonate der Richter mit den Beteiligten, in denen ausweislich der Akten die vergleichsweise Beendigung des Verfahrens besprochen wurde, erfüllen die Voraussetzungen für das Entstehen der Besprechungsterminsgebühr gem. Vorbem. 3 Abs. 3 S. 2 VV RVG, wenn die Bereitschaft beider Gesprächspartner mit der Zielsetzung einer vergleichsweisen Einigung bestanden hat.
Besprechungsterminsgebühr – getrennte Richtertelefonate, gerichtet auf Erledigung des Verfahrens	LSG Schleswig-Holstein, Beschl. v. 13.2.2023 – L 5 SF 30/22 B E	Die Besprechungsterminsgebühr entsteht auch dann, wenn der Richter zur Vorbereitung eines gerichtlichen Vergleichs Telefonate mit beiden Verfahrensbeteiligten führt.

Thema	Entscheidung	Wesentlicher Inhalt/Leitsatz
Bezugsgröße – „fiktive Mindestterminsgebühr“	SG Kiel, Beschl. v. 10.3.2016 – S 21 SF 282/14 E, NZS 2016, 320	Ist die Verfahrensgebühr als Mindestgebühr festgesetzt, ist die fiktive Terminsgebühr (90 %; hier 45,00 EUR) nicht unterhalb der Mindestgebühr von 50,00 EUR festzusetzen.
Eilverfahren – keine fiktive Terminsgebühr	– LSG Bayern, Beschl. v. 5.10.2016 – L 15 SF 282/15, AGS 2017, 78 – LSG NRW, Beschl. v. 10.3.2020 – L 2 AS 675/19 B	In Verfahren nach dem einstweiligen Rechtsschutz entsteht mangels vorgeschriebener mündlicher Verhandlung keine fiktive Terminsgebühr.
Fiktive Terminsgebühr – bei Mindestverfahrensgebühr	SG Kiel, Beschl. v. 10.3.2016 – S 21 SF 282/14 E, RVGreport 2015, 181 = AGS 2016, 219	Ist im sozialgerichtlichen Verfahren die Verfahrensgebühr als Mindestgebühr festgesetzt, ist die fiktive Terminsgebühr (90 % der VG = rechnerisch 45,00 EUR) nicht unterhalb der Mindestgebühr von 50,00 EUR festzusetzen.
Fiktive Terminsgebühr – Gerichtsbescheid berufungsunfähig	– LSG Sachsen, Beschl. v. 14.9.2015 – L 8 AS 417/15 B KO, AGS 2016, 67 – LSG NRW, Beschl. v. 11.6.2025 – L 3 R 107/25 B	Bei einem berufungsfähigen Gerichtsbescheid entsteht keine fiktive Terminsgebühr.
Fiktive Terminsgebühr – Gerichtsbescheid berufungsunfähig	SG Detmold, Beschl. v. 9.10.2020 – S 7 SF 43/20 E, n.V.	Eine fiktive Terminsgebühr nach Nr. 3106 VV RVG in der seit dem 1.8.2013 geltenden Fassung fällt nicht an, wenn ein berufungsfähiger Gerichtsbescheid ergangen ist.
Fiktive Terminsgebühr – Teilanerkenntnis/-Vergleich im schriftlichen Verfahren	LSG Thüringen, Beschl. v. 7.4.2015 – L 6 SF 145/15 B	Es entsteht keine fiktive Terminsgebühr bei einem Teilanerkenntnis oder einem Vergleich im schriftlichen Verfahren.
Fiktive Terminsgebühr – Unbeachtlichkeit einer Anrechnung	SG Dresden, Beschl. v. 30.6.2015 – S 28 SF 132/15 E	Die fiktive Terminsgebühr entsteht i.H.v. 90 % der Verfahrensgebühr ohne eine Anrechnung auf die der Gebühr zugrundeliegende Verfahrensgebühr.

Thema	Entscheidung	Wesentlicher Inhalt/Leitsatz
Fiktive Terminsgebühr – Vergleichsabschluss; Schriftlichkeit reicht aus	LSG NRW, Beschl. v. 10.9.2020 – L 11 SF 277/19 E	Zur Wahrung der Rechtseinheitlichkeit im Anschluss an die Rechtsprechung des BGH v. 7.5.2020 (V ZB 110/19) ist die Entstehung einer fiktiven Terminsgebühr nach Nr. 3106 S. 2 Nr. 1 2. Alt. VV RVG für einen außergerichtlich zustande gekommenen Vergleich nunmehr festzusetzen.
Fiktive Terminsgebühr (keine) – Umsetzung des Klagebegehrens durch Behörde vor Klageerledigung	LSG Sachsen-Anhalt, Beschl. v. 26.3.2024 – L 4 AS 666/22 B	Durch den Erlass des begehrten Verwaltungsakts und der darauffolgenden (einseitigen) Erledigungserklärung des Klägers wird in der Regel der Anfall einer (fiktiven) Terminsgebühr nicht ausgelöst. Allein dem Erlass des begehrten Bescheids und dem Hinweis des Beklagten auf die Erledigung der Hauptsache lässt sich kein materiell-rechtliches Anerkenntnis i.S.v. § 101 Abs. 2 SGG entnehmen. Denn durch die außergerichtliche Handlung eines Beteiligten – den Erlass des begehrten Verwaltungsakts – wird prozessrechtlich die Erledigung der Hauptsache bewirkt und damit entfällt das Rechtschutzbedürfnis der Klage. Das Verfahren wird nach dem Wegfall des Rechtsschutzbedürfnisses durch die (einseitige) Erledigungserklärung des Klägers beendet.
Höchstgebühr – mehrere Termine	LSG Sachsen, Beschl. v. 8.2.2008 – L 6 B 466/07 R-KO	Die Höchstgebühr der Terminsgebühr Nr. 3106 VV RVG gilt in dem Fall, wenn mehrere lang andauernde Termine zur mündlichen Verhandlung stattgefunden haben sowie bei weiteren außergewöhnlichen Umständen.
Mehrere Bevollmächtigte – Bezugsgröße der Terminsgebühr	SG Fulda, Beschl. v. 2.12.2015 – S 4 SF 24/15 E, AGS 2016, 277 (m. abl. Anm. *N. Schneider*)	Bezugsgröße der Berechnung der fiktiven Terminsgebühr ist die konkrete Verfahrensgebühr, die genau dem Rechtsanwalt zusteht, der die fiktive Terminsgebühr für sich in Anspruch nimmt.

Thema	Entscheidung	Wesentlicher Inhalt/Leitsatz
Terminsdauer – maßgeblich	– LSG Hessen, Beschl. v. 13.1.2011 – L 2 SF 72/10 E – LSG Sachsen, Beschl. v. 19.6.2013 – L 8 AS 45/12 B KO – LSG Hessen, Beschl. v. 28.4.2014 – L 2 AS 708/13 B	Bei der Beurteilung des Umfangs der anwaltlichen Tätigkeit ist im Wesentlich auf die Dauer des Termins abzustellen.
Terminsdauer – maßgeblich	LSG Baden-Württemberg, Beschl. v. 9.4.2020 – L 10 SF 4170/18 E-B	Die Höhe der Terminsgebühr richtet sich unter Zugrundelegung der Bemessungskriterien des § 14 Abs. 1 RVG ganz wesentlich nach der Dauer des Termins, denn damit wird der Aufwand des Rechtsanwalts in zeitlicher Hinsicht unmittelbar erfasst, den er für seine Anwesenheit in dem Termin hatte.
Terminsdauer – mehrere gemeinsam erörterte Verfahren	– LSG Sachsen, Beschl. v. 19.6.2013 – L 8 AS 45/12 B KO m.w.N. – LSG Baden-Württemberg, Beschl. v. 9.4.2020 – L 10 SF 4170/18 E-B	Der gesamte Zeitaufwand für die Erörterung mehrerer Verfahren ist nicht jeweils in jedem der einzelnen Verfahren voll zu berücksichtigen. Maßgeblich ist vielmehr der jeweils auf das einzelne Verfahren entfallende – insbesondere zeitliche – Aufwand. Daher ist die Gesamtdauer des Termins durch die Anzahl der gemeinsam erörterten Verfahren zu teilen. Eine andere Aufteilung ist nicht geboten, da insoweit häufig der Sitzungsniederschrift kein gesonderter und konkreter Zeitaufwand für jedes einzelne Verfahren entnommen werden kann.
Terminsdauer – mehrere gemeinsam erörterte Verfahren	LSG Baden-Württemberg, Beschl. v. 20.2.2020 – L 10 SF 2680/18 E-B	Werden in einem (einheitlichen) Termin mit einer überdurchschnittlichen Dauer (hier: 68 Minuten) zwei (nicht förmlich verbundene) Parallelverfahren verhandelt und wird in einem der Verfahren die Terminsgebühr als Mittelgebühr auf der Grundlage der Gesamtterminsdauer vergütet, ist die Terminsgebühr in dem anderen Verfahren regelmäßig (nur)

Thema	Entscheidung	Wesentlicher Inhalt/Leitsatz
		i.H.d. Hälfte der Mittelgebühr festzusetzen.
Terminsdauer – nicht maßgeblich; mehrere Verfahren	LSG Bayern, Beschl. v. 23.9.2015 – L 15 SF 273/14 E, NZS 2015, 919	Die Dauer des Termins ist nicht allein wesentliches Bemessungskriterium der Terminsgebühr. Sie ist (nur) bei der Beurteilung des Umfangs der anwaltlichen Tätigkeit maßgebliches Kriterium, der bei der Bewertung der Terminsgebühr jedoch besondere Bedeutung hat. Sofern aus der Sitzungsniederschrift bei einem gemeinsamen Termin mehrerer Verfahren nicht ersichtlich ist, wie viel Zeit die Erörterung der einzelnen Verfahren jeweils in Anspruch genommen hat, ist die gesamte Verfahrensdauer durch die Anzahl der Verfahren zu teilen.
Terminsdauer – Schwierigkeit ist maßgeblich	LSG NRW, Beschl. v. 20.12.2006 – L 12 B 194/06 AS	Nicht die Dauer des Termins ist entscheidend, sondern die Schwierigkeit des Falles und die Art der entfalteten Tätigkeit. Es kann nicht i.S.d. Gerichts sein, wenn Termine allein aus gebührenrechtlichen Gründen in die Länge gezogen werden würden.
Untätigkeitsklage – Entstehung fiktive Terminsgebühr	SG Duisburg, Beschl. v. 11.1.2016 – S 10 SF 324/15 E	Eine fiktive Terminsgebühr entsteht, wenn das Verfahren nach angenommenem Anerkenntnis ohne mündliche Verhandlung geendet hat. Das gilt auch bei einer Untätigkeitsklage, wenn der Beklagte nicht nur seine Untätigkeit anerkennt, sondern auch gleichzeitig erklärt, er werde den Widerspruch noch kurzfristig zur Beseitigung des Klagegegenstandes bescheiden lassen. Dann hat er uneingeschränkt den geltend gemachten Anspruch auf Bescheiderteilung anerkannt, mit der Folge, dass die fiktive Terminsgebühr angefallen ist.

Thema	Entscheidung	Wesentlicher Inhalt/Leitsatz
Vorbereitungszeiten – keine Berücksichtigung	LSG NRW, Beschl. v. 16.12.2015 – L 19 AS 1475/15 B	Bei der Beurteilung des Umfangs der anwaltlichen Tätigkeit ist auf den tatsächlichen Arbeits- und Zeitaufwand für die Terminsteilnahme (…) abzustellen. Der Arbeits- und Zeitaufwand für die Vorbereitung eines anberaumten gerichtlichen Termins ist nicht zu berücksichtigen.
Wartezeiten – keine Berücksichtigung	LSG Sachsen, Beschl. v. 8.1.2014 – L 8 AS 585/12 B KO	Vor dem Aufruf der Sache liegende Wartezeiten können auch nicht zur Bemessung der Terminsgebühr nach Nr. 3106 VV RVG herangezogen werden. Die Terminsgebühr entsteht erst mit dem Aufruf der Sache, soweit der Rechtsanwalt zu diesem Zeitpunkt vertretungsbereit anwesend ist. A.A.: SG Kassel, Beschl. v. 26.6.2014 – S 10 SF 50/14 E: Bei der Bestimmung der Terminsgebühr aus Nr. 3106 VV RVG sind auch Wartezeiten zu berücksichtigen, die dadurch entstehen, dass die Sache zu einem späteren als dem terminierten Zeitpunkt verhandelt wird.
Wartezeiten – keine Berücksichtigung	LSG Baden-Württemberg, Beschl. v. 30.4.2020 – L 10 SF 3796/18 E-B	Eine Berücksichtigung von Wartezeit kommt bei Bestimmung der Terminsgebühr nicht in Betracht. Dies folgt bereits daraus, dass die Vorbem. 3 Abs. 3 VV RVG nach ihrem ausdrücklichen Wortlaut die Terminsgebühr von der Vertretung „in“ einem Verhandlungs-, Erörterungs- oder Beweisaufnahmetermin abhängig macht. Eine Vertretung „in“ einem solchen Termin setzt indes voraus, dass der Termin tatsächlich stattfindet, indem das Verfahren aufgerufen oder sonst wie begonnen wird. Wartezeiten vor einem Termin stellen damit keine gebührenrelevante Vertretung dar.

Thema	Entscheidung	Wesentlicher Inhalt/Leitsatz
		Soweit in der Rechtsprechung und Literatur bisweilen vertreten wird, auch etwaige Wartezeiten des Anwalts seien im Einzelfall bei der Bemessung der Terminsgebühr zu berücksichtigen, weil dies „opportun“ sei, widerspricht dies dem eindeutigen Wortlaut der o.g. Vorbemerkung.
Wartezeiten vor Terminsaufruf – Berücksichtigung	SG Detmold, Beschl. v. 20.6.2024 – S 22 SF 139/19 E	Der Umfang der anwaltlichen Tätigkeit wird durch die Dauer des Termins bestimmt. Nach Vorbem. 3 Abs. 3 S. 1 VV RVG entsteht die Terminsgebühr u.a. auch für die Wahrnehmung von gerichtlichen Terminen. Diese Formulierung bedeutet nicht, dass lediglich die Zeit vom tatsächlichen Beginn des Erörterungstermins bzw. der mündlichen Verhandlung bis zum Ende des Termins zu berücksichtigen ist. Die Wahrnehmung des Termins liegt schon vor, wenn der Rechtsanwalt aufgrund seiner Anwesenheit bereit ist, sich zum Zeitpunkt des mit der Ladung verfügten Beginns des Termins im Sitzungssaal einzufinden. In dem Zeitraum zwischen dem anberaumten Termin und dem Aufruf der Sache kann der Anwalt typischerweise nicht sinnvoll einer anderweitigen Tätigkeit nachgehen. Er verbleibt regelmäßig wartend am Sitzungssaal, weil er jederzeit mit dem Aufruf der Sache zu rechnen hat.
Wartezeiten vor Terminsaufruf – Berücksichtigung	LSG Thüringen, Beschl. v. 20.12.2021 – L 1 SF 1371/19 B	Wartezeit ist beim Umfang der anwaltlichen Tätigkeit für die Terminsgebühr zu berücksichtigen.
Bemessung Terminsgebühr – durchschnittliche Terminsdauer		
Mittelgebühr – bei 5–10 Minuten unangemessen	– LSG NRW, Beschl. v. 31.5.2007 – L 10 B 6/07 SB	Der Ansatz der Mittelgebühr ist bei einer Terminsdauer von 5 Minuten unbillig, selbst unter Berücksichtigung einer Vor-

Thema	Entscheidung	Wesentlicher Inhalt/Leitsatz
	– LSG NRW, Beschl. v. 5.2.2009 – L 1 B 27/08 AS – LSG Sachsen, Beschl. v. 19.6.2013 – L 8 AS 45/12 B KO	bereitungszeit des Anwalts. Fahrt und Abwesenheitszeiten werden nicht durch die Terminsgebühr abgegolten, sondern anderweitig vergütet (Nrn. 7003, 7005 VV RVG). Gleiches gilt für eine Terminsdauer von 8,5 und 9,5 Minuten; diese ist unterdurchschnittlich.
Mittelgebühr – bei 50 Minuten angemessen	– LSG Schleswig-Holstein, Beschl. v. 12.9.2006 – L 1 B 320/05 SF SK – LSG NRW, Beschl. v. 15.1.2007 – L 19 B 13/06 AL	Der Ansatz der Mittelgebühr ist bei einer Verhandlungsdauer von **55 bzw. 50 Minuten** nicht unangemessen. Die Hälfte der Mittelgebühr der Nr. 3106 VV RVG wäre demnach bei 25 Minuten anzusetzen.
Mittelgebühr – bei 55 Minuten	LSG NRW, Beschl. v. 15.1.2007 – L 19 B 13/06 AL	Der Ansatz einer Mittelgebühr bei einer Verhandlungsdauer von **55 Minuten** vor dem erstinstanzlichen Gericht ist nicht unangemessen.
Mittelgebühr – Dauer 30 Minuten durchschnittlich	LSG Sachsen, Beschl. v. 12.8.2008 – L 6 B 327/08 AS-KO	Die Terminsgebühr ist individuell zu bestimmen. Dabei ist von einem durchschnittlichen Termin von etwa **30 Minuten** im erstinstanzlichen Verfahren auszugehen. Über- bzw. Unterschreitungen dieses zeitlichen Mittelwerts erlauben Über- bzw. Unterschreitungen der Mittelgebühr.
Terminsdauer, durchschnittliche	– LSG Sachsen, Beschl. v. 12.8.2008 – L 6 B 327/08 AS-KO – LSG Hessen, Beschl. v. 28.4.2014 – L 2 AS 708/13 B	Die durchschnittliche Verfahrensdauer im erstinstanzlichen Verfahren beträgt **30 Minuten**.
Terminsdauer, durchschnittliche	LSG Sachsen, Beschl. v. 19.6.2013 – L 8 AS 45/12 B KO m.w.N.	Die durchschnittliche Verfahrensdauer im erstinstanzlichen Verfahren beträgt **30–45 Minuten**.

Thema	Entscheidung	Wesentlicher Inhalt/Leitsatz
Terminsdauer, durchschnittliche	– LSG NRW, Beschl. v. 1.2.2017 – L 19 AS 1408/16 B – LSG Baden-Württemberg, Beschl. v. 19.8.2019 – L 10 SF 833/19 E-B – LSG Baden-Württemberg, Beschl. v. 9.4.2020 – L 10 SF 4170/18 E-B – LSG NRW, Beschl. v. 28.8.2020 – L 2 AS 480/20 B.	Die durchschnittliche Verfahrensdauer im erstinstanzlichen Verfahren beträgt **30–50 Minuten**.
Terminsdauer, durchschnittliche	– LSG Schleswig-Holstein, Beschl. v. 17.7.2008 – L 1 B 127/08 SK – LSG Schleswig-Holstein, Beschl. v. 12.9.2006 – L 1 B 320/05 SF SK A.A.: – LSG Hessen, Beschl. v. 25.5.2009 – L 2 SF 50/09 E	Die durchschnittliche Verfahrensdauer im erstinstanzlichen Verfahren beträgt 50 Minuten. LSG Schleswig-Holstein, Beschl. v. 12.9.2006 – L 1 B 320/05 SF SK: Genau 48,47 Minuten – nach eigenen statistischen Erhebungen des Senats. A.A.: LSG Hessen, Beschl. v. 25.5.2009 – L 2 SF 50/09 E: Eine Terminsdauer von 30 Minuten ist durchschnittlich bei einer einstweiligen Anordnung.
Terminsdauer, durchschnittliche	LSG NRW, Beschl. v. 15.1.2007 – L 19 B 13/06 AL	Die durchschnittliche Verfahrensdauer im erstinstanzlichen Verfahren beträgt **55 Minuten**.
Terminsdauer, durchschnittliche	LSG Thüringen, Beschl. v. 6.3.2008 – L 6 B 198/07 SF	Die durchschnittliche Verfahrensdauer im erstinstanzlichen Verfahren beträgt **70 Minuten**.
Terminsdauer, durchschnittliche	LSG Bayern, Beschl. v. 3.12.2008 – L 15 B 964/08 SF KO	Die Dauer eines Erörterungstermins von einer **dreiviertel Stunde** ist überdurchschnittlich.
Terminsdauer, durchschnittliche – Ermessen	– LSG NRW, Beschl. v. 15.8.2022 – L 19 AS 244/22 B	Die durchschnittliche Terminsdauer eines sozialgerichtlichen Verfahrens beträgt **30 bis 50 Minuten**.

Thema	Entscheidung	Wesentlicher Inhalt/Leitsatz
	– LSG NRW, Beschl. v. 1.2.2017 – L 19 AS 1408/16 B Auch: – LSG NRW, Beschl. v. 29.4.2024 – L 1 SB 352/23 B	Zur Überzeugung des Senates führt indes die Überschreitung eines durchschnittlichen Zeitfensters keineswegs automatisch zu einer Anhebung der Terminsgebühr. Bei der Bewertung der indiziellen Durchschnittsdauer wird teilweise bereits ein **Toleranzrahmen** von +/- 20 Minuten berücksichtigt, da die Verfahrensdauer auch von Faktoren wie der Persönlichkeit der Beteiligten abhänge.
Terminsdauer wesentlich	– LSG Baden-Württemberg, Beschl. v. 27.6.2019 – L 10 SF 4412/18 E-B – LSG Baden-Württemberg, Beschl. v. 20.2.2020 – L 10 SF 2680/18 E-B – LSG Baden-Württemberg, Beschl. v. 9.4.2020 – L 10 SF 4170/18 E-B – LSG Baden-Württemberg, Beschl. v. 20.2.2020 – L 10 SF 2680/18 E-B	Die Höhe der Terminsgebühr richtet sich unter Zugrundelegung der Bemessungskriterien des § 14 Abs. 1 RVG ganz **wesentlich nach der Dauer des Termins**, denn damit wird der Aufwand des Rechtsanwalts in zeitlicher Hinsicht unmittelbar erfasst, den er für seine Anwesenheit in dem Termin hatte. Es liegt auf der Hand, dass die Wahrnehmung eines (einheitlichen) Termins nicht zweimal – in jedem Verfahren – auf der Grundlage der Gesamtterminsdauer vergütet werden kann. Ungeachtet dessen, dass auch insoweit ein „Synergieeffekt" bei gleichzeitiger Verhandlung paralleler Verfahren zu berücksichtigen ist, würde es andernfalls zu einer unzulässigen Doppelvergütung für ein und denselben Termin kommen.
Einigungs-/Erledigungsgebühr		
Aufteilung – Aufteilung auf mehrere Verfahren	LSG Baden-Württemberg, Beschl. v. 27.6.2019 – L 10 SF 4412/18 E-B	Sind mehrere nicht verbundene Rechtsstreite derselben Beteiligten durch einen „Mehrvergleich" erledigt worden, fällt die Einigungsgebühr nicht nur einmal, sondern in jedem erledigten Verfahren gesondert an.
Aufteilung – keine Aufteilung auf mehrere Verfahren	– LSG NRW, Beschl. v. 3.9.2020 – L 9 SO 256/20 B und Beschl.	Eine Aufteilung einer nur einmal festgesetzten Einigungsgebühr auf die weiteren Verfahren ist nicht zulässig. Die Auffassung der Aufteilung auf mehrere

Thema	Entscheidung	Wesentlicher Inhalt/Leitsatz
	v. 3.9.2020 – L 9 SO 258/20 B – LSG NRW, Beschl. v. 28.10.2021 – L 9 SO 11/21 B A.A.: – LSG Berlin-Brandenburg, Beschl. v. 21.2.2019 – L 39 SF 50/15 B E	Verfahren ist weder mit dem Wortlaut der Nr. 1006 VV RVG, noch mit Sinn und Zweck der Regelung vereinbar.
Einigung – mehrere Verfahren – mehrere Einigungsgebühren	– LSG Thüringen, Beschl. v. 22.1.2019 – L 1 SF 1301/17 B – LSG Schleswig-Holstein, Beschl. 11.2.2019 – L 5 SF 114/18 B E – LSG Bayern, Beschl. v. 8.8.2019 – L 12 SF 219/16 E	Ein gemeinsamer Vergleich für mehrere Verfahren löst mehrere Einigungsgebühren aus, wenn die Verfahren nicht gem. § 113 SGG verbunden wurden. Ggf. sind Synergieeffekte zu berücksichtigen
Einigung – über weitere nicht anhängige Gegenstände	LSG NRW, Beschl. v. 3.2.2016 – L 19 AS 1256/15	Wurde in einem sozialgerichtlichen Verfahren eine Verfahrensbeendigung durch Vergleich herbeigeführt, so steht dem im Rahmen der Prozesskostenhilfe beigeordneten Rechtsanwalt eine Einigungsgebühr nur dann zu, wenn die in die Einigung zum Vergleichsvertragsschluss einbezogenen Streitgegenstände auch von der Beiordnung umfasst waren.
Einigungsgebühr (keine) – Einigung über Kosten	LSG Baden-Württemberg, Beschl. v. 10.3.2020 – L 10 SF 371/20 E-B	Die Einigung der Beteiligten bezieht sich ausschließlich auf die Regelung der Kosten des Verfahrens. Dies genügt nicht für den Anfall einer Einigungsgebühr.
Einigungsgebühr (keine) – widerrufener Widerrufsvergleich und anschließende neue Einigung	LSG Baden-Württemberg, Beschl. v. 18.2.2022 – L 10 SF 1848/21 E-B	Eine Einigungsgebühr entsteht nicht, wenn ein zwischen den Beteiligten unter Mitwirkung des Rechtsanwalts geschlossener (widerruflicher) Vergleich widerrufen wird. Einigen sich die Beteiligten später ohne (erneute) Mitwirkung des Rechtsanwalts dann doch vergleichswei-

Thema	Entscheidung	Wesentlicher Inhalt/Leitsatz
		se, ist eine gebührenbegründende Fortwirkung der anwaltlichen Mitwirkung auf der Grundlage des (zunächst) widerrufenen Vergleichs jedenfalls dann zu verneinen, wenn die nach dem Widerruf getroffene Einigung ohne Beteiligung des Anwalts nicht „im Kern" bzw. „im Großen und Ganzen" der widerrufenen Einigung entspricht.
Einseitige Erledigungserklärung ist Klagerücknahme gleichzusetzen	– LSG NRW, Beschl. v. 22.1.2025 – L 12 AS 1635/23 B – LSG NRW, Beschl. v. 3.7.2023 – L 19 AS 740/23 B	Eine einseitige Erledigungserklärung hat in einem gerichtskostenfreien Verfahren die gleiche Wirkung wie eine Klagerücknahme nach § 102 Abs. 1 SGG. Bloße einseitige, voneinander unabhängige Erklärungen, auch wenn sie von beiden Seiten abgegeben werden und zur Beendigung eines Rechtsstreits führen, genügen für die Annahme einer Vereinbarung i.S.v. Nrn. 1000, 1006 VV RVG nicht. Vielmehr können solche Prozesserklärungen gegenüber dem Gericht abgegeben werden, ohne dass ihnen eine Einigung der Parteien zugrunde liegt. Wenn die prozessbeendenden Handlungen von den Beteiligten unabhängig von der Erklärung des anderen vorgenommen werden, fehlt es an einer Einigung.
Erledigungsgebühr – „alter" Abhilfebescheid	LSG NRW, Beschl. v. 9.3.2016 – L 19 AS 374/16 B	An die besondere Mitwirkung, die eine Erledigungsgebühr nach Nr. 1005 VV RVG, Nr. 1002 VV RVG auslösen würde, sind hohe Anforderungen zu stellen. Jedenfalls ist die Vorlage eines Abhilfebescheids kein „neu beschafftes Beweismittel", wenn der Kläger bereits zum Zeitpunkt der Auftragserteilung über eine Kopie des Abhilfebescheides verfügt.
Erledigungsgebühr – eidesstattliche Versicherung für verlorene Belege	LSG Bayern, Beschl. v. 13.1.2017– L 7 AS 830/16 NZB	Der Kläger soll Fahrtkosten anhand von Fahrkarten belegen. Er hat diese nicht aufbewahrt. Hierauf trug der Prozessbevollmächtigte der Kläger vor, dass

Thema	Entscheidung	Wesentlicher Inhalt/Leitsatz
		Fahrkarten nicht aufgehoben worden seien, der Kläger zu 2) bezüglich des tatsächlichen Kaufes der Fahrkarten eine eidesstattliche Versicherung abgeben könne. Nachdem der Beklagte sich mit einer solchen eidesstattlichen Versicherung einverstanden erklärt hatte, legte der Kläger zu 2) eine entsprechende eidesstattliche Versicherung vor. Hierin ist keine Mitwirkung zu sehen, die eine Neubeschaffung von Beweismitteln darstellt. Die notwendigen Beweismittel, nämlich die Fahrscheine, sind nicht unaufgefordert vorgelegt worden.
Erledigungsgebühr – Teilanerkenntnis und Erledigung i.Ü.	– LSG Thüringen, Beschl. v. 5.3.2015 – L 6 SF 104/15, NZS 2015, 440 – Ähnlich: LSG Thüringen, Beschl. v. 5.3.2015 – L 6 SF 104/15 B, NZS 2015, 440 LSG Thüringen, Beschl. v. 12.3.2019 – L 1 SF 136/18 B Ebenso: LSG NRW, Beschl. v. 1.3.2018 – L 20 SO 95/18 B	Eine Erledigungsgebühr fällt an, wenn der Rechtsanwalt ein Teilanerkenntnis annimmt und i.Ü. den Rechtsstreit für erledigt erklärt, sofern er auf diese Erledigung hingewirkt hat. Ein Teilanerkenntnis ist auch allein hinsichtlich der zu erstattenden Kosten möglich.
Erledigungsgebühr – Teilanerkenntnis und Klagerücknahme / Erledigungserklärung	LSG NRW, Beschl. v. 2.1.2024 – L 2 AS 369/23 B; v. 28.10.21 – L 7 AS 1404/21 B	Die Annahme eines Teilanerkenntnisses unter gleichzeitiger Rücknahme der Klage stellt keine qualifizierte anwaltliche Mitwirkung dar. Eine Einigungs- oder Erledigungsgebühr entsteht daher nicht.
Erledigungsgebühr – Widerspruchsverfahren –	LSG Bayern, Beschl. v. 18.11.2014 – L 3 SB 94/14	Eine Erledigungsgebühr entsteht nicht, wenn die Mitwirkungshandlung des Rechtsanwalts ausschließlich darin

Thema	Entscheidung	Wesentlicher Inhalt/Leitsatz
Abraten von Rechtsmitteleinlegung		besteht, der Mandantschaft nach Abschluss des Widerspruchsverfahrens unter Erläuterung der Rechtslage von einer Klageerhebung abzuraten.
Qualifizierte Mitwirkung – besondere	– LSG NRW, Urt. v. 29.9.2005 – L 2 KR 43/05 – LSG Thüringen, Beschl. v. 5.4.2005 – L 6 B 8/05 SF	Es muss ein zusätzliches, über die allgemeine Prozessführung hinausgehendes, auf die unstreitige Erledigung gerichtetes und für die Erledigung des Rechtsstreits kausales Engagement des Rechtsanwaltes vorliegen, was aus den Akten oder der Sitzungsniederschrift ersichtlich sein muss. Eine Gebühr nach Nr. 1005 VV RVG entsteht nicht für die Einlegung und Begründung eines Widerspruchs; dies stellt keine besondere qualifizierte Mitwirkung dar.
Qualifizierte Mitwirkung – besondere	BSG, Urt. v. 7.11.2006 – B 1 KR 13/06 R	Eine Gebühr nach Nrn. 1005/1006 VV RVG entsteht nur, wenn ein besonderes Bemühen des Rechtsanwalts, eine qualifizierte Mitwirkung, vorliegt. Als Mitwirkungshandlungen reichen weder die Einlegung und die Begründung eines Widerspruchs, einer Klage oder des Rechtsmittels, die Stellungnahme auf eine gerichtliche Anfrage, die Vorlage von Beweismitteln, die Mitwirkung an Ermittlungen noch die bloße Erledigungserklärung aus. Diese auf den Erfolg in der Sache gerichtete Verfahrenshandlung wird durch die Tätigkeitsgebühren abgegolten. Ein Bevollmächtigter ist gegenüber seinem Mandanten verpflichtet, das Verfahren gewissenhaft, sorgfältig und gründlich zu betreiben. Diese Tätigkeit wird durch die Tätigkeitsgebühren vollständig abgegolten. Bereits das Wort „Mitwirkung" bedeutet nach dem Sprachgebrauch in diesem Zusammenhang mehr als die bloße

Thema	Entscheidung	Wesentlicher Inhalt/Leitsatz
		„Anwesenheit“, „Einschaltung“ oder „Hinzuziehung“ eines Rechtsanwalts und fordert deshalb ein auf die Erledigung der Rechtssache gerichtetes Tätigwerden, das über die reine Widerspruchseinlegung und -begründung hinaus geht.
Qualifizierte Mitwirkung – besondere	LSG Sachsen-Anhalt, Beschl. v. 26.3.2024 – L 4 AS 666/22 B.	Eine anwaltliche Mitwirkung nach Nr. 1002 VV RVG setzt eine qualifizierte besondere Tätigkeit des Rechtsanwalts voraus. Eine solche besondere Tätigkeit im Sinne einer qualifizierten anwaltlichen Mitwirkung liegt bei der Abgabe einer Erledigungserklärung nicht vor, da diese Teil der allgemeinen Prozessführung ist und damit durch die Verfahrensgebühr abgegolten ist.
Qualifizierte Mitwirkung (keine) – Beratung und Besprechung mit Kläger	LSG NRW, Beschl. v. 24.6.2022 – S 15 SF 201/19 E	Auch eine „schlichte Beratung“ der Mandantschaft hinsichtlich der Erfolgsaussichten des Verfahrens genügt nicht für den Anfall einer Erledigungsgebühr. Selbst eine dem Sitzungsprotokoll nach „intensive Beratung und Besprechung“ mit der Klägerin auf dem Gerichtsflur reicht nicht aus.
Qualifizierte Mitwirkung (keine) – Einwirkung auf Kläger	LSG Thüringen, Beschl. v. 19.6.2007 – L 6 B 80/07 SF	Eine mündliche (hier telefonische) Erweiterung der Klagebegründung ist keine qualifizierte anwaltliche Mitwirkung bei der Erledigung der Rechtssache. Eine Einwirkung auf den Kläger, einen Vergleichsvorschlag anzunehmen, erfüllt die Voraussetzungen einer besonderen anwaltlichen Mitwirkung.
Unaufgeforderte Beweisbeibringung	LSG NRW, Beschl. v. 8.3.2017 – L 19 AS 2482/16 NZB	Eine Erledigungsgebühr Nr. 1005 VV RVG kann im Widerspruchsverfahren entstehen, wenn zum Zweck des Beweises entscheidungserhebliche Tatsachen unaufgefordert beigebracht werden. Ist die Vorlage ausdrücklich auf Aufforderung der Behörde erfolgt, so ist die Erledigungsgebühr nicht angefallen.

Thema	Entscheidung	Wesentlicher Inhalt/Leitsatz
Untätigkeitsklage		
Anrechnung – keine Vorbefassung	LSG Niedersachsen-Bremen, Beschl. v.18.3.2019 – L 7 AS 25/17 B RVG	Zwischen Widerspruchsverfahren und Untätigkeitsklage erfolgt keine Anrechnung der Geschäftsgebühr.
Bescheiderlass – gleicht Anerkenntnis	– SG Duisburg, Beschl. v. 11.1.2016 – S 10 SF 324/15 E Ablehnend: – LSG NRW, Beschl. v. 27.5.2015 – L 19 AS 778/15 NZB m.w.N.; Beschl. v. 2.2.2015 – L 12 AS 1767/14 B; Beschl. v. 7.1.2015 – L 12 SO 302/14 B	Eine fiktive Terminsgebühr entsteht, wenn das Verfahren nach angenommenem Anerkenntnis ohne mündliche Verhandlung geendet hat. Das gilt auch bei einer Untätigkeitsklage, wenn der Beklagte nicht nur seine Untätigkeit anerkennt, sondern auch gleichzeitig erklärt, er werde den Widerspruch noch kurzfristig zur Beseitigung des Klagegegenstandes bescheiden lassen. Dann hat er uneingeschränkt den geltend gemachten Anspruch auf Bescheiderteilung anerkannt, mit der Folge, dass die fiktive Terminsgebühr angefallen ist.
Bescheiderlass – gleicht Anerkenntnis nicht	– SG Marburg, Beschl. v. 8.2.2019 – S 10 SF 74/17 E, AGS 2019, 324 – LSG Hessen, Beschl. v. 8.8.2019 – L 2 AS 328/18 B (unter Aufgabe der bisherigen Rechtsprechung)	Im Fall der Untätigkeitsklage nach § 88 SGG stellt der Erlass des begehrten Verwaltungsakts (konkludentes) Anerkenntnis da. Dies ergibt sich bereits aus dem Wortlaut des § 88 Abs. 1 S. 3 SGG. Die dort vorgesehene Erledigungserklärung wäre andernfalls nicht sachgerecht. Diesem Verständnis hat sich mittlerweile **auch das BSG** angeschlossen (Urt. v.10.10.2017 – B 12 KR 3/16 R, BeckRS 2017). Demnach kann es sich bei einer Untätigkeitsklage nach Bescheiderlass nicht um ein angenommenes Anerkenntnis i.S.d. § 101 Abs. Abs. 2 SGG handeln.
Bescheiderlass – keine fiktive Terminsgebühr	SG Marburg, Beschl. v. 8.2.2019 – S 10 SF 74/17 E	Der Erlass des Bescheids stellt im Untätigkeitsverfahren kein Anerkenntnis dar. Dieses muss schriftlich gegenüber dem Gericht erklärt werden (sehr streitig).

Thema	Entscheidung	Wesentlicher Inhalt/Leitsatz
Bescheiderlass – keine fiktive Terminsgebühr	LSG Hessen, Beschl. v. 8.8.2019 – L 2 AS 328/18 B	Eine (fiktive) Terminsgebühr entsteht bei unstreitiger Erledigung einer Untätigkeitsklage gem. § 88 SGG durch Übersendung des begehrten Bescheides bzw. Widerspruchsbescheides nicht. Es ist keine Verfahrensbeendigung durch angenommenes Anerkenntnis gem. § 101 Abs. 2 SGG eingetreten.
Erledigungserklärung – keine fiktive Terminsgebühr/Einigungs-/Erledigungsgebühr	– LSG NRW, Beschl. v. 5.5.2008 – L 19 B 24/08 AS – LSG Sachsen, Beschl. v. 18.10.2013 – L 8 AS 1254/12 B KO – LSG NRW, Beschl. v. 8.9.2014 – L 20 SO 5/14 B – LSG NRW, Beschl. v. 7.1.2015 – L 12 SO 302/14 B – LSG NRW, Beschl. v. 27.5.2015 – L 19 AS 778/15 NZB	Eine fiktive Termingebühr nach Nr. 3106 Ziff. 3 VV RVG entsteht nicht, wenn das Verfahren durch (einseitige) Erledigungserklärung nach Erlass des begehrten Verwaltungsaktes beendet wird. Eine einseitige Erledigungserklärung ist nicht mit einem angenommenem Anerkenntnis nach § 101 Abs. 2 SGG gleichzusetzten. Nr. 1006 VV RVG ist bei einer Untätigkeitsklage grundsätzlich nicht anwendbar, da Gegenstand nicht ein Verwaltungsakt ist, sondern die bloße Bescheidung eines Antrags oder Widerspruches.
Fiktive Terminsgebühr – Untätigkeitsklage	SG Marburg, Beschl. v. 1.7.2022 – S 10 SF 58/21 E	Bei einer Untätigkeitsklage kann ebenfalls eine Erledigung durch angenommenes Anerkenntnis in Betracht kommen. Räumt die Behörde den klägerischen Anspruch ohne gleichzeitigen Bescheiderlass unter Anerkennung der Zulässigkeit der Untätigkeitsklage ein, so liegt ein Anerkenntnis vor. Wird dieses Anerkenntnis vor Bescheiderlass angenommen, erledigt sich das Verfahren durch angenommenes Anerkenntnis.
Verfahrensgebühr – Höhe – doppelte Mindestgebühr	LSG Berlin-Brandenburg, Beschl. v. 18.6.2007 – L 18 B 732/07 AS	Die doppelte Mindestgebühr ist angemessen, da die Untätigkeitsklage nur der Erzwingung des Verfahrensfortgangs dient und darauf gerichtet ist, überhaupt eine Entscheidung herbeizuführen. Der

Thema	Entscheidung	Wesentlicher Inhalt/Leitsatz
		Ansatz der doppelten Mindestgebühr ist nicht unbillig.
Verfahrensgebühr – Höhe – doppelte Mindestgebühr	LSG NRW, Beschl. v. 5.5.2008 – L 19 B 24/08 AS	Bei einer Untätigkeitsklage ist der Ansatz der doppelten Mindestgebühr nach Nr. 3102 VV RVG gerechtfertigt. Die doppelte Mindestgebühr ist gerechtfertigt, da es sich um einen eingeschränkten Streitgegenstand und einen unterdurchschnittlichen anwaltlichen Arbeitsaufwand handelt.
Verfahrensgebühr – Höhe – doppelte Mindestgebühr	LSG NRW, Beschl. v. 18.7.2019 – L 5 P 31/19 B	Umfang und Schwierigkeit sind bei einer durch Erlass des begehrten Verwaltungsaktes ohne gerichtliche Entscheidung beendeten Untätigkeitsklage als erheblich unterdurchschnittlich einzustufen; der anfallende anwaltliche Arbeitsaufwand ist grundsätzlich gering. Hält sich der Fall für eine Untätigkeitsklage im Rahmen des Üblichen, ist die Festsetzung der Verfahrensgebühr auf die doppelte Mindestgebühr grundsätzlich gerechtfertigt. Bei der Bemessung der Einzelgebühren im Rahmen des § 14 RVG sind konkrete Arbeitserleichterungen zu berücksichtigen.
Verfahrensgebühr – Höhe – halbe Mittelgebühr	– LSG NRW, Beschl. v. 7.4.2007 – L 12 B 44/07 AS – LSG Hessen, Beschl. v. 13.1.2014 – L 2 AS 250/13 B – LSG NRW, Beschl. v. 7.1.2015 – L 12 SO 302/14 B – SG Marburg, Beschl. v. 5.5.2023 – S 10 SF 73/22 E	Die Höhe der Verfahrensgebühr ist bei einer Untätigkeitsklage im Regelfall i.H.d. halben Mittelgebühr angemessen vergütet.

Thema	Entscheidung	Wesentlicher Inhalt/Leitsatz
Verfahrensgebühr – Höhe – halbe Mittelgebühr	LSG Schleswig-Holstein, Beschl. v. 13.9.2018 – L 5 SF 294/17 B E	Für eine Untätigkeitsklage ist im Regelfall eine halbe Mittelgebühr mit 150,00 EUR gerechtfertigt.
Einstweiliger Rechtsschutz		
Anrechnung – keine Vorbefassung	LSG Bayern, Beschl. v. 17.12.2018 – L 12 SF 224/17	Die Geschäftsgebühr für das Widerspruchsverfahren ist nicht auf die Verfahrensgebühr für ein gerichtliches Eilverfahren anzurechnen.
Fiktive Terminsgebühr (keine) – einstweiliger Rechtsschutz	LSG NRW, Beschl. v. 10.3.2020 – L 2 AS 675/19 B	Eine fiktive Terminsgebühr entsteht nur in Verfahren, in denen eine mündliche Verhandlung vorgeschrieben ist. Dies ist in Verfahren des einstweiligen Rechtsschutzes gem. §§ 124 Abs. 3, 86b SGG nicht der Fall. Es kann jedoch eine Besprechungsterminsgebühr entstehen.
Verfahrensgebühr – Höhe; Bedeutung	– LSG NRW, Beschl. v. 29.2.2008 – L 1 B 35/07 AS Auch: – LSG NRW, Beschl. v. 29.1.2008 – L 1 B 35/07 AS – LSG Mecklenburg-Vorpommern, Beschl. v. 29.7.2008 – L 6 B 141/07	Die Kürzung der Mittelgebühr auf ⅔ rechtfertigt sich hier vor dem Hintergrund, dass es sich um ein Verfahren des einstweiligen Rechtsschutzes handelt. Verfahren des einstweiligen Rechtsschutzes sind grundsätzlich von vorneherein lediglich auf eine vorläufige Regelung gerichtet, und zwar zeitlich begrenzt regelmäßig durch den Eingang des Antrags bei Gericht und sodann auch nur für einen begrenzen Zeitraum. Eine Sachlage, bei der der gerichtlichen Eilentscheidung eine die Hauptsache vorweggenommene Bedeutung zukam und im Rahmen derer eine vollständig neue Aufklärung des Sachverhalts oder eine abschließende Prüfung der Sach- und Rechtslage durchzuführen war, liegt nicht vor. Die Gebühr in einem Verfahren nach § 86b SGG ist um ⅓ zu mindern, da es in der Regel auf eine vorläufige, zeitlich begrenzte Regelung gerichtet ist.

Thema	Entscheidung	Wesentlicher Inhalt/Leitsatz
Verfahrensgebühr – Höhe; Bedeutung	LSG Niedersachsen-Bremen, Beschl. v. 24.4.2006 – L 4 B 4/05 KR SF	Es ist bei der Bemessung der Gebühr zu berücksichtigen, ob Gegenstand des zugrundeliegenden Rechtsstreits eine vorläufige Regelung im Rahmen eines einstweiligen Rechtsschutzverfahrens war oder es sich um ein Hauptsacheverfahren handelte.
Verfahrensgebühr – Höhe; Bedeutung	LSG NRW, Beschl. v. 24.9.2008 – L 19 B 21/08 AS	Ein Verfahren des einstweiligen Rechtsschutzes ist grundsätzlich von vornherein auf eine vorläufige, zeitlich begrenzte Regelung gerichtet. Dies rechtfertigt es, einem einstweiligen Rechtsschutzerfahren eine geringere Bedeutung als einem entsprechenden Hauptsacheverfahren beizumessen. Dies gilt insbesondere für Verfahren nach § 86b Abs. 1 SGG, da die Anordnung der aufschiebenden Wirkung einer Anfechtungsklage nur die Vollziehung eines belastenden Verwaltungsaktes hemmt. Durch ein Verfahren nach § 86b Abs. 1 SGG erfolgt keine Vorwegnahme der Hauptsache, sondern es tritt bei Stattgabe des Antrags vielmehr nur ein Schwebezustand bis zum Abschluss des Klageverfahrens ein, während dessen keine vollendeten Tatsachen geschaffen werden dürfen. Alleine die Tatsache, dass es sich um ein Verfahren des einstweiligen Rechtsschutzes gehandelt hat, begründet keine besondere tatsächliche Schwierigkeit. Diese Verfahren sind rechtlich nicht schwieriger als Hauptsacheverfahren. Entscheidend sind jeweils die konkreten Fragestellungen im Verfahren.
Verfahrensgebühr – Höhe; Bedeutung	LSG NRW, Beschl. v.13.2.2009 – L 12 B 159/08 AS	Die Bemessungskriterien des § 14 RVG gelten auch in Verfahren nach dem einstweiligen Rechtsschutz. Es ist daher eine gesonderte Prüfung der Kriterien vorzunehmen. Daher ist auch im Regel-

Thema	Entscheidung	Wesentlicher Inhalt/Leitsatz
		fall von der Mittelgebühr auszugehen, im Einzelfall jedoch aufgrund der Kriterien des § 14 RVG zu mindern.
Verfahrensgebühr – Mittelgebühr grundsätzlich gerechtfertigt	LSG Mecklenburg-Vorpommern, Beschl. v. 29.7.2008 – L 6 B 141/07	Der Umfang der anwaltlichen Tätigkeit in einstweiligen Rechtsschutzverfahren ist durchaus durchschnittlich, es kommt jedoch auf den Einzelfall an.
Verfahrensgebühr – Mittelgebühr grundsätzlich gerechtfertigt	LSG NRW, Beschl. v. 29.3.2019 – L 7 AS 894/18 B	In einem durchschnittlichen Verfahren des einstweiligen Rechtschutzes ist die Verfahrensgebühr Nr. 3102 VV RVG grundsätzlich mit der Mittelgebühr von 300,00 EUR anzusetzen.
Beschwerde		
Beschwerde – gegen Kostenfestsetzungsbeschluss	LSG NRW, Beschl. v. 21.11.2023 – L 5 SV 21/23 B	Eine Beschwerde gegen einen Kostenfestsetzungsbeschluss ist unzulässig, da das Erinnerungsgericht endgültig entscheidet (§ 197 Abs. 2 SGG).
Beschwerde – gegen PKH-Festsetzung möglich	– LSG NRW, Beschl. v. 24.9.2008 – L 19 B 21/08 AS Auch: – LSG NRW, Beschl. v. 29.1.2008 – L 1 B 35/07 AS – LSG Thüringen, Beschl. v. 29.4.2008 – L 6 B 32/08 SF – LSG Mecklenburg-Vorpommern, Beschl. v. 17.7.2008 – L 6 B 93/07 – LSG Schleswig-Holstein, Beschl. v. 17.7.2008 – L 1 B 127/08 SK – LSG Mecklenburg-Vorpommern, Beschl. v. 29.7.2008 – L 6 B 141/07	Beschwerden gegen Entscheidungen des Sozialgerichts gegen PKH-Festsetzungen sind möglich und nicht durch das Sozialgerichtsgesetz ausgeschlossen. Die Regelung des RVG ist mit den entsprechenden Sonderregelungen spezieller als solche des Sozialgerichtsgesetzes.

Thema	Entscheidung	Wesentlicher Inhalt/Leitsatz
	– LSG Sachsen-Anhalt, Beschl. v. 6.11.2015 – L 4 As 427/15, NZS 2/2016, 80 A.A. (Keine Beschwerdemöglichkeit): – LSG Niedersachsen/Bremen, Beschl. v. 5.9.2007 – L 13 B 2/06 AS SF – LSG Berlin-Brandenburg, Beschl. v. 20.6.2008 – L 1 B 60/08 SF AL und Beschl. v. 23.7.2008 – L 18 B 76/08 SF – LSG Saarland, Beschl. v. 29.1.2009 – L 1 B 16/08 R	
Verfahren über Erstattung der Kosten des Widerspruchsverfahrens		
Kostenpflichtigkeit	LSG Baden-Württemberg, Beschl. v. 3.1.2007 – L 13 AL 4889/05 W-B	In einem nur vom Bevollmächtigten gegen seine Zurückweisung im Widerspruchsverfahren geführten Rechtsstreit sind Gebühren nach den Vorschriften des GKG zu erheben.
Kostenpflichtigkeit	SG Dresden, Beschl. v. 5.6.2005 – S 23 AL 1751/03	Bei Klagen von Rechtsanwälten im eigenen Namen aus abgetretenem Recht bei den Gerichten der Sozialgerichtsbarkeit auf Erstattung der Kosten des Widerspruchsverfahren nach § 63 Abs. 1 SGB X handelt es sich um nach § 197a SGG gerichtskostenpflichtige Verfahren.
Verwaltungs-/Vorverfahren		
Einigungs-/Erledigungsgebühr – Beibringung von Unterlagen	BSG, Urt. v. 5.5.2009 – B 13 R 137/08 R	Die Beibringung von Unterlagen im Vorverfahren lässt keine Einigungs-/Erledigungsgebühr Nr. 1005 VV RVG

Thema	Entscheidung	Wesentlicher Inhalt/Leitsatz
		entstehen (keine besondere qualifizierte anwaltliche Mitwirkung). Diese Gebühr entsteht nur, wenn der Anwalt eine über die Einlegung und Begründung des Widerspruches hinausgehende Tätigkeit entfaltet hat. Der Ansatz ist dann gerechtfertigt, wenn der Anwalt die Beweismittel neu beschafft und diese dann im Vorverfahren vorlegt bzw. beibringt.
Geschäftsgebühr – für Kostenwiderspruch	LSG NRW, Beschl. v. 15.5.2014 – L 19 AS 1994/13 B	Bei einem Widerspruchsverfahren allein gegen die Ablehnung der Zuziehung eines Rechtanwaltes handelt es sich um einen weit unterdurchschnittlichen Fall, für den das Dreifache der Mindestgebühr nicht zu niedrig ist.
Geschäftsgebühr – Höhe – Schwerbehindertenrecht	LSG Rheinland-Pfalz, Urt. v. 8.3.2006 – L 4 SB 174/05	In Verfahren nach dem Schwerbehindertenrecht ist i.d.R. die Mittelgebühr anzusetzen.
Geschäftsgebühr – Widerspruch gegen Mahngebühr	LSG Bayern, Urt. v. 29.1.2015 – L 7 AS 833/14, NZS 2015, 319	Für ein Widerspruchsverfahren gegen eine Mahngebühr von 7,85 EUR ist bei einem Gebührenrahmen von 40,00 EUR bis 520,00 EUR eine Geschäftsgebühr von 80,00 EUR (doppelte Mindestgebühr) als Vergütung des Rechtsanwalts angemessen. Bei der Bemessung der Geschäftsgebühr nach § 14 RVG ist für die Bedeutung der Angelegenheit auf die Mahngebühr nicht auf die dahinter stehende Hauptforderung abzustellen.
Kostenentscheidung Vorverfahren – von Amts wegen	SG Darmstadt, Beschl. v. 13.8.2024 – S 8 KR 400/23	Die Behörde setzt **auf Antrag** den Betrag der zu erstattenden Aufwendungen fest – § 63 Abs. 2 SGB X. Die Behörde muss von Amts wegen eine Kostenentscheidung treffen. Wird keine Kostenentscheidung getroffen, ist eine Untätigkeitsklage möglich. Es gilt nicht die dreimonatige Frist des § 88 Abs. 2

Thema	Entscheidung	Wesentlicher Inhalt/Leitsatz
		SGG. Die sechsmonatige Frist des § 88 Abs. 1 SGG (analog) beginnt mit der Widerspruchseinlegung zu laufen.
Kostenerstattung – Verjährungsfrist	BSG, Urt. v. 12.12.2019 – B 14 AS 45/18 R	Für die Verjährung des Kostenerstattungsanspruchs gegen die Behörde gilt § 45 SGB und damit eine vierjährige Verjährungsfrist.
Kostenerstattungspflicht – Pflicht zur Erstattung auch bei bereits verjährtem Anwaltshonoraranspruch	SG Nordhausen, Urt. v. 24.4.2017 – S 27 AS 1757/15, BeckRS 2017, 113108	Jeder Beteiligte eines Gerichtsverfahrens soll die Kosten der Prozessführung so gering wie möglich halten. Hiermit ist gemeint, dass im Zeitpunkt der Rechtsverfolgung bzw. Rechtsverteidigung keine Maßnahmen ergriffen werden dürfen, die für die Zwecke der Rechtsverfolgung nutzlos sind. Die Ausdehnung des Anwendungsbereichs der Kostenminderungspflicht darauf, dass nur innerhalb eines bestimmen Zeitrahmens zur Festsetzung beantragte Kosten zur zweckentsprechenden Rechtsverfolgung oder Rechtsverteidigung „notwendig“ gewesen seien, erscheint vor diesem Hintergrund nicht angezeigt.
Kostenfestsetzung – Anwalt in eigener Sache	BSG, Urt. v.18.12.2001 – B 12 KR 42/00 R	Gebühren und Auslagen eines im Vorverfahren sich selbst vertretenden Rechtsanwalts sind erstattungsfähig, wenn die Beiziehung eines Rechtsanwalts an sich notwendig i.S.d. § 63 SGB X war.
Kostenfestsetzung – Nachliquidation	– BGH, Beschl. v. 1.6.2011 – XII ZB 363/10 – LSG Baden-Württemberg, Urt. v. 30.6.2020 – L 11 KR 4539/18.	Auch nach Abschluss des Festsetzungsverfahrens nach § 63 SGB X können versehentlich nicht geltend gemachte Posten nachliquidiert werden. Hier wurde die Erledigungsgebühr übersehen.
Kostenfestsetzung § 63 SGB X – Abänderung einstweiliger Einstellung	OVG NRW, Beschl. v. 13.2.2017 – 11 B 769/15.A	Nach Abänderung einer Entscheidung gem. § 80 Abs. 5 VwGO in Verfahren nach § 80 Abs. 7 VwGO kann jeder

Thema	Entscheidung	Wesentlicher Inhalt/Leitsatz
		Beteiligte aus der für ihn günstigeren Kostenentscheidung die Rechtsanwaltsgebühren gegen den Verfahrensgegner festsetzen lassen. § 16 Nr. 5 RVG steht dem nicht entgegen.
Kostenfestsetzung § 63 SGB X – Änderung nach Widerspruchsbescheid ist kein Erfolg	LSG Berlin-Brandenburg, Urt. v. 16.2.2017 – L 25 AS 2557/16	Änderung nach Widerspruchsbescheid ist kein Erfolg. Der zeitlich nach Erlass des (mittlerweile hinsichtlich der Sachentscheidung bestandskräftigen) Widerspruchsbescheides ergangene Teil-Bescheid kann für die Kostenquote nicht mehr berücksichtigt werden.
Kostenfestsetzung § 63 SGB X – nachträgliche Änderung	LSG Hessen, Urt. v. 23.9.2016 – L 7 AS 1035/15	Ein Widerspruch ist i.S.d. § 63 Abs. 1 S 1 SGB X nicht erfolgreich, wenn sich während des Widerspruchsverfahrens die Sachlage ändert und nur aufgrund der veränderten Sachlage eine für den Betroffenen günstige Entscheidung getroffen werden konnte. Eine solche ursächliche Verknüpfung besteht nicht, wenn erst die nachträgliche Erfüllung von Mitwirkungspflichten während des Widerspruchsverfahrens eine positive Entscheidung für den Widerspruchsführer ermöglicht hat.
Kostenfestsetzung fehlt – Untätigkeitsklage möglich	SG Darmstadt, Beschl. v. 13.8.2024 – S 8 KR 400/23	Die Behörde muss von Amts wegen eine Kostenentscheidung treffen. Wird keine Kostenentscheidung getroffen, ist eine Untätigkeitsklage möglich. Die sechsmonatige Frist des § 88 Abs. 1 SGG (analog) beginnt mit der Widerspruchseinlegung zu laufen.
Kostenfestsetzung Vorverfahren – Anfall der Einigungs-/Erledigungsgebühr möglich	SG Cottbus, Beschl. v. 4.3.2015 – S 5 R 550/14	Auch im Widerspruchsverfahren kann ein Vergleich geschlossen werden. Dieser beurteilt sich dann nach §§ 53 ff. SGB X und nicht nach § 101 SGG. Hierfür fällt eine Gebühr nach Nr. 1005 VV RVG an.

Thema	Entscheidung	Wesentlicher Inhalt/Leitsatz
Kostenfestsetzung Vorverfahren – ausgeschlossen bei Klageerhebung	BSG, Urt. v. 19.10.2016 – B 14 AS 50/15 R	§ 63 Abs. 1 S. 1 SGB X gilt nur für isolierte Vorverfahren, also für solche, an die sich in der Hauptsache kein gerichtliches Verfahren anschließt. Sie sind von Vorverfahren, an die sich ein gerichtliches Verfahren in der Hauptsache anschließt, zu unterscheiden. Für Kostengrundentscheidungen in Widerspruchsbescheiden, gegen die – sei es auch nur wegen eines Teils ihres Verfahrensgegenstandes – **Klage erhoben wird, gilt § 63 SGB X** nicht. Demgemäß steht eine solche Kostengrundentscheidung in einem Widerspruchsbescheid wie bei einer Bedingung (vgl. § 32 Abs. 2 Nr. 2 SGB X) unter dem Vorbehalt, dass gegen den Widerspruchsbescheid keine Klage in der Hauptsache erhoben wird.
Kostenfestsetzung Vorverfahren – Auslagen; Privatgutachten	LSG Berlin-Brandenburg, Urt. v. 13.3.2012 – L 13 SB 92/11	Die Kosten für ein Privatgutachten, das im Widerspruchsverfahren eingeholt wird, sind regelmäßig nicht erstattungsfähig. § 63 SGB X enthält keine dem § 109 SGG entsprechende Regelung. Wegen des Amtsermittlungsprinzips reicht grundsätzlich ein substantiierter Vortrag, um die Behörde zu eigenen, weiteren Ermittlungen zu veranlassen. Damit ist eine Festsetzung der Kosten eines Privatgutachtens nur in seltenen Ausnahmefällen möglich.
Kostenfestsetzung Vorverfahren – Beratungsvergütung, Festsetzung	LSG Schleswig, Urt. v. 19.2.2021 – L 3 AL 18/18	Kosten für die externe Beratung (hier: Erfolgsaussichten des Widerspruchs, Nr. 2102 VV RVG) sind gem. § 63 Abs. 1 S. 1 SGB X übernahmefähig, sofern sie notwendig sind. Die Höhe der Kosten eines mit der Vertretung beauftragten Vertreters bildet die Obergrenze der Notwendigkeit.

Thema	Entscheidung	Wesentlicher Inhalt/Leitsatz
Kostenfestsetzung Vorverfahren – Erfolg des Widerspruchs	– BSG, Urt. v. 21.7.1992 – 4 RA 20/91, SozR 3-1300 § 63 Nr. 3 – BSG, Urt. v. 2.11.2012 – B 4 AS 97/11 R – LSG NRW, Beschl. v. 10.7.2013 – L 19 AS 960/13 B – LSG Berlin-Brandenburg, Urt. v. 18.9.2013 – L 18 AS 565/12	Erfolgreich ist der Widerspruch, auf den hin der Verwaltungsakt völlig oder teilweise aufgehoben wird. Dabei kommt es im Ergebnis einzig auf das Stattgeben an.
Kostenfestsetzung Vorverfahren – Erledigung ohne Entscheidung durch Gericht	SG Nordhausen, Urt. v. 7.3.2016 – S 31 AS 823/15	Endet das Klageverfahren nach Widerspruch ohne Abänderung der Widerspruchsentscheidung und ohne gerichtliche Kostenentscheidung, so bleibt die von der Widerspruchsbehörde getroffene Kostenentscheidung wirksam.
Kostenfestsetzung Vorverfahren – Formfehler	SG Chemnitz, Urt. v. 11.11.2016 – S 33 AS 1347/16, SR 2017, 38	Auch wenn im Widerspruchsverfahren ausschließlich die mangelnde Begründung, also lediglich die Verletzung eines Verfahrensfehlers, geltend gemacht wird, löst die Heilung des Formfehlers im Widerspruchsbescheid die Kostenfolge des § 63 Abs. 1 S. 2 SGB X aus.
Kostenfestsetzung Vorverfahren – keine Anrechnung der Gebühr des Verwaltungsverfahrens	SG Dresden, Urt. v. 8.12.2015 – S 38 AS 6152/14, AGS 2016, 35	Eine im Verwaltungsverfahren angefallene Geschäftsgebühr darf bei der Kostenerstattung für ein Widerspruchsverfahren nicht auf die dortige Geschäftsgebühr angerechnet werden.
Kostenfestsetzung Vorverfahren – keine Kostenerstattung	– SG Hessen, Urt. v. 19.3.2008 – L 4 SB 51/07 Auch: – LSG Berlin-Brandenburg, Beschl. v. 29.4.2008 – L 30 B 475/06 AL PKH	Sofern dem Betroffenen bereits im Vorverfahren vorausgehenden Verwaltungsverfahren Kosten entstehen, sind diese nicht zu erstatten, soweit nicht spezielle Regelungen dies vorsehen. Eine Erstattung der im Verwaltungsverfahren angefallenen Geschäftsgebühr ist daher nicht möglich.

Thema	Entscheidung	Wesentlicher Inhalt/Leitsatz
	– LSG NRW, Beschl. v. 12.11.2008 – L 19 B 171/08 AS – BSG, Urt. v. 20.4.1983 – 5a RKn 1/82, BSGE 55, 92	
Kostenfestsetzung Vorverfahren – Rechtsanwalt gleichzeitig Betreuer, Anrechnung	LSG NRW, Beschl. v. 23.3.2017 – L 9 SO 424/16	Keine Anrechnung bei vorausgehender Betreuertätigkeit: Voraussetzung der Anrechnung ist eine anwaltliche Tätigkeit i.S.d. § 1 Abs. 1 RVG im Vorverfahren. Diese liegt nicht vor, wenn der Rechtsanwalt im Verwaltungsverfahren als Betreuer tätig wurde. Nach § 1 Abs. 2 S. 2 RVG gilt das RVG u.a. nicht für eine Tätigkeit als Betreuer. Damit führt die erstmalige Tätigkeit als Rechtsanwalt im Vorverfahren nicht zu einer hälftigen Kürzung der Geschäftsgebühr, wenn dieser ausschließlich als gesetzlicher Betreuer im Verwaltungsausgangsverfahren tätig gewesen ist.
Kostenfestsetzung Vorverfahren – Teilerfolg, befristete Rente	LSG NRW, Urt. v. 28.10.2016 – L 14 R 1037/15	Hat der Antragsteller Erwerbsminderungsrente (ohne Angaben zur Befristung) mittels Formblatt beantragt und wird ihm im Widerspruchsverfahren Rente wegen voller Erwerbsminderung auf Zeit bewilligt, so hat er i.S.d. § 63 SGB X voll obsiegt, mit der Folge, dass ihm die Kosten des Widerspruchsverfahrens in vollem Umfang zu erstatten sind.
Kostenfestsetzung Vorverfahren – teilweise Abhilfe und Klage	BSG, Urt. v. 19.10.2016 – B 14 AS 50/15 R, RVGreport 2017, 264	Wird nach teilweiser Abhilfe im Widerspruchsbescheid mit entsprechender Kostengrundentscheidung Klage erhoben, so besteht kein Anspruch auf Kostenfestsetzung, weil § 63 SGB X nur die Kostenentscheidung im Vorverfahren regelt, wenn sich kein Klageverfahren anschließt. Die gerichtliche Entscheidung nach § 193 SGG umfasst auch die Kosten des Vorverfahrens.

Thema	Entscheidung	Wesentlicher Inhalt/Leitsatz
Kostenfestsetzung Vorverfahren – Verwaltungsakt, aufklärendes Schreiben	LSG Thüringen, Urt. v. 16.8.2012 – L 9 AS 1380/11	Bei einem Schreiben mit Aufklärungs- und Warnfunktion, das über die Unangemessenheit von Kosten der Unterkunft (§ 22 SGB II) informiert, handelt es sich nicht um einen mit einem Widerspruch anfechtbaren Verwaltungsakt. Es kann daher keinen Kostenerstattungsanspruch auslösen, auch nicht unter dem Gesichtspunkt eines formellen Verwaltungsaktes.
Kostenfestsetzung Vorverfahren – Verwaltungsakt, Bekanntgabe	LSG Bayern, Beschl. v. 16.9.2013 – L 2 P 10/13 NZB	Ein Verwaltungsakt ist nur dann widerspruchsfähig, wenn er bekannt gegeben wurde (§§ 37, 39 SGB X). Nur dann kann eine Widerspruchsfrist in Gang gesetzt werden.
Kostenfestsetzung Vorverfahren – Verwaltungsakt, Hinweis auf Modalitäten	LSG NRW, Beschl. v. 7.5.2013 – L 6 AS 226/13 B	Hinweise auf Auszahlungsmodalitäten, Leistungsinhalt und den Rückforderungsvorbehalt bei nicht zweckentsprechender Verwendung von Leistungen sind keine Regelung (§ 31 SGB X), deren Aufhebung zu einem Erfolg i.S.d. § 63 SGB X führen könnte.
Kostenfestsetzung Vorverfahren – Verwaltungsakt, Mitteilung	LSG Thüringen, Urt. v. 16.8.2012 – L 9 AS 1380/11	Eine Mitteilung, mit der die Zahlung einer laufenden Leistung nach § 331 SGB III vorläufig eingestellt wird, ist kein Verwaltungsakt. Es handelt sich um einen Realakt.
Kostenfestsetzung Vorverfahren – Verwaltungsakt, wiederholende Verfügung	SG Augsburg, Urt. v. 8.5.2017 – S 8 AS 416/17	Grundlage der Kostenfestsetzung ist ein Verwaltungsakt. Deshalb kann eine rein widerholende Verfügung, der kein eigenständiger Regelungsgehalt zukommt, keinen Erstattungsanspruch nach § 63 Abs. 1 SGB X auslösen.
Kostenfestsetzung Vorverfahren – Verwaltungsakt, Zugunstenbescheid	BSG, Urt. v. 21.7.1992 – 4 RA 20/91	Ein sogenannter „Zugunstenbescheid" nach § 44 SGB X löst eine Kostenerstattungspflicht nach § 63 SGB X nicht aus, weil es sich bei dem Zugunstenverfahren nicht um ein Vorverfahren i.S.d. SGG handelt.

Thema	Entscheidung	Wesentlicher Inhalt/Leitsatz
Private Pflegeversicherung – vorgerichtliches fakultatives Einwendungsverfahren – entsprechende Anwendung von § 63 SGB X	BSG, Urt. v. 22.2.2024 – B 3 P 8/22 R	Die Krankenversorgung der Bundesbahnbeamten ist keine Behörde. In Angelegenheiten der privaten Pflegeversicherung erlässt sie daher keine Verwaltungsakte. Dennoch ist auf das Überprüfungsverfahren § 63 SGB X anzuwenden.
Schwellengebühr – Kappung	BSG, Urt. v. 1.7.2009 – B 4 AS 21/09 R	Die Geschäftsgebühr ist ausgehend von der Mittelgebühr zu bestimmen, dann zu kappen, wenn weder Umfang oder Schwierigkeit mehr als durchschnittlich sind.
Widerspruch erfolgreich – formale Betrachtungsweise	LSG Sachsen-Anhalt, Urt. v. 22.6.2023 – L 4 AS 334/21	Führt der „Erfolg" nicht zu einer Erhöhung der Leistung, so liegt kein Erfolg i.S.d. § 63 SGB X vor. Hier: Widerspruch hat Erfolg, wirkt sich aber nicht aus, da gleichzeitig höhere Einnahmen zu berücksichtigen sind.
Auslagen		
Anordnung persönliches Erscheinen – keine Vergütung von Auslagen	LSG Bayern, Beschl. v. 11.8.2015 – L 15 RF 29/15, NZS 2015, 880	In Verfahren gem. § 197 a SGG besteht auch für den Fall der Anordnung des persönlichen Erscheinens kein Auslagenvergütungsanspruch gegen die Staatskasse. Dies gilt selbst dann, wenn ein Entschädigungsantrag ausgehändigt worden ist oder eine Erstattung als möglich dargestellt worden ist.
Kopierkosten – Darlegung der Notwendigkeit	SG Schleswig--Holstein, Beschl. v. 16.6.2003 – L 5 B 13/03 SF SK	Entsteht der Verdacht, dass die Zahl der aus den Akten gefertigten Fotokopien nicht zur sachgemäßen Interessenwahrnehmung nötig war, muss der Anwalt die Notwendigkeit darlegen (Umkehr der Darlegungslast).
Kopierkosten – elektronische Akte – Ausdrucke erstattungsfähig	SG Lüneburg, Besch. v. 29.12.2022 – S 12 SF 33/22 E	Soweit Fotokopien und Ausdrucke aus den Akten zu einer sachgerechten Bearbeitung der Rechtssache geboten sind, sind sie zu erstatten. Dies muss jedenfalls solange gelten, wie der Gesetzgeber den entsprechenden Wortlaut der Nr. 7000 VV RVG nicht ändert.

Thema	Entscheidung	Wesentlicher Inhalt/Leitsatz
Kopierkosten – elektronische Akte – Ausdrucke nicht erstattungsfähig	– SG Ulm, Beschl. v. 12.7.2024 – S 13 SF 2602/23 E – VG Hamburg, Beschl. v. 8.1.2024 – 10 KO 5115/23 (kein Ausdruck für kurzsichtigen Rechtsanwalt) – OLG Nürnberg, Beschl. v. 25.9.2024 – Ws 649/24	Der Ausdruck einer als PDF-Datei elektronisch überlassenen Verwaltungsakte, ist, nachdem die elektronische Aktenbearbeitung zum Standard geworden ist, zur sachgemäßen Bearbeitung der Rechtssache nicht geboten. Deshalb scheidet eine Entschädigung des Ausdrucks aus. Maßgeblich für die Frage, was zur "Bearbeitung" sachgemäß ist, bestimmt sich nach dem objektiven Standpunkt eines vernünftigen, sachkundigen Dritten.
Kopierkosten – Nachweis der Erforderlichkeit	LSG Sachsen, Beschl. v. 19.5.2006 – L 6 B 168/05 R-KO	Da die Erforderlichkeit der Kopien anwaltlich versichert wurde, verbietet sich ein Nachzählen. Für den Nachweis der Erforderlichkeit der Kopien reicht die anwaltliche Versicherung aus.
Kopierkosten – pauschale Abgeltung; Erforderlichkeit	LSG Bayern, Beschl. v. 8.11.2016 – L 15 SF 256/14 E	1. Für Kopien aus Behördenakten kann die Dokumentenpauschale nur gefördert werden, soweit diese Kopien zur sachgemäßen Bearbeitung der Rechtssache geboten sind. Dabei ist auf die Sichtweise eines verständigen und durchschnittlich erfahrenen Rechtsanwalts abzustellen. Die bloße Zweckmäßigkeit lässt es noch nicht als auch wirklich geboten erscheinen, Kopien herzustellen. 2. Auch wenn der Rechtsanwalt insoweit seiner Darlegungspflicht nicht nachgekommen ist, sind die Kosten weder im Vorschussverfahren noch bei der endgültigen Kostenfestsetzung nicht in vollem Umfang von einer Erstattung auszunehmen. 3. Bei der Bestimmung der Höhe der anzusetzenden Dokumentenpauschale kann eine pauschale und damit vereinfachte Berechnung vorgenommen werden. Regelmäßig können im Falle einer voll-

Thema	Entscheidung	Wesentlicher Inhalt/Leitsatz
		ständigen Ablichtung von Behördenakten im Wege einer pauschalen Bestimmung die Hälfte der geltend gemachten Kopien als Kosten nach Nr. 7000 Nr. 1a VV RVG angesetzt werden. 4. Etwas anderes gilt dann, wenn sich die Erstattungsfähigkeit von Kopien der Hälfte des Akteninhalts offensichtlich als zu umfangreich erweist oder der Rechtsanwalt nachvollziehbar begründet, dass Kopien in einem größeren Umfang angefertigt werden mussten.
Kopierkosten – ungeprüfte Ablichtung	LSG Schleswig-Holstein, Beschl. v. 23.5.2016 – L 5 SF 12/14 E m.w.N., NZS 2016, 759	Die ungeprüfte Ablichtung der gesamten Akten führt regelmäßig nicht zu einem Anspruch auf Erstattung sämtlicher Kopierkosten. Wenn der Anwalt keine Auswahl getroffen und den gesamten Akteninhalt kopiert hat, ist im Rahmen der Erstattung der Kopierkosten eine überschlägige Schätzung zulässig. Eine blattgenaue Prüfung der Erforderlichkeit der Kopien ist dem Spruchkörper nicht zuzumuten.
Kopierkosten – vollständige Ablichtung im Einzelfall geboten	LSG Schleswig-Holstein, Beschl. v. 24.11.2020 – L 5 SF 301/20 B E	Die (nahezu) vollständige Ablichtung der Verwaltungsakte ist geboten und notwendig, wenn aufgrund Kongruenz zwischen streitgegenständlichem Zeitraum und Leistungszeitraum über mehrere Jahre andauernd die Berechnung von Einkommen streitentscheidend ist und es dabei auf einzelne Berechnungspositionen wie z.B. Werbungskosten innerhalb der letzten Jahre ankommen kann. In einem derartigen Fall ist es dem Bevollmächtigten nicht zuzumuten, die Verwaltungsakte zur Vermeidung unnötiger Fotokopien kleinteilig auf Doppel oder nicht zwingend notwendige Schriftstücke zu überprüfen.

Thema	Entscheidung	Wesentlicher Inhalt/Leitsatz
Kopierkosten außerhalb der PKH-Beiordnung – keine Erstattung	LSG Bayern, Beschl. v. 11.8.2023 – L 12 SF 140/20	Wird vor dem Zeitpunkt der PKH-Bewilligung bzw. Beiordnung Akteneinsicht unter Anfertigung von Kopien genommen, ist der Auslagenersatz für diese Kopien nach Nr. 7000 Nr. 1a) VV RVG nicht von der PKH-Bewilligung umfasst und daher nicht zu vergüten.
Kostenpflichtige Anfertigung von Kopien – unterlassene Mehrfacheinreichung	– SG Karlsruhe, Beschl. v. 6.8.2015 – S 1 SF 2450/15 E Auch: – LSG Thüringen, Beschl. v. 29.12.2015 – L 6 SF 1662/15 E	Legt ein Prozessbeteiligter seine Schriftsätze nicht in ausreichender Anzahl vor, hat er die für das Anfertigen der erforderlichen Mehrfertigungen entstehenden Gerichtskosten zu erstatten.
Reisekosten – auswärtiger Rechtsanwalt	SG Schwerin, Beschl. v. 17.4.2015 – S 23 SF 42/12 E, ASR 2015, 176	Eine Erstattungsfähigkeit der Mehrkosten für einen auswärtigen Rechtsanwalt als notwendige Kosten kommt nur dann in Frage, wenn er über Spezialkenntnisse verfügt oder ein besonderes Vertrauensverhältnis besteht. Diese Spezialkenntnisse sind gegeben bei einem Rechtsanwalt, der sich auf ein bestimmtes Krankheitsbild und entsprechende chirurgische Maßnahmen (hier: gewichtsreduzierende Eingriffe) spezialisiert hat.
Reisekosten – Spezialanwalt auch im Vorverfahren	LSG Sachsen-Anhalt, Urt. v. 12.3.2024 – L 9 KA 1/23	Ausnahmsweise können auch Reisekosten eines **auswärtigen Rechtsanwalts** notwendig sein. Dies gilt auch für das Vorverfahren und die dortige Festsetzung nach § 63 Abs 1 S. 1 SGB X. Im entschiedenen Fall betrug die Entfernung 380 km. Die Erstattungsfähigkeit war hier gegeben, da ein Spezialist im Vertragsarztrecht notwendig war. Das Gericht stellt hierbei ausdrücklich klar, dass die Fortbildung zum Fachanwalt für Medizin- oder Sozialrecht allein noch keine solche Spezialisierung darstellt.

Thema	Entscheidung	Wesentlicher Inhalt/Leitsatz
Reisekosten trotz Videotermin – erstattungsfähig	LG Frankenthal, Beschl. v. 8.9.2023 – 3 O 103/21 LG Aachen, Beschl. v. 20.7.2023 – 8 O 545/21	Eine Pflicht zur Teilnahme an der Verhandlung per angeordneter Videokonferenz besteht nicht. Das Gesetz spricht von „gestatten" und daher steht es der Partei frei, dennoch zur mündlichen Verhandlung vor dem Gericht persönlich zu erscheinen.
Prozesskostenhilfe		
Anrechnungsausschluss – Vereinbarung	LSG NRW, Beschl. v. 9.9.2015 – L 16 KR 716/14 B, NZS 2016, 119	Vereinbarungen zwischen Anwalt und Mandant, welche die Anrechnungspflicht von Zahlungen an den Anwalt zulasten der Staatskasse ausschließen, sind sittenwidrig und darum für den Urkundsbeamten der Geschäftsstelle unbeachtlich.
Beiordnung – auswärtiger Rechtsanwalt; Kostenminderungspflicht	– LSG NRW, Beschl. v. 22.11.2021 – L 7 AS 1116/21 B – LSG Schleswig-Holstein, Beschl. v. 10.2.2010 – L 8 B 195/09 R PKH – LSG Berlin-Brandenburg, Beschl. v. 5.5.2014 – L 22 R 85/14 B PKH – LSG Sachsen-Anhalt, Beschl. v. 15.6.2015 – L 8 AY 2/15 B	Ein außerhalb des Bezirks des Prozessgerichts ansässiger Rechtsanwalt kann nur zu den Bedingungen eines im Gerichtsbezirk ansässigen Rechtsanwalts beigeordnet werden (§ 121 Abs. 3 ZPO).
Beiordnung – Berücksichtigung vorheriger Tätigkeiten	LSG NRW, Beschl. v. 22.1.2018 – L 20 AL 224/17 B	Bei der Bemessung der dem Rechtsanwalt zustehenden Verfahrensgebühr Nr. 3102 VV RVG sind auch solche anwaltlichen Tätigkeiten zu berücksichtigen, welche schon vor Wirksamwerden der Beiordnung erbracht wurden.
Beiordnung zeitlich beschränkt – Gebührenbestimmung	– LSG NRW, Beschl. v. 20.2.2024 – L 6 AS 1561/23 B	Der anwaltliche Aufwand für die Fertigung der Berufungsbegründung vor dem Zeitpunkt der PKH-Bewilligung ist

Thema	Entscheidung	Wesentlicher Inhalt/Leitsatz
	– LSG Schleswig, Beschl. v. 27.5.2024 – L 5 SF 42/24 B E	mit in die Bestimmung der Verfahrensgebühr einzubeziehen. Grund hierfür ist § 48 Abs. 4 RVG. Die zeitliche Begrenzung durch die Bestimmung eines abweichenden Beiordnungszeitpunktes bezieht sich nur auf die bei der Gebührenfestsetzung zu berücksichtigenden Tätigkeiten im Klageverfahren. Die nach 48 Abs. 4 S. 2 RVG in die Gebührenbemessung einfließende Tätigkeit im PKH-Verfahren unterliegt der Begrenzung durch den abweichenden Beiordnungszeitpunkt dagegen nicht.
Beiordnung zeitlich beschränkt – Gebührenbestimmung	– LSG NRW, Beschl. v. 28.11.2023 – L 9 SO 47/23 B A.A.: – LSG Bayern, Beschl. v. 11.8.2023 – L 12 SF 140/20	Wird der Antrag auf Bewilligung der Prozesskostenhilfe gleichzeitig mit der Einreichung der Klage gestellt, dient die Fertigung der Klageschrift auch der Begründung des PKH-Antrags und ist daher bei der Bemessung der Gebühr zu berücksichtigen. Die anwaltliche Tätigkeit zur Fertigung der Klagebegründung ist daher selbst bei zeitlicher Beschränkung der Beiordnung auf einen späteren Zeitpunkt zu berücksichtigen.
Beiordnungszeitraum – maßgeblich für Vergütung	– LSG Hessen, Beschl. v. 28.4.2014 – L 2 AS 708/13 B – LSG Hessen, Beschl. v. 10.7.2015 – L 2 SF 11/15 E, AGS 2016, 197	Der Wirkzeitraum der Prozesskostenhilfe hat die Bedeutung eines Einzelfallkriteriums, welches bei der im Rahmen des § 14 RVG vorzunehmenden Gesamtabwägung aller Umstände angemessen zu berücksichtigen ist. Maßgeblich für die Bemessung der Rahmengebühr ist hiernach nicht das gesamte Verfahren, sondern lediglich der konkrete Beiordnungszeitraum. Dies gilt zweifelsfrei umso mehr nach der Einfügung von § 48 Abs. 4 RVG mit seinem heutigen Inhalt durch das 2. KostRMoG.

Thema	Entscheidung	Wesentlicher Inhalt/Leitsatz
Beiordnungszeitraum – zeitliche Beschränkung	LSG Thüringen, Beschl. v. 27.10.2020 – L 1 SF 285/19 B	Gibt der Antragsteller für eine zeitliche Beschränkung der PKH-Beiordnung abweichend von § 48 Abs. 4 S. 1 RVG einen sachlichen Grund, so erweist sich ein derartiger Beschluss nicht als rechtsfehlerhaft. Erst die ab Wirksamwerden der Beiordnung erbrachte anwaltliche Tätigkeit ist der Gebührenbestimmung zugrunde zu legen. Der in zeitlicher Sicht beschränkte Beiordnungsbeschluss ist für die Vergütungsfestsetzung maßgeblich und keiner Prüfung durch das Festsetzungsorgan zu unterziehen.
Bewilligung – für nur einen Streitgenossen – kopfteilige Vergütung	– LSG Niedersachsen-Bremen, Beschl. v. 22.6.2016 – L 7 AS 152/15 B – LSG Niedersachsen-Bremen, Beschl. v. 10.1.2023 – L 7 AS 6/22 B – OLG Thüringen, Beschl. v. 15.6.2006 – 9 W 81/06 – OLG Köln, Beschl. v. 9.6.2009 –17 W 108/09 KG, Beschl. v. 27.3.2012 – 5 W 265/11 – SG Potsdam, Beschl. v. 9.7.2013 – S 44 SF 316/12 E SG Berlin, Beschl. v. 4.11.2014 – S 164 SF 4905/14 E	Der beigeordnete Rechtsanwalt hat, wenn nicht allen Streitgenossen Prozesskostenhilfe bewilligt worden ist, gegen die Staatskasse einen kopfteiligen Vergütungsanspruch im Prozesskostenhilfeverfahren aus dem Gesamtbetrag der anwaltlichen Kosten für die Vertretung aller Streitgenossen.
Bewilligung – für nur einen Streitgenossen – volle Vergütung	LSG Berlin-Brandenburg, Beschl. v. 31.1.2018 – L 39 SF 186/16 B E	Wird nur einem Streitgenossen Prozesskostenhilfe bewilligt, so steht dessen Rechtsanwalt die volle Vergütung (ohne Nr. 1008 VV RVG) aus der Staatskasse zu.

Thema	Entscheidung	Wesentlicher Inhalt/Leitsatz
Nachprüfungsverfahren – keine weitere Vergütung	LSG Baden-Württemberg, Beschl. v. 17.2.2020 – L 10 SF 3437/19 E-B	PKH-Verfahren gehören zum Hauptsacheverfahren und damit auch ein entsprechendes PKH-Überprüfungsverfahren. Denn Letzteres zähle zum (einheitlichen) Verfahren über PKH und ende erst mit Beendigung des vierjährigen Überprüfungszeitraums des § 120a Abs. 1 S. 4 ZPO. Soweit in der Literatur davon abweichend eine neue Angelegenheit i.S.d. § 15 Abs. 5 S. 2 RVG nach Ablauf von zwei Jahren seit Erledigung des zu Grunde liegenden Verfahrens angenommen werde, könne dem schon deshalb nicht gefolgt werden, weil zum Teil bereits offenbleibe, welches Verfahren (Hauptsache oder das ursprüngliche PKH-Bewilligungsverfahren) gemeint sei. Dabei bildet das (gesamte) PKH-Verfahren mit dem Hauptsacheverfahren, für das PKH bewilligt worden ist, eine Einheit und zwar selbst dann, wenn das Hauptsacheverfahren beendet ist.
Vergleich zu Lasten der Staatskasse – Vergütungskürzung	LSG Thüringen, Beschl. v. 30.8.2018 – L 1 SF 769/17 B	Wird durch Kostenvereinbarung der erstattungsverpflichtete Prozessgegner übermäßig entlastet und vor einer Inanspruchnahme seitens der Staatskasse aus § 59 RVG geschützt, wird letztere ohne einen zwingenden sachlichen Grund beeinträchtigt und geschädigt. Eine subjektive Schädigungsabsicht ist nicht erforderlich. Die Geltendmachung auf die verzichteten Gebühren gegenüber der Staatskasse ist nach dem allgemein geltenden Grundsatz von Treu und Glauben (§ 242 BGB) unter dem Gesichtspunkt der unzulässigen Rechtsausübung wegen widersprüchlichen Verhaltens ausgeschlossen.

Thema	Entscheidung	Wesentlicher Inhalt/Leitsatz
Vergütungsanspruch – besonderer Vertreter nach § 72 SGG	SG Konstanz, Beschl. v. 2.2.2024 – S 9 SF 749/22 E	Dem besonderen Vertreter nach § 72 SGG steht ein Vergütungsanspruch gegen die Staatskasse aus § 45 Abs. 3 RVG zu.
Vergütungsanspruch, verjährt aber erfüllt – keine Rückforderung	LSG Thüringen, Beschl. v. 12.8.2019 – L 1 SF 533/17 B	Sofern die Landeskasse den Anspruch auf eine verjährte PKH-Vergütung erfüllt habt, kann diese nicht mehr zurückgefordert werden. Die Erhebung der Verjährungseinrede ist nicht mehr möglich, wenn der Schuldner den verjährten Anspruch befriedigt habe. Dies ergibt sich aus § 214 Abs. 2 BGB. Eine verjährte Forderung bleibt erfüllbar, d.h. der Schuldner kann die Leistung nicht mehr zurückverlangen, auch wenn er in Unkenntnis der Verjährung geleistet hat. Der Rückzahlung des auf die verjährte Forderung Geleisteten steht demnach § 214 Abs. 2 BGB entgegen, auch wenn in Unkenntnis der Verjährung geleistet worden ist.
Vergütungsvereinbarung	LSG NRW, Beschl. v. 9.9.2015 – L 16 KR 716/14	Die Anrechnung einer vereinbarten Vergütung für PKH-Prüfungsverfahren (hier: 60,00 EUR) auf das Hauptverfahren kann nicht durch Vereinbarung ausgeschlossen werden. Der Ausschluss zu Lasten der Staatskasse ist sittenwidrig. A.A.: *Hansens* RVGreport 2016, 334: Es liegt keine Zahlung auf eine anzurechnende Gebühr vor, da die Anrechnung auf die Gebühr Nr. 3335 VV RVG für das Prüfungsverfahren ausgeschlossen wurde. Zudem ist die Gebühr Nr. 3335 VV RVG nicht anzurechnen, da es sich um dieselbe Angelegenheit handelt – § 16 Nr. 2 RVG. Die Nichtanrechnung ist für die außergerichtliche Tätigkeit anerkannt – BGH RVGreport 2009, 433 m.w.N.

Thema	Entscheidung	Wesentlicher Inhalt/Leitsatz
Vermögen, einzusetzendes – Rechtsschutz Sozialverband	BSG, Beschl. v. 7.1.2016 – B 13 R 260/13 B, RVGreport 2016, 197	Anspruch auf Rechtsschutz gegen Sozialverband ist einzusetzendes Vermögen.
Beratungshilfe		
Abgrenzung Beratung – Vertretung	OLG Köln, Beschl. v. 15.5.2017 – 17 W 201/16, RVGreport 2017, 341	Akteneinsicht regelmäßig Vertretung: In der Regel wird anzunehmen sein, dass die von dem antragstellenden Rechtsanwalt beantragte Einsicht in die Behördenakte nicht ausschließlich die Informationsbeschaffung zur Vorbereitung einer Beratung des Berechtigten dient. Dann liegt hierin ein die Geschäftsgebühr gem. Nr. 2503 VV RVG auslösendes Betreiben eines Geschäfts.
Beratungshilfe – Aufrechnungsverbot für Behörde	BSG, Urt. v. 20.2.2020 – B 14 AS 3/19 R	Das sich aus Sinn und Zweck des § 63 SGB X ergebende Aufrechnungsverbot schließt die einseitige Aufrechnung auch im Verhältnis zu Bevollmächtigten (§ 13 SGB X) im Vorverfahren aus, wenn der Kostenerstattungsanspruch auf sie übergegangen ist.
Bedarfsgemeinschaft – mehrere Auftraggeber	BSG, Urt. v. 27.9.2011 – B 4 AS 155/10 R, NJW 2012, 877	In sozialrechtlichen Angelegenheiten liegt ggf. ein Fall der Geschäftsführung ohne Auftrag vor. Die Erhöhung der Geschäftsgebühr bei mehreren Auftraggebern ist demzufolge auch dann möglich, wenn ein Rechtsanwalt nur von einem Mitglied der Bedarfsgemeinschaft beauftragt wird.
Bewilligung, nachträgliche – Fristablauf	– OLG München, Beschl. v. 11.4.2016 – 34 AR 41/16, RVGreport 2016, 237 – AG Königswinter, Beschl. v. 29.12.2014 – 4 II	Es muss daher möglich sein, nach einer gerichtlichen Beanstandung mit Fristsetzung fehlende Dokumente nachreichen zu können. Für diese Ansicht spricht neben den Bedürfnissen der anwaltlichen Praxis vor allem der Wortlaut der Vorschrift, der allein auf das Einreichen des Antrags abstellt.

Thema	Entscheidung	Wesentlicher Inhalt/Leitsatz
	525/14 BerH, AGS 2015, 238	
Festsetzung – keine erneute Prüfung	– OLG Frankfurt a.M., Beschl. v. 10.5.2016 – 20 W 195/15 – OLG Stuttgart, Beschl. v. 22.5.2007 – 8 W 169/07, JurBüro 2007, 434	Im Festsetzungsverfahren findet durch den Kostenbeamten keine erneute Prüfung statt, ob die Beratungshilfe zu Recht gewährt wurde. Dem Kostenbeamten obliegt allein die Prüfung, ob die Vergütung entstanden ist, richtig berechnet wurde und die geltend gemachten Auslagen erforderlich waren.
Mutwilligkeit – Anwaltswechsel	LSG NRW, Beschl. v. 2.2.2017 – L 10 SB 417/16 B	Bewilligung für neuen Rechtsanwalt bei grundlosem Anwaltswechsel.
Mutwilligkeit – zweite Meinung	AG Winsen/Luhe, Beschl. v. 3.1.2017 – 18 II 210/16	Einholung einer „zweiten Meinung" im Wege der Beratungshilfe; auch dann nicht, wenn für die erste Meinung keine Beratungshilfe gewährt wurde.
Versagung	BVerfG, Beschl. v. 7.10.2015 – 1 BvR 1962/11, AGS 2016, 202	Ist im Zeitpunkt der Vorlage der Erklärung der persönlichen und wirtschaftlichen Verhältnisse die Hauptsache bereits erledigt, kann Prozesskostenhilfe mangels Erfolgsaussicht nicht mehr bewilligt werden.
Widerspruch – einfaches Schreiben	OLG Brandenburg, Beschl. v. 8.1.2019 – 6 W 119/17	Stellt der Widerspruch ein einfaches Schreiben dar, so ist für die Einlegung des Widerspruchs die Hinzuziehung eines Rechtsanwaltes nicht notwendig.
Widerspruch – nur zur Fristwahrung	AG Eilenburg, Beschl. v. 16.4.2020 – 1 UR II 401/19	Eine anwaltliche Vertretung ist in der Regel dann nicht erforderlich, wenn nur noch ein einfaches Schreiben mit einer Tatsachenmitteilung zu fertigen ist. Dies ist z.B. ein Widerspruch ohne Begründung oder eine einfache Kündigung zu formulieren ist. Dies gilt auch dann, wenn ein Widerspruch nur vorsorglich zur Fristwahrung eingelegt wird.

Thema	Entscheidung	Wesentlicher Inhalt/Leitsatz
Anrechnung		
Angelegenheiten, verschiedene – verschiedene Bewilligungszeiträume, individuelle Prüfung	LSG NRW, Beschl. v. 2.11.2022 – L 9 SO 241/22 B	Grundsätzlich liegt bei unterschiedlichen Bewilligungszeiträumen von Leistungen nach dem SGB XII eine einheitliche Angelegenheit i.S.d. § 15 Abs. 2 RVG nicht vor, wenn aufgrund sich wandelnder Verhältnisse eine auf den jeweiligen Bewilligungszeitraum bezogene Prüfung geboten ist.
Angelegenheiten, verschiedene – verschiedene Prüfungszeiträume, individuelle Prüfung	LSG Thüringen, Beschl. v. 6.1.2021 – L 1 SF 739/20 B	Sind verschiedene Bewilligungszeiträume betroffen und sind Voraussetzungen bzgl. Unterkunft und Heizung jeweils eigenständig zu prüfen, so liegt nicht dieselbe Angelegenheit vor.
Anrechnung – Geschäftsgebühr	– LSG NRW, Beschl. v. 24.6.2022 – S 15 SF 201/19 E – LSG NRW, Beschl. v. 4.5.2020 – L 21 AS 145/19 B	Eine Anrechnung der Geschäftsgebühr gem. Vorbem. 3 Abs. 4 VV RVG hat bei tatsächlicher Zahlung zu erfolgen.
Anrechnung – Geschäftsgebühr – nur bei tatsächlicher Zahlung	– SG Detmold, Beschl. v. 28.4.2015 – S 28 SF 246/14 E – LSG Bayern, Beschl. v. 2.12.2015 – L 15 SF 133/15	Eine Anrechnung der Geschäftsgebühr Nr. 2302 VV RVG findet nur bei tatsächlicher Zahlung statt. Eine Anrechnung der Geschäftsgebühr Nr. 2302 VV RVG kommt nicht in Betracht, wenn der Anwalt die Gebühr tatsächlich nicht vereinnahmt hat. Dafür reicht dem Gericht die anwaltliche Versicherung aus. Eine Anrechnung der Geschäftsgebühr auf die Verfahrensgebühr kann aber nur vorgenommen werden, wenn die Geschäftsgebühr auch gezahlt worden ist.
Anrechnung – Geschäftsgebühr – nur bei tatsächlicher Zahlung	– LSG NRW, Beschl. v. 26.3.2020 – L 6 AS 789/19 B (Abweichung zu LSG NRW, Beschl. v. 3.2.2017 – L 19 AS	Eine Anrechnung der vorgerichtlichen Geschäftsgebühr hat lediglich i.H.d. durch den Dritten tatsächlich erstatteten und nicht i.H.d. entstandenen Geschäftsgebühr zu erfolgen.

Thema	Entscheidung	Wesentlicher Inhalt/Leitsatz
	1723/16 und v. 12.10.2018 – L 19 AS 814/18 B) – LSG NRW, Beschl. v. 4.5.2020 – L 21 AS 145/19 B	
Anrechnung – Staatskasse ist nicht Dritter nach § 15a Abs. 2 RVG	LSG Bayern, Beschl. v. 21.6.2016 – L 15 SF 39/14 E	Die Staatskasse ist nicht Dritter i.S.v. § 15a Abs. 2 RVG im Falle der Bewilligung von Prozesskostenhilfe, sondern Kostenschuldner des Rechtsanwalts (Fortführung der Rechtsprechung des Senats v. 2.12.2015 – L 15 SF 133/15, JurBüro 2016, 84).
Anrechnung – Widerspruch und Klage wegen Widerspruchskosten	LSG NRW, Beschl. v. 1.8.2019 – L 2 AS 262/19 B	Das Widerspruchsverfahren gegen einen Ablehnungsbescheid und die Klage auf Erstattung der Kosten für das Widerspruchsverfahren betreffen verschiedene Gegenstände. Es handelt sich nicht um „denselben Gegenstand" nach Vorbem 3 Abs. 4 S 1 VV RVG. Eine Anrechnung der Geschäftsgebühr erfolgt damit nicht
Verwaltungsverfahren – keine Anrechnung	SG Dresden, Urt. v. 8.12.2015 – S 38 AS 6152/14, AGS 2016, 35	Im Rahmen der Kostenerstattung für ein Vorverfahren ist die für eine anwaltliche Tätigkeit im Verwaltungsverfahren entstandene Geschäftsgebühr gegenüber der Behörde nicht anzurechnen.
Widerspruch und Klage wegen Kosten des Widerspruchs – nicht derselbe Gegenstand	LSG Sachsen-Anhalt, Beschl. v. 25.5.2023 – L 4 AS 448/20 B	Widerspruchsverfahren und anschließenden Klage auf Erstattung der Kosten für dieses Widerspruchsverfahren betreffen nicht denselben Gegenstand i.S.d. Vorbem. 3 Abs 4 S. 1 VV RVG. Eine Anrechnung der Geschäftsgebühr auf die Verfahrensgebühr für das Klageverfahren scheidet aus.
Sonstiges		
Bestellung eines Notanwalts (§ 78b Abs. 1 ZPO)	BGH, Beschl. v. 7.6.2016 – XI ZR 439/15, NZS 2016, 759	Die Bestellung eines Notanwalts nach § 78b Abs. 1 ZPO setzt voraus, dass die Partei substantiiert darlegt, sich ohne Erfolg zumindest an mehr als vier Rechtsanwälte gewandt zu haben.

Thema	Entscheidung	Wesentlicher Inhalt/Leitsatz
Dolmetscherkosten – Erstattung	LSG Bayern, Beschl. v. 3.2.2015 – L 15 SF 18/14 E, NZS 2015, 319	Dolmetscherkosten sind nur dann zu erstatten, wenn die Hinzuziehung eines Dolmetschers erforderlich war. Dies ist dann nicht der Fall, wenn durch andere Personen, etwa Verwandte oder Arbeitskollegen des Rechtssuchenden, eine Verständigung möglich gewesen wäre, ohne dass hierfür Kosten entstehen. Aus der Anordnung der Hinzuziehung eines Dolmetschers für eine mündliche Verhandlung folgt nicht, dass Dolmetscherkosten für den Rechtsanwalt notwendig gewesen wären. Der Grundsatz, dass ein der deutschen Sprache nicht hinreichend mächtiger Beschuldigter in jeder Phase des Verfahrens einen Dolmetscher hinzuziehen kann, ist wegen der Besonderheiten des Strafverfahrens unter Berücksichtigung des Grundsatzes der Kostensparsamkeit auf sozialgerichtliche Verfahren nicht übertragbar.
Entschädigung – überlange Verfahrensdauer	LSG Bayern, Urt. v. 19.2.2015 – L 8 SF 353/13 EK, NZS 2015, 440	Die Verzögerungsrüge bedarf keiner besonderen Form, insbesondere muss sie nicht als Verzögerungsrüge bezeichnet sein. Für die Angemessenheit der Verfahrensdauer sind die Zeiten der aktiven Verfahrensgestaltung des Spruchkörpers ebenso festzustellen, wie Verfahrensabschnitte, die durch das Verhalten der Beteiligten oder Dritter eine abschließende Entscheidung hinausschieben. Im Rahmen zulässigen Prozessverhaltens des Klägers selbst herbeigeführte Verfahrensverzögerungen führen nicht zu unangemessener Verfahrensdauer. Auch das Recht zur selbstständigen Verfahrensführung der verfassungsrechtlich garantierten unabhängigen Richterper-

Thema	Entscheidung	Wesentlicher Inhalt/Leitsatz
		sönlichkeit ist in eine wertende Gesamtbetrachtung einzustellen. Die Ausstattung der Sozialgerichte muss so beschaffen sein, dass ein Richter oder Spruchkörper die inhaltliche Bearbeitung und Auseinandersetzung mit der Sache wegen anderweitig anhängiger ggf. älterer oder vorrangiger Verfahren nicht länger als 12 Monate zurückzustellen braucht (Anschluss an das Urt. des BSG v. 3.9.2014 – B 10 ÜG 12/13 R).
Formularmäßige Abtretungsklausel – Verstoß gegen AGB-Regelungen	LSG Niedersachsen-Bremen, Urt. v. 13.3.2024 – L 13 AS 233/23	Bei einem Vollmachtsformular, welches für eine Vielzahl von Mandatsverhältnissen verwendet wird, handelt es sich um allgemeine Geschäftsbedingungen i.S.v. § 305 Abs 1 BGB. Enthält dieses eine Abtretungsklausel, die weder im Text der Vollmachtsurkunde gesondert hervorgehoben noch in der Überschrift erwähnt wird, handelt es sich um eine überraschende Klausel i.S.v. § 305c Abs 1 BGB, die nicht Bestandteil des Vertrages wird.
Verfahrensverbindung – Wahlrecht bei Gebührenforderung	LSG NRW, Beschl. v. 6.5.2024 – L 12 AS 1028/23 B	Bevollmächtigte können bei der Abrechnung formal nach § 113 SGG verbundener Verfahren wählen, ob sie ihre Vergütung (insgesamt) für das verbundene Verfahren oder für die vor der Verbindung noch selbständigen Verfahren und die dort bereits verwirklichten Gebührentatbestände geltend machen wollen.
Verzögerungsrüge Entschädigungsverfahren nach § 198 GVG – Voraussetzungen Wirksamkeit	BSG, Urt. v. 27.3.2020 – B 10 ÜG 4/19 R	Voraussetzung einer Entschädigungsklage: ▪ Wartefrist: § 198 Abs. 5 S. 1 GVG, ▪ Klagefrist: § 198 Abs. 5 S. 2 GVG, ▪ wirksame Verzögerungsrüge. Eine wirksame Verzögerungs- oder auch Beschleunigungsrüge i.S.d. § 198 GVG erfordert die konkret Benennung eines

Thema	Entscheidung	Wesentlicher Inhalt/Leitsatz
		Aktenzeichens, für welches die Rüge eingelegt wird, oder muss sich zumindest nach dem Inhalt der Erklärung auf ein klar bestimmbares Verfahren des Ausgangsgerichts beziehen.

§ 27 Streitwertkatalog der Sozialgerichtsbarkeit

Stand: 1.2.2023 (6. Aufl. 2023). 1

Überarbeitung des von der Konferenz der Präsidentinnen und Präsidenten der Landessozialgerichte am 16.5.2006 auf Vorschlag des Landessozialgerichts Rheinland-Pfalz beschlossenen Streitwertkatalogs 2006.[1]

Vorbemerkungen

Der **Streitwert** (Wert des Streitgegenstandes; § 3 des Gerichtskostengesetzes – GKG –) 2
ist auch in den Verfahren vor den Gerichten der Sozialgerichtsbarkeit maßgebend für die Höhe der gerichtlichen Kosten (Gebühren und Auslagen). Kosten werden nur in den Verfahren erhoben, in denen § 197a des Sozialgerichtsgesetzes (SGG) anzuwenden ist (§ 1 Abs. 2 Nr. 3 GKG). Die Verfahrensgebühr wird mit der Einreichung des Begehrens fällig (§ 6 Abs. 1 S. 1 Nr. 5 GKG).

Der Streitwertkatalog soll dazu beitragen, die Maßstäbe der Festsetzung des Streitwerts zu **vereinheitlichen** und die Entscheidungen der Gerichte **vorhersehbar** zu machen. Er erhebt keinen Anspruch auf Vollständigkeit und Richtigkeit und kann die Gerichte nicht davon entbinden, unter Berücksichtigung aller Umstände des Einzelfalls eine eigenständige Entscheidung zu Fragen des Streitwerts zu treffen.

Der Streitwertkatalog ist eine **Empfehlung** auf der Grundlage der Rechtsprechung der Gerichte der Sozialgerichtsbarkeit unter Berücksichtigung der einschlägigen Rechtsliteratur und ergänzend auch der Rechtsprechung anderer Gerichtsbarkeiten. Die Empfehlungen sind Vorschläge ohne verbindliche Wirkung für die Gerichte der Sozialgerichtsbarkeit (vgl. LSG Nordrhein-Westfalen, 17.12.2009 – L 11 B 7/09 KA; 13.9.2016 – L 11 KA 78/15; 25.6.2018 – L 11 KA 66/17 B; LSG Sachsen-Anhalt, 10.1.2011 – L 10 KR 71/10 B; *Toussaint*, Kostenrecht, 52. Aufl., § 52 Rdnr. 16).

Der Streitwertkatalog wird in regelmäßigen Zeitabständen aktualisiert und fortgeschrieben werden. Zuständig hierfür ist das Landessozialgericht Rheinland-Pfalz.

1 https://lsgrp.justiz.rlp.de/fileadmin/justiz/Gerichte/Fachgerichte/Sozialgerichte/Landessozialgericht/Migration_News/images/justiz/Gerichte/Fachgerichte/Sozialgerichte/Landessozialgericht/pdf-Dateien/STREITWERTKATALOG-06–2023.pdf (Abruf: 19.8.2025).

A. Allgemeiner Teil

3

I. Grundlagen der Streitwertfestsetzung	
1. Grundsätzliches zur Kostenfreiheit und Kostenpflichtigkeit (§§ 183, 197a SGG)	
1.1	Für die Anwendung des § 197a SGG ist auf die **Stellung eines Beteiligten im jeweiligen Rechtszug** abzustellen. Ein Kostenprivilegierter hat auch dann keine Gerichtskosten zu tragen, wenn er in seiner ursprünglichen Rolle als Beigeladener in einem Prozess zwischen Nichtprivilegierten Rechtsmittel einlegt. Diese Kostenprivilegierung erstreckt sich dann auch auf einen nicht privilegierten Rechtsmittelführer (BSG, 13.4.2006 – B 12 KR 21/05 B; 29.5.2006 – B 2 U 391/05 B; 29.11.2011 – B 2 U 27/10 R; 24.5.2012 – B 9 V 2/11 R; 7.7.2020 – B 12 R 17/18 R; 31.3.2022 – B 2 U 5/20 R); die Kostenprivilegierung gilt dann nicht, wenn nur ein nicht Kostenprivilegierter Rechtsmittel einlegt (BSG, 24.3.2016 – B 12 KR 6/14 R; LSG Berlin-Brandenburg, 29.6.2022 – L 28 BA 23/19).
1.2	**Versicherter** gem. § 183 S. 1 SGG ist – unabhängig vom Ausgang des Verfahrens – jeder Beteiligte, über dessen Status als Versicherter gestritten wird. Auch wenn der Beteiligte die vom Versicherungsträger behauptete Versicherteneigenschaft bestreitet, gilt der insoweit allgemeine Rechtsgedanke des § 183 S. 3 SGG (BSG, 5.10.2006 – B 10 LW 5/05 R; 27.10.2009 – B 1 KR 12/09 R); aber dann nicht für Vorverfahrenskosten, die in einem nachfolgenden Rechtsstreit geltend gemacht werden (BSG, 5.10.2006 – B 10 LW 5/05 R). Die Kostenprivilegierung gilt auch dann, wenn der Versicherte gleichzeitig als nicht Kostenprivilegierter auftreten kann (BSG, 19.6.2018 – B 2 U 2/17 R).
1.3	Eine Kostenprivilegierung eines **behinderten Menschen** gem. § 183 S. 1 SGG setzt voraus, dass um ein Recht gestritten wird, das gerade behinderten Menschen in dieser Eigenschaft zusteht (BSG, 6.6.2016 – B 13 SF 11/16 S; 15.2.2017 – B 13 SF 4/17 S; 24.4.2020 – B 5 SF 6/20 S; 25.6.2021 – B 5 SF 10/21 S).
1.4	Eine **Sonderrechtsnachfolge** nach § 183 S. 1 SGG, § 56 Abs. 1 S. 1 SGB I setzt voraus, dass fällige Ansprüche auf laufende Geldleistungen Streitgegenstand sind (z.B. Rentenleistungen, BSG, 16.5.2019 – B 13 R 37/17 R; deshalb keine Pflegeleistungen als Sachleistung: BSG, 30.7.2019 – B 3 P 18/18 B), wird aber in Abkehr früherer Rechtsprechung (BSG, 27.10.2016 – B 2 U 45/16 B) teilweise weit ausgelegt (BSG, 16.3.2021 – B 2 U 17/19 R; 28.6.2022 – B 2 U 16/20 R: Feststellung eines Versicherungsfalls, um anschließend Geldleistungsansprüche geltend zu machen; BSG, 1.4.2019 – B 1 KR 1/19 B: Kostenerstattungsansprüche nach § 13 Abs. 3 oder 3a SGB V, selbst wenn es nach erfolgter Diagnostik nicht mehr zur Behandlung kommt; jedoch nicht bei Kostenerstattungsanspruch nach § 13 Abs. 2 SGB V: LSG Baden-Württemberg, 8.11.2022 – L 11 KR 1645/20). Die einheitliche Kostenprivilegierung gilt auch bei nur teilweiser Sonderrechtsnachfolge, wenn im übrigen Erbfall nach § 58 SGB I (Hessisches LSG, 8.10.2013 – L 2 R 241/12) und auch, wenn neben nicht kostenprivilegierten Erben Sonderrechtsnachfolger klagen (BSG, 16.3.2021 – B 2 U 17/19 R).

1.5	Eine nichtrechtsfähige Personenvereinigung (§ 70 Nr. 2 SGG) gehört nicht zum Personenkreis des § 183 S. 1 SGG (BSG, 7.7.2017 – B 13 SF 9/17 S).
1.6	Bei **Miterben** <keine Kostenprivilegierung nach § 183 S. 1 SGG> richtet sich die Höhe des Streitwerts nicht nach dem Erbteil des Miterben, sondern nach dem Gesamtwert der (hier) für die Erbengemeinschaft begehrten Leistung (BSG, 25.2.2015 – B 3 P 15/14 B); ansonsten nur nach dem Gesamthandsanteil (BSG, 16.1.2023 – B 10 ÜG 7/22 B).
1.7	Bzgl. der Rücknahme eines Bewilligungsbescheides gegenüber dem Leistungsempfänger Kostenprivilegierung der **Hinterbliebenen** als Sonderrechtsnachfolger (§ 183 S. 1 SGG) möglich, aber nicht hinsichtlich der Erstattungsforderung, insoweit gilt § 197a SGG <kein fälliger Geldleistungsanspruch, außerdem gegen den Berechtigten> (BSG, 20.3.2013 – B 5 R 16/12 R; unveröff. Beschluss vom 11.10.2012 – B 5 R 16/12 R). Bei **Rücknahme/ Erstattungsbescheid gegenüber Erben** keine Kostenprivilegierung (BSG, 21.10.2020 – B 13 R 19/19 R; LSG Niedersachsen-Bremen, 12.12.2017 – L 7/12 AL 27/16; Hessisches LSG, 13.10.2017 – L 5 R 272/14; BSG, 18.7.2018 – B 11 AL 6/18 B).
1.8	Für **sonstige Rechtsnachfolger** gem. § 183 S. 2 SGG gilt die Kostenprivilegierung nur in dem Rechtszug (nicht Verwaltungsverfahren: LSG Sachsen-Anhalt, 17.5.2018 – L 3 R 8/17), in welchem sie das Verfahren aufnehmen (BSG, 1.6.2017 – B 5 RS 13/16 R); dies gilt auch bei einer Nachlasspflegschaft (BSG, 22.10.2015 – B 13 R 190/15 B), nicht, wenn Rechtsstreit weit nach dem Tod des Versicherten vom Erben anhängig gemacht wird (BSG, 7.1.2020 – B 13 R 273/18 B; LSG Baden-Württemberg, 1.12.2021 – L 8 R 1212/21 <transmortale Vollmacht>).
1.9	Die Kostenprivilegierung gilt nach § 183 S. 3 SGG für denjenigen, der sich eines Rechts berühmt, bei welchem die Voraussetzungen dieser Norm vorliegen (BSG, 13.7.2010 – B 8 SO 13/09 R), die Möglichkeit reicht aus (BSG, 19.1.2017 – B 8 SO 82/16 B).
1.10	Die Kostenprivilegierung des § 183 S. 1 SGG entfällt bei einem Beteiligtenwechsel vor dem Beginn des Rechtszuges; vgl. auch § 183 S. 2 SGG (BSG, 3.8.2006 – B 3 KR 24/05 R).
1.11	Anwendung des § 183 SGG, wenn Prozessstandschaft für Kostenprivilegierten (BSG, 5.5.2015 – B 10 KG 1/14 R; 17.3.2016 – B 11 AL 3/15 R; 22.4.1998 – B 9 VG 6/96 R).
1.12	Bei Streitigkeiten, für die der Rechtsweg zu den Gerichten der Sozialgerichtsbarkeit nicht eröffnet ist, kann § 183 SGG nicht zur Anwendung kommen (BSG, 15.2.2017 – B 13 SF 4/17 S); vgl. A.V.3.
1.13	Die Kostenprivilegierung des § 183 SGG gilt uneingeschränkt **auch für nicht statthafte und unzulässige** Verfahren und Beschwerden (BSG, 10.5.2011 – B 2 U 3/11 BH; 14.11.2016 – B 10 SF 14/16 S; 13.8.2020 – B 2 U 1/18 S; *Loytved*, jurisPR-SozR 1/2020 Anm. 4 m.w.N.; Thüringer LSG, 14.2.2020 – L 6 KR 1141/19 B; vgl. hierzu auch A.IV.1.10 und A.V.1.3; a.A.: Bayerisches LSG, 11.5.2015 – L 15 SF 383/13 E;

	28.9.2015 – L 15 SF 36/15 B; 7.10.2015 – L 15 RF 40/15; 25.8.2016 – L 15 SF 225/16 E; 17.7.2017 – L 20 KR 333/17 B ER; 7.12.2017 – L 20 VK 10/17; 21.11.2019 – L 20 KR 1/19 B ER; Sächsisches LSG, 14.3.2017 – L 3 AL 178/15 B; LSG Sachsen-Anhalt, 23.8.2022 – L 7 VE 6/22 ER). Sie gilt nicht, wenn kein Bezug zu einem in § 183 SGG genannten Tatbestand vorliegt (BSG, 21.2.2017 – B 11 AL 7/17 B); vgl. auch A.IV.1.10.
1.14	**Bei mehreren Kostenpflichtigen**: Verteilung der Kostenpflicht nach § 197a Abs. 1 S.1 SGG, § 159 S. 1 VwGO nach Kopfteilen. Kann das streitige Rechtsverhältnis dem kostenpflichtigen Teil gegenüber nur einheitlich entschieden werden (§ 159 S. 2 VwGO), was im Fall des § 75 Abs. 5 SGG gegenüber Kläger und Beigeladenem, der Prozessantrag gestellt hat, gilt, Verurteilung als Gesamtschuldner (BSG, 30.7.2019 – B 1 KR 15/18 R).
1.15	Auch Prozessunfähige können Kostenschuldner sein (Thüringer LSG, 16.2.2018 – L 1 SF 822/17 E; 23.3.2018 – L 1 SF 820/17 E; 9.5.2018 – L 1 SF 399/16 E).
2. Wertgrundregeln (§ 52 GKG)	
2.1	Ein **Streitwert** nach dem GKG ist **nicht festzusetzen**, wenn keine streitwertabhängigen Gerichtsgebühren anfallen, sondern eine Festgebühr besteht <vgl. § 63 Abs. 1 S. 1 GKG> (BSG, 1.9.2009 – B 1 KR 1/09 D; 11.9.2009 – B 1 KR 3/09 D; 7.9.2010 – B 1 KR 1/10 D; vgl. A.V.3.1, A.V.5.1, A.VI.3.1, A.VI.7.1, A.VI.7.2). Ist trotzdem eine solche gegenstandslose Streitwertfestsetzung erfolgt, ist diese zur Beseitigung des Rechtsscheins aufzuheben (*Schneider*, NJW 2019, 24 f.).
2.2	Die Gebührentatbestände des GKG sind für Verfahren nach dem SGG abschließend und lassen eine analoge Anwendung nicht zu (BVerfG, 20.4.2010 – 1 BvR 1670/09).
2.3	Auf **Antrag eines Rechtsanwalts** (§ 32 Abs. 2 und subsidiär § 33 Abs. 1 RVG) ist zum Zwecke der anwaltlichen Gebührenfestsetzung eine Festsetzung des Gegenstandswerts vorzunehmen (BSG, 1.9.2009 – B 1 KR 1/09 D; 26.10.2010 – B 8 AY 1/09 R; 16.1.2012 – B 11 SF 1/10 R); ggfs. auch ein höherer Wert für das dem Klageverfahren vorausgegangene Widerspruchsverfahren (LSG Rheinland-Pfalz, 26.4.2018 – L 5 KA 17/18 B).
2.4	Für die Festsetzung des Streitwerts ist die sich aus dem Antrag des Klägers für ihn ergebende **Bedeutung der Sache** maßgebend, d.h. in der Regel das wirtschaftliche Interesse an der erstrebten Entscheidung (§ 52 Abs. 1 GKG; BSG, 5.10.1999 – B 6 KA 24/98 R), maßgebend ist der weitestgehende Antrag (LSG Sachsen-Anhalt, 26.4.2012 – L 4 P 1/10 B; LSG Baden-Württemberg, 22.7.2022 – L 4 BA 3605/20); keine Erhöhung im Hinblick auf das wirtschaftliche Interesse eines Beigeladenen (BSG, 12.12.1996 – 1 RR 5/90).
2.5	Der mittelbare wirtschaftliche Wert eines endgültigen oder vorläufigen Prozesserfolgs ist bei der Streitwertfestsetzung nicht zu berücksichtigen (BSG, 9.5.2000 – B 6 KA 72/97 R; vgl. auch zu § 144 Abs. 1 S. 1 Nr. 1 SGG: BSG, 6.2.1997 – 14/10 BKg 14/96).

2.6	**Zwingende Anhebung des Streitwerts nach § 52 Abs. 3 S. 2 GKG**: faktische, auf den ersten Blick erkennbare rein zukunftsbezogene <die zeitlich nachfolgenden Verwaltungsakte dürfen noch nicht erlassen sein> Auswirkungen auf gleichartige, wiederkehrende Geldleistungen oder Verwaltungsakte (vgl. *Wiegand*, KrV 2014, 137); nicht bei Klage gegen Aufnahme- und Beitragsbescheid bei beendeter Mitgliedschaft (BSG, 23.7.2015 – B 2 U 78/15 B) und nicht bei Betriebsprüfungsbescheid betr. künftiger Beitragsforderung (BSG, 29.6.2021 – B 12 R 8/19 R).
2.7	Bei Musterverfahren sind die wirtschaftlichen Folgewirkungen für andere Klageansprüche nicht zu berücksichtigen (BSG, 25.9.1997 – 6 RKa 65/91; 24.9.2008 – B 12 R 10/07 R).
2.8	Betrifft der Antrag des Klägers eine **bezifferte Geldleistung** oder einen hierauf gerichteten Verwaltungsakt (auch Bescheide, mit welchen die Behörde einen Zahlungsanspruch geltend macht, *Wiegand*, KrV 2014, 137, 138) ist deren Höhe maßgebend (**§ 52 Abs. 3 S. 1 GKG**). Eine vorläufige Festsetzung des Streitwerts hat nicht zu erfolgen (*Toussaint*, Kostenrecht, 52. Aufl., § 63 GKG Rdnr. 13).
2.9	Bietet der Sach- und Streitstand für die Bestimmung des Streitwerts keine genügenden Anhaltspunkte, ist ein Streitwert von 5.000 Euro anzunehmen (**§ 52 Abs. 2 GKG:** Auffangwert bzw. **Auffangstreitwert** [BSG, 28.2.2006 – B 2 U 31/05 R; 9.5.2006 – B 2 U 34/05 R; 29.11.2011 – B 2 U 27/10 R; LSG Schleswig-Holstein, 14.3.2006 – L 4 KA 3/04; *Toussaint*, Kostenrecht, 52. Aufl., § 52 GKG Rdnr. 19]; auch Regelstreitwert [BSG, 20.10.2004 – B 6 KA 15/04 R; 1.2.2005 – B 6 KA 70/04 B; 15.1.2009 – B 3 KS 5/08 B; 9.2.2016 – B 3 KR 46/15 B] oder Regelwert [BSG, 28.11.2007 – B 6 KA 26/07 R; 15.1.2008 – B 12 KR 69/07 B; 5.6.2013 – B 6 KA 4/13 B]). Ein Abschlag von diesem Auffangstreitwert ist nach der gesetzlichen Regelung nicht möglich (BSG, 21.7.2010 – B 7 AL 60/10 B; 14.5.2012 – B 8 SO 78/11 B; bei fehlendem wirtschaftlichen Interesse auch keine Streitwertfestsetzung in Höhe „Null", BSG, 17.3.2022 – B 9 SB 64/21 B), eine Rechtsgrundlage für eine Vervielfältigung des Auffangstreitwerts ist nicht gegeben (BSG, 8.12.2009 – B 12 R 7/09 B; 5.3.2010 – B 12 R 8/09 R; 7.3.2017 – B 2 U 140/16 B; Sächsisches LSG, 20.5.2016 – L 1 KA 10/16 B), es sei denn, es liegen mehrere Streitgegenstände vor (BSG, 19.9.2006 – B 6 KA 30/06 B; 8.8.2018 – B 6 KA 76/17 B).
2.10	Für die **Wertberechnung** ist der **Zeitpunkt** der den **jeweiligen Streitgegenstand** betreffenden Antragstellung (bei offensichtlicher Unrichtigkeit des Antrags nicht streitwerterhöhend, BSG, 18.8.2022 – B 1 KR 30/21 R) maßgebend, **die den Rechtszug einleitet (§ 40 GKG)**. Dies ist der Zeitpunkt der Klageerhebung bzw. der Einlegung des Rechtsmittels (BSG, 30.9.2015 – B 3 KS 1/14 R; LSG Nordrhein-Westfalen, 14.9.2011 – L 2 U 298/11 B). Eine nachträgliche Änderung kommt nach Abschluss des Verfahrens nicht in Betracht, was auch gilt, wenn die Einschränkung des Begehrens gleichzeitig mit der Rücknahme erklärt wird (BFH, 4.9.2014 – VIII E 4/14). **Nach teilweiser Erledigung** des Rechtsstreits ist in dieser Instanz **keine gestaffelte Streitwertfestsetzung** vorzunehmen (BSG, 16.7.2014 – B 3 KS 3/14 B;

	19.12.2017 – B 1 KR 17/17 R; LSG Baden-Württemberg, 13.8.2020 – L 11 KR 1639/20 B m.w.N. auch zur Gegenauffassung; Gierke, SGb 2020, 736, 738 ff.; OLG Nürnberg, 12.1.2022 – 2 W 4619/21). Ein Rechtsanwalt kann ggfs. einen Antrag auf Gegenstandswertfestsetzung nach § 33 Abs. 1 RVG stellen; vgl. auch A.II.2.1.
2.11	**Insolvenz**; Klage auf Feststellung einer Forderung, deren Bestand vom Insolvenzverwalter oder von einem Insolvenzgläubiger bestritten wird: Bei Aufnahme **Stufenstreitwert** für Zeiträume vor und nach der Aufnahme; nach Aufnahme gilt **§ 182 InsO** als abweichende Bestimmung zu § 40 GKG (BSG, 22.3.2021 – B 13 R 20/19 R; Sächsisches LSG, 29.6.2018 – L 1 KR 167/18 B).
2.12	Eine Streitwertfestsetzung darf **auch im Urteil** erfolgen (BSG, vgl. z.B. 22.9.2009 – B 2 U 32/08 R; 22.6.2010 – B 1 A 1/09 R; 1.7.2010 – B 11 AL 6/09 R; 9.11.2011 – B 12 KR 3/10 R; 22.3.2012 – B 8 SO 2/11 R; 26.4.2022 – B 1 KR 15/21 R; LSG Rheinland-Pfalz, 23.3.2009 – L 1 AL 25/09 B; *Toussaint*, Kostenrecht, 52. Aufl., § 63 GKG Rdnr. 47; a.A.: LSG Berlin-Brandenburg, 12.11.2008 – L 9 KR 119/08; 30.6.2010 – L 9 KR 42/09).
2.13	Die Höhe des Streitwerts unterliegt nicht der Dispositionsfreiheit der Beteiligten (arg. § 61, § 63 Abs. 1 S. 1, Abs. 2 S. 1 GKG; OLG Frankfurt a.M., 21.5.2013 – 17 W 15/13).
2.14	Der Streitwert ist auf volle Eurobeträge zu **runden** (BSG, 25.1.2017 – B 6 KA 44/16 B).
3. Wertfestsetzung (§ 63 Abs. 1 und 2 GKG)	
3.1	Der Streitwert ist sogleich mit der Einreichung der Klage-, Antrags- oder Rechtsmittelschrift oder mit der Abgabe der entsprechenden Erklärung zu Protokoll ohne Anhörung der Beteiligten **vorläufig festzusetzen** (nicht mehr nach Beendigung des Rechtsstreits: Bayerisches LSG, 21.12.2016 – L 15 SF 130/16), wenn Gegenstand des Verfahrens nicht eine bestimmte Geldsumme in Euro ist oder gesetzlich kein fester Wert bestimmt ist (§ 63 Abs. 1 S. 1 GKG; vgl. *Evers* in: beck-online. Grosskommentar, Stand: 1.11.2022, SGG § 197a Rdnr. 32). Nicht beim vorläufigen Rechtsschutz, da keine Fälligkeit der Gebühr bei Verfahrensbeginn (*Toussaint*, Kostenrecht, 52. Aufl., § 63 Rdnr. 12). Ein Beschwerderecht gegen die vorläufige Streitwertfestsetzung ist nicht gegeben (LSG Rheinland-Pfalz, 21.12.2006 – L 5 B 350/06 KA; LSG Baden-Württemberg, 3.12.2007 – L 5 KA 3492/07 W-B; 29.3.2009 – L 11 R 882/11 B; auch nicht aus § 32 Abs. 2 RVG: LSG Schleswig-Holstein, 9.7.2012 – L 4 SF 80/11 B SG); auch eine Überprüfung im Rahmen der Beschwerde gegen den Kostenansatz (§ 66 Abs. 2 GKG) kommt nicht in Betracht (Thüringer LSG, 16.2.2007 – L 6 B 141/06 SF; Bayerisches LSG, 22.4.2015 – L 15 SF 33/15).
3.2	**Angaben zum Streitwert** haben frühzeitig bei oder nach Beginn eines Verfahrens zu erfolgen (§ 61 GKG), nicht nach Beendigung des Verfahrens (Bayerisches LSG, 11.3.2015 – L 16 R 1229/13 B). Diese haben zwar keine Bindungswirkung, begründen aber ein wesentliches Indiz für die Höhe des Streitwerts (BGH, 26.3.1997 – III ZR 296/96; LAG Baden-Württemberg, 11.11.2014 – 5 Ta 122/14); Beweisermittlungen

	und Beweiserhebungen sind nicht durchzuführen (LSG Nordrhein-Westfalen, 16.12.2015 – L 1 KR 414/15 B; Sächsisches LSG, 20.5.2016 – L 1 KA 10/16 B).
3.3	Spätestens nach Abschluss des Verfahrens (oder gleichzeitig mit der Erledigung des gesamten Streitgegenstands, *Toussaint*, Kostenrecht, 52. Aufl., § 63 Rdnr. 27 ff.) ist der Streitwert von Amts wegen nach Anhörung der Beteiligten (*Toussaint*, Kostenrecht, 52. Aufl., § 63 Rdnr. 42) **endgültig festzusetzen** (§ 63 Abs. 2 GKG). Ein Antrag ist nicht notwendig, kann aber (vgl. § 32 Abs. 2 und § 33 Abs. 1 RVG durch Rechtsanwalt), gestellt werden. Die Festsetzung ist erst nach Beendigung der Rechtshängigkeit zulässig (Bayerisches LSG, 4.7.2006 – L 5 B 160/06 KR); ein verfrüht ergangener endgültiger Festsetzungsbeschluss ist aufzuheben (Thüringer LSG, 10.12.2010 – L 6 KR 972/10 B; LSG Berlin-Brandenburg, 24.7.2018 – L 9 BA 14/18 B; LSG Nordrhein-Westfalen, 12.5.2020 – L 11 KR 70/20 B; Bayerisches LSG, 19.4.2021 – L 7 BA 25/21 B; keine Festsetzung bei Unterbrechung, Aussetzung bzw. Ruhen des Verfahrens und statistischer Erledigung: Sächsisches LSG, 19.3.2012 – L 3 AS 897/11 B); vgl. zur Nachholung einer unterbliebenen Streitwertfestsetzung durch das Rechtsmittelgericht A.IV.2.3.
4. Nebenforderungen (§ 43 GKG)	
4.1	Sind außer dem Hauptanspruch noch Nebenforderungen (diese stehen in einem Abhängigkeitsverhältnis zur Hauptforderung und hängen sachlich-rechtlich von ihr ab, BGH, 13.2.2007 – VI ZB 39/06) betroffen, wird der Wert der Nebenforderungen nicht berücksichtigt (§ 43 Abs. 1 GKG). Sind Nebenforderungen ohne den Hauptanspruch betroffen, ist der Wert der Nebenforderungen maßgebend, soweit er den Wert des Hauptanspruchs nicht übersteigt (§ 43 Abs. 2 GKG). Diese Begrenzung auf die Höhe der Hauptforderung gilt nicht, wenn die Hauptforderung von vornherein nicht rechtshängig war oder erledigt ist und nur die Nebenforderung streitig ist (Zinsen, BSG, 8.9.2009 – B 1 KR 8/09 R; 27.6.2012 – B 6 KA 65/11 B); zu Säumniszuschlägen vgl. B.IV.6.
5. Wiederkehrende Leistungen (§ 42 Abs. 1 GKG)	
5.1	Werden Ansprüche auf wiederkehrende Leistungen dem Grunde oder der Höhe nach geltend gemacht oder abgewehrt, ist der **dreifache Jahresbetrag** der wiederkehrenden Leistungen maßgebend, wenn nicht der Gesamtbetrag der geforderten Leistungen geringer ist (§ 42 Abs. 1 GKG). Ist die Höhe des Jahresbetrags nicht nach dem Antrag des Klägers bestimmt oder nach diesem Antrag mit vertretbarem Aufwand bestimmbar, ist der Streitwert nach § 52 Abs. 1 und 2 GKG zu bestimmen (§ 42 Abs. 1 S. 2 GKG). Vgl. allgemein zu dem dreifachen Jahresbetrag: BSG, 8.8.2013 – B 3 KR 17/12 R, zu wiederkehrenden Rentenleistungen BSG, 22.10.2015 – B 13 R 190/15 B.
6. Verjährung	
6.1	Es gilt keine Verjährung für den Antrag auf Festsetzung des Streitwertes (BSG, 15.2.2001 – 6 RKa 20/83). Nach § 63 Abs. 1 und 2 GKG ist der Streitwert von Amts wegen festzusetzen.

II. Klagearten, Einstweilige Anordnung	
1. Klage-/Antragshäufung (§ 39 Abs. 1 GKG)	
1.1	Richtet sich eine Klage gegen **mehrere Beklagte**, so ist der Streitwert auf ein Mehrfaches des wirtschaftlichen Wertes für den Kläger (§ 39 Abs. 1 GKG; BSG, 8.4.2005 – B 6 KA 60/04 B), hilfsweise auf ein Mehrfaches des Regelstreitwertes festzusetzen.
1.2	Ein **hilfsweise** geltend gemachter Anspruch wird mit dem Hauptanspruch zusammengerechnet, soweit über ihn entschieden wird (§ 45 Abs. 1 S. 2 GKG). Betreffen die Ansprüche denselben Gegenstand, ist nur der Wert des höheren Anspruchs maßgebend (§ 45 Abs. 1 S. 3 GKG). „Derselbe Gegenstand" nach S. 3 ist ein **selbständiger kostenrechtlicher Begriff**, der eine wirtschaftliche Betrachtung erfordert und hier vorliegt, wenn die in ein Eventualverhältnis gestellten Ansprüche nicht in der Weise nebeneinander bestehen können, dass – die Bedingung fortgedacht – allen stattgegeben werden könnte, sondern dass die Verurteilung gem. dem einen Antrag notwendigerweise die Abweisung des anderen Antrags nach sich zöge (BGH, 12.9.2013 – I ZR 58/11).
1.3	Bei **subjektiver Klagehäufung** kommt es nicht auf die Anzahl der Prozessrechtsverhältnisse, sondern darauf an, ob mehrere unterschiedliche Streitgegenstände vorliegen (BSG, 14.9.2006 – B 6 KA 24/06 B; 19.9.2006 – B 6 KA 30/06 B; 29.7.2015 – B 12 KR 23/13 R)
1.4	Ist bei **teilbarem Streitgegenstand** nur ein Teil kostenprivilegiert, so ist bei der Kostenentscheidung nach den Streitgegenständen zu differenzieren. Dies gilt sowohl bei einer objektiven Klagehäufung als auch bei einer Eventualklagehäufung (BSG, 26.7.2006 – B 3 KR 6/06 B; 26.9.2006 – B 1 KR 1/06 R; 11.10.2012 – B 5 R 16/12 R; LSG Baden-Württemberg, 30.3.2012 – L 4 R 2043/10; LSG Niedersachsen-Bremen, 22.1.2020 – L 11 AS 653/19 B).
1.5	Ist bei **unteilbarem Streitgegenstand** ein kostenrechtlich Privilegierter Hauptbeteiligter, gilt für die jeweilige Instanz einheitlich die Regelung für Kostenprivilegierte. Dies gilt auch bei subjektiver Klagehäufung mit einem nicht Kostenprivilegierten (BSG, 29.5.2006 – B 2 U 391/05 B; 26.7.2006 – B 3 KR 6/06 B; 26.9.2006 – B 1 KR 1/06 R; 30.7.2008 – B 5a/5 R 30/07 R; 24.9.2008 – B 12 R 10/07 R; 10.5.2017 – B 1 KR 8/17 B; nicht bei fehlendem Rechtsschutzbedürfnis des Kostenprivilegierten: LSG Niedersachsen-Bremen, 20.6.2016 – L 2 R 276/16 B ER) und unabhängig davon, ob die Klagen von Anfang an gemeinsam erhoben oder erst nach einem gerichtlichen Verbindungsbeschluss in einem Verfahren geführt werden (BSG, 29.7.2015 – B 12 KR 23/13 R; Bayerisches LSG, 2.3.2010 – L 5 R 109/10 B; LSG Baden-Württemberg, 16.7.2021 – L 4 BA 75/20; 13.8.2021 – L 4 BA 328/19; LSG Rheinland-Pfalz, 20.7.2022 – L 6 BA 54/21); zur Verbindung vgl. auch A.III.1.1.

2. Klageänderung	
2.1	– Keine zeitlich gestaffelte Festsetzung des Streitwerts bei teilweiser Erledigung: vgl. A.I.2.10. – Eine Klageerweiterung im Laufe des Verfahrens ist zwar streitwerterhöhend (*Toussaint*, Kostenrecht, 52. Aufl., § 39 Rdnr. 12, § 40 Rdnr. 1, 6), hat aber keine Auswirkung auf die bereits vorher entstandenen Gebühren (vgl. *Gierke*, SGb 2020, 736, 738 ff.). – Bei vollständiger Klageauswechslung Addition der (wirtschaftlich verschiedenen, vgl. A.II.1.2.) Streitgegenstände (*Toussaint*, Kostenrecht, 52. Aufl., § 39 Rdnr. 13; vgl. zur Gegenansicht: *Schindler* in: BeckOK Kostenrecht, *Dörndorfer/Wendtland/Gerlach/Diehn*, 39. Edition, Stand: 1.10.2022, § 39 Rn. 26).
3. Feststellungsklage	
3.1	Der Streitwert ist grundsätzlich niedriger als der Streitwert der Leistungsklage (Bayerisches LSG, 15.7.2005 – L 3 B 154/05 KA). Bei einer Feststellungsklage, die mit einer Leistungsklage gleichwertig ist <gegen eine öffentlich-rechtliche Körperschaft>, bemisst sich der Streitwert nach dem Betrag, den der Kläger letztlich erstrebt; ein Abzug ist nicht vorzunehmen (BSG, 5.10.1999 – B 6 KA 24/98 R; 6.12.2012 – B 11 AL 25/11 R). Regelstreitwert, wenn Anhaltspunkte für eine anderweitige Festsetzung fehlen (BSG, 15.1.2009 – B 3 KS 5/08 B). Streitfälle der Leistungs- und Feststellungsklage sind zusammenzurechnen (BSG, 23.8.2013 – B 8 SO 14/12 R; 30.6.2016 – B 8 SO 6/15 R).
4. Bescheidungsklage	
4.1	Bei Verpflichtungs-Neubescheidungen beträgt der Wert des Streitgegenstandes drei Viertel bis zur Hälfte des Streitwerts der „Hauptsache" (Hälfte: LSG Baden-Württemberg, 23.5.1996 – L 5 Ka 653/96 W-A; drei Viertel: LSG Schleswig-Holstein, 22.9.2003 – L 6 SF 22/03 SG).
4.2	Bei Anfechtungs-Neubescheidungen ist der mit dem Verwaltungsakt angeforderte Betrag in voller Höhe als Streitwert zugrunde zu legen (BSG, 16.7.2008 – B 6 KA 57/07 R).
5. Untätigkeitsklage	
5.1	Der Wert des Streitgegenstandes beträgt unter Berücksichtigung der wirtschaftlichen Bedeutung der Verzögerung **10 bis 25 v.H.** des Streitwerts der „Hauptsache" (LSG Rheinland-Pfalz, 11.8.1994 – L 3 Sb 19/94; 1.6.2017 – L 5 KR 101/17 B; Bayerisches LSG, 9.10.2014 – L 5 R 604/14 B; 30.7.2020 – L 4 KR 516/19), evtl. ein Drittel der „Hauptsache" (SG Berlin, 11.3.2009 – S 47 SO 2743/08) bzw. ein Zehntel des Auffangstreitwerts (LSG Nordrhein-Westfalen, 1.7.2013 – L 11 KA 31/13 B), auch vom Auffangstreitwert (LSG Nordrhein-Westfalen, 18.11.2021 – L 9 SO 310/20 B); wenn auch das Begehren in der Sache verfolgt wird, Auffangstreitwert (LSG Berlin-Brandenburg, 13.2.2012 – L 24 KA 22/11 B).

6. Widerklage (§ 45 Abs. 1 S. 1 und 3; Abs. 2 GKG)	
6.1	Ob „derselbe Gegenstand" nach S. 3 vorliegt, beurteilt sich unabhängig vom zivilprozessualen Streitgegenstand nach der wirtschaftlichen Identität, die gegeben ist, wenn beiden Anträgen gleichzeitig stattgegeben werden könnte (LSG Nordrhein-Westfalen, 3.7.2008 – L 16 B 31/08 KR; 16.10.2013 – L 11 KR 210/13 B; BGH, 11.3.2014 – VIII ZR 261/12; 1.4.2019 – I ZR 205/18); eine Zusammenrechnung nach S. 1 ist auch bei einer Eventualwiderklage möglich (BSG, 12.7.2012 – B 3 KR 18/11 R), aber nicht bei Rücknahme der Eventualwiderklage (LSG Nordrhein-Westfalen, 3.4.2017 – L 1 KR 922/16 B).
6.2	Bei einer Hauptaufrechnung <kein Fall des § 45 Abs. 3 GKG> und Widerklage ist ebenfalls eine Zusammenrechnung möglich (LSG Nordrhein-Westfalen, 6.12.2016 – L 1 KR 358/15; a.A.: LSG Nordrhein-Westfalen, 15.8.2016 – L 11 KR 372/16 B).
7. Stufenklage (vgl. auch ausführlich Nissen/Elzer, MDR 2021, 1161 ff.)	
7.1	Für die Wertberechnung ist nur einer der verbundenen Ansprüche, und zwar der **höhere**, maßgebend **(§ 44 GKG)**. Dies gilt aber nur, wenn in einer Instanz über beide Ansprüche entschieden wird. Wird nur über einen Anspruch entschieden, ist der Streitwert nur anhand dieses Anspruchs zu bemessen (BSG, 28.2.2007 – B 3 KR 12/06 R; LSG Nordrhein-Westfalen, 21.3.2012 – L 11 KR 628/11 B).
7.2	Ist **nur der Herausgabe- bzw. Auskunftsanspruch** Streitgegenstand, ist ein Abschlag vom Leistungsanspruch vorzunehmen (ein Zehntel des voraussichtlichen Leistungsanspruchs, wenn die fraglichen Verhältnisse schon fast bekannt sind). Der Streitwert kann aber auch deutlich höher liegen und den Wert des Zahlungsanspruchs erreichen, je nachdem in welchem Umfang der Kläger auf die Auskunft angewiesen ist (BSG, 28.2.2007 – B 3 KR 12/06 R; 28.11.2013 – B 3 KR 27/12 R; 27.11.2014 – B 3 KR 7/13 R), darf aber den Zahlungsanspruch nicht übersteigen (BSG, 13.11.2012 – B 1 KR 24/11 R).
7.3	Sind **sowohl der Auskunfts- bzw. Herausgabeanspruch und der Zahlungsanspruch** Streitgegenstand, ist nur der höhere Anspruch maßgebend (BSG, 18.7.2013 – B 3 KR 22/12 R; 1.7.2014 – B 1 KR 48/12 R; 29.3.2016 – B 1 KR 126/15 B; Bayerisches LSG, 27.2.2018 – L 4 KR 583/17 B); bei fehlenden Anhaltspunkten Auffangstreitwert (LSG Nordrhein-Westfalen, 16.12.2015 – L 1 KR 75/15 B und L 1 KR 414/15 B; Sächsisches LSG, 20.5.2016 – L 1 KA 10/16 B).
7.4	Bei einem Teilurteil zur ersten Stufe Streitwertfestsetzung erst im Endurteil, es sei denn es liegt eine „stecken gebliebene" Stufenklage (Zahlungsanspruch wird nicht mehr beziffert oder aufgerufen <auch dann Wert des höheren Anspruchs maßgebend>) vor (LSG Nordrhein-Westfalen, 16.5.2012 – L 1 (16) KR 265/09; *Nissen/Elzer*, MDR 2021, 1161, 1162).

8. Auskunftsklage	
8.1	Wirtschaftliches Interesse an der Auskunft, im Regelfall niedriger als der Wert des Leistungsanspruchs; ein Zehntel des voraussichtlichen Leistungsanspruchs, wenn die fraglichen Verhältnisse schon fast bekannt sind, kann auch deutlich höher liegen und fast den Wert des Zahlungsanspruchs erreichen, etwa wenn der Kläger einen Zahlungsanspruch ohne die Auskunft voraussichtlich nicht erreichen kann (BSG, 28.2.2007 – B 3 KR 12/06 R; ein Viertel des mutmaßlichen Zahlungsanspruchs, LSG Niedersachsen-Bremen, 22.4.2009 – L 1 KR 60/09 B; 25.6.2009 – L 4 KR 168/09 B; beim Begehren auf Herausgabe eines Rentenbescheides <hier eher Auskunftsanspruch> LSG Nordrhein-Westfalen, 27.4.2012 – L 18 KN 242/11 B); evtl. Auffangstreitwert ohne Abschlag, vgl. B.I.11 und B.X.3.
9. Fortsetzungsfeststellungsklage (§ 131 Abs. 1 S. 3 SGG)	
9.1	Die Hälfte des Streitwerts (BSG, 10.3.2010 – B 3 KR 26/08 R; LSG Nordrhein-Westfalen, 16.4.2010 – L 1 B 16/09 AL).
10. Einstweilige Anordnung	
10.1	Der Streitwert beträgt **ein Viertel bis zur Hälfte** des Streitwerts der Hauptsache je nach deren wirtschaftlicher Bedeutung. Bei Vorwegnahme der Hauptsache ist in der Regel der volle Streitwert festzusetzen. Voller Auffangstreitwert in Verfahren nach **§ 86b SGG** (§§ 53 Abs. 2 Nr. 4, 52 Abs. 2 GKG; Sächsisches LSG, 24.2.2010 – L 1 P 1/10 B ER; LSG Berlin-Brandenburg, 29.3.2010 – L 27 P 14/10 B ER; LSG Sachsen-Anhalt, 11.8.2011 – L 4 P 8/11 B ER; 8.11.2022 – L 6 KR 72/22 B ER; LSG Niedersachsen-Bremen, 12.8.2011 – L 15 P 2/11 B ER; Bayerisches LSG, 30.7.2015 – L 8 SO 146/15 B ER; a.A: Minderung des Auffangstreitwerts je nach wirtschaftlicher Bedeutung, LSG Rheinland-Pfalz, 17.4.2014 – L 7 KA 6/14 B; Sächsisches LSG, 11.6.2012 – L 7 SO 22/10 B ER).
10.2	Bei Verfahren nach **§ 86a Abs. 2 und § 86b Abs. 1 S. 1 Nr. 2 SGG**: ein Viertel des Hauptsachestreitwertes (BSG, 29.8.2011 – B 6 KA 18/11 R; LSG Baden-Württemberg, 14.2.2007 – L 5 KR 2854/06 W-A; 13.2.2012 – L 13 R 4441/11 B; LSG Berlin-Brandenburg, 2.3.2012 – L 2 U 164/11 B ER; LSG Sachsen-Anhalt, 21.12.2016 – L 3 R 126/16 B ER; Bayerisches LSG, 26.5.2021 – L 7 BA 44/21 B).
III. Verfahrensrecht	
1. Verbindung und Trennung mehrerer Rechtsstreitigkeiten (§ 113 SGG; § 202 S. 1 SGG i.V.m. § 145 Abs. 1 ZPO)	
1.1	Bis zur **Verbindung** gesonderte Festsetzung für jedes Verfahren, danach gem. § 39 Abs. 1 GKG Zusammenrechnung (BSG, 23.3.2010 – B 8 SO 2/09 R; jedoch ohne Auswirkung auf die bereits vorher entstandenen Gebühren, danach kostenrechtlich ein Verfahren, Thüringer LSG, 5.7.2019 – L 1 SF 230/18 B; *Gierke*, SGb 2020, 736, 741); zur Anwendung von §§ 183, 197a SGG vgl. A.II.1.5. Bei **Abtrennung** Festsetzung eines eigenen Werts (§ 36 GKG) für das abgetrennte Verfahren rückwirkend auf den Zeitpunkt der Verfahrenseinleitung (Schleswig-

	Holsteinisches LSG, 19.1.2015 – L 5 KR 180/15 B; Sächsisches LSG, 10.1.2017 – L 7 AS 365/14 <auch zu der Frage der Nichterhebung von Kosten gem. § 21 Abs. 1 S. 1 GKG, vgl. auch A.IV.5.1>; *Gierke*, SGb 2020, 736, 741; bei fehlerhafter Trennung keine Einzelstreitwerte: LSG Rheinland-Pfalz, 17.1.2020 – L 5 KR 175/19 B; Bayerisches LSG, 7.4.2021 – L 5 KR 531/20 B).
2. Gerichtlicher Vergleich; Klagerücknahme; Wiederaufnahmeverfahren	
2.1	Wenn Einigung im gerichtlichen Vergleich auch über nicht streitgegenständliche Ansprüche oder Rechtsverhältnisse: abweichend von § 40 GKG Zusammenrechnung aller Streitgegenstände (OVG Rheinland-Pfalz, 8.7.2011 – 10 B 10684/11; LSG Rheinland-Pfalz, 25.8.2011 – L 5 KA 38/11 B); beim außergerichtlichen Vergleich Wertfestsetzung auf Antrag des Rechtsanwalts nach § 33 Abs. 1 RVG.
2.2	Bei Streit über die Wirksamkeit eines Prozessvergleichs (Begehren ist Fortsetzung des Rechtsstreits) Wert der ursprünglich gestellten Anträge maßgebend (BGH, 19.9.2012 – V ZB 56/12; 2.8.2017 – VII ZR 88/17 <bei Teilanfechtung nur der betr. Teil>); dies gilt auch bei einem Streit über die Wirksamkeit einer Klagerücknahme (BSG, 19.3.2020 – B 4 AS 4/20 R; LSG Rheinland-Pfalz, 13.10.2015 – L 6 AS 432/14; LSG Berlin-Brandenburg, 28.12.2016 – L 14 AL 745/16), eines Anerkenntnisses (BSG, 10.10.2017 – B 12 KR 3/16 R) und in einem Wiederaufnahmeverfahren (BSG, 4.2.2019 – B 8 SO 21/18 BH).
2.3	Keine gestaffelte Streitwertfestsetzung bei teilweiser Erledigung: vgl. A.I.2.10.
3. Einseitige Erledigungserklärung (Erledigungsrechtsstreit)	
3.1	Bei Klage auf Feststellung der Erledigung des Rechtsstreits in der Hauptsache die bis zur Erledigungserklärung anfallenden Kosten (BSG, 9.4.2019 – B 1 KR 3/18 R).
4. Beigeladene	
4.1	Für Beigeladene ist grundsätzlich der Antrag des Klägers maßgebend. Eine gesonderte Streitwertfestsetzung <niedriger, wenn kein eigenes Interesse am Ausgang des Rechtsstreits> ist zulässig (BSG, 19.2.1996 – 6 RKa 40/93). Der Streitwert darf jedoch nicht höher als der für die Hauptbeteiligten festgesetzt werden (BSG, 25.11.1992 – 1 RR 1/91); vgl. auch A.I.2.4.
5. Verfahren auf Gewährung von Akteneinsicht	
5.1	Auffangstreitwert (Bayerisches LSG, 16.11.2011 – L 2 U 414/11 B).
IV. Beschwerde gegen die Streitwertfestsetzung; Abänderung der Festsetzung; Erinnerung gegen den Kostenansatz	
1. Beschwerde gegen Festsetzung des Streitwerts (§ 68 GKG)	
1.1	Wert des Beschwerdegegenstands (§ 68 Abs. 1 S. 1 GKG): Berechnung nicht aus der Differenz des festgesetzten und erstrebten Streitwerts, sondern aus der **Differenz der Gebühren** (LSG Baden-Württemberg, 30.8.2016 – L 6 SB 2664/16 B).

1.2	**Beschwer** des Rechtsmittelführers nötig, die grundsätzlich voraussetzt, dass er kostenpflichtig ist und eine Herabsetzung des Streitwerts begehrt (LSG Sachsen-Anhalt, 16.2.2015 – L 9 KA 7/14 B; Bayerisches LSG, 26.1.2023 – L 16 BA 110/22 B; Schleswig-Holsteinisches LSG, 21.2.2018 – L 6 AS 278/17 B: Endet ein nicht gerichtskostenpflichtiges Verfahren ohne Kostenentscheidung, geht der Streitwertbeschluss ins Leere). Ausnahmsweise auch bei einer begehrten Streitwerterhöhung des Kostenerstattungsberechtigten gegeben, wenn eine Honorarvereinbarung mit dem Prozessbevollmächtigten besteht, nach welcher ein höheres Honorar als nach der bisherigen Streitwertfestsetzung geschuldet ist (Sächsisches LSG, 30.5.2016 – L 1 KA 3/15 B; a.A.: LSG Nordrhein-Westfalen, 24.2.2006 – L 10 B 21/05 KA). Beschwer gegeben, auch wenn Beschwerde auf Weisung der Rechtsschutzversicherung eingelegt (BVerfG, 2.11.2020 – 1 BvR 533/20) und wenn bereits Prozesskostenhilfe bewilligt (Sächsisches Oberverwaltungsgericht, 23.7.2021 – 3 E 36/21).
1.3	Beschwerdefrist: §§ 68 Abs. 1 S. 3, 63 Abs. 3 S. 2 GKG. Einzulegen beim judex a quo (§§ 68 Abs. 1 S. 5, 66 Abs. 5 S. 5 GKG), weshalb § 173 S. 2 SGG nicht gilt (Sächsisches LSG, 29.6.2016 – L 7 AS 749/15 B).
1.4	Möglich auch wenn Streitwertfestsetzung im Urteil erfolgt ist (vgl. A.I.2.12.), da darin Beschluss zu sehen (*Meyer-Ladewig/Keller/Leitherer/Schmidt*, SGG, 13. Aufl., § 197a Rdnr. 5). Das Gericht ist an keine Anträge gebunden. Es gilt auch nicht das Verschlechterungsverbot (BSG, 5.10.2006 – B 10 LW 5/05 R).
1.5	Vor der Entscheidung über die Beschwerde hat das SG nach §§ 68 Abs. 1 S. 5, 66 Abs. 3 S.1 GKG über die **Abhilfe** zu entscheiden (LSG Rheinland-Pfalz, 27.4.2009 – L 5 B 451/08 KA), ein Aktenvermerk ist ausreichend (LSG Baden-Württemberg, 17.7.2014 – L 11 R 2546/14 B). Jedoch keine Verfahrensvoraussetzung für Beschwerdeinstanz, eine Nachholung muss nicht veranlasst werden (Sächsisches LSG, 30.5.2016 – L 1 KA 3/15 B).
1.6	Der **Rechtsanwalt** kann aus **eigenem Recht** eine Streitwertbeschwerde erheben (§ 32 Abs. 2 i.V.m. § 68 GKG bzw. § 33 Abs. 3 RVG <Einzelrichter nach § 33 Abs. 8 RVG>, BGH, 9.8.2021 – GSZ 1/20; LSG Nordrhein-Westfalen, 17.11.2015 – L 1 KR 323/15 B; LSG Nordrhein-Westfalen, 24.2.2006 – L 10 B 21/05 KA; 3.4.2017 – L 1 KR 922/16 B; dies gilt nicht bei einer vorläufigen Festsetzung des Streitwerts (LSG Rheinland-Pfalz, 21.12.2006 – L 5 B 350/06 KA; LSG Baden-Württemberg, 3.12.2007 – L 5 KA 3492/07 W-B). Bei einem im Rahmen der Prozesskostenhilfe beigeordneten Rechtsanwalt ist für die Beschwer auf den Unterschied der nach dem festgesetzten und dem mit der Beschwerde erstrebten Wert der Gebühren abzustellen (Gerold/Schmidt/Mayer, RVG, 25. Aufl., § 33 Rdnr. 14). Maßgebend ist der gesamte streitgegenständliche Beschwerdewert auch bei willkürlicher Aufteilung in 2 Verfahren (Schleswig-Holsteinisches LSG, 11.4.2016 – L 5 SF 272/14 B E). Im Fall des § 33 RVG gilt bei fehlerhafter Rechtsmittelbelehrung nicht § 66 Abs. 2 S. 1 SGG, sondern § 33 Abs. 5 S. 2 RVG (LSG Nordrhein-Westfalen, 24.2.2021 – L 21 AS 1631/18 B).

1.7	Über Beschwerden gegen die Festsetzung des Streitwerts entscheidet aufgrund der Spezialzuweisung des § 68 Abs. 1 S. 5 i.V.m. § 66 Abs. 6 S. 1 GKG allein der **Berichterstatter** (wohl h.M.: vgl. *Meyer-Ladewig/Keller/Leitherer/Schmidt*, SGG, 13. Aufl., § 155 Rdnr. 9d; Thüringer LSG, 25.6.2013 – L 12 R 504/13 B; Sächsisches LSG, 30.5.2016 – L 1 KA 3/15 B; LSG Sachsen-Anhalt, 16.2.2015 – L 9 KA 7/14 B; Bayerisches LSG, 7.7.2015 – L 7 R 4/15 B; LSG Nordrhein-Westfalen, 17.11.2015 – L 1 KR 323/15 B; 16.1.2017 – L 11 KA 28/16 B; LSG Baden-Württemberg, 30.8.2016 – L 6 SB 2664/16 B; 6.7.2018 – L 7 BA 1871/18 B), wobei die Möglichkeit der Übertragung auf den Senat (§ 66 Abs. 6 S. 2 GKG) besteht.
1.8	Die Ablehnung einer Streitwertfestsetzung stellt einen beschwerdefähigen Beschluss dar (§ 68 Abs. 1 S. 1 GKG: LSG Nordrhein-Westfalen, 23.7.2007 – L 1 B 18/07 AL; *Toussaint*, Kostenrecht, 52. Aufl., § 63 Rdnr. 47; § 172 SGG: Sächs. LSG, 4.9.2019 – L 3 AL 201/16 B; 14.10.2019 – L 3 AL 173/16 B ER).
1.9	Eine unselbstständige Anschlussbeschwerde entsprechend § 567 Abs. 3 ZPO ist zulässig (Hessisches LSG, 31.5.2010 – L 1 KR 352/09 B; LSG Sachsen-Anhalt, 26.4.2012 – L 4 P 1/10 B).
1.10	Das Verfahren ist gebührenfrei (§ 68 Abs. 3 S. 1 GKG). Außergerichtliche Kosten sind nicht zu erstatten (§ 68 Abs. 3 S. 2 GKG); dies gilt auch bei einer unzulässigen (vgl. *Schneider*, NJW, 2011, 2628, 2630), und bei einer unstatthaften Beschwerde, vgl. A.I.1.13 und LSG Baden-Württemberg, 29.3.2009 – L 11 R 882/11 B; a.A.: BGH, 3.3.2014 – IV ZB 4/14; BFH, 15.2.2008 – II B 84/07).
1.11	Das Verbot der reformatio in peius gilt nicht (Grundsatz der Streitwertwahrheit, LSG Mecklenburg-Vorpommern, 22.7.2020 – L 5 U 71/15 B), auch für die Kostenentscheidung (BSG, 21.10.2020 – B 13 R 19/19 R) und auch für das Rechtsmittel des Rechtsanwalts gem. §§ 32 Abs. 2, 33 Abs. 3 RVG (Bayerisches LSG, 30.4.2015 – L 7 AS 640/13 B; LAG München, 23.6.2015 – 3 Ta 170/15).
2. Abänderung des Streitwerts durch das Rechtsmittelgericht (§ 63 Abs. 3 GKG)	
2.1	Für den Wert des Streitgegenstands des **ersten Rechtszuges** ist gem. § 47 Abs. 2 GKG nicht der in erster Instanz festgesetzte, sondern **der objektiv angemessene Streitwert** maßgeblich. Die Abänderung der erstinstanzlichen Streitwertfestsetzung steht gem. § 63 Abs. 3 S. 1 GKG im Ermessen des Rechtsmittelgerichts (BSG, 19.9.2006 – B 6 KA 30/06 B; 29.3.2022 – B 11 AL 30/21 R). Dies gilt auch bei unzulässigen Beschwerden (BSG, 10.6.2010 – B 2 U 4/10 B; 7.3.2017 – B 2 U 140/16 B) und bei Nichtzulassungsbeschwerden (BSG, 11.7.2013 – B 3 KR 6/13 B).
2.2	Die **Frist** von 6 Monaten zur möglichen Änderung des Streitwerts (§ 63 Abs. 3 S. 2 GKG) wird nicht durch Einlegung einer Anhörungsrüge verlängert (BAG, 22.6.2021 – 3 AZN 515/20 (A)).
2.3	Eine **unterbliebene Streitwertfestsetzung** kann vom Rechtsmittelgericht jedenfalls bei betragsmäßig von vornherein feststehendem und offensichtlich gleich gebliebe-

	nem Streitwert in erweiternder Auslegung des § 63 Abs. 3 S. 1 GKG **nachgeholt** werden (BSG, 5.10.2006 – B 10 LW 5/05 R).
2.4	Eine infolge Streitwertänderung (rechnerisch) unrichtig (gewordene) Kostengrundentscheidung kann durch die Vorinstanz nicht im Wege der Urteilsberichtigung geändert werden (BGH, 17.11.2015 – II ZB 20/14).
3. Erinnerung gegen den Kostenansatz (§ 66 Abs. 1 GKG); Beschwerde (§ 66 Abs. 2 GKG)	
3.1	Bei der Entscheidung über die Erinnerung (durch den Einzelrichter: BSG, z.B. 19.9.2014 – B 13 SF 6/14 S; 6.6.2016 – B 13 SF 11/16 S) kann die Streitwertfestsetzung wegen der eingetretenen Bestandskraft nicht geändert werden (BSG, z.B. 6.6.2016 – B 13 SF 11/16 S; 8.3.2021 – B 2 U 2/21 S; 30.7.2021 – B 5 SF 12/21 S; Bayerisches LSG, 4.7.2014 – L 15 SF 183/14 E; 11.9.2015 – L 15 SF 249/15 E; 15.10.2015 – L 15 SF 281/15); jedoch Prüfung der Nichterhebung von Gerichtskosten (§ 21 Abs. 1 GKG) möglich (BSG, z.B. 10.1.2017 – B 13 SF 19/16 S), vgl. A.IV.5.; ggfs. Prüfung, ob der in Anspruch genommene Antrags- (§ 22 Abs. 1 S. 1 GKG) bzw. Entscheidungsschuldner (§ 29 Nr. 1 GKG) ist (Bayerisches LSG, 2.5.2018 – L 12 SF 71/17 E).
3.2	Ohne endgültigen Streitwertbeschluss (§ 63 Abs. 2 GKG) darf eine endgültige Gerichtskostenfeststellung nicht ergehen (Bayerisches LSG, 21.12.2016 – L 15 SF 130/16).
4. Gegenvorstellung; Anhörungsrüge (§ 69a GKG)	
4.1	Gegen unanfechtbare Streitwertbeschlüsse ist die Gegenvorstellung statthaft. Die Einlegung muss innerhalb eines Monats <Frist zur Einlegung einer Verfassungsbeschwerde> erfolgen (BSG, 8.9.1997 – 3 RK 27/95); a.A: sechs Monate entspr. §§ 68 Abs. 1 S. 3, 63 Abs. 3 S. 2 GKG (BGH, 22.11.2016 – XI ZR 305/14; 8.10.2019 – IV ZR 33/19; BVerwG, 14.7.2020 – II ZR 420/17); Gegenvorstellung und Anhörungsrüge stehen nebeneinander, allerdings ist die Gegenvorstellung rechtsschutzfreundlicher (BVerwG, 17.3.2021 – 4 BN 61/20, 4 BN 61/20 (4 BN 11/20)); zur Anhörungsrüge vgl. auch LSG Nordrhein-Westfalen, 20.11.2019 – L 11 KA 63/19 B ER RG).
4.2	Auch im Gegenvorstellungsverfahren ist eine Kostenentscheidung zu treffen (BSG, 28.7.2005 – B 13 RJ 178/05 B; Bayerisches LSG, 28.9.2015 – L 15 RF 36/15 B), aber der Streitwert nur dann festzusetzen, wenn eine anwaltliche Vertretung vorlag (LSG Nordrhein-Westfalen, 27.1.2009 – L 16 B 24/08 R; Bayerisches LSG, 28.9.2015 – L 15 RF 36/15 B).
5. Nichterhebung von Kosten (§ 21 GKG)	
5.1	Soweit Kosten zu Unrecht erhoben wurden, ist die Erinnerung gegen den Kostenansatz gem. § 66 GKG möglich, vgl. A. IV. 3.1 und daneben § 21 Abs. 1 S. 1 GKG anwendbar (BSG, 29.12.2011 – B 13 SF 3/11 S; 19.9.2014 – B 13 SF 6/14 S; 8.3.2021 – B 2 U 2/21 S; Bayerisches LSG, 18.4.2016 – L 15 SF 99/16); zu Verfahren der Urteilsberichtigung: BSG, 6.3.2012 – B 1 KR 43/11 B, der Verfahrenstrennung: LSG

	Nordrhein-Westfalen, 3.5.2016 – L 5 KR 190/15 B; 4.7.2016 – L 11 KR 191/15 B; Sächsisches LSG, 10.1.2017 – L 7 AS 365/14 und der Verweisung einer nicht mehr rechtshängigen Streitsache: LSG Nordrhein-Westfalen, 24.5.2022 – L 11 KR 202/22 B KH. Zum Absehen von der Kostenerhebung nach § 21 Abs. 1 S. 3 GKG bei unverschuldeter Unkenntnis: BSG, 7.7.2017 – B 13 SF 9/17 S.
V. Streitwert im Rechtsmittelverfahren	
1. Allgemeines	
1.1	Im Rechtsmittelverfahren bestimmt sich der Streitwert nach den **Anträgen** des Rechtsmittelführers (§ 47 Abs. 1 S. 1 GKG), nur ausnahmsweise nach der Beschwer (§ 47 Abs. 1 S. 2 GKG). Es bleibt bei der Streitwertberechnung nach § 52 GKG entsprechend der Bedeutung der Sache für den Kläger, wenn der Streitgegenstand unverändert geblieben ist und der Beklagte als Rechtsmittelführer nach wie vor die Abweisung der Klage beantragt (BSG, 28.2.2007 – B 3 KR 12/06 R, 12.6.2008 – B 3 P 2/07 R; 8.8.2013 – B 3 KR 17/12 R); Auffangstreitwert, selbst wenn erstinstanzliche Entscheidung nur teilweise angefochten, aber ebenfalls keine Hinweise zur Streitwertbestimmung (Bayerisches LSG, 19.5.2017 – L 5 KR 244/17 B ER).
1.2	Anschlussberufung, Anschlussbeschwerde, Anschlussrevision: Addition der Streitwerte, wenn unterschiedliche Streitgegenstände <vgl. § 45 Abs. 1 S. 1, Abs. 2 GKG> (LSG Berlin, 30.1.2004 – L 15 B 41/00 KR ER; Hessisches LSG, 29.4.2009 – L 4 KA 76/08; LSG Nordrhein-Westfalen, 16.3.2011 – L 11 KA 96/10 B ER; BSG, 17.2.2009 – B 2 U 38/06 R).
1.3	Die Kostenprivilegierung des § 183 SGG gilt uneingeschränkt auch für **nicht statthafte und unzulässige** Beschwerden, vgl. A.I.1.13. Keine Streitwertfestsetzung notwendig, da eine Festgebühr gem. Nr. 7504 Anl. 1 zum GKG anfällt.
2. Nichtzulassungsbeschwerde	
2.1	Der Streitwert bemisst sich gem. § 47 Abs. 3 GKG nach dem Streitwert des Rechtsmittelverfahrens (BSG, 12.9.2006 – B 6 KA 70/05 B; 25.7.2011 – B 12 KR 114/10 B).
2.2	Wird ein Rechtsmittel und hilfsweise eine Nichtzulassungsbeschwerde eingelegt, ist ein gesonderter Streitwert für die Nichtzulassungsbeschwerde nicht festzusetzen (BGH, 9.12.2014 – X ZR 94/13).
3. Rechtswegbeschwerde	
3.1	Im Verfahren über eine Rechtswegbeschwerde ist eine Kostenentscheidung zu treffen, da § 17b Abs. 2 GVG hier keine Anwendung findet (BSG, 29.9.1994 – 3 BS 2/93; 9.2.2006 – B 3 SF 1/05 R; 1.4.2009 – B 14 SF 1/08 R). Der Streitwert beträgt im Regelfall ein Fünftel, höchstens bis zu einem Drittel des Hauptsachewerts (BSG, 6.9.2007 – B 3 SF 1/07 R; 29.7.2014 – B 3 SF 1/14 R; 21.7.2016 – B 3 SF 1/16 R; 5.5.2021 – B 6 SF 1/20 R; auch des Regelstreitwerts: BSG, 5.5.2021 – B 6 SF 5/20 R); ausnahmsweise bei Inanspruchnahme aus Bürgschaft Höhe des Zahlungsanspruchs (BSG, 12.4.2018 – B 14 SF 1/18 R, vgl. hierzu auch *Keller*, jurisPR-SozR 14/2018, Anm. 6). Keine Streitwertfestsetzung notwendig, wenn die Beschwerde verworfen

	oder zurückgewiesen wird, da sich dann die Gerichtsgebühr nicht nach einem Streitwert richtet, sondern eine Festgebühr gem. Nr. 7504 Anl. 1 zum GKG anfällt (BSG, z.B. 26.10.2010 – B 8 AY 1/09 R; 3.8.2011 – B 11 SF 1/10 R; 4.4.2012 – B 12 SF 1/10 R; 12.5.2021 – B 10 SF 3/20 R; B 10 SF 3/20 B) bzw. wenn Kostenfreiheit besteht und kein Antrag des Rechtsanwalts (§ 33 Abs. 1 RVG) vorliegt (BSG, 30.9.2014 – B 8 SF 1/14 R). Bei teilweise erfolgreicher Beschwerde Entscheidung über Ermäßigung/Nichterhebung der Gerichtsgebühr nach Nr. 7504 der Anl. 1 des GKG, bei Obsiegen fällt keine Gebühr an.
4. Zurückverweisung	
4.1	Bei Zurückverweisung ist eine Festsetzung des Streitwerts vorzunehmen (BSG, 13.12.2005 – B 4 RA 28/05 R; 10.5.2007 – B 10 KR 1/05 R; 12.2.2015 – B 10 ÜG 11/13 R; 10.11.2021 – B 1 KR 36/20 R); evtl. niedriger als Hauptsache, da Rechtsstreit nicht endgültig beigelegt (BVerfG, 17.7.2013 – 1 BvR 2045/12, insoweit veröff. in NZS 2013, 737). Dies gilt dann nicht, wenn es wegen Gerichtskostenfreiheit eines Beteiligten (noch) an „zu erhebenden Gebühren" (§ 63 Abs. 2 GKG) fehlt (BSG, 20.4.2016 – B 8 SO 25/14 R).
5. Anhörungsrüge (§ 178a SGG)	
5.1	Einer Streitwertfestsetzung bedarf es nicht, da sich die Gerichtsgebühr unmittelbar aus Nr. 7400 der Anl. 1 des GKG ergibt, sofern in vollem Umfang verworfen oder zurückgewiesen (BSG, 8.11.2006 – B 2 U 5/06 C; 6.3.2013 – B 6 KA 6/12 C; 2.3.2016 – B 13 SF 7/16 S; 30.3.2021 – B 10 ÜG 1/21 C).
6. Beschwerde gegen Ablehnung von Prozesskostenhilfe in Verfahren nach § 197a SGG	
6.1	Ein Streitwert nach dem GKG ist nicht festzusetzen, da keine streitwertabhängigen Gerichtskosten anfallen (Bayerisches LSG, 15.10.2015 – L 7 AS 588/15 B).
VI. Einzelfälle	
1. Widerspruchsverfahren	
1.1	**Klage des Versicherten** auf Erstattung höherer Kosten (§ 63 SGB X): Gerichtskostenfrei nach § 183 SGG (BSG, 27.1.2009 – B 7/7a AL 20/07 R; 9.3.2016 – B 14 AS 5/15 R), ebenso bei einem Begehren auf Freistellung von Rechtsanwaltskosten (LSG Rheinland-Pfalz, 6.5.2015 – L 6 AS 34/15); § 197a SGG bei **Klage des Rechtsanwalts** (BSG, 20.2.2020 – B 14 AS 3/19 R).
1.2	**Zurückweisung des Bevollmächtigten** (§ 13 Abs. 5 SGB X) und Klage des Bevollmächtigten: Höhe des Gebührenanspruchs des Bevollmächtigten für die begehrte Vertretung (BSG, 14.11.2013 – B 9 SB 5/12 R; 13.7.2018 – B 9 SB 89/17 B; 14.2.2019 – B 9 SB 49/18 B und B 9 SB 51/18 B); wenn das (Fortsetzungsfeststellungs-)Interesse darauf abzielt, in anderen ähnlich gelagerten Fällen zukünftig eine Vertretungsbefugnis zu haben: Auffangstreitwert (BSG, 28.3.2019 – B 10 KG 1/18 R; 24.9.2020 – B 9 SB 2/18 R; 25.8.2022 – B 9 SB 5/20 R; LSG Baden-Württemberg, 18.5.2021 – L 6 SB 4012/20).

1.3	Bei Anwendungsfällen des § 197a SGG: Erstattung der Aufwendungen nach § 63 SGB X: Differenz zwischen den geforderten und den erstatteten Kosten (BSG, 5.10.2006 – B 10 LW 5/05 R; 9.4.2008 – B 6 KA 3/07 B; 25.3.2015 – B 6 KA 48/14 B).
1.4	Eine gesonderte Festsetzung des Gegenstandswerts durch die Verwaltung ist im Gesetz nicht vorgesehen und damit unzulässig (lediglich Berechnungsfaktor). Die Gerichte haben im Rahmen der Prüfung der Höhe der Kostenerstattung den Gegenstandswert eigenständig zu bestimmen (BSG, 9.4.2008 – B 6 KA 3/07 B; LSG Berlin-Brandenburg, 10.9.2010 – L 7 KA 121/09).
1.5	Bei isolierter Klage auf Wiedereinsetzung im Widerspruchsverfahren (§ 84 Abs. 2 S. 3 SGG) ein Zehntel des Streitwerts der Hauptsache (LSG Rheinland-Pfalz, 9.8.2022 – L 6 BA 15/21).
2. Ablehnung eines Sachverständigen wegen Besorgnis der Befangenheit (§ 118 Abs. 1 S. 1 SGG)	
2.1	Ein Drittel des Streitwerts der Hauptsache (LSG Nordrhein-Westfalen, 4.6.2007 – L 1 B 7/07 AL; Bayerisches LSG, 19.11.2013 – L 2 SF 121/12 B).
3. Ordnungsgeld gegen Sachverständige (§ 118 Abs. 1 SGG, § 411 Abs. 2 ZPO), Beteiligte (§ 111 SGG), Zeugen (§ 118 Abs. 1 SGG, § 380 ZPO); Beschwerde	
3.1	Bei erfolgloser Beschwerde bedarf es einer Streitwertfestsetzung nicht, da sich die Gerichtsgebühr unmittelbar aus Nr. 7504 der Anl. 1 des GKG ergibt (LSG Baden-Württemberg, 19.7.2018 – L 8 U 4225/17 B; *Gierke*, SGb 2022, 341, 347; a.A.: Höhe des Ordnungsgelds, Bayerisches LSG, 3.3.2014 – L 2 R 77/14 B; 3.1.2022 – L 2 KR 343/21 B; Hessisches LSG, 14.9.2010 – L 1 KR 257/10 B); bei teilweise erfolgreicher Beschwerde Entscheidung über Ermäßigung/Nichterhebung der Gerichtsgebühr nach Nr. 7504 der Anl. 1 des GKG, bei Obsiegen fällt keine Gebühr an.
4. Ablehnung von Gerichtspersonen (§ 60 SGG); unzulässige Beschwerde (§ 172 Abs. 2 SGG)	
4.1	10 v.H. des Streitwerts der Hauptsache (LSG Rheinland-Pfalz, 14.5.2012 – L 7 KA 26/12 B).
5. Befundbericht; Klage des Arztes auf höhere Vergütung (JVEG)	
5.1	Höhe der streitigen Vergütung (BSG, 2.10.2008 – B 9 SB 7/07 R).
6. Antrag/Klage eines vollmachtlosen Vertreters	
6.1	Keine Kostenprivilegierung, Kosten sind nach § 197a SGG dem vollmachtlosen Vertreter aufzuerlegen (Bayerisches LSG, 15.4.2014 – L 5 R 1201/13 B ER <Streitwert ein Viertel der Hauptsache>; 23.2.2017 – L 15 AS 44/17 B ER <Auffangstreitwert>; Sächsisches LSG, 26.6.2014 – L 3 AS 318/12 B ER; LSG Niedersachsen-Bremen, 9.1.2017 – L 11 AL 75/16 <Auffangstreitwert>); a.A. wenn für Kläger § 183 SGG gilt: LSG Berlin-Brandenburg, 21.3.2019 – L 31 AS 2727/15).
7. Verschuldenskosten (§ 192 SGG)	
7.1	Auferlegung von Kosten nach **§ 192 Abs. 1 SGG** gegenüber dem gesetzlichen Vertreter bzw. dem Prozessbevollmächtigten: § 197a SGG gilt für die gesonderte

	Beschwerde (LSG Berlin-Brandenburg, 10.5.2017 – L 32 AS 345/17 B; LSG Baden-Württemberg, 30.11.2017 – L 4 P 4479/17 B, vgl. *Loytved*, jurisPR-SozR 9/2018, Anm. 3; LSG Berlin-Brandenburg, 13.1.2020 – L 5 AS 1483/19 B). Keine Streitwertfestsetzung notwendig, da eine Festgebühr gem. Nr. 7504 Anl. 1 zum GKG anfällt. Bei teilweise erfolgreicher Beschwerde Entscheidung über Ermäßigung/Nichterhebung der Gerichtsgebühr nach Nr. 7504 der Anl. 1 des GKG, bei Obsiegen fällt keine Gebühr an (LSG Berlin-Brandenburg, 22.9.2022 – L 4 KG 1/21 B).
7.2	Bei von Behörden unterlassenen Ermittlungen nach **§ 192 Abs. 4 SGG**: § 197a SGG gilt für die Behörde, da Versicherter an diesem Nebenverfahren nicht beteiligt ist (Thüringer LSG, 17.1.2017 – L 5 SB 1136/15 B; LSG Nordrhein-Westfalen, 3.3.2017 – L 18 KN 92/16 B; LSG Baden-Württemberg, 3.12.2020 – L 3 SB 2455/20 B; Hessisches LSG, 14.10.2022 – L 3 U 143/22 B). Keine Streitwertfestsetzung notwendig, da eine Festgebühr gem. Nr. 7504 Anl. 1 zum GKG anfällt. Bei teilweise erfolgreicher Beschwerde Entscheidung über Ermäßigung/Nichterhebung der Gerichtsgebühr nach Nr. 7504 der Anl. 1 des GKG, bei Obsiegen fällt keine Gebühr an.
8. Hausverbot	
8.1	Auffangstreitwert (LSG Rheinland-Pfalz, 10.9.2009 – L 5 KA 38/09 B ER).
9. Übertragung und Verpfändung (§ 53 SGB I)	
9.1	Bei Klage des Zessionars Höhe des Betrags (BSG, 29.1.2014 – B 5 R 36/12 R), ggf. dreifacher Jahresbetrag der umstrittenen Rentenzahlung (LSG Baden-Württemberg, 19.11.2013 – L 13 R 1662/12).
10. Insolvenzverfahren	
10.1	Zahlungsklage des Treuhänders nach Abtretung gem. § 287 Abs. 2 InsO: keine Kostenprivilegierung nach § 183 SGG (LSG Baden-Württemberg, 30.6.2020 – L 11 KR 4604/18).
10.2	Klage auf Feststellung einer Forderung, deren Bestand vom Insolvenzverwalter oder von einem Insolvenzgläubiger bestritten wird: Bei Aufnahme Stufenstreitwert für Zeiträume vor und nach der Aufnahme; nach Aufnahme gilt § 182 InsO als abweichende Bestimmung zu § 40 GKG (BSG, 22.3.2021 – B 13 R 20/19 R; Sächsisches LSG, 29.6.2018 – L 1 KR 167/18 B).
11. Vollstreckung nach der ZPO (§ 198 SGG)	
11.1	Einstweilige Einstellung der Zwangsvollstreckung (§ 769 Abs. 1 S. 1 ZPO): ein Viertel des in der Hauptsache streitigen Betrags (LSG Niedersachsen-Bremen, 9.1.2017 – L 3 KA 87/16 B ER).
11.2	Vollstreckungsabwehrklage (§ 767 ZPO): Umfang der erstrebten Ausschließung der Zwangsvollstreckung <Wert des zu vollstreckenden Anspruchs einschließlich etwaiger Rückstände ohne Zinsen und Kosten> ohne Rücksicht auf seine Realisierbarkeit (BGH, 9.2.2006 – IX ZB 310/04).

12. Gerichtliches Vollstreckungsverfahren nach § 201 SGG	
12.1	Streitwertfestsetzung nur im Anwendungsbereich des § 197a SGG (SG Fulda, 5.9.2012 – S 4 U 8/06; a.A.: LSG Berlin-Brandenburg, 27.9.2006 – L 10 B 752/06 AS ER).
12.2	Höhe des zur Festsetzung beantragten Zwangsgeldes, nicht der Wert des Verfahrensgegenstands im vorausgegangenen Gerichtsverfahren (LSG Berlin-Brandenburg, 12.12.2006 – L 7 B 124/03 KA).
12.3	Bei Androhung: die Hälfte des beantragten Zwangsgeldes (LSG Berlin-Brandenburg, 12.12.2006 – L 7 B 124/03 KA).
13. Streitigkeiten nach § 81a SGB X: Durchführung der Datenschutzgrundverordnung (DSGVO)	
13.1	Klagerecht sui generis unmittelbar aus der DSGVO: daher keine Gerichtskostenfreiheit (*Bieresborn/Giesberts-Kaminski*, SGb 2018, 609, 611; LSG Niedersachsen-Bremen, 14.2.2023 – L 16 SF 5/21 DS (KR)).
14. Dienstaufsichtsbeschwerde	
14.1	Anspruch auf Bescheidung einer Dienstaufsichtsbeschwerde: Regelstreitwert (LSG Berlin-Brandenburg, 27.4.2009 – L 18 AL 100/09 B ER).
15. Beteiligung am Verwaltungsverfahren (§ 12 SGB X)	
15.1	Auffangstreitwert (Sächsisches LSG, 20.11.2018 – L 9 VE 16/26).
16. Anspruch auf Impfung nach der CoronaImpfV	
16.1	Auffangstreitwert (LSG Niedersachsen-Bremen, 2.2.2021 – L 5 SV 1/21 B ER).
17. Rechtsschutz bei überlangen Gerichtsverfahren (§ 202 SGG, § 198 GVG)	
17.1	Höhe der begehrten Entschädigungssumme (BSG, 3.9.2014 – B 10 ÜG 2/14 R; 5.5.2015 – B 10 ÜG 8/14 R; 26.10.2015 – B 10 ÜG 13/15 B), hilfsweise Auffangstreitwert (BSG, 3.9.2014 – B 10 ÜG 9/13 R).
17.2	Beim Feststellungsbegehren nach § 198 Abs. 4 GVG handelt es sich um ein auf Entschädigung in anderer Weise gerichtetes Leistungsbegehren, deshalb keine Streitwertreduzierung (BSG, 15.12.2015 – B 10 ÜG 1/15 R; 30.1.2017 – B 10 ÜG 28/16 B).

B. Besonderer Teil

4

I. SGB II – Grundsicherung für Arbeitsuchende		
1.	**Abschluss einer Vereinbarung zur Schaffung von Arbeitsgelegenheiten (§§ 16d, 17 Abs. 2 SGB II)**	Keine Kostenprivilegierung, da institutionelle Förderung begehrt (SG Hamburg, 27.4.2010 – S 59 AS 113/08; LSG Nordrhein-Westfalen, 2.5.2012 – L 19 AS 521/12 B; LSG Niedersachsen-Bremen, 22.1.2020 – L 11 AS 653/19 B); ebenso bei Begehren auf Kostenerstattung nach § 16d Abs. 8: LSG Sachsen-Anhalt, 27.9.2019 – L 4 AS 504/15; a.A.: Gleichstellung mit einem Leistungsempfänger nach § 183 SGG (LSG Berlin-Brandenburg, 18.3.2008 – L 29 B 1675/07 AS).
2.	**Beteiligung an der Schuldnerberatung (§§ 16a Nr. 2, 17 Abs. 2 SGB II)**	Auffangstreitwert (BSG, 10.8.2016 – B 14 AS 23/15 R).
3.	**Leistungen an Arbeitgeber (§§ 16 Abs. 1 Nr. 2 bzw. 3 SGB II, 16e, 16i SGB II)**	Gerichtskostenfrei nach § 183 SGG (*Klerks*, info also 2019, 99, 100); zur Einstiegsqualifizierung: LSG Rheinland-Pfalz, 10.10.2018 – L 6 AS 64/17; zum Integrationszuschuss: LSG Rheinland-Pfalz, 28.2.2018 – L 6 AS 392/16; vgl. B.II.4.
4.	**Vermittlungsgutschein, Rechtsverhältnis Jobcenter und Maßnahmeträger/Vermittler (§ 16 Abs. 1 Nr. 2 SGB II, §§ 45 Abs. 4 ff., 83 Abs. 2 SGB III: Ausstellung des Vermittlungsgutscheins bzw. Ablehnung der Auszahlung der Vermittlungsvergütung)**	Der Vermittler ist kein Leistungsempfänger i.S.d. § 183 SGG (BSG, 16.2.2012 – B 4 AS 77/11 R; 17.9.2020 – B 4 AS 5/20 R).
5.	**Ansprüche des Vermieters gegenüber dem Jobcenter**	
5.1	Zahlung der Bedarfe für Unterkunft und Heizung an den Vermieter (§ 22 Abs. 7 SGB II)	Höhe der Beträge (BSG, 9.8.2018 – B 14 AS 38/17 R; LSG Niedersachsen-Bremen, 28.11.2016 – L 11 AS 699/15; 3.2.2022 – L 11 AS 578/20).

5.2	Abtretung von Leistungen (§ 53 Abs. 2 Nr. 2 SGB I)	Begehrter Zahlungsbetrag (LSG Niedersachsen-Bremen, 3.5.2021 – L 11 AS 234/18).
6.	**Aufnahme in eine Anbieterliste (§ 29 Abs. 2 S. 2 SGB II)**	Auffangstreitwert (BSG, 14.12.2021 – B 14 AS 27/20 R).
7.	**Übergang von Ansprüchen (§ 33 SGB II)**	Bei Klage eines Dritten auf Durchführung des Verfahrens gegen den Schuldner bzw. auf Information: Auffangstreitwert (Bayerisches LSG, 23.4.2007 – L 11 B 818/06 AS ER).
8.	**Ersatzansprüche (§§ 34, 34a SGB II)**	Höhe des Ersatzanspruchs (BSG, 12.5.2021 – B 4 AS 66/20 R).
9.	**Erbenhaftung (§ 35 SGB II)**	Keine Kostenprivilegierung, (SG Berlin, 24.5.2011 – S 149 AS 21300/08; Bayerisches LSG, 10.4.2014 – L 7 AS 731/12).
10.	**Erteilung einer Auskunft über die Einkommens- und Vermögensverhältnisse (§ 60 SGB II)**	Auffangstreitwert <ohne Abschlag> (BSG, 24.2.2011 – B 14 AS 87/09 R; 23.6.2016 – B 14 AS 4/15 R; LSG Baden-Württemberg, 27.9.2011 – L 13 AS 4950/10); ggfs. mehrfach bei mehreren Auskunftsansprüchen (Bayerisches LSG, 30.4.2015 – L 7 AS 640/13 B).
11.	**Klage des Ehegatten eines Leistungsbeziehers auf Löschung seiner personenbezogenen Daten**	Keine Kostenprivilegierung; Auffangstreitwert (Hessisches LSG, 31.5.2021 – L 6 SF 1/21 DS B ER).
12.	**Beteiligung von Trägern der Grundsicherung für Arbeitsuchende**	Befreiung von den Gerichtskosten nach § 2 Abs. 3 S. 1 GKG, § 64 Abs. 3 S. 2 SGB X (BSG, 28.1.2016 – B 13 SF 3/16 S; 12.11.2015 – B 14 AS 50/14 R; Bayerisches LSG, 4.2.2021 – L 12 SF 224/19 E); dies gilt auch für die Bundesagentur für Arbeit bei Wahrnehmung von Aufgaben des Vollzugs im SGB II (BSG 19.2.2018 – B 6 SF 3/17 S; Sächsisches LSG, 29.6.2016 – L 7 AS 749/15 B; Hessisches LSG, 27.5.2016 – L 2 SF 15/16).

13.	**Abzweigung (§ 48 Abs. 1 S. 1 SGB I)**	Keine Kostenprivilegierung (BSG, 17.3.2009 – B 14 AS 34/07 R; Auffangstreitwert, SG Trier, 31.1.2014 – S 4 AS 89/13).
14.	**Klage eines Leistungsbeziehers mit allgemeinen Begehren**	Kostenprivilegierung nach § 183 SGG <gegen Bundesrepublik Deutschland betr. die allgemeine Durchführung des SGB II> (BSG, 31.7.2013 – B 4 SF 5/13 S): a.A. <gegen Leistungsträger betr. die Benennung als Jobcenter> (LSG Rheinland-Pfalz, 10.11.2014 – L 3 AS 528/14 B).
II. SGB III – Arbeitsförderung		
1.	**Arbeitsgenehmigung (Arbeitserlaubnis, Arbeitsberechtigung), § 284 SGB III**	
1.1	Erteilung	Wirtschaftliches Interesse des Unternehmers; bei normalem Geschäftsbetrieb erzielbarer Unternehmensgewinn (Hessisches LSG, 31.8.1998 – L 6 AL 1106/97 ER; LSG Nordrhein-Westfalen, 16.4.2010 – L 1 B 16/09 AL).
1.2	Gebühr für die Erteilung	Höhe der Gebühr (BSG, 13.12.2000 – B 7 AL 58/99 R).
2.	**Arbeitnehmerüberlassung**	
2.1	Erteilung bzw. Verlängerung der Erlaubnis (§§ 2, 3 AÜG)	Unmittelbares wirtschaftliches Interesse; bei fehlenden Anhaltspunkten für die wirtschaftliche Bedeutung Auffangstreitwert (LSG Baden-Württemberg, 11.3.2011 – L 13 AL 3438/10 ER-B; Sächsisches LSG, 27.8.2019 – L 3 AL 70/19 B ER; 19.4.2021 – L 3 AL 26/20 B ER; LSG Sachsen-Anhalt, 10.11.2017 – L 2 AL 75/17 B ER).
2.2	Rücknahme, Widerruf der Erlaubnis (§ 4, § 5 AÜG)	Unmittelbarer wirtschaftlicher „Schaden" (LSG Niedersachsen-Bremen, 26.2.2003 – L 8 AL 336/02 ER; 17.6.2019 – L 11 AL 27/19 B ER) bzw. bei normalem Geschäfts-

		betrieb erzielbarer Unternehmensgewinn (Bayerisches LSG, 13.12.2006 – L 9 B 823/06 AL ER), hilfsweise Regelstreitwert (LSG Niedersachsen-Bremen, 28.1.2003 – L 8 B 158/02 AL; 21.12.2018 – L 7 AL 163/18 B ER).
2.3	Auflage (§ 2 AÜG)	Regelstreitwert (BSG, 12.10.2016 – B 11 AL 6/15 R).
3.	**Zulassung von Trägern und Maßnahmen (§§ 84, 85 SGB III i.d.F. bis 31.3.2012, §§ 176 ff. SGB III, § 184 SGB III i.V.m. AZAV)**	Keine Kostenprivilegierung (Hessisches LSG, 28.4.2009 – L 7 AL 118/08 B ER); Regelstreitwert je begehrte Maßnahme für drei Jahre <§ 42 Abs. 2 GKG> (BSG, 16.1.2012 – B 11 SF 1/10 R) bzw. Hälfte des Streitwerts für die Genehmigung einer Ersatzschule: 15.000 € (LSG Baden-Württemberg, 4.4.2005 – L 13 AL 219/05 W-A).
4.	**Eingliederungszuschüsse (§§ 217 ff. SGB III i.d.F. bis 31.3.2012, §§ 88 ff. SGB III); Zuschüsse zur Ausbildungsvergütung (§ 73 SGB III)**	Keine Streitwertfestsetzung, da gerichtskostenfrei nach § 183 SGG <Leistungsempfänger> (BSG, 22.9.2004 – B 11 AL 33/03 R; 4.10.2004 – B 7 AL 34/03 R).
5.	**Lohnkostenzuschuss nach den Richtlinien zur Durchführung des Sofortprogramms zum Abbau der Jugendarbeitslosigkeit**	Keine Streitwertfestsetzung, da gerichtskostenfrei nach § 183 SGG <Leistungsempfänger> (BSG, 1.7.2010 – B 11 AL 1/09 R).
6.	**Erstattungspflicht des Arbeitgebers (§ 147a SGB III i.d.F. bis zum 31.3.2012)**	
6.1	Grundlagenbescheid	Regelstreitwert (BSG, 22.3.2001 – B 11 AL 91/00 R; 4.9.2001 B 7 AL 6/01 R).
6.2	Abrechnungsbescheid	Höhe der Erstattungsforderung (BSG, 3.3.1998 – 11 RAr 103/96).
7.	**Kurzarbeitergeld (§§ 95 ff. SGB III); Klagen des Arbeitgebers oder der Betriebsvertretung**	Keine Streitwertfestsetzung, da gerichtskostenfrei nach § 183 SGG <Prozessstandschafter für Arbeitnehmer> (BSG, 21.7.2009 – B 7 AL 3/08 R; 11.12.2014 –

		B 11 AL 3/14 R; 17.3.2016 – B 11 AL 3/15 R; 7.5.2019 – B 11 AL 11/18 R; auch bei Rückzahlung: LSG Nordrhein-Westfalen, 15.3.2021 – L 20 AL 184/20 B; 25.1.2021 – L 9 AL 185/20 B und im Vollstreckungsverfahren: Sächsisches LSG, 4.9.2019 – L 3 AL 201/16 B).
8.	**Wintergeld (§ 102 SGB III); Klage des Arbeitgebers**	Keine Streitwertfestsetzung, da gerichtskostenfrei nach § 183 SGG <Prozessstandschafter für Arbeitnehmer> (BSG, 17.3.2016 – B 11 AL 3/15 R; Sächsisches LSG, 4.9.2019 – L 3 AL 201/16 B).
9.	**Vermittlungsgutschein, Rechtsverhältnis Agentur für Arbeit und Maßnahmeträger/ Vermittler (§§ 45 Abs. 4 ff., 83 Abs. 2 SGB III)**	Der Vermittler ist kein Leistungsempfänger i.S.d. § 183 SGG): Wert des Gutscheins bzw. Teilbetrag der ersten oder zweiten Rate (BSG, 6.4.2006 – B 7a AL 56/05 R; 21.2.2008 – B 11a AL 91/07 B; 11.12.2014 – B 11 AL 1/14 R; 9.6.2017 – B; 11 AL 6/16 R; 6.3.2018 – B 11 AL 86/17 B; 3.5.2018 – B 11 AL 11/17 R; 12.9.2019 – B 11 AL 13/18 R; Sächsisches LSG, 14.3.2017 – L 3 AL178/15 B; 11.11.2021 – L 3 AL 2/21).
10.	**Umlagen: Winterbeschäftigungs-Umlage (§§ 354 ff. SGB III); Insolvenzgeldumlage (§§ 358 ff. SGB III)**	
10.1	Grundlagenbescheid	Regelstreitwert (LSG Nordrhein-Westfalen, 18.5.2017 – L 9 AL 10/13).
10.2	Festsetzung der Umlagenhöhe	Höhe der Umlage, wenn insgesamt streitig (LSG Berlin-Brandenburg, 10.10.2018 – L 18 AL 28/18), bei auf einen Teilbetrag beschränkter Anfechtung: dieser Teilbetrag (BSG, 22.2.2012 – B 11 AL 4/11 R). Wenn gegen Heranziehung von bestimmten

		Beschäftigten: Dreifacher Jahresbetrag der aus den monatlichen Lohnsummen berechneten Umlage (BSG, 20.6.1995 – 10 RAr 7/94).
11.	**Anzeigepflichtige Entlassungen (§§ 17 ff. KSchG); Klage eines Arbeitnehmers gegen den Bescheid der Bundesagentur**	Der Arbeitnehmer ist kein Versicherter i.S.d. § 183 SGG; Regelstreitwert (LSG Baden-Württemberg, 8.1.2007 – L 9 AL 3242/06 AK-A).
12.	**Insolvenzgeld**	
12.1	Übertragung des Anspruchs auf Arbeitsentgelt auf einen Dritten vor Antragstellung (§ 188 Abs. 1 SGB III i.d.F. bis zum 31.3.2012, § 170 SGB III)	Dritter ist Leistungsempfänger i.S.d. § 183 SGG; kein Fall der Rechtsnachfolge nach § 183 S. 2 SGG, da Anspruchsübergang kraft Gesetzes (BSG, 5.12.2006 – B 11a AL 19/05 R)
12.2	Abtretung (§ 398 BGB) des Insolvenzgeldanspruchs an einen Dritten	Die Kostenprivilegierung gilt nicht, auch dann nicht, wenn der ursprünglich Leistungsberechtigte als gewillkürter Prozessstandschafter auftritt, da der Anspruch des Rechtsnachfolgers eines Leistungsempfängers – kein Fall des § 183 S. 2 SGG – geltend gemacht wird (BSG, 4.6.2007 – B 11a AL 153/06 B; 1.7.2010 – B 11 AL 6/09 R).
13.	**Zahlung von Pflichtbeiträgen bei Insolvenzereignis (§ 175 SGB III)**	Höhe der Beitragsforderung (BSG, 23.5.2017 – B 12 AL 1/15 R).
14.	**Berichtigung einer Arbeitsbescheinigung (§ 312 SGB III)**	Regelstreitwert ohne Abschlag (BSG, 21.7.2010 – B 7 AL 60/10 B); a.A.: ein Zehntel des Arbeitsentgelts, dessen zusätzliche Bescheinigung begehrt wird (SG Hamburg, 27.4.2006 – S 60 AL 2074/04) oder ein Zehntel des mittelbar verfolgten Begehrens (<Verhinderung einer Sperrzeit> LSG Rheinland-Pfalz, 23.3.2009 – L 1 AL 25/09 B; <Leistungsanspruch> 14.2.2011 – L 1 AL 6/11 B).
15.	**Erstattung von Leistungen nach §§ 4 und 12 Altersteilzeitgesetz – ATG; Klage des Arbeitgebers**	Keine Streitwertfestsetzung, da gerichtskostenfrei nach § 183 SGG <Leistungsempfänger> (BSG,

		21.3.2007 – B 11a AL 9/06 R; 23.2.2011 – B 11 AL 14/10 R).
16.	**Anordnung einer Außenprüfung nach §§ 304 Abs. 1 Nr. 2, 305 Abs. 1 S. 1 SGB III i.d.F. bis zum 31.7.2004**	Regelstreitwert (BSG, 1.3.2011 – B 7 AL 2/10 R).
17.	**Erprobung von Projekten der aktiven Arbeitsförderung nach § 421h SGB III i.d.F. bis zum 31.3.2012**	Regelstreitwert, wenn kein Zahlungsbegehren (LSG Baden-Württemberg, 23.8.2011 – L 13 AL 350/11).
18.	**Ausschluss von der Nutzung der (Internet-)Jobbörse; Deaktivierung des Benutzerkontos (§ 40 SGB III)**	Regelstreitwert (BSG, 6.12.2012 – B 11 AL 25/11 R; LSG Rheinland-Pfalz, 26.1.2017 – L 1 AL 67/15).
19.	**Abzweigung (§ 48 Abs. 1 S. 1 SGB I)**	Keine Kostenprivilegierung (BSG, 8.7.2009 – B 11 AL 30/08 R).
20.	**Erstattung von Weiterbildungskosten durch den Träger (§ 83 Abs. 2 S. 2 SGB III)**	Höhe des Erstattungsbetrags (BSG, 23.4.2018 – B 14 AS 370/17 B).
21.	**Pflicht der Arbeitgeber zur Beschäftigung schwerbehinderter Menschen (§ 154 ff. SGB IX)**	
21.1	Feststellungsbescheid zur Berechnung der Zahl der Pflichtarbeitsplätze für schwerbehinderte Menschen (§ 163 Abs. 2 und 3 SGB IX)	Auffangstreitwert (LSG Baden-Württemberg, 23.11.2018 – L 12 AL 3147/17).
21.2	Anrechnung auf einen Pflichtarbeitsplatz (§§ 154 Abs. 1, 156 Abs. 1, 163 Abs. 2 SGB IX)	Höhe der deshalb festgesetzten Ausgleichsabgabe (BSG, 29.3.2022 – B 11 AL 30/21 R).
III. SGB IV – Aufsichtsrecht, Sozialversicherungswahl		
1.	**Genehmigung zur Errichtung oder Erweiterung einer Krankenkasse (§§ 147 ff., §§ 157 ff. SGB V, §§ 87 ff. SGB IV)**	Bedeutung der Sache: bei bis zu 1000 betroffenen Pflichtmitgliedern 20-facher, bei bis zu 5000 Pflichtmitgliedern 30-facher Regelstreitwert (BSG, 12.12.1996 – 1 RR 5/90).
2.	**Schließung einer Betriebskrankenkasse (§ 153 SGB V); Klage eines Arbeitnehmers gegen die Aufsichtsbehörde**	Auffangstreitwert (BSG, 12.3.2013 – B 1 A 1/12 R).
3.	**Vereinigung von Krankenkassen (§ 155 SGB V)**	Höchststreitwert (BSG, 11.9.2012 – B 1 A 2/11 R).

4.	**Genehmigung zur Ermäßigung der Beiträge einer Krankenkasse (§ 220 Abs. 3 SGB V a.F.)**	Dreifacher Regelstreitwert (LSG Baden-Württemberg, 9.2.2005 – L 1 A 5378/04 W-B).
5.	**Genehmigung einer Satzung oder Satzungsänderung (§ 34 Abs. 1 SGB IV)**	
5.1	Verlegung des Sitzes einer Krankenkasse	Regelstreitwert (LSG Berlin-Brandenburg, 9.9.2005 – L 24 B 1038/05 KR ER).
5.2	Satzungsänderung	Auffangstreitwert <Vertretungskompetenz des Vorstands> (LSG Sachsen-Anhalt, 1.7.2015 – L 9 KA 4/15 KL).
5.3	Genehmigung einer Satzung oder Satzungsänderung (**Beitragsrecht**)	Bei einer bundesweit zuständigen Krankenkasse zehnfacher Regelstreitwert <50.000 €> (BSG, 19.9.2007 – B 1 A 4/06 R) bzw. 500.000 € (BSG, 22.6.2010 – B 1 A 1/09 R; 8.11.2011 – B 1 A 1/11 R) oder 1.000.000 € (12.3.2015 – B 1 A 2/12 R).
5.4	Gewährung einer zusätzlichen, nicht durch Gesetz bestimmten **Leistung** an Versicherte durch die Satzung einer Krankenkasse (§§ 194 Abs. 1 Nr. 3 SGB V)	Höhe der aufgewendeten Beitragsmittel <Gruppenversicherungsvertrag für Auslandsreisen> (BSG, 31.5.2016 – B 1 A 2/15 R) bzw. zehnfacher Regelstreitwert <50.000 €> (Leistungen der künstlichen Befruchtung: BSG, 18.11.2014 – B 1 A 1/14 R; Gestaltungsleistungen nach § 11 Abs. 6 SGB V: BSG, 28.5.2019 – B 1 A 1/18 R.
5.5	Klage eines privaten Krankenversicherungsunternehmens bzgl. Gestaltungsleistungen einer Krankenkasse nach § 11 Abs. 6 SGB V; Unterlassungsanspruch	Höchststreitwert (BSG, 30.7.2019 – B 1 KR 34/18 R).
5.6	Anordnung zur Änderung einer Satzung (§ 195 Abs. 2 SGB V)	Auffangstreitwert (Schleswig-Holsteinisches LSG, 7.12.2016 – L 5 KR 151/16 KL ER).
6.	**Aufsichtsverfügung (§§ 89, 90 SGB IV)**	
6.1	Zuständigkeit der Aufsichtsbehörde (§ 90 SGB IV)	Dreifacher Jahresbetrag der finanziellen Bedeutung (LSG Mecklenburg-Vorpommern, 23.4.2018 – L 6 KR

		26/18 ER; 100.000 € ohne Begründung nach BSG, 10.3.2015 – B 1 A 10/13 R).
6.2	Aufsichtsverfügungen	– Höchststreitwert nach § 52 Abs. 4 Nr. 2 GKG bei Streit über die Rechtmäßigkeit einer Festgeldanlage von 100 Mio. € (BSG, 3.3.2009 – B 1 A 1/08 R), über eine Weisung gegenüber der Bundesagentur für Arbeit zur Begleichung von Abrechnungen (BSG, 7.12. 2010 – B 11 AL 74/10 B), über die Kündigung von Verträgen zur Planung und Durchführung eines Versorgungsmanagements (BSG, 8.10.2019 – B 1 A 3/19 R), über die Rückstellung von Schätzverpflichtungen (BSG, 8.10.2019 – B 1 A 2/19 R), über einen Beschluss des Verwaltungsrats zur Ausbringung eines Sperrvermerks zu Beiträgen nach § 20a Abs. 3 S. 4 SGB V (BSG, 18.5.2021 – B 1 A 2/20 R), über die Aufrechterhaltung der Beteiligung an einer Rehabilitationsklinik (Sächs. LSG, 12.12.2017 – L 4 R 137/12 KL), über die Anordnung zur Aufhebung einer Ausschreibung nach § 127 SGB V (LSG Berlin-Brandenburg, 17.10.2018 – L 9 KR 76/18 KL ER). – Auffangstreitwert bei Verpflichtung zur Kündigung eines Dienstleistungsvertrags mit einem Dritten (LSG Niedersachsen-Bremen, 24.2.2022 – L 12 P 25/20 KL).
7.	**Vorstandsdienstvertrag, Zustimmung Aufsichtsbehörde (§ 35a Abs. 6a SGB IV)**	Bei Streit über Höhe der Vergütung: Vergütungsdifferenz für die weitere Vertragslaufzeit (LSG Baden-Württemberg, 19.1.2018 – L 4 KR 4301/15 KL; wohl auch BSG, 11.12.2019 – B 6 A 1/19 B).

8.	**Prüfungsverfügung (§§ 304 ff. SGB III a.F., § 107 SGB IV a.F.; § 18 h Abs. 3 bis 8 SGB IV a.F. i.V.m. dem Schwarzarbeitsbekämpfungsgesetz)**	Auffangstreitwert (BSG, 28.8. 2007 – B 7/7a AL 16/06 R).
9.	**Sozialversicherungswahl (§§ 45 ff., 57 SGB IV); Wahlanfechtungsklage**	Regelstreitwert (BSG, 8.9.2015 – B 1 KR 28/14 R; 9.5.2017 – B 13 R 240/16 B; LSG Nordrhein-Westfalen, 14.4.2021 – L 11 KA 3/18; Hessisches LSG, 28.1.2022 – L 9 U 173/18; *Schmitt*, SGb 2022, 461, 468 f.: § 197a SGG auch wenn ein Versicherter klagt).
10.	**Amtsenthebung eines Mitglieds eines Selbstverwaltungsorgans (§ 59 Abs. 3 SGB IV)**	Auffangstreitwert (LSG Berlin-Brandenburg, 10.6.2021 – L 1 KR 411/20 B ER).
IV. SGB IV – KSVG; Beitragsrecht		
1.	**Anfrageverfahren (§ 7a SGB IV)**	
1.1	Klage des Beschäftigten	Keine Streitwertfestsetzung, da gerichtskostenfrei nach § 183 SGG (BSG, 4.6.2019 – B 12 R 20/18 R).
1.2	Klage des Arbeitgebers	a) **Auffangstreitwert nach wohl h.M.** (z.B.: BSG, 11.3.2009 – B 12 R 11/07 R; 4.6.2009 – B 12 R 6/08 R; 30.10.2013 – B 12 KR 17/11 R; 20.2.2017 – B 12 KR 95/16 B; 26.2.2019 – B 12 R 8/18 R; 8.7.2020 – B 12 R 26/18 R; 15.7.2021 – B 12 R 38/20 B; LSG Baden-Württemberg, 17.7.2014 – L 11 R 2546/14 B; 21.2.2017 – L 11 R 2433/16; 10.11.2020 – L 4 BA 1107/20 B; Bayerisches LSG, 27.11.2015 – L 7 R 759/15 B; Hessisches LSG, 6.9.2019 – L 1 BA 21/19 B; 28.5.2020 – L 8 BA 42/19; LSG Berlin-Brandenburg, 15.8.2017 – L 1 KR 468/16; LSG Nordrhein-Westfalen, 12.4.2017 – L 8 R 104/17 B). b) **a.A.:** nach den wirtschaftlichen Folgen (LSG Niedersachsen-Bremen,

		1.4.2019 – L 2 BA 18/18; Höhe der mögl. Beitragsforderung nur, wenn bereits erhoben oder konkrete Höhe dargelegt ist: LSG Niedersachsen-Bremen, 11.3.2021 – L 1 BA 111/19 <unveröff.>; Bayerisches LSG, 23.1.2019 – L 16 BA 154/18 B; 26.1.2023 – L 16 BA 110/22 B); zum Streitstand vgl. *Reyels*, jurisPR-SozR 20/2015 Anm. 6). c) Eine Rechtsgrundlage für eine Vervielfältigung des Auffangstreitwerts besteht nicht (BSG, 5.3.2010 – B 12 R 8/09 R; Berchtold, NZS 2014, 888), jedoch kann dieser bei Verfahren, die mehrere Personen betreffen, mit der Anzahl der Personen multipliziert werden (LSG Baden-Württemberg, 10.9.2010 – L 4 R 1775/07); bei Arbeitseinsätzen ohne inhaltlichen Zusammenhang mehrfacher Auffangstreitwert (LSG Baden-Württemberg, 28.1.2019 – L 10 R 2642/17; ohne Begründung: BSG, 4.6.2019 – B 12 R 11/18 R <Tätigkeit für zwei Krankenhäuser>, nicht bei mehreren Einsätzen für ein Pflegeheim: BSG, 7.6.2019 – B 12 KR 8/18 R); nicht bei Einzelaufträgen in einem Rahmenverhältnis (Bayerisches LSG, 26.1.2023 – L 16 BA 110/22 B); Auffangstreitwert auch bei Ablehnung der Durchführung des Statusfeststellungsverfahrens (Sächsisches LSG, 26.6.2020 – L 2 KR 80/15).
1.3	Klagen sowohl des Beschäftigten als auch des Arbeitgebers	Es liegt auch bei Verbindung (vgl. A.II.1.5. und A.III.1.1.) getrennter Klagen ein einheitlicher Streitgegenstand bei subjektiver Klagehäufung vor: § 193 SGG (BSG, 29.7.2015 – B 12 KR 23/13 R; LSG Berlin-Brandenburg, 24.2.2014 – L 1 KR 271/13; Bayerisches LSG,

		6.5.2019 – L 7 R 5178/17; LSG Baden-Württemberg, 10.10.2014 – L 4 R 2204/13; 27.6.2022 – L 11 BA 3585/20); a.A.: teilbarer Streitgegenstand und damit objektive Klagehäufung (LSG Rheinland-Pfalz, 11.12.2013 – L 6 R 152/12 B: § 193 SGG für Arbeitnehmer und § 197a SGG für Arbeitgeber).
1.4	Berechtigung eines Steuerberaters zum Auftreten als Bevollmächtigter	Bei allgemeinem zukunftsgerichtetem Begehren Auffangstreitwert und nicht nur kostenrechtlicher Gebührenanspruch (BSG, 5.3.2014 – B 12 R 7/12 R und 4/12 R); vgl. auch A.VI.1.2.
1.5	Zuständigkeitsstreit zwischen DRV Bund und Einzugsstelle	Auffangstreitwert (BSG, 16.7.2019 – B 12 KR 6/18 R).
2.	**Gesamtsozialversicherungsbeitrag (§ 28d, § 28e SGB IV)**	
2.1	Geltendmachung einer Beitragsforderung; Klage des Arbeitgebers	Höhe der Forderung (BSG, 1.6.2006 – B 12 KR 34/05 B; 20.3.2013 – B 12 KR 7/11 R); mit Umlagebeträgen (U1 und U2) nach dem AAG (B.V.4.; BSG, 18.1.2018 – B 12 R 3/16 R; 10.12.2019 – B 12 R 9/18 R; 27.4.2021 – B 12 R 18/19 R; 3.2.2022 – B 12 R 32/21 B <unveröff.>; 13.12.2022 – B 12 BA 23/22 B) und U3/UI (B.II10.; 28.6.2022 – B 12 R 1/20 R); vgl. auch B.VII.1.
2.2	Verpflichtung des Arbeitgebers zur Erteilung einer Ermächtigung zum Einzug des Gesamtsozialversicherungsbeitrags (§ 28a Abs. 7 S. 3 SGB IV)	Auffangstreitwert, da keine Beitragsforderung, sondern die Art und Weise der Beitragszahlung streitig ist (BSG, 8.12.2008 – B 12 R 38/07 B).
3.	**Betriebsprüfung, Feststellung der Versicherungspflicht, Beitragsforderung (§ 28p SGB IV)**	
3.1	Klage des Beschäftigten	Keine Streitwertfestsetzung, da gerichtskostenfrei nach § 183 SGG.

3.2	Klage des Arbeitgebers	Höhe der Beiträge, wenn zu Beginn des Verfahrens (§ 40 GKG) auch Beitragsbescheid vorlag (LSG Schleswig-Holstein, 19.1.2015 – L 5 KR 180/15 B); mit Umlagebeträgen (U1 und U2) nach dem AAG (B.V.4.; BSG, 18.1.2018 – B 12 R 3/16 R; 10.12.2019 – B 12 R 9/18 R; 27.4.2021 – B 12 R 18/19 R; 3.2.2022 – B 12 R 32/21 B <unveröff.>; 13.12.2022 – B 12 BA 23/22 B) und U3/UI (B.II10.; BSG, 28.6.2022 – B 12 R 1/20 R); wendet sich der Kläger nur gegen die Versicherungspflicht Auffangstreitwert (BSG, 8.12.2008 – B 12 R 37/07 B; LSG Baden-Württemberg, 27.9.2017 – L 5 R 4792/15).
3.3	Klagen sowohl des Beschäftigten als auch des Arbeitgebers	Es liegt auch bei Verbindung (vgl. A.II.1.5. und A.III.1.1.) getrennter Klagen ein einheitlicher Streitgegenstand bei subjektiver Klagehäufung vor: § 193 SGG (BSG, 29.7.2015 – B 12 KR 23/13 R: LSG Berlin-Brandenburg, 24.2.2014 – L 1 KR 271/13; Bayerisches LSG, 6.5.2019 – L 7 R 5178/17; LSG Baden-Württemberg, 10.10.2014 – L 4 R 2204/13; 27.6.2022 – L 11 BA 3585/20); a.A.: teilbarer Streitgegenstand und damit objektive Klagehäufung (LSG Rheinland-Pfalz, 11.12.2013 – L 6 R 152/12 B: § 193 SGG für Arbeitnehmer und § 197a SGG für Arbeitgeber).
3.4	Aufforderung des Arbeitgebers zur Vorlage von Unterlagen	Auffangstreitwert, evtl. zusätzlich das angedrohte Zwangsgeld (LSG Baden-Württemberg, 20.9.2012 – L 11 R 2785/12 ER-B; 23.10.2013 – L 4 R 4066/13 ER-B; 20.10.2021 – L 5 BA 2751/20).

3.5	Untersagung der Ausweitung der Betriebsprüfung auf Kunden des Arbeitgebers	Auffangstreitwert (LSG Schleswig-Holstein, 27.8.2014 – L 5 KR 149/14 B ER).
3.6	Eröffnung des Insolvenzverfahrens; Klage des Insolvenzverwalters als Adressat des Bescheids an Stelle des Arbeitgebers (§ 80 Abs. 1 InsO); Vollstreckungsverbot (§ 210 InsO)	Höhe der Beitragsforderung (BSG, 28.5.2015 – B 12 R 16/13 R; 15.9.2016 – B 12 R 2/15 R).
4.	**Schadensersatzpflicht (§ 28r SGB IV)**	Höhe des Anspruchs (BSG, 29.3.2022 – B 12 KR 7/20 R).
5.	**Haftungsbescheid gegenüber persönlich haftenden Gesellschaftern einer GbR (§ 128 S. 1 HGB, § 28e Abs. 1 S. 1 SGB IV)**	Höhe der Forderung (BSG, 28.6.2022 – B 12 KR 5/20 R).
6.	**Säumniszuschlag (§ 24 SGB IV)**	
6.1	Von der Hauptforderung getrennte Erhebung	Höhe der Forderung (BSG, 29.11.2007 – B 13 R 48/06 R).
6.2	Erhebung zusammen mit der Hauptforderung	Bei der Höhe des Streitwerts zu berücksichtigen, da nicht zu den Nebenforderungen (§ 43 Abs. 1 GKG) gehörend (BSG, 10.6.2010 – B 2 U 4/10 B; 18.9.2017 – B 12 R 14/17 B; 29.3.2022 – B 11 AL 30/21 R).
7.	**Erstattung von Beiträgen (§ 26 SGB IV)**	Keine Streitwertfestsetzung, da gerichtskostenfrei nach § 183 SGG: Der kostenrechtliche Status richtet sich nach dem Status, der nach der ursprünglichen Annahme das Versicherungsverhältnis begründet hatte (BSG,12.12.2007 – B 12 AL 1/06 R).
8.	**Erlass von Beitragsansprüchen (§ 76 Abs. 3 S. 3 Nr. 3 SGB IV)**	Höhe der Beitragsforderung sowie von etwaigen Vollstreckungskosten und Säumniszuschlägen (Bayerisches LSG, 9.3.2010 – L 2 U 328/09 B).
9.	**Künstlersozialversicherung (KSVG)**	
9.1	Erfassungsbescheid gegenüber einem Unternehmer nach § 23 ff. KSVG	Festgesetzte oder voraussichtlich anfallende Beträge bei einem Zeitraum von unter drei Jahren, ansonsten der zu erwartende Betrag der Abgabe in den ersten drei Jahren (BSG, 30.5.2006 – B 3 KR 7/06 R; 28.9.2017 – B 3 KS

		3/15 R); kein Abzug wegen eines evtl. anschließenden Streits über die Betragshöhe (BSG, 18.9.2008 – B 3 KS 1/08 R); bei gesondertem Abgabebescheid ohne Entgeltforderung oder bei fehlenden Anhaltspunkten für die Höhe Regelstreitwert (BSG, 21.6.2012 – B 3 KS 2/11 R; 22.4.2015 – B 3 KS 7/13 R; eine gesonderte Feststellungsklage zum Nichtbestehen der Abgabepflicht ist nicht streitwerterhöhend (BSG, 8.10.2014 – B 3 KS 1/13 R; 25.2.2015 – B 3 KS 5/13 R).
9.2	Feststellung der Versicherungspflicht gegenüber einem Künstler (§ 8 Abs. 1 S. 1 KSVG)	Gerichtskostenfrei (BSG, 4.6.2019 – B 3 KS 2/18 R).
9.3	Abgabebescheid gegenüber einem Unternehmer	Höhe der festgesetzten Künstlersozialabgabe (BSG, 1.10.2009 – B 3 KS 4/08 R; 29.11.2016 – B 3 KS 2/15 R). Keine Erhöhung nach § 42 Abs. 2 S. 1 GKG (wiederkehrende Leistungen), da jahresbezogene einmalige Leistung (BSG, 7.12.2006 – B 3 KR 2/06 R).
9.4	Erfassungs- und Abgabebescheid	Da zwei zu trennende Streitgegenstände Addition der Beträge nach 9.1 und 9.3, wenn die Regelungszeiträume
		nicht übereinstimmen (BSG, 16.7.2014 – B 3 KS 3/13 R; 8.10.2014 – B 3 KS 1/13 R; 25.2.2015 – B 3 KS 5/13 R; 30.9.2015 – B 3 KS 1/14 R); ansonsten allein Höhe der Beitragsschuld für 3 Jahre, da einheitliches Begehren auf Vermeidung der Abgabepflicht (BSG, 25.11.2010 – B 3 KS 1/10 R), ausnahmsweise Beträge für einen längeren, nämlich in der Vergangenheit liegenden, Zeitraum (BSG, 28.9.2017 – B 3 KS 2/16 R).

V. SGB V – Krankenversicherung		
1.	**Kostenerstattung (§ 13 Abs. 3 S. 1 SGB V)**	Sonderrechtsnachfolge (§ 56 SGB I) und damit Kostenprivilegierung nach § 183 S. 1 SGG bei laufenden Geldleistungen möglich (BSG, 3.7.2012 – B 1 KR 6/11 R; 8.9.2015 – B 1 KR 14/14 R); vgl. auch A.I.1.4.
2.	**Leistungsaushilfe durch den Arbeitgeber bei Beschäftigung im Ausland (§ 17 SGB V)**	Sowohl bei Klage des Mitglieds bzw. des Familienangehörigen als auch des Arbeitgebers gerichtskostenfrei nach § 183 SGG <Leistungsempfänger> (BSG, 28.9.2010 – B 1 KR 2/10 R).
3.	**Zuschuss zu ambulanten Hospizdiensten (§ 39a Abs. 2 SGB V)**	Gerichtskostenfrei nach § 183 SGG <Träger ist Leistungsempfänger> (BSG, 17.2.2010 – B 1 KR 15/09 R).
4.	**Erstattung von Arbeitgeberaufwendungen bei Entgeltfortzahlung und bei Mutterschaft (§§ 1, 7, 9 des Aufwendungsausgleichsgesetzes – AAG); Umlagen U1 und U2**	Gerichtskostenfrei nach § 183 SGG <Arbeitgeber sind Versicherte> (BSG, 20.12.2005 – B 1 KR 5/05 B; 27.10.2009 – B 1 KR 12/09 R; 13.12.2011 – B 1 KR 7/11 R – und B 1 KR 3/11 R; 31.5.2016 – B 1 KR 17/15 R; 26.9.2017 – B 1 KR 31/16 R; 18.8.2022 – B 1 KR 24/21 R); dies gilt auch bei einer Klage des Insolvenzverwalters (BSG, 31.5.2016 – B 1 KR 38/15 R).
5.	**Werbemaßnahmen**	
5.1	Wettbewerb zwischen Krankenkassen; Unterlassung von Werbemaßnahmen (§ 4a SGB V)	Höhe des beantragten Ordnungsgelds (BSG, 30.7.2019 – B 1 KR 16/18 R); a.A.: Regelstreitwert, da wirtschaftliches Interesse nicht zu beziffern (LSG Rheinland-Pfalz, 3.5.2005 – L 1 ER 11/05 KR, 14.6.2006 – L 5 ER 57/06 KR, 21.6.2007 – L 5 ER 158/07 KR, 13.12.2007 – L 5 ER 289/07 KR; LSG Saarland, 21.6.2006 – L 2 B 5/06 KR, LSG Schleswig-Holstein, 26.9.2007 – L 5 B 522/07 KR ER; LSG Hamburg, 18.9.2008 – L 1 B 139 und 149/08 ER

		KR; Thüringer LSG, 23.12.2009 – L 6 KR 331/09 ER).
5.2	Werbemaßnahmen einer Apotheke	Regelstreitwert (LSG Rheinland-Pfalz, 4.6.2009 – L 5 KR 57/09 B ER).
5.3	Untersagung des Betreibens einer Internetseite „Krankenhausnavigator" durch AOK-Bundesverband (§ 212 Abs. 1 SGB V)	Regelstreitwert (LSG Berlin-Brandenburg, 11.6.2014 – L 1 KR 301/13 B ER).
6.	**Unterstützung der Versicherten bei Behandlungsfehlern (§ 66 SGB V)**	Keine Streitwertfestsetzung, da gerichtskostenfrei nach § 183 SGG (LSG Schleswig-Holstein, 20.3.2015 – L5 KR 40/15 B ER); Auffangstreitwert bei Klage des Erben (LSG Baden-Württemberg, 8.8.2018 – L 5 KR 1591/18; BSG, 24.10.2018 – B 1 KR 67/18 B).
7.	**Informationspflicht gegenüber Vertragsärzten nach § 73 Abs. 8 S. 1 SGB V**	Auffangstreitwert (SG Osnabrück, 27.12.2011 – S 13 KR 377/11 ER).
8.	**Hausarztzentrierte Versorgung (§ 73b SGB V)**	
8.1	Benennung einer Schiedsperson (§ 73b Abs. 4a SGB V)	Auffangstreitwert (Bayerisches LSG, 22.2.2010 – L 12 KA 4/10 B ER; LSG Niedersachsen-Bremen, 22.9.2010 – L 3 KA 68/10 B ER; LSG Nordrhein-Westfalen, 11.10.2010 – L 11 KA 61/10 B ER; LSG Sachsen-Anhalt, 25.11.2010 – L 9 KA 2/10 ER KL; LSG Berlin-Brandenburg, 17.1.2011 – L 7 KA 66/10 B ER).
8.2	Klage gegen den Schiedsspruch	Regelstreitwert je streitigem Abrechnungsquartal (LSG Niedersachsen-Bremen, 3.11.2011 – L 3 KA 104/10 B ER).
8.3	Kündigung eines Vertrages über die hausarztzentrierte Versorgung	Höchststreitwert (Bayerisches LSG, 15.4.2011 – L 12 KA 2/11 B ER).
9.	**Unterlassungsanspruch eines Leistungserbringers gegenüber der Krankenkasse**	
9.1	Überprüfung der Voraussetzungen einer spezialisierten ambulanten Palliativversorgung (§ 37b SGB V) durch Einholung eines	Auffangstreitwert für jeden Hauptantrag (Sächsisches LSG, 17.6.2010 – L 1 KR 78/09 B ER).

	Gutachtens bei einem Wettbewerber eines Leistungserbringers	
9.2	Unterlassen von Äußerungen/Behauptungen	Auffangstreitwert (BSG, 17.9.2019 – B 3 KR 67/18 B; LSG Nordrhein-Westfalen, 9.10.2006 – L 16 B 52/06 KR ER) für jeden Hauptantrag (SG Berlin, 2.9.2011 – S 81 KR 372/11).
10.	**Sonderkündigungsrecht der Mitglieder (§ 175 Abs. 4 S. 6 SGB V), Feststellungsbegehren zwischen Krankenkassen**	Wirtschaftliche Bedeutung der Sache: wie bei B.III.1.; Auffangstreitwert bei nur einem betroffenen Mitglied (BSG, 13.6.2007 – B 12 KR 19/06 R; 26.10.2010 – B 12 KR 96/09 B) oder bei einem fünfmonatigen Zeitraum (BSG, 9.11.2011 – B 12 KR 3/10 R).
11.	**Streit zwischen Krankenversicherungsträgern über die Zuständigkeit für die Durchführung der Krankenversicherung**	Auffangstreitwert (BSG, 23.7.2014 – B 12 KR 16/12 R).
12.	**Feststellung der Versicherungspflicht durch die Einzugsstelle (Krankenkasse; § 28h SGB IV) bei Streit über ein Beschäftigungsverhältnis (§ 25 Abs. 1 S. 1 SGB III, § 5 Abs. 1 Nr. 1 SGB V, § 1 S. 1 Nr. 1 SGB VI, § 20 Abs. 1 S. 2 Nr. 1 SGB XI)**	
12.1	Klage des Beschäftigten	Keine Streitwertfestsetzung, da gerichtskostenfrei nach § 183 SGG.
12.2	Klage des Arbeitgebers	Auffangstreitwert (BSG, 11.3.2009 – B 12 R 11/07 R; 4.6.2009 – B 12 R 6/08 R; 25.4.2012 – B 12 KR 10/10 R; LSG Baden-Württemberg, 17.7.2014 – L 11 R 2546/14 B), eine Rechtsgrundlage für eine Vervielfältigung des Auffangstreitwerts besteht nicht (BSG, 5.3.2010 – B 12 R 8/09 R; *Berchtold*, NZS 2014, 888), jedoch kann dieser bei Verfahren, die mehrere Personen betreffen, mit der Anzahl der Personen multipliziert werden (LSG Baden-Württemberg, 10.9.2010 – L 4 R 1775/07), vgl. auch B.IV.1.2.

12.3	Klagen sowohl des Beschäftigten als auch des Arbeitgebers	Es liegt auch bei Verbindung (vgl. A.II.1.5 und A.III.1.1.) getrennter Klagen ein einheitlicher Streitgegenstand bei subjektiver Klagehäufung vor: § 193 SGG (BSG, 29.7.2015 – B 12 KR 23/13 R: LSG Berlin-Brandenburg, 24.2.2014 – L 1 KR 271/13); a.A.: teilbarer Streitgegenstand und damit objektive Klagehäufung (LSG Rheinland-Pfalz, 11.12.2013 – L 6 R 152/12 B; LSG Baden-Württemberg, 30.3.2012 – L 4 R 2043/10: § 193 SGG für Arbeitnehmer und § 197a SGG für Arbeitgeber).
12.4	Zuständigkeitsstreit zwischen DRV Bund und Einzugsstelle	Auffangstreitwert (BSG, 16.7.2019 – B 12 KR 6/18 R).
13.	**Auffang-Versicherungspflicht (§ 5 Abs. 1 Nr. 13 SGB V); Klage eines Sozialhilfeempfängers auf Statusfeststellung und Rechtsmittel des beigeladenen Sozialhilfeträgers**	Auffangstreitwert (BSG, 24.3.2016 – B 12 KR 6/14 R).
14.	**Befreiung von der Versicherungspflicht (§ 8 SGB V); Klage des Arbeitgebers gegen die Rücknahme einer Befreiung**	Regelstreitwert (LSG Baden-Württemberg, 23.9.2022 – L 4 KR 3763/20).
15.	**Begehren auf Gewährung von Krankenversicherungsschutz; Rechtsmittel des beigeladenen Trägers der privaten Krankenversicherung**	Auffangstreitwert (LSG Berlin-Brandenburg, 28.2.2014 – L 1 KR 47/14 B ER).
16.	**Krankenhäuser und Rehabilitationseinrichtungen (§§ 107 ff., 115 ff. SGB V)**	
16.1	Zulassung von Krankenhäusern und Rehabilitationseinrichtungen (§§ 108 ff. SGB V); Kündigung des Versorgungsvertrags	– Überschuss aus den Gesamteinnahmen und den Betriebsausgaben <Gewinn> innerhalb von drei Jahren; Vergleichsberechnung anhand bestehender Einrichtungen gleicher Art und Größe möglich (BSG, 10.11.2005 – B 3 KR 36/05 B); bei fehlendem Zahlenmaterial Höchststreitwert (BSG, 11.11.2003 – B 3 KR 8/03 B; 16.5.2012 – B 3 KR 9/11 R);

		Höchststreitwert bei Kündigung ausnahmsweise auch angesichts der Bedeutung für Fortexistenz des Krankenhauses (BSG, 13.12.2022 – B 1 KR 37/21 R). – Bei gemeinnützigen Einrichtungen ohne Gewinnerzielungsabsicht je Quartal 4.000 € (LSG Berlin-Brandenburg, 23.8.2007 – L 7 B 9/07 KA).
16.2	Begehren der Einrichtung auf Zuweisung von Versicherten	Wie 16.1 (Bayerisches LSG, 7.5.2010 – L 14 R 72/10 B ER)
16.3	Vergütung von Krankenhausbehandlungen (§ 109 Abs. 4 S. 3 SGB V i.V.m. dem Krankenhausbehandlungsvertrag nach § 112 Abs. 2 Nr. 1 SGB V)	Höhe der Vergütung (z.B.: BSG, 23.6.2015 – B 1 KR 20/14 R; 26.5.2020 – B 1 KR 26/18 R; 10.3.2022 – B 1 KR 30/20 R).
16.4	Aufwandspauschale (§ 275 Abs. 1c SGB V i.d.F. bis 31.12.2019)	Höhe der Pauschale ohne vorprozessuale Kosten <Nebenforderung, § 43 Abs. 1 GKG> (BSG, 23.6.2015 – B 1 KR 17/14 R und B 1 KR 23/14 R; 25.10.2016 – B 1 KR 22/16 R; 16.7.2020 – B 1 KR 15/19 R).
16.5	Unterlassung von Mitteilungen gegenüber Versicherten	Auffangstreitwert (Sächsisches LSG, 2.3.2011 – L 1 KR 177/10 B ER).
16.6	Ambulante Behandlung im Krankenhaus (§ 116b Abs. 2 SGB V); defensive Konkurrentenklage	Umsatzeinbuße im Drei-Jahres-Zeitraum, evtl. Auffangstreitwert je Quartal für drei Jahre (BSG, 29.9. 2011 – B 1 KR 1/11 R; 15.3.2012 – B 3 KR 13/11 R; Sächsisches LSG, 3.6.2010 – L 1 KR 94/10 B ER).
16.7	Ambulantes Operieren (§ 115b SGB V); Schiedsspruch nach § 115b Abs. 3 SGB V	Höchststreitwert (BSG, 4.3.2014 – B 1 KR 16/13 R).
16.8	Landesschiedsstelle (§ 114 SGB V); Festsetzung des Inhalts des Landesvertrags (§ 112 SGB V)	Höchststreitwert (BSG, 13.11.2012 – B 1 KR 27/11 R).
16.9	Mindestmengenregelung (§ 136b Abs. 1 S. 1 Nr. 2, Abs. 5, 5a SGB V)	Wirtschaftliches Interesse zur Erbringung von Leistungen unterhalb der Mindestmenge für drei Jahre <evtl. zzgl. erhöhter Gestehungskosten>, d.h. wirtschaftlicher Vorteil <Gewinn> von 25 % des Gesamtumsatzes (BSG,

		12.9.2012 – B 3 KR 10/12 R; 8.8.2013 – B 3 KR 17/12 R; 25.3.2021 – B 1 KR 16/20 R; Höchststreitwert: BSG, 18.12.2012 – B 1 KR 34/12 R; 17.11.2015 – B 1 KR 15/15 R).
16.10	Kooperationsvereinbarung zwischen Krankenhäusern zur Behandlung von Patienten	Auffangstreitwert (LSG Berlin-Brandenburg, 5.6.2020 – L 9 KR 172/20 B ER).
16.11	Prüfung von Strukturmerkmalen (§ 275d SGB V)	Auffangstreitwert für 4 Quartale (SG Dresden, 25.2.2022 – S 47 KR 171/22 ER).
17.	**Versorgung mit Heilmitteln (§§ 124 ff. SGB V)**	
17.1	Zulassung zur Heilmittelabgabe	Auffangstreitwert (BSG, 12.8.2010 – B 3 KR 9/09 R; 7.10.2010 – B 3 KR 12/09 R), ebenso bei Erweiterung der Zulassung (BSG, 20.12.2018 – B 3 KR 2/17 R).
17.2	Widerruf der Zulassung	Dreifacher Jahresgewinn (LSG Baden-Württemberg, 7.10.2010 – L 11 KR 4173/10 ER-B).
17.3	Feststellung des Inhalts eines Rahmenvertrags (§ 125 Abs. 2 SGB V)	Höchststreitwert (BSG, 27.10.2009 – B 1 KR 4/09 R).
17.4	Feststellung der Verpflichtung zur Information über Vertragsänderungen	Auffangstreitwert (LSG Baden-Württemberg, 15.11.2013 – L 4 KR 2784/13).
17.5	Feststellung, die Schiedsmöglichkeit in Anspruch zu nehmen (§ 125 Abs. 5 SGB V)	150.000 € (BSG, 30.9.2015 – B 3 KR 2/15 R).
17.6	Unterlassung der Aufrechnung von Erstattungsforderungen mit Vergütungsansprüchen	Regelstreitwert (BSG, 9.2.2016 – B 3 KR 46/15 B).
17.7	Anerkennung der Befugnis zur Abgabe und Abrechnung bestimmter Heilmittel (bei vorhandener Zulassung)	Auffangstreitwert (BSG, 16.3.2017 – B 3 KR 24/15 R und B 3 KR 14/16 R).

18.	**Versorgung mit Hilfsmitteln (§§ 126 ff. SGB V); Hilfsmittelverzeichnis (§ 139 SGB V)**	
18.1	Zulassung (§ 126 SGB V i.d.F. bis zum 31.3.2007)	Überschuss aus den Gesamteinnahmen und den Betriebsausgaben innerhalb von drei Jahren; Vergleichsberechnung anhand bestehender Praxen gleicher Art und Größe möglich; Abschlag, wenn sich der Anspruch auf einen Zeitraum von weniger als drei Jahren bezieht (BSG, 10.11.2005 – B 3 KR 36/05 B).
18.2	Widerruf der Zulassung zur Abgabe von Hilfsmitteln (§ 126 Abs. 4 SGB V i.d.F. bis zum 31.3.2007)	Fünf Prozent der Bruttoauftragssumme entsprechend § 50 Abs. 2 GKG; bei weit in die Zukunft hineinragenden Genehmigungen für drei Jahre (LSG Baden-Württemberg, 10.10.2006 – L 5 KR 897/06 W-A).
18.3	Abschluss eines Versorgungsvertrages (§ 127 Abs. 1 SGB V)	Fünf Prozent des erzielbaren Umsatzes entsprechend § 50 Abs. 2 GKG (BSG, 10.3.2010 – B 3 KR 26/08 R).
18.4	Beitritt zu einem Versorgungsvertrag (§ 127 Abs. 2 SGB V)	Fünf Prozent des erzielbaren Umsatzes entsprechend § 50 Abs. 2 GKG für drei Jahre (Sächsisches LSG, 1.12.2010 – L 1 KR 99/10 B ER; LSG Berlin-Brandenburg, 20.2.2012 – L 9 KR 389/11 B ER; 15.3.2012 – L 1 KR 18/12 B ER).
18.5	Kündigung des Versorgungsvertrages	(Durchschnittlicher) Jahresumsatz für drei Jahre, bei fehlenden Anhaltspunkten Regelstreitwert (Thüringer LSG, 22.8.2008 – L 6 KR 324/08 ER; Sächsisches LSG, 29.4.2008 – L 1 B 207/08 KR-ER; Hessisches LSG, 31.5.2010 – L 1 KR 352/09 B).
18.6	Auskunft über den Inhalt des Versorgungsvertrages	Auffangstreitwert (BSG, 22.4.2015 – B 3 KR 2/14 R).
18.7	Aufnahme in das Hilfsmittelverzeichnis (§ 139 SGB V)	Dreifacher Jahresgewinn für das Hilfsmittel (BSG, 30.11.2017 – B 3 KR 3/16 R); hilfsweise doppelter

		(BSG, 15.03.2012 – B 3 KR 6/11 R) bzw. vierfacher (BSG, 8.7.2015 – B 3 KR 6/14 R) Auffangstreitwert für jedes Produkt.
18.8	Streichung eines Hilfsmittels aus dem Hilfsmittelverzeichnis (§ 139 Abs. 6 S. 6 SGB V)	Auffangstreitwert für jedes Produkt (BSG, 23.6.2016 – B 3 KR 20/15 R).
18.9	Klage des Herstellers gegen das Hilfsmittelverzeichnis	– Änderung einer Produktgruppe: Fünf Prozent des durchschnittlichen Jahresumsatzes in einem Zeitraum von zwei Jahren (LSG Baden-Württemberg, 17.10.2005 – L 5 KR 2351/05 W-A). – Streichung einer Produktuntergruppe: Gewinn in einem Zeitraum von fünf Jahren (LSG Baden-Württemberg, 15.6.2005 – L 11 KR 1158/05 W-A), hilfsweise mehrfacher Regelstreitwert.
18.10	Festbeträge für Hilfsmittel (§ 36 SGB V)	50.000 € je Produktgruppe (BSG, 22.11.2012 – B 3 KR 19/11 R).
19.	**Versorgung mit Haushaltshilfe (§§ 38, 132 SGB V) bzw. häuslicher Krankenpflege (§§ 37, 132a SGB V)**	
19.1	Vergütungsanspruch des Pflegedienstes	Höhe des Betrags (BSG, 20.4.2016 – B 3 KR 17/15 R; 29.6.2017 – B 3 KR 31/15 R).
19.2	Abschluss einer Vergütungsvereinbarung (§ 132 Abs. 1 SGB V)	Kalkulierter Mehrumsatz für drei Jahre (LSG Baden-Württemberg, 10.7.2007 – L 11 KR 6157/06).
19.3	Abschluss eines Vergütungsvertrags (§ 132a Abs. 4 SGB V) kombiniert mit beziffertem Vergütungsbegehren	Höhe des Vergütungsbegehrens (BSG, 14.7.2022 – B 3 KR 2/22 R).
19.4	Feststellung der Eignung für die Leitung eines ambulanten Krankenpflegedienstes (§ 132a Abs. 1 S. 4 Nr. 1 SGB V)	Zu schätzender Betrag der künftigen verminderten Einkünfte für drei Jahre (BSG, 7.12.2006 – B 3 KR 5/06 R).
19.5	Kündigung des Versorgungsvertrags	Gewinn für drei <§ 42 Abs. 2 GKG> Jahre (LSG Rheinland-Pfalz, 14.7.2009 – L 5 KR 19/09 B ER).

19.6	Schiedsspruch (§ 132a Abs. 2, 3, 4 S. 9 SGB V)	Regelstreitwert (BSG, 25.11.2010 – B 3 KR 1/10 R; 23.6.2016 – B 3 KR 25/15 R und B 3 KR 26/15 R) bzw. Höhe der festgelegten Vergütung (LSG Baden-Württemberg, 16.10.2020 – L 4 KR 438/20).
19.7	Bestimmung einer Schiedsperson (§ 132a Abs. 4 S. 10 SGB V)	Auffangstreitwert (Sächsisches LSG, 13.3.2019 – L 1 KR 50/13).
20.	**Krankentransportleistungen (§ 133 SGB V)**	
20.1	Abschluss einer Vergütungsvereinbarung	Dreifacher Jahresbetrag der Einnahmen (LSG Schleswig-Holstein, 6.3.2015 – L 5 KR 206/14 B ER).
20.2	Vergütungsanspruch bei bestehender Vergütungsvereinbarung	Höhe der Vergütung (BSG, 13.12.2011 – B 1 KR 9/11 R).
21.	**Richtlinien und Beschlüsse des Gemeinsamen Bundesausschusses**	
21.1	Richtlinie zur Qualitätssicherung der Versorgung von früh- und Neugeborenen (QNeuRL), § 137 Abs. 3 S. 1 Nr. 2 SGB V a.F.	Umsatz- bzw. Gewinneinbußen, hilfsweise <mehrfacher> Auffangstreitwert (LSG Berlin-Brandenburg, 26.1.2011 – L 7 KA 79/10 LK ER; SG Braunschweig, 11.4.2011 – S 40 KR 11/07).
21.2	Erprobungs-RL nach § 137e SGB V	Antrag auf Erlass einer Erprobungs-RL: Höchststreitwert (BSG, 18.12.2018 – B 1 KR 11/18 R).
21.3	Arzneimittel-RL	Bei Antrag auf Unterlassung einer bestimmten Interpretation durch den GBA: erwartete Gewinneinbuße für ein Jahr (LSG Berlin-Brandenburg, 27.8.2010 – L 7 KA 11/10 KL ER).
22.	**Zulassung strukturierter Behandlungsprogramme (§§ 137g, 137f SGB V)**	Wirtschaftliche Bedeutung, evtl. Höchststreitwert (BSG, 21.6.2011 – B 1 KR 14/10 R und B 1 KR 21/10 R).
23.	**Benennung von Patientenvertretern im Gemeinsamen Bundesausschuss (§ 140f Abs. 2 SGB V)**	Auffangstreitwert (LSG Berlin-Brandenburg, 12.11.2013 – L 9 KR 262/13 B ER).

24.	**Beitragserstattungsanspruch eines Trägers einer Werkstatt für behinderte Menschen (§ 251 Abs. 2 S. 2 SGB V)**	Gerichtskostenfrei nach § 183 SGG <Leistungsempfänger> (BSG, 6.8.2014 – B 11 AL 7/13 R; 23.7.2014 – B 12 P 1/12 R).
25.	**Gewährung eines Beitragszuschusses durch den Arbeitgeber eines Beschäftigten (§ 257 SGB V)**	Gerichtskostenfrei nach § 183 SGG <Versicherter und Leistungsempfänger> (BSG, 20.3.2013 – B 12 KR 4/11 R; Bayerisches LSG, 28.4.2022 – L 1 SV 6/22 B).
26.	**Arzneimittelabrechnung im Datenträgeraustauschverfahren (§ 300 SGB V)**	Voraussichtliche Kosten der Umstellung des Abrechnungsverfahrens (LSG Nordrhein-Westfalen, 6.10.2005 – L 16 KR 232/04).
27.	**Medizinischer Dienst <MDK> (§§ 275 ff. SGB V)**	
27.1	Herausgabe von medizinischen Unterlagen an den MDK; Auskunftsanspruch	Stufenklage (§ 44 GKG); vgl. auch A.II.7. – Ist nur der Herausgabe- bzw. Auskunftsanspruch Streitgegenstand, ist ein Abschlag vom Leistungsanspruch vorzunehmen (ein Zehntel des voraussichtlichen Leistungsanspruchs, wenn die fraglichen Verhältnisse schon fast bekannt sind). Der Streitwert kann aber auch deutlich höher liegen und den Wert des Zahlungsanspruchs erreichen, je nachdem in welchem Umfang der Kläger auf die Auskunft angewiesen ist (BSG, 28.2.2007 – B 3 KR 12/06 R; 28.11.2013 – B 3 KR 27/12 R; 17.12.2013 – B 1 KR 52/12 R; 27.11.2014 – B 3 KR 7/13 R), darf aber den Zahlungsanspruch nicht übersteigen (BSG, 13.112012 – B 1 KR 24/11 R) – Sind sowohl der Auskunfts- bzw. Herausgabeanspruch und der Zahlungsanspruch Streitgegenstand, ist nur der höhere Anspruch maßgebend (BSG, 18.7.2013 – B 3 KR 22/12 R; 1.7.2014 – B 1 KR 48/12 R).

27.2	Unterlassung und Widerruf von Erklärungen eines Arztes des MDK	Auffangstreitwert (LSG Baden-Württemberg, 4.12.2017 – L 11 KR 2870/16).
28.	**Begehren eines Patienten gegenüber einem Arzt auf Benennung eines weiterbehandelnden Arztes**	Keine Gerichtskostenfreiheit, wenn das Begehren nicht als Versicherter, sondern als Patient erhoben wird, Auffangstreitwert (LSG Nordrhein-Westfalen, 13.5.2008 – L 16 B 3/08 SF).
29.	**Antrag auf richterliche Gestattung der Durchsuchung der Wohnung (§ 66 Abs. 3 S. 1 SGB X i.V.m. dem Landesverwaltungsvollstreckungsgesetz Rheinland-Pfalz)**	Zwar Kostenentscheidung nach § 197a SGG hinsichtlich der außergerichtlichen Kosten zu treffen, da jedoch kein Gebührentatbestand nach dem GKG verwirklicht ist, keine Entscheidung über Gerichtskosten (LSG Rheinland-Pfalz, 26.11.2007 – L 5 B 403/07 KR).
30.	**Festsetzung eines Festbetrags für Arzneimittel (§ 35 Abs. 3 SGB V)**	
30.1	Klage des Arzneimittelherstellers	Der zu erwartende Gewinn/ Verlust für drei Jahre; bei Schätzung ein Fünftel des zu erwartenden Umsatzes im Dreijahreszeitraum (LSG Berlin-Brandenburg, 22.5.2008 – L 24 KR 1227/05; Verlust für ein Jahr: BSG, 3.5.2018 – B 3 KR 9/16 R); evtl. Höchststreitwert (BSG, 1.3.2011 – B 1 KR 13/10 R; 3.5.2018 – B 3 KR 10/17 R).
30.2	Klage des Versicherten	Gerichtskostenfrei nach § 183 SGG (BSG, 1.3.2011 – B 1 KR 10/10 R).
31.	**Arzneimittelliefervertrag (§§ 129, 129a SGB V)**	
31.1	Streit über die Lieferungs- und Abrechnungsbefugnis	Streitiger Umsatz, evtl. Höchststreitwert (LSG Sachsen-Anhalt, 30.6.2010 – L 10 KR 38/10 B ER); Höhe des streitigen Betrags (LSG Baden-Württemberg, 26.7.2016 – L 11 KR 3861/14).
31.2	Rahmenvertrag (§ 129 Abs. 2 SGB V); Zahlung einer Vertragsstrafe	Höhe der Vertragsstrafe (BSG, 29.6.2017 – B 3 KR 16/16 R).

31.3	Ergänzender Vertrag nach § 129 Abs. 5 SGB V	Bei Retaxierung Höhe des Zahlbetrags, evtl. zzgl. einer Schadensersatzforderung <20 %> (BSG, 20.12.2018 – B 3 KR 6/17 R).
31.4	Rückzahlung geleisteter Vergütung (§ 129a SGB V)	Höhe des geforderten Betrags (BSG, 18.8.2022 – B 1 KR 13/21 R und B 1 KR 30/21 R).
32.	**Hersteller- und Generikaabschlag (§ 130a SGB V)**	Höhe des streitigen Betrags (BSG, 2.7.2013 – B 1 KR 18/12 R; 29.11.2016 – B 3 KR 21/16 B), bei Nichtfeststellung der Abschlagspflicht evtl. Höchststreitwert (BSG, 30.9.2015 – B 3 KR 1/15 R; 20.12.2018 – B 3 KR 11/17 R); bei Kündigung eines Rabattvertrags nach § 130a Abs. 8 SGB V: entgangene Umsätze abzgl. der ohne Rabattvertrag erzielten Umsätze (LSG Baden-Württemberg, 13.8.2020 – L 11 KR 2139/20 ER-B).
33.	**Vereinbarungen über Erstattungsbeträge für Arzneimittel (§ 130b SGB V); Nutzenbewertung (§ 35a SGB V)**	
33.1	Eilantrag auf Untersagung einer Schiedsstellenentscheidung (§ 130b Abs. 4 SGB V)	Höchststreitwert (LSG Berlin-Brandenburg, 22.5.2014 – L 1 KR 108/14 KL ER).
33.2	Anordnung der aufschiebenden Wirkung der Klage gegen Schiedsspruch (§ 130b Abs. 4 S. 5 SGB V)	Hälfte des wirtschaftlichen Interesses, ggfs. des Höchststreitwerts (LSG Berlin-Brandenburg, 10.5.2016 – L 9 KR 513/15 KL ER; 14.3.2017 – L 1 KR 372/16 KL ER).
33.3	Nutzenbewertungsbeschluss, Schiedsspruch (§§ 35a Abs. 3, 130b Abs. 4 SGB V)	Höchststreitwert (BSG, 12.8.2021 – B 3 KR 3/20 R).
34.	**Fakultativer Finanzausgleich zwischen Betriebskrankenkassen (§ 265a SGB V i.d.F. bis 31.3.2020); Verbandsumlagebescheid**	Höhe des Umlagebetrags (BSG, 19.12.2012 – B 12 KR 29/10 R).
35.	**Zuweisungen aus dem Gesundheitsfonds (§ 266 SGB V); Ausgleich nach der Risikostruktur-Ausgleichsverordnung**	Höhe des Betrags bis zum Höchststreitwert (BSG, 2.9.2009 – B 12 KR

		4/08 R; 20.5.2014 – B 1 KR 16/14 R; 25.10.2016 – B 1 KR 11/16 R).
36.	**Klage einer privaten Kranken- bzw. Reiseversicherung auf Erstattung von Krankenbehandlungskosten**	Höhe des Zahlungsanspruchs (BSG, 11.9.2018 – B 1 KR 7/18 R); bei Feststellungsbegehren Auffangstreitwert (LSG Nordrhein-Westfalen, 13.3.2019 – L 17 U 461/17).
37.	**Vergabestreitigkeiten (§§ 116 Abs. 1, 118 Abs. 1 S. 3 GWB a.F.)**	
37.1	Sofortige Beschwerde (§ 116 Abs. 1 GWB a.F.)	Keine Festsetzung eines Streitwerts nach dem GKG, da Gerichtsgebühren nicht anfallen <vgl. § 63 Abs. 1 S. 1 GKG>, jedoch auf Antrag eines Rechtsanwalts (§ 33 RVG) zum Zwecke der anwaltlichen Gebührenfestsetzung (BSG, 1.9.2009 – B 1 KR 1/09 D; 1.9.2009 – B 1 KR 3/09 D; 7.9.2010 – B 1 KR 1/10 D); dann fünf Prozent der Bruttoauftragssumme (§ 50 Abs. 2 GKG); evtl. Schätzung des Auftragswerts <§ 3 ZPO> (LSG Mecklenburg-Vorpommern,11.8.2009 – L 6 B 17/09; 24.8.2009 – L 6 B 172/09; Thüringer LSG, 17.8.2018 – L 6 KR 708/18 B ER).
VI. SGB V – Vertragsarztrecht		
1.	**Genehmigung zur Erbringung und Abrechnung von Leistungen außerhalb der Zulassung (§ 72 Abs. 2, § 82 Abs. 1 S. 1 SGB V i.V.m. den Verträgen; u.a. §§ 121a, 135 Abs. 2 SGB V)**	Erzielbare Einkünfte für einen Dreijahreszeitraum (LSG Nordrhein-Westfalen, 4.1.2012 – L 11 KA 140/10 B), hilfsweise Regelstreitwert (BSG, 26.2.1996 – 6 RKa 20/95). Wenn eine Voraussetzung für die Erteilung der Genehmigung <Bestehen eines Kolloquiums> Gegenstand ist: Regelstreitwert (Bayerisches LSG, 23.12.2010 – L 12 KA 110/10 B).
2.	**Anstellung eines Arztes in der Vertragsarztpraxis <Entlastungsassistent> (§ 95 Abs. 9, § 115, § 98 Abs. 2 Nr. 13 i.V.m. der**	Wie bei B.VI.15.7.; zusätzliche Einnahmen aus der Tätigkeit des Assistenten für drei Jahre, es sei denn, die

	Zulassungsverordnung); Ausbildungsassistent (§ 32 Abs. 2 Ärzte-ZV)	Genehmigung bezieht sich auf einen kürzeren Zeitraum. Abzuziehen sind die durchschnittlichen Praxiskosten (BSG, 27.11.2006 – B 6 KA 38/06 B), nicht das zu zahlende Gehalt des angestellten Arztes (BSG, 17.3.2021 – B 6 KA 2/20 R); evtl. Auffangstreitwert (LSG Niedersachsen-Bremen, 26.5.2010 – L 3 KA 69/09; bei Ausbildungsassistent nach § 32 Ärzte-ZV, SG Marburg, 1.3.2021 – S 12 KA 18/20).
3.	**Belegarzt (§§ 103 Abs. 7, 121 SGB V)**	Wie bei B.VI.15.7. (SG Marburg, 22.3.2007 – S 12 KA 80/07 ER; Hessisches LSG, 2.3.2007 – L 4 KA 5/07 ER: im einstweiligen Rechtsschutz durchschnittliche Zeitdauer eines erstinstanzlichen Klageverfahrens im Vertragsarztrecht; *Wenner/Bernard*, NZS 2006, 1, 4).
3.1	Zulassung nach § 103 Abs. 7 S. 3 SGB V	Wie bei B.VI.15.8, 15.11. (BSG, 1.4.2015 – B 6 KA 48/13 R; LSG Niedersachsen-Bremen, 18.2.2009 – L 3 KA 98/08 ER; Hessisches LSG, 2.3.2007 – L 4 KA 5/07 ER: im einstweiligen Rechtsschutz durchschnittliche Zeitdauer eines erstinstanzlichen Klageverfahrens im Vertragsarztrecht; *Wenner/Bernard*, NZS 2006, 1, 4).
3.2	Anerkennung nach §§ 39, 40 BMV-Ä	Wie bei B.VI.15.3, 15.8. (LSG Berlin-Brandenburg, 27.1.2010 – L 7 KA 139/09 B ER; LSG Niedersachsen-Bremen, 25.11.2015 – L 3 KA 95/15 B ER).
4.	**Abschluss eines Individualrabattvertrages mit einem zahntechnischem Labor (§§ 57 Abs. 2, 88 Abs. 2 SGB V)**	Auffangstreitwert (BSG, 28.10.2015 – B 6 KA 2/15 R; LSG Niedersachsen-Bremen, 25.11.2014 – L 4 KR 244/10).

5.	**Disziplinarmaßnahmen (§ 81 Abs. 5 SGB V i.V.m. der Disziplinarordnung)**	
5.1	Verwarnung, Verweis, Geldbuße	Regelstreitwert zuzüglich des Betrages der Geldbuße (BSG, 1.2.2005 – B 6 KA 70/04 B; 5.6.2013 – B 6 KA 7/13 B) und einer festgesetzten Verwaltungsgebühr (SG Marburg, 2.2.2011 – S 12 KA 902/09).
5.2	Anordnung des Ruhens der Zulassung	Mutmaßlicher Umsatz im Ruhenszeitraum abzüglich der Praxiskosten, Zuschlag von 25 Prozent wegen der Folgewirkungen (u.a. „Abwandern" von Patienten, Bayerisches LSG, 23.6.1993 – L 12 B 163/92 Ka).
5.3	Berichtigung eines Sitzungsprotokolls des Disziplinarausschusses	Auffangstreitwert (LSG Niedersachsen-Bremen, 9.11.2011 – L 3 KA 105/08).
6.	**Ermächtigung (§ 98 Abs. 2 Nr. 11 SGB V i.V.m. der Zulassungsverordnung)**	
6.1	persönliche Ermächtigung von Krankenhausärzten zur Teilnahme an der vertragsärztlichen Versorgung (§ 116 SGB V)	– erzielbare Einnahmen abzüglich der Praxiskosten und Abgaben an das Krankenhaus im streitigen Zeitraum (BSG, 6.9.1993 – B 6 RKa 25/91) – bei Streit über Inhalt bzw. Umfang der erteilten Ermächtigung: Regelstreitwert.
6.2	Ermächtigung ärztlich geleiteter Einrichtungen (§§ 117 bis 120 SGB V)	Bruttoeinnahmen im streitigen Zeitraum abzüglich der Einnahmen aus erteilten oder zu Unrecht nicht erteilten Ermächtigungen, bei fehlenden Anhaltspunkten über die Einnahmen: pauschaler Abzug von 50 v.H. (BSG, 21.12.1995 – 6 RKa 7/92); bei fehlenden Anhaltspunkten zu dem Umsatz: Regelstreitwert pro Quartal (für zwei Jahre <übliche Ermächtigungsfrist> LSG Niedersachsen-Bremen, 9.12.2009 – L 3 KA 29/08 bzw. drei Jahre, 27.11.2013 – L 3 KA 85/10) bzw. Schätzung <hier 10.000 € pro

		Monat bei vorläufiger Regelung> (LSG Nordrhein-Westfalen, 27.5.2009 – L11 KA 2/09 ER).
6.3	Konkurrentenklage gegen Ermächtigung	Im Einzelfall zu schätzender Anteil der Umsatzeinbuße der von der Ermächtigung betroffenen Leistungen abzüglich der Praxiskosten (BSG, 24.2.1997 – 6 BKa 54/95) für drei Jahre, wenn nicht kürzerer Zeitraum streitig; bei fehlenden Anhaltspunkten für die konkreten Auswirkungen der Ermächtigung für jedes Quartal des Dreijahreszeitraums der Regelwert (BSG, 7.12.2006 – B 6 KA 42/06 R; SG Schwerin, 30.8.2016 – S 3 KA 18/16 ER); vgl. auch B.VI.15.10.
6.4	Sofortvollzug einer Ermächtigung (§ 97 Abs. 4 SGB V); Konkurrentenklage	Regelstreitwert (Bayerisches LSG, 9.3.2017 – L 12 KA 91/16 B ER).
6.5.	Ermächtigung zur Teilnahme an der vertragspsychotherapeutischen Versorgung	Geschätzter Jahresgewinn für den streitigen – im Regelfall zweijährigen – Zeitraum (BSG, 19.7.2006 – B 6 KA 33/05 B).
7.	**Gemeinschaftspraxis (§ 98 Abs. 2 Nr. 13a SGB V i.V.m. der Zulassungsverordnung)**	
7.1	Genehmigung	Schätzung anhand der Einkommensverhältnisse und der Schwierigkeit der Angelegenheit (BSG, 6.1.1984 – 6 RKa 7/81); evtl. dreifacher Auffangstreitwert (LSG Berlin-Brandenburg, 10.9.2010 – L 7 KA 121/09).
7.2	Gebühr für die Erteilung einer Genehmigung (§ 46 Ärzte-ZV)	Höhe der streitigen Gebühr (LSG Baden-Württemberg, 26.4.2017 – L 5 KA 3701/15).
7.3	Anordnung der Auflösung	Regelstreitwert (Hessisches LSG, 6.1.2003 – L 7 KA 1116/02 ER).
7.4	Vergütungsanspruch	Keine Berechnung von Einzelstreitwerten, da Gesellschaft bürgerlichen Rechts (BSG, 20.10.2004 – B 6 KA 15/04 R).

7.5	Genehmigung der Verlegung des Vertragsarzsitzes durch den Praxispartner; Klage des verbleibenden Praxispartners	Dreifacher Regelstreitwert (entspr. B.VI.15.12.: vgl. BSG, 14.3.2002 – B 6 KA 60/00 B).
8.	**Gesamtvergütung, Klage der KÄV/KZÄV gegen die Krankenkasse (§ 85 Abs. 1, 2 SGB V)**	Höhe des Zahlungsanspruchs.
9.	**Verlangen der Herausgabe von Krankenunterlagen eines Arztes zur Prüfung eines Schadensregresses**	Bei geringem in Betracht kommenden Schadensregress betrag: Hälfte des Regelstreitwertes (LSG Baden-Württemberg, 25.6.1997 – L 5 Ka 855/97 W – A); vgl. aber A.I.2.7).
10.	**Honorarstreitigkeiten (§ 85 Abs. 4 ff. SGB V)**	
10.1	Honoraransprüche oder Honorarberichtigungen	– Höhe des geltend gemachten Honorars oder der vorgenommenen Honorarberichtigung (BSG, 6.11.1996 – 6 RKa 19/95; LSG Nordrhein-Westfalen, 18.4.2006 – L 10 B 1/06 KA; 5.7.2006 – L 10 B 8/06 KA) bei Zugrundelegung eines durchschnittlichen oder geschätzten Punktwertes (*Wenner/Bernard*, NZS 2001, 57, 61). – Bei fehlenden Umsatzzahlen: der angestrebte, d.h. innerhalb der nächsten Zeit nach objektiven Gesichtspunkten zu erzielende Umsatz abzgl. des Praxiskostenanteils, dabei kann auf die von der Kassenärztlichen Bundesvereinigung veröffentlichten Umsatzzahlen zurückgegriffen werden (LSG Nordrhein-Westfalen, 25.6.2008 – L 11 B 16/07 KA ER).
10.2	Einheitlicher Bewertungsmaßstab (EBM) (§ 87 SGB V)	Bei Abwertung von Leistungspositionen: Höhe der Honorareinbuße (BSG, 15.11.1996 – 6 RKa 49/95; 6.2.1997 – 6 RKa 48/95); wenn nicht konkretisierbar: Regelstreitwert (BSG, 10.5.2004 – B 6 KA 129/03 B); bei aufsichtsrechtlicher Beanstandung der Festlegung von Genehmigungsvor-

		behalten: Auffangstreitwert (BSG, 27.1.2021 – B 6 A 1/19 R).
10.3	Abrechenbarkeit einer Gebührennummer (§ 87 Abs. 1 S. 1 SGB i.V.m. EBM)	Wert der Leistung für ein Jahr (vgl. B.VI.10.4.2).
10.4	Honorarverteilungsmaßstäbe (HVM) (§ 85 Abs. 4 SGB V); Budgetierung	
10.4.1	Zuordnung zum Honorarfonds der Fachärzte	Höhe der Nachvergütung der streitigen Quartale (LSG Sachsen, 27.1.2005 – L 1 KA 6/04).
10.4.2	Zuordnung zu anderer Arztgruppe (EBM)	Nachvergütungsbetrag eines Quartals mal vier (ein Jahr; BSG, 20.10.2004 – B 6 KA 15/04 R).
10.4.3	Festsetzung eines Basisvolumens	Honorarverlust für vier Quartale (LSG Rheinland-Pfalz, 22.6.2009 – L 5 KA 26/09 B), evtl. der vierfache Auffangstreitwert (ein Jahr; LSG Rheinland-Pfalz, 10.12.2007 – L 5 B 342/07 KA).
10.4.4	Änderung der Aufteilung der Punktegutschrift bei erweiterter Honorarverteilung	Auffangstreitwert (SG Marburg, 9.12.2020 – S 12 KA 110/19).
10.4.5	Bildung eines Honorartopfes	Auffangstreitwert pro Quartal (BSG, 26.6.2019 – B 6 KA 46/18 B).
10.4.6	Zuweisung eines Regelleistungsvolumens	Höherer Honoraranspruch, wenn bereits bekannt (BSG, 28.9.2016 – B 6 KA 28/16 B; bei Abstaffelung Höhe der Auswirkung auf den Honoraranspruch, BSG 21.3.2018 – B 6 KA 72/17 B), ansonsten 25 v.H. des Differenzbetrags zwischen dem zugewiesenen und dem begehrten Regelleistungsvolumens (Schleswig-Holsteinisches LSG, 17.1.2017 – L 4 KA 53/14).
10.4.7	Budgeterweiterung	Differenz der Fallpunktzahl im streitigen Zeitraum, hilfsweise für zwei Jahre; dabei ist der Punktwert des letzten vor Klageerhebung abgerechneten Quartals zugrunde zu legen

		(LSG Sachsen, 23.10.2002 – L 1 B 66/02 KA; LSG Baden-Württemberg, 22.9.1998 – L 5 KA 2660/98 W-B); Auffangstreitwert je Quartal (BSG, 19.7.2017 – B 6 KA 6/17 B); bei Aufbau- bzw. Jungpraxen Auffangstreitwert <ein Quartal> (LSG Baden-Württemberg, 5.10.2016 – L 5 KA 773/13). Ein Abzug von Praxis- oder Sachkosten ist nicht vorzu nehmen (LSG Nordrhein-Westfalen, 16.1.2017 – L 11 KA 28/16 B).
10.4.8	Fallzahlzuwachsbegrenzung (§ 85 Abs. 4 SGB V, Honorarverteilungsmaßstab)	Höhe der Honorarkürzung. Im einstweiligen Rechtsschutzverfahren der prognostizierte Gewinn für ein Kalenderjahr (LSG Berlin-Brandenburg, 27.1.2012 – L 7 KA 87/11 B ER; vgl. auch B.VI.15.3.
10.4.9	Begrenzung der Leistungsmenge (Gesamtpunktzahlvolumina) gem. § 44 BedarfsplRL	Höhe der Honorarrückforderung (BSG, 25.1.2017 – B 6 KA 44/16 B).
10.4.10	Absenkung des festen Punktwerts, Begehren eines höheren Honorars	Auffangstreitwert je Quartal (BSG 8.8.2018 – B 6 KA 76/17 B).
10.5	Praxiskosten	Kein Abzug vom Streitwert (*Wenner/Bernard*, NZS 2001, 57, 61).
10.6	Fallpunktzahlmenge	Differenz der abgerechneten und der maximal zustehenden Punkte (BSG, 5.5.2000 – B 6 KA 71/97; 9.5.2000 – B 6 KA 72/97 R).
10.7	Zusätzliches Honorar bei „fachfremder" Behandlung (Überweisungsverbot; zulassungsrelevante Entscheidung; § 73 SGB V)	Erzielbare Einnahmen für drei Jahre unter Abzug der Praxiskosten; bei einem Überweisungsverbot unter Abzug der erzielbaren Einnahmen aus dem „Verkauf" an andere Vertragsärzte (BSG, 3.3.1997 – 6 RKa 21/95).
10.8	(unzulässige) vorbeugende Unterlassungsklage gegen Honorarbescheid	Regelstreitwert (LSG Niedersachsen-Bremen, 7.10.2005 – L 3 KA 139/05 ER).
10.9	Feststellung der Befugnis zur Erbringung und Abrechnung einer Leistung	Höhe des begehrten zusätzlichen Honorars ohne Minderung im Hinblick auf das Feststellungsbegehren (SG

		Dresden, 14.3.2012 – S 18 KR 237/11 ER).
10.10	Überweisung von Leistungen an Laborärzte, die durch Vertrag über die hausarztzentrierte Versorgung ausgeschlossen ist	Auffangwert für zwölf Quartale <drei Jahre> (LSG Baden-Württemberg, 14.11.2018 – L 5 KA 3686/16).
10.11	Vorlage einer Lebensbescheinigung als Voraussetzung zur Teilnahme an der erweiterten Honorarverteilung	Regelstreitwert (SG Marburg, 20.7.2011 – S 12 KA 446/10).
10.12	Einstweilige Anordnung	vgl. B.VI.15.3; Umsatz für ein Jahr (LSG Nordrhein-Westfalen, 19.7.2010 – L 11 KA 20/10 B).
10.13	Gültigkeit der Unterschrift unter eine Abrechnungssammelerklärung (§ 35 Abs. 2 S. 3 BMV-Ä)	Auffangstreitwert (LSG Baden-Württemberg, 28.10.2020 – L 5 KA 2789/17).
10.14	Benennung von Diagnosen als Voraussetzung der Honorarabrechnung (§§ 295 Abs. 1 S. 1 Nr. 2, 285 Abs. 4 SGB V)	Auffangwert (Schleswig-Holsteinisches LSG, 24.7.2018 – L 4 KA 37/16).
10.15	Abzug von Verwaltungskosten gem. Satzung	Hälfte der angefallenen Verwaltungskosten (BSG, 28.6.2017 – B 6 KA 85/16 B).
11.	**Schiedswesen, Schiedsamt (§ 89 SGB V); Schiedsverfahren (§§ 73b Abs. 4 S. 2, Abs. 4a, 120 Abs. 4 SGB V)**	
11.1	Klage gegen Anberaumung eines Termins und Ladung zu einer Sitzung des Schiedsamts	Auffangstreitwert (LSG Hamburg, 20.11.2008 – L 2 KA 25/08 KL ER).
11.2	Bestimmung einer Schiedsperson (§ 73 Abs. 4a SGB V)	Auffangstreitwert (Sächsisches LSG, 11.4.2012 – L 1 KA 53/11 KL).
11.3	Beanstandungsverfügung eines Schiedsspruchs durch Aufsichtsbehörde	Bei Ersetzung eines Gesamtvertrages zur Gesamtvergütung (§§ 82, 85 SGB V): Wert der Gesamtvergütung, hier Höchststreitwert (Hessisches LSG, 29.9.2010 – L 4 KA 54/09 KL).
11.4	Verhinderung einer Honorarverteilung durch Schiedsspruch (Weitergeltung der früheren günstigeren Honorarverteilung)	50.000 € (LSG Niedersachsen-Bremen, 22.12.2004 – L 3 KA 368/04 ER).
11.5	Begehren eines neuen Vertrags bzw. Schiedsspruchs	Ist das Klagebegehren auf einen neuen Vertrag bestimmten Inhalts gerichtet, Differenz zwischen dem Ergebnis der Schiedsamtsentscheidung und dem

		geltend gemachten Betrag. Zielt das Begehren auf einen neuen Schiedsspruch mit ungewissem Inhalt, wie bei einem Neubescheidungsantrag, die Hälfte des optimal erlangbaren Betrags. Nur wenn finanziell nicht messbare Grundsatzfragen streitig sind, Regelwert (BSG, 28.1.2009 – B 6 KA 38/08 B; Höchststreitwert: LSG Niedersachsen-Bremen, 17.10.2012 – L 3 KA 1/09 KL; LSG Sachsen-Anhalt, 13.11.2013 – L 9 KA 4/13 KL; Bayerisches LSG, 5.10.2015 – L 12 KA 83/15 B ER).
11.6	Anordnung des Sofortvollzugs eines Schiedsspruchs zu einer Vergütungsregelung (§ 120 Abs. 4 SGB V)	Streitige Vergütungsdifferenz (LSG Berlin-Brandenburg, 27.6.2017 – L 24 KA 35/17 KL ER).
12.	**Not- bzw. Bereitschaftsdienst (§ 75 Abs. 1b SGB V i.V.m. der Satzungsregelung der KÄV/KZÄV, § 81 SGB V)**	
12.1	Abberufung als Vorsitzender der Notdienstkommission	Regelstreitwert (LSG Sachsen, 15.7.2002 – L 1 B 12/02 KA).
12.2	Befreiung vom Bereitschaftsdienst (Notdienst)	Auffangstreitwert (BSG, 2.8.2017 – B 6 KA 11/17 B; LSG Schleswig-Holstein, 25.2.2005 – L 4 B 32/04 KA ER; LSG Hessen, 25.2.2005 – L 6/7 B 99/04 KA; LSG Niedersachsen-Bremen, 18.9.2013 – L 3 KA 119/11; Sächsisches LSG, 14.12.2011 – L 1 KA 25/10; LSG Nordrhein-Westfalen, 29.8.2011 – L 11 KA 57/11 B ER; Bayerisches LSG, 24.7.2015 – L 12 KA 55/15 B ER; LSG Baden-Württemberg, 1.2.2017 – L 5 KA 1476/14; 14.11.2018 – L 5 KA 109/17).
12.3	Eingliederung von Fachärzten in den allgemeinen Notdienst	Regelstreitwert (SG Dresden, 10.2.2005 – S 11 KA 260/04).

12.4	Klage auf Teilnahme am Notdienst	zusätzliche Honorarsumme im Quartal für zwei Jahre (LSG Niedersachsen-Bremen, 11.8.2005 – L 3 KA 78/05 ER).
12.5	Fortsetzungsfeststellungsklage betr. die Nichteinteilung zum Notdienst	Auffangstreitwert (BSG, 4.5.2016 – B 6 KA 74/15 B).
12.6	Vertretung für den Notdienst	Kosten der Vertretung (LSG Rheinland-Pfalz, 29.8.1977 – L 6 Ka 5/76).
12.7	Erhebung von Beiträgen für den Bereitschaftsdienst	Höhe der Beiträge (SG Marburg, 20.12.2021 – S 12 KA 305/21 ER).
13.	**Wahl der Vertreterversammlung (§ 80, § 81 Abs. 1 Nr. 2 SGB V i.V.m. der Wahlordnung)**	
13.1	Wahlanfechtung	Regelstreitwert; mehrfacher Regelstreitwert (§ 39 Abs. 1 GKG), wenn die Besetzung mehrerer Positionen angefochten wird, für die jeweils gesonderte Wahlhandlungen vorgesehen sind. Die Zahl der die Wahlanfechtungen betreibenden Kläger ist ohne Bedeutung (BSG, 14.9.2006 – B 6 KA 24/06 B; 19.9.2006 – B 6 KA 30/06 B; 13.5.2020 – B 6 KA 27/19 B); vgl. A.II.1.3.
13.2	Verzicht auf die Mitgliedschaft	Auffangstreitwert (LSG Berlin-Brandenburg, 10.5.2016 – L 7 KA 44/15 B ER).
14.	**Wirtschaftlichkeitsprüfung (§ 106 SGB V)**	
14.1	Beratung	Regelstreitwert (SG Marburg, 16.12.2013 – S 12 KA 565/13 ER; LSG Baden-Württemberg, 28.4.2021 – L 5 KA 2670/18; LSG Nordrhein-Westfalen, 19.5.2021 – L 11 KA 39/19) bzw. bei Besonderheiten des Einzelfalls ein Viertel des Regelstreitwertes (Bayerisches LSG, 7.9.1998 – L 12 B 350/97 KA).

14.2	Bescheidungsantrag bei Honorarkürzung oder Regress	Höhe des Kürzungs- oder des Regressbetrages ohne Abschlag (BSG, 23.2.2005 – B 6 KA 72/03 R; BSG, 16.7.2008 – B 6 KA 57/07 R; 13.10.2010 – B 6 KA 2/10 B; a.A.: die Hälfte, Hessisches LSG, 27.6.2007 – L 4 B 152/07 KA); dies gilt auch bei einer Klage der Krankenkasse gegen die Ablehnung eines Regresses; keine Herabsetzung, wenn auch Versicherte anderer Kassen betroffen sind, mit Ausnahme einer Einzellfallprüfung (LSG Rheinland-Pfalz, 24.8.2006 – L 5 KA 201/06 KA).
14.3	Honorarkürzung oder Regress	– Höhe des Kürzungs- oder des Regressbetrages (BSG, 15.6.1998 – 6 RKa 40/96; 17.6.2009 – B 6 KA 6/09 B; 13.10.2010 – B 6 KA 2/10 B; 17.2.2016 – B 6 KA 44/15 B; 10.12.2020 – B 6 KA 25/20 B). – Wenn nur eingeschränkte Anfechtung in nicht quantifizierbarem Umfang: Hälfte der Differenz zwischen dem zuerkannten und dem abgerechneten Honorar(LSG Niedersachsen-Bremen, 19.8.2003 – L 3 B 38/03 KA).
14.4	Regress bei Richtgrößenprüfung; Klage einer Krankenkasse	Gesamtbetrag der Honorarkürzung, da die Überwachung der Wirtschaftlichkeit von übergreifendem Interesse für alle Krankenkassen und Verbände ist (LSG Rheinland-Pfalz, 24.8.2006 – L 5 B 201/06 KA); a.A.: Höhe des auf die Krankenkasse entfallenden Regressanteils (LSG Berlin-Brandenburg, 3.4.2008 – L 7 B 18/08 KA).
14.5	Antrag auf (allgemeine) Prüfung der sachlich-rechnerischen Richtigkeit der Abrechnung einer Gebührenordnungsposition durch Vertragsärzte	Auffangstreitwert (BSG, 17.2.2016 – B 6 KA 63/15 B).

14.6	Auszahlung des Honorars; einstweilige Anordnung (Wiederherstellung der aufschiebenden Wirkung, §§ 85 Abs. 4 S. 6, 87b Abs. 2 S. 6 SGB V)	Das wirtschaftliche Interesse bemisst sich nach der Dauer des Hauptsacheverfahrens und dem Zinsinteresse (LSG Nordrhein-Westfalen, 7.11.2011 – L 11 KA 110/11 B; 8.3.2017 – L 11 KA 63/16 B ER; a.A.: ein Viertel des Streitwerts der Hauptsache (LSG Rheinland-Pfalz, 19.4.2012 – L 7 KA 70/11 B).
15.	**Zulassungsverfahren von Ärzten, Zahnärzten und Psychotherapeuten (§ 95 SGB V i.V.m. den Zulassungsverordnungen nach § 98 SGB V)**	
15.1	Eintragung in das Arztregister als Vorstufe der Zulassung (§§ 95a, 95c SGB V)	– bei faktischer Vorwegnahme der Zulassung: Höhe der Einnahmen wie bei B.VI.15.7. – im Übrigen: Höhe der Einnahmen in dem streitigen Zeitraum der Weiterbildung (BSG, 21.3.1997 – 6 RKa 29/95). – Auffangstreitwert bei begehrter Streichung von Eintragungen (LSG Niedersachsen-Bremen, 6.9.2017 – L 3 KA 105/16).
15.2	Aufnahme in die Bewerberliste für das Gutachterverfahren nach § 12 Abs. 5 Psychotherapie-Vereinbarung	Auffangstreitwert (LSG Berlin-Brandenburg, 13.3.2014 – L 7 KA 76/13 B ER).
15.3	Einstweilige Anordnung	Höhe der Einnahmen (wie bei B.VI.15.7.) während der voraussichtlichen Verfahrensdauer von einem Jahr ohne Abschlag (*Wenner/Bernard*, NZS 2001, 57, 59; 2003, 568, 571; 2006, 1, 3 f.; LSG Hamburg, 8.3.2011 – L 1 KA 22/11 B ER; LSG Berlin-Brandenburg, 11.1.2012 – L 7 KA 91/11 B; abweichend: je Instanz <Hauptsache> ein Jahr, Bayerisches LSG, 25.4.2005 – L 12 B 203/04 KA; LSG Nordrhein-Westfalen, 17.1.2011 – L 11 KA 87/10 B ER).

15.4	Begehren auf Anordnung der sofortigen Vollziehung eines Zulassungsbeschlusses (§ 97 Abs. 4 SGB V)	Voraussichtliche Honorareinahmen (wie bei B.VI.15.7.) im Zeitraum zwischen dem Zulassungsbeschluss bis zur Entscheidung des Antragsgegners (SG Marburg, 21.6.2017 – S 12 KA 424/17 ER); in den letzten vier Quartalen erwirtschaftete Honorare abzüglich der Praxiskosten (LSG Niedersachsen-Bremen, 18.11.2015 – L 3 KA 105/15 B ER); ohne Abschlag bei zu erwartender Verfahrensdauer von 2 Jahren (LSG Nordrhein-Westfalen, 23.10.2017 – L 11 KA 30/17 B ER), ansonsten vierfacher Auffangstreitwert <ein Jahr> (LSG Rheinland-Pfalz, 25.5.2016 – L 5 KA 1/18 B; bei Ablehnung Jahresbetrag des erwarteten Honorars (LSG Berlin-Brandenburg, 19.5.2016 – L 7 KA 51/15 B ER).
15.5	Entziehung der Zulassung	(BSG, 7.4.2000 – B 6 KA 61/99 B; 25.9.2005 – B 6 KA 69/04 B), evtl. Regelstreitwert für 12 Quartale (BSG, 29.4.2021 – B 6 KA 19/20 B; 9.7.2020 – B 6 KA 3/20 B); bei einem Laborarzt ist das gesamte Honorar bestehend aus dem Leistungsanteil und den Analysesachkosten zu berücksichtigen (LSG Nordrhein-Westfalen, 10.12.2007 – L 10 B 39/06 KA).
15.6	Erteilung einer Nebentätigkeitsgenehmigung als Konsiliararzt	Voraussichtliche Honorareinnahmen für drei Jahre abzüglich der Betriebskosten (LSG Nordrhein-Westfalen, 24.2.2006 – L 10 B 21/05 KA).
15.7	Erstzulassung	– Höhe der bundesdurchschnittlichen Umsätze der Arztgruppe (in den neuen Bundesländern: Durchschnitt dieser Länder) abzüglich des durchschnittlichen Praxiskostenanteils in einem Zeitraum von drei Jahren (BSG, 1.9.2005 – B 6 KA 41/04 R;

		12.10.2005 – B 6 KA 47/04 B); abzustellen ist auf die Werte des Jahres, in dem der jeweilige Rechtszug eingeleitet worden ist, hilfsweise auf die jeweils zeitnächsten verfügbaren Daten (BSG, 25.9.2005 – B 6 KA 69/04 B) – Bei fehlenden Daten bzgl. Umsätzen und Praxiskostenanteilen: Rückgriff auf durchschnittliche Werte aller Arztgruppen (BSG, 12.10.2005 – B 6 KA 47/04 B) – Bei fehlenden Daten bzgl. Praxiskostenanteilen: Rückgriff auf einen „pauschal gegriffenen Kostensatz“ von 50 v.H. (BSG, 12.10.2005 – B 6 KA 47/04 B) – Unterschreiten des „Berechnungszeitraums“ von drei Jahren möglich, wenn kürzere Tätigkeit zu erwarten ist (BSG, 28.1.2000 – B 6 KA 22/99 R) – In einem atypischen Fall, in welchem die durchschnittlichen Umsätze der Arztgruppe dem wirtschaftlichen Interesse des Arztes nicht annähernd entsprechen, ist für jedes Quartal des Dreijahreszeitraums der Regelwert ohne Abzug von Praxiskosten anzusetzen (BSG, 12.9.2006 – B 6 KA 70/05 B; LSG Rheinland-Pfalz, 22.6.2010 – L 5 KA 25/10 B ER). – Keine Reduzierung des Streitwerts, wenn nur Sonderbedarfszulassung begehrt (BSG, 12.10.2005 – B 6 KA 47/05 B; 17.3.2021 – B 6 KA 2/20 R. – Bei fehlendem direktem Zusammenhang mit statusrechtlicher Fragestellung <Klärung der Wirksamkeit widersprechender Bescheide der Zulassungsgremien>: Regelstreitwert (SG München, 12.1.2021 – S 38 KA 435/19).

15.8	Erteilung einer weiteren Zulassung	Mehreinnahmen innerhalb eines Zeitraumes von drei Jahren (BSG, 11.11.2005 – B 6 KA 12/05 B).
15.9	Erhalt von zwei vollen Versorgungsaufträgen durch Verlegung eines Teils der ärztlichen Tätigkeit an einen anderen Ort	Auffangstreitwert (BSG, 9.2.2011 – B 6 KA 44/10 B).
15.10	Konkurrentenklage gegen Zulassung	Wie bei B.VI.15.7.; bei einem offenen Ausgang des Auswahlverfahrens jedoch nur 1/3 des vollen Zulassungsinteresses (LSG Schleswig-Holstein, 28.6.2007 – L 4 B 269/06 KA ER; die Hälfte: LSG Hamburg, 20.3.2015 – L 5 KA 54/14 B; wenn Interesse nicht zu beziffern: 60.000 € <Auffangstreitwert für 12 Quartale>, BSG, 29.6.2011 – B 6 KA 4/11 B; LSG Nordrhein-Westfalen, 16.3.2011 – L 11 KA 96/10 B ER; LSG Rheinland-Pfalz, 30.8.2012 – L 7 KA 41/12 <Rücknahme des Ausschreibungsantrags>); a.A. bei Praxisübernahme: Durchschnittsumsatz in der Arztgruppe ohne Abzug von Praxiskosten (Wenner/Bernard, NZS 2001, 57, 60).
15.11	Nebenbestimmungen zu einer Zulassung (Bedingung)	Wie bei B.VI.15.7.
15.12	Verlegung des Arztsitzes (§ 24 Abs. 7 Ärzte-ZV)	Dreifacher Regelstreitwert (*Wenner/ Bernard*, NZS 2001, 57, 60; LSG Berlin-Brandenburg, 25.10.2013 – L 7 KA 77/13 B ER).
15.13	Weiterführung von Behandlungen nach Versagung der Zulassung zur vertragspsychotherapeutischen Versorgung	Zu erwartendes Honorar (BSG, 8.4.2005 – B 6 KA 52/04 B).
15.14	Zweigpraxis (§ 24 Abs. 3 Ärzte-ZV)	Dreifacher Regelstreitwert (BSG, 16.5.2018 – B 6 KA 69/17 B; *Wenner/ Bernard*, NZS 2003, 568, 572; Hessisches LSG, 13.11.2007 – L 4 KA 57/07 ER; LSG Rheinland-Pfalz, 11.6.2010 – L 5 KA 61/09 B; LSG Baden-Württemberg, 23.10.2013 – L 5 KA

		4620/12); a.A.: 60.000 € <Auffangstreitwert für 12 Quartale> BSG, 21.3.2018 – B 6 KA 62/17 B <sozialpädiatrisches Zentrum>; jedoch auch Berücksichtigung des angebotenen Zeitkontingentes sowie von Art und Umfang der ärztlichen Leistungen (LSG Nordrhein-Westfalen, 17.12. 2009 – L 11 B 7/09 KA; 16.3.2011 – L 11 KA 96/10 B ER;13.9.2016 – L 11 KA 78/15)
16.	**Medizinisches Versorgungszentrum (§ 95 SGB V)**	
16.1	Genehmigung zur Anstellung eines Arztes (§ 95 Abs. 2 S. 7 SGB V)	Höhe des in drei Jahren erzielbaren Umsatzes abzgl. des Praxiskostenanteils, aber ohne Abzug des für den angestellten Arzt zu zahlenden Gehalts (BSG, 17.3.2021 – B 6 KA 2/20 R); evtl. Regelstreitwert pro Quartal für drei Jahre <60.000 €>, ggfs. multipliziert mit der Anzahl der betroffenen Vollzeitstellen (LSG Rheinland-Pfalz, 12.7.2011 – L 5 KA 19/11 B ER; Sächsisches LSG, 9.12.2015 – L 8 KA 2/13; 30.5.2016 – L 1 KA 3/15 B; LSG Nordrhein-Westfalen, 13.2.2018 – L 11 KA 33/17 B ER; LSG Baden-Württemberg, 28.4.2021 – L 5 KA 184/18; LSG Sachsen-Anhalt, 24.11.2021 – L 9 KA 1/18).
16.2	Umwandlung einer Anstellung in eine Zulassung (§ 95 Abs. 9b SGb V)	Verwertungsmöglichkeit des Vertragsarztsitzes, d.h. erzielbarer Erlös, hilfsweise Auffangstreitwert wie bei 16.1. <60.000 €> (SG Marburg, 11.3.2022 – S 12 KA 231/21).
16.3	Zulassung	Wie 16.1: SG Karlsruhe, 17.12.2010 – S 1 KA 575/10; SG Marburg, 20.1.2014 – S 12 KA 117/13); jedoch nicht gesondert neben den mit der Zulassung verbundenen Anstellungsgenehmigungen (LSG Nordrhein-

		Westfalen, 3.6.2020 – L 11 KA 15/20 B; 5.6.2020 – L 11 KA 14/20 B).
16.4	Nachbesetzung einer Arztstelle (§ 103 Abs. 4a S. 5 SGB V)	Höhe des mit dem Arzt vereinbarten Gehalts im streitigen Zeitraum (LSG Baden-Württemberg, 8.12.2010 – L 5 KA 3673/10 ER-B).
16.5	Entziehung der Zulassung (§ 95 Abs. 6 SGB V)	Vgl. B.VI.15.5.; bei Feststellung des Erlöschens
		der Zulassung die Hälfte des Auffangstreitwerts für 12 Quartale (LSG Berlin-Brandenburg, 7.9.2017 – L 24 KA 38/15 <Poliklinik>).
16.6.	Befreiung vom Bereitschaftsdienst (Notfalldienst)	In Anlehnung an B.VI.12.2: Auffangstreitwert (Sächsisches LSG, 14.12.2011 – L 1 KA 25/10).
16.7	Kosten für die Teilnahme an einer erweiterten Honorarverteilung	Durchschnittliche Kosten je beschäftigtem Arzt für drei Jahre (SG Marburg, 10.7.2009 – S 12 KA 646/08).
16.8	Herausgabe einer Bürgschaftserklärung (§ 95 Abs. 2 S. 6 SGB V)	Auffangstreitwert (LSG Niedersachsen-Bremen, 8.11.2017 – L 3 KA 109/15).
17.	**Praxisübernahme; Nachbesetzung (§ 103 Abs. 4 SGB V)**	
17.1	Praxisveräußerung ohne Zulassungsbegehren	Kaufpreis (LSG Berlin, 23.9. 1997 – L 7 Ka-SE 27/97; BSG, 9.4.2008 – B 6 KA 3/07 B).
17.2	Antrag auf zusätzliche Zulassung bei angestrebtem Praxisverkauf	Siehe Erstzulassung (vgl. B.VI.15.7.), da ausschließlich Zulassungsstreit (LSG Baden-Württemberg, 27.8.1999 – L 5 KA 1576/99 W-B).
17.3	Begehren auf Durchführung des Ausschreibungsverfahrens mit Zulassungsbegehren	Regelwert für zwölf Quartale, da Ähnlichkeit mit einer Zulassungsstreitigkeit (BSG, 28.11.2007 – B 6 KA 26/07 R).
17.4	Anordnung der sofortigen Vollziehung eines Zulassungsbeschlusses im Nachbesetzungsverfahren	Honorarumsätze abzüglich der Praxiskosten für die (voraussichtliche) Dauer des Widerspruchsverfahrens (SG Marburg, 25.11.2011 – S 12 KA 797/11 ER).

17.5	Anstellungsgenehmigung (§ 103 Abs. 4b SGB V)	In Anlehnung an B.VI.15.7.: Regelstreitwert pro Quartal für drei Jahre (SG Marburg, 10.9.2014 – S 12 KA 531/14 ER; LSG Nordrhein-Westfalen, 25.6.2018 – L 11 KA 66/17 B).
18.	**Substitutionsbehandlung**	
18.1	Erteilung einer Abrechnungsgenehmigung	Auffangstreitwert (SG Marburg, 2.4.2014 – S 12 KA 301/13).
18.2	Anordnung der KÄV auf Beendigung der Substitutionsbehandlung eines Versicherten durch einen Vertragsarzt („Substitutionsrichtlinie", §§ 92 Abs. 1 S. 2 Nr. 5, 135 SGB V)	Auffangstreitwert; auf den Umfang einer erst beabsichtigten Honorarrückforderung kann nicht abgestellt werden (Hessisches LSG, 11.3.2009 – L 4 KA 59/07); Auffangstreitwert auch bei Begehren um Honorierung von Leistungen nach Anordnung der sofortigen Vollziehung bis zu deren Aufhebung (BSG, 5.6.2013 – B 6 KA 4/13 B).
18.3	Ankündigung einer Qualitätsprüfung, Aufforderung zur Vorlage von Behandlungsdokumentationen (§ 136 SGB V, Qualitätsprüfungs-Richtlinie Vertragsärztliche Versorgung)	Auffangstreitwert (LSG Berlin-Brandenburg, 28.6.2011 – L 7 KA 50/11 B ER).
19.	**Unterlassen von Behauptungen der Kassenärztlichen Vereinigung**	Auffangstreitwert (LSG Nordrhein-Westfalen, 22.1.2018 – L 11 KA 82/16 B ER).
VII. SGB VI – Rentenversicherung		
1.	**Betriebsprüfung, Feststellung der Versicherungspflicht (§ 28p SGB IV)**	
1.1	Klage des Beschäftigten	Keine Streitwertfestsetzung, da gerichtskostenfrei nach § 183 SGG.
1.2	Klage des Arbeitgebers	Höhe der Beiträge, wenn zu Beginn des Verfahrens (§ 40 GKG) auch Beitragsbescheid vorlag (LSG Schleswig-Holstein, 19.1.2015 – L 5 KR 180/15 B); mit Umlagebeträgen (U1 und U2) nach dem AAG (B.V.4.; BSG, 18.1.2018 – B 12 R 3/16 R; 10.12.2019 – B 12 R 9/18 R; 27.4.2021 – B 12 R 18/19 R; 3.2.2022 – B 12 R 32/21

		B <unveröff.>; 13.12.2022 – B 12 BA 23/22 B) und U3/UI (B.II.10.; BSG, 28.6.2022 – B 12 R 1/20 R); wendet sich der Kläger nur gegen die Versicherungspflicht Auffangstreitwert (BSG, 8.12.2008 – B 12 R 37/07 B; LSG Baden-Württemberg, 27.9.2017 – L 5 R 4792/15).
1.3	Klagen sowohl des Beschäftigten als auch des Arbeitgebers	Es liegt auch bei Verbindung (vgl. A.II.1.5. und A.III.1.1.) getrennter Klagen ein einheitlicher Streitgegenstand bei subjektiver Klagehäufung vor: § 193 SGG (BSG, 29.7.2015 – B 12 KR 23/13 R: LSG Berlin-Brandenburg, 24.2.2014 – L 1 KR 271/13; Bayerisches LSG, 6.5.2019 – L 7 R 5178/17; LSG Baden-Württemberg, 10.10.2014 – L 4 R 2204/13; 27.6.2022 – L 11 BA 3585/20); a.A.: teilbarer Streitgegenstand und damit objektive Klagehäufung (LSG Rheinland-Pfalz, 11.12.2013 – L 6 R 152/12 B: § 193 SGG für Arbeitnehmer und § 197a SGG für Arbeitgeber).
1.4	Aufforderung des Arbeitgebers zur Vorlage von Unterlagen	Auffangstreitwert, evtl. zusätzlich das angedrohte Zwangsgeld (LSG Baden-Württemberg, 20.9.2012 – L 11 R 2785/12 ER-B; 23.10.2013 – L 4 R 4066/13 ER-B).
1.5	Aufforderung des Arbeitgebers zur Abgabe einer Meldung (§ 28a SGB IV)	Auffangstreitwert (LSG Baden-Württemberg, 8.7.2016 – L 4 R 3450/15).
1.6	Untersagung der Ausweitung der Betriebsprüfung auf Kunden des Arbeitgebers	Auffangstreitwert (LSG Schleswig-Holstein, 27.8.2014 – L 5 KR 149/14 B ER).
1.7	Zuständigkeit des Rentenversicherungsträgers (§ 28p Abs. 2 SGB IV), Anordnung einer Betriebsprüfung	Auffangstreitwert (Bayerisches LSG, 15.1.2018 – L 14 R 5201/16).

2.	**Anfrageverfahren (§ 7a SGB IV)**	
2.1	Klage des Beschäftigten	Keine Streitwertfestsetzung, da gerichtskostenfrei nach § 183 SGG (BSG, 4.6.2019 – B 12 R 20/18 R).
2.2	Klage des Arbeitgebers	a) **Auffangstreitwert nach wohl h.M.** (z.B.: BSG, 11.3.2009 – B 12 R 11/07 R; 4.6.2009 – B 12 R 6/08 R; 30.10.2013 – B 12 KR 17/11 R; 20.2.2017 – B 12 KR 95/16 B; 26.2.2019 – B 12 R 8/18 R; 8.7.2020 – B 12 R 26/18 R; 15.7.2021 – B 12 R 38/20 B; LSG Baden-Württemberg, 17.7.2014 – L 11 R 2546/14 B; 21.2.2017 – L 11 R 2433/16; 10.11.2020 – L 4 BA 1107/20 B; Bayerisches LSG, 27.11.2015 – L 7 R 759/15 B; Hessisches LSG, 6.9.2019 – L 1 BA 21/19 B; 28.5.2020 – L 8 BA 42/19; LSG Berlin-Brandenburg, 15.8.2017 – L 1 KR 468/16; LSG Nordrhein-Westfalen, 12.4.2017 – L 8 R 104/17 B). b) **a.A.:** nach den wirtschaftlichen Folgen (LSG Niedersachsen-Bremen, 1.4.2019 – L 2 BA 18/18; Höhe der mögl. Beitragsforderung nur, wenn bereits erhoben oder konkrete Höhe dargelegt ist: LSG Niedersachsen-Bremen, 11.3.2021 – L 1 BA 111/19 <unveröff.>; Bayerisches LSG, 23.1.2019 – L 16 BA 154/18 B; 26.1.2023 – L 16 BA 110/22 B); zum Streitstand vgl. *Reyels*, jurisPR-SozR 20/2015 Anm. 6). c) Eine Rechtsgrundlage für eine Vervielfältigung des Auffangstreitwerts besteht nicht (BSG, 5.3.2010 – B 12 R 8/09 R; *Berchtold*, NZS 2014, 888), jedoch kann dieser bei Verfahren, die mehrere Personen betreffen, mit der Anzahl der Personen multi-

		pliziert werden (LSG Baden-Württemberg, 10.9.2010 – L 4 R 1775/07); bei Arbeitseinsätzen ohne inhaltlichen Zusammenhang mehrfacher Auffangstreitwert (LSG Baden-Württemberg, 28.1.2019 – L 10 R 2642/17; ohne Begründung: BSG, 4.6.2019 – B 12 R 11/18 R <Tätigkeit für zwei Krankenhäuser>, nicht bei mehreren Einsätzen für ein Pflegeheim: BSG, 7.6.2019 – B 12 KR 8/18 R); nicht bei Einzelaufträgen in einem Rahmenverhältnis (Bayerisches LSG, 26.1.2023 – L 16 BA 110/22 B); Auffangstreitwert auch bei Ablehnung der Durchführung des Statusfeststellungsverfahrens (Sächsisches LSG, 26.6.2020 – L 2 KR 80/15).
2.3	Klagen sowohl des Beschäftigten als auch des Arbeitgebers	Es liegt auch bei Verbindung (vgl. A.II.1.5. und A.III.1.1.) getrennter Klagen ein einheitlicher Streitgegenstand bei subjektiver Klagehäufung vor: § 193 SGG (BSG, 29.7.2015 – B 12 KR 23/13 R: LSG Berlin-Brandenburg, 24.2.2014 – L 1 KR 271/13; Bayerisches LSG, 6.5.2019 – L 7 R 5178/17); a.A.: teilbarer Streitgegenstand und damit objektive Klagehäufung (LSG Rheinland-Pfalz, 11.12.2013 – L 6 R 152/12 B; LSG Baden-Württemberg, 30.3.2012 – L 4 R 2043/10: § 193 SGG für Arbeitnehmer und § 197a SGG für Arbeitgeber).
2.4	Berechtigung eines Steuerberaters zum Auftreten als Bevollmächtigter	Bei allgemeinem zukunftsgerichtetem Begehren Auffangstreitwert und nicht nur kostenrechtlicher Gebührenanspruch (BSG, 5.3.2014 – B 12 R 7/12 R und 4/12 R); vgl. auch A.VI.1.2.
2.5	Zuständigkeitsstreit zwischen DRV Bund und Einzugsstelle	Auffangstreitwert (BSG, 16.7.2019 – B 12 KR 6/18 R).

3.	**Rückzahlung von Rentenleistungen (§ 118 Abs. 3 und 4 SGB VI)**	
3.1	Rücküberweisungsanspruch gegenüber dem Geldinstitut (§ 118 Abs. 3 SGB VI)	Höhe des Betrags (vgl. z.B. BSG, 5.2.2009 – B 13 R 87/08 R; 24.2.2016 – B 13 R 22/15 R; 26.9.2019 – B 5 R 4/19 R).
3.2	Rückforderungsanspruch gegenüber Empfängern, Verfügenden und Erben (§ 118 Abs. 4 SGB VI)	Keine Kostenprivilegierung nach § 183 SGG, Höhe des Betrags (BSG, 10.7.2012 – B 13 R 105/11 R; 14.12.2016 – B 13 R 9/16 R; 3.4.2014 – B 5 R 25/13 R <Erbe ist kein Sonderrechtsnachfolger>; 20.5.2020 – B 13 R 4/18 R).
4.	**Befreiung von der Versicherungspflicht**	Keine Streitwertfestsetzung, da gerichtskostenfrei nach § 183 SGG (z.B.: BSG, 13.12.2018 – B 5 RE 1/18 R; 16.6.2021 – B 5 RE 4/20 R); Auffangwert, wenn nur ein nicht Kostenprivilegierter Rechtsmittel einlegt (BSG, 22.3.2018 – B 5 RE 12/17 B).
5.	**Rücknahme eines Rentenbescheides und Erstattungsbegehren (§§ 45, 50 SGB X); Tod des Leistungsempfängers**	Bzgl. der Rücknahme eines Rentenbewilligungsbescheides gegenüber dem Leistungsempfänger Kostenprivilegierung der Hinterbliebenen als Sonderrechtsnachfolger (§ 183 S. 1 SGG) möglich, aber nicht hinsichtlich der Erstattungsforderung, insoweit gilt § 197a SGG <kein fälliger Geldleistungsanspruch, außerdem gegen den Berechtigten> (BSG, 20.3.2013 – B 5 R 16/12 R; unveröff. Beschluss vom 11.10.2012 – B 5 R 16/12 R).
6.	**Beitragszuschuss des Arbeitgebers (§ 172a SGB VI)**	Gerichtskostenfrei nach § 183 SGG (Bayerisches LSG, 28.4.2022 – L 1 SV 6/22 B)
7.	**Nachversicherung (§ 233 SGB VI)**	Auffangstreitwert, wenn allein die Erhebung der Verjährungseinrede Streitgegenstand ist (BSG, 27.6.2012 – B 5 R 88/11 R).

8.	**Zustimmung zum Abschluss einer Ausnahmevereinbarung nach Art. 17 VO (EWG) 1408/71**	Auffangstreitwert (BSG, 16.8.2017 – B 12 KR 19/16 R).
VIII. SGB VII – Unfallversicherung		Vgl. allgemein: Becker/Spellbrink, NZS 2012, 283 ff.)
1.	**Anfechtung der Wahl der Vertreterversammlung (§ 46, § 57 SGB IV)**	Regelstreitwert (LSG Baden-Württemberg, 6.8.2004 – L 7 U 3170/04 W-A); vgl. auch B.VI.13.1.
2.	**Beitragsforderung (§ 150, § 168 SGB VII); Gefahrtarif, Gefahrklassen (§§ 157 ff. SGB VII)**	
2.1	Veranlagungsbescheid bei noch bestehender Mitgliedschaft	– Bei Streit um die Veranlagung dem Grunde nach: Die im Zeitpunkt der Antragstellung (§ 40 GKG) bezifferbare Beitragslast (BSG, 8.9.2009 – B 2 U 113/09 B); bei Nichtfeststellbarkeit der erstrebten Beitragsersparnis: einfacher Auffangstreitwert (BSG, 18.1.2011 – B 2 U 16/10 R). – Bei Streit um die Höhe der Veranlagung: Grundsätzlich die Differenz zwischen dem geforderten und dem bei einem Erfolg der Klage zu erwartenden Beitrag (BSG, 11.4.2013 – B 2 U 8/12 R; 13.12.2016 – B 2 U 135/16 B; 6.12.2017 – B 2 U 121/17 B; ggfs. Anhebung gem. § 52 Abs. 3 S. 2 GKG, BSG, 13.12.2016 – B 2 U 135/16 B); bei Nichtfeststellbarkeit der erstrebten Beitragsersparnis: einfacher Auffangstreitwert (*Becker/Spellbrink*, NZS 2012, 283 ff.; Bayerisches LSG, 20.7.2015 – L 2 U 318/13). – Bei Streit sowohl um Veranlagung als auch um Beitragsforderungen: Addition (BSG, 3.12.2018 – B 2 U 116/18 B); a.A.: keine Addition, da wirtschaftliche Identität (LSG Niedersachsen-Bremen, 27.4.2022 – L 3 U 81/20).

2.2	Veranlagungsbescheid bei beendeter Mitgliedschaft	Ausschließlich die Höhe der Beitragsforderung (BSG, 17.5.2011 – B 2 U 18/10 R; 23.7.2015 – B 2 U 78/15 B).
2.3	Beitragsbescheid	Höhe der Forderung (BSG, 22.9.2009 – B 2 U 32/08 R; B 2 U 2/08 R; 4.7.2013 – B 2 U 2/12 R).
2.4	Beitragszuschlag (§ 162 SGB VII); Akteneinsicht	Auffangstreitwert (BSG, 11.4.2013 – B 2 U 21/11 R).
2.5	Aufhebung der Befreiung von Anteilen der gemeinsamen Lastentragung (§ 180 Abs. 2 SGB VII)	Auffangstreitwert, wenn keine Bezifferung möglich (BSG, 8.12.2021 – B 2 U 12/20 R <kein vervielfachter Auffangstreitwert>).
3.	**Mitgliedschaft bei Berufsgenossenschaft**	
3.1	Zuständigkeitsstreit; Überweisung zu einem anderen Träger (§§ 121 ff., § 136 SGB VII)	Bei Nichtfeststellbarkeit der erstrebten Beitragsersparnis: Auffangstreitwert <nicht vervielfachter Jahresbetrag der bisherigen Beiträge bzw. vervielfachter Auffangstreitwert> (BSG, 18.1.2011 – B 2 U 16/10 R; 7.3.2017 – B 2 U 140/16 B; 7.11.2017 – B 2 U 125/17 B; 10.9.2020 – B 2 U 93/20 B).
3.2	Feststellung der (Mit-)Unternehmereigenschaft eines Beigeladenen; Klage des Unternehmers	Auffangstreitwert (BSG, 5.2.2008 – B 2 U 3/07 R).
4.	**Versicherungspflicht (§ 2 SGB VII); Veranlagungs- und/oder Beitragsbescheid**	
4.1	Versicherung nach § 2 Abs. 1 Nrn. 1 bis 4, 5 Buchst. b bis e und Nrn. 6 bis 17 SGB VII	Kostenprivilegierung, da der Status als Versicherter maßgebend ist (BSG, 20.3.2018 – B 2 U 13/16 R; 19.6.2018 – B 2 U 9/17).
4.2	Versicherung als Unternehmer eines landwirtschaftlichen Unternehmens (§ 2 Abs. 1 Nr. 5 Buchst. a SGB VII)	Höhe der Beiträge, hilfsweise der einfache Auffangstreitwert; keine Kostenprivilegierung, da nicht nur der Status als Versicherter maßgebend ist, sondern sich der Kläger auch gegen die Erhebung von Beiträgen gegenüber ihm als Unternehmer wendet (BSG, 26.11.2019 – B 2 U 29/17 R; 23.6.2020 – B 2 U 14/18 R; 5.3.2008 – B 2 U 353/07 B; 19.4.2012 – B 2 U 348/11 B;

		Bayerisches LSG, 27.1.2023 – L 1 U 236/22; *Köhler*, SGb 2008, 76 ff. m.w.N.).
5.	**Beschränkung der Haftung gegenüber Versicherten, ihren Angehörigen und Hinterbliebenen (§§ 104 ff. SGB VII)**	
5.1	Klage des in der Haftung beschränkten Unternehmers bzw. Haftpflichtversicherers auf Feststellung eines Versicherungsfalles (§§ 109, 108, 104 SGB VII)	Auffangstreitwert (BSG, 26.6.2007 – B 2 U 35/06 R; 29.11.2011 – B 2 U 27/10 R; 8.12.2016 – B 2 U 123/16 B; LSG Baden-Württemberg, 22.5.2014 – L 6 U 5225/13, nicht die Höhe der vor den Zivilgerichten geltend gemachten Forderung: BSG, 8.12.2016 – B 2 U 123/16 B; 13.4.2017 – B 2 U 256/16 B; a.A.: 2/3 der Forderung, LSG Nordrhein-Westfalen, 16.1.2019 – L 17 U 278/17 bzw. Höhe der Forderung, LSG Baden-Württemberg, 28.7.2017 – L 8 U 2083/16).
5.2	Klage eines potentiell nach §§ 105, 106, 109 SGB VII haftungsprivilegierten Versicherten	Kostenprivilegierung als Versicherter (BSG, 30.8.2016 – B 2 U 40/16 B; 19.6.2018 – B 2 U 2/17 R, auch wenn sowohl als Unternehmer und als Versicherter).
5.3	Feststellung des Umfangs der von dem Unfallversicherungsträger dem Versicherten erbrachten Leistungen gegenüber dem Dritten	Höhe der Leistungen (BSG, 31.1.2012 – B 2 U 12/11 R).
6.	**Beteiligung am Durchgangsarztverfahren (§ 34 SGB VII)**	Auffangstreitwert (LSG Nordrhein-Westfalen, 16.1.2019 – L 17 U 90/17; LSG Berlin-Brandenburg, 24.2.2022 – L 3 U 179/21 B).
7.	**Leistungen an Arbeitgeber (§ 35 SGB VII, § 50 Abs. 1 Nr. 3 SGB IX)**	Keine Streitwertfestsetzung, da gerichtskostenfrei nach § 183 SGG <Leistungsempfänger> (LSG Nordrhein-Westfalen, 31.1.2019 – L 15 U 523/18 B).

IX. SGB XI – Pflegeversicherung		
1.	**Zulassung zur Pflege durch Versorgungsvertrag (§ 72 SGB XI)**	Der voraussichtliche Jahresgewinn aus drei Jahren, wenn die Zulassung für mindestens drei Jahre streitig ist (BSG, 12.6.2008 – B 3 P 2/07 R; Bayerisches LSG, 13.12.2010 – L 2 P 47/09 B).
2.	**Verantwortliche Pflegefachkraft (§ 71 Abs. 2 Nr. 1, Abs. 3 SGB XI)**	
2.1	Feststellungsklage hinsichtlich der Anforderungen	Bei angestrebter Zusammenlegung von Heim- und Pflegedienstleitung: dreifacher Jahresbetrag für die Beschäftigung einer zusätzlichen verantwortlichen Pflegefachkraft (BSG, 22.4.2009 – B 3 P 14/07 R).
2.2	Klage auf Anerkennung als verantwortliche Pflegefachkraft	Regelstreitwert (BSG, 18.5.2011 – B 3 P 5/10 R).
3.	**Kündigung des Versorgungsvertrages eines Pflegedienstes (§ 74 SGB XI)**	Auf Grund der gravierenden finanziellen Folgen einer Zulassungsentziehung der dreifache Jahresumsatz (BSG, 12.6.2008 – B 3 P 2/07 R; Bayerisches LSG, 12.10.2011 – L 2 P 41/10 B ER) bzw. erzielbare Einnahmen für drei Jahre (Hessisches LSG, 26.9.2005 – L 14 P 1300/00; LSG Berlin-Brandenburg, 31.8.2006 – L 24 B 31/06 P ER); a.A.: dreifacher Jahresgewinn in Anlehnung an § 42 Abs. 2 GKG (LSG Rheinland-Pfalz, 2.2.2011 – L 5 P 51/10 B).
4.	**Klage auf Zustimmung zur gesonderten Berechnung von Aufwendungen der Pflegeeinrichtung (§ 82 Abs. 3 SGB XI)**	Der dreifache Jahresbetrag der wiederkehrenden Leistungen (§ 42 Abs. 2 GKG) je Pflegetag und Heimbewohner unter Berücksichtigung des Auslastungsgrades (LSG Sachsen-Anhalt, 16.3.2011 – L 4 P 12/07; nachfolgend BSG, 8.9.2011 – B 3 P 2/11 R).

5.	**Schiedsspruch zur Vergütung von Pflegeleistungen (§§ 75 Abs. 4, 76, 85 Abs. 5 SGB XI)**	
5.1	Ambulante Pflegeleistungen (§§ 89 Abs. 3 S. 4, 85 Abs. 5 SGB XI)	Regelstreitwert (BSG, 29.1.2009 – B 3 P 8/07 R;17.12.2009 – B 3 P 3/08 R;15.12.2021 – B 3 P 4/19 R).
5.2	Stationäre Pflegeleistungen (§§ 84 Abs. 4, 87 S. 3, 85 Abs. 5 SGB XI)	Wirtschaftliche Bedeutung: Differenz zwischen der geforderten Vergütung/ dem Angebot der Pflegekassen und dem Schiedsspruch sowie dessen Auswirkungen auf das wirtschaftliche Ergebnis im vom Schiedsspruch umfassten Zeitraum (BSG, 29.1.2009 – B 3 P 9/07 R; 12.9.2012 – B 3 P 5/11 R; 29.1.2009 – B 3 P 6/08 R und 16.5.2013 – B 3 P 2/12 R: ohne Abschlag wegen des Begehrens auf Neubescheidung; 26.9.2018 – B 3 P 1/18 R; LSG Nordrhein-Westfalen, 21.1.2009 – L 10 B 20/08 P; 1.4.2009 – L 10 B 42/08 P; LSG Niedersachsen-Bremen, 16.8.2018 – L 15 P 9/14 KL); evtl. Anhebung nach § 52 Abs. 3 S. 2 GKG (BSG, 25.1.2017 – B 3 P 3/15 R).
6.	**Pflegesatzvereinbarung; Auskunftsklage zur Vorbereitung einer Zahlungsklage (§§ 82 ff. SGB XI)**	Grad der Abhängigkeit der Durchsetzbarkeit der Ansprüche von der Auskunft, i.d.R. ein Fünftel des Zahlungsanspruches (LSG Schleswig-Holstein, 14.10.2005 – L 3 P 4/05); vgl. auch A.II.7. und 8.
7.	**Zahlung des Anerkennungsbetrages nach § 87a Abs. 4 SGB XI**	Höhe des Betrags (BSG, 30.9.2015 – B 3 P 1/14 R).
8.	**Pflegestützpunkt (§ 92c SGB XI i.d.F. bis 31.12.2015, § 7c SGB XI i.d.F. ab 1.1.2016)**	Bei Widerrufs- und Erstattungsbescheid Höhe des Erstattungsbetrags (LSG Baden-Württemberg, 9.12.2016 – L 4 P 2987/14).

9.	**Ergebnisse von Qualitätsprüfungen (§ 115 SGB XI)**	
9.1	Untersagung/Beseitigung der Veröffentlichung eines Pflegetransparenzberichtes (§ 115 Abs. 1a SGB XI)	Voller Auffangstreitwert auch im Verfahren nach § 86b SGG (§§ 53 Abs. 2 Nr. 4, 52 Abs. 2 GKG; Sächsisches LSG, 24.2.2010 – L 1 P 1/10 B ER; LSG Berlin-Brandenburg, 29.3.2010 – L 27 P 14/10 B ER und 2.8.2013 – L 27 P 86/12 B; LSG Sachsen-Anhalt, 11.8. 2011 – L 4 P 8/11 B ER; LSG Niedersachsen-Bremen, 12.8.2011 – L 15 P 2/11 B ER; Thüringer LSG, 14.1.2021 – L 6 P 398/20 B ER; LSG Berlin-Brandenburg, 3.8.2012 – L 27 P 39/12 B ER: doppelter Auffangstreitwert, wenn auch Untersagung künftiger Veröffentlichung Gegenstand).
9.2	Maßnahmenbescheid nach § 115 Abs. 2 SGB XI	Multiplikation des Auffangstreitwerts mit der Anzahl der Maßnahmen (LSG Berlin-Brandenburg, 4.6.2009 – L 27 B 105/08 P; 7.7.2010 – L 27 P 12/10 B; 31.7.2013 – L 27 P 66/11 B; 18.9.2014 – L 27 P 46/14 B; LSG Nordrhein-Westfalen, 27.2.2018 – L 5 P 46/17 B; 3.7.2018 – L 5 P 104/17 B ER; LSG Rheinland-Pfalz, 10.9.2018 – L 5 P 28/18 B); a.A.: Auffangstreitwert, auch wenn mehrere Maßnahmen festgelegt wurden (LSG Berlin-Brandenburg, 2.5.2016 – L 30 P 75/15 B; *van der Ploeg*, NZS 2011, 212 unter Bezug auf LSG Niedersachsen-Bremen, 21.1.2010 – L 15 P 69/09 B).
10.	**Beitragserstattungsanspruch eines Trägers einer Werkstatt für behinderte Menschen (§ 59 Abs. 1 S. 1 SGB XI i.V.m. § 251 Abs. 2 S. 2 SGB V)**	Keine Streitwertfestsetzung, da gerichtskostenfrei nach § 183 SGG <Leistungsempfänger> (BSG, 23.7.2014 – B 12 P 1/12 R).

11.	**Private Pflegeversicherung**	Für Versicherte gilt die Kostenprivilegierung des § 183 SGG (BSG, 12.2.2004 – B 12 P 2/03 R; 19.4.2007 – B 3 P 6/06 R); § 183 S. 1 SGG ist entsprechend anzuwenden bei dem Übergang von Ansprüchen im Wege der Gesamtrechtsnachfolge auf den Ehegatten (BSG, 28.9.2006 – B 3 P 3/05 R).
12.	**Gewährung einer Corona-Prämie (§ 150a SGB XI)**	Keine Streitwertfestsetzung, da gerichtskostenfrei nach § 183 SGG <Leistungsempfänger> (SG für das Saarland, 17.12.2020 – S 19 P 136/20).
X. SGB XII Sozialhilfe; AsylbLG		
1.	**Abschluss von Vereinbarungen mit Einrichtungen (§§ 75 ff. SGB XII)**	
1.1	Leistungsvereinbarung (§ 76 Abs. 1 Nr. 1 SGB XII)	Auffangstreitwert, keine Berücksichtigung einer möglichen höheren Vergütung (LSG Niedersachsen-Bremen, 19.12.2006 – L 8 B 37/06 SO; LSG Berlin-Brandenburg, 8.1.2016 – L 15 SO 145/13 B).
1.2	Vergütungsvereinbarung (§ 76 Abs. 1 Nr. 2 SGB XII)	Gewinn bzw. Mindereinnahmen innerhalb von drei Jahren, wenn kein kürzerer Zeitraum streitig ist. Maßgebend sind die Pflegeplätze, die mit Personen belegt sind, für die der Sozialhilfeträger eintrittspflichtig ist (LSG für das Saarland, 4.12.2008 – L 11 B 8/08 SO).
2.	**Entscheidungen der Schiedsstelle (§§ 77 Abs. 2 und 3, 81 SGB XII)**	
2.1	Begehren einer höheren Vergütung	Differenz der begehrten zu der festgelegten Vergütung im Vergütungszeitraum (BSG, 23.7.2014 – B 8 SO 3/13 R; 7.10.2015 – B 8 SO 1/14 R und B 8 SO 19/14 R; 13.7.2017 – B 8 SO 11/15 R und B 8 SO 21/15 R; Hessisches LSG, 25.2.2011 – L 7 SO 237/10 KL; kein Abschlag bei

		isolierter Anfechtungsklage: LSG Mecklenburg-Vorpommern, 6.9.2012 – L 9 SO 11/10; LSG Berlin-Brandenburg, 18.8.2016 – L 23 SO 187/14 KL).
2.2	Zustimmung zu einer getätigten Investitionsmaßnahme (§§ 127 Abs. 2 SGB IX, 77a Abs. 2 SGB XII)	Auffangstreitwert (LSG Nordrhein-Westfalen, 22.5.2019 – L 12 SO 85/18).
2.3	Anordnung der sofortigen Vollziehung eines Beschlusses der Schiedsstelle	Dreifacher Jahreswert der Vergütungsdifferenz, da Fortgeltung der Vereinbarung nach § 77a Abs. 4 SGB XII (LSG Nordrhein-Westfalen, 3.1.2017 – L 9 SO 419/16 ER KL).
3.	**Erteilung einer Auskunft über die Einkommens- und Vermögensverhältnisse (§ 117 SGB XII)**	Auffangstreitwert ohne Abschlag, da § 52 Abs. 2 GKG dies nicht vorsieht (BSG, 14.5.2012 – B 8 SO 78/11 B; 20.12.2012 – B 8 SO 75/12 B; 8.2.2017 – B 8 SO 71/16 B; 21.10.2019 – B 8 SO 36/19 B).
4.	**Aufwendungsersatz bei erweiterter Sozialhilfe (§ 19 Abs. 5 SGB XII)**	Klage des Erben gegen Bewilligungsbescheid: Auffangstreitwert (LSG Baden-Württemberg, 22.6.2022 – L 2 SO 571/21).
5.	**Anspruchsübergang nach dem Tod des Leistungsberechtigten (§ 19 Abs. 6 SGB XII)**	Es gilt die Kostenprivilegierung des § 183 SGG für den, der dieses Recht geltend macht (BSG, 1.9.2008 – B 8 SO 12/08 B; 13.7.2010 – B 8 SO 13/09 R; 2.2.2012 – B 8 SO 15/10 R; 12.5.2017 – B 8 SO 23/15 R).
6.	**Erstattungsanspruch des Nothelfers (§ 25 SGB XII; § 6a AsylbLG)**	Kostenprivilegierung (§ 183 SGG), da Fortwirkung des ursprünglichen Sozialhilfeanspruchs des Leistungsberechtigten (BSG, 11.6.2008 – B 8 SO 45/07 B; 19. 5.2009 – B 8 SO 4/08 R; 23.8.2013 – B 8 SO 19/12 R; 30.10.2013 – B 7 AY 2/12 R; 12.12.2013 – B 8 SO 13/12 R; 6.10.2022 – B 8 SO 2/21 R: auch wenn daneben abgetretener Anspruch des Patienten erhoben wird); nicht, wenn

		ausschließlich Leistungsanspruch im eigenen Namen geltend gemacht wird (SG Frankfurt, 28.4.2022 – S 30 AY 6/19); evtl. keine Kostenprivilegierung, wenn offensichtlich kein Anspruch (LSG Niedersachsen-Bremen, 17.12.2015 – L 8 SO 194/11).
7.	**Sicherstellung der häuslichen Pflege im Arbeitgebermodell (§ 103 Abs. 2 SGB IX, §§ 64b Abs. 1, 64f Abs. 3 SGB XII)**	Bei Klage der Pflegeperson auf Vergütung keine Kostenprivilegierung (BSG, 22.3.2018 – B 8 SO 105/17 B; Hessisches LSG, 30.6.2017 – L 4 SO 84/17 ER).
8.	**Heranziehung zu einem Kostenbeitrag gem. § 92 Abs. 1 S. 1 SGB XII**	
8.1	Gegenüber dem Leistungsberechtigten	Kostenprivilegierung (§ 183 SGG)
8.2	Gegenüber den anderen in § 19 Abs. 3 SGB XII (§ 92 Abs. 1 S. 1 SGB XII) genannten Personen	Keine Kostenprivilegierung (BSG, 20.4.2016 – B 8 SO 25/14 R); a.A.: entsprechende Anwendung des § 183 SGG (SG Braunschweig, 4.3.2011 – S 32 SO 208/08; *Meyer-Ladewig*, SGG,13. Aufl., § 183 RdNr. 7a).
9.	**Überleitung von Ansprüchen (§ 93 SGB XII); Überleitungsbescheid**	
9.1	Klage des Schuldners gegen die Überleitung	Auffangstreitwert (BSG, 25.4.2013 – B 8 SO 104/12 B); auch bei Feststellung, dass kein Anspruchsübergang: BSG, 5.7.2018 – B 8 SO 21/16 R; Sächsisches LSG, 11.6.2012 – L 7 SO 22/10 B ER; Bayerisches LSG, 30.7.2015 – L 8 SO 146/15 B ER; 21.12.2020 – L 18 SO 148/19 B unabhängig von der Höhe der übergeleiteten Forderung; a.A.: Hälfte der bezifferten Anspruchshöhe (Hessisches LSG, 23.1.2018 – L 4 SO 175/17 B; LSG Baden-Württemberg, 18.7.2008 – L 7 SO 1336/08 W-A).

9.2	Klage des Sozialhilfeempfängers	Keine Kostenfreiheit nach § 183 SGG und im Regelfall Auffangstreitwert; nur dann die Höhe des übergeleiteten Anspruchs, wenn dieser nicht streitig ist (LSG Nordrhein-Westfalen, 9.1.2007 – L 20 B 137/06 SO).
10.	**Kostenersatz durch Erben (§ 102 SGB XII)**	Keine Kostenprivilegierung (BSG, 23.3.2010 – B 8 SO 2/09 R; 27.2.2019 – B 8 SO 15/17 R).
11.	**Anspruch gegen den Sozialhilfeträger aus abgetretenem Recht**	Höhe des geforderten Betrags (<Vermieter> BSG, 21.9.2017 – B 8 SO 3/16 R; <ambulanter Pflegedienst> BSG, 21.9.2017 – B 8 SO 4/16 R).
12.	**Erstattungsstreitigkeiten zwischen Sozialhilfeträgern**	Keine Kostenprivilegierung, § 197a Abs. 3 SGG gilt (BSG, 13.7.2010 – B 8 SO 10/10 R; 13.2.2014 – B 8 SO 11/12 R; 28.1.2016 – B 13 SF 3/16 S); bei Begehren auf Feststellung der <weiteren> Erstattungspflicht zusätzlich Auffangstreitwert (BSG, 23.8.2013 – B 8 SO 14/12 R; 1.3.2018 – B 8 SO 22/16 R), vgl. auch 13.2.
13.	**Beteiligung von Trägern der Sozialhilfe**	
13.1	Allgemein	Die Träger der Sozialhilfe sind in allen Streitigkeiten, die nicht Erstattungsstreitigkeiten sind (§ 197a Abs. 3 SGG, vgl. 12.) und die in einem engen sachlichen Zusammenhang mit den gesetzlichen Aufgaben des Trägers der Sozialhilfe stehen, von den Gerichtskosten nach § Abs. 3 S. 1 GKG, § 64 Abs. S. 2 SGB X befreit; dies ist ggfs. im Tenor auszusprechen (BSG, 23.7.2014 – B 8 SO 2/13 R; 28.1.2016 – B 13 SF 3/16 S). Die Kostenentscheidung ist nach § 197a SGG zu treffen (BSG, 7.10.2015 – B 8 SO 19/14 R; 28.1.2016 – B 13 SF 3/16 S; 20.4.2016 – B 8 SO 25/14 R; LSG Nordrhein-Westfalen, 19.3.2009 – L 9 SO 9/07; Thüringer LSG,

		4.5.2018 – L 1 SF 289/16 B; Bayerisches LSG, 24.7.2018 – L 12 SF 106/17 E). Aus § 197a Abs. 3 SGG lässt sich eine weitergehendere Kostenbefreiung für einen Sozialhilfeempfänger oder einen Dritten nicht herleiten (LSG Nordrhein-Westfalen, 9.1.2007 – L 20 B 137/06 SO; LSG Baden-Württemberg, 22.11.2007 – L 7 SO 5195/06; *Meyer-Ladewig*, SGG, 13. Aufl., § 197a Rdnrn. 2a und 2b; *Groth*, SGb 2007, 536, 537).
13.2	Beteiligung eines Landes als Träger der Sozialhilfe	Befreiung von Gerichtskosten (§ 2 Abs. 3 S. 1 GKG, § 64 Abs. 3 S. 2 SGB X) auch dann, wenn es an Erstattungsstreitigkeiten mit anderen Leistungsträgern beteiligt ist (§ 2 Abs. 1 S. 1 GKG; *Groth*, SGb 2007, 536, 537 f.).

§ 28 Glossar – Zentrale Vorschriften

§ 52 GKG Verfahren vor Gerichten der Verwaltungs-, Finanz- und Sozialgerichtsbarkeit 1

(1) In Verfahren vor den Gerichten der Verwaltungs-, Finanz- und Sozialgerichtsbarkeit ist, soweit nichts anderes bestimmt ist, der Streitwert nach der sich aus dem Antrag des Klägers für ihn ergebenden Bedeutung der Sache nach Ermessen zu bestimmen.

(2) Bietet der Sach- und Streitstand für die Bestimmung des Streitwerts keine genügenden Anhaltspunkte, ist ein Streitwert von 5.000 Euro anzunehmen.

(3) Betrifft der Antrag des Klägers eine bezifferte Geldleistung oder einen hierauf bezogenen Verwaltungsakt, ist deren Höhe maßgebend. Hat der Antrag des Klägers offensichtlich absehbare Auswirkungen auf künftige Geldleistungen oder auf noch zu erlassende, auf derartige Geldleistungen bezogene Verwaltungsakte, ist die Höhe des sich aus Satz 1 ergebenden Streitwerts um den Betrag der offensichtlich absehbaren zukünftigen Auswirkungen für den Kläger anzuheben, wobei die Summe das Dreifache des Werts nach Satz 1 nicht übersteigen darf. In Verfahren in Kindergeldangelegenheiten vor den Gerichten der Finanzgerichtsbarkeit ist § 42 Absatz 1 Satz 1 und Absatz 3 entsprechend anzuwenden; an die Stelle des dreifachen Jahresbetrags tritt der einfache Jahresbetrag.

(4) In Verfahren

1. vor den Gerichten der Finanzgerichtsbarkeit, mit Ausnahme der Verfahren nach § 155 Satz 2 der Finanzgerichtsordnung und der Verfahren in Kindergeldangelegenheiten, darf der Streitwert nicht unter 1.500 Euro,
2. vor den Gerichten der Sozialgerichtsbarkeit und bei Rechtsstreitigkeiten nach dem Krankenhausfinanzierungsgesetz nicht über 2.500.000 Euro,
3. vor den Gerichten der Verwaltungsgerichtsbarkeit über Ansprüche nach dem Vermögensgesetz nicht über 500.000 Euro und
4. bei Rechtsstreitigkeiten nach § 36 Absatz 6 Satz 1 des Pflegeberufegesetzes nicht über 1.500.000 Euro

angenommen werden.

(5) Solange in Verfahren vor den Gerichten der Finanzgerichtsbarkeit der Wert nicht festgesetzt ist und sich der nach den Absätzen 3 und 4 Nummer 1 maßgebende Wert auch nicht unmittelbar aus den gerichtlichen Verfahrensakten ergibt, sind die Gebühren vorläufig nach dem in Absatz 4 Nummer 1 bestimmten Mindestwert zu bemessen.

(6) In Verfahren, die die Begründung, die Umwandlung, das Bestehen, das Nichtbestehen oder die Beendigung eines besoldeten öffentlich-rechtlichen Dienst- oder Amtsverhältnisses betreffen, ist Streitwert

1. die Summe der für ein Kalenderjahr zu zahlenden Bezüge mit Ausnahme nicht ruhegehaltsfähiger Zulagen, wenn Gegenstand des Verfahrens ein Dienst- oder Amtsverhältnis auf Lebenszeit ist,
2. im Übrigen die Hälfte der für ein Kalenderjahr zu zahlenden Bezüge mit Ausnahme nicht ruhegehaltsfähiger Zulagen.

Maßgebend für die Berechnung ist das laufende Kalenderjahr. Bezügebestandteile, die vom Familienstand oder von Unterhaltsverpflichtungen abhängig sind, bleiben außer Betracht. Betrifft das Verfahren die Verleihung eines anderen Amts oder den Zeitpunkt einer Versetzung in den Ruhestand, ist Streitwert die Hälfte des sich nach den Sätzen 1 bis 3 ergebenden Betrags.

(7) Ist mit einem in Verfahren nach Absatz 6 verfolgten Klagebegehren ein aus ihm hergeleiteter vermögensrechtlicher Anspruch verbunden, ist nur ein Klagebegehren, und zwar das wertmäßig höhere, maßgebend.

(8) Dem Kläger steht gleich, wer sonst das Verfahren des ersten Rechtszugs beantragt hat.

§ 3 RVG Gebühren in sozialrechtlichen Angelegenheiten

(1) In Verfahren vor den Gerichten der Sozialgerichtsbarkeit, in denen das Gerichtskostengesetz nicht anzuwenden ist, entstehen Betragsrahmengebühren. In sonstigen Verfahren werden die Gebühren nach dem Gegenstandswert berechnet, wenn der Auftraggeber nicht zu den in § 183 des Sozialgerichtsgesetzes genannten Personen gehört; im Verfahren nach § 201 Absatz 1 des Sozialgerichtsgesetzes werden die Gebühren immer nach dem Gegenstandswert berechnet. In Verfahren wegen überlanger Gerichtsverfahren (§ 202 Satz 2 des Sozialgerichtsgesetzes) werden die Gebühren nach dem Gegenstandswert berechnet.

(2) Absatz 1 gilt entsprechend für eine Tätigkeit außerhalb eines gerichtlichen Verfahrens.

§ 14 RVG Rahmengebühren

(1) Bei Rahmengebühren bestimmt der Rechtsanwalt die Gebühr im Einzelfall unter Berücksichtigung aller Umstände, vor allem des Umfangs und der Schwierigkeit der anwaltlichen Tätigkeit, der Bedeutung der Angelegenheit sowie der Einkommens- und Vermögensverhältnisse des Auftraggebers, nach billigem Ermessen. Ein besonderes Haftungsrisiko des Rechtsanwalts kann bei der Bemessung herangezogen werden. Bei Rahmengebühren, die sich nicht nach dem Gegenstandswert richten, ist das Haftungsrisiko zu berücksichtigen. Ist die Gebühr von einem Dritten zu ersetzen, ist die von dem Rechtsanwalt getroffene Bestimmung nicht verbindlich, wenn sie unbillig ist.

(2) Ist eine Rahmengebühr auf eine andere Rahmengebühr anzurechnen, ist die Gebühr, auf die angerechnet wird, so zu bestimmen, als sei der Rechtsanwalt zuvor nicht tätig gewesen.

(3) Im Rechtsstreit hat das Gericht ein Gutachten des Vorstands der Rechtsanwaltskammer einzuholen, soweit die Höhe der Gebühr streitig ist; dies gilt auch im Verfahren nach § 495a der Zivilprozessordnung. Das Gutachten ist kostenlos zu erstatten.

§ 15 RVG Abgeltungsbereich der Gebühren

(1) Die Gebühren entgelten, soweit dieses Gesetz nichts anderes bestimmt, die gesamte Tätigkeit des Rechtsanwalts vom Auftrag bis zur Erledigung der Angelegenheit.

(2) Der Rechtsanwalt kann die Gebühren in derselben Angelegenheit nur einmal fordern.

(3) Sind für Teile des Gegenstands verschiedene Gebührensätze anzuwenden, entstehen für die Teile gesondert berechnete Gebühren, jedoch nicht mehr als die aus dem Gesamtbetrag der Wertteile nach dem höchsten Gebührensatz berechnete Gebühr.

(4) Auf bereits entstandene Gebühren ist es, soweit dieses Gesetz nichts anderes bestimmt, ohne Einfluss, wenn sich die Angelegenheit vorzeitig erledigt oder der Auftrag endigt, bevor die Angelegenheit erledigt ist.

(5) Wird der Rechtsanwalt, nachdem er in einer Angelegenheit tätig geworden ist, beauftragt, in derselben Angelegenheit weiter tätig zu werden, erhält er nicht mehr an Gebühren, als er erhalten würde, wenn er von vornherein hiermit beauftragt worden wäre. Ist der frühere Auftrag seit mehr

als zwei Kalenderjahren erledigt, gilt die weitere Tätigkeit als neue Angelegenheit und in diesem Gesetz bestimmte Anrechnungen von Gebühren entfallen. Satz 2 gilt entsprechend, wenn ein Vergleich mehr als zwei Kalenderjahre nach seinem Abschluss angefochten wird oder wenn mehr als zwei Kalenderjahre nach Zustellung eines Beschlusses nach § 26 Absatz 3 Satz 1 des Kapitalanleger-Musterverfahrensgesetzes der Kläger einen Antrag nach § 26 Absatz 4 des Kapitalanleger-Musterverfahrensgesetzes auf Wiedereröffnung des Verfahrens stellt.

(6) Ist der Rechtsanwalt nur mit einzelnen Handlungen oder mit Tätigkeiten, die nach § 19 zum Rechtszug oder zum Verfahren gehören, beauftragt, erhält er nicht mehr an Gebühren als der mit der gesamten Angelegenheit beauftragte Rechtsanwalt für die gleiche Tätigkeit erhalten würde.

§ 15a RVG Anrechnung einer Gebühr

(1) Sieht dieses Gesetz die Anrechnung einer Gebühr auf eine andere Gebühr vor, kann der Rechtsanwalt beide Gebühren fordern, jedoch nicht mehr als den um den Anrechnungsbetrag verminderten Gesamtbetrag der beiden Gebühren.

(2) Sind mehrere Gebühren ganz oder teilweise auf dieselbe Gebühr anzurechnen, so ist der anzurechnende Betrag für jede anzurechnende Gebühr gesondert zu ermitteln. Bei Wertgebühren darf der Gesamtbetrag der Anrechnung jedoch denjenigen Anrechnungsbetrag nicht übersteigen, der sich ergeben würde, wenn eine Gebühr anzurechnen wäre, die sich aus dem Gesamtbetrag der betroffenen Wertteile nach dem höchsten für die Anrechnungen einschlägigen Gebührensatz berechnet. Bei Betragsrahmengebühren darf der Gesamtbetrag der Anrechnung den für die Anrechnung bestimmten Höchstbetrag nicht übersteigen.

(3) Ein Dritter kann sich auf die Anrechnung nur berufen, soweit er den Anspruch auf eine der beiden Gebühren erfüllt hat, wegen eines dieser Ansprüche gegen ihn ein Vollstreckungstitel besteht oder beide Gebühren in demselben Verfahren gegen ihn geltend gemacht werden.

§ 41 SGB X Heilung von Verfahrens- und Formfehlern

(1) Eine Verletzung von Verfahrens- oder Formvorschriften, die nicht den Verwaltungsakt nach § 40 nichtig macht, ist unbeachtlich, wenn

1. der für den Erlass des Verwaltungsaktes erforderliche Antrag nachträglich gestellt wird,
2. die erforderliche Begründung nachträglich gegeben wird,
3. die erforderliche Anhörung eines Beteiligten nachgeholt wird,
4. der Beschluss eines Ausschusses, dessen Mitwirkung für den Erlass des Verwaltungsaktes erforderlich ist, nachträglich gefasst wird,
5. die erforderliche Mitwirkung einer anderen Behörde nachgeholt wird,
6. die erforderliche Hinzuziehung eines Beteiligten nachgeholt wird.

(2) Handlungen nach Absatz 1 Nr. 2 bis 6 können bis zur letzten Tatsacheninstanz eines sozial- oder verwaltungsgerichtlichen Verfahrens nachgeholt werden.

(3) Fehlt einem Verwaltungsakt die erforderliche Begründung oder ist die erforderliche Anhörung eines Beteiligten vor Erlass des Verwaltungsaktes unterblieben und ist dadurch die rechtzeitige Anfechtung des Verwaltungsaktes versäumt worden, gilt die Versäumung der Rechtsbehelfsfrist als nicht verschuldet. Das für die Wiedereinsetzungsfrist maßgebende Ereignis tritt im Zeitpunkt der Nachholung der unterlassenen Verfahrenshandlung ein.

§ 44 SGB X Rücknahme eines rechtswidrigen nicht begünstigenden Verwaltungsaktes

(1) Soweit sich im Einzelfall ergibt, dass bei Erlass eines Verwaltungsaktes das Recht unrichtig angewandt oder von einem Sachverhalt ausgegangen worden ist, der sich als unrichtig erweist, und soweit deshalb Sozialleistungen zu Unrecht nicht erbracht oder Beiträge zu Unrecht erhoben worden sind, ist der Verwaltungsakt, auch nachdem er unanfechtbar geworden ist, mit Wirkung für die Vergangenheit zurückzunehmen. Dies gilt nicht, wenn der Verwaltungsakt auf Angaben beruht, die der Betroffene vorsätzlich in wesentlicher Beziehung unrichtig oder unvollständig gemacht hat.

(2) Im Übrigen ist ein rechtswidriger nicht begünstigender Verwaltungsakt, auch nachdem er unanfechtbar geworden ist, ganz oder teilweise mit Wirkung für die Zukunft zurückzunehmen. Er kann auch für die Vergangenheit zurückgenommen werden.

(3) Über die Rücknahme entscheidet nach Unanfechtbarkeit des Verwaltungsaktes die zuständige Behörde; dies gilt auch dann, wenn der zurückzunehmende Verwaltungsakt von einer anderen Behörde erlassen worden ist.

(4) Ist ein Verwaltungsakt mit Wirkung für die Vergangenheit zurückgenommen worden, werden Sozialleistungen nach den Vorschriften der besonderen Teile dieses Gesetzbuches längstens für einen Zeitraum bis zu vier Jahren vor der Rücknahme erbracht. Dabei wird der Zeitpunkt der Rücknahme von Beginn des Jahres an gerechnet, in dem der Verwaltungsakt zurückgenommen wird. Erfolgt die Rücknahme auf Antrag, tritt bei der Berechnung des Zeitraumes, für den rückwirkend Leistungen zu erbringen sind, anstelle der Rücknahme der Antrag.

§ 63 SGB X Erstattung von Kosten im Vorverfahren

(1) Soweit der Widerspruch erfolgreich ist, hat der Rechtsträger, dessen Behörde den angefochtenen Verwaltungsakt erlassen hat, demjenigen, der Widerspruch erhoben hat, die zur zweckentsprechenden Rechtsverfolgung oder Rechtsverteidigung notwendigen Aufwendungen zu erstatten. Dies gilt auch, wenn der Widerspruch nur deshalb keinen Erfolg hat, weil die Verletzung einer Verfahrens- oder Formvorschrift nach § 41 unbeachtlich ist. Aufwendungen, die durch das Verschulden eines Erstattungsberechtigten entstanden sind, hat dieser selbst zu tragen; das Verschulden eines Vertreters ist dem Vertretenen zuzurechnen.

(2) Die Gebühren und Auslagen eines Rechtsanwalts oder eines sonstigen Bevollmächtigten im Vorverfahren sind erstattungsfähig, wenn die Zuziehung eines Bevollmächtigten notwendig war.

(3) Die Behörde, die die Kostenentscheidung getroffen hat, setzt auf Antrag den Betrag der zu erstattenden Aufwendungen fest; hat ein Ausschuss oder Beirat die Kostenentscheidung getroffen, obliegt die Kostenfestsetzung der Behörde, bei der der Ausschuss oder Beirat gebildet ist. Die Kostenentscheidung bestimmt auch, ob die Zuziehung eines Rechtsanwalts oder eines sonstigen Bevollmächtigten notwendig war.

§ 64 SGB X Kostenfreiheit

(1) Für das Verfahren bei den Behörden nach diesem Gesetzbuch werden keine Gebühren und Auslagen erhoben. Abweichend von Satz 1 erhalten die Träger der gesetzlichen Rentenversicherung für jede auf der Grundlage des § 74a Abs. 2 und 3 erteilte Auskunft eine Gebühr von 10,20 Euro.

(2) Geschäfte und Verhandlungen, die aus Anlass der Beantragung, Erbringung oder der Erstattung einer Sozialleistung nötig werden, sind kostenfrei. Dies gilt auch für die im Gerichts- und

Notarkostengesetz bestimmten Gerichtskosten. Von Beurkundungs- und Beglaubigungskosten sind befreit Urkunden, die

1. in der Sozialversicherung bei den Versicherungsträgern und Versicherungsbehörden erforderlich werden, um die Rechtsverhältnisse zwischen den Versicherungsträgern einerseits und den Arbeitgebern, Versicherten oder ihren Hinterbliebenen andererseits abzuwickeln,
2. im Sozialhilferecht, im Recht der Grundsicherung für Arbeitsuchende sowie im Kinder- und Jugendhilferecht aus Anlass der Beantragung, Erbringung oder Erstattung einer nach dem Zwölften Buch, dem Zweiten oder dem Achten Buch vorgesehenen Leistung benötigt werden,
3. im Schwerbehindertenrecht von der zuständigen Stelle im Zusammenhang mit der Verwendung der Ausgleichsabgabe für erforderlich gehalten werden,
4. im Recht der Sozialen Entschädigung und der Soldatenentschädigung für erforderlich gehalten werden,
5. im Kindergeldrecht für erforderlich gehalten werden.

(3) Absatz 2 Satz 1 gilt auch für gerichtliche Verfahren, auf die das Gesetz über das Verfahren in Familiensachen und in den Angelegenheiten der freiwilligen Gerichtsbarkeit anzuwenden ist. Im Verfahren nach der Zivilprozessordnung, dem Gesetz über das Verfahren in Familiensachen und in den Angelegenheiten der freiwilligen Gerichtsbarkeit sowie im Verfahren vor Gerichten der Sozial- und Finanzgerichtsbarkeit sind die Träger der Eingliederungshilfe, der Sozialhilfe, der Grundsicherung für Arbeitsuchende, der Leistungen nach dem Asylbewerberleistungsgesetz, der Jugendhilfe und der Sozialen Entschädigung, von den Gerichtskosten befreit; § 197a des Sozialgerichtsgesetzes bleibt unberührt.

§ 183 SGG

Das Verfahren vor den Gerichten der Sozialgerichtsbarkeit ist für Versicherte, Leistungsempfänger einschließlich Hinterbliebenenleistungsempfänger, Menschen mit Behinderungen oder deren Sonderrechtsnachfolger nach § 56 des Ersten Buches Sozialgesetzbuch kostenfrei, soweit sie in dieser jeweiligen Eigenschaft als Kläger oder Beklagte beteiligt sind. Nimmt ein sonstiger Rechtsnachfolger das Verfahren auf, bleibt das Verfahren in dem Rechtszug kostenfrei. Den in Satz 1 und 2 genannten Personen steht gleich, wer im Falle des Obsiegens zu diesen Personen gehören würde. Leistungsempfängern nach Satz 1 stehen Antragsteller nach § 55a Absatz 2 Satz 1 zweite Alternative gleich. § 93 Satz 3, § 109 Abs. 1 Satz 2, § 120 Absatz 1 Satz 2 und § 192 bleiben unberührt. Die Kostenfreiheit nach dieser Vorschrift gilt nicht in einem Verfahren wegen eines überlangen Gerichtsverfahrens (§ 202 Satz 2).

§ 193 SGG

(1) Das Gericht hat im Urteil zu entscheiden, ob und in welchem Umfang die Beteiligten einander Kosten zu erstatten haben. Ist ein Mahnverfahren vorausgegangen (§ 182a), entscheidet das Gericht auch, welcher Beteiligte die Gerichtskosten zu tragen hat. Das Gericht entscheidet auf Antrag durch Beschluß, wenn das Verfahren anders beendet wird.

(2) Kosten sind die zur zweckentsprechenden Rechtsverfolgung oder Rechtsverteidigung notwendigen Aufwendungen der Beteiligten.

(3) Die gesetzliche Vergütung eines Rechtsanwalts oder Rechtsbeistands ist stets erstattungsfähig.

(4) Nicht erstattungsfähig sind die Aufwendungen der in § 184 Abs. 1 genannten Gebührenpflichtigen.

§ 197 SGG

(1) Auf Antrag der Beteiligten oder ihrer Bevollmächtigten setzt der Urkundsbeamte des Gerichts des ersten Rechtszugs den Betrag der zu erstattenden Kosten fest. § 104 Abs. 1 Satz 2 und Abs. 2 der Zivilprozeßordnung findet entsprechende Anwendung.

(2) Gegen die Entscheidung des Urkundsbeamten der Geschäftsstelle kann binnen eines Monats nach Bekanntgabe das Gericht angerufen werden, das endgültig entscheidet.

§ 197a SGG

(1) Gehört in einem Rechtszug weder der Kläger noch der Beklagte zu den in § 183 genannten Personen oder handelt es sich um ein Verfahren wegen eines überlangen Gerichtsverfahrens (§ 202 Satz 2), werden Kosten nach den Vorschriften des Gerichtskostengesetzes erhoben; die §§ 184 bis 195 finden keine Anwendung; die §§ 154 bis 162 der Verwaltungsgerichtsordnung sind entsprechend anzuwenden. Wird die Klage zurückgenommen, findet § 161 Abs. 2 der Verwaltungsgerichtsordnung keine Anwendung.

(2) Dem Beigeladenen werden die Kosten außer in den Fällen des § 154 Abs. 3 der Verwaltungsgerichtsordnung auch auferlegt, soweit er verurteilt wird (§ 75 Abs. 5). Ist eine der in § 183 genannten Personen beigeladen, können dieser Kosten nur unter den Voraussetzungen von § 192 auferlegt werden. Aufwendungen des Beigeladenen werden unter den Voraussetzungen des § 191 vergütet; sie gehören nicht zu den Gerichtskosten.

(3) Die Absätze 1 und 2 gelten auch für Träger der Sozialhilfe einschließlich der Leistungen nach Teil 2 des Neunten Buches Sozialgesetzbuch, soweit sie an Erstattungsstreitigkeiten mit anderen Trägern beteiligt sind.

§ 154 VwGO

(1) Der unterliegende Teil trägt die Kosten des Verfahrens.

(2) Die Kosten eines ohne Erfolg eingelegten Rechtsmittels fallen demjenigen zur Last, der das Rechtsmittel eingelegt hat.

(3) Dem Beigeladenen können Kosten nur auferlegt werden, wenn er Anträge gestellt oder Rechtsmittel eingelegt hat; § 155 Abs. 4 bleibt unberührt.

(4) Die Kosten des erfolgreichen Wiederaufnahmeverfahrens können der Staatskasse auferlegt werden, soweit sie nicht durch das Verschulden eines Beteiligten entstanden sind.

(5) Soweit der Antragsteller allein auf Grund von § 80c Absatz 2 unterliegt, fallen die Gerichtskosten dem obsiegenden Teil zur Last. Absatz 3 bleibt unberührt.

§ 162 VwGO

(1) Kosten sind die Gerichtskosten (Gebühren und Auslagen) und die zur zweckentsprechenden Rechtsverfolgung oder Rechtsverteidigung notwendigen Aufwendungen der Beteiligten einschließlich der Kosten des Vorverfahrens.

(2) Die Gebühren und Auslagen eines Rechtsanwalts oder eines Rechtsbeistands, in den in § 67 Absatz 2 Satz 2 Nummer 3 und 3a genannten Angelegenheiten auch einer der dort genannten Personen, sind stets erstattungsfähig. Soweit ein Vorverfahren geschwebt hat, sind Gebühren und Auslagen erstattungsfähig, wenn das Gericht die Zuziehung eines Bevollmächtigten für das Vorverfahren für notwendig erklärt. Juristische Personen des öffentlichen Rechts und Behörden können an Stelle ihrer tatsächlichen notwendigen Aufwendungen für

Post- und Telekommunikationsdienstleistungen den in Nummer 7002 der Anlage 1 zum Rechtsanwaltsvergütungsgesetz bestimmten Höchstsatz der Pauschale fordern.

(3) Die außergerichtlichen Kosten des Beigeladenen sind nur erstattungsfähig, wenn sie das Gericht aus Billigkeit der unterliegenden Partei oder der Staatskasse auferlegt.

§ 91 ZPO Grundsatz und Umfang der Kostenpflicht

(1) Die unterliegende Partei hat die Kosten des Rechtsstreits zu tragen, insbesondere die dem Gegner erwachsenen Kosten zu erstatten, soweit sie zur zweckentsprechenden Rechtsverfolgung oder Rechtsverteidigung notwendig waren. Die Kostenerstattung umfasst auch die Entschädigung des Gegners für die durch notwendige Reisen oder durch die notwendige Wahrnehmung von Terminen entstandene Zeitversäumnis; die für die Entschädigung von Zeugen geltenden Vorschriften sind entsprechend anzuwenden.

(2) Die gesetzlichen Gebühren und Auslagen des Rechtsanwalts der obsiegenden Partei sind in allen Prozessen zu erstatten, Reisekosten eines Rechtsanwalts, der nicht in dem Bezirk des Prozessgerichts niedergelassen ist und am Ort des Prozessgerichts auch nicht wohnt, jedoch nur insoweit, als die Zuziehung zur zweckentsprechenden Rechtsverfolgung oder Rechtsverteidigung notwendig war. Die Kosten mehrerer Rechtsanwälte sind nur insoweit zu erstatten, als sie die Kosten eines Rechtsanwalts nicht übersteigen oder als in der Person des Rechtsanwalts ein Wechsel eintreten musste. In eigener Sache sind dem Rechtsanwalt die Gebühren und Auslagen zu erstatten, die er als Gebühren und Auslagen eines bevollmächtigten Rechtsanwalts erstattet verlangen könnte.

(3) Zu den Kosten des Rechtsstreits im Sinne der Absätze 1, 2 gehören auch die Gebühren, die durch ein Güteverfahren vor einer durch die Landesjustizverwaltung eingerichteten oder anerkannten Gütestelle entstanden sind; dies gilt nicht, wenn zwischen der Beendigung des Güteverfahrens und der Klageerhebung mehr als ein Jahr verstrichen ist.

(4) Zu den Kosten des Rechtsstreits im Sinne von Absatz 1 gehören auch Kosten, die die obsiegende Partei der unterlegenen Partei im Verlaufe des Rechtsstreits gezahlt hat.

(5) Wurde in einem Rechtsstreit über einen Anspruch nach Absatz 1 Satz 1 entschieden, so ist die Verjährung des Anspruchs gehemmt, bis die Entscheidung rechtskräftig geworden ist oder der Rechtsstreit auf andere Weise beendet wird.

Stichwortverzeichnis

fette Zahlen = Paragrafen, magere Zahlen = Randnummern